Uwe Schimank

Die Entscheidungsgesellschaft

# Hagener Studientexte zur Soziologie

Herausgeber:
Heinz Abels, Werner Fuchs-Heinritz
Wieland Jäger, Uwe Schimank

Die Reihe „Hagener Studientexte zur Soziologie" will eine größere Öffentlichkeit für Themen, Theorien und Perspektiven der Soziologie interessieren. Die Reihe ist dem Anspruch und der langen Erfahrung der Soziologie an der FernUniversität Hagen verpflichtet. Der Anspruch ist, sowohl in soziologische Fragestellungen einzuführen als auch differenzierte Diskussionen zusammenzufassen. In jedem Fall soll dabei die Breite des Spektrums der soziologischen Diskussion in Deutschland und darüber hinaus repräsentiert werden. Die meisten Studientexte sind über viele Jahre in der Lehre erprobt. Alle Studientexte sind so konzipiert, dass sie mit einer verständlichen Sprache und mit einer unaufdringlichen, aber lenkenden Didaktik zum eigenen Studium anregen und für eine wissenschaftliche Weiterbildung auch außerhalb einer Hochschule motivieren.

Uwe Schimank

# Die Entscheidungs-gesellschaft

Komplexität und
Rationalität der Moderne

VS VERLAG FÜR SOZIALWISSENSCHAFTEN

Bibliografische Information Der Deutschen Bibliothek
Die Deutsche Bibliothek verzeichnet diese Publikation in der Deutschen Nationalbibliografie;
detaillierte bibliografische Daten sind im Internet über <http://dnb.ddb.de> abrufbar.

1. Auflage November 2005

Alle Rechte vorbehalten
© VS Verlag für Sozialwissenschaften/GWV Fachverlage GmbH, Wiesbaden 2005

Lektorat: Frank Engelhardt

Der VS Verlag für Sozialwissenschaften ist ein Unternehmen von Springer Science+Business Media.
www.vs-verlag.de

 Das Werk einschließlich aller seiner Teile ist urheberrechtlich geschützt. Jede Verwertung außerhalb der engen Grenzen des Urheberrechtsgesetzes ist ohne Zustimmung des Verlags unzulässig und strafbar. Das gilt insbesondere für Vervielfältigungen, Übersetzungen, Mikroverfilmungen und die Einspeicherung und Verarbeitung in elektronischen Systemen.

Die Wiedergabe von Gebrauchsnamen, Handelsnamen, Warenbezeichnungen usw. in diesem Werk berechtigt auch ohne besondere Kennzeichnung nicht zu der Annahme, dass solche Namen im Sinne der Warenzeichen- und Markenschutz-Gesetzgebung als frei zu betrachten wären und daher von jedermann benutzt werden dürften.

Umschlaggestaltung: KünkelLopka Medienentwicklung, Heidelberg
Druck und buchbinderische Verarbeitung: MercedesDruck, Berlin
Gedruckt auf säurefreiem und chlorfrei gebleichtem Papier
Printed in Germany

ISBN 3-531-14332-8

# Inhalt

| | | |
|---|---|---|
| **Vorwort** | | 9 |
| **Einleitung** | | 11 |
| **1** | **Entscheidungshandeln** | 41 |
| 1.1 | Entscheidung als Handlungsform | 41 |
| 1.2 | Rationalität als Entscheidungsprinzip | 52 |
| 1.3 | Entscheiden als Ausnahme | 69 |
| **2** | **Rationales Entscheiden als Auftrag der Moderne** | 79 |
| 2.1 | Die funktional differenzierte Gesellschaft als Entscheidungsgesellschaft | 79 |
| 2.2 | Entscheidungszumutungen | 113 |
| **3** | **Die Komplexität von Entscheidungssituationen** | 121 |
| 3.1 | Sozialdimension: Interdependenzbewältigung | 122 |
| 3.2 | Sachdimension: Unvollständige Information | 155 |
| 3.3 | Zeitdimension: Zeitknappheit | 165 |

| 4 | **Perfekte und begrenzte Rationalität** | 173 |
|---|---|---|
| 4.1 | Perfekt rationales Entscheiden | 174 |
| 4.2 | Phänomenologie der Rationalitätsbeschränkungen | 195 |
| 4.3 | Rationalität trotz Komplexität | 223 |
| | | |
| 5 | **Inkrementalismus: Begrenzte Rationalität auf mittlerem Niveau** | 237 |
| 5.1 | Reaktive Problemfixierung | 240 |
| 5.2 | Reduzierte Informationsverarbeitung | 248 |
| 5.3 | „Partisan Mutual Adjustment" | 264 |
| 5.4 | „Satisficing" | 274 |
| 5.5 | „Sich-durchwursteln" | 280 |
| 5.6 | „Fehlerfreundlichkeit" | 298 |
| | | |
| 6 | **Mehr als Inkrementalismus: Rationalitätssteigerungen durch Planung** | 307 |
| 6.1 | Aktive Problemsondierung | 313 |
| 6.2 | Mehrheitsentscheidungen und Empathie | 336 |
| 6.3 | „Mixed Scanning" | 355 |
| 6.4 | „Something Better" | 365 |

| | | |
|---|---|---|
| **7** | **Weniger als Inkrementalismus: Im Spiel bleiben** | 371 |
| 7.1 | Täuschungen und Selbsttäuschungen des Entscheidens | 372 |
| 7.2 | Improvisation | 393 |
| 7.3 | Abwarten | 404 |
| **8** | **Das Oszillieren der Entscheidungsgesellschaft: Der Akteur zwischen Erwartungssicherheit und dem Neuen** | 429 |
| 8.1 | Entscheiden in ambivalenter „Weltoffenheit" | 430 |
| 8.2 | Optimismus versus Pessimismus des Entscheidens | 446 |

**Literatur**        461

# Vorwort

Dieses Buch hat eine sehr lange Geschichte. Entscheidungstheoretische Fragen haben mich schon während meines Studiums in der zweiten Hälfte der siebziger Jahre des letzten Jahrhunderts beschäftigt. Nach meiner Promotion wurde ich Mitarbeiter in einem von Manfred Glagow geleiteten Forschungsprojekt über „Handlungsbedingungen und Handlungsspielräume der deutschen Entwicklungspolitik"; zugleich habe ich mit ihm Lehrveranstaltungen im Bereich „Planungs- und Entscheidungstheorie" an der Fakultät für Soziologie der Bielefelder Universität durchgeführt. Aus diesen Veranstaltungen in den Jahren 1982/83 stammen die ersten Notizen zu diesem Buch.

Nach diesem Forschungsprojekt und der Vertretung einer Professur für die „Soziologie der öffentlichen und privaten Verwaltung" an der Gesamthochschule Wuppertal, wo ich in Seminaren entscheidungstheoretische Themen weiter vertiefte, wurde ich Mitarbeiter am Kölner Max-Planck-Institut für Gesellschaftsforschung, wo ich von Mitte 1985 bis Ende 1996 blieb. Hier arbeitete ich neben meinen empirischen Forschungsprojekten eine erste Fassung dieses Buches aus, die dann etliche Jahre liegen blieb.

Seit Ende 1996 bin ich an der FernUniversität in Hagen. Im Herbst 2001 habe ich das Manuskript zur soziologischen Entscheidungstheorie wieder hervorgeholt und jeden ersten Freitag im Monat bis zum Juni 2002 eine Vorlesung für Fernstudierende abgehalten. Diese Vorlesung und ein anschließendes Seminar im Juli 2002 im Studienzentrum der FernUniversität an der TU München haben mir sehr geholfen, eine völlig neue Fassung meiner Überlegungen auszuarbeiten. Stellvertretend für alle anderen Teilnehmerinnen möchte ich Andrea Hamp, Gudrun Hilles, Bernd Kowall, Brigitta Lökenhoff und Sabine Mohrenstecher für Fragen und Diskussionen danken.

Die Konzeption des Master-Studiengangs „Soziologie: Individualisierung und Sozialstruktur" bot schließlich den Anlass, das Manuskript endgültig als Studienbrief der FernUniversität auszuarbeiten. Andrea Poppe hat viele Kapitel auf der Basis von manchmal nur schwer verständlichen Diktaten phantasievoll niedergeschrieben. Im Sommersemester 2005 wurde der Studienbrief unter dem Titel „Die Unaufhörlichkeit des Entscheidens" erstmals angeboten.

Das vorliegende Buch ist eine Überarbeitung dieses Studienbriefs. Dessen redaktionelle Bearbeitung oblag vor allem Barbara Böringer; Gudrun Hilles hat sich um die Buchfassung gekümmert.

Abgesehen von der über diesen Zeitraum erschienenen Literatur hat das vorliegende Buch von vielen Quellen der Inspiration profitiert – eigentlich von allen Forschungsprojekten, die ich seit meiner Promotion bearbeitet habe, und von den Diskussionszusammenhängen in Bielefeld, Köln und Hagen. Nicht zuletzt Erfahrungen der letzten Jahre als Dekan und Prorektor an der FernUniversität sind eingeflossen; und ich lerne täglich noch dazu. Entsprechend zahlreich sind die Menschen, von denen ich etwas gelernt habe – ich fange gar nicht erst damit an, Namen zu nennen.

Wie diese Chronologie zeigt: Dieses Buch war fast drei Jahrzehnte eine Nebenbeschäftigung – aber eine, die mir stets so wichtig war, dass ich sie nicht „irgendwie", sondern „richtig" abschließen wollte. Das tue ich hiermit – vorläufig ...

> *Zu wählen wissen.*
> *Das meiste im Leben hängt davon ab.*
> *(Balthasar Gracian)*
>
> *„Man kann tun, was man will;" sagte sich der*
> *Mann ohne Eigenschaften achselzuckend*
> *„es kommt in diesem Gefilz von Kräften*
> *nicht im geringsten darauf an!"*
> *(Robert Musil)*

# Einleitung

Dieses Buch nimmt eine doppelte Zumutung in den Blick, mit der jede Handelnde in der modernen Gesellschaft konfrontiert ist. Sie soll erstens immer mehr ihrer Handlungen, und vor allem die wichtigen, in Form von Entscheidungen konzipieren und ausführen; und obwohl immer mehr der Situationen, in denen sie so zu entscheiden hat, immer komplexer geworden sind, soll sie möglichst rational entscheiden. Dieser *Zumutung rationalen Entscheidens unter Bedingungen hoher Komplexität* ist ein Akteur zunächst einmal durch andere ausgesetzt, die ihn beobachten und gegebenenfalls auch sanktionieren können. Darüber hinaus handelt es sich aber auch um eine Selbstzumutung. Der Akteur selbst hat durch Erziehung und andere Formen der Sozialisation in starkem Maße verinnerlicht, dass rationales Entscheiden angesagt ist.

Dies ist das Phänomen, aufgrund dessen ich die moderne Gesellschaft als *Entscheidungsgesellschaft* bezeichne.[1] Der Begriff

---

[1] Walter Reese-Schäfer (2000: 274/275) benutzt diesen Begriff ebenfalls, ohne allerdings seinen Implikationen sehr viel weiter nachzugehen. Michael Greven (1999: 9, 14, 28) fasst das hier angesprochene Phänomen im Begriff der „politischen Gesellschaft". Das ist terminologisch insofern unangebracht, als keineswegs nur in der Politik Entscheidungen getroffen werden und auch nicht alle Entscheidungen politischen Charakter – was immer man darunter verstehen will – haben.

darf nicht so missverstanden werden, als sei damit behauptet, dass die Zumutung rationalen Entscheidens das wichtigste oder gar das einzige Merkmal ist, das die Moderne auszeichnet. Die moderne Gesellschaft hat eine Reihe von Charakteristika, die keine vormoderne Gesellschaft aufwies. Um nur eine ganz lückenhafte und unsystematische Auflistung zu geben: Die moderne Gesellschaft ist eine kapitalistische Gesellschaft, eine Organisationsgesellschaft, eine funktional differenzierte Gesellschaft, eine individualisierte Gesellschaft, eine Multioptionsgesellschaft, eine Risikogesellschaft, eine Wissensgesellschaft, eine säkularisierte Gesellschaft, eine demokratische Gesellschaft etc. (Pongs 1999; 2000; Schimank/Volkmann 2000). Hier wird lediglich behauptet, dass die moderne Gesellschaft eben auch eine Entscheidungsgesellschaft ist; und dass diese Facette der Moderne von mir so herausgestellt wird, liegt daran, dass sie im Unterschied zu anderen genannten und ungenannten Charakteristika der Moderne bislang nur eher implizit und am Rande thematisiert worden ist. Es geht mir also, anders gesagt darum, das Spektrum der Selbstbeschreibungen der Moderne wieder um einen Aspekt zu ergänzen. Nicht mehr – und nicht weniger! Ich behaupte nicht, hier das definitive Wesensmerkmal der Moderne aufzudecken. Aber ich behaupte, ein zentrales Merkmal der Moderne anzusprechen.[2]

*Beispiel: Die Entscheidungen eines Tages*
Mein Protagonist, an dem ich die Alltäglichkeit der Entscheidungsgesellschaft vorführen und so zum Thema hinführen will, ist männlich, Professor, im mittleren Alter (Ähnlichkeiten mit leben-

---

[2] Die Moderne als Entscheidungsgesellschaft zu begreifen bedeutet wohlgemerkt nicht etwa, davon auszugehen, dass erst in der Moderne entscheidungsförmig gehandelt wird, sondern – noch einmal! – lediglich, dass dieser Art des Handelns in der modernen Gesellschaft ein besonderer Stellenwert zukommt. Entscheiden lässt sich durchaus anthropologisch fassen – siehe etwa Rolf Bronner (1999: 1): „Das Phänomen Entscheidung hebt den Menschen einerseits von den übrigen Lebewesen und andererseits von noch so intelligenten Maschinen ab." Über letzteres dürfte man wohl heute schon streiten können.

den Personen sind natürlich rein zufällig.). Ich will ein paar ganz fragmentarische Beobachtungen aus einem beliebig herausgegriffenen, nicht repräsentativen Arbeitstag notieren.

Gleich morgens gilt es zu entscheiden, welches Hemd und welcher Schlips getragen wird – oder ob er nicht auf den Schlips verzichtet. Nicht entschieden, sondern einfach wie jeden Morgen vollzogen wird etliches andere: aufstehen, duschen, rasieren, Zähne putzen, Kaffee kochen. Dann stehen zwei Fragen zur Entscheidung an: Soll er noch in Ruhe die Zeitung lesen oder lieber so schnell wie möglich zur Universität fahren? Und soll er auf dem Weg dorthin noch die Wäsche zur Mangel bringen oder bis zum Wochenende damit warten, wenn noch mehr zusammengekommen sein dürfte?

Nicht entschieden wird das Verkehrsmittel für den Weg zur Universität. Es ist das eigene Auto. Auch nicht entschieden wird die Route. Sie steht, nach dem Ausprobieren einiger Alternativen, als er neu in die Gegend gezogen war, inzwischen fest. Auch nicht entschieden wird der Radiosender, der im Auto gehört wird. Es ist immer der Deutschlandfunk, weil dort keine Musikberieselung erfolgt, sondern durchgängig Informationen geboten werden.

An der Universität angekommen, wird auch nicht entschieden, wo ein Parkplatz gesucht wird. Bis neun Uhr morgens findet sich immer etwas in der hintersten Reihe des Parkplatzes am Hauptgebäude. Anders wäre es, käme mein Protagonist – etwa, weil er erst noch zu Hause gearbeitet oder einen anderen Termin wahrgenommen hat – erst am späten Vormittag zur Universität. Dann müsste er sich, am besten bereits auf dem Weg dorthin, die Frage stellen, wo er mit größtmöglichen Erfolgsaussichten nach einem freien Parkplatz Ausschau halten sollte; und während er dies dann täte, müsste er situativ entscheiden, wie lange er noch relativ nahe an der Universität sucht und wann er nach womöglich erfolgloser Suche einen weiter entfernten Parkplatz ansteuert, wo mit großer Sicherheit etwas frei ist.

Im Büro angelangt, sind erst einmal diverse Telefonate mit der Hochschulverwaltung und mit Studierenden – er arbeitet an einer

Fernuniversität – zu führen. Mit einem Sachbearbeiter der Haushaltsabteilung wird ein Weg ausgetüftelt, um bestimmte Gelder, die in diesem Jahr nicht mehr sinnvoll ausgegeben werden können, nicht verfallen zu lassen, sondern im nächsten Jahr zur Verfügung zu haben. Studierende, die eine Hausarbeit schreiben möchten, wollen oftmals ein Thema vorgegeben haben. Ihnen muss klargemacht werden, dass die Eingrenzung eines bearbeitbaren Themas eine Entscheidung ist, die gerade bei Hausarbeiten gelernt werden soll und ihnen daher nicht von den Lehrenden abgenommen wird. Der Protagonist weigert sich also, diese Entscheidung für die Studierenden zu treffen.

Da er momentan Dekan seines Fachbereichs ist, geht er später am Vormittag im Dekanat fünf volle Unterschriftenmappen durch. Unzählige Unterschriften sind zu leisten: die meisten blind, ohne hinzuschauen, was da unterschrieben wird. Er muss sich auf die Mitarbeiter des Dekanats und des Prüfungsamtes verlassen, die die Sachverhalte geprüft haben. Sie entscheiden für ihn – faktisch! Formell ist er für alles verantwortlich, was er unterschreibt. Nur aus dem Augenwinkel fällt ihm auf, dass auf einem Magisterzeugnis im dort wiedergegebenen Titel der Magisterarbeit ein Schreibfehler ist; er streicht die schon getätigte Unterschrift wieder durch und markiert den Fehler mit einer dicken Unterstreichung.

Es gibt nur weniges, was er sich selbst genauer anschaut. Bei einer Sache bleibt er hängen und bespricht sie mit dem Dekanatsassistenten. Es geht um eine Personalangelegenheit; und die beiden finden eine Lösung, die aber erst mit der Personalabteilung der Hochschule abgeklärt werden muss. Dann muss der Vorgang – vorausgesetzt, die Personalabteilung stimmt zu – noch in der Kommission für Planung und Finanzen und im Rektorat abgesegnet werden.

Anschließend geht der Protagonist mit den Mitarbeitern seines Lehrstuhls zum Mittagessen. Welches Menü soll er wählen? Nichts von den drei Gerichten sagt ihm spontan zu. Aber soll er schon wieder nur Salat und ein Brötchen essen? Er entscheidet sich für das vermeintlich kleinste Übel unter den drei Gerichten.

# Einleitung

Schon nach wenigen Bissen merkt er, dass es die falsche Wahl war. Er isst wenigstens die Hälfte seines Tellers, weil er ja nichts gefrühstückt hat. Nach dem Essen folgt ein festes Ritual, gegen das er sich nur bei ganz dringenden Angelegenheiten entscheidet: mit allen Mitarbeitern des Lehrstuhls, die jeweils da sind, zusammen im Sekretariat eine Tasse Kaffee zu trinken und über dies und das zu reden. Zwei Mitarbeiterinnen sprechen ihn dabei darauf an, dass er sich allmählich über ein gemeinsames Seminar Gedanken machen muss; er verabredet, sich demnächst mit ihnen zusammen zu setzen.

Am Nachmittag folgt eine mehr als dreistündige Besprechung als Dekan mit den geschäftsführenden Direktoren der sieben Institute des Fachbereichs. Das Rektorat der Hochschule erwartet in den nächsten Tagen die Strukturplanung des Fachbereichs bis zum Jahr 2009, um eine Grundlage für die Zielvereinbarungen mit dem Ministerium zu haben. Viele schwierige Fragen sind bereits in den zurückliegenden Monaten lang und breit diskutiert, etliche auch schon im Fachbereichsrat entschieden worden. Aber immer noch steht an, dass eine bestimmte Professur nach der Emeritierung des Stelleninhabers für ein anderes Fach innerhalb des Fachbereichs umgewidmet werden müsste. So jedenfalls sieht es der Dekan. Fast alle anderen sind dagegen, am vehementesten der Vertreter des Fachs, zu dem die Professur jetzt noch gehört. Das sei der Tod des Faches – und ob die Hochschule sich diesen kulturpolitischen Skandal leisten könne! Aber klar ist, wie der Dekan immer wieder verdeutlicht, dass ein anderes Fach und dessen neuer Studiengang – auf den das Ministerium größten Wert legt – nur dann auf die Beine kommen kann, wenn dort in absehbarer Zeit eine weitere Professur eingerichtet wird. Von außen wird der Fachbereich keine zusätzliche Professorenstelle erhalten.

Der Dekan fragt schließlich diejenigen, die die Umwidmung ablehnen, nach Alternativen. Er schaut in betretene Gesichter. Einer sagt, er sei ja nicht der Dekan, er müsse die Entscheidung nicht treffen. Aber reinreden wollen sie alle, und im Fachbereichsrat abstimmen auch! Die meisten plädieren dafür, noch abzuwarten, bis die Professur frei wird. Ist dies ein sinnvolles Offenhalten von Optionen oder ein bequemes Vermeiden einer unangenehmen Entscheidung? Weitere Möglichkeiten werden ins Spiel gebracht. Am Ende haben zehn Personen fünf Alternativen produziert. Der konsensuell oder zumindest mehrheitlich getragene Beschluss des Fachbereichs, der hier vorbereitet werden sollte, ist in weite Ferne gerückt. Der Dekan weist auf die Gefahr hin, dass andere – das Rektorat oder das Ministerium – über den Fachbereich hinweg entscheiden werden, wenn dieser keinen Beschluss vorlegt. Es nützt nichts: Ohne Ergebnis geht man auseinander.

Wieder am Lehrstuhl, führt mein Protagonist noch eine Weile ein Gespräch mit einer Mitarbeiterin, die ihm berichtet, welche thematische Umorientierung ihrer noch am Anfang stehenden Dissertation sie in den letzten Tagen sondiert hat. Gemeinsam wird weiter überlegt: Hat schon mal jemand das Thema so angegangen? Lässt sich das empirisch umsetzen? Was könnte Interessantes dabei herauskommen? Er trägt ihr dazu auf, all dies in den nächsten Wochen weiter zu durchdenken und ihm dann ihre Entscheidung mitzuteilen.

Danach geht mein Protagonist die Postmappe des Tages durch. Das ist keine Entscheidung, sondern eine Routine, die immer abläuft, wenn seine Sekretärin sie ihm auf den Tisch gelegt hat. Heute ist nichts Besonderes dabei. Er muss nur überlegen, ob er eine Vortragseinladung für die Mitte des kommenden Jahres annimmt. Wie interessant könnte die Tagung für ihn werden? Und wie passt das, was er vortragen soll, in sein eigenes Arbeitsprogramm hinein? Er wird sich in den nächsten Tagen entscheiden und dies dann den Tagungsveranstaltern mitteilen.

Jetzt steht er vor der Entscheidung: Soll er im Büro weiterarbeiten oder nach Hause fahren, erst einmal zu Abend essen und dann mit einem Glas Wein noch zwei Stunden am PC einen Aufsatz weiter schreiben? Weil mein Protagonist nach dem kargen Mittagessen Hunger verspürt, entschließt er sich für letztere Alternative. Beim Zusammenpacken der Unterlagen, die er mit nach Hause nimmt, fällt sein Blick auf einen Zettel, den er sich morgens als Erinnerungsstütze hingelegt hatte. Er wollte heute irgendwann zwischendurch bei seiner Bank anrufen, um eine Geldanlage zu besprechen und gegebenenfalls direkt zu entscheiden. Er hat es vergessen. Morgen früh fährt er für zwei Tage auf eine Konferenz, dann ist Wochenende. Seine Beraterin bei der Bank wird warten müssen.

Der Abend verläuft wie geplant – was vor allem heißt, dass keine Anrufe von Kollegen oder Freunden kommen, die ihn von der Arbeit abhalten. Beim Essen liest er die Tageszeitung, dann arbeitet er bis um halb elf an seinem Manuskript. Dabei fallen viele kleine Entscheidungen: Wie lässt sich ein Argument am schlüssigsten aufbauen? Ist ein bestimmter Einwand, der sich in der Literatur findet, wirklich triftig? Welches Beispiel wird zur Verdeutlichung der eigenen Position herangezogen?

Um halb elf schaut sich mein Protagonist im Fernsehen die „Tagesthemen" an. Dass er dafür zu arbeiten aufhört, ist keine Entscheidung, sondern eine Gewohnheit. Meist ist er auch um diese Zeit einfach zu müde, um noch weiterzuarbeiten. Nach den „Tagesthemen" geht er dann normalerweise – wie an diesem Tag – gleich ins Bett.

*Vielfältigkeit des Entscheidungshandelns*
Bei anderen Personen mit anderen Rollen sähe ein solcher Tag natürlich ganz anders aus. Auch wenn sie dieselben Rollen innehätten, sähe er anders aus; und auch bei unserem Protagonisten sieht Etliches am nächsten Tag anders aus. Trotz dieser mit den Händen zu greifenden Unterschiede bleibt jedoch eine Gemeinsamkeit: Jeder Akteur muss jeden Tag viele Entscheidungen treffen.

Man mag sich nur einmal als Kontrastfolie den typischen Tag – den es nicht gibt! – einer nicht berufstätigen Hausfrau und Mutter vergegenwärtigen. Ich will nur einige Beispiele für Entscheidungen andeuten, die diese Person zu treffen haben könnte: Soll das erkältete Kind heute zur Schule gehen oder besser zu Hause bleiben, obwohl eine wichtige Klassenarbeit geschrieben wird?

Was wird heute gekocht und muss dafür eingekauft werden? Wo ist am ehesten eine geschmackvolle und ausgefallene Vase als Geschenk für eine Freundin aufzutreiben, die am Wochenende ihren Geburtstag feiert? Und wenn sich keine Vase findet: Was könnte dann geschenkt werden? Wie kann der notorisch faule Sohn, der nur noch am Gameboy sitzt, dazu gebracht werden, dass er sich wieder mehr mit der Schule beschäftigt und auch an irgendeiner Sportart Interesse findet? Und wo lässt sich im Haus eine Ecke finden, in der ein Schreibtisch und ein PC untergebracht werden können, damit die Protagonistin ungestört an einigen Abenden in der Woche für ihr Fernstudium arbeiten kann? Welche Zimmer ließen sich möglicherweise entsprechend umräumen?

Jede mag sich weitere Beispiele ausmalen. Doch bereits die beiden hier genannten Beispiele deuten einiges darüber an, wie Entscheidungshandeln tagtäglich in der heutigen Gesellschaft geschieht. Ich will nur stichwortartig die folgenden Aspekte hervorheben:

- Jeder Mensch hat tagtäglich viele Entscheidungen zu treffen. Aber noch viel mehr seiner Handlungen sind keine Entscheidungen. Diese habe ich in meiner kurzen Schilderung des Tagesablaufs größtenteils nicht angesprochen – aber man kann sie sich mühelos denken.
- Es gibt „kleine" und „große" Entscheidungen. Bei ersteren kommt es für die betreffende Person und erst recht für andere nicht sonderlich darauf an, wie sie sich entscheidet – bei letzteren sehr wohl.[3] Ich erinnere nur an den Schlips auf der einen und die Stellenumwidmung auf der anderen Seite.
- Es gibt kurzfristige Entscheidungen und Entscheidungen mit zeitlich weitreichenden Folgen. Das kann, muss aber nicht mit der eben angesprochenen Bedeutsamkeit von Entscheidungen zusammenfallen. Wenn ich mich tätowieren lasse, hat das lang-

---

[3] Siehe auch für Organisationen die Unterscheidung von „Alltags-" und „Führungsentscheidungen" bei Bronner (1999: 1).

fristige Folgen – aber hoffentlich keine sonderlich bedeutsamen! Manche kurzfristig wenig bedeutsam erscheinenden Entscheidungen entpuppen sich hingegen langfristig als sehr bedeutsam.
- Es gibt Entscheidungen, bei denen davon ausgegangen werden kann, dass sie keine weiteren Folgeentscheidungen nach sich ziehen. Bei anderen Entscheidungen antizipieren die Betreffenden hingegen, dass weitere Entscheidungen anfallen werden. In einigen Fällen ist dies auch bereits formell geregelt. Nach dem Fachbereich entscheidet das Rektorat, und manchmal geht der Vorgang zur weiteren Entscheidung ans zuständige Ministerium.
- Es gibt immer wieder vorkommende, sich regelmäßig wiederholende Entscheidungen; und es gibt Entscheidungen, die zumindest für die betreffende Person ganz neu sind. Der Turnus der regelmäßigen Entscheidungen kann dabei täglich sein – siehe die Wahl des Mittagessens. Entscheidungen können aber auch, wie bei politischen Wahlen, im Abstand mehrerer Jahre anfallen.
- Manche Entscheidungen sind einfach zu treffen, weil der Akteur auf klare Präferenzen zurückgreifen kann und ihm seine Alternativen deutlich vor Augen stehen. Andere Entscheidungen stellen sich demgegenüber als mehr oder weniger schwierig dar.
- Manche Entscheidungen werden von einem Akteur ganz allein getroffen. Bei anderen Entscheidungen lässt er sich beraten. Wieder andere Entscheidungen lässt er sich abnehmen – bis hin dazu, dass er nur noch seine Unterschrift leistet. Noch andere Entscheidungen werden von mehreren Akteuren untereinander ausgehandelt, was mehr oder weniger konflikthaft verlaufen kann.
- Manche Entscheidungen trifft ein individueller Akteur für sich selbst: was er zu Mittag isst oder wie er einen Aufsatz schreibt. Andere Entscheidungen trifft er als Rollenträger in einer und für eine Organisation. Letzteres bedeutet, dass auch überindividuel-

le Akteure, vor allem Organisationen, Entscheidungsträger sind. Das gilt schon für den Fachbereich einer Hochschule, erst recht aber für die Hochschule in ihrer Gesamtheit.
- Entscheidungen fallen in den verschiedensten Lebensbereichen an. Sie sind keineswegs nur Angelegenheiten der Politik oder der Wirtschaft. Auch in der Wissenschaft, im Recht, in der Privatsphäre oder in Gesundheitsfragen stehen immer wieder Entscheidungen an.

Man könnte noch weitere Aspekte, in denen sich Entscheidungen voneinander unterscheiden können, herausgreifen. Doch bereits die hier angesprochenen Aspekte ergeben, wenn man sie miteinander kombiniert, eine Unmenge an unterschiedlichen Arten von Entscheidungen. Ich werde jeden dieser und auch weiterer Aspekte immer wieder ansprechen, ohne die Artenvielfalt jeweils systematisch durchzudeklinieren.[4] Für meine Zwecke genügt es, einen Eindruck davon vermittelt zu haben, welche Vielfalt an Unterarten die hier von mir behandelte Spezies aufweist.

*Die Thematisierung der Entscheidungsgesellschaft*
Die Überlegungen zur Entscheidungsgesellschaft, die ich in diesem Buch vorlege, beruhen nur an ganz wenigen Punkten auf eigenen empirischen Forschungen. Diese sind aber auch nicht erforderlich gewesen, weil Entscheidungen bereits der Gegenstand vieler Forschungen gewesen sind. Verschiedene sozialwissenschaftliche Disziplinen haben sich in unterschiedlichem Maße und mit teilweise sehr unterschiedlichen Fragestellungen mit Entscheidungen befasst: vor allem die Wirtschaftswissenschaft, die Psychologie, die Politikwissenschaft, die Soziologie und die Geschichtswissenschaft. Darüber hinaus gibt es Beiträge zum Entscheiden aber etwa

---

[4] Wenn man die Aspekte des zweiten, dritten, vierten, sechsten und siebten Spiegelstrichs lediglich dichotomisiert, beim fünften Spiegelstrich vier und beim achten Spiegelstrich zwölf Ausprägungen unterscheidet, ergibt das bereits 1536 Arten von Entscheidungen.

auch aus der Philosophie, der Rechtswissenschaft oder der Mathematik.

All diese Forschungen können – natürlich nur in einer sehr begrenzten Auswahl – für die hier behandelte Fragestellung genutzt werden. Bereits ein grober Überblick ergibt allerdings, dass trotz der Überfülle an Forschungen viele Aspekte des Entscheidungshandelns nur recht fragmentarisch untersucht worden sind, während einige andere – und dies sind nicht immer die hier im Mittelpunkt stehenden – vielleicht umgekehrt sogar „überforscht" sind. Das bedeutet, dass meine Überlegungen immer wieder an Grenzen der bisherigen Forschungen stoßen und sich dann notgedrungen auf Vermutungen oder auch nur Fragen, die weiterer Forschung bedürfen, beschränken müssen.

Eine grobe Sortierung der bisherigen Forschungen zum Entscheidungshandeln kann zunächst einmal das große Feld all jener Untersuchungen ansprechen, die sich relativ abstrakt und oft sogar mehr oder weniger stark formalisiert mit Entscheidungen beschäftigen. Dies ist der Schwerpunkt der mathematischen und philosophischen Analysen – etwa zu Entscheidungen unter Unsicherheit – und der sich daran anschließenden modelltheoretischen Überlegungen der Wirtschaftswissenschaften.[5] Auch das spieltheoretische Durchdenken der Verflechtungen individueller Entscheidungen mit dem Handeln oder Entscheiden anderer Akteure fällt in diese Rubrik (Holler/Illing 1991). Nicht in mathematisch-logischer Abstraktion, sondern – dies gerade korrigierend – mit Bezug auf psychische Muster des Umgangs mit Entscheidungsproblemen hat demgegenüber die Psychologie wichtige Ergebnisse beigesteuert.[6] Um nur ein Beispiel zu geben: Die Art und Weise, wie Menschen im Alltag Risiken einschätzen, die mit Entscheidungen verbunden sind, entspricht auf eklatante Weise nicht den Modellvorstellungen der entsprechenden mathematischen Wahrscheinlichkeitstheorie

---

[5] Einen immer noch aktuellen knappen Überblick hierzu gibt Kirsch (1970: 25-60). Siehe ferner z.B. Bitz (1981) oder Bamberg/Coenenberg (2002).

[6] Siehe auch hierzu als Überblick Kirsch (1970: 61-125).

und der darauf aufbauenden wirtschaftswissenschaftlichen Konzepte. Damit weisen bereits jene Forschungen, die sich ganz allgemein mit Entscheidungen beschäftigen, ein unübersehbares Spannungsverhältnis zwischen der Logik und der „Psycho-Logik" (Kirsch 1977: 127) von Entscheidungshandeln auf. Beide Dimensionen – Logik und „Psycho-Logik" – werden im Weiteren noch einige Male zur Sprache kommen. Im Mittelpunkt wird allerdings eine dritte Dimension stehen: die *Sozio-Logik* von Entscheidungen: also die Verflechtung der Entscheidungen eines bestimmten Handelnden mit dem vergangenen, gegenwärtigen oder zukünftigen Handeln oder Entscheiden anderer. Diese Sozio-Logik ist in einer ganzen Reihe diverser Forschungen explizit oder immer wieder auch nur implizit behandelt worden, die in dem Sinne konkretere Analysen von Entscheidungshandeln darstellen, dass jeweils eine spezifische Ebene sozialen Handelns in den Blick genommen wird.

Eindeutig am meisten behandelt worden ist dabei die Ebene der *Organisationen* (Kirsch 1971b). Dahinter steht insbesondere die hochgradige Durchorganisierung von Wirtschaft und Politik der modernen Gesellschaft. Organisationen stellen einen sehr prägenden Strukturkontext individuellen Entscheidens – etwa von Mitarbeitern eines Unternehmens – dar; und Organisationen sind als korporative Akteure, beispielsweise als Ministerien, selbst entscheidungsfähig, wobei sich ihr Entscheidungshandeln in manchen Hinsichten vom Entscheiden individueller Akteure unterscheidet. Beide Einsichten haben zu Forschungen geführt, die der erwähnten Logik und „Psycho-Logik" des Entscheidens eine „verhaltenswissenschaftliche Entscheidungstheorie" (Kirsch 1970) gegenüberstellen, also die in realen Organisationszusammenhängen vorfindbare Sozio-Logik des Entscheidens entschlüsseln. Organisation auf der einen und Entscheidungshandeln auf der anderen Seite sind in jahrzehntelangen Forschungen in einem immer engeren Zusammenhang gesehen worden – bis hin zu Niklas Luhmann (2000b), der Organisationen geradezu durch die Entscheidungsförmigkeit ihres Operierens definiert.

Schaut man sich als nächstes die Ebene individueller Akteure an, so findet man hier zwei wichtige Forschungsstränge zur Sozio-Logik des Entscheidungshandelns vor. Der eine Strang besteht aus Forschungen, die sich mit dem Entscheidungshandeln bestimmter Rollenträger in der modernen Gesellschaft befassen. Vor allem eine Reihe von *Leistungsrollen* der verschiedenen gesellschaftlichen Teilsysteme sind diesbezüglich – wenn auch kaum explizit entscheidungstheoretisch – behandelt worden: u. a. der militärische Führer als Stratege der Kriegsführung,[7] der Wissenschaftler als Forschungsstratege (Knorr-Cetina 1984; Latour 1987) oder der Richter als Verfahrensstratege (Esser 1970). Auch die *Publikumsrollen* bestimmter Teilsysteme sind in ihrem Entscheidungshandeln in den Blick genommen worden – insbesondere die Konsumenten der Wirtschaft (Wiswede 1995) und die Wähler demokratischer politischer Systeme.[8]

Man kann allerdings kaum sagen, dass allen wichtigen Leistungs- und Publikumsrollen der modernen Gesellschaft die ihnen gebührende Aufmerksamkeit entsprechender Forschungen geschenkt worden sind. Noch weniger gilt dies für eine zweite Facette individuellen Entscheidens: *die biographischen Entscheidungen*, die Personen immer wieder bei ihrer Lebensführung treffen. Dabei geht es nicht um operative Entscheidungen der „alltäglichen Lebensführung"[9], sondern um strategische Entscheidungen. Dazu gehört etwa die Berufs- oder Studienwahl, eine Entscheidung zur Auswanderung in ein anderes Land, die Entscheidung zur Elternschaft (Burkart 1995; Kühn 2003) oder die Entscheidung darüber, ob und gegebenenfalls wie man mit einem Partner zusammenlebt. In einem generellen Sinne gehen erst die neueren soziologischen

---

[7] Die berühmtesten klassischen Überlegungen hierzu stammen von Carl von Clausewitz (1832).
[8] Wobei die Wahlforschung und politische Soziologie kaum den Entscheidungscharakter der Wahl betonen, sondern gesellschaftliche Determinanten des „Wählerverhaltens" (!) wie etwa Schichtzugehörigkeit oder Geschlecht.
[9] Zu der diesbezüglichen Forschungsrichtung siehe Voß (1991), Voß/Weihrich (2001).

Debatten über Individualisierung auf diese Entscheidungsthemen ein, wenn dort die Wahlfreiheiten – aber auch der Zwang zum Wählen – auf Seiten der Mitglieder heutiger Gesellschaften angesprochen werden (Beck 1986: 217; Beck/Beck-Gernsheim 1994). Die soziologische Biographieforschung, die immer wieder auch sehr konkrete biographische Entscheidungssituationen in den Blick nimmt, hat diese allerdings bislang kaum einmal explizit entscheidungstheoretisch reflektiert – wozu ja auch der Befund gehören könnte, dass viele biographische Weichenstellungen gar nicht entscheidungsförmig stattgefunden haben.[10]

Die Untersuchungen zum biographischen Entscheiden liegen in ihrer Grundtendenz sehr nahe bei den Forschungen über Entscheidungen in und von Organisationen. Der Kontrapunkt zu abstrakten logischen ebenso wie zu abstrakten psychologischen Reflexionen des Entscheidungshandelns wird auch hier gesetzt. Das Gleiche gilt für die Forschungen über das Entscheidungshandeln von Leistungs- und Publikumsrollen. Auf eine Kurzformel gebracht, lautet dieser Kontrapunkt: Individuelle ebenso wie korporative Akteure sind in ihrem Entscheidungshandeln aus vielerlei Gründen nicht in der Lage, jener Logik zu entsprechen, die von den mathematischen und philosophischen sowie von den daran anschließenden wirtschaftswissenschaftlichen Entscheidungstheorien konzipiert wird. Insoweit besteht Übereinstimmung mit den psychologischen Betrachtungen. Es bleibt jedoch nicht bei einer solchen Defizitanalyse. Vielmehr wird herausgestellt, dass Entscheidungshandeln, so wie es tatsächlich abläuft, durchaus konstruktiv mit seinen Beschränkungen umzugehen weiß, also sozusagen das Beste aus den Defiziten macht.

---

[10] Der Hauptgrund dafür, dass Biographie- und Entscheidungstheorie bislang nahezu keinen Kontakt miteinander gefunden haben, liegt wohl darin, dass beide Forschungsrichtungen in einander nach wie vor eher bekriegenden sozialwissenschaftlichen Paradigmen verankert sind: die Entscheidungstheorie im Rational-Choice-Paradigma, die Biographieforschung im so genannten „interpretativen" Paradigma.

Damit relativieren diese Forschungen einen Eindruck, der in der soziologischen Individualisierungsdebatte immer wieder mit dramatisierenden Bildern suggeriert wird: dass nämlich der Einzelne mit tagtäglichen operativen ebenso wie mit längerfristigen strategischen Entscheidungen völlig überfordert sei und darauf nur noch mit irrationalen, geradezu panikartigen Reaktionen antworte. Dieser generellen Behauptung einer unerträglichen Last, die die Entscheidungsgesellschaft für den Einzelnen darstelle, treten die angesprochenen Forschungsrichtungen entgegen. Unübersehbar ist dabei wiederum ein Spannungsverhältnis, das mit dem zuvor geschilderten zwar nicht identisch, ihm aber doch in vieler Hinsicht analog geartet ist. Einerseits ist der Einzelne offenbar geradezu übermenschlichen Entscheidungszumutungen ausgesetzt – andererseits kommt er damit anscheinend, ohne größeren Schaden zu nehmen, zurecht.

Betrachtet man nun die Ebene der *Interaktion*, so ist zunächst offensichtlich: Dies ist die Arena, in der sich alles Entscheiden abspielt, sofern es sich nicht um rein monologische, „einsame" Entscheidungen eines Einzelnen handelt. Letztere gibt es zweifellos – nicht nur für Robinson Crusoe. Wenn jemand sich zum Beispiel überlegt, nach welchem System er seine Bücher sortiert, braucht er dabei in der Tat auf niemanden sonst Rücksicht zu nehmen. Es geht ihm lediglich darum, dass er selbst sich zurechtfindet. Aber in die allermeisten anderen Entscheidungen spielen andere Akteure zumindest insoweit mit hinein, dass deren Einschätzungen und Beurteilungen bedacht und, so oder so, berücksichtigt werden. Und erst recht sind andere immer dann beteiligt, wenn Entscheidungen durch Gruppen, in Gremien, im Kreis von Beratern oder in Verhandlungen getroffen werden. Interaktion ist bereits dann gegeben, wenn von einem Entscheidungshandelnden die Einschätzungen anderer berücksichtigt werden.[11]

---

[11] Siehe die Definition von Interaktion als zumindest einseitiger Wahrnehmung der Relevanz des anderen bei Luhmann (1975a). Max Webers (1922: 1) Begriff des „sozialen Handelns" erfasst denselben Sachverhalt.

Abgesehen von logischen Analysen wie denen der Spieltheorie haben sozialpsychologische Untersuchungen zu Verhandlungen (Crott et al. 1977) und Gruppenentscheidungen[12] einige Einsichten zu dieser Ebene des Entscheidungshandelns beigesteuert. Dasselbe gilt für Untersuchungen, die sich mit den Auswirkungen bestimmter institutioneller Regelungen des Entscheidens – z.B. der Vorgabe eines Einstimmigkeits- oder eines Mehrheitsprinzips – beschäftigen;[13] schließlich sind auch Verfahren als zumeist organisatorisch formalisierte Muster der Interaktion zwischen Entscheidungshandelnden auf ihre Spezifika hin analysiert worden (Luhmann 1969a). Wiederum wird – wie auf der Ebene von Organisationen und Individuen – herausgearbeitet, dass die Strukturen und Dynamiken der Interaktion zwischen Akteuren bestimmte sozio-logische Muster aufweisen, auf die die abstrakte Entscheidungstheorie der Mathematik, Philosophie und Wirtschaftswissenschaft nicht eingeht.

Noch nicht erwähnt wurde bisher diejenige Ebene des Sozialen, die den analytischen Bezugspunkt aller hier anstehenden Überlegungen bildet. Von Entscheidungsgesellschaft zu sprechen macht nur dann Sinn, wenn die Ebene der *Gesellschaft* letztlich den Horizont aller Darlegungen abgibt. Dies ist in mehrfacher Hinsicht der Fall. Zunächst einmal werden hier auch solche Entscheidungen thematisiert, die nicht mehr nur das Schicksal einzelner Individuen oder Organisationen bestimmen, sondern große gesellschaftliche Bereiche – zum Beispiel die Wirtschaft oder den Sport – betreffen oder sogar eine gesamtgesellschaftliche Reichweite haben. Dies sind nicht immer, aber doch in vielen Fällen *politische Entscheidungen*, weshalb auf dieser Ebene auch der Schwerpunkt politikwissenschaftlicher Forschungen zur Sozio-Logik des Entscheidens liegt. Noch genauer gefasst geht es um

---

[12] Siehe etwa die Befunde zum „group think" (Janis 1972).
[13] Siehe die Überlegungen von Fritz Scharpf (1971) zur „positiven" und „negativen Koordination".

die Möglichkeiten und Grenzen politischer Gesellschaftssteuerung.[14]

Spätestens bei politischen Entscheidungen drängt sich eine Frage in den Vordergrund, die allerdings durchaus auch an Entscheidungen gestellt wird, die einzelne Organisationen oder Individuen betreffen. Die Frage lautet: Inwieweit sind die gesellschaftlichen Verhältnisse überhaupt durch Entscheidungen intentional gestaltbar, und inwieweit laufen lediglich schicksalhafte Zwangsläufigkeiten „hinter dem Rücken" der Akteure ab? Diese Frage ist deshalb eine so bedrängende, weil die moderne Gesellschaft – wie im Kapitel 2 genauer erläutert werden wird – prinzipiell gestaltungsoptimistisch ist, dieser Optimismus aber immer wieder herbe Fehlschläge hinnehmen muss. Man muss dabei gar nicht an die Gestaltungshybris sozialistischer Planwirtschaften denken, die nichts als grandiose Scherbenhaufen hinterlassen haben. Auch viel bescheidenere politische Gestaltungsvorhaben – etwa eine neue Gestaltung des Governance-Regimes der Universitäten oder die notorische Rechtschreibreform – erweisen sich immer wieder als äußerst schwierig; und neben dem Problem, die angestrebten Gestaltungsziele nicht zu erreichen, werden die politischen Akteure auch immer wieder mit dem Risiko konfrontiert, ungeahnte und unerwünschte Nebenwirkungen zu erzeugen, die im negativen Sinne gravierender sind als die vielleicht erzielten positiven Effekte. Nicht selten sind Leute mit den besten Absichten diejenigen, die das Schlimmste anrichten.

Politische Entscheidungen werden von Individuen getroffen – oftmals im Kontext von Organisationen. Hier wird bereits die Verschachtelung der Entscheidungsebenen deutlich. Es kann jeweils gefragt werden: Welche gesellschaftsstrukturellen Merkmale prägen politisches, organisatorisches oder individuelles Entscheiden? Eine Gesellschaft, in der – wie in Japan – Konflikte möglichst nicht explizit thematisiert werden, macht andere Stile des politi-

---

[14] Als Überblick über die hierzu vertretenen neueren theoretischen Positionen siehe Lange/Braun (2000).

schen, organisatorischen, aber auch familialen Entscheidens erforderlich als ein konfliktfreudiger gesellschaftlicher Kontext. Dieser ganz kurze und deshalb an etlichen Stellen wohl nur für bereits Eingeweihte nachvollziehbare Durchgang durch die Forschungen der verschiedenen beteiligten Disziplinen zum Entscheidungshandeln in der modernen Gesellschaft hat drei zentrale Facetten der Thematik angedeutet:

- das Spannungsverhältnis zwischen den logisch formulierbaren idealen Anforderungen an eine rationale Entscheidung und den real vorfindbaren Mustern des Entscheidungshandelns;
- das Spannungsverhältnis zwischen der permanenten Überforderung der Akteure durch die Komplexität der zu treffenden Entscheidungen und dem Tatbestand, dass dennoch tagtäglich Entscheidungen getroffen werden;
- und das Spannungsverhältnis zwischen Entscheiden als intentionaler Gestaltung und den notorischen transintentionalen Resultaten des Entscheidungshandelns.[15]

Diese drei Spannungsverhältnisse, deren erst einmal nur erahnbarer Zusammenhang genauer ergründet werden muss, machen den Kern der Entscheidungsgesellschaft aus. Sie stellen damit auch Leitlinien dar, an denen sich die Überlegungen dieses Buches orientieren.

*Gestaltungsentscheidungen*
Eine der bereits angesprochenen Dimensionen, anhand derer man Entscheidungen sortieren kann, ist die der Folgenträchtigkeit. Auf der einen Seite gibt es viele Entscheidungen, die für Individuen, für Organisationen, für gesellschaftliche Teilbereiche oder für die Gesellschaft als ganze wenig bedeutsam sind; und den anderen Pol dieses Kontinuums stellen Entscheidungen dar, die auf der jeweils

---

[15] Zur Thematisierung von Transintentionalität in verschiedenen Sozialtheorien siehe auch die weit ausholenden vergleichenden Betrachtungen in Greshoff et al. (2003).

angesprochenen Ebene von Sozialität sehr bedeutungsvoll sind. Um dies nur für ein Individuum zu verdeutlichen: Ob ich mich an einem bestimmten Morgen beim Frühstück dafür entscheide, Marmelade und nicht Honig auf mein Brötchen zu streichen, ist eine für mich und meine Biographie ziemlich unbedeutende Entscheidung – und zwar gleichgültig, ob sie mir leicht gefallen ist oder ich lange hin und her geschwankt habe, was ich vorziehen soll. Dass ich mich hingegen dafür entscheide, Soziologie und nicht Mathematik zu studieren, dürfte nach menschlichem Ermessen für mein weiteres Leben weitaus wichtiger als jene Frühstücksentscheidung sein.

Aber was ist, wenn die Marmelade – sei es durch meine Lebenspartnerin, sei es durch einen Fehler im Produktionsprozess in der Fabrik – vergiftet worden ist und ich, ohne dies zu ahnen, buchstäblich eine Entscheidung über Leben und Tod treffe, wenn ich mir überlege, was mir heute morgen besser schmecken könnte? Und was ist, wenn mein Studienfach ziemlich bedeutungslos geblieben ist, weil ich sehr schnell die Firma meines Vaters übernehmen musste, der unvermutet verstorben ist, und diese zwangsläufige Übernahme der Unternehmerrolle mein weiteres Leben bestimmt hat? Diese Fragen zeigen, dass ganz unscheinbar erscheinende Entscheidungen große Folgen zeitigen können und umgekehrt sehr wichtig erscheinende Entscheidungen ziemlich irrelevant bleiben können.

Freilich ist hoffentlich auch angeklungen, dass diese Möglichkeiten keine wirklichen Einwände gegen die zunächst einmal unterstellte Bedeutsamkeit bzw. Unbedeutsamkeit der Entscheidungen darstellen. Die Einwände verweisen auf zwei denkmögliche, aber äußerst selten vorkommende Situationen. Das Alltagsdenken orientiert sich demgegenüber ebenso wie die wissenschaftliche Betrachtung nicht an der Ausnahme, sondern an der Regel. Auf dieser Grundlage lässt sich wohl für die allermeisten Entscheidungen ein hinreichender Konsens darüber herstellen, ob sie auf der jeweiligen Referenzebene – individuelle Biographie, Organisation, gesellschaftliches Teilsystem oder Gesellschaft insgesamt – typischerweise mehr oder weniger bedeutsame Auswirkungen haben dürften.

Ich will mich im Weiteren nur mit den vom jeweiligen Akteur als bedeutsam eingestuften Entscheidungen beschäftigen. Die Begründung dafür liegt nicht etwa darin, dass diese Entscheidungen analytisch immer interessanter als die unbedeutsamen sind, sondern darin, dass es sich um individuell, organisatorisch oder gesellschaftlich wichtigere Phänomene handelt.[16]

Fragt man – wiederum anhand des Beispiels – weiter, warum denn die Wahl des morgendlichen Brotaufstrichs für das betreffende Individuum weit weniger bedeutsam ist als die Wahl des Studienfachs, lautet die Antwort: Letzteres ist eine *Gestaltungsentscheidung*. Es geht bei ihr nicht nur darum, dass ich jeweils punktuell in der Situation das für mich Günstigste herauszuholen versuche – also mir überlege, was mir heute Morgen besser auf dem Brötchen schmecken könnte. Mit diesem Effekt, den ich dann erzielen oder auch verfehlen kann, endet die Reichweite einer solchen Entscheidung. Mehr darüber hinaus wird von ihr nicht präjudiziert. Eine Gestaltungsentscheidung bestimmt hingegen den Spielraum weiteren Handelns bzw. Entscheidens, bisweilen weit in die Zukunft hinein und sehr restriktiv.

Anders gesagt: Eine Gestaltungsentscheidung setzt Handlungs- und oftmals auch Entscheidungsprämissen.[17] Häufig sind diese durch Entscheidung gesetzten Prämissen weiteren Handelns

---

[16] Dahinter steht ein Verständnis von Soziologie, das diese – was die Priorität ihrer Themen anbetrifft – nicht im Elfenbeinturm verortet. Natürlich könnte sich die Soziologie auch lang und breit theoretisch und empirisch damit beschäftigen, warum bestimmte Bevölkerungsgruppen möglicherweise Marmelade statt Honig als Brotaufstrich zum Frühstück bevorzugen. Hätte das Fach nichts anderes zu tun, wäre gegen diese Themenwahl auch gar nichts einzuwenden. Aber bekanntermaßen hat die Gesellschaft ein paar noch etwas drängendere Probleme zu bewältigen, zu denen die Soziologie vielleicht etwas zu sagen haben könnte.

[17] Luhmann (1975c; 2000b: 222-255) führt dies an Entscheidungen über die Stellenstruktur formaler Organisationen vor. Genau besehen steht bei ihm der Begriff der „Planung" für solche Gestaltungsentscheidungen (Luhmann 1966).

oder Entscheidens soziale Strukturen. Es geht also um Entscheidungen, die Strukturgestaltung betreiben. Auf der Organisationsebene etwa dreht es sich nicht nur darum, für eine bestimmte Stelle eine Personalentscheidung zu treffen, sondern z.B. um die Entscheidung, dass Stellenbesetzungen künftig nur noch über Assessment-Center erfolgen.

Aber auch wenn Strukturgestaltung das Gros der Gestaltungsentscheidungen ausmacht, erschöpfen sich diese nicht darin. Gestaltungsentscheidungen liegen ebenfalls vor, wenn soziale Prozesse an einem Scheideweg angekommen sind und es darum geht, welcher Weg zukünftig genommen wird. So kann es auf der Organisationsebene von großer Wichtigkeit sein, welche Person an die Spitze eines krisengeschüttelten Unternehmens gestellt wird; oder eine Nation kann sich durch die Wahl ihres Präsidenten bewusst für Krieg oder Frieden entscheiden. Gerade auch auf der Interaktionsebene werden immer wieder Gestaltungsentscheidungen getroffen, die nicht die Form von Strukturentscheidungen annehmen, sondern Entscheidungen über Entscheidungsstrategien darstellen. Dass solches reflexives Entscheiden Entscheidungsprämissen setzt, ist offenkundig. Man denke etwa an eine Person, die sich für ein wichtiges Bewerbungsgespräch Gedanken darüber macht, welche Form des Auftretens sie wählt. Oder man denke daran, dass sich Diplomaten oder Interessenvertreter in politischen Entscheidungssituationen bewusst für bestimmte Verhandlungstaktiken entscheiden. Immer wieder finden sich Beispiele dafür, dass der Ausgang eines politischen Interessenkonflikts entscheidend – im doppelten Sinne des Wortes! – dadurch bestimmt wird, wie beide Seiten miteinander verhandeln: nachgiebig oder konfrontativ, misstrauisch oder vertrauensvoll, auf Anreize oder auf Drohungen setzend etc.

Gestaltung heißt hier wohlgemerkt lediglich, dass einer Entscheidung zeitlich, sachlich und sozial nicht bloß punktuelle, sondern über die jeweilige Situation hinaus reichende Auswirkungen zugesprochen werden.[18] Gestaltung bedeutet nicht etwa die völlige Determination dessen, was die Zukunft in der relevanten Hinsicht bringt. Letzteres würde ja darauf hinauslaufen, dass dem Entscheidungshandelnden hinsichtlich der jeweils bedeutsamen Kausalfaktoren Allmacht zugesprochen werden müsste. Allmacht besitzt nur Gott – und ganz so hoch stufen sich Entscheidungshandelnde, sogar vor Selbstbewusstsein strotzende, dann doch nicht ein. Mit Gestaltung ist somit lediglich gemeint, dass das eigene Entscheiden hinsichtlich des sich letztendlich ergebenden Resultats einen als nennenswert erachteten und gezielt angesteuerten Unterschied macht. Ich gehe also beispielsweise erstens nicht davon aus, dass meine Studienwahlentscheidung das einzige ist, was mein gesamtes späteres Leben bestimmt. Zweitens unterstelle ich eine solche Monokausalität nicht einmal für meine Berufskarriere. Denn ich erkenne drittens in beiden Hinsichten an, dass gewichtige, meist gewichtigere andere Faktoren mitwirken, die teils auf meiner Seite, teils in äußeren Umständen zu verorten sind.

*Fragestellung und Kapitelvorschau*
Damit ist das Thema dieses Buches umrissen: Wie treffen Akteure in der modernen Gesellschaft Gestaltungsentscheidungen? Dieses Thema wird in acht Kapiteln Schritt für Schritt entfaltet.

---

[18] Sylvia Wilz weist mich freilich zu Recht darauf hin, dass auch und gerade die alltäglichsten „kleinen" Entscheidungen sowie erst recht das traditionale oder routineförmige Alltagshandeln in dem Sinne enorm folgenträchtig über die jeweilige Situation hinaus sind, dass sich so Gesellschaft als soziale Ordnung reproduziert. In seiner Gesamtheit bildet das Alltagshandeln jene kompakte Front, gegen die Gestaltungsentscheidungen oftmals anrennen. Insbesondere diskriminierte Gruppen entwickeln oft ein Gespür für die heimliche, unheimliche Änderungsresistenz alltäglich reproduzierter sozialer Strukturen. So zementiert beispielsweise jeder Akt einer spezifisch Frauen entgegengebrachten männlichen Höflichkeit, jede kleine Aufmerksamkeit dieser Art immer auch die männliche Herrschaft, weil damit Frauen nicht als Gleiche behandelt werden. So besehen muss man sagen, dass das gesellschaftlich, organisatorisch oder individuell Folgenträchtigste das ist, was am wenigsten als folgenträchtig angesehen wird: nicht als Einzelakt, aber in der erdrückenden Summe.

Im Kapitel 1 werden zunächst einmal die beiden zentralen Begriffe, die bereits immer wieder gefallen sind, definiert: Was genau ist eine Entscheidung, und wann ist sie rational? Es wird sich zeigen, dass Entscheidungen in bestimmten Hinsichten besonders anspruchsvolle Arten von Handlungen sind – und diese Ansprüche erwachsen aus der angestrebten Rationalität des Entscheidens.

Wenn soweit der Gegenstand der Betrachtungen geklärt ist, wird im Kapitel 2 herausgearbeitet, was die Moderne als Entscheidungsgesellschaft ausmacht. Ein fundamentales Spannungsverhältnis, das die Klammer der drei zuvor erwähnten Spannungsverhältnisse bildet, wird als gesellschaftsstrukturell verankertes erkennbar: Einerseits konfrontiert die moderne Gesellschaft ihre Akteure mit hohen und immer noch steigenden Ansprüchen hinsichtlich der Entscheidungsförmigkeit und Rationalität ihres Handelns; andererseits wird die moderne Gesellschaft immer komplexer, was rationale Entscheidungen immer schwieriger und transintentionale Effekte immer wahrscheinlicher macht.

Das Kapitel 3 legt genauer dar, worin die Komplexität von Entscheidungssituationen besteht. Soziale, sachliche und zeitliche Komplexitätsdimensionen werden unterschieden. Für jede von ihnen lassen sich zum einen Komplexitätsursachen ausmachen, die universeller Natur sind, zum anderen solche, die besonders in der modernen Gesellschaft zum Tragen kommen.

Die folgenden vier Kapitel nehmen die für rationale Entscheidungen in der modernen Gesellschaft charakteristischen Muster im Einzelnen in den Blick. Dabei verknüpft das Kapitel 4 zunächst die abstrakten Überlegungen über rationale Entscheidungen aus Kapitel 1 mit der Diagnose hoher gesellschaftlicher Komplexität aus Kapitel 2 und den in Kapitel 3 unterschiedenen Komplexitätsdimensionen. Aus den abstrakten Überlegungen lässt sich ein Ideal perfekt rationalen Entscheidens ableiten; und die gesellschaftliche Komplexität begründet, warum reale Entscheidungen stets weit hinter diesen Idealen zurückbleiben. Anstatt diese notorisch große Diskrepanz aber defätistisch zum Anlass zu nehmen, in seinem Handeln auf Rationalität und auf Entscheidungen ganz zu verzichten, wird als Marschrichtung der Akteure in der Entscheidungsgesellschaft das Streben nach begrenzter Rationalität ausgemacht.

Die weiteren Kapitel spezifizieren, was begrenzte Rationalität des Entscheidens heißt. Dabei werden drei Komplexitätsniveaus von Entscheidungssituationen – auf einem generell hohen Grundniveau – unterschieden.[18] Das Kapitel 5 betrachtet Inkrementalismus als ein Bündel von Strategien begrenzt rationalen Entscheidens, die auf einem mittleren Niveau hoher Komplexität adäquat sind. Im Kapitel 6 geht es demgegenüber um Entscheidungssituationen, deren Komplexität – auf einem hohen Niveau – geringer ist. Hier ist mehr als Inkrementalismus möglich; es lassen sich solche Strategien begrenzter Rationalität einsetzen, die unter den Obergriff der Planung gebracht werden können. Das Kapitel 7 schließlich widmet sich umgekehrt solchen Entscheidungssituationen, deren Komplexität sehr hoch ist, so dass nur noch weniger als Inkrementalismus möglich ist. Das Rationalitätsniveau der dort behandelten Strategien läuft darauf hinaus, zumindest die Chancen eines Durchhaltens der Entscheidungszumutungen und der Komplexitätsüberlastung zu erhöhen.

Insgesamt lässt sich die hier behandelte Frage auch so formulieren: Was erlegt die Entscheidungsgesellschaft den Akteuren – Individuen wie Organisationen – auf, und wie gehen diese damit um? Man könnte vom *Coping mit der Entscheidungsgesellschaft* sprechen, so wie es z.B. auch viele Forschungen zu individuellem Coping mit so genannten „kritischen Lebensereignissen" (Filipp 1982) wie schwerer Krankheit, Trennung vom Partner oder beruflichem Scheitern gibt. Die meisten „kritischen Lebensereignisse" sind freilich akute, also unerwartet über ein Individuum hereinbrechende Konfrontationen mit Krisen. Die Entscheidungsgesellschaft ist demgegenüber gleichsam eine chronische Erkrankung ihrer Akteure, von der diese auch niemals gesunden, sondern die sie bestenfalls auf einem erträglichen Leidensniveau halten können.

---

[18] Wenig oder gar nicht komplexe Entscheidungssituationen werden hier also gar nicht in den Blick genommen.

Dies ist freilich ein einseitiges Bild der Entscheidungsgesellschaft. Die Akteure begreifen sie durchaus nicht nur als Problem, sondern zugleich immer auch als Chance, die eigenen Geschicke selbst in die Hand zu nehmen. Das Kapitel 8 zeichnet ein entsprechendes Bild der Moderne, die als Entscheidungsgesellschaft von einem funktionalen Antagonismus durchzogen wird: Dieser zeigt sich im unüberwindbaren Gegeneinander konservativer und progressiver Denkmuster über die intentionale Gestaltbarkeit der gesellschaftlichen Verhältnisse.

*Soziologische Aufklärung*
Gerade wenn es um Entscheidungen geht, werden schnell Empfehlungen dazu erwartet, wie man sich gut oder zumindest besser als bisher entscheidet. Insbesondere die ökonomische und die philosophische Betrachtung von Entscheidungen haben stets einen stark präskriptiven Einschlag gehabt. Die hier vorgelegte Analyse versteht sich demgegenüber erst einmal ganz explizit als eine, die Entscheidungshandeln, so wie es ist, soziologisch beschreibt und erklärt. Nahezu zwangsläufig sind damit aber zumindest implizite Empfehlungen verbunden. Wenn etwa gesagt wird, dass das Anstreben perfekter Rationalität im Ergebnis weniger rational als bewusste Strategien begrenzter Rationalität ausfällt, oder wenn bestimmten Komplexitätsniveaus von Entscheidungssituationen bestimmte Strategien begrenzter Rationalität als adäquat zugeordnet werden, ist die Empfehlung im Charakter der Analyse selbst angelegt. Unterstellt man, dass Akteure möglichst rationale Entscheidungen treffen wollen, werden sie – rationalerweise! – ihre Lehren aus den hier vorgelegten Analysen der relativen Funktionalität oder Dysfunktionalität bestimmter Entscheidungsmuster in bestimmten Situationen ziehen.

Es wäre dennoch eine ganz andere – durchaus reizvolle – Aufgabe, nun aus den hier vorgelegten Erkenntnissen ein Trainingsprogramm zu entwickeln, das Akteure dazu befähigt, ihr Coping mit der Entscheidungsgesellschaft gezielt zu verbessern. Meine Analysen hier stellen generelles Orientierungswissen bereit. Sie machen gesellschaftliche Akteure, die Entscheidungen treffen oder die von den Entscheidungen anderer betroffen sind, auf die komplizierten Vorgänge aufmerksam, die sich dabei abspielen; und es werden Muster aufgezeigt, die sich in diesen Vorgängen typischerweise finden. Ein Trainingsprogramm machte hingegen den Schritt vom Orientierungs- zum Rezeptwissen. Es würde den Akteuren dazu verhelfen, erstens die Diagnose von Entscheidungssituationen im Hinblick auf bestimmte Komplexitätsmerkmale und das vorliegende Komplexitätsniveau einzuüben und diese Diagnose zweitens mit der Anwendung bestimmter Entscheidungsstrategien zu verknüpfen.

Der Unterschied zwischen Orientierungs- und Rezeptwissen ist wie der zwischen einem Lehrbuch, das einem erklärt, wie beispielsweise ein Ottomotor funktioniert, und einem Störungsdiagnose- und Reparaturhandbuch, das einem Schritt für Schritt sagt, was man bei welchen Problemen zu tun hat. Für viele technische und soziale Probleme gab und gibt es solches Rezeptwissen, lange bevor entsprechendes Orientierungswissen erarbeitet worden ist. Aus wissenschaftlicher Perspektive ist freilich die umgekehrte Reihenfolge die logische: aus Orientierungswissen abgeleitetes Rezeptwissen. Den Vorlauf an Rezeptwissen – es muss ja schließlich gehandelt werden, auch wenn über die betreffende Angelegenheit noch nicht geforscht worden ist – kann die Wissenschaft dann zumindest nachträglich kritisch prüfen: Halten die Rezepte des Alltagswissens den wissenschaftlichen Erkenntnissen stand oder nicht?

Je mehr es einer wissenschaftlichen Betrachtung freilich gelingt, ihre eigenen Forschungsfragen unabhängig von den Rezepten des Alltagswissens, also deren Bestätigung oder Widerlegung, zu entwickeln, desto aufklärerischer kann sie wiederum – im Sinne der Generierung ganz neuen Rezeptwissens – in die Gesellschaft hinein wirken. Es ist gut und wichtig, das Alltagswissen kritisch zu überprüfen; aber es ist – auch für das Alltagswissen – von noch größerer Bedeutung, es mit etwas ganz Eigenem zu konfrontieren. Die vorliegende Untersuchung enthält, was durchaus typisch für soziologische Betrachtungen ist, Elemente aus beidem. Bestimmte Alltagsrezepte zum Umgang mit komplexen Entscheidungsproblemen werden soziologisch reflektiert und teilweise bestätigt; andere werden als mehr oder weniger in die Irre führend zurückgewiesen; und es werden auf soziologischer Grundlage eine Reihe von Einsichten erarbeitet, zu denen das Alltagswissen von sich aus noch gar nicht vorgestoßen ist.

Nicht zu unterschätzen ist schließlich ein weiterer Lerneffekt, den die vorgelegten Untersuchungen im Sinne von Orientierungswissen haben dürften. Sie greifen auf ein mannigfaltiges, aber hochgradig fragmentiertes wissenschaftliches Wissen über Entscheidungsvorgänge in der modernen Gesellschaft zurück. Wie bereits erwähnt, haben verschiedene wissenschaftliche Disziplinen auf verschiedenen Ebenen und in verschiedenen Bereichen des gesellschaftlichen Geschehens Entscheidungen – teilweise auch nur implizit – thematisiert. Dieses Wissen ist bisher nie systematisch zusammengeführt worden, so wie es hier unternommen wird. Dabei zeigt sich, dass beispielsweise derjenige, der über biographische Entscheidungen forscht, von Erkenntnissen profitieren kann, die in Forschungen über organisatorisches Entscheiden gemacht worden sind, und umgekehrt. Von diesem zunächst einmal rein wissenschaftsinternen Lerneffekt profitieren letztlich auch diejenigen, die – in welchem Lebensbereich auch immer – praktisch Entscheidungen zu fällen haben.

Damit ist die Zielgruppe der vorliegenden Überlegungen – über den Kreis derer hinaus, die sich wissenschaftlich mit Entscheidungen beschäftigen – angesprochen. In einem weiten Sinne betreffen sie jedes Mitglied der modernen Gesellschaft, weil jede sehr nachhaltig zumindest von Entscheidungen vieler anderer Akteure betroffen ist. Doch jede hat auch, wie noch zu zeigen sein wird, selbst vielerlei Entscheidungen zu treffen; und es könnte ihr ja durchaus daran gelegen sein, zu erfahren, was sie da eigentlich genau treibt, warum sie bestimmte Dinge so tut, wie sie diese tut, und ob das immer die beste Art und Weise ist, sie zu tun.

Darüber hinaus gibt es speziellere Zielgruppen. Eine besteht aus all jenen, die in verschiedenen gesellschaftlichen Teilbereichen und verschiedenen Rollen als – wie man so schön sagt – „Entscheidungsträger" eingestuft werden. Dazu zählt natürlich jemand wie der Bundeskanzler; aber dazu gehört genauso z.b. auch jeder Lehrer, der mit seinen Zensuren Entscheidungen über Lebenswege markant mitbestimmt – und jeder Lehrer weiß ein Lied davon zu singen, wie schwer ihm solche Entscheidungen immer wieder fallen. Bei genauerem Hinsehen hat die moderne Gesellschaft sehr viele „Entscheidungsträger" – also Individuen oder Organisationen, zu deren regelmäßigen Aufgaben das Treffen von Gestaltungsentscheidungen gehört.

Die andere speziellere Zielgruppe der Überlegungen sind die Entscheidungsbeobachter. Damit meine ich nicht bloß buchstäblich jeden Akteur, der beiläufig, ab und zu auch gezielt Entscheidungen anderer wahrnimmt und beurteilt, um dann für sich – nicht zuletzt für seine eigenen Entscheidungen – seine Schlüsse daraus zu ziehen. Entscheidungsbeobachter im engeren Sinne sind vielmehr diejenigen, zu deren Rollenpflichten es gehört, bestimmte Entscheidungsfelder oder gar die Entscheidungsgesellschaft insgesamt dauerhaft in den Blick zu nehmen und zu kommentieren. Ohne Anspruch auf Vollständigkeit will ich vier Gruppen von Akteuren benennen:

- Journalisten: Sie berichten prinzipiell über alles gesellschaftliche Geschehen – mit einem besonderen Schwerpunkt auf politischen und wirtschaftlichen Gestaltungsentscheidungen.
- Sozialwissenschaftler: Sie sind hier nicht als „Bewohner des Elfenbeinturms"[19] angesprochen, sondern als öffentlich Stellung nehmende und so insbesondere in die politischen Debatten eingreifende Akteure. Dabei ist nicht eine Stellungnahme als Privatperson, sondern als Vertreter der jeweiligen wissenschaftlichen Disziplin gemeint.

---

[19] Um eine – auf Künstler gemünzte – Formulierung Peter Handkes (1967) zu benutzen.

- Künstler: Vor allem Schriftsteller reflektieren in ihren Werken gesellschaftliche Verhältnisse, also auch die Entscheidungsgesellschaft.
- Intellektuelle: In gewisser Weise fasst diese Rolle die drei zuvor genannten im Hinblick auf das gemeinsame Bestreben, öffentliche Meinungsbildung zu beeinflussen, zusammen. Intellektuelle im engeren Sinne sind diejenigen, deren Beobachtungen zwischen wissenschaftlichen, künstlerischen und journalistischen Perspektiven changieren.

Gerade diese Beobachter der Entscheidungsgesellschaft stehen, als selbst entscheidungsentlastete Akteure, in der Gefahr, in eines von zwei Extremen zu verfallen. Entweder muten sie den „Entscheidungsträgern" zuviel zu, verlangen ihnen also mehr Rationalität des Entscheidens ab, als realistischer Weise erwartbar ist. Oder die Entscheidungsbeobachter gehen ernüchtert davon aus, dass man jeglichen Rationalitätsanspruch fahren lassen sollte, womit die „Entscheidungsträger" aus jeglicher Verantwortung entlassen werden. Da auch ersteres im Ergebnis auf letzteres hinausläuft, geht es insgesamt darum, Entscheidungsbeobachter dazu zu bringen, hohe, aber realistische Ansprüche an „Entscheidungsträger" zu richten.

Entscheidungsbetroffene – „Entscheidungsträger" – Entscheidungsbeobachter: Jedes Gesellschaftsmitglied gehört damit zwei- bis dreifach zur Zielgruppe meiner Überlegungen.

# 1 Entscheidungshandeln

Macht man die Entscheidungsgesellschaft zum Untersuchungsgegenstand, gehört an den Anfang eine Klärung dessen, was eigentlich eine Entscheidung ist. Soviel ist bereits klar: Entscheidungen sind eine besondere Form des Handelns. Worin diese Besonderheit liegt, wird im ersten Abschnitt dieses Kapitels durch einen Vergleich von Entscheidungen mit anderen Formen des Handelns – traditionalem, routineförmigem und emotionalem Handeln – herausgearbeitet. Entscheidungshandeln reflektiert die eigene Kontingenz. Das wiederum erlaubt und legt eine Orientierung von Entscheidungshandeln an Rationalität nahe, wie im zweiten Abschnitt erläutert wird. Aus diesem Rationalitätsstreben des Entscheidungshandelns ergibt sich allerdings, wie der dritte Abschnitt klarmacht, dass es eine aufwendige und entsprechend seltene Form des Handelns ist. Kein Akteur vermag mehr als nur einen kleinen Teil seines tagtäglichen Handelns entscheidungsförmig zu vollziehen.

Diese drei Argumentationsschritte vollziehen insgesamt zum einen nach, warum Entscheidungen gemeinhin als eine besonders leistungsfähige Form des Handelns gelten – insbesondere bei der Bewältigung neuartiger Probleme. Zum anderen wird aber schon deutlich, dass diese Leistungsfähigkeit ihren Preis hat. Entscheidungen fallen dem Akteur nicht so leicht wie die anderen Handlungsformen.

## 1.1 Entscheidung als Handlungsform

Im Alltagssprachgebrauch heißt es öfter, dass eine Situation „entscheidend" für diesen oder jenen sei. Wohin wendet sich das Blatt – etwa in einem spannenden Fußballspiel oder einem Wahlkampf? Steigt die Fieberkurve eines Kranken weiter? Und was war, meist erst im Nachhinein erkennbar, „entscheidend" in solchen „entscheidenden" Situationen? Ein Medikament, das ein Arzt auswählt – ein Hochwasser, das der Regierungspartei hilft, sich gegenüber der Opposition in Szene zu setzen – oder eine Spielerauswechslung zehn Minuten vor Schluss. Das Alltagsdenken trennt nicht klar zwischen solchen Wendepunkten eines Geschehens, die Handelnde durch gezielte Bemühungen herbeiführen, und anderen Fällen, in denen die Wendepunkte – bisweilen sehr zufällig – auf ein ganz andere Absichten verfolgendes Handeln oder auch auf Naturgeschehen zurückgehen. Zweifellos ist das Bestreben einer intentionalen Einwirkung stets verstrickt in vielfältige sonstige Dynamiken des Geschehens – manchmal günstige und manchmal ungünstige, mal stärkere und mal schwächere. Soziologisch lässt sich der intentionale Strang jedoch analytisch herauslösen und zunächst als Entscheidungshandeln gesondert betrachten, bevor man es dann wieder in seinem situativen Kontext in den Blick nimmt.

*Kontingenz und Selektion*
Es gibt zahlreiche Versuche, das alltagsweltlich jedem geläufige Phänomen der Entscheidung begrifflich zu fassen (Grün 1969; Witte 1993). Ein erster Schritt zu einer begrifflichen Klärung lässt sich folgendem Definitionsvorschlag entnehmen:

> *At any moment, there are a multitude of alternative (physical) possible actions, any one of which a given individual may undertake; by some process these numerous alternatives are narrowed down to that one which is in fact acted out. (Simon 1946a: 4)*

Hier heißt Entscheidung: Selektion einer Handlungsalternative. Das verweist auf die prinzipielle *Kontingenz* jeder sozialen Situation: Es gibt niemals nur eine einzige Art und Weise, wie eine Situation von den involvierten Akteuren erlebt werden kann und wie die Akteure dann handelnd auf die Situation reagieren können. Stattdessen steht stets eine Mehrzahl von Situationsdeutungen und Reaktionen im Raum (Luhmann 1971a: 32/33).[1]

---

[1] Genaueres zum spezifisch modernen Kontingenzverständnis bei Makropoulos (1997).

Wenn sich z.B. im Zug eine wildfremde Person neben mich setzt und damit beginnt, mir ihre Lebensgeschichte zu erzählen, kann ich das als Belästigung empfinden; ich kann mich auch geschmeichelt fühlen, weil ich offensichtlich ein Vertrauen einflößendes Wesen ausstrahle; oder ich bedaure den armen Teufel, der so von seinen Problemen besessen ist, dass er sie ohne jede Selbstkontrolle vor jedem ausbreitet. Es wären noch weitere Deutungen möglich. Je nachdem nun, wie ich die Situation erlebe, werde ich handelnd auf den anderen eingehen: grob abweisend, einladend, freundlich, nachsichtig ... Ein und dieselbe Deutung kann sehr verschiedene Reaktionsweisen hervorrufen. Von physischer Gewalt und wüsten Beschimpfungen über einen Rückzug aus der Situation bis hin zum fatalistischen Erdulden reichen etwa meine möglichen Reaktionen darauf, dass ich mich durch den anderen belästigt fühle.

Kontingenz bedeutet allgemein, dass etwas „zwar möglich, aber nicht notwendig ist." (Luhmann 1977: 187) Etwas kann, muss aber nicht der Fall sein. Genau diese fundamentale Unbestimmtheit sozialer Situationen ist es, die die zitierte Fassung des Entscheidungsbegriffs betont. Die situative Kontingenz muss zu einer einzigen Handlung vereindeutigt werden; aus der Vielzahl von Handlungsmöglichkeiten kann stets nur eine realisiert werden.[2]

Wenn man diesen Akt der Auswahl einer Handlungsalternative als Entscheidung bezeichnet, sagt man bewusst nichts weiter darüber aus, wie die Auswahl vorgenommen wird. Wenn mich – um auf das Beispiel zurückzukommen – jemand belästigt, kann ich auf ganz unterschiedliche Weise zu meiner schließlichen Reaktion gelangen: Ich kann mich spontan von meinen momentanen Gefühlen leiten lassen; ich kann mich bemühen, auch weiterhin die all-

---

[2] Ein Akteur kann zwar nacheinander verschiedene Situationsdeutungen zugrunde legen und entsprechend unterschiedliche Reaktionen zeigen. In einem bestimmten Moment muss er sich aber festlegen. Eine Mischung von Deutungselementen und eine Kombination von Handlungsalternativen ist zwar eine vielseitigere Festlegung, bleibt gleichwohl aber nur eine von vielen Möglichkeiten.

gemein üblichen Formen des zwischenmenschlichen Umgangs zu wahren; ich kann mich an einer aus Erfahrung gewonnenen Verhaltensmaxime für derartige Situationen orientieren; oder ich kann mir – sofern ich mir die Zeit dafür nehme – eingehend überlegen, welches eigene Verhalten in der betreffenden Situation wohl am angebrachtesten wäre. Diese unbestreitbaren Unterschiede des Wegs, auf dem ein Akteur zur Auswahl einer Handlungsalternative gelangt, übergeht die vorgestellte Fassung des Entscheidungsbegriffs absichtlich. Denn direkt anschließend an die zitierte Begriffsbestimmung heißt es:

> *The words "choice" and "decision" will be used interchangeably ... Since these terms as ordinarily used carry connotations of self-conscious, deliberate, rational selection it should be emphasized that as used here they include any process of selection, regardless of whether the above elements are present to any degree. (Simon 1946a: 4)*

Ich halte eine solche Fassung des Entscheidungsbegriffs nicht für zweckmäßig. Gerade wenn man davon ausgeht, dass jede soziale Situation aufgrund der ihr innewohnenden Kontingenz den Handelnden eine Selektion ihrer jeweiligen Handlungsweisen abverlangt, erscheint es nicht sinnvoll, jeglichen dieser Wahlakte als Entscheidung zu bezeichnen. Der Entscheidungsbegriff wird so inflationiert. Er wird praktisch bedeutungsgleich mit dem Begriff der Handlung gebraucht, so dass man ebenso gut auf einen von beiden verzichten könnte. Zumindest wird gesagt, dass Entscheiden eine Komponente jeglichen Handelns ist. Ich will stattdessen das Spezifische des Entscheidungshandelns herausarbeiten.

*Bewusste Wahl*
Eine engere Fassung des Entscheidungsbegriffs versteht Entscheiden als bewusste, kalkulierte Auswahl an Handlungsalternativen. Unzweideutig in diese Richtung geht etwa die folgende Begriffsbestimmung:

> *The acts of individuals may be distinguished in principle as those which are the result of deliberation, calculation, thought,*

*and those which are unconscious, automatic, responsive, the results of internal or external conditions present or past. In general, whatever processes precede the first class of acts culminate in what may be termed "decision". (Barnard 1938: 185)*

Hier wird eine Entscheidung als eine besondere Form des Handelns angesehen, die sich von anderen Formen unterscheidet. Nicht entscheidungsförmig ist demgemäß unbewusstes, mechanisches, reflexhaftes Handeln. Auch gegenüber traditionalem, gefühlsgeleitetem und gewohnheitsmäßigem Handeln wird Entscheiden oft abgegrenzt (Mayntz 1976: 116). Über den Vergleich mit diesen anderen Handlungsformen kommt man dem näher, was in der gerade zitierten Definition mit bewusster Wahl gemeint ist.

Spontanes *gefühlsgeleitetes* Handeln – um damit zu beginnen – geschieht aus dem Augenblick heraus, ist eine expressive Reaktion des Akteurs auf seine momentane Situation.[3] Ich erfahre beispielsweise, dass jemand mich hintergangen hat, und stürze sogleich auf den Betreffenden zu und ohrfeige ihn. Genau deshalb gilt gefühlsgeleitetes Handeln als unüberlegt.[4] Gefühle brechen aus, ohne dass eine eingehendere kognitive Verarbeitung der Situation durch den Akteur stattgefunden hätte. Die Situation wird gleichsam kompakt, undifferenziert erlebt und beantwortet. Das heißt keineswegs, dass die Form, in der die jeweiligen Gefühle zum Ausdruck gebracht werden, völlig idiosynkratisch und aus dem Augenblick heraus kreiert wäre. Dann wäre gefühlsgeleitetes Handeln kein soziales. Sinnhaft durch andere geprägt, von anderen verstehbar und auf andere bezogen wird es allein dadurch, dass es gesellschaftlich geteilte Muster dafür gibt, wann und wie bestimmten Gefühlen Ausdruck verliehen wird. Dass ein anderer beispiels-

---

[3] Dieses Handeln grenzt manchmal an bloßes Verhalten. Ausführlicher zum „emotional man" siehe den Überblick bei Schimank (2000: 108-121). Es sei betont, dass hier nur der „pure emotional man" angesprochen ist.

[4] Nicht betrachtet wird hier jenes emotionale Handeln, das von längerfristigen Gefühlen – z.B. Mitgefühl für eine andere Person – getragen wird und sich in sorgfältig durchdachten Handlungsketten wie etwa ineinandergreifenden Unterstützungsmaßnahmen äußert.

weise einen Wutausbruch hat und es sich dabei nicht etwa um eine Dankesbezeugung handelt, wissen seine Gegenüber nur deshalb, weil er sich in Mimik, Gestik und Stimmlage an intersubjektiv bekannte Muster, gewissermaßen ein Vokabular zum Ausdruck bestimmter Gefühle hält.

Als nächstes kann man sich *traditionales* Handeln anschauen. Es ist ein Handeln gemäß klaren normativen und kognitiven Erwartungen, wie sie sich in eingelebten sozialen Beziehungen – von der Ehe bis hin zur Nation – allmählich herausgebildet haben. Auf gesellschaftlicher Ebene gehört hierzu u. a. all das, was als „gutes Benehmen" in entsprechenden Etikette-Ratgebern festgeschrieben wird. Sitten, Gebräuche und Umgangsformen schleifen sich für den Einzelnen zu Skripten ein, die mit großer Genauigkeit regeln, wie er sich in bestimmten Situationen zu verhalten hat. Der Extremfall des Rituals besteht aus einer minutiös vorgegebenen Serie von Handlungen, die manchmal ziemlich kompliziert aufgebaut sein kann – siehe etwa manche offiziellen Begrüßungszeremonien bei Staatsbesuchen. Traditionales Handeln ist das überlieferte, gewohnte, unhinterfragt aus der Vergangenheit überkommene Handeln. Während spontanes gefühlsgeleitetes Handeln seine Begründung in den augenblicklichen Stimmungen des Betreffenden findet, begründet sich traditionales Handeln daraus, dass etwas „schon immer" so gemacht worden sei.[5] Beim traditionalen Handeln ist dessen genauere sachliche Begründung, die es ursprünglich einmal gehabt oder auch immer noch haben mag, dem Akteur meistens gar nicht mehr bekannt. Welcher gläubige Muslim oder Jude weiß beispielsweise noch oder macht sich jeweils klar, aufgrund welcher hygienischen Probleme unter den gegebenen klimatischen Bedingungen und technischen Möglichkeiten vor vielen hundert Jahren das Verbot des Verzehrs von Schweinefleisch zweckmäßig war!

Dieses Beispiel zeigt, dass die sachliche Begründung traditionalen Handelns längst obsolet geworden sein kann. Heutige Mög-

---

[5] Siehe hierzu auch die Begriffsbestimmung bei Max Weber (1922: 12).

lichkeiten des Kühlens von Fleisch ebenso wie die Tatsache, dass viele Juden und Muslime weltweit nicht mehr unter den klimatischen Bedingungen des Nahen Ostens leben, erübrigen eigentlich diese traditionale Norm; es wird aber dennoch an ihr festgehalten, was zeigt, dass sie sich längst von den ursprünglichen Zweckmäßigkeitsüberlegungen abgelöst hat.

Das unterscheidet traditionales von *routinisiertem* Handeln. Soziale Routinen sind per Entscheidung verfügte Vorschriften des richtigen Verhaltens, wie sie sich auf gesellschaftlicher Ebene vor allem in Form von Recht und auf organisatorischer Ebene als formalisierte Verhaltenserwartungen, denen jedes Organisationsmitglied zu genügen hat, vorfinden.[6] Der Paradefall von Routinen sind Konditionalprogramme, die in Form von „Wenn ... - dann ..."-Sätzen präzise Verhaltensregeln für den Fall, dass die Auslösebedingungen eintreten, formulieren (Luhmann 1964a). Für die Nachtwachen in einem Pflegeheim für schwerstbehinderte Kinder gilt beispielsweise die Regel: Wenn ein Kind einen epileptischen Anfall erleidet und dieser nach der Verabreichung bestimmter Medikamente innerhalb eines vorgegebenen Zeitraums nicht abklingt, dann ist unverzüglich ein Arzt zu benachrichtigen. Jede derartige Routine beruht auf der Unterstellung, dass näheres Nachdenken bzw. Nachfragen sogleich gute Gründe für sie zu Tage fördern würde. Diese guten Gründe einer Routine bleiben jedoch im Handlungsvollzug unthematisiert, weil es gerade ihren Sinn ausmacht, dass Akteure nicht jedes Mal aufs Neue überlegen müssen, warum etwas so und nicht anders getan wird. Routinen stellen demgemäß fertige Handlungsprogramme dar, die den Handelnden von zeitaufwendiger Reflexionsarbeit entlasten.[7]

---

[6] Siehe March/Simon (1958: 141-150) zu „performance programs".

[7] Dies können auch individuelle Routinen sein. So mag sich beispielsweise jemand, der umgezogen ist, anfangs die verschiedenen Alternativen, die ihm nun für den Weg zur Arbeit zur Verfügung stehen, bewusst vor Augen geführt und sich dann aus gutem Grund für eine davon entschieden haben. Dieser Routine folgt niemand außer ihm selbst.

Auf traditionales, routineförmiges und auch spontan gefühlsgeleitetes Handeln trifft gleichermaßen zu, dass die Akteure situativ sofort wissen, was sie zu tun haben. Demgegenüber gilt: „Entscheidungstatbestände liegen immer dann vor, wenn Menschen einen Vorzugszustand zu erreichen trachten, aber nicht unmittelbar wissen, wie sie zu diesem Zwecke handeln sollen." (Brauchlin/Heese 1995: 20) Sowohl das Wollen als auch das Wie seiner Realisierung braucht sozusagen Bedenkzeit.

*Alternativen bedenkendes Handeln*
Diese sehr kursorischen Charakterisierungen des gefühlsgeleiteten, des traditionalen und des routinisierten Handelns genügen hier, um demgegenüber die Konturen entscheidungsförmigen Handelns herausarbeiten zu können. Die Aussage, dass eine Entscheidung eine bewusst gewählte Handlungsalternative ist, lässt sich nun präzisieren: „Im Unterschied zu einfachen Handlungen *thematisieren* Entscheidungen ... ihre eigenen Kontingenz ..." (Luhmann 1978: 338)

Traditionales, routineförmiges oder gefühlsgeleitetes Handeln ist zwar angesichts der prinzipiellen Kontingenz jeglichen sozialen Geschehens ebenfalls kontingent. Die gewählte Handlungsalternative steht bei diesen Handlungsformen jedoch stets vor einem unthematisierten Horizont diffus bleibender anderer Möglichkeiten. Wenn ich beispielsweise die Art und Weise, wie ich auf eine Belästigung reagiere, entweder durch eingewöhnte Umgangsformen oder durch aus Erfahrung stammende Routinen oder durch meine momentane Laune bestimmen lasse, dann mag ich eine vage Ahnung davon haben, dass und wie ich auch anders hätte reagieren können – doch ich wähle meine tatsächliche Reaktion nicht in Abwägung gegen die anderen Möglichkeiten, die ich prinzipiell hätte. Sondern die Situation, in der ich mich befinde, wird für mich durch Gewohnheiten oder Routinen oder Gefühle von vornherein vereindeutigt.[8]

---

[8] Bei Hartmut Esser (2001: 239-258) ist dies der Modus der „automatisch-spontanen Reaktion" im Unterschied zur „reflexiv-kalkulierenden Überle-

Entscheidungen stellen sich demgegenüber der situativen Kontingenz, indem spezifische Alternativen des Reagierens reflektiert werden – vor dem Hintergrund spezifischer Alternativen der Situationsdeutung. Ich frage mich etwa, auf welche Motive das, was ich als Belästigung erlebe, zurückzuführen ist, und wäge Deutungsmöglichkeiten gegeneinander ab; ich überlege mir sodann auf der Basis der am plausibelsten erscheinenden Deutung, welche Reaktionsmöglichkeiten mir prinzipiell zur Verfügung stehen und welche davon in Anbetracht der konkreten Umstände – also der Vielzahl von Perspektiven, Aspekten und Relevanzen in all ihrer mehr oder weniger großen Unwägbarkeit – angemessen ist.

Für eine Entscheidung ist demnach erstens ein *Sondieren des Alternativenspektrums* konstitutiv – im Unterschied zum Verdrängen dieses Spektrums durch Traditionen, Routinen oder spontane Gefühle. Das zweite konstitutive Merkmal von Entscheidungen ist das *Relativieren der gewählten Alternative* im Hinblick auf die nicht gewählten Alternativen – im Unterschied dazu, wie traditionale Normen, routinisierte Verhaltensvorschriften oder subjektive Gefühlslagen die ihnen jeweils gemäße Handlungsalternative verabsolutieren. Sich entscheiden bedeutet so, auf eine Kurzformel gebracht: Alternativen bedenkend zu handeln.[9]

*Die zwei Qualen der Wahl*
Warum entscheidet man sich in bestimmten Handlungssituationen, anstatt auf eine der drei anderen Weisen zu handeln? Dirk Baecker (1994: 164) konstatiert, dass „es etwas zu entscheiden gibt ..., wenn wir es weder mit anarchischen noch mit vollständig determinierten Verhältnissen zu tun haben." Anarchische Zustände sind stark erratisch. Man weiß im Extremfall zu keinem Zeitpunkt, was

---

gung". Ich habe an anderer Stelle eine ähnliche Unterscheidung von „Routine" auf der einen, „Entscheidung" auf der anderen Seite getroffen (Schimank 2000: 148-150).

[9] Diese Handlungsform ist damit, was im Kapitel 2 noch näher zur Sprache kommen wird, ein prominentes Ingredienz der spezifisch modernen „actorhood" (Meyer/Jepperson 2000).

als nächstes geschehen wird – ganz zu schweigen von einer längerfristigen Prognostizierbarkeit der Ereignisfolge. Determinierte Verhältnisse sind demgegenüber zwangsläufig so, wie sie sind. Nichts und niemand könnte etwas daran ändern.

Ein Beispiel für totale Erratik ist das Würfeln: Jeder neue Wurf wird überhaupt nicht durch die Ausprägung der vorherigen Würfe bestimmt. Beispiele, die nahezu völliger Determiniertheit nahe kommen, stellen bestimmte physikalische oder chemische Kettenreaktionen wie etwa die Kernschmelze dar, sobald sie einmal in Gang gesetzt worden sind: Buchstäblich nichts kann den Lauf der Dinge dann noch aufhalten oder nachhaltig ändern. Sieht man derart Erratik und Determiniertheit von Vorgängen als Pole eines Kontinuums an, dann sind Entscheidungen sowohl möglich als auch sinnvoll, wenn der Vorgang, in den hinein sie wirken sollen, im Mittelfeld dieses Kontinuums angesiedelt ist. Er ist nur partiell determiniert, bietet also noch die Chance, mittels einer Entscheidung so auf ihn einzuwirken, dass dies einen Unterschied gegenüber dem sonstigen Lauf der Dinge macht. Zugleich ist der Vorgang aber auch nur partiell erratisch, weist also erkennbare Ablaufmuster auf, so dass die Chance besteht, ihn zu durchschauen und vorherzusagen und auf dieser Basis mit einer Entscheidung nicht bloß irgendeinen, sondern einen gewollten Unterschied zu machen.

Baecker (1994: 163) arbeitet auch die zeitliche Struktur des Geschehens heraus: „Die Entscheidung akzeptiert ... nicht den Lauf der Dinge, sondern sie kehrt ihn gegen sich selbst zugunsten bestimmter gewünschter oder auch nur möglicher anderer Zustände. Sie lässt sich nicht durch diese Vergangenheit determinieren, sondern nur durch die Zukunft." In diesem Sinne vergangenheitsverhaftet ist sowohl traditionales als auch routinisiertes Handeln. Es wiederholt, was „schon immer" so gemacht wurde oder jedenfalls altbewährt ist. Spontanes emotionales Handeln ist demgegenüber gegenwartsverhaftet. Es lebt im Hier-und-Jetzt des Ärgers, Neids oder Mitleids. Nur Entscheidungen wenden sich konsequent der Zukunft zu. Mit einer Entscheidung will ein Akteur – mal im größeren, mal im kleineren Maßstab – mit Vergangenheit und Gegenwart brechen, sich aus deren Bann befreien und etwas genuin Neues in die Welt setzen.[10]

Die Frage hat sich damit zunächst nur verschoben: Warum wollen Akteure etwas Neues tun und schaffen? Ich werde diese Frage jetzt immer noch nicht beantworten, sondern weiter zuspitzen: Wenn Entscheidungen solche Handlungen sind, die ihre eigene Kontingenz reflektieren, bedeuten sie für die betreffenden Akteure stets eine zweifache Qual der Wahl.[11] Durch ihre Herstellung im Sinne eines „converting uncertainty ... into risk" (Schon 1967: 25) erlegt jede Entscheidung dem betreffenden Akteur zunächst die Ungewissheit auf, was er tun soll. Dies ist die *Qual vor der Wahl*. Sobald diese Qual durch den Entschluss, eine bestimmte und keine andere Alternative zu wählen, beendet und die Alternative in die Tat umgesetzt wird, wird die Ungewissheit in das Risiko transformiert, das Falsche getan zu haben (Shackle 1979: 19). Dies ist die *Qual nach der Wahl*. Zwar kann sich auch das traditionale, routinisierte oder gefühlsgeleitete Handeln als falsch erweisen – was oft genug der Fall ist. Doch bei einer Entscheidung besteht eine besondere Folgenverantwortung des Akteurs, weil ihm sein Handeln nicht einfach bloß gedankenlos oder ritualistisch oder wie ein spontaner Gefühlsausbruch „passiert" ist, sondern er es eben gewählt hat – und auch anders hätte wählen können.[12]

---

[10] Zu diesem Merkmal von Entscheidungen siehe auch die weit ausholenden Reflexionen von Shackle (1979), an die Luhmann (2000b: 140, 166) anknüpft.

[11] Siehe die analoge Unterscheidung von „costs of making decisions" und „costs of errors" bei Sunstein/Ullmann-Margalit (1999: 11).

[12] James March (1994: 6) spricht diesbezüglich vom „post-decisional surprise, sometimes pleasant, sometimes unpleasant." Das verharmlost die Sache in zweierlei Hinsichten. Zum einen überwiegen bei vielen Entscheidungen die unliebsamen Überraschungen. Zum anderen ist dieser Tatbestand für den Akteur kaum eine Überraschung; er rechnet vielmehr von Anfang an damit, dass Etliches schief laufen wird. Er zittert und bangt gleichsam, sobald er sich zu einer Entscheidung durchgerungen hat.

Wie sich im Kapitel 3 zeigen wird, gibt es auch eine Transformation der Qual nach der Wahl in eine neue Qual vor der Wahl: wenn nämlich eine Entscheidung, die sich als Fehlentscheidung herausgestellt hat, eine neue Entscheidung erforderlich macht. Damit schließt sich der Kreis: „The torture never stops."[13]

Wenn sich das Treffen und Umsetzen einer Entscheidung für einen Akteur somit als eher unangenehme Aktivität herausstellt: Sollte er dies dann nicht eher zu vermeiden versuchen? Ganz abgesehen davon, dass eine derartige Vermeidungshaltung durchaus nicht so selten vorkommt, will ich zunächst immer noch weiter der Frage nachgehen, was dem Akteur bei seinem Entscheidungshandeln eigentlich die beiden Qualen bereitet. Dabei ist die Qual vor der Wahl eine ihm von außen auferlegte. So wie die Welt sich darstellt, könnte er so vieles tun – was also sollte er tun? Die Qual nach der Wahl erlegt er sich hingegen selbst auf, indem er etwas Bestimmtes tut und dann wiederum mit der Kontingenz der Welt konfrontiert wird. Was könnte alles aus dem entstehen, was er tut – und hoffentlich kommt wenigstens halbwegs das heraus, was er angestrebt hat! Weil in diesem Sinne die Bewältigung der Qual vor der Wahl der Dreh- und Angelpunkt des Entscheidens ist, muss nun gefragt werden, wie der Akteur damit umgeht. Wie spezifiziert er die Kontingenz der Entscheidungssituation?

## 1.2 Rationalität als Entscheidungsprinzip

Jedes Handeln muss die Kontingenz der ihm vorgegebenen Situation irgendwie bewältigen, also die Deutungsoffenheit der Situation und die Möglichkeitsvielfalt des daran anschließenden Handelns überwinden. Diese Kontingenzbewältigung erfolgt bei traditionalem ebenso wie bei routinisiertem Handeln durch sozial vorformulierte Skripte und bei gefühlsgeleitetem Handeln durch

---

[13] Um einen Songtitel Frank Zappas zu zitieren, wobei dort ganz andere Dinge angesprochen sind.

momentane subjektive Stimmungen – die in ihren Ausdrucksformen ebenso sozial vorgefertigt sind. Bei allen drei Handlungsformen wird die prinzipielle Unbestimmtheit der Situation gar nicht erst thematisiert, sondern von vornherein spezifiziert – also überspielt. Entscheidungen öffnen sich hingegen der situativen Kontingenz. Aber auch sie müssen schließlich in einer und nur einer Alternative enden, können nicht ewig hin und her schwanken.

*Rationalität als Kontingenz spezifizierendes Prinzip*
Das Kontingenz spezifizierende Prinzip von Entscheidungen ist Rationalität. Dies ist keine sehr überraschende Auskunft. Dass Akteure mit ihren Entscheidungen Rationalität anstreben und auch anstreben sollten, ist ein gesellschaftlich allgemein verbreiteter Standpunkt, den die soziologische Entscheidungstheorie zunächst einmal zur Kenntnis nimmt. In eine Zweck-Mittel-Sprache übertragen, heißt das: Rationalität ist der Zweck, zu dessen Realisierung Entscheidungen das Mittel sind. Nur deshalb findet Entscheiden als ein Alternativen bedenkendes Handeln statt: um unter Rationalitätsgesichtspunkten nicht irgendeine, sondern die beste oder zumindest eine gute Alternative auszuwählen.[14]

Man kann dies als einen Vorgang zunächst der Öffnung, sodann der Schließung des Handlungsraums rekonstruieren, wobei beide Teilvorgänge aufeinander abgestimmt sind. Hierzu lässt sich Orrin Klapps (1978) Konzeptualisierung grundlegender Strategien der „information adaptation" in Systemen aller Art heranziehen.[15] Klapp zufolge stehen informationsverarbeitenden Systemen zwei strategische Richtungen zur Verfügung. Solche Systeme können sich zum einen in Richtung einer Öffnung für mehr und vielfälti-

---

[14] Natürlich wählen die anderen drei Handlungsformen, wie dargelegt, keineswegs irgendeine Alternative, sondern ebenfalls eine ihrem Kontingenz spezifizierenden Prinzip entsprechende. Als „wahllose" Wahl erscheint dies nur, legt man daran den Maßstab der Rationalität an.

[15] Dabei wird an dieser Stelle ein weiter Informationsbegriff benutzt, der nicht nur kognitive, sondern auch evaluative und normative „differences that make a difference" – um Gregory Bateson (1970: 582) Definition zu zitieren – umfasst.

gere Informationen, also einer komplexeren Informationsbasis, bewegen; zum anderen können sie sich in Richtung einer Schließung gegenüber bis dahin aufgenommenen Informationen von außen bewegen, was auf eine Komplexitätsreduktion hinausläuft. Beide Richtungen gibt es in einer für das betreffende System funktionalen und in einer dysfunktionalen Ausprägung. Klapp spricht von „good" bzw. „bad opening" sowie von „good" und „bad closing". „Good opening" läuft auf eine umfassendere und differenziertere Informationsverarbeitung hinaus, während „bad opening" demgegenüber eine Überflutung des Systems mit „noise", also nicht mehr verarbeitbaren Informationen bedeutet. Entsprechend heißt „good closing", dass ein System „bad opening" vermeidet oder wieder korrigiert, während „bad closing" sozusagen die Entartungsform dessen ist – siehe etwa ein Denken nach dem so genannten „Schema F" oder überhaupt Dogmatismus jeglicher Art.

Mit diesen Kategorien lässt sich Entscheiden so charakterisieren, dass im ersten Schritt gegenüber den anderen Handlungsformen ein „good opening" stattfindet, indem die Kontingenz der Situation reflektiert anstatt verdrängt wird. Im zweiten Schritt schließt sich daran dann ein „good closing" an, eine Respezifizierung der vielen als möglich ins Auge gefassten Alternativen auf die eine gewählte. Für Letzteres ist Rationalität zuständig. Anders gesagt: Rationalität verhindert, dass das „good opening" in ein „bad opening" übergeht und der Akteur entscheidungsunfähig wird. Unter Rationalitätsgesichtspunkten betrachtet stellen demgegenüber alle drei anderen Handlungsformen Ausprägungen des „bad closing" dar. Sie sind alle in dem Sinne dogmatisch, dass sie sich ohne größeres Überlegen auf eine und nur eine Alternative fixieren.[16]

---

[16] Wie sich allerdings im nächsten Abschnitt zeigen wird, kann man deshalb nicht sagen, dass Entscheidungen per se für den betreffenden Akteur funktional und die anderen drei Handlungsformen dysfunktional sind. Man darf nämlich nicht nur die je einzelne Handlung sehen, sondern muss gleichsam das gesamte Handlungsportfolio eines Akteurs in den Blick nehmen, um Funktionalität und Dysfunktionalität einschätzen zu können.

*Prozedurale Rationalität*
Diese Verknüpfung von „good opening" und „good closing" macht den konstitutiven Zusammenhang von Entscheiden und Rationalität aus. Nur die Handlungsform des Entscheidens geht auf Rationalität aus. Sie kann Rationalität zwar nicht garantieren, aber doch gezielt befördern. Dies lässt sich mit Herbert Simons (1976) Unterscheidung von „procedural" und „substantive rationality" fassen.[17]

„Substantive rationality" bezieht sich auf das letztendliche Resultat eines Handelns, gemessen an der Intention des betreffenden Akteurs. Dafür, dass diese Ergebnisrationalität möglichst hoch ist, stellt allerdings die Entscheidungsförmigkeit des Handelns weder eine hinreichende noch eine notwendige Bedingung dar. Zum einen können sich Entscheidungen im Ergebnis als wenig oder gar nicht rational erweisen. Der Entscheidende mag sich irren und trotz größerer Bemühungen eine völlig falsche oder zumindest höchst suboptimale Alternative gewählt haben. Das Risiko, das Falsche getan zu haben, tritt ein. Zum anderen kann aber auch ein nicht entscheidungsförmiges Handeln im Ergebnis sehr rational sein. Dabei lässt sich, stets auf den betreffenden Akteur bezogen, eine engere und eine weitere Ergebnisrationalität unterscheiden.[18]
In einem engeren Sinne bezieht sich Ergebnisrationalität strikt auf diejenige Intention, die ein Akteur im Moment des Handelns selbst zu realisieren trachtet. Ergebnisrational ist dann beispielsweise eine Routine, die als eingeschliffener Handlungsvollzug gelingt, oder ein emotionaler Ausbruch, der dem Akteur die gewünschte Erleichterung – etwa das Abreagieren einer aufgestauten Wut – bringt. In einem weiteren Sinne kann ein Akteur aber auch ein sol-

---

[17] Siehe dazu weiterhin auch March (1994: 222-225).

[18] Eine ganz andere Frage, die hier völlig aus dem Blick bleibt, ist die nach der Ergebnisrationalität eines Handelns für ein größeres Kollektiv von Akteuren – etwa eine Gruppe oder eine soziale Bewegung – oder für ein bestimmtes gesellschaftliches Teilsystem wie etwa die Wirtschaft oder die Politik. Letzterer Aspekt wird von Luhmann (1968a) mit dem Begriff der „Systemrationalität" belegt.

ches, nicht an einem instrumentellen Nutzen orientiertes Handeln im Nachhinein daraufhin bewerten, ob es – als beiläufiger Effekt – für ihn nützlich gewesen ist. Auch in diesem Sinne kann nichtentscheidungsförmiges Handeln immer wieder eine hohe Ergebnisrationalität aufweisen. Mein Wutanfall vor dem Chef mag ihm vielleicht endlich die Augen geöffnet haben, dass er so nicht mit mir umspringen kann; dass ich als pflichtbewusste Person gelte, die geltende Normen gewissenhaft beachtet, verschafft mir möglicherweise so hohes Ansehen, dass ich damit auf eine große soziale Unterstützung in meinem Umfeld zählen kann; und mein Rückgriff auf Routinen führt zu zufrieden stellenden Ergebnissen und spart mir eine Menge Zeit des Überlegens.

Letztlich ist ein Akteur immer nur an der Ergebnisrationalität seines Handelns interessiert. Allerdings kann diese bei prinzipiell keiner Handlung, die irgendjemand irgendwann vollzieht, garantiert werden. Alles kann auch schief gehen – selbst der simpelste, schon tausende Male vollzogene Handgriff. Der Akteur kann Ergebnisrationalität nur anstreben oder darauf hoffen, dass sie sich von selbst einstellt.

Entscheidungshandeln zeichnet sich dadurch aus, dass Ergebnisrationalität durch „procedural rationality" gezielt angestrebt wird. *Prozedurale Rationalität* bedeutet, dass ein Akteur bei der Wahl und Umsetzung einer Entscheidungsalternative bestimmte Regeln des Vorgehens befolgt, die in den folgenden Kapiteln noch ausgiebig behandelt werden. Ein Beispiel für eine solche Regel wäre etwa, ein Entscheidungsproblem nicht einfach so hinzunehmen, wie es sich auf den ersten Blick darstellt, sondern genauer von verschiedenen Seiten zu betrachten. Die Befolgung derartiger Regeln kann zwar auch keine Ergebnisrationalität garantieren, erhöht aber zumindest deren Wahrscheinlichkeit – nicht mehr, aber auch nicht weniger!

Es besteht also eine lose Kopplung zwischen beiden Rationalitäten. Vielleicht liegt die Korrelation bei 0.4 – um einen ziemlich aus der Luft gegriffenen Wert zu benennen. Das bedeutet, dass sich Ergebnisrationalität immer auch, und vielleicht sogar in der

Mehrzahl der Fälle, unabhängig von prozeduraler Rationalität ergibt – sozusagen als undurchschaubare glückliche Fügung. Ohne zu wissen warum, hat man genau das Richtige getan – oder die äußeren Umstände waren so günstig, dass man auch dann, wenn man das Falscheste getan hätte, den eigenen Erfolg nicht gefährdet hätte. Doch es gibt eben auch genügend Situationen, in denen ein Bemühen um prozedurale Rationalität erfahrungsgemäß zu einer solchen Steigerung von Ergebnisrationalität führt, dass der Ertrag den Aufwand lohnenswert erscheinen lässt. Und in manchen Situationen ist es sogar so, dass nur ein gewisses Maß an prozeduraler Rationalität überhaupt die Chance wahrt, eine nennenswerte Ergebnisrationalität zu realisieren.

Klar muss jedenfalls für alles weitere sein: Der Akteur kann sich nur um die prozedurale Rationalität seines Entscheidens bemühen – was dann angesichts zahlloser ihm unbekannt bleibender Wirkungsfaktoren und glücklicher oder unglücklicher Koinzidenzen von Wirkungsfaktoren an Ergebnisrationalität daraus wird, muss er gefasst abwarten. Früher hätte man gesagt: Er legt es in Gottes Hand.

Damit ist ferner klar: „Rationalität ist eine Form, mit der man sich entschuldigen kann." (Luhmann 2000b: 173) Wer eine Entscheidung trifft, übernimmt Verantwortung für deren Ergebnisrationalität (Greven 1999: 63), ohne diese jedoch garantieren zu können. Wer dann auf die prozedurale Rationalität seines Handelns verweisen kann, vermag sich – auch gegenüber Selbstvorwürfen – zu rechtfertigen, wenn die Ergebnisrationalität ausbleibt.[19] Er hat sozusagen sein Bestes gegeben – doch das Schicksal war gegen ihn.

*Effizienz – Effektivität – Rationalität der Zwecke*
Eine weitere Klärung dessen, was das Rationalitätsprinzip im Sinne prozeduraler Rationalität eigentlich besagt, muss drei wichtige

---

[19] Damit stellt prozedurale Rationalität eine Art „Legitimation durch Verfahren" (Luhmann 1969a) dar.

Varianten unterscheiden: Effizienz, Effektivität und die Rationalität der Zwecke. In wirtschaftlichen Zusammenhängen wird Rationalität oft definiert als das Bestreben, einen gegebenen Zweck möglichst wirksam mit einem kleinstmöglichen Mittelaufwand – und unter möglichst geringen negativen Nebenkosten – zu erreichen bzw. umgekehrt „die gegebenen Mittel so zu verwenden, dass ein Maximum an Zweckerfolg erreicht wird." (Kirsch 1970: 27, Hervorheb. weggel.). Dies ist ein Verständnis von Rationalität als Effizienz. Es präokkupiert wirtschaftliche Akteure und auch die Wirtschaftswissenschaft so sehr, dass diese sich oft buchstäblich gar kein anderes sinnvolles Verständnis rationalen Entscheidens vorzustellen vermögen (Simon et al. 1950: 493).[20] Das wird immer dann besonders deutlich, wenn Unternehmer oder Wirtschaftswissenschaftler nicht-wirtschaftliche Entscheidungszusammenhänge kommentieren, etwa die Politik beraten wollen. Dass beispielsweise die Arbeitsmarkt- oder die Familienpolitik nicht nur oder vielleicht nicht einmal vorrangig Effizienzgesichtspunkten gerecht werden sollte, also knappe staatliche Mittel so einsetzt, dass ein möglichst großer „return on investment", etwa gemessen an der Geburtenrate oder an der Erfolgsquote bei der Vermittlung von Arbeitslosen, erzielt wird, stößt bei ökonomisch sozialisierten Beobachtern auf Verständnislosigkeit. Zu sehr ist Wirtschaft eben derjenige gesellschaftliche Teilbereich, der sich am dezidiertesten mit Knappheit als Element der Conditio Humana befasst. Und Knappheit verweist in der Tat auf Effizienz als dazugehöriges Rationalitätsverständnis.

Effektivität ist demgegenüber dasjenige Rationalitätsverständnis, das man sich paradigmatisch eher an wichtigen politischen Entscheidungen verdeutlichen kann.[21] Ein Bemühen um Effektivi-

---

[20] Siehe auch, auf der Ebene von Unternehmen als Organisationen, die Semantik der „Rationalisierung" und die dazugehörigen Praktiken vom Taylorismus bis zum heutigen „total quality management".

[21] Ohne dass damit bestritten werden soll, dass auch Politik Effizienzgesichtspunkten eine große Bedeutung beimisst.

tät ist darauf ausgerichtet, einen gegebenen Zweck in einem vorher festgelegten Maß zu erreichen – unter ausdrücklicher Relativierung von Effizienzgesichtspunkten bis hin zur Maßregel des „Koste es, was es wolle". Wenn man sich beispielsweise verdeutlicht, was es den amerikanischen Staat nach dem 11. September gekostet hat, die Herrschaft der Taliban in Afghanistan zu beseitigen, um auf diese Weise einen der Stützpunkte des internationalen Terrorismus auszuschalten, ist sonnenklar: Wäre dieser Staat ein Unternehmen, hätte er sich nie für diesen immens teuren Militäreinsatz entschieden, weil das Ergebnis, unter Effizienzgesichtspunkten betrachtet, den ungeheuren Mitteleinsatz in keiner Weise rechtfertigt. Unter Effizienzgesichtspunkten wäre es – so zynisch das klingt – rationaler, ab und zu einen terroristischen Anschlag hinzunehmen und als Verlust abzubuchen oder vielleicht sogar eine Versicherung dagegen abzuschließen.

Ein anderes Beispiel für Effektivitätserwägungen dürfte die Installierung von Gleichstellungsbeauftragten bei den öffentlichen Arbeitgebern – etwa den Universitäten – sein. Egal, ob man sich die zusätzlichen Personalkosten für diese Stellen – immer im Vergleich dazu, was man mit dem Geld sonst hätte anfangen können – anschaut, oder ob man konstatieren muss, ein wie großes Engagement die Inhaberinnen dieser Stellen meistens an den Tag legen: Der Erfolg ist höchst bescheiden, schaut man sich beispielsweise an, in wie geringem Maße der Anteil der weiblichen Professoren gestiegen ist, seit die Gleichstellungsbeauftragten obligatorisch jeder Berufungskommission angehören. Mehr noch: Selbst der geringe Anstieg könnte größtenteils auf andere Ursachen zurückzuführen sein – etwa den allgemeinen Anstieg des Anteils der Frauen an den Studierenden, den Doktoranden und den wissenschaftlichen Mitarbeitern. Auch hier ist jedenfalls jedem ökonomisch urteilenden Betrachter klar, dass das Geld des Steuerzahlers zum Fenster hinausgeschmissen wird.

Aber Effizienz ist eben in diesen beiden Beispielen nicht der entscheidende Gesichtspunkt. Es geht vielmehr darum, jeweils ein ehrgeiziges politisches Ziel, das hohe Priorität genießt, zu verfolgen. Dahinter mögen normative Prinzipien stehen – etwa die Ächtung von Terrorismus oder die Gleichstellung der Geschlechter. Es kann sich aber auch um kognitive Erwägungen handeln – etwa die Einschätzung, dass man sowohl Terroristen als auch männlichen Chauvinisten ein so deutliches Zeichen setzen muss, dass sie unzweideutig merken, dass man sich nicht länger von ihnen auf der Nase herumtanzen lässt. Es gibt also Ziele, deren Erreichung Effizienzgesichtspunkte zweitrangig werden lässt. Einen Extremfall stellt diesbezüglich sicherlich der Erhalt menschlichen Lebens dar. Wenn Medizin primär unter Effizienzgesichtspunkten betrieben würde, wären nicht wenige Leser dieser Zeilen schon tot.

Das alles darf nun nicht so verstanden werden, dass ein Pochen auf Effizienz stets eine hartherzige Krämerseele offenbart und Effektivität ein Rationalitätsverständnis von deutlich höherer Dignität darstellt. Es geht mir lediglich darum, umgekehrt den unhinterfragten Überlegenheitsanspruch einer auf Effizienz pochenden wirtschaftlichen und wirtschaftswissenschaftlichen Betrachtungsweise zurückzuweisen und mit Effektivität ein anderes Rationalitätsverständnis zu benennen, das auf der gleichen Stufe anzusiedeln ist. Es kommt dann auf die Art des Entscheidungsproblems und die Entscheidungskriterien an, welches Rationalitätsverständnis zu Grunde zu legen ist. Unübersehbar ist freilich, dass Effizienz in der allgemeinen gesellschaftlichen Wahrnehmung erst einmal sehr viel mehr spontanen Zuspruch erhält als Effektivität.

Eines allerdings haben diese beiden Rationalitätsverständnisse gemeinsam, was sie in der allgemeinen Wahrnehmung deutlich von einem dritten Rationalitätsverständnis absetzt. Sowohl Effizienz als auch Effektivität gehen davon aus, dass nur die Rationalität der Mittelwahl zu bedenken ist – sei es im Sinne eines möglichst sparsamen Mitteleinsatzes, sei es in dem Sinne, dass der Mitteleinsatz ein gegebenes Niveau der Zweckerreichung realisieren soll. Dass Akteure sich auch über ihre Zwecke auf rationale Weise klar werden können, ist in beiden Rationalitätsverständnissen nicht vorgesehen. Zwecke werden jeweils als gegeben betrachtet – wie es aus wirtschaftswissenschaftlicher Perspektive programmatisch verkündet wird: „De gustibus non est disputandum." (Stigler/Becker 1977) Zwecke sind, so diese Einschätzung, nichtrationale Geschmacksvorlieben, so wie die Eine lieber Fisch und der Andere lieber Fleisch isst. Man mag solche Vorlieben soziologisch erklären können, etwa aus der Sozialisation oder aus der Interessenlage eines Akteurs heraus. Aber genau deshalb, weil verinnerlichte evaluative oder normative Orientierungen oder aber ebenso tiefsitzende, sich aus der Position eines Akteurs strukturell ergebende Präferenzen zugrunde liegen, könne von Rationalität und von der Möglichkeit rationaler Reflektion – so das Argument – nicht die Rede sein. In weiten Bereichen der Sozialwissenschaften – in der Wirtschaftswissenschaft ganz durchgängig – und auch der Philosophie wird dementsprechend der Standpunkt vertreten, dass Zwecke des Handelns nicht nach Rationalitätskriterien beurteilt und gewählt werden können.

Diese Ablehnung einer rationalen Beurteilung von Zwecken wird sogar noch größer, wenn als Zwecke nicht nur die in der Wirtschaftswissenschaft üblichen Nutzenkategorien aufgefasst werden, sondern auch verinnerlichte oder durch äußere Sanktionen auferlegte Normen, in der Identität eines Akteurs verankerte Selbstansprüche und emotionale Handlungsantriebe.[22] Dass ein Kasten Bier oder ein Hochschulstudium Zwecke sein können, denen ein Akteur entscheidungsförmig nachstrebt, vor allem durch Abwägung gegenüber konkurrierenden Zwecken, für die er Geld und Zeit investieren könnte, leuchtet dem gemeinen Ökonomen noch ein. Dass sich aber Normkonformität nicht immer ganz einfach traditional oder routineförmig vollzieht, wird meist übersehen. Doch schon viele Rollenkonflikte – um nur diesen Fall anzuführen – belehren eines Besseren.[23] Erst recht treten Entschei-

---

[22] Ein Akteur ist eben nur zeitweise ein Homo Oeconomicus, zu anderen Zeiten hingegen ein Homo Sociologicus, ein Identitätsbehaupter oder ein „emotional man". Zu diesen Akteurmodellen, die Modalitäten des Handlungsantriebs einfangen, siehe Schimank (2000: 37-167).

[23] Nicht alle, aber viele der vom „interpretativen Paradigma" herausgearbeiteten Aspekte des „role making" könnten als entscheidungsförmige Normkonformität rubriziert werden – siehe nur den knappen Überblick bei Schimank

dungsprobleme auf, wenn eine Person gegenüber sozialem Druck – z.B. auf Normkonformität – ihre Identität behaupten muss, wie viele Gewissenskonflikte zeigen. Und dass tiefsitzende Rachegefühle gegenüber einem anderen Menschen sich eher selten in spontanem emotionalem Handeln äußern, sondern öfter in langfristig angelegten Racheplänen, also entscheidungsförmig verfolgte Zwecke werden, ist ebenfalls nicht erst seit der neueren Beachtung von „Mobbing" und „Stalking" bekannt. Wenn sich aber schon der Nutzen bestimmter Güter oder Leistungen in wirtschaftswissenschaftlicher Perspektive nicht rational beurteilen lässt, wie soll so etwas dann erst mit Normen, Identitäten oder Emotionen gehen!

In der praktischen Philosophie gibt es allerdings immer wieder bemerkenswerte Überlegungen zur Möglichkeit einer rationalen Begründung von Handlungszwecken – meist auf die dort besonders interessierende Teilfrage der rationalen Begründung von Normen fokussiert.[24] Man braucht sich jedoch gar nicht auf die starke These einzulassen, Zwecke ließen sich intersubjektiv gültig rational begründen, und kann dennoch die Rationalität einer Reflexion von Zwecksetzungen plausibel machen. Denn auch wer bezweifelt, dass Zwecksetzungen mit letzter Gewissheit für jedermann verbindlich rational begründet werden können, wird schwerlich abstreiten können, dass eine rationale, also Gründe vorbringende Auseinandersetzung über Zwecksetzungen – etwa in der Politik – zumindest zu einer heilsamen Relativierung dogmatisch verabsolutierter Zwecke und dahinter stehender Werthaltungen und damit zu einer erhöhten allseitigen Kompromiss- und Lernbereitschaft beizutragen vermag. Genau besehen besteht die Funktion von Diskursen über Zwecke ja gar nicht darin, eine – wohl in der Tat illusori-

---

(2000: 55-67). Auch James March (1994: 57-102) begreift „rule following" als Handlungsmodalität, die immer wieder Entscheidungen erfordert.

[24] In der deutschen Diskussion gab es in den sechziger und siebziger Jahren des letzten Jahrhunderts insbesondere drei aufeinander Bezug nehmende Vertreter der These, dass Normen rational begründbar sind: Die „Erlanger Schule" (Kamlah/Lorenzen 1973; Lorenzen/Schwemmer 1974), Karl-Otto Apel (1973) und Jürgen Habermas (1973a: 140-152; 1973b).

sche[25] – möglichst umfassende Einigung aller Beteiligten über die einzig richtige Priorität verschiedener Zwecke, die in einer Entscheidungssituation relevant sind, zu erzielen; sondern es geht genau umgekehrt darum, dass jede Seite erkennt, dass auch die anderen, aus deren jeweiliger Perspektive betrachtet, durchaus gute Gründe für ihre andersartigen Prioritätensetzungen haben und nicht bloß Hirngespinsten und Egoismen verfallen sind. Nicht eine allgemein anerkannte Rangordnung der Zwecke, sondern vielmehr die Einsicht in die Irreduzibilität, weil rationale Berechtigung eines je situativen Pluralismus der Zwecke und ihrer Gewichtung, wäre dann das Ergebnis rationaler Auseinandersetzungen.[26]

Die zumindest in Ansätzen rationale Diskussion zwischen ökologischen Positionen und der etablierten Politik hat beispielsweise in den zurückliegenden drei Jahrzehnten allmählich dazu geführt, dass beide Seiten erkannt haben, dass der Standpunkt des je anderen richtige und wichtige Momente enthält, die zumindest ein Stück weit in die eigene Position aufgenommen werden müssen und können. Die Ökologen haben der etablierten Politik die Gefahren hemmungsloser Naturausbeutung und -zerstörung vor Augen geführt; umgekehrt haben die Ökologen begriffen, dass etwa die Probleme der Arbeitslosigkeit oder der Staatsfinanzen keineswegs einfach als demgegenüber sekundär abgetan werden können. Wären in diesem konkreten Fall beide Seiten von vornherein von der Sinnlosigkeit rationaler Erörterungen ihrer zunächst radikal divergierenden politischen Zielsetzungen ausgegangen, hätte keine von der anderen lernen können, und der sachliche Konflikt wäre zu einer reinen macht- oder gar gewaltförmigen Auseinandersetzung geworden.

---

[25] Insoweit hat die wirtschaftswissenschaftliche These, dass es sich um Geschmacksvorlieben handelt, Recht. Aber streiten lässt sich über diese eben doch – und zwar mit beiderseitigem Gewinn.

[26] In der philosophischen Diskussion entspricht dem wohl am meisten die Position Richard Rortys (1989).

*Rationalität als Bewährung gegen spezifische Skepsis*
Die Bedeutung des Rationalitätsprinzips nicht nur für kognitive Fragen der Wahl des geeignetsten Mittels zur Verfolgung eines gegebenen Zwecks, sondern auch für evaluative oder normative Fragen der Setzung von Zwecken ist also nicht zu leugnen. Entsprechend muss ein umfassender, nicht auf Effizienz reduzierter oder höchstens noch Effektivität einbeziehender Rationalitätsbegriff beschaffen sein. Den entscheidenden Hinweis dazu gibt Jürgen Habermas (1981: 27) mit der Idee, „Rationalität ... auf Kritisierbarkeit und Begründungsfähigkeit zurückzuführen."

Diese Begriffsbestimmung stellt auf einen Zusammenhang ab, der im Rahmen wissenschaftstheoretischer Diskussionen vor allem vom Kritischen Rationalismus herausgestellt worden ist (Popper 1934; 1963; Spinner 1974).[27] Die wissenschaftliche Ausprägung von prozeduraler Rationalität ist das Streben nach Wahrheit. Wissenschaftliche Wahrheiten – etwa die Naturgesetze – zeichnen sich dadurch aus, dass sie angreifbar, widerlegbar sind. Das unterscheidet sie von metaphysischen Aussagen, in denen Begriffe vorkommen, die empirisch nicht eindeutig fassbar sind – wie z.B. „das Sein", „Gott" oder „das Telos der Geschichte". Die Eigenschaft der Widerlegbarkeit unterscheidet wissenschaftliche Aussagen weiterhin auch von positiv formulierten Existenzaussagen wie beispielsweise: „Es gibt ein Perpetuum Mobile". Wissenschaftliche Wahrheiten sind also einerseits widerlegbar – andererseits aber noch nicht widerlegt worden. Jede wissenschaftliche Wahrheit ist aufgrund ihrer Begrifflichkeit und ihrer logischen Form prinzipiell sehr einfach, nämlich durch ein einziges Gegenbeispiel falsifizierbar. Wenn etwa ein Gesetz besagt: „Immer wenn x, dann y", muss man empirisch nur eine Situation finden oder herbeiführen, in der x der Fall ist, aber y nicht eintritt. Wissenschaftliche Wahrheiten bieten also eine maximale Angriffsfläche – „Prüfbarkeit" genannt – und fordern so geradezu zu Angriffen heraus. Solange jedoch

---

[27] Im Weiteren geht es nicht generell um das Für und Wider dieser Position, sondern lediglich um die Verallgemeinerung eines ihrer Kerngedanken.

eine Widerlegung nicht gelingt, kann eine Wahrheit vorläufige Geltung beanspruchen. Möglichst viel und möglichst scharf kritisiert zu werden und sich gegenüber dieser Kritik dennoch möglichst lange behaupten zu können: Das macht die Rationalität wissenschaftlicher Wahrheiten aus.

Dieser Zusammenhang von Kritik und Begründung lässt sich so verallgemeinern, dass daraus ein genereller, nicht nur für wissenschaftliche Aussagen gültiger Rationalitätsbegriff formulierbar wird. Rationalität liegt dann in dem Maße vor, wie eine Entscheidung der jeweiligen Situation und den von ihr gestellten Problemen gerecht wird. Das wiederum bedeutet, dass die Entscheidung die Vielfalt von Situationsaspekten und Perspektiven auf die Situation in Betracht zieht und sich gegenüber dieser Vielfalt zu begründen vermag.[28] Andere Handlungsformen – traditionales, routinisiertes und emotionales Handeln – beruhen demgegenüber auf mehr oder weniger drastisch simplifizierenden, vereindeutigenden Situationsdeutungen, die entsprechend vereindeutigte Handlungswahlen zur Folge haben.

Allerdings darf diese Vielfalt von Situationsdeutungen und Handlungsalternativen nicht bloß über einen pauschalen Skeptizismus eingebracht werden, sondern nur als spezifische Zweifel an bestimmten Deutungen und Alternativen.[29] Ein pauschaler Skeptizismus ist ein Totschlagargument. Man kann stets sagen – oder besser fragen: Könnte es nicht auch anders sein? Und: Sollte man nicht vielleicht doch etwas anderes tun? Diese Art von Skepsis an einer bestimmten Situationsdeutung und einer bestimmten Entscheidungsalternative ist völlig unfruchtbar und sollte daher aus rationalen Reflexionen herausgehalten werden. Sehr fruchtbar, nämlich rationalitätsfördernd ist demgegenüber ein Skeptizismus,

---

[28] Siehe auch die am umgangssprachlichen Verständnis orientierte philosophische Definition bei Stefan Gosepath (1992: 209): „Kann der Handelnde begründen, warum er sich entschieden hat, das zu tun, was er tut, so nennen wir seine Handlung rational."

[29] Zur Unterscheidung von pauschalem und spezifischem Skeptizismus siehe Rescher (1980).

der bestimmte und möglichst überprüfbare Gegenargumente gegen zugrunde gelegte Situationsdeutungen und ins Auge gefasste Entscheidungsalternativen zu formulieren vermag. Dieser Skeptizismus ist zurückweisbar und fordert die Situationsdeutung bzw. Entscheidungsalternative dazu heraus, ihn zurückzuweisen.[30] Sofern das gelingt, hat das betreffende Entscheidungshandeln signifikant – man ist geneigt zu sagen: entscheidend! – an Rationalität gewonnen. Dafür kann es dem spezifischen Skeptizismus nur dankbar sein.

Die fundamental unterschiedliche Art der Verarbeitung situativer Kontingenz gemäß dem Rationalitätsprinzip auf der einen Seite, gemäß Traditionen, Routinen und spontanen Gefühlen auf der anderen Seite lässt sich beispielhaft daran verdeutlichen, welche typischen Reaktionen der Alkoholismus einer Person in ihrer Umwelt auslöst:

- Viele Bezugspersonen werden eine immer noch weit verbreitete traditionale Haltung einnehmen. Alkoholismus wird dann von ihnen nicht als Suchtkrankheit definiert, sondern so lange wie möglich bagatellisiert und als freiwilliges Handeln der betreffenden Person dargestellt, für das sie folgerichtig auch selbst verantwortlich ist und das sie, wenn sie nur wollte, aufgeben könnte. Dementsprechend erscheinen Ermahnungen, Appelle und Strafen als probate Gegenmittel, deren Unwirksamkeit dann letztendlich auf die moralische Verkommenheit des Betreffenden zurückgeführt wird – was leicht zu einer sich selbst erfüllenden Prophezeiung ausartet.
- Gerät der Alkoholiker in die Obhut professioneller Experten, so kann er zum Objekt von medizinischen, psychotherapeutischen und sozialarbeiterischen Routinen werden. Der Alkoholismus erscheint dann als organische Krankheit, als Verhaltensstörung und als soziales Problem. Entsprechend be-

---

[30] Streng genommen lassen sich zwei Stufen des spezifischen Skeptizismus unterscheiden: begründete Kritik ohne bessere Alternative und mit besserer Alternative. Letzteres hängt die Messlatte in Sachen Rationalität noch höher.

reitstehende Praktiken der Problembearbeitung werden auf ihn angewandt: z.B. Beratungen, Verhaltenstraining, Entziehungskuren, Medikamente und Operationen.
- Die nächsten Angehörigen des Alkoholikers schließlich, die unter seinem Zustand am meisten und unmittelbarsten zu leiden haben, werden infolge dieses Leidensdrucks immer wieder rein gefühlsmäßig auf ihn reagieren. Sie werden liebevolles Verständnis aufzubringen versuchen; sie werden den Betreffenden flehentlich um Besserung bitten; sie werden ihn wütend und hasserfüllt von sich stoßen; und sie werden sich voller Verzweiflung fragen, wie das alles enden soll.

Das gemeinsame dieser drei in ihrer inhaltlichen Ausprägung sehr unterschiedlichen Arten der Kontingenzbewältigung ist die Beschränkung auf Teilaspekte der Situation. Keine dieser drei Deutungen und der daraus entwickelten Reaktionsweisen bezieht sich auch nur ansatzweise auf die Totalität dessen, was der Alkoholismus einer Person für diese selbst und ihre verschiedenen Gegenüber in den unterschiedlichen gesellschaftlichen Lebensbereichen bedeutet. Medizinische Routinen beispielsweise ignorieren notorisch die psychische Bedeutung traditionaler und gefühlsmäßiger sozialer Reaktionen auf Alkoholismus; traditionale Handlungsschemata stehen in diffuser Widersprüchlichkeit zu medizinischen oder verhaltenstherapeutischen Deutungen; Gefühlausbrüche sind im jeweiligen Augenblick völlig von sich selbst eingenommene, alle anderen Perspektiven gänzlich ausblendende Reaktionen.

Im Unterschied zu diesen jeweils in sich geschlossenen, in wechselseitiger Indifferenz nebeneinander stehenden Arten der Kontingenzbewältigung ist eine rationale Kontingenzbewältigug durch eine prinzipielle Offenheit gegenüber allen diesen und möglichen weiteren Situationsdeutungen und Handlungsalternativen gekennzeichnet. Rationalität bedeutet das Bestreben, sich gegenüber sämtlichen Möglichkeiten, wie eine Situation erlebend und handelnd bewältigt werden kann, in konsistenter Weise zu begründen. Routinen, Traditionen und Gefühle bewältigen die Kontingenz sozialer Situationen, indem sie diesen fertige, vorgängige Schematisierungen überstülpen, jede Situation zu einem Anwendungsfall eines bereits vorhandenen Verhaltensmusters zurechtstutzen. Routinisiertes, traditionales und gefühlsgeleitetes Handeln begründet sich so auch nicht aus der Totalität der Situation heraus, sondern aus dem Bezug auf seine jeweiligen, die Situation vereindeutigenden Standards. Eine rationale Situationsbewältigung ist demgegenüber durch das Bestreben gekennzeichnet, von den Gegebenheiten der jeweiligen Situation selbst auszugehen und so deren Besonderheit gerecht zu werden.[31] Zusammengefasst ist eine Entscheidung also umso rationaler, je mehr Situationsdimensionen sie in ihrer Selbstbegründung einzubeziehen vermag.

Ein so gefasster Rationalitätsbegriff schließt Effizienz und Effektivität mit ein, ohne eines dieser beiden engeren Rationalitätsverständnisse zu verabsolutieren. Wenn aber beispielsweise plausibel zu machen ist, dass das Knappheitsargument den ausschlaggebenden Gesichtspunkt einer Entscheidung ausmacht, ist gar keine Frage, dass Rationalität als Effizienz ausbuchstabiert wird. Nur ist diese Fixierung auf Knappheit eben längst nicht immer sachlich gegeben. Ganz allgemein wird Rationalität vielmehr als *Wechselspiel von spezifischer Kritik und diese zurückweisender Begründung* gefasst.

---

[31] Das erinnert – in einem ganz anderen Zusammenhang – an den „grounded theory approach" in der qualitativen Sozialforschung und dessen Kritik an standardisierten Methoden der Datenerhebung (Glaser/Strauss 1968). Das Hauptargument gegenüber standardisierten Erhebungsverfahren besteht darin, dass diese nur herausfinden können, was sie prinzipiell schon wissen. Empirie läuft dort auf die Bestätigung oder Widerlegung einer vorher formulierten Hypothese hinaus. Für das wirklich Neue sind diese Verfahren demzufolge nicht offen. Entscheidungen fassen hingegen, wie dargestellt, die jeweilige Situation als etwas genuin Neues auf.

## 1.3 Entscheiden als Ausnahme

Mit der Klärung dessen, was Rationalität ausmacht, ist die in diesem Kapitel schon mehrfach aufgekommene Frage, worin die besondere Problembearbeitungsfähigkeit von Entscheidungshandeln besteht, eigentlich schon beantwortet. Entscheidungshandeln ist als einzige Handlungsform *situationssensibel und zukunftsorientiert*. Damit stellt sich nicht mehr die Frage: Warum treffen Akteure überhaupt jemals Entscheidungen und begnügen sich nicht mit den anderen drei Handlungsformen? Vielmehr ist nun umgekehrt zu fragen: Warum treffen Akteure nicht viel öfter Entscheidungen, wenn dies doch eine so leistungsfähige Handlungsform ist?

*Die Aufwendigkeit des Entscheidens*
Natürlich gibt es einiges Handeln, das in der Wahrnehmung der beteiligten Akteure völlig problemlos so läuft, wie es läuft. Um nur ein Beispiel für traditionales Handeln zu geben: Dass man einander in vielen westlichen Ländern zur Begrüßung die rechte Hand gibt, ist ohne Zweifel kontingent. Viele andere Möglichkeiten wären denkbar, wie die Vielfalt der Begrüßungsrituale rund um die Welt zeigt. Aber wäre eine andere Konvention in irgendeinem Sinne besser? So lange sich diese Frage den Akteuren nicht stellt, müssen sie nicht jeweils neu gemeinsam entscheiden, wie sie einander begrüßen.[32] Andere Handlungssituationen bereiten demgegenüber zumindest einem Teil der involvierten Akteure durchaus Probleme. Doch diese sind so geringfügig, dass wiederum am jeweiligen traditionalen, routinisierten oder emotionalen Handeln festgehalten wird.

Aber auch wenn man die Situationen eines gar nicht vorhandenen oder nur sehr geringfügigen Problembewusstseins einmal

---

[32] Es sind freilich Situationen denkbar, in denen dieses Begrüßungsritual problematisiert werden dürfte. Wenn sich beispielsweise herausstellt, dass sich ein neues gefährliches Virus vorzugsweise durch Berühren der Handflächen einer infizierten Person weiterverbreitet, dürfte man schnell auf ein anderes Begrüßungsritual umsteigen.

ausblendet, bleiben noch viele Situationen übrig, bei denen man sich von Entscheidungshandeln eine bessere Problembewältigung versprechen könnte als von einer der anderen drei Handlungsformen. Und dennoch wird nur in einem sehr geringen Anteil solcher Situationen entschieden. Warum machen Akteure von dieser leistungsfähigeren Handlungsform so selten Gebrauch? Warum vollzieht sich das Gros des Handelns traditional, routinisiert oder emotional?

Die Antwort lautet: Entscheidungshandeln ist äußerst aufwendig. Dies lässt sich in sachlicher, in zeitlicher und in sozialer Hinsicht im Vergleich zu den anderen drei Handlungsformen spezifizieren:

- In *sachlicher* Hinsicht beruhen Entscheidungen auf sehr viel mehr bewusst verarbeiteten Informationen als die anderen Handlungsformen. Bei spontanem emotionalen Handeln kann von einer bewussten Informationsverarbeitung kaum die Rede sein. Hier liegt vielmehr eine ohne langes Überlegen vollzogene, unmittelbare erlernte Reaktion auf situative Reize vor. Traditionales Handeln stellt als eingelebtes Schema ebenso wie routineförmiges Handeln als vorgegebenes Schema ebenfalls kaum Ansprüche an die Informationsverarbeitungskapazität des Akteurs. Sobald erkannt ist, unter welches fertige Handlungsschema die jeweilige Situation subsumierbar ist, läuft dieses als Quasi-Automatismus ab. Das für Entscheidungen konstitutive Abwägen von Alternativen bedeutet hingegen, den größeren situativen Kontext, in dem das Handeln steht und der bei den anderen Handlungsformen gerade ausgeblendet wird, ins Blickfeld zu nehmen.
- In *sozialer* Hinsicht ergibt die für Entscheidungen charakteristische Thematisierung der eigenen Kontingenz einen höheren Rechtfertigungsaufwand – den der Akteur nicht nur gegenüber sich selbst, sondern vor allem gegenüber anderen betreiben muss. Rechtfertigungen provozieren aber Konflikte.[33] Denn

---

[33] Und nicht etwa umgekehrt, wie das Alltagswissen meint.

Rechtfertigungen suggerieren, dass man etwas auch anders hätte tun können;[34] und das stimuliert bohrende Fragen, ob nicht etwas anderes besser gewesen wäre. Da der Akteur sich nun aber gegen anderes und für seine Alternative entschieden hat, befindet er sich schnell im Dissens mit denen, mit denen er durch seine Rechtfertigungen gerade Konsens herstellen wollte. Solange jemand hingegen traditional oder routineförmig handelt, kann er sich auf die intersubjektive Anerkennung dieser Handlungsschemata berufen und innerhalb der sozialen Kollektivität, die die jeweiligen Traditionen oder Routinen normiert hat, des allgemeinen Konsensus sicher sein. Wer emotional handelt, enthebt sich sogar letztendlich in hohem Maße der sozialen Rechtfertigungspflicht überhaupt.[35] Denn Gefühle werden zwar als in ihren Äußerungsformen sozial geprägte, aber in ihrer Genese höchst subjektiv bestimmte Handlungsantriebe angesehen, denen der Einzelne schicksalhaft ausgeliefert ist, weil sie ihn, wie es so treffend heißt, „überkommen" – ob er nun will oder nicht.

- Beide Gründe – der höhere Informationsverarbeitungs- und der höhere Rechtfertigungsaufwand von Entscheidungen – sorgen schließlich in *zeitlicher* Hinsicht dafür, dass Entscheidungshandeln einen erheblich größeren Zeitbedarf hat als die anderen Handlungsformen. Spontanes emotionales Handeln als unmittelbare Sofortreaktion benötigt im Grenzfall überhaupt keine Zeit für die Verarbeitung seines situativen Stimulus. Ähnlich entheben aber auch Traditionen und Routinen als vorformulierte Handlungsschemata von der Notwendigkeit längeren Überlegens und Begründens. Wer hingegen viele Lesarten einer Situation durchdenkt und seine schließlich gewählte Entscheidungsalternative im Horizont der anderen

---

[34] Es sei denn, man rechtfertigt sich durch Sachzwänge, die einem keine andere Wahl lassen. Genau das trifft aber bei Entscheidungen nicht zu.

[35] Jedenfalls situativ! Dass man später z.B. für die Folgen eines Wutanfalls zur Rechenschaft gezogen wird, steht auf einem anderen Blatt.

Möglichkeiten sieht und rechtfertigt, benötigt für all das mehr Zeit.

Die höhere Leistungsfähigkeit von Entscheidungen bei der Problembewältigung hat also ihren Preis im größeren Aufwand des Entscheidens. In allen drei Aufwandsdimensionen muss ein Akteur aber mit massiven Knappheiten kalkulieren. Seine Informations- ebenso wie seine Konfliktverarbeitungskapazität und schließlich auch sein Zeitbudget sind begrenzt. Es gilt, was der französische Moralist Vauvenargues lapidar so ausdrückt: „Wir haben nicht genügend Zeit, über alle unsere Handlungen nachzudenken." (Schalk 1938: 146) Damit stellt sich die Frage der Effizienz gewissermaßen auf der Meta-Ebene: In welchen Handlungssituationen bringt dem Akteur sein knappes Potential an Entscheidungsfähigkeit das meiste?

*Schlecht definierte Situationen*
Immer dann, wenn eine der anderen drei Handlungsformen für den Akteur keine größeren Probleme zurücklässt oder aufwirft, lohnt es sich für ihn nicht, seine knappe Entscheidungskapazität zu verausgaben. Zu problematischen Ergebnissen können die anderen drei Handlungsformen in zweierlei Hinsicht führen. Erstens – und das ist der häufigere Fall – können Resultate eintreten, die für den Handelnden direkt oder indirekt eindeutig negativer Art sind. Indirekte negative Resultate liegen dann vor, wenn andere Akteure negativ betroffen sind, die aber über effektive Sanktionsmöglichkeiten gegenüber dem Akteur verfügen und ihn durch deren Einsatz an den Folgen seines Handelns teilhaben lassen. Beispielsweise kann ein Unternehmen, dessen Produktion die Umwelt verschmutzt, durch eine Bürgerinitiative unter Druck gesetzt werden. Zweitens sind die Resultate eines Handelns aber auch dann problematisch, wenn für den Akteur klar erkennbar eine gute Chance bestanden hätte, durch Entscheiden ein weit besseres Resultat als durch die gewählte andere Handlungsform zu erreichen.

Verpasste gute Gelegenheiten stellen somit ebenso Probleme dar wie eingetretene negative Resultate des Handelns. Ob ein bestimmtes Handeln problematische Resultate hat, stellt sich freilich erst im Nachhinein heraus. Während der Akteur seine Handlungswahl trifft, kann er dies nicht sicher wissen. Was er zum Zeitpunkt der Handlungswahl weiß, ist, ob es sich für ihn um eine gut oder schlecht definierte Situation handelt (Reitman 1964; Biasio 1969: 39; Kirsch 1971a: 141-143; Brauchlin/Heese 1995: 28). Dies sind die beiden Pole eines Kontinuums, auf dem konkrete Handlungssituationen verortet werden können:

- Eine gut definierte Situation ist dem Akteur in ihren wesentlichen Merkmalsausprägungen und Wirkungszusammenhängen bekannt, und er weiß, welche Absichten und Handlungsmöglichkeiten die jeweils anderen Akteure haben.
- Bei einer schlecht definierten Situation verhält es sich genau umgekehrt. Merkmalsausprägungen und Wirkungszusammenhänge sind dem Akteur nur fragmentarisch verfügbar und unsicher; und eine ähnliche Unsicherheit herrscht über die Absichten und Möglichkeiten der Gegenüber vor.

Je besser eine Handlungssituation für den Akteur definiert ist, desto vergeblicher oder unnötiger wird für ihn Entscheidungshandeln. Unnötig wird es in dem Maße, in dem die Situation ihm ein bestimmtes traditionales, routinisiertes oder emotionales Handeln nahe legt und dies in seinen Augen zu akzeptablen Resultaten führt. Warum sollte er sich dann den Mühen einer Entscheidung unterziehen? Vergeblich wird Entscheidungshandeln hingegen in solchen gut definierten Situationen, die aus der Sicht des Akteurs schlechte Resultate hervorbringen. Der Akteur könnte sich zwar Besseres vorstellen, bzw. vorstellen, dass er durch ein Bedenken von Alternativen zu einer prinzipiell besseren entscheidungsförmigen Handlungswahl käme. Doch er muss zugleich erkennen, dass die Wirkungszusammenhänge und Konstellationsdynamiken, in denen er sich bewegt, so festgefahren sind, dass er darin gefangen ist und jedes Ausscheren die Resultate seines Handelns im Zusammenwirken mit den anderen Akteuren vielleicht sogar noch verschlechtert.[36]

Schaut sich man demgegenüber schlecht definierte Situationen an, wird deutlich, dass sie zugleich die Notwendigkeit und die Möglichkeit implizieren, durch Entscheidungen zu einer besseren Problembewältigung zu kommen. Solche Situationen rufen beim Akteur zunächst eine mehr oder weniger drastische Orientierungs- und Ratlosigkeit hervor. Sie werden als überraschend, unvorhergesehen, neuartig, dramatisch, unbestimmt, konturlos, vieldeutig und ähnliches mehr erlebt – was alles unterschiedliche Ausdrucksformen dafür sind, dass dem Akteur fertige Handlungsschemata fehlen, wie sie durch Traditionen, Routinen oder Gefühle geliefert werden (Kirsch 1971a: 144/145). Der in derartigen Situationen prinzipiell vorstellbare Rückgriff auf Routinen oder traditionales Handeln wäre erkennbar unangemessen und käme einer Situationsverleugnung durch Ritualismus gleich. Das Unternehmen beispielsweise, das trotz gravierender Umsatzeinbußen, die es sich nicht zu erklären vermag, weitermacht wie bisher, dürfte seine Lage nur noch verschlimmern. Ebenso versagen Gefühlsreaktionen. Der Tobsuchtsanfall des Unternehmers z.B. wird die betrieblichen Bilanzen auch nicht aufbessern. Dann aber, wenn diese drei Handlungsformen als Grundlagen der Situationsbewältigung versagen, bleibt dem Akteur nichts anderes übrig, als sich der Offenheit der Situation reflektierend zu stellen und zu versuchen, eine Praxis der Situationsbewältigung zu konzipieren, die genau der die Situation ausmachenden je besonderen Problemlage gerecht wird. Nichts anderes stellen Entscheidungen dar.

Am Beispiel medizinischer Behandlungen: „Die Lösung der Frage, wie eine komplexe Fallproblematik ... zu entscheiden ist, liegt nicht mehr einfach auf der Straße. Die Austarierung von medizinischen, ökonomischen, legitimatorischen, Patienten- und An-

---

[36] Das „Prisoner's dilemma" der Spieltheorie ist ein bekanntes Beispiel für solch eine Situation (Holler/Illing 1991: 1-9).

gehörigeninteressen lässt sich nicht mehr durch ein triviales Kalkül berechnen." (Vogd 2004: 44) Solch ein Kalkül kann manchmal einen sehr komplizierten Algorithmus – eine mathematische Formel, ein Kochrezept, eine technische Gebrauchsanweisung – darstellen; es bleibt „trivial" in dem Sinne, dass in einer eindeutig formulierten endlichen Anzahl von Schriften ein Ergebnis erzielt wird. Genau das erübrigt eine Entscheidung.[37]

Entscheidungen werden aber eben nicht nur notwendig, sondern auch möglich, je schlechter definiert eine Situation ist. Das Neue, was Entscheidungen in die Welt setzen, hat in gut definierten Situationen keinen Platz. Die genannten negativen Attribute, die gemeinhin mit schlecht definierten Situationen assoziiert werden, haben also auch das Positive, dass ein Ausbrechen aus eingefahrenen Handlungsmustern überhaupt möglich ist. So ist ja beispielsweise die Situation der Frauen heute erheblich schlechter definiert als vor einigen Jahrzehnten. Natürlich wird dies von ihnen teilweise auch als Belastung erfahren, wenn sie sich u.a. den Kopf darüber zerbrechen müssen, wie sie eine Berufskarriere mit der Gründung einer Familie in Einklang bringen können, während früher dieses Problem gar nicht erst aufgekommen war. Die allermeisten Frauen dürften aber die heutige schlechter definierte Situation dennoch der früheren vorziehen, weil nun überhaupt erst eigene biographische Gestaltungschancen, Voraussetzungen für ein „eigenes Leben" (Beck et al. 1995), vorhanden sind.

Zusammengefasst wechseln Akteure also dann zu Entscheidungshandeln über, wenn schlecht definierte Situationen ihnen dies auferlegen und anbieten. Die inhärente Ambivalenz des Entscheidungshandelns wird hieran nochmals deutlich. Sich zu entscheiden bedeutet Qualen, aber auch eine höhere Chance auf eine zufrieden stellende oder bessere Ergebnisrationalität. Diese Chance ist ohne die Qual vor und die Qual nach der Wahl nicht zu haben.

---

[37] Manchmal wird diesbezüglich von „Routineentscheidungen" gesprochen (Kirsch 1971a: 142), was aber ein Widerspruch in sich ist.

Albert Hirschman (1967: 11-34) zeigt am Beispiel entwicklungspolitischer Projekte auf, dass man bei der Entscheidung, ob man ein solches Projekt überhaupt beginnen solle, oft zwei wohltätigen Täuschungen unterliegt: Zum einen schätzt man die Schwierigkeiten, in die man geraten wird, geringer ein, als sie tatsächlich sein werden; und zum anderen schätzt man den Nutzen, den das Projekt abwerfen wird, zu hoch ein. Beide Täuschungen tragen dazu bei, dass man ein Projekt angeht; und sofern sich die Schwierigkeiten ebenso wie die Abstriche, die man beim Nutzen machen muss, nicht zu früh abzeichnen, hat man bereits so viel in das Projekt investiert, dass man dann auch dabei bleibt, also mit Erfindungsreichtum und energischem Einsatz versucht, die Schwierigkeiten zu überwinden, und seine Nutzenerwartungen realistisch herunterschraubt. Anders gesagt, und verallgemeinert: Wäre man von Anfang an Realist, würde man sich fast nie zum Entscheiden entscheiden. Entscheidungshandeln braucht Illusionen als Geburtshelfer. Ohne solche Illusionen ergibt man sich in schlecht definierten Situationen eher apathisch in sein Schicksal oder zieht sich – was genauso unangebracht ist – schematisch auf irgendwelche Traditionen, Routinen oder Emotionen zurück.

*Entscheidungshandeln als parasitäre Rückfallposition*
Entscheidungen stellen somit im Verhältnis zu den anderen drei Handlungsformen Rückfallpositionen dar. Akteure neigen typischerweise zunächst dazu, einer Situation traditional, routinisiert oder gefühlsgeleitet zu begegnen. Erst wenn dies als offensichtlich unangebracht erkannt wird, und unter dem Einfluss der gerade angesprochenen Selbsttäuschungen, geht man zu einer entscheidungsförmigen Situationsbewältigung über.[38] Wegen des hohen

---

[38] March/Simon (1958: 185) sehen – auf Planung als Spezialfall des Entscheidens bezogen – ein „'Gresham's Law' of planning: Daily routine drives out planning." Dabei unterstellen sie, dass Akteure zu bequem sind, die ihnen jederzeit offen stehende und eigentlich wünschenswerte Möglichkeit des entscheidungsförmigen Handelns zu nutzen, und stattdessen auf Routinen und traditionales Handeln zurückfallen. Hartmut Esser (2001: 205-224, 239-258) sieht hingegen umgekehrt, dass solche Situationen, in denen die Akteure un-

sachlichen, zeitlichen und sozialen Aufwands, den Entscheidungen mit sich bringen, ist dies auch gar nicht anders möglich. Wollte jemand über alles, was er tut, entscheiden, so käme das angesichts der Unmengen an Handlungszumutungen, denen jeder Tag für Tag ausgesetzt ist, einer Selbstlähmung gleich. Ein Akteur muss sich vielmehr, gerade um sich in wenigen ausgewählten Situationen eine entscheidungsförmige Vorgehensweise leisten zu können, in der großen Mehrzahl von Situationen auf traditionales, routinisiertes oder spontan-gefühlsmäßiges Handeln beschränken und zurückziehen können (Katona 1964: 54).

In diesem Sinne stehen Entscheidungen in einem parasitären Verhältnis zu den anderen drei Handlungsformen. Entscheidungen sind der Luxus an Reflexion, der voraussetzt, dass der größte Teil der Handlungszumutungen anders bewältigt wird. Damit gebührt dem Entscheidungshandeln, auch wenn es eine höhere Leistungsfähigkeit bei der Problembewältigung aufweist als die anderen drei Handlungsformen, keine höhere Wertschätzung als diesen. Denn es kann sich überhaupt nur in diese eingebettet und von diesen getragen entfalten.[39] Zwar ist in vielen Einzelfällen der Ertrag eines entscheidungsförmigen Handelns höher als der der anderen drei Handlungsformen. Aber der Aufwand dafür ist eben so hoch, dass der Akteur sehr schnell hoffnungslos überfordert wäre, wollte er viele andere Situationen ebenso entscheidungsförmig bewälti-

---

willkürlich – neuro-physiologisch reguliert und damit nicht willentlich beeinflussbar – einen perfekten Match von situativ wahrgenommenen Symbolen und bereitstehendem Deutungsmuster erleben, also sogleich wissen, was sie zu tun haben, gar keine Chance des Entscheidens mehr lassen. Das Handlungsprogramm läuft dann mit quasi instinkthafter Determiniertheit ab. Entscheidungshandeln wird überhaupt nur dann ausgelöst, wenn größere Störungen der Wiedererkennung einer Situation eintreten. Wo March/Simon also prinzipiell noch Chancen sähen, die Entscheidungsfreude der Akteure anzuspornen, ist für Esser unterhalb der Bewusstseinsschwelle schon längst alles gelaufen. Bei aller Gegensätzlichkeit laufen beide Überlegungen darauf hinaus, dass nur selten entschieden wird.

[39] Dies gilt im Übrigen auch in der Hinsicht, dass komplexe Entscheidungsvorgänge, wie sich noch zeigen wird, erhebliche routineförmige, traditionale und auch emotionale Ingredienzien aufweisen.

gen. Man könnte es auch in den beiden hier zuerst angesprochenen Rationalitätsverständnissen so ausdrücken: Entscheidungen sind effektiv, aber die anderen drei Handlungsformen sind effizient; und Effektivität in wenigen Situationen setzt Effizienz in vielen Situationen voraus.[40]

---

[40] Dies ist natürlich wieder eine Betrachtung auf einer Meta-Ebene, auf der eine effizienzsteigernde Entscheidung – etwa die Umstellung auf eine neue Produktionstechnologie in einem Unternehmens – als Handlungsform nicht effizienter, sondern effektiver als z.B. das routineförmige Festhalten an der bisherigen Produktionstechnologie ist. Eine analoge Argumentation findet sich bei Arnold Gehlen (1957: 104-107) zur „Schematisierung des Verhaltens": Weil Institutionen vieles Handeln vom Reflexionsaufwand entlasten, wird anderem Handeln ein Spielraum für Reflexion und Subjektivität eröffnet.

# 2 Rationales Entscheiden als Auftrag der Moderne

Entscheidungshandeln ist, wie ich im vorherigen Kapitel erläutert habe, eine besondere Form des Handelns. Es ist ein Alternativen bedenkendes und sich gegenüber Alternativen begründendes Handeln. Dass Entscheidungshandeln viel aufwendiger ist als die anderen Formen des Handelns, erklärt, warum Akteure meistens nicht entscheidungsförmig handeln.

Diese allgemeine Feststellung gilt auch für die Moderne. Dennoch haben Entscheidungen in der Moderne eine besondere Prominenz gewonnen. Der Anteil entscheidungsförmigen Handelns hat zugenommen – und dies gilt umso mehr, je wichtiger das betreffende Handeln dem jeweiligen Akteur ist. In diesem Sinne kann man die moderne Gesellschaft als Entscheidungsgesellschaft bezeichnen.

In diesem Kapitel wird nachvollzogen, welche gesellschaftsstrukturellen Dynamiken die Entscheidungsgesellschaft hervorgebracht, also dazu geführt haben, dass rationales Entscheiden einen überragenden Stellenwert bekommen hat. Wie sich zeigt, geht das auf ein Geflecht von Wirkungszusammenhängen zurück, die allerdings alle in dem einen konstitutiven Merkmal der modernen Gesellschaft verankert sind: ihrer funktionalen Differenzierung. Dies wird im ersten Abschnitt dieses Kapitels vorgeführt. Im zweiten Abschnitt wird die Entscheidungsgesellschaft dann aus der Sicht eines einzelnen Akteurs betrachtet. Was bedeutet es für eine Person, aber auch für eine Organisation, in einer Entscheidungsgesellschaft zu agieren?

## 2.1 Die funktional differenzierte Gesellschaft als Entscheidungsgesellschaft

Alain Touraine (1992) sieht die Moderne durch zwei große Dynamiken und deren Wechselspiel getragen: Rationalisierung und Subjektivierung. Er knüpft damit zunächst an eine in der soziologischen Gesellschaftstheorie geläufige, klassisch durch Max Weber (1920: 17) geprägte Sicht der Moderne als „Rationalismus der Weltbeherrschung" an, um diese Sicht allerdings dann als eine eindimensionale, fundamental unvollständige Charakterisierung zu kritisieren: „Modernity is not based upon one single principle." (Touraine 1992: 6) Er erkennt vielmehr „two faces of modernity": „the history of modernity will be a constant dialogue between rationalization and subjectivation. No compromise is possible." (Touraine 1992: 38) Die Entfaltung des „Rationalismus der Weltbeherrschung" ging damit einher, dass die Menschen ihre Subjektivität entdeckten, also Menschsein sich nicht länger darin erschöpfte, ein Gefäß göttlichen Willens oder ein bloßer Wasserträger gesellschaftlicher Ordnungskräfte zu sein.

Was zunächst wie ein harmonisches Zusammenwirken beider Triebkräfte der Moderne erscheint, ist tatsächlich – wie Touraine eindringlich zeigt – ein Antagonismus. Auf der Ebene der Gesellschaftsstruktur prägt er sich in der Differenzierungsform aus. Die funktionale Differenzierung der modernen Gesellschaft wird durch die widerstreitenden Kräfte der Rationalisierung und Subjektivierung zunächst hervorgebracht, um deren Widerstreit sodann nicht nur auf Dauer zu stellen, sondern immer weiter zu steigern. Ein Ergebnis dessen ist die Entscheidungsgesellschaft.

*Funktionale Differenzierung*
Von den soziologischen Theorien gesellschaftlicher Differenzierung wird die moderne Gesellschaft als eine funktional differenzierte Gesellschaft bezeichnet, also durch den Primat einer besonderen Differenzierungsform charakterisiert.[1] Die moderne Gesellschaft besteht nach diesem Verständnis aus einem Nebeneinander funktional spezialisierter Teilsysteme: Wirtschaft, Politik, Recht, Militär, Wissenschaft, Kunst, Religion, Massenmedien, Bildung, Gesundheitswesen, Sport und Intimbeziehungen. In ihrer

---
[1] Als Überblick über die differenzierungstheoretische Perspektive siehe Schimank (1996) und Schimank/Volkmann (1999).

Differenzierungsform unterscheidet sich die moderne Gesellschaft sowohl von den primär segmentär differenzierten archaischen Gesellschaften als auch von den primär stratifikatorisch differenzierten vormodernen Hochkulturen. In archaischen Gesellschaften sind die primären Einheiten relativ gleichartige und gleichrangige Familien, Clans, Dörfer und Stämme. Die feudalistischen Gesellschaften des europäischen Mittelalters, das Römische Reich, aber auch das chinesische Kaiserreich oder Altägypten gliederten sich hingegen stratifikatorisch in Stände, Schichten oder Klassen und damit in ungleichartige und ungleichrangige Einheiten.

Funktionale Differenzierung schafft demgegenüber in dem Sinne ungleichartige Einheiten, dass jedes der gesellschaftlichen Teilsysteme je besondere, von keinem anderen wahrgenommene Beiträge zur Reproduktion der Gesellschaft leistet. So steuert die Politik kollektiv bindende Entscheidungen, die Wissenschaft wahre Erkenntnisse oder die Wirtschaft Güter und Dienstleistungen zur Bedürfnisbefriedigung bei. Kein Teilsystem kann in dieser Hinsicht durch ein anderes ersetzt werden. Leistungsausfälle des Bildungssystems, etwa ein Mangel an qualifizierten Informatikern oder Lehrern, lassen sich zum Beispiel nicht durch wirtschaftliches Wachstum kompensieren. Doch diese allseitige Unersetzbarkeit begründet auch eine grundsätzliche Gleichrangigkeit der Teilsysteme. Keines steht – wie der Adel und die Kirchenfürsten im Mittelalter – an der Spitze der Gesellschaft.

Eine lange Zeit vorherrschende und immer noch oft anzutreffende Sichtweise funktionaler Differenzierung, die man vor allem bei Emile Durkheim (1893) und Talcott Parsons (1971) vorfindet, fasst diese als gesamtgesellschaftliche Arbeitsteilung auf. Die verschiedenen Teilsysteme der Gesellschaft tragen demzufolge wie die Abteilungen einer Organisation jeweils das ihre zum Erhalt und zur Weiterentwicklung des Ganzen bei; und wenn dies auf gesellschaftlicher Ebene schon nicht nach einem übergreifenden Plan in Szene gesetzt werden kann, wie spätestens der real existiert habende Sozialismus gezeigt hat, sorgt doch evolutionäre Auslese für ein geordnetes und fruchtbares Zusammenwirken. Demgegenüber begreift Niklas Luhmann (1997: 595-865) – wie vor ihm vor allem Max Weber – gesellschaftliche Differenzierung als Emergenz.[2] Die Ausdifferenzierung der Teilsysteme erfolgt dieser Sichtweise zufolge als Kultivierung, Vereinseitigung und schließlich Verabsolutierung von Weltsichten, bis diese sich in Form jeweils hochgradig spezialisierter, selbstreferentiell angelegter binärer Codes etabliert haben: etwa „zahlen/nicht zahlen" als Leitunterscheidung des Wirtschaftssystems oder „Recht/Unrecht" als Pendant dazu im Rechtssystem. Jede dieser „Wertsphären" – um Webers Begrifflichkeit aufzugreifen – tendiert zur Selbstverabsolutierung und zur entsprechenden Gleichgültigkeit gegenüber Belangen anderer „Wertsphären". Was z.B. wirtschaftlich profitabel ist, ist nicht unbedingt auch politisch opportun oder künstlerisch wertvoll; und es geht bei diesen unterschiedlichen Gesichtspunkten auch nicht um eine arbeitsteilige Komplementarität, sondern um ein spannungsvolles Neben- und Gegeneinander.

*Rationalisierung*

Der Ausdifferenzierung der „Wertsphären" bzw. funktional spezialisierten gesellschaftlichen Teilsysteme seit der europäischen Frühmoderne liegt eine parallele Rationalisierung des Handelns in vier Dimensionen zugrunde: der Zweckrationalität, der theoretischen Rationalität, der formalen Rationalität und der Wertrationalität.[3]

Im Mittelpunkt stand dabei die Herauslösung der *Zweckrationalität* des Handelns aus traditionalen, aber auch emotionalen Einbindungen. Wer zweckrational handelt, überlegt sich, mit welchen Mitteln er sein gegebenes Ziel unter den situativen Umständen am besten erreichen kann.[4] Wie schon im Kapitel 1 angesprochen, ist Zweckrationalität als Effizienz oder Effektivität ein sehr häufiger

---

[2] Siehe dazu weiterführend Tyrell (1998) und Schimank (2003: 261-274).

[3] Siehe zu diesem Hauptthema Webers Schimank (1996: 53-69) sowie ausführlicher Schluchter (1978) und Schwinn (2001).

[4] Zweckrationalität darf also nicht mit der in Kapitel 1 behandelten Rationalität von Zwecken verwechselt werden.

Maßstab, an dem Entscheidungen gemessen werden. Dass zweckrationale Kalküle nicht länger in Routinen, Traditionen und Emotionen eingebunden bleiben, ist damit ein großer Schritt hinein in die Entscheidungsgesellschaft. Der Akteur verlässt die Wagenburg derer, die das tun, was „schon immer so" getan worden ist, und will es besser machen.

Dieser Vorgang vollzog sich darüber, dass die anderen drei Rationalitätsdimensionen entfaltet wurden. Die *theoretische Rationalität* gewann mit dem Siegeszug der neuzeitlichen Wissenschaft und der dadurch geprägten Denkhaltung, die auch in andere Lebensbereiche eingezogen ist, an Boden – siehe auch die fortschreitende Verwissenschaftlichung von immer mehr gesellschaftlichen Handlungsfeldern.[5] Theoretische Rationalität sucht im Hinblick auf Handlungswirkungen nach möglichst verallgemeinerbaren Kausalzusammenhängen. Dies geschieht über eine entsprechend abstrahierende, nach logischen Prinzipien vorgehende und systematisch empirische Vergleiche nutzende Reflexion der Handlungszusammenhänge, die nicht unter dem Druck unmittelbarer Handlungszwänge stattfindet. Theoretische Rationalität setzt sich zum einen von einem dumpfen Registrieren der Handlungswirkungen ab, das allenfalls zu mehr oder weniger genauen, gleichsam alltagsstatistischen Korrelationsschlüssen gelangt. Zum anderen überwindet theoretische Rationalität aber auch magische Erklärungen, die überweltliche Mächte für die Handlungswirkungen kausal verantwortlich machen und nahe legen, diese Mächte durch Opfergaben zu beeinflussen. Der Handelnde spricht sich somit sowohl Selbstverantwortung als auch die Fähigkeit zum verantwortlichen Handeln zu.

*Formale Rationalität* bedeutet die Bezugnahme des Handelns auf universal angewandte Regeln. Solche Regeln können zum einen Rezepte, zum Beispiel die Methoden mathematischer Kalkulation, zum anderen Vorschriften, etwa Gesetze, sein. Beide Arten

---

[5] Spätestens mit Daniel Bells (1973) Konzept der „postindustriellen Gesellschaft" findet dieser Sachverhalt immer mehr Aufmerksamkeit (Krücken 2002). Siehe weiterhin das Konzept der „knowledge society" (Stehr 1994).

von Regeln begrenzen in dem Maße, wie sie handlungswirksam werden, das Belieben und die Willkür des Handelnden, reinigen dessen Handeln also von persönlichen Idiosynkrasien und situativer Erratik. Bei der Herausbildung der modernen Gesellschaft fand eine Rationalisierung in dieser Dimension vor allem im Rückgriff auf das römische Recht und auf der Organisationsebene durch die zunächst in der Staatsverwaltung und den Wirtschaftsunternehmen Einzug haltende „bürokratische Herrschaft" (Weber 1922: 125-130, 551-579) statt.[6]

Die Entfaltung theoretischer und formaler Rationalität trug entscheidend dazu bei, dass die Mittelkomponente der Zweckrationalität rationalisiert werden konnte. Die Wahl sachlich angemessener und auch sozial abgestimmter Mittel zur Realisierung bestimmter Ziele wird in rationalere Bahnen gelenkt, wenn dies auf der Basis theoretischer und formaler Rationalität erfolgt. Eine noch wichtigere Präformierung der in der modernen Gesellschaft anstehenden Entscheidungsprobleme erfolgte allerdings durch den für die funktionale Differenzierung konstitutiven Vorgang einer konsequenten Kultivierung von *Wertrationalität*.

Wertrational ist ein Handeln in dem Maße, in dem es sich rigoros an einem bestimmten und zum Selbstzweck erhobenen Maßstab des Wollens – in Gestalt eines bestimmten Wertes – ausrichtet. Wenn ein Akteur beispielsweise in politischen Entscheidungsfragen die Erhaltung und Vermehrung der eigenen Macht als letztentscheidende Wertorientierung zugrunde legt, handelt er in dem Maße wertrational, wie er diesem Machtstreben möglicherweise entgegenstehende religiöse, moralische, wirtschaftliche oder erotische Werte außer Acht lässt. Wertrationalität steht also gegen ein Handeln, das sich von einer diffusen Gemengelage von Wertgesichtspunkten bestimmen lässt und dadurch einen unentschiedenen, vieles zugleich und dadurch nichts konsequent anstrebenden Charakter erhält. Die Zielkomponenten zweckrationalen Handelns

---

[6] Letzteres wird auch noch als Herausbildung der Organisationsgesellschaft angesprochen werden.

schälen sich daher durch eine Rationalisierung in der Wertdimension immer eindeutiger heraus, was eine unabdingbare Voraussetzung für die Rationalisierung der Mittelwahl darstellt. Denn man kann unter den zur Entscheidung anstehenden Alternativen zur Verwirklichung eines angestrebten Ziels nur in dem Maße eine rationale Abwägung treffen, wie das Ziel präzisiert ist. Darüber hinaus ermöglicht eine Rationalisierung von Wertorientierungen auch den rationalen Diskurs über Zwecke des Handelns in dem in Kapitel 1 erläuterten Sinne: nicht als allseits geteilte Letztentscheidung zwischen konfligierenden Zielen, wohl aber als Bewusstwerdung und sorgsamere Abwägung solcher Zielkonflikte.

Für Weber läuft die Wertrationalisierung nicht auf eine vom Utilitarismus und Liberalismus behauptete und propagierte totale Willkürlichkeit individuellen Wollens in der modernen Gesellschaft hinaus. Stattdessen stellt Weber fest, dass sich eine begrenzte Pluralität von Wertmaßstäben herausbildet, die allesamt eine je besondere „Eigengesetzlichkeit" besitzen; und diese institutionalisiert sich in Gestalt der „Wertsphären" bzw. gesellschaftlichen Teilsysteme.

*Polykontexturalität*

Die „von unten" und dezidiert gegeneinander propagierten, also nicht wie bei einer Arbeitsteilung säuberlich aufeinander abgestimmten Wertrationalisierungen bringen die funktional differenzierte Gesellschaft eben nicht in der Gestalt hervor, dass die Teilsysteme überschneidungsfreie Zuständigkeitsbereiche für sich reklamieren. Ganz im Gegenteil bedeutet funktionale Differenzierung eine Polykontexturalität aller gesellschaftlichen Ereignisse. Alles, was sich in der modernen Gesellschaft ereignet, einschließlich vorgestellter möglicher Ereignisse, hat eine Mehrzahl an gesellschaftlich relevanten sinnhaften Bedeutungen – je nachdem, im Kontext welcher teilsystemischen binären Codes bzw. Werte es betrachtet wird.

Ein Zugunglück beispielsweise lässt sich nicht der alleinigen Zuständigkeit eines bestimmten Teilsystems zuordnen, um so gleichsam unsichtbar, nämlich bedeutungslos – im doppelten Sinne des Wortes – für die übrigen Teilsysteme zu bleiben. Sondern das Zugunglück stellt sich als rechtliches, wirtschaftliches, politisches, massenmediales, wissenschaftlich-technisches, medizinisches, gegebenenfalls auch militärisches, pädagogisches oder künstlerisches Geschehen dar – und zwar jedes Mal ganz anders! Die gesellschaftliche Wirklichkeit ist damit nicht eine einzige, sondern so oft – und jedes Mal anders – vorhanden, wie es divergierende teilsystemische Perspektiven auf sie gibt. Als gesellschaftliches Geschehen – jenseits physikalisch-chemischer und biologischer Vorgänge – passiert das Zugunglück nicht einmal, sondern sechs- bis zehnmal. Funktionale Differenzierung vervielfacht die Gesellschaft: So lässt sich mit Luhmann das grundlegendste Merkmal der Moderne auf den Punkt bringen. Die Gesellschaft aus der Sicht der Wirtschaft ist eine völlig andere als die (-selbe?!) Gesellschaft aus der Sicht der Politik oder aus der Sicht des Gesundheitswesens usw.

Damit ist mehr als eine simple Multi-Perspektivität gemeint, wie es sie immer schon gegeben hat. Es geht nicht bloß darum, dass man – wie es alltagssprachlich so locker heißt – „die Dinge auch anders sehen" kann. Genau das ist innerhalb jedes der Teilsysteme gerade nicht möglich: den binären Code gleichsam auszusetzen und sich vielleicht gar infolge dessen über ihn hinwegzusetzen. Innerhalb eines Teilsystems ist dessen eigener binärer Code – um ein Konzept von Karl Marx zu verwenden – so verdinglicht, dass er den dortigen Akteuren jederzeit als die quasi natürliche, gar nicht anders vorstellbare Ordnung der Dinge erscheint. Wie könnte es beispielsweise in der Wirtschaft um etwas anderes als um Zahlungsfähigkeit, in der Politik um etwas anderes als um Macht, in der Wissenschaft um etwas anderes als um Wahrheit gehen! Das heißt nicht, dass andere Gesichtspunkte jeweils überhaupt keine Rolle spielen. Natürlich beachtet etwa die Wirtschaft das Recht, und in der Wissenschaft muss man sich neben anderem auch um das leidige Geld kümmern. Doch dies sind eben jeweils lediglich

Randbedingungen dessen, worum es den Akteuren eigentlich geht und was im binären Code seinen Ausdruck findet.

Weil innerhalb jedes Teilsystems ein je anderer binärer Code verdinglicht ist, besteht zwischen den Teilsystemen ein unüberbrückbarer *Orientierungsdissens* (Schimank 1992a). Jedes Teilsystem stellt einen in sich geschlossenen Orientierungszusammenhang dar, der auf nichts außerhalb verweist. Die juristische, die wirtschaftliche oder die politische Kommunikation über das Zugunglück reden im wahrsten Sinne des Wortes aneinander vorbei, weil sie gleichsam stets nur in Selbstgespräche vertieft sind. Dieser harte intersystemische Dissens wird auch nicht etwa dadurch gemildert, dass dieselben Individuen in verschiedenen Teilsystemen verkehren. Denn ein und dieselbe konkrete Person nimmt in jedem Teilsystem eine jeweils zugehörige Rolle ein und muss sich dieser Rolle entsprechend verhalten. Die gesellschaftliche Polykontexturalität findet hier ihre Entsprechung. Auch die Person vervielfältigt sich über multiple Partialinklusionen.[7] Ein mit seinen Forschungen auf die Sicherheit des Zugverkehrs spezialisierter Wissenschaftler mag persönlich noch so sehr davon betroffen sein, dass sein Kind ein Opfer des Zugunglücks geworden ist: Wenn er diese beiden Dinge nicht auseinander zu halten vermag, wird er von der wissenschaftlichen Untersuchung des Vorfalls suspendiert werden – damit in dieser der binäre Code des Wissenschaftssystems nicht durch teilsystemfremde Rücksichten, Betroffenheiten und Interessen gestört wird.

Rationalisierung und funktionale Differenzierung sind also zwei Seiten desselben Vorgangs. Die Ausdifferenzierung funktional spezialisierter Teilsysteme mit je eigenen, selbstreferentiell geschlossenen binären Codes beruht auf einer Entfaltung von Wertrationalität; und diese ermöglicht innerhalb jedes Teilsystems eine

---

[7] Diese Sorge eines Zerrissenwerdens der Persönlichkeit durch funktionale Differenzierung trieb Weber um – und in der Tat macht die funktionale Differenzierung der Gesellschaft einen weitreichenden Umbau der überkommenen Identitätsform des gesellschaftlichen Personals erforderlich (Schimank 2002b).

Entfaltung von Zweckrationalität, die zusätzlich durch theoretische und formale Rationalität gestützt wird. In diesem Rahmen bietet die ungeheure Steigerung von faktisch gegebenen und sich als Möglichkeiten auftuenden Leistungen in jedem der gesellschaftlichen Teilsysteme nicht nur Gelegenheiten der Wahl und damit auch Anlässe für Entscheidungen, sondern konfrontiert geradezu mit Entscheidungserfordernissen.

Auf der Rollenebene trifft dies vor allem diejenigen, die Leistungsrollen in den Teilsystemen innehaben – ob es sich nun um Ärzte im Gesundheitssystem, Manager in der Wirtschaft oder Richter im Rechtssystem handelt. Die teilsystemischen Leistungsangebote präsentieren sich dann denjenigen, die den verschiedenen Teilsystemen in den jeweiligen Publikumsrollen gegenüber treten, sowohl als Chance, verstärkt eigene Entscheidungen treffen zu können, als auch als Druck, dies dann auch tun zu müssen. Im Einzelnen ergibt sich das aus dem nun auszusprechenden Zusammenspiel mehrerer Mechanismen, die von generellen kulturellen Orientierungen bis zur je individuellen Biographie reichen – vermittelt durch teilsystemische Steigerungsimperative, formale Organisationen und politische Gesellschaftsteuerung.

*Kulturelle Säkularisierung*
Die Rationalisierung der Werte richtete sich in der spätmittelalterlichen Gesellschaft dagegen, dass alle gesellschaftlichen Zwecksetzungen letztlich auf einen einzigen kompakten Endzweck, das religiös bestimmte Seelenheil, vereinheitlicht wurden. In diesem Sinne lief die Entfaltung von Wertrationalität auf Säkularisierung hinaus: auf die Freisetzung der Wollensdimension gesellschaftlichen Handelns aus der religiös formierten Eindimensionalität. Funktionale Differenzierung bedeutete in diesem Sinne zunächst einmal die „Emanzipation" der spezialisierten Teilsysteme aus der bis dahin gegebenen Einbindung ihrer jeweiligen Wertorientierungen in die religiöse Weltdeutung (Guardini 1950: 39-41; Luckmann 1967: 101; Berger 1979: 17-22) – beispielhaft nachvollziehbar etwa an den Auseinandersetzungen über den Zinswucher

zwischen der katholischen Kirche und den kapitalistischen Unternehmern im Frankreich des 17. und 18. Jahrhunderts (Groethuysen 1927a: 151-188). Darf man mit Geldverleihen Geld verdienen, obwohl doch Jesus die Wucherer aus dem Tempel geworfen hat?

Genau dieser Status einer nur relativen, nämlich innerhalb eines umgrenzten – aus der übrigen Gesellschaft ausgegrenzten – Bereichs gültigen Wertorientierung ist jedoch prinzipiell unverträglich mit dem Absolutheitsanspruch jeder religiösen Weltdeutung. Die ökonomische, die politische, die wissenschaftliche ebenso wie jede andere funktional spezialisierte Perspektive vermag es mit ihrer jeweiligen Eigenlogik zu vereinbaren, sich als eine „Wertsphäre" mit einer je spezifischen relativen Berechtigung neben anderen, ebenso berechtigten „Wertsphären" zu begreifen. Zwar birgt dieser „Polytheismus" der „Wertsphären" (Weber 1919: 27/28), wie dargestellt, durchaus massiven Konfliktstoff. Doch es handelt sich bei diesen Konflikten durchweg um Abwehrkämpfe, nicht um „Imperialismen" der „Wertsphären". Die Behauptung der eigenen Autonomie gegenüber Übergriffen anderer Teilsystemlogiken, nicht die Selbstinthronisierung als gesellschaftsweit dominierende Logik treibt die Teilsysteme – genauer gesagt: deren Akteure – an. Nur ein einziges Teilsystem muss sich aus seiner eigenen Logik heraus „imperialistisch" aufführen: die Religion. Sie kann sich nicht damit abfinden, dass ihr Zuständigkeitsbereich in der modernen Gesellschaft nur noch ein partieller ist, außerhalb dessen Werte vorherrschen, die der religiösen Weltdeutung mehr oder weniger drastisch zuwider laufen. Denn die Religion muss ja behaupten, dass die gesamte Welt – und damit eben auch die Wirtschaft oder die Politik – Gottes Schöpfung ist und seinem Plan und Gesetz zu gehorchen hat, also auch die gesamte Lebensführung des Einzelnen.

Religion ist nicht funktional ausdifferenzierbar: Das macht ihre unangefochtene Vorrangstellung in stratifikatorisch differenzierten Gesellschaften, ihren unausweichlichen Niedergang in der funktional differenzierten Gesellschaft aus. Denn ihr Gegenstand ist nichts weniger als der übergreifende Zusammenhang und die transzendente Bedeutung sämtlichen gesellschaftlichen Geschehens – auf den einzelnen Menschen bezogen: seine biographische Totalität. Religion wird im wortwörtlichen Sinne gegenstandslos, wenn sie ihre Kompetenz für die Deutung, Bewertung und Normierung wirtschaftlicher, politischer, wissenschaftlicher, familiärer und sonstiger gesellschaftlicher Sachverhalte mit der Ausdifferenzierung entsprechender Teilsysteme abgeben muss (Groethuysen 1927b: 40-56). Diese verschiedenen „Wertsphären" teilen dann Gesellschaft und damit auch die Lebensführung des Einzelnen untereinander auf, und der Religion verbleiben nur Restbestände.

Der Wechsel der gesellschaftlichen Differenzierungsform ist also verantwortlich für den „Tod Gottes" in der modernen Gesellschaft: „Die Welt wurde theologisch uninterpretierbar ..." (Luhmann 1970: 140). Damit haben die Menschen alle Gewissheiten und Rahmungen verloren, die bis dahin die religiöse Weltdeutung bereitgestellt hat. Das sagt sich so einfach dahin. Was für eine Riesenlast sich die Menschen damit aufgebürdet haben, hat Friedrich Nietzsche pathetisch, aber plastisch so ausgedrückt, dass er diejenigen, „die nicht wissen, was es bedeutet, Gott verloren zu haben", die das vielleicht sogar für einen Zugewinn an menschlicher Selbstbestimmung halten, fragt: „Wohin bewegen wir uns? Fort von allen Sonnen? Stürzen wir nicht fortwährend? Und rückwärts, seitwärts, vorwärts, nach allen Seiten?" Und weiter: „Gibt es noch ein Oben und Unten? Irren wir nicht wie durch ein unendliches Nichts? Haucht uns nicht der leere Raum an? Ist es nicht kälter geworden? Kommt nicht immerfort die Nacht und noch mehr Nacht?" (Zitate aus Küng 1978: 412) Georg Lukacs sprach von „transzendentaler Obdachlosigkeit" (zitiert bei Makropoulos 1997: 104).[8]

Als moderner Ersatz für all das, was Religion zuvor in der Gottesidee gebündelt hatte, kam die Idee des *Fortschritts* auf (Makropoulos 1997: 18-21). Peter Gross (1994: 309) notiert: „Die Unendlichkeit diesseitigen Fortschritts hat sich an die Stelle der jen-

---

[8] Zu weiteren Stimmen siehe Makropoulos (1997: 101-122).

seitigen Ewigkeit gesetzt." Die moderne Fortschrittsidee setzt sich aus drei Komponenten zusammen:

- In der Sozialdimension werden alle gesellschaftlichen Verhältnisse als *Menschenwerk* angesehen. Die Menschen treten in die Fußstapfen Gottes. Sie produzieren und reproduzieren die gesellschaftlichen Strukturen – und sie können dies nicht bloß beiläufig und ohne es zu merken tun, sondern sind in der Lage zur gezielten Gestaltung. In diesem Selbstverständnis ist auch die noch anzusprechende moderne Idee politischer Gesellschaftssteuerung verankert.
- In sachlicher Hinsicht bedeutet Fortschritt *Verbesserung*. Das unterstellt Verbesserbarkeit, also eine entsprechende Bewertung des faktisch Gegebenen im Lichte „konkreter", nicht bloß „abstrakter Utopien" (Bloch 1959).[9] Dementsprechend begreift sich die Moderne als „Möglichkeitsform": „Überall klaffen Lücken zwischen dem, was ist, und dem, was sein könnte ... Die Moderne ächzt in der Anstrengung, den Abgrund, der zwischen Wirklichkeit und Möglichkeit liegt, zu verringern." (Gross 1994: 15) Schon Lichtenberg (1958: 146, Hervorheb. weggel.) formulierte als Motto: „Allzeit: Wie kann dieses besser gemacht werden?"[10]
- Was die Menschen für eine gezielte Verbesserung der gesellschaftlichen Verhältnisse benötigen, ist Zeit. Anders gesagt: Fortschritt setzt eine *offene Zukunft* voraus, um das „Noch-Nicht" (Bloch 1959) realisieren zu können. Gott sollte die Menschen am Jüngsten Tag mit einem einzigen Riesenschritt zurück ins Paradies führen, das dann nicht mehr weiter perfek-

---

[9] Religiöse Paradiesvorstellungen sind „abstrakte Utopien". Nichts, was die Menschen selbst tun können, führt zu ihnen hin; sie sind auf das Eingreifen Gottes angewiesen.

[10] An anderer Stelle notiert er sogar: „Das dunkle Gefühl seiner Perfektibilität macht, daß der Mensch sich auch alsdann noch vom Ziel entfernt dünkt, wenn er es erreicht hat ..." (Lichtenberg 1958: 219/220)

tionierbar ist. Demgegenüber setzen die Menschen nun auf eine unendliche Geschichte kleiner Fortschritte.

Die Affinität einer so konturierten Fortschrittsidee zu rationalen Entscheidungen lässt sich auf den drei bereits im Kapitel 1 unterschiedenen Ebenen sozialen Geschehens näher betrachten: auf der individuellen Ebene, auf der Organisationsebene und auf der Ebene der gesellschaftlichen Teilsysteme bzw. der Gesellschaft insgesamt. Generell gilt: „Zu den wichtigsten und für das Thema Säkularisierung folgenreichen Auswirkungen funktionaler Differenzierung gehört, dass nun nahezu alle Strukturen und Operationen auf Entscheidungen zurückgeführt werden. ... Was auf Entscheidungen zugerechnet wird, kann aber nicht gut ... auf eine religiöse Weltordnung zurückgeführt werden." (Luhmann 2000a: 288)

*Politische Gesellschaftssteuerung*
Die Fortschrittsidee macht die gesellschaftlichen Akteure also selbst für die Gestaltung prinzipiell sämtlicher gesellschaftlicher Verhältnisse verantwortlich. Lapidar heißt es bei Odo Marquard (1977: 72): „Ende Gottes: menschlicher Machzwang." Wenn gesellschaftliche Strukturen – ihr Aufbau, ihre Erhaltung, ihre Veränderung oder gar Zerstörung – nicht nur als Resultat handelnden Zusammenwirkens deklariert werden, sondern damit darüber hinaus gemeint ist, dass diese Strukturen durch Handeln gezielt gestaltbar sind, dann bekommen rationale Entscheidungen über Strukturgestaltung einen gesamtgesellschaftlich prominenten Stellenwert.

Sigmund Freud (1933: 516) sah bekanntlich als emanzipatorische Zielsetzung der Psychoanalyse an: „Wo Es war, soll Ich werden." Die Person soll dadurch, dass sie sich selbst in ihrem Gewordensein durchschaut, Herr im eigenen Haus werden, sich also nicht länger dem unverstandenen Treiben der eigenen Triebdynamiken überlassen. Ganz analog begreift sich die auf Fortschritt gepolte moderne Gesellschaft als eine, die die „invisible hand" nicht nur des wirtschaftlichen Geschehens, sondern sämtlicher gesellschaftlicher Dynamiken durch eine „visible hand" ersetzen, begleiten oder zumindest unter Kontrolle bringen will.[11] In diesem Sinne ist die Moderne ein „Aufbegehren gegen das Schicksal".[12] Auch die Gesellschaft will Herr im eigenen Haus werden – und zwar durch entscheidungsförmige rationale Selbstgestaltung.[13]

Der wichtigste Träger solcher Gestaltungsentscheidungen ist die politische Gesellschaftssteuerung (Wiesenthal 2005: 7-12). Damit hat die moderne Gesellschaft, sich selbst als Steuerungsobjekt einstufend, die Akteure eines bestimmten gesellschaftlichen Teilsystems zu Steuerungssubjekten auserkoren. Von den Anfängen der Moderne bis heute besteht ein weit verbreiteter gesellschaftlicher Konsens dahingehend, dass die Politik diesen Steuerungsauftrag erhalten hat. Michael Greven (1999: 54) hält den Zusammenhang mit der kulturellen Säkularisierung fest: „Gerade die Verbindung von Politik und Zukunft eröffnete nach und nach für viele Menschen die innerweltliche Hoffnungsperspektive, daß als drückend empfundene Verhältnisse sich einmal ändern könnten – und zwar nun als Ergebnis menschlicher Praxis und nicht als bloßes Versprechen der überall gepredigten ... christlichen Heils- und Erlösungsbotschaft." Mit der Entstehung des modernen, das Monopol legitimer physischer Gewaltsamkeit an sich ziehenden Staates aus den ständischen mittelalterlichen Herrschaftsverhältnissen vollzog sich eine sukzessive Inanspruchnahme politischer Macht für die Gestaltung des gesellschaftlichen Ganzen, was sich semantisch dann vor allem in der Formel ausdrückt, dass Politik dem

---

[11] Die Formel der „visible hand" setzt Alfred Chandler (1977) auf der Organisationsebene gegen Adam Smith berühmte und eben nicht immer segensreich wirkende „invisible hand".

[12] So Markus Schroer in einem Vortrag auf dem 32. Kongress der Deutschen Gesellschaft für Soziologie im Oktober 2004 in München.

[13] Ihre emphatischste Gestalt hat diese Idee in der Geschichtsphilosophie von den französischen Aufklärern bis zu Marx und den Folgen gehabt (Marquard 1973). Siehe weiterhin Evers/Nowotny (1987: 17-58, 296-330).

„Gemeinwohl" diene.[14] Die „Diskurse über Staatsaufgaben", die Franz-Xaver Kaufmann (1991) nachzeichnet, kulminieren in der heutigen Idee des *Steuerungsstaates*.

Zwar werden bekanntermaßen die meisten auftretenden Probleme gesellschaftlicher Strukturgestaltung vor-politisch in den betreffenden Gesellschaftsbereichen selbst bearbeitet. Ob es sich um Strukturen ehelicher Arbeitsteilung oder um diejenigen Strukturfragen handelt, die Gewerkschaften und Arbeitgeberverbände im Rahmen der Tarifautonomie im Wirtschaftssystem aushandeln: Dies sind nur zwei von vielen Bereichen, in denen die betreffenden gesellschaftlichen Akteure ganz oder weitgehend unabhängig von Interventionen staatlicher Akteure Strukturgestaltung betreiben. Ebenfalls in den Blick zu nehmen ist der genauso häufig vorkommende Fall, dass die Strukturprobleme, die Akteure eines bestimmten gesellschaftlichen Teilsystems haben, für sie von Akteuren eines anderen Teilsystems bearbeitet werden. Ein Beispiel dafür wäre etwa die Auftragsforschung, die an Hochschulen ansässige Wissenschaftler für die Industrie betreiben. Die so aus der Wissenschaft in die Wirtschaft gelangenden Impulse technologischer Innovation tragen dazu bei, dass Unternehmen und Branchen wettbewerbsfähig bleiben. Insgesamt geschieht das Gros gesellschaftlicher Strukturgestaltung ohne Beteiligung staatlicher Akteure – insbesondere auf der noch anzusprechenden Organisationsebene, aber auch auf individueller Ebene.

Immer dann aber, wenn in einem gesellschaftlichen Teilsystem Strukturprobleme auftreten, die weder von den Akteuren dieses Teilsystems selbst noch mit Hilfe von Akteuren aus anderen Teilsystemen bewältigt werden können, ist die Politik gefordert. In einer Analogie zum Fußball könnte man sagen, dass die Politik in der modernen Gesellschaft die Position des „Libero" einnimmt – der, wie Fußballkenner wissen, bis in die sechziger Jahre noch

---

[14] Siehe auch Mayntz (1988: 38/39) zur Umstellung der Politik von Herrschaftssicherung auf vielfältige Leistungen für andere gesellschaftliche Teilsysteme. Grevens (1999) These der „politischen Gesellschaft" hebt auf diesen Sachverhalt ab.

drastischer als „Ausputzer" tituliert wurde und agierte. Die Akteure der anderen gesellschaftlichen Teilsysteme nehmen bestimmte Probleme gewissermaßen in „Manndeckung": so in der Wirtschaft das Problem der Bereitstellung und Verteilung knapper Güter und Dienstleistungen zur Bedürfnisbefriedigung, in der Wissenschaft die Produktion von Wahrheiten, im Bildungssystem die Sozialisation und berufsspezifische Qualifikation des gesellschaftlichen Personals usw. Die Politik hat sich hingegen darum zu kümmern, diese Verteidigungslinien zu dirigieren, und muss überall dort einspringen, wo gerade Not am Mann ist.

Die Art und Weise, wie Politik diesem Auftrag der Gesellschaftsgestaltung nachkommt, ist zunehmend durch Steuerung geprägt. Dies ist eine besonders voraussetzungsvolle Ausprägung entscheidungsförmiger Gesellschaftsgestaltung (Schimank 1992b: 166-168). Ein Steuerungsakteur führt die von ihm angestrebte Strukturgestaltung dadurch herbei, dass er den strukturellen Kontext anderer Akteure so gestaltet, dass sie wiederum mit ihrem handelnden Zusammenwirken die betreffende Strukturgestaltung bewirken. Steuerung ist somit eine doppelt indirekte Strukturgestaltung, die weder auf die ins Auge gefasste Struktur noch auf die zwischengeschalteten Akteure direkt einwirkt.

Strukturgestaltung kann erstens direkt durch diejenigen gesellschaftlichen Akteure erfolgen, die über die dafür erforderlichen Fähigkeiten und Ressourcen verfügen sowie – über diese Dimension des Könnens hinaus – auch ein entsprechendes Wollen aufweisen. So mag es beispielsweise vorkommen, dass medizinische Forscher von sich aus auf die Idee kommen, sich in ihrer Arbeit verstärkt mit Möglichkeiten der Therapie einer bestimmten Art von Krebserkrankung zu beschäftigen; und wenn diese Forschungen erfolgreich sind, hat sich die Struktur des medizinischen Wissens und der medizinischen Behandlungsmöglichkeiten nachhaltig und gezielt angestrebt in einer als wünschenswert erachteten Richtung verändert. Es kann jedoch zweitens so sein, dass die medizinische Forschung von sich aus ganz andere Themen bevorzugt. Oder es ist so, dass sich die Forscher zwar durchaus stärker der betreffenden Krebsart widmen würden, dies jedoch nicht tun können, weil entsprechende Forschungen sehr ressourcenaufwendig sind. Ein forschungspolitisch tätiger staatlicher Akteur – etwa das zuständige Ministerium – kann dann eine bestimmte Forschungseinrichtung ansprechen und sie zum Beispiel durch ein Geldangebot dazu befähigen bzw. motivieren, sich der Erforschung der betreffenden Krebserkrankung zuzuwenden. Drittens gibt es aber auch noch die Möglichkeit, dass das Ministerium ein Förderprogramm für Krebsforschung auflegt. Dies ist dann keine direkte und zeitlich, sachlich und sozial nur punktuelle, sondern eine generelle Einflussnahme auf die Forschung. Diese Beeinflussung der Forschung ist längerfristig angelegt und nicht mehr nur auf ein bereits eng gefasstes Thema zugeschnitten, sondern thematisch offener; und es werden viele Forscher angesprochen, die einschlägig arbeiten. Erst dies ist politische Steuerung: Das Förderprogramm stellt den politisch gesetzten strukturellen Kontext dar, der das Handeln der Forscher so prägt, dass sie sich verstärkt der Krebsforschung zuwenden. Für das Ministerium ist eine solche Steuerung, im Unterschied zur punktuellen direkten Beeinflussung, oftmals sowohl effizienter als auch effektiver. Es benötigt sowohl in sachlicher als auch in sozialer Hinsicht weit weniger Informationen, und der Aufwand je einzelfallspezifischer Beeinflussungen entfällt.

Staatliche Akteure vermögen also Gesellschaft nur selten unmittelbar selbst zu gestalten, sind vielmehr von einem entsprechenden Handeln anderer Akteure abhängig; und auch dieses ist zumeist nicht unmittelbar politisch beeinflussbar, sondern nur über seinen strukturellen Kontext. In diesem Sinne versteht sich die moderne Gesellschaft als eine politisch gesteuerte Gesellschaft. Es geht somit keineswegs darum, dass eine kleine Gruppe von Steuerungsakteuren die Gesellschaft umfassend und tief greifend im Griff hätte. Jede Art von Steuerungshybris ist verfehlt und kommt auch stets schnell vor den Fall.[15] So überdauerte der Sozialismus in der Sowjetunion und ihren Trabantenstaaten gerade einmal sieben

---

[15] James C. Scott (1998) zeigt dies an vielen eindringlichen Beispielen.

Jahrzehnte, und die Planungseuphorie der zweiten Hälfte der sechziger Jahre des letzten Jahrhunderts wurde schon zehn Jahre später wieder ad acta gelegt. Solche Erfahrungen rechtfertigen allerdings umgekehrt auch keinen pauschalen Steuerungsdefätismus. Politische Gesellschaftssteuerung scheitert in der Tat immer wieder; aber sie ist auch immer wieder zumindest in dem Sinne erfolgreich, dass nicht bloß durch glückliche Zufälle deutliche Schritte in Richtung der angestrebten Strukturgestaltung getan werden. Und ob erfolgreich oder nicht: Politische Gesellschaftssteuerung macht eine Menge an Entscheidungen erforderlich.

*Durchorganisierung*
Begibt man sich nun auf die Organisationsebene des sozialen Geschehens, so findet man als eine weitere Ausprägung gesellschaftlicher Rationalisierung die immer umfassendere Durchdringung fast aller gesellschaftlichen Teilsysteme durch formale Organisationen vor (Tacke 2001). Unternehmen und Gewerkschaften im Wirtschaftssystem, öffentliche Verwaltungen und Parteien im politischen System, Schulen und Hochschulen im Bildungssystem, Krankenhäuser im Gesundheitssystem, Gerichte im Rechtssystem, Forschungsinstitute im Wissenschaftssystem, die Kirchen im Religionssystem, Zeitungen und Fernsehsender im System der Massenmedien, Museen im Kunstsystem, das Militär: Diese Auflistung ist auch ohne Bemühen um Vollständigkeit schlagend. Zwar hat die gesellschaftliche Evolution schon sehr früh organisationsähnliche Sozialgebilde hervorgebracht – etwa in den Hochkulturen Ägyptens und Mesopotamiens. Die Staatsverwaltung des Römischen Reiches und die katholische Kirche des Mittelalters waren weitere wichtige vormoderne Beispiele. Doch erst die moderne Gesellschaft ist im wahrsten Sinne des Wortes eine Organisationsgesellschaft.[16]

---

[16] Siehe als Überblick über diese Betrachtung der modernen Gesellschaft Schimank (2001b).

Das hängt wiederum letztlich mit der funktionalen Differenzierung zusammen. Formale Organisationen sind ein unentbehrlicher Mechanismus, mittels dessen – unterhalb der Ebene der binären Codes – die Programmstrukturen der verschiedenen gesellschaftlichen Teilsysteme spezifiziert und durchgesetzt werden (Luhmann 1997: 826-847; Schimank 2001a). Webers (1922: 125-130, 551-579) Sicht der „bürokratischen Herrschaft" fängt diese beiden Momente gesellschaftlicher Durchorganisierung ein: die Operationalisierung genereller teilsystemischer Handlungslogiken durch Organisationsziele und die Regelgebundenheit der Zielverfolgung sowie die dauerhafte und personenunabhängige Herstellung von Fügsamkeit mit diesen Regeln. Weber (1922: 123, Hervorheb. weggel.) betont weiterhin, dass formale Organisationen auch wichtige Verkörperungen der Fortschrittsidee der Moderne darstellen:

> *Die rein bürokratische ... Verwaltung ist nach allen Erfahrungen die an Präzision, Stetigkeit, Disziplin, Straffheit und Verlässlichkeit, also: Berechenbarkeit für den Herrn wie für die Interessenten, Intensität und Extensität der Leistung, formal universeller Anwendbarkeit auf alle Aufgaben, rein technisch zum Höchstmaß der Leistung vervollkommenbare, in all diesen Bedeutungen: formal rationalste Form der Herrschaftsausübung.*

Wie politische Gesellschaftssteuerung ist also auch die gesellschaftliche Durchorganisierung ein Modus rationalen Fortschrittsstrebens in der säkularisierten funktional differenzierten Moderne.

Vier Arten von Entscheidungen sind mit formalen Organisationen untrennbar verknüpft. Zunächst einmal gehen alle Organisationen auf *Gründungsentscheidungen* zurück. Für jede Organisation lässt sich ein Gründungsakt feststellen. Wann eine bestimmte Organisation von wem gegründet wurde, ist heutzutage sogar meistens juristisch fixiert. Dies gilt für einen Sportverein ebenso wie für ein Unternehmen oder eine Interessengruppe. Bei Interessenorganisationen sind es die ersten Mitglieder, die die Organisation gründen; anstelle einer solchen Gründung „von unten" steht bei Arbeitsorganisationen eine Gründung „von oben" durch einen Träger.[17] Ein solcher Träger kann ein Unternehmer oder eine Gruppe von Gesellschaftern als Eigentümer eines Unternehmens sein; es kann sich aber auch um eine übergeordnete Behörde wie etwa eine regional zuständige Schulbehörde handeln, die eine neue Schule gründet.

Sobald Organisationen existieren, weisen sie in der Regel einen mehr oder weniger kontinuierlichen Zu- oder Abgang von Mitgliedern auf. Dies vollzieht sich auf der Basis von *Mitgliedschaftsentscheidungen* (Luhmann 1964b: 29-49; 2000b: 81-122). Der Eintritt einer Person in eine Organisation ist stets an eine entsprechende Entscheidung gebunden – und zwar auf beiden Seiten: Die Person muss sich zur Mitgliedschaft entscheiden, und die Organisation muss sich für diese Person als Mitglied entscheiden. Nur wenn beide Entscheidungen übereinstimmend getroffen werden, ist Mitgliedschaft gegeben. Diese beiderseitige Mitgliedschaftsentscheidung wird auch nicht bloß ein für allemal zu Beginn der Mitgliedschaft getroffen, sondern fortwährend kommunikativ und bewusstseinsförmig aktualisiert. Eine Person muss sich als Organisationsmitglied beständig fragen: „Kann ich Mitglied bleiben, wenn ich diese oder jene Zumutung offen ablehne?" (Luhmann 1964b: 40) So wird Konformität mit den Regeln der betreffenden Organisation durch die letztinstanzliche negative Sanktion des Ausschlusses aus der Organisation hergestellt.

Dieser allgegenwärtige Schatten der Mitgliedschaftsentscheidung sorgt dafür, dass sämtliches Handeln innerhalb einer Organisation als Entscheidung behandelt werden kann, also einer *Entscheidungsfiktion* unterliegt – und dies ist unverzichtbar für die von Organisationen benötigte eindeutige Zuweisung von Verantwortung. Selbst wer gedankenlos und unbesehen eine Vorlage unter- oder gegenzeichnet, kann später nicht sagen, nicht gewusst zu haben, dass er dies und was er damit getan hat. Zwar ist richtig und wird gerade auch von Weber hervorgehoben, dass das meiste Han-

---

[17] Zur Unterscheidung dieser beiden Grundtypen formaler Organisationen siehe Schimank (2000: 309-322).

deln innerhalb von Organisationen nicht entscheidungs-, sondern routineförmig verläuft. Organisatorische Regeln prägen sich häufig als „standard operating procedures" (Nelson/Winter 1982) oder als – im Kapitel 1 bereits angesprochene – Konditionalprogramme aus, also als strikte Wenn-Dann-Anordnungen, die dem Handelnden bei Vorliegen der Auslösebedingungen gar keinen Entscheidungsspielraum lassen. Doch obwohl Luhmann (1964a) für Organisationen das „Lob der Routine" ausruft, betrachtet er diese Sozialgebilde zugleich als durch und durch entscheidungsförmiges Geschehen. Organisationen sind für ihn Zusammenhänge von Entscheidungen, die an frühere Entscheidungen anschließen und weitere Entscheidungen hervorbringen (Luhmann 2000b: 61-69). Dass Organisationsmitglieder einander wechselseitig kontrafaktisch und wider besseres Wissen jederzeit unterstellen können, entscheidungsförmig gehandelt zu haben, und sich diese Unterstellung auch gefallen lassen müssen, ist eine Implikation der permanent präsenten Mitgliedschaftsentscheidungen.

Schließlich finden in formalen Organisationen ständig *Gestaltungsentscheidungen* statt. Dabei geht es um das Setzen von Zielen und den die Zielverfolgung spezifizierenden Gesichtspunkten und Prozeduren, die Festlegung von Kommunikationswegen, Arbeitsteilungsmustern und Hierarchien sowie die schon angesprochene Rekrutierung, Beförderung oder Entlassung von Personal. Dass die moderne Gesellschaft ihre Strukturen durch rationale Entscheidungen zu gestalten bemüht ist: Dieser allgemein bereits angesprochene Sachverhalt gilt in nochmals zugespitzter Form für die Binnenräume formaler Organisationen. So wie für die Gesellschaft insgesamt das politische System wichtige Gestaltungsentscheidungen zu treffen hat, ist das Management einer formalen Organisation für deren Gestaltung zuständig.[18] Zwar gibt es in jeder formalen Organisation auch nicht entscheidungsförmig zustande gekommene, „gewachsene" informelle Strukturen, die das Management

---

[18] In demokratisch aufgebauten Interessenorganisationen werden Grundsatzentscheidungen der Strukturgestaltung oft durch die Gesamtheit der Mitglieder entsprechend dem Mehrheitsprinzip getroffen.

mehr oder weniger hinnehmen muss; und es kommen auch vielfältige „mikropolitische" Einmischungen nicht gestaltungsbefugter Organisationsmitglieder in Managemententscheidungen vor (Küpper/Ortmann 1988; Friedberg 1993). Doch beides enthebt das Management nicht seiner Verantwortung für eine entscheidungsförmige Gestaltung der Organisationsstrukturen. Auch in dieser Hinsicht bestehen wirkmächtige Entscheidungsfiktionen.

Im Unterschied zu den meisten anderen sozialen Gebilden weisen somit Organisationen sowohl hinsichtlich ihrer Entstehung aus Gründungsentscheidungen als auch hinsichtlich ihrer Reproduktion durch Mitgliedschafts- und Gestaltungsentscheidungen einen artifiziellen Charakter in dem Sinne auf, dass es sich um bewusst „gemachte" und nicht einfach naturwüchsig „gewordene" Gebilde handelt. Für gesellschaftliche Teilsysteme, für viele Institutionen und auch für die meisten Interaktionssituationen gilt hingegen Letzteres. Die funktionale Differenzierung der modernen Gesellschaft ist ebenso evolutionär zustande gekommen, wie sich üblicherweise Sitten und Gebräuche oder Themenstrukturen von Gesprächen herausbilden. Wenn solche Strukturen zum Gegenstand entscheidungsförmiger Gestaltung gemacht werden, geschieht dies bezeichnenderweise sehr häufig durch formale Organisierung. Binnen- und interorganisatorische Strukturgestaltung ist neben Rechtsetzung der wichtigste Modus von Gesellschaftsgestaltung – ob es sich um die Programmierung und Umprogrammierung der Teilsysteme, um Institutionendesign oder um eine verfahrensförmige Justierung von Interaktionen handelt.

Organisationen weisen als soziale Gebilde einen Doppelcharakter auf. Zum einen sind sie – was bisher angesprochen worden ist – handlungsprägende soziale Strukturen; und als solche drücken sie ihren Mitgliedern den Stempel der Entscheidungsgesellschaft auf. Organisationsmitglieder haben entscheidungsförmig zu handeln – und zwar im Rahmen von entscheidungsförmig gestalteten Organisationsstrukturen. Zum anderen sind formale Organisationen aber auch selbst handlungsfähig. Sie stellen nicht bloß soziale

Strukturen, sondern auch korporative Akteure dar.[19] Als korporative Akteure entstehen Organisationen dadurch, dass ihre einzelnen Mitglieder die je individuellen Einflusspotentiale und Fähigkeiten zusammenlegen und bündeln, wodurch Handlungsmöglichkeiten erzeugt werden, die kein Individuum für sich allein hätte. Damit stellen Organisationen die höchste Form kollektiver Handlungsfähigkeit in der modernen Gesellschaft dar (Schimank 2002a: 30-32).

Ebenso wie Handeln in Organisationen wird auch Handeln von Organisationen als Entscheidung attribuiert. Letzteres ergibt sich allerdings nicht umstandslos aus Ersterem. Nicht jedes entscheidungsförmige Zusammenwirken vieler Organisationsmitglieder ist so beschaffen, dass daraus eine Entscheidung der Organisation resultiert. Alltagssprachlich formuliert setzt dies vielmehr voraus, dass die Organisation sowohl nach außen als auch, die Außenwirkung beobachtend, nach innen mit einer Stimme spricht. Wenn dies nicht der Fall ist, hört man, je nachdem, an welches Organisationsmitglied man sich wendet, etwas ganz anderes.[20] Dann stehen die einzelnen Entscheidungen der Organisationsmitglieder in keinem konstruktiven und geordneten Verhältnis zueinander, sondern widersprechen einander oder sind gar bewusst gegeneinander gesetzt; oder sie nehmen lediglich okkasionell aufeinander Bezug, so dass eine spätere Entscheidung nicht das fortführt, was in einer früheren angelegt war, sondern diese gleichsam in eine ganz andere Richtung umbiegt; oder die Entscheidungen stehen in ihrem Sinngehalt gänzlich beziehungslos nebeneinander und sind nur dadurch sozusagen „sinnlos" miteinander verbunden, dass sie von individuellen Akteuren getätigt werden, die Mitglied derselben Organisation sind.

---

[19] Siehe hierzu – auch historisch – Coleman (1974; 1982) sowie die präzisere Fassung bei Vanberg (1982: 8-22).

[20] Und zwar nicht aufgrund arbeitsteiliger Spezialisierung, was in allen Organisationen der Fall ist, wo aber dennoch die spezialisierten Beiträge einzelner Mitglieder auf eine gemeinsame Linie gebracht werden.

Im Umkehrschluss heißt das: Eine Organisation ist in dem Maße ein korporativer Akteur, wie die Entscheidungen der einzelnen Mitglieder ein konstruktiv geordnetes Ganzes ergeben, also nicht bloß gelegentlich, sondern systematisch so aufeinander aufbauen, dass eine übergreifende Zielsetzung erkennbar ist.[21] Sofern dies gegeben ist, sind formale Organisationen – wie Hans Geser (1990) genauer erläutert – sehr viel stringenter als individuelle Akteure zu rationalen Entscheidungen fähig und willens.

*Optionssteigerung*
Peter Gross (1994) begreift die moderne Gesellschaft als eine sich sukzessiv entfaltende „Multioptionsgesellschaft". Ähnlich sieht Armin Nassehi (2001: 163) eine ungeheure Steigerung der Möglichkeiten des Handelns und Erlebens als gemeinsamen Nenner dessen, was die funktionale Differenzierung der Moderne hervorgebracht hat. Den Akteuren hat die „Multioptionsgesellschaft" immer mehr Wahlmöglichkeiten verschafft – und dies für immer mehr von ihnen. Gross (1994: 98, 157, 168, 309, 371) spricht von einer „Entobligationierung" bzw. einer „Miniobligationsgesellschaft". Auf kultureller Ebene steht dahinter die von Weber diagnostizierte „Entzauberung" der Welt, also ein Verlust aller fraglos gegebenen Traditionen – ob es um Kochrezepte oder Gottesbilder, Grußformeln oder Moralvorstellungen geht.[22]

Gross führt hinsichtlich der individuellen Lebensführung eine Vielzahl von mal weit verbreiteten, mal esoterischen Beispielen an, die die „Multioptionsgesellschaft" illustrieren. Ob es um die Berufs-, die Partner- oder die Kinderwahl geht, um die Wahl des eigenen Geschlechts oder der Form des Zusammenlebens, um Freizeitaktivitäten oder die Nutzung des Konsumangebots, um Reisen oder um Massenmedien, um Weltanschauungen oder um Cybersex: Für immer mehr Mitglieder der modernen Gesellschaft

---

[21] Bei aller berechtigten Kritik am „Zielparadigma" der Organisationsforschung (Luhmann 1968a: 55-86) bleibt dies gültig.
[22] Siehe auch Giddens (1994) zu „post-traditionalen" Sozialverhältnissen sowie die philosophischen Überlegungen zur „Lebenskunst" bei Schmid (2002).

existieren immer mehr Optionen, und das schafft einen immer größeren Entscheidungsbedarf.[23] Entschieden werden muss nicht nur, welche Optionen man nutzt oder nicht nutzt. Im nächsten Schritt geht es bei den genutzten Optionen darum, welche Priorität – unter anderem in zeitlicher Hinsicht – man ihnen jeweils zuspricht.[24]

Was Gross nicht eigens anspricht, ist die Parallelität des Geschehens auf der Organisationsebene. Auch die Organisationsgesellschaft ist eine „Multioptionsgesellschaft". Korporative Akteure sehen sich derselben Vervielfältigung von Entscheidungsproblemen und -möglichkeiten wie individuelle Akteure gegenüber. Ob es um die Marktchancen von Unternehmen, die Profilbildung von Universitäten oder die Corporate Identity von Krankenhäusern geht: Im Rahmen der teilsystemspezifischen binären Codes und Programmstrukturen bieten sich alternative Richtungen der organisatorischen Rationalisierung an, zwischen denen entschieden werden muss.

Im Einzelnen führt Gross (1994: 69, 116) die Optionssteigerung als Dynamik der Moderne auf das Zusammenspiel dreier Vorgänge zurück. Erstens schaffen *wissenschaftlich-technische Innovationen* eine Vielzahl zuvor nicht da gewesener Optionen, die dann entsprechende Entscheidungen erforderlich machen. Die Moderne ist in diesem Sinne eine „wissenschaftliche Zivilisation" (Schelsky 1961), die auf eine Entfatalisierung von immer mehr Handlungsproblemen hinausläuft. Es ist beispielsweise noch nicht so lange her, dass Paare Kinderlosigkeit als Schicksal akzeptieren mussten. Inzwischen ist zum einen der medizinische Fortschritt soweit, dass diverse Abhilfen offeriert werden. Zum anderen gibt es auch ganz neue Möglichkeiten der weltweiten Adoption von Kindern. Beides erweitert den Optionshorizont kinderloser Paare – mit entsprechenden Entscheidungszumutungen! Wer jetzt noch un-

---

[23] Siehe auch die Beispielfälle bei Schwartz (2004: 9-51).

[24] In Ralf Dahrendorfs (1979) Konzept der Lebenschancen stellt sich dies als Optionssteigerung bei gleichzeitigem Ligaturenverlust dar.

gewollt kinderlos bleibt, kann sich nicht einfach auf ein ungnädiges Schicksal berufen. Er hätte etwas daran tun können! Dasselbe lässt sich in allen anderen Lebensbereichen ebenso festmachen. Teilweise angetrieben durch den wissenschaftlich-technischen Fortschritt, teilweise auch unabhängig davon zeichnen sich zweitens die meisten gesellschaftlichen Teilsysteme in ihrer Leistungsproduktion durch eine *expansive Angebotspolitik* aus. Luhmann (1983) konstatiert für die Teilsysteme der funktional differenzierten Gesellschaft eine „Anspruchsinflation", die daraus hervorgeht, dass in die binären Codes keine Stoppregeln eingebaut sind:

> *Es scheint, dass die Ausdifferenzierung spezifischer Funktionssysteme dazu führt, dass auf sie gerichtete Ansprüche provoziert werden, die, da sie die Funktion in Anspruch nehmen, nicht abgewiesen werden können. Funktionsautonomie und Anspruch verzahnen sich ineinander, begründen sich wechselseitig, steigern sich in Bezug aufeinander und gehen dabei eine Symbiose ein, der gegenüber es keine rationalen Kriterien des richtigen Maßes mehr gibt. (Luhmann 1987: 140)*

Ein Paradebeispiel dafür bietet die Gesundheitsdefinition der Weltgesundheitsorganisation, die allen Ernstes ein vollkommenes körperliches und seelisches Wohlbefinden als Zielwert medizinischen Handelns postuliert. Diese teilsystemische Spezifizierung des allgemeinen kulturellen Fortschritts-Imperativs bietet denjenigen, die teilsystemische Leistungsrollen innehaben, eine unerschöpfliche Gelegenheitsstruktur für die Verfolgung von Eigeninteressen (Schimank 1998). Das lässt sich insbesondere an professionellen Berufen ablesen. Ob es um Gesundheitsstandards, Bildungsaspirationen, Sporttreiben, Kunstinteressen, massenmediale Versorgung, politische Teilhabe, Rechtsansprüche, religiöses Seelenheil oder, last but not least, wirtschaftliche Konsumchancen geht: Stets wittern die jeweiligen Berufe und Leistungsorganisationen Wachstumschancen und versprechen deshalb Optionen, die den Adressaten eben nicht nur beglücken, sondern auch unter Entscheidungsdruck setzen.

Diese beiden Dynamiken teilsystemischer Angebotssteigerung gehen drittens mit einer Teilhabesteigerung durch *Inklusion* einher.

Was die verschiedenen gesellschaftlichen Teilsysteme als Leistungsangebote offerieren, trifft auch auf eine zunehmende Nachfrage. Dahinter steht auf Seiten der individuellen Gesellschaftsmitglieder der im Kapitel 3 noch näher erläuterte Anspruchsindividualismus als vorherrschende Identitätsform der Moderne. Anspruchsindividualismus wird ökonomisch durch die „affluent society" (Galbraith 1958) und politisch durch den demokratischen Wohlfahrtsstaat (Luhmann 1981) bedient. Beides beruht auf kultureller Ebene auf dem Gleichheitspostulat der Moderne, das faktische Ungleichheiten einem hohen Begründungsaufwand aussetzt. „Differenzminderung" (Gross 1994: 377) ist damit eine Zielvorstellung der Moderne bezüglich der individuellen Lebenschancen. Wahltaktisch gebotene Leistungsofferten an tatsächlich oder angeblich benachteiligte Bevölkerungsgruppen und die Entfachung von Sozialneid tun ein Übriges, um dem Generalpostulat der Moderne Nachdruck zu verleihen: „Alles allen!" (Gross 1994: 377)[25] Eine Umkehrung der moralischen Beweislast findet statt. Begründet werden muss, dass jemandem etwas verweigert wird. Alle sollen einen legitimen Anspruch auf eine möglichst weitreichende Teilhabe an politischen Partizipationschancen, rechtlichen Klagemöglichkeiten, wirtschaftlichen Konsumangeboten, Bildungslaufbahnen etc. haben.

Gross sieht die „Multioptionsgesellschaft" als Ergebnis kultureller Säkularisierung und gesellschaftlicher Durchorganisierung. Dabei hebt er die Massenmedien als Diffusionsagent besonders hervor: „Die Multioptionsgesellschaft wird in alle Welt hinausposaunt …" (Gross 1994: 336) Zugespitzt formuliert: Dass jemand sich dazu entscheidet, als Selbstmordattentäter zu enden, hängt ganz wesentlich damit zusammen, dass weltweit einheitliche Vergleichsmaßstäbe für ein „menschenwürdiges" Leben angelegt werden. Fundamentalisten jedweder Spielart mögen noch so sehr darauf beharren, ihre ganz eigene Lebensform gegen „Verwestli-

---

[25] Siehe auch schon Schoeck (1966) zu Neid als einem starken emotionalen Handlungsantrieb.

chung" zu behaupten. Genau besehen kommen sie massenwirksam nur damit an, dass sie eine „Angleichung der Lebensverhältnisse" verfolgen. Damit korreliert eine Angleichung der Entscheidungslasten. Wenn alle mehr Optionen haben, müssen alle mehr Entscheidungsalternativen abwägen. Es geht also um eine fortschreitende weltweite Inklusion in die Entscheidungsgesellschaft.

*Individualisierung*
Als heute lebender Mensch ist man geneigt, alle bisher angesprochenen Merkmale der Moderne für selbstverständlich zu halten: ob es um funktionale Differenzierung und Rationalisierung, um Säkularisierung, politische Gesellschaftssteuerung, Durchorganisierung oder Optionssteigerung geht. Dem Alltagsbewusstsein des Zeitgenossen fehlt schlicht ein Vergleichshorizont, der das Gegebene in seiner Nicht-Selbstverständlichkeit erhellen könnte. Das gilt erst recht für ein weiteres hier relevantes Merkmal der modernen Gesellschaft: die Individualisierung des gesellschaftlichen Personals. Um auf Alain Touraine zurückzukommen: Für ihn sind Rationalisierung und Subjektivierung die beiden zentralen Dynamiken der Moderne. Rationalisierung hängt ganz eng mit funktionaler Differenzierung zusammen; und beides bringt eine Individualisierung der Personen – was Touraine Subjektivierung nennt – hervor, wobei die angesprochene kulturelle Säkularisierung und sozialstrukturelle Optionssteigerung in Verbindung mit einer Durchorganisierung der gesellschaftlichen Lebensbereiche als wichtige Randbedingungen zu sehen sind. Die Moderne ist jedenfalls auch eine Gesellschaft der Individuen, und das konfrontiert Personen mit weiteren Entscheidungszumutungen.

Individualisierung der Person in der Moderne bedeutet: Jeder Einzelne versteht sich als *selbstbestimmte einzigartige Person*.[26] Die Individualität einer Person zeigt sich also zum einen daran, dass sie in ihrem Auftreten unverwechselbar und dadurch einzigartig wirkt; zum anderen erweist sich Individualität daran, dass eine

---

[26] Zu diesen beiden Merkmalen moderner Individualität siehe Lukes (1973).

Person in ihrem Handeln trotz aller sozialen Einflüsse als selbstbestimmt erscheint. In beiden Hinsichten ist die Person mit überzogenen Erwartungen konfrontiert; und dennoch wird stillschweigend – und in bestimmten Fällen auch explizit – darauf beharrt, dass jeder Mensch in der modernen Gesellschaft prinzipiell ein Individuum zu sein hat. Das wiederum impliziert Entscheidungslasten, die eine vormoderne Person nicht zu schultern hatte.

Individualisierung ist ein zwangsläufiges Resultat der funktionalen Differenzierung der modernen Gesellschaft. Dies ist sowohl ein direkter als auch ein über Rationalisierung, Säkularisierung und Optionssteigerungen laufender indirekter Wirkungszusammenhang. Wie Touraine ebenfalls betont, ist die Individualisierung der Personen in der Moderne aufs engste verwoben mit den bisher dargestellten, von ihm als Rationalisierung bezeichneten gesellschaftlichen Dynamiken. Es handelt sich allerdings um ein sehr spannungsreiches Wechselverhältnis. Auf der einen Seite bringen funktionale Differenzierung und die anderen mit ihr zusammenhängenden Dynamiken Individualisierung hervor und steigern sie sogar immer weiter; zugleich ist eine funktional differenzierte Gesellschaft auf Personen angewiesen, die ihre Individualität ausleben. Auf der anderen Seite wird diese Individualität aber auch durch die gesellschaftlichen Dynamiken – etwa durch die gesellschaftliche Durchorganisierung – bedroht und stellt ihrerseits ein Gefährdungspotential gesellschaftlicher Ordnung dar.[27]

An beiden Komponenten moderner Individualität – Einzigartigkeit und Selbstbestimmung der Person – lässt sich unschwer ablesen, dass die Lebensführung verstärkt selbst zu treffenden Entscheidungen unterliegt. Das gilt sowohl für das Tagein-Tagaus des Alltags als auch für die längerfristige Biographie.[28] Von allen Ar-

---

[27] Zu diesen verschiedenen Facetten des Verhältnisses von Individuum und moderner Gesellschaft siehe den Überblick über die theoretischen Perspektiven bei Schroer (2001) sowie die in Schimank (2002b) gesammelten Studien.

[28] Giddens (1994: 141/142) zitiert hierzu „aus einer langen Liste von 'Wahlmöglichkeiten'..." – vom Urlaubsort über das Rauchen bis zur Körperkultur

ten des Handelns sind eigene Entscheidungen am stärksten mit individueller Selbstbestimmung assoziiert. Und die Einzigartigkeit des Individuums beruht ebenfalls in hohem Maße auf eigenen Entscheidungen. Zwar mag sich selbstbestimmte Einzigartigkeit etwa auch darin manifestieren, dass eine Person ihre ganz eigenen emotionalen Stimmungen auslebt. Doch weil Emotionen die Person überkommen und nicht aus freien Stücken gewählt sind, ist die darin zum Ausdruck kommende Selbstbestimmung eine gegenüber eigenen Entscheidungen reduzierte.

Funktionale Differenzierung produziert sowohl auf der Rollenebene als auch auf der Ebene gesellschaftlicher Teilsysteme Gelegenheiten und Erfordernisse individueller Entscheidungen. Die Anzahl und Verschiedenartigkeit sowie die Wählbarkeit und Austauschbarkeit der Rollen, die eine Person innehat, wächst.[29] Die immer weiter ausdifferenzierte Rollenstruktur der modernen Gesellschaft bietet dem Einzelnen viel mehr Gelegenheiten je eigener und revidierbarer Rollenkombinationen, als das in vormodernen Gesellschaften der Fall war. Norbert Elias (1991: 179) konstatiert: „In einfacheren Gesellschaften gibt es weniger Alternativen, weniger Möglichkeiten der Wahl ...; in den einfachsten steht Menschen von Kindheit an oft nur ein einziger, geradliniger Weg offen – ein Weg für Frauen und einer für Männer. Kreuzwege sind selten, und es ist selten ein einziger Mensch allein, der vor die Entscheidung gestellt ist." Auch das ist ein Aspekt der „Multioptionsgesellschaft": Optionen nehmen zu und zwingen zu Entscheidungen, für die der Einzelne dann auch die Verantwortung übernehmen muss. Keiner kann mehr das Schicksal, etwa in Form seiner sozialen Herkunft, dafür verantwortlich machen, aus welchen Rollen er sein Leben zusammenfügt und welche Lebenszufriedenheit daraus resultiert. Und es gibt auch keine autoritativen

---

– und kommentiert: „In posttraditionalen Kontexten haben wir keine andere Wahl, als zu wählen, wer wir sind und wie wir handeln wollen."

[29] Dazu haben Durkheim und Simmel sowie im Anschluß an sie Parsons und Luhmann das Nötige gesagt – siehe nur als Überblick Schimank (2002b: 15-36, 221-248).

Vorgaben mehr. Schon Jugendlichen „verweigern moderne Eltern ... jedwede inhaltliche Direktive ...", etwa bei Berufswahlentscheidungen (Dimbath 2004: 4).

Aus dem Auseinanderdriften der teilsystemischen Handlungsorientierungen erwächst weiterer Bedarf und Spielraum für individuelle Entscheidungen. Zwar bestehen zwischen den ausdifferenzierten Teilsystemen der modernen Gesellschaft „Schwellen legitimer Indifferenz" (Tyrell 1978: 183, Hervorheb. weggel.), so dass z.B. wirtschaftliches Handeln keine großen Rücksichten auf das Familienleben nehmen muss. Aber die einzelnen Gesellschaftsmitglieder, die in viele Teilsysteme involviert sind und ihre Persönlichkeit nicht entsprechend kompartmentalisieren können, sondern trotz Polykontexturalität die Einheit ihres Lebens wahren wollen, müssen solche Spannungen aushalten – etwa zwischen einer beruflichen Tätigkeit in der Chemieindustrie und dem Zusammenleben mit ökologiebewegten Kindern. Identitätsbehauptung wird dann oft zur Entscheidungssache – anders als in vormodernen Gesellschaften, in denen eine alles überwölbende religiöse Weltdeutung das Auseinanderdriften der verschiedenen Handlungsorientierungen verhinderte und bereits kulturell eine vorgefertigte Einheit bereitstellte, wie sie nun jedes Individuum für sich selbst herstellen muss. Man kann dies – wie es bei Weber anklingt – heroisieren und dem Individuum „eine Kette letzter Entscheidungen" auferlegen (zitiert bei Schroer 2001: 40), in denen es sich darum dreht, welchen „Göttern" sich jemand wie stark verschreibt. Faktisch wird es zumeist um unspektakuläre, aber dennoch alles andere als leichte Entscheidungen gehen. Wie viel Zeit beispielsweise ein berufstätiger Mann der Hausarbeit, seiner Ehefrau und seinen Kindern widmet, wie also der Trade Off zwischen Familie und eigener Karriere – die der Frau nicht zu vergessen – ausfällt, wird wohl selten ein für allemal als dramatische Grundsatzentscheidung getroffen, sondern bei vielen, manchmal ganz unscheinbaren Anlässen. Jedenfalls ergibt sich dies nicht länger aus traditionalen Mustern, sondern muss individuell überlegt und ausgehandelt werden.

Die sozialstrukturelle Optionssteigerung verbindet sich mit kultureller Säkularisierung. Diese nimmt dem Einzelnen die Möglichkeit, sein Leben als etwas in Gottes Vorsehung Aufgehobenes zu sehen. Die vormoderne Lebenskonzeption, die vom Gläubigen lediglich verlangt, ein gottgefälliges Leben zu führen, ist diesem Vorgabe im doppelten Sinne des Wortes. Er wird bindend darauf verpflichtet, und ihm wird eine hinreichend instruktive Orientierung für tendenziell sämtliche Lebenssituationen gegeben. Das enthob die Person keineswegs aller Lebensführungsentscheidungen. Insbesondere musste er sich immer wieder gegen die Sünde entscheiden, gleichsam Adams falsche Entscheidung revidieren. Doch die großen Weichenstellungen waren von außen fixiert, und allenfalls die Feinsteuerung des eigenen Lebensweges musste selbst geleistet werden – wobei auch dafür vielfältige tradierte und religiös legitimierte Empfehlungen bereitstanden. Bei einer solchen religiös fundierten Identität war biographische Selbststeuerung weitgehend Exekution äußerer Vorgaben und dementsprechend wenig entscheidungsbedürftig. Die auch dann natürlich anfallenden Erfahrungen des Auseinanderklaffens von Lebenswünschen – ob nun vorgegebenen oder selbst entschiedenen – und Lebenslauf wurden überdies religiös abgefangen. Jede Religion hat ja ihren Ursprung in konkreten Erfahrungen biographischen Scheiterns (Berger 1967: 61-87): Warum läuft mein Leben nicht so, wie ich es mir wünsche? Warum muss ich stattdessen Enttäuschungen, Leid, Angst erleben? Fragen dieser Art haben religiöse Weltdeutungen stimuliert und darin eine bündige Antwort der Art gefunden, wie sie im Christentum in der Redeweise von „Gottes unerforschlichem Ratschluss" zum Ausdruck kommt. Letztlich wird es dem Einzelnen immer unerklärlich bleiben, warum gerade ihm schreckliche Dinge zustoßen müssen.[30] Religiöser Glaube ist angesichts dieser unbeseitigbaren Unerklärlichkeit eigenen biographi-

---

[30] Natürlich können sie als Prüfungen aufgefasst werden, oder als Strafen für frühere Sünden. Aber das verschiebt das Erklärungsproblem nur darauf, warum denn gerade er so schwer geprüft wird bzw. warum gerade er nicht mit der Willensstärke ausgestattet ist, dem Bösen zu widerstehen.

schen Scheiterns gleichsam eine Pauschalversicherung. Dem Einzelnen wird gesagt, dass schon alles seine Richtigkeit habe, auch wenn er selbst dies nicht zu begreifen vermag. Und solange jemand dies glaubt, stellen Erfahrungen des Scheiterns keine Identitätsgefährdung dar. Sogar wenn mein Leben in Stücke zerbricht und ich selbst sie nicht wieder zusammenzuflicken vermag, kann ich mich sozusagen wider mein unmittelbares Lebensgefühl in der tröstlichen Sicherheit wiegen, dass von höherer Warte aus betrachtet weiterhin alles seine Ordnung hat.

Die säkularisierte Moderne wirft die Person hingegen in die entscheidungsförmige Selbstbestimmung hinein. Die Person wird ihr eigenes „Entscheidungszentrum gegen Tradition und Dogma." (Fuchs-Heinritz 1995) Der Einzelne kann gar nicht anders, als je für sich Gottes Platz selbst einzunehmen, in diesem Sinne sein eigener Gott zu werden. Wo Gott nicht mehr für mich entscheidet, muss ich es selbst tun.[31] Besonders gründlich ist dies immer wieder für die berufliche Arbeit in der Moderne betrachtet worden: von der rationalen Lebensführung der von Weber porträtierten Protestanten bis zum heutigen „Arbeitskraftunternehmer" (Voß/ Pongratz 1998).[32] Aus der Perspektive der chinesischen kulturellen Tradition blickend gelangt Francois Jullien (1991: 246) zu einer aufschlussreichen Charakterisierung des westlichen autonomen Subjekts: „Die Vermögen des 'Wunsches', der 'Überlegung', der 'Entscheidung' und vor allem der Unterscheidung dessen, was 'mit Absicht' oder gegen seine Absicht geschieht, skizzieren den Umfang seiner Autonomie." Dieser Akteur „versucht ..., sich der Welt aufzuzwingen, um seine eigene Welt zu schaffen ..." – fürwahr ein Unternehmen von göttlicher Größe, das dem chinesischen Ver-

---

[31] Das läuft auf einen „reflexiven Subjektivismus" oder auf eine Identitätskonstruktion durch Ansprüche hinaus (Schimank 2002b: 65-86, 281-294). Siehe auch das Konzept der „Selbstsozialisation im Lebenslauf" von Walter Heinz (2000).

[32] Siehe weiterhin Pollak (1991).

ständnis menschlicher Handlungsmöglichkeiten höchst befremdlich erscheint.[33]

## 2.2 Entscheidungszumutungen

Die Moderne konstituiert sich somit über mehrere, eng miteinander verflochtene Dynamiken als *Entscheidungsgesellschaft* (siehe Schaubild 2.1).

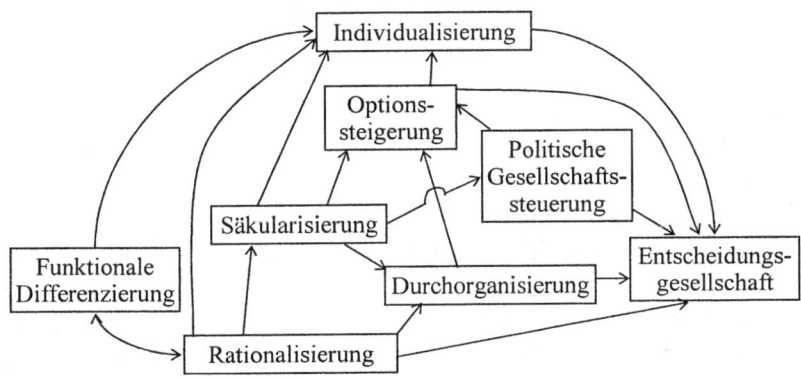

*Schaubild 2.1*

Man kann den im Zusammenhang mit der Individualisierung zuletzt angesprochenen Nexus von kultureller Säkularisierung und Entscheidungshandeln sogar noch so zuspitzen, wie es James March (1994: 216) tut:

> In a society based on faith and revelation, the church is a sacred institution. It symbolises the glorification of the gods and the subordination of human will to divine guidance. In a society based on reason, rationality, and a conception of intentional

---

[33] In diesen Zusammenhang lässt sich auch die These des soziologischen Neo-Institutionalismus stellen, dass der Akteur eine kulturelle Konstruktion der westlichen Moderne ist (Meyer/Jepperson 2000). Im Kapitel 7 wird die chinesische Strategie des Entscheidens noch weiter zur Sprache kommen.

> *human control over destiny, decision making is a sacred activity. The world is imagined to be produced by deliberate human action and responsive to human intention. Intention is imagined to be transformed into action through choice and power. And choice is imagined to be guided by reason.*

In aller Mehrdeutigkeit formuliert: Rationale Entscheidungen sind die heiligen Kühe der Moderne.

Die Charakterisierung der Moderne als einer Entscheidungsgesellschaft konkurriert nach dem Gesagten also nicht etwa mit einer Charakterisierung als säkularisierte Gesellschaft, als „Multioptionsgesellschaft", als politisch gesteuerte Gesellschaft, als Organisationsgesellschaft, als individualisierte Gesellschaft, als rationalisierte Gesellschaft und als funktional differenzierte Gesellschaft. Zwischen diesen verschiedenen Gesellschaftsbeschreibungen besteht weder ein Verhältnis der Konkurrenz noch eines der Komplementarität im Sinne eines bloßen Nebeneinanders von Perspektiven. Die Moderne ist nicht einfach Entscheidungsgesellschaft und funktional differenzierte Gesellschaft und rationalisierte Gesellschaft usw. – sondern sie ist Entscheidungsgesellschaft, weil sie eine funktional differenzierte Gesellschaft, eine rationalisierte Gesellschaft usw. ist. Man kann also die Moderne als Entscheidungsgesellschaft nur dann angemessen begreifen, wenn man auf diese anderen Charakteristika rekurriert; und umgekehrt versteht man diese anderen Charakteristika erst dann vollständig, wenn man als eine jeweils implizierte Konsequenz die verstärkte Zumutung rationaler Entscheidungen erkennt.

*Entscheiden-müssen*
Wenn damit klar gestellt ist, dass die Inthronisierung rationalen Entscheidens kein bloß akzidentielles Merkmal, sondern ein Wesensmerkmal der Moderne ist, dass weder wegzudenken noch faktisch zu beseitigen ist, wird die Tragweite folgender, von Ulrich Beck (2000: 46) getroffener Einschätzung deutlich:

> *Es ist vielleicht ein Stichwort – Grundlagenkontingenz –, in dem sich die geistige Situation verdichtet, ihre Explosivität verdeckt zündelt. Grundlagenkontingenz besagt: Uns Menschen ist*

*etwas Wesentliches verloren gegangen – die Nichtentscheidung. ... Grundlagenkontingenz, anders gewendet, heißt Entscheidungszwang. Genauer: Von nun an ist auch die Nichtentscheidung nur noch als Entscheidung möglich.*

Ähnlich konstatiert Greven (1999: 61): „Es gab ... weder im Bewußtsein der relevanten Akteure noch von der Sache her jemals soviel zu entscheiden wie heute." Jeder Akteur – Individuen ebenso wie korporative Akteure – muss daher in der Moderne prinzipiell entscheidungsfreudig sein. Markus Schroer (2001: 410, Hervorh. weggel.) spricht, Beck referierend, vom „mächtigen Imperativ, sich entscheiden zu müssen; nicht etwa nur zu können." In vielen Situationen, die in vormodernen Gesellschaften mittels Traditionen und Routinen bewältigt wurden, werden dem Akteur heute Entscheidungen zugemutet. Der – wie in Kapitel 1 erläutert – notorisch begrenzten Fähigkeit von Akteuren, entscheidungsförmig zu handeln, stehen in der Moderne immer weiter gesteigerte Ansprüche an eine entscheidungsförmige Situationsbewältigung gegenüber. Diese Ansprüche werden zum einen von außen an Handelnde herangetragen: durch Bezugsgruppen, Vorgesetzte, Organisationen, Rechtsnormen, Massenmedien u.a.m. Zum anderen stellen Handelnde diese Ansprüche aber auch an sich selbst. Sie wollen „Herr ihrer Lage" – inzwischen auch: „Herrin" – und nicht ein bloßer Spielball äußerer Umstände und eigener Routinen sein. Zumindest diejenigen Handlungen, die von größerer Tragweite sind, müssen es sich gefallen lassen, als Entscheidungen aufgefasst zu werden, womit entsprechende Begründungspflichten verbunden sind. Und wer sich darüber bewusst ist, dass er gefragt werden könnte, warum er so und nicht anders gehandelt hat, wird sich entsprechend vorher fragen, ob er so oder doch anders handeln sollte – wird sich also entscheiden.

Damit ist der Auftrag formuliert, den die Moderne ihren Akteuren gibt: entscheidungsförmig und dabei möglichst rational zu handeln. Alle Ebenen und Bereiche der gesellschaftlichen Wirklichkeit sind sukzessiv in den Sog der Entscheidungszumutungen geraten, die sich als Unaufhörlichkeit des Entscheidungsgeschehens darstellen: von der Makroebene der gesellschaftlichen Teilsysteme und ihrer Verflechtungen über die Mesoebene der Organisationen, Interorganisationsbeziehungen und sozialen Bewegungen bis zur Mikroebene von Kleingruppen, interaktiven Verhandlungs- und Beeinflussungskonstellationen und schließlich individuellen Biographien; und die Wirtschaft ist genauso von Entscheidungszumutungen durchzogen wie das Familienleben, die Politik wie die Kunst, die Wissenschaft wie die Religion.

*Entscheiden-können*
In der bisherigen Darstellung ist bereits immer wieder angeklungen, dass die Entscheidungsgesellschaft für die Akteure einen gemischten Segen darstellt. Schon die Redeweise vom Entscheiden-müssen bringt unüberhörbar zum Ausdruck, dass es sich dabei nicht um eine reine Freude handeln kann; und weil auch in der gesamten weiteren Abhandlung des Themas die Schwierigkeiten und Probleme rationalen Entscheidens im Vordergrund stehen werden, soll zumindest an dieser Stelle ganz ausdrücklich vermerkt werden, dass eigene rationale Entscheidungen für die Akteure immer auch etwas grundsätzlich Positives bedeuten. Sein Handeln entscheidungsförmig selbst bestimmen zu können, sich dabei von eigenen guten Gründen – etwa Effektivitäts- oder Effizienzerwägungen – leiten zu lassen: Dies stellt eine Befreiung von auferlegten Traditionen und Routinen, von Anordnungen und auch von unkontrollierten eigenen Gefühlszuständen dar; und auf diese Freiheit wird kein Akteur heutzutage ernsthaft verzichten wollen. Dass man die eigenen Angelegenheiten entscheidungsförmig oftmals besser in den Griff zu bekommen vermag als durch anderes Handeln, ist eine so vielfach gemachte Erfahrung, dass Akteure rationalem Entscheiden gemeinhin einen fraglosen positiven Selbstwert zusprechen. Für Individuen drückt Ronald Dworkin (1982: 80) dies so aus: „if one wants to be the kind of person who makes decisions and accepts the responsibility for them, or who chooses and develops a life-plan, then choices are valued not for what they produce nor for what they are in themselves, but as constitutive of a certain ideal of a good life." Gleiches lässt sich für korporative

Akteure sagen. Organisationen sehen es ebenfalls als etwas Gutes an, rational zu entscheiden.

Nicht nur entscheiden zu *müssen*, sondern auch entscheiden zu *wollen* – was voraussetzt: entscheiden zu *können* – macht somit die Entscheidungsgesellschaft aus. Dieses Signum der Moderne ist vom Existentialismus zu einem überhistorischen Wesensmerkmal des Menschen schlechthin erklärt worden – was zum Ausdruck bringt, wie selbstverständlich uns heutzutage die Entscheidungsgesellschaft geworden ist: „Der Mensch wird (im radikalisierten Sinne Sartres) zur Wahl seiner Möglichkeiten, zum homo optionis. Leben, Tod, Geschlecht, Körperlichkeit, Identität, Religion, Ehe, Elternschaft, soziale Bindungen – alles wird sozusagen bis ins Kleingedruckte hinein entscheidbar, muß, einmal zu Optionen zerschellt, entschieden werden." (Beck/Beck-Gernsheim 1994: 16/17) Die unüberwindliche Ambivalenz dessen besteht darin, dass das so mögliche „eigene Leben" (Beck et al. 1995) eben nicht nur Befreiung, sondern auch Belastung bedeutet.

Hier kommt in der Tat ein anthropologisches Dilemma zum Tragen. Es besteht darin, dass der Mensch einerseits überhaupt fähig zu zielorientiertem Handeln ist, was sich im rationalen Entscheiden entfaltet;[34] andererseits ist die Fähigkeit des Menschen, in komplexen Entscheidungssituationen Rationalität zu realisieren, sehr eng begrenzt, wie im folgenden Kapitel noch ausführlich zur Sprache kommen wird. Der „homo optionis" würde in jeder Art von Gesellschaft unter notorischer Selbstüberforderung leiden – und dieses Schicksal ereilt ihn erst recht in der modernen Gesellschaft, die ungleich komplexer ist als alle vormodernen Gesellschaften und deren Komplexität auch noch immer weiter steigt.

Weiterhin auf der Ebene individueller Akteure bleibend, kommt diese Selbstüberforderung in der Entscheidungsgesellschaft auch darin zum Ausdruck, dass man sich auf einer unaufhörlichen

---

[34] Dies ist die in der menschlichen „Weltoffenheit" (Scheler 1928; Plessner 1928; 1961; Gehlen 1940) angelegte Chance. Karl Marx (1867: 192/193) hebt diese Seite menschlicher „Weltoffenheit" hervor – siehe dazu Weiteres in Kapitel 8.

„Ich-Jagd" (Gross 1999: 123/124) befindet, die nach dem Muster vor sich geht, das im Märchen vom Fischer und seiner Frau geschildert wird. Man entscheidet sich in einer bestimmten Situation für etwas, nur um sehr schnell wieder darüber nachzugrübeln, ob das auch wirklich die richtige Entscheidung war. Wenn sich die Entscheidung im Sinne des angestrebten Ziels als erfolglos herausstellt, hat dieser „post-decisional regret"[35] handfeste Gründe. Aber auch, vielleicht sogar gerade, wenn die Entscheidung ganz passable oder sogar rundum zufrieden stellende Resultate hat, fragt man sich, ob nicht noch etwas Besseres möglich gewesen wäre. Und wenn die Gelegenheit besteht, setzt man diese Zweifel in eine neue Entscheidung um, mit der sich das gleiche Spiel wiederholt – tendenziell ad infinitum. Die „Multioptionsgesellschaft" wird so schnell zur „Überforderungsgesellschaft" (Papcke 2000: 348): Optionsvielfalt paralysiert das Entscheiden. Dann werden Optionen nicht mehr fortschrittsoptimistisch als mehr Lebenschancen, sondern fortschrittspessimistisch als „bad opening" (Klapp 1978), also als Verunsicherung und Zerrissenheit bis hin zur völligen Desorientierung angesehen.

Diese für Individuen in der zeitgenössischen Kulturkritik und auch in soziologischen Gegenwartsdiagnosen breit ausgemalte negative Seite der Entscheidungsgesellschaft lässt sich auf der Ebene von Organisationen und von politischer Gesellschaftssteuerung genauso konstatieren. Organisatorische und politische Entscheidungsträger kennen ebenfalls die Erfahrung der Entscheidungsmüdigkeit, oft aus Frustrationen über Fehlentscheidungen gespeist, gepaart mit dem Bewusstsein, dennoch der Unaufhörlichkeit des Entscheidens ausgeliefert zu sein. Mehr noch: Es gibt genügend Beispiele für die – berechtigte! – beredte Klage darüber, immer mehr und immer weitreichendere Entscheidungen immer schneller treffen zu müssen. Ronald Dworkin (1982) beantwortet die Frage: „Is more choice better than less?" denn auch negativ.

---

[35] Siehe zu diesem Phänomen die psychologischen Forschungen über kognitive Dissonanz (Festinger 1957; Kirsch 1971a: 118-123).

Zur Begründung führt er unter anderem die „decision-making costs" sowie die „responsibility for choice" an. Entscheidungen können in der Tat äußerst mühsam sein und einem angesichts ihrer Folgen hinterher auch noch viel Ärger einbringen.[36]

Bei allen Thematisierungen der Kehrseite der Entscheidungsgesellschaft darf man allerdings eine Dramatisierung nicht übersehen, die daher rührt, dass unausgesprochen das Idealbild einer perfekt rationalen Entscheidung zum Maßstab erhoben wird. Anders gesagt: Die Mängelliste des tatsächlichen Entscheidungsgeschehens wird mit äußerster Kleinlichkeit geführt. In einer solchen Betrachtung können die Akteure immer nur versagen – und dies kann dann als hoch problematische Tendenz der Entscheidungsgesellschaft verbucht werden.

Es wäre natürlich falsch, genau umgekehrt von viel Lärm um Nichts zu sprechen, also überhaupt kein Problem in den Entscheidungszumutungen der Moderne zu sehen. Doch die gelegentlich insbesondere mit Blick auf biographische Entscheidungen von Individuen an den Tag gelegte Aufgeregtheit sollte einer gelasseneren Betrachtung weichen. Schließlich hat es noch keine massenhaften Selbstmorde aufgrund von Entscheidungsüberlastung gegeben; und die Menschen führen bei allen Qualen vor und nach der Wahl auch kein Leben voller Verzweiflung. Die weiteren Überlegungen werden dementsprechend zeigen, dass die Entscheidungsgesellschaft ihre Akteure – Individuen genauso wie Organisationen – immer wieder vor ernsthafte und manchmal auch äußerst schwierige Herausforderungen stellt, dass diese aber meistens zumindest in dem Sinne zu meistern sind und gemeistert werden, dass einigermaßen zufrieden stellende Entscheidungen gefunden und umgesetzt werden. Nichts spricht dafür, dass die Entscheidungsgesellschaft ihre Akteure permanent scheitern lässt; sondern diese schaffen es ziemlich häufig, aus ihren Entscheidungssituationen – wie es alltagssprachlich heißt – „das Beste zu machen" und damit dann auch leben zu können.

---

[36] Siehe weiterhin die psychologischen Befunde bei Schwartz (2004).

# 3 Die Komplexität von Entscheidungssituationen

Im Spannungsverhältnis von Komplexität und Rationalität drückt sich die Problematik des Entscheidens in der modernen Gesellschaft aus. Trotz steigender Komplexität ist bei zunehmenden Entscheidungszumutungen immer noch ein gewisses Maß an Rationalität zu realisieren: Das ist das Problem, dem sich Akteure heute ausgesetzt sehen.

Im letzten Kapitel ist erläutert worden, warum die moderne Gesellschaft den Akteuren immer mehr Entscheidungen abverlangt. In diesem Kapitel geht es darum, sich vor Augen zu führen, worin die Komplexität von Entscheidungssituationen besteht und weshalb diese Komplexität in der modernen Gesellschaft immer mehr zugenommen hat.[1]

Die Komplexität der Welt – genauer: der sinnhaften Erfahrung von Welt – gliedert sich in drei analytische Dimensionen, die bereits in den vorherigen Kapiteln genutzt worden sind: die Sach-, die Sozial- und die Zeitdimension.[2] Im Zentrum einer soziologischen Betrachtung steht die Sozialdimension, die deshalb hier auch als erstes behandelt werden wird. Aufgrund der engen Wechselwirkungen zwischen allen drei Dimensionen tragen jedoch sachliche und zeitliche Aspekte ebenfalls gewichtig zur Komplexität des Entscheidungshandelns bei.

---

[1] Dabei werden hier diejenigen Ausprägungen von Entscheidungskomplexität ausgeblendet, die in letztlich rational unentscheidbare Paradoxa oder Dilemmata münden – siehe zu solchen eher logisch als soziologisch interessanten Phänomenen viele Hinweise bei Elster (1979; 1983c).

[2] Siehe dazu Luhmann (1971a), der diese Konstitution von Sinn – insbesondere anknüpfend an die Phänomenologie Edmund Husserls – grundlegend ausarbeitet. Mit anderer Begrifflichkeit und viel konkreter unterscheiden auch Hickson et al. (1986) diese drei Komplexitätsdimensionen des Entscheidens.

## 3.1 Sozialdimension: Interdependenzbewältigung

Die Sozialdimension des Entscheidens besteht darin, dass das Entscheidungshandeln eines Akteurs mit dem Handeln anderer Akteure zusammenwirkt. Spieltheoretisch formuliert: Der Akteur befindet sich nicht bloß in einem „Spiel gegen die Natur" (Dixit/ Nalebuff 1991: 4/5) wie z.B. Roulette. Sein Gegenüber ist ein anderer Akteur, der auf sein Entscheidungshandeln mit Handeln und nicht als Naturvorgang reagiert und es auch mehr oder weniger akkurat antizipiert. Das bietet Möglichkeiten, schafft aber auch Komplikationen. Der andere kann beispielsweise manchmal, höchst erfindungsreich, seinen Trotz, seinen Neid, seine Faulheit rauslassen; er kann mich aber auch mit guten Ideen unterstützen; ich kann mit ihm verhandeln oder ihm drohen; auf jeden Fall werden wir einander gegenseitig beobachten, um eigenes Handeln an vollzogenes oder erwartetes Handeln des anderen anzupassen.[3]

Das Zusammenwirken einer Entscheiderin mit anderen Handelnden kann eine ganze Reihe von konkreten Ausprägungen annehmen:

- Ein einzelner Entscheider kann mit weiteren Akteuren zusammenwirken, die nicht entscheidungsförmig handeln. Beispielsweise entscheidet eine Mutter etwas für ihre Kinder, oder ein Vorgesetzter legt per Entscheidung neue Routinen für seine Mitarbeiter fest.
- Mehrere Entscheider können miteinander zusammenwirken. Hier gibt es zwei Unterfälle. Der eine besteht darin, dass jeder je für sich entscheidet und dabei die Entscheidungen der anderen in Rechnung stellen muss, vielleicht auch beeinflussen kann. Ein Beispiel wäre ein Schachspiel: Jeder Spieler entscheidet seine Züge mit Blick auf die bisherigen und zukünftig erwarteten Züge des anderen. Der andere Unterfall liegt dann

---

[3] Die paradoxen Folgen für rationales politisches Entscheiden entwickeln Kydland/Prescott (1977) modelltheoretisch.

vor, wenn mehrere Entscheider eine gemeinsame, untereinander abgestimmte und von allen getragene Entscheidung treffen müssen. Dies kann etwa in einer Koalition politischer Parteien der Fall sein.
- Mehrere Akteure, die entweder je für sich entscheiden oder eine gemeinsame Entscheidung treffen, wirken mit weiteren Akteuren zusammen, die nicht entscheidungsförmig handeln. Dies ist eine Zwei-Ebenen-Konstellation, beispielsweise bei der Eltern als Entscheider gegenüber ihren Kindern: Wie schaffen die Eltern es, die ewigen Streitereien zwischen den Kindern beizulegen?
- Mehrere Akteure, die gemeinsam eine Entscheidung treffen, können anderen gegenüber stehen, die je für sich entscheiden. Auch dies ist eine Zwei-Ebenen-Konstellation. Sie liegt etwa dann vor, wenn eine kleine Anzahl politischer Entscheidungsträger, etwa die Repräsentanten der Regierungskoalition, die einschlägigen Ministerien und wichtige Interessengruppen gemeinsam ein Gesetz konzipieren, das dann parlamentarisch beschlossen wird und auf das Entscheidungshandeln vieler Individuen – etwa in Bezug darauf, ob sie eher zur Miete wohnen oder sich ein Haus kaufen – einwirkt. Die betroffenen Individuen, also die potenziellen Hauskäufer, stimmen ihre je eigene Entscheidung weder mit den anderen Betroffenen noch mit den politischen Entscheidungsträgern ab; jeder Hauskäufer reagiert nur darauf, was die anderen und was die politischen Entscheidungsträger jeweils entscheiden.
- Schließlich gibt es noch die Konstellation, dass zwei oder mehrere Gruppen von Akteuren, die jeweils als Gruppe eine gemeinsame Entscheidung treffen, untereinander eine Entscheidung aushandeln müssen. Bei Tarifauseinandersetzungen sitzen einander beispielsweise die Gruppen der Arbeitgebervertreter und der Gewerkschaftsvertreter gegenüber. Beide Gruppen sind in sich durchaus vielstimmig, sprechen aber als Gruppen miteinander nur mit jeweils einer Stimme, etwa der eines befugten Vorsitzenden auf beiden Seiten.

*Interdependenzen mit anderen und mit sich selbst*
Auch wenn dies keine vollständige Typologie von Interdependenzkonstellationen ist, vermittelt sie einen ersten Eindruck davon, worum es in der Sozialdimension des Entscheidens geht. Es handelt sich jeweils um Einwirkungen anderer darauf, was der Entscheidungshandelnde zielgerichtet zu gestalten bemüht ist. Solche Interferenzen des Handelns anderer mit meinem Entscheidungshandeln reichen bis hin zu völlig unberechenbaren, hochgradig zufälligen „Cournot-Effekten" (Boudon 1984: 173-179; Schimank 2000: 196-200). Zum Beispiel bleibt ein Entscheidungsträger auf dem Weg zu einer wichtigen Sitzung im Verkehrsstau stecken, und die Beschlussfassung verläuft ohne ihn ganz anders als mit ihm. Auch ein Entscheiden, das im Sinne prozeduraler Rationalität perfekt rational wäre, könnte im Ergebnis scheitern, weil prinzipiell nicht kalkulierbare „Cournot-Effekte" den antizipierten Verlauf des Entscheidungsgeschehens konterkarieren können.

Als wäre all dies noch nicht genug, kommt noch die Sozialdimension im weiteren Sinn hinzu. Ein Akteur muss auch die Neben- und Fernwirkungen seines sonstigen eigenen Handelns in Rechnung stellen – worunter auch seine in anderen Zusammenhängen getroffenen Entscheidungen fallen. So wie andere Akteure ihm mit ihrem jeweiligen Handeln in die Quere kommen, ihn aber auch – gewollt oder ungewollt – unterstützen können, so kann er sich auch selbst ein Bein stellen oder hilfreich zur Hand gehen. Ein Akteur – und das gilt nicht etwa erst für korporative Akteure, sondern bereits für Individuen – ist ja alles andere als eine in sich rundum abgestimmte Handlungseinheit. Ganz abgesehen von dramatischen inneren Konflikten à la „Zwei Seelen wohnen, ach, in meiner Brust ..." gibt es auch viel unscheinbarere, aber in ihren Auswirkungen alles andere als bagatellisierbare Fälle innerer Unabgestimmtheit.[4] Zu Letzterem nur folgendes Beispiel: Jemand ent-

---

[4] Ersteres Phänomen ist als Kategorisierung von Akteuren als „multiple selfs" diskutiert worden (Elster 1986; Wiesenthal 1990b). Letzteres Phänomen, das man analog als „disjointed self" benennen könnte, ist demgegenüber noch wenig erforscht.

scheidet sich, mehr für seine Gesundheit zu tun, indem er Mitglied in einem Fitnesscenter wird, das ihm einen Einjahresvertrag auferlegt. Nach zwei Monaten stellt er fest, dass es zur Stabilisierung seiner Ehe dringend angeraten ist, mehr Zeit mit seiner Frau zu verbringen. Nach Abwägung alternativer Szenarien wie Scheidung entscheidet er sich dafür, diese Zeit zu investieren. Die Prüfung seines Zeitbudgets ergibt jedoch, dass außer der Zeit, die er neuerdings im Fitnessstudio verbringt, nicht viel mehr zur Verfügung steht. Soll er nun also das Fitnessstudio, das ihm körperlich gut tut und für das er eine Menge Geld im Voraus bezahlt hat, seltener besuchen oder sogar ganz aufgeben? Egal, wie er sich in Sachen Ehe entscheidet: Er sieht sich jedenfalls mit unvorhergesehenen Fernwirkungen seiner früheren Entscheidung in Sachen Gesundheit konfrontiert.

Für noch weiter reichende biographische Entscheidungen wie etwa die Berufswahl oder die Auswanderung ist dieses Problem der Interdependenzen eines Akteurs mit sich selber offenkundig. Es ereilt aber ebenso gut auch politische Akteure, wenn sie bisweilen unsanft von ihrem gestrigen Entscheidungshandeln eingeholt werden; und die gleiche Erfahrung müssen Organisationen als korporative Akteure immer wieder machen.

*Konflikte und mangelnde Erwartungssicherheit*
Die Komplexität der Interdependenzbewältigung zeigt sich in zwei Ausprägungen: in Gestalt von Konflikten und in Gestalt von mangelnder Erwartungssicherheit.[5] *Mangelnde Erwartungssicherheit* liegt in dem Maße vor, wie sich ein Akteur bei seinem Entscheidungshandeln unsicher darüber ist, mit welchem Handeln bzw. Entscheiden der relevanten anderen Akteure er zu rechnen hat.[6] Da

---

[5] Die von Hirschman (1967: 35-85) dargestellten „uncertainties" entwicklungspolitischer Projekte beziehen sich alle – außer den technologischen Unwägbarkeiten – auf diese beiden Grundformen sozialer Komplexität.

[6] Das von Talcott Parsons (1937) geprägte Problem „doppelter Kontingenz" ist die grundlegendste Formulierung dieser Ausprägung von Komplexität in der Sozialdimension.

das, was ich mit meinem Entscheidungshandeln erreiche, davon abhängig ist, dass andere auf bestimmte Weise agieren, nimmt die Unsicherheit der Entscheidungssituation für mich in dem Maße zu, wie ich nicht weiß, was die anderen tun werden.

Dieses Nichtwissen kann sich auf deren Präferenzen und Ziele beziehen. Dann weiß ich nicht, was die anderen eigentlich wollen, welche Interessen sie etwa verfolgen oder welche Emotionen bei ihnen ausgelöst werden, wenn sie wahrnehmen, wie ich mich entschieden habe. Es kann aber auch so sein, dass ich die Ziele der anderen durchaus kenne, aber nicht weiß, auf welchen Wegen und mit welchen Mitteln sie diese verfolgen wollen – und auch nicht, welches Niveau der Zielerreichung die anderen anstreben. Noch fundamentaler ist meine Unsicherheit, wenn ich nicht einmal weiß, welches Deutungsschema die anderen zur Definition der Situation benutzen. Wenn beispielsweise die Leiterin eines Forschungsinstituts überlegt, wie sie ihre Mitarbeiter zu noch besserer Arbeit motivieren kann, und dabei darauf stößt, dass sie keine klare Vorstellung darüber hat, ob ihre Mitarbeiter die Arbeit vorrangig in Termini des Geldverdienens, in Termini der Reputation unter Fachkollegen oder in Termini wissenschaftlicher Wissbegier verstehen, ist sie in ihrem Entscheidungshandeln erst einmal gebremst. Denn je nachdem, welche Haltung auf Seiten der Mitarbeiter überwiegt, wären völlig andere Motivationsstrategien angebracht.

Bei mangelnder Erwartungssicherheit in einem oder mehreren dieser Aspekte erfährt der Akteur soziale Komplexität so, dass er gleichsam im Nebel stochert. In denjenigen Hinsichten, in denen er keine Erwartungssicherheit besitzt, kann er nicht wissen, ob das, wozu er sich entscheiden könnte, im Sinne seiner Zielsetzung zu dem passt, was die anderen tun. Ist diese Unsicherheit sehr groß, vermag sich der Akteur überhaupt nicht zu entscheiden; und ist die Unsicherheit sogar allseitig vorhanden, so dass keiner der Beteiligten sein Handeln bzw. Entscheiden zu bestimmen vermag, passiert zwar früher oder später irgendetwas auf Seiten des einen oder des anderen. Denn irgendwann ist auch Nichtstun folgenreich, und diese Folgen erzwingen Aktionen. Handeln bzw. Entscheiden ist dann jedoch völlig erratisch, sowohl als einzelnes Tun als auch als Ineinandergreifen des Tuns aller Beteiligten. Auch daraus kann früher oder später eine mehr oder weniger dauerhafte soziale Ordnung im Sinne einer Stabilisierung wechselseitig ineinander greifender Handlungen bzw. Entscheidungen entstehen.[7] Aber von einer gezielten Gestaltung dieser Ordnung durch die beteiligten Akteure kann keine Rede sein.

Entscheidungshandeln wird jedoch von Akteuren nur dann als Handlungsform ins Auge gefasst, wenn sie Gestaltungschancen sehen. Daraus ergibt sich, dass Entscheidungshandeln voraussetzt, dass entweder von vornherein hinreichende wechselseitige Erwartungssicherheit vorliegt oder die Akteure sich zutrauen, diese Erwartungssicherheit herstellen zu können.

Einmal unterstellt, dass hinreichende Erwartungssicherheit besteht, kann sich Komplexität in der Sozialdimension weiterhin in Gestalt von *Konflikten* zwischen einem bestimmten Entscheidungsakteur und anderen Akteuren, mit denen sein Handeln interferiert, manifestieren.[8] Es kann sein, dass der Akteur für seine Zielerreichung die Kooperation anderer benötigt bzw. zumindest darauf angewiesen ist, dass sie ein Handeln unterlassen, was seine Zielverfolgung be- oder verhindern würde. Umgekehrt kann es aber auch sein, dass andere ihn bei seinem Entscheiden dazu bringen wollen, mit ihnen zu kooperieren oder sie nicht zu stören; und das kann wiederum ihn in seiner Zielverfolgung behindern.

Ein und dieselbe Konstellation – um nur der Einfachheit halber eine Dyade zu nehmen – lässt sich prinzipiell aus beiden Perspektiven beschreiben. Beispielsweise mag das Wissenschaftsministerium eines Landes die Dinge so sehen, dass es in seiner

---

[7] Dies haben Berger/Luckmann (1966: 70-79) ebenso wie Luhmann (1984: 148-190) gezeigt – siehe zusammenfassend Schimank (1999b: 131-139) sowie die weiterführende Modellierung von Kron et al. (2003).

[8] March (1994: 103-174) geht ausführlich auf die vielen Erscheinungsformen solcher Konflikte ein. Einige davon werden auch hier noch zur Sprache kommen.

Forschungspolitik davon abhängig ist, welche Gelder ihm das Finanzministerium bereitstellt, welche Ansprüche an Sparsamkeit ihm also auferlegt werden. Umgekehrt kann das Finanzministerium denselben Vorgang als einen sehen, in dem sein Ziel, dass der Staat möglichst mit den eingenommenen Steuern auskommt und keine weiteren Schulden macht, durch ambitionierte, darin bei den Wählern und Interessengruppen beifallsträchtige, aber nicht aufs Geld schauende Politiken der anderen Ministerien, u. a. des Wissenschaftsministeriums, konterkariert wird. Entsprechend gilt es aus Sicht des Finanzministeriums, solchen kostspieligen Ansprüchen gegenzusteuern.

Konflikte sind zudem oft Anlässe für strategische Kommunikation in Gestalt von Täuschungen des Gegenübers, etwa durch falsche Versprechungen oder nicht gedeckte Drohungen (Goffman 1969). Dann tritt zum tatsächlichen Konflikt noch Erwartungsunsicherheit bzw. trügerische Erwartungssicherheit hinzu: Kann ich dem anderen trauen, obwohl ich weiß, dass er etwas ganz anderes erreichen will als ich – also gute Gründe hat, mich gegebenenfalls hinters Licht zu führen?

*"Schicksals-" und "Verhaltenskontrolle"*
Sowohl in Bezug auf Konflikte als auch in Bezug auf mangelnde Erwartungssicherheit lässt sich die Interdependenz zwischen den Akteuren weiterhin als „Schicksals-" oder „Verhaltenskontrolle" charakterisieren. Dies sind zwei Endpunkte eines Kontinuums (Kirsch 1994: 93-95). Totale „Schicksalskontrolle" liegt dann vor, wenn das Ergebnis des Handelns von Ego – zumindest nach dessen Einschätzung – ausschließlich davon abhängt, wie Alter handelt, Egos eigenes Handeln also keinen Unterschied macht. Dann kann er nur ohnmächtig abwarten, was Alter tut, sich also in Fatalismus üben. Wenn ein Akteur totaler „Schicksalskontrolle" unterliegt, macht Entscheiden für ihn keinen Sinn. Der Aufwand dieser Handlungsform wäre vergebliche Liebesmühe. Zu Entscheidungshandeln als Form der Interdependenzbewältigung wird sich ein Akteur erst in dem Maße entschließen, in dem auf seiner Seite

"Verhaltenskontrolle" vorliegt. Dann hängt das Ergebnis von Egos Handeln auch davon ab, welche Alternative er wählt; er ist also diesbezüglich nicht völlig Alters Handeln ausgeliefert.

Ein extremes Beispiel, das diesen Unterschied zwischen „Schicksals-" und „Verhaltenskontrolle" verdeutlicht, bieten die von Max Weber (1905) analysierten protestantischen Sekten. Insbesondere die kalvinistischen Sekten gingen bezüglich der Frage, wer dereinst das Paradies genießen und wer in der Hölle schmoren würde, von einer völligen „Schicksalskontrolle" aus. Das Handeln des Gläubigen selbst war gänzlich unerheblich dafür. Er mochte noch so viele gute Werke in seinem irdischen Leben getan haben: Wenn ihn Gott in seinem unerforschlichen Ratschluss von vornherein für die Hölle vorgesehen hatte, war daran nichts mehr zu ändern. Die allermeisten Varianten des Christentums und auch anderer Religionen postulieren demgegenüber, dass der Gläubige ein erhebliches Maß an „Verhaltenskontrolle" besitzt, also durch ein gottgefälliges irdisches Leben gewissermaßen Anrechte darauf erwerben kann, dereinst ins Paradies einzugehen.

Es ist einsichtig, dass die moderne Entscheidungsgesellschaft voraussetzt, dass die einzelnen Akteure sich eine hinreichende „Verhaltenskontrolle" zuschreiben – wie illusionär das im Einzelfall auch immer sein mag. Dass ein Akteur einer objektiven totalen „Schicksalskontrolle" unterliegt, dürfte real nur sehr selten vorkommen. Fast immer macht es einen Unterschied, und oft auch einen nennenswerten, was er tut. Subjektiv mag ein Akteur sich allerdings immer wieder starker oder sogar völliger „Schicksalskontrolle" in der Sozialdimension ausgeliefert sehen.[9] Zum einen mag er sich als Spielball übermächtiger anderer sehen, also die eigene Machtunterlegenheit so weit übersteigern, dass er sich für völlig ohnmächtig hält. Zum anderen kann sehr hohe Erwartungsunsicherheit darauf hinauslaufen, dass es zwar einen Unterschied macht, was der Akteur tut – aber er weiß überhaupt nicht, welchen.

---

[9] Auch in der noch anzusprechenden Sachdimension des Entscheidens kann „Schicksalskontrolle" vorliegen.

Manche Geldanlagen an der Börse haben diesen Charakter. Turbulente Kursdynamiken, wie sie sich aus den Anlageentscheidungen der je anderen ergeben, machen es mir gänzlich unvorhersehbar, was aus meinen Anlagen jeweils werden wird.

Wie bereits angesprochen, finden sich diese beiden Ausprägungen sozialer Komplexität – mangelnde Erwartungssicherheit und Konflikte – auch innerhalb ein und desselben Akteurs. Für individuelle Akteure gilt dies allein schon deshalb, weil sie als Träger unterschiedlicher Rollen in verschiedenen gesellschaftlichen Teilsystemen involviert sind. Wenn sich beispielsweise eine Frau überlegt, ob sie eine attraktive Arbeitsstelle in einer anderen Stadt annehmen soll, wodurch sie aber nur noch am Wochenende bei ihrer Familie sein kann, dann widerstreiten in ihr die Berufsrolle auf der einen und die Rolle der Mutter und Ehefrau auf der andern Seite, ohne dass eine eindeutige Lösung dieses Dilemmas auf der Hand liegt oder auch nur möglich erscheint. Dies wäre ein Inter-Rollenkonflikt, der die Entscheidung über das Stellenangebot schwierig macht, weil hier einander in der Tat zwei Seelen in einer Brust widerstreiten. Allerdings setzt dies voraus, dass der Person die Auswirkungen einer Prioritätensetzung für die eine oder die andere Rolle bekannt sind. Die Person kann aber diesbezüglich auch unter Erwartungsunsicherheit leiden. Es kann ja sein, dass sie gar nicht weiß, wie wichtig ihr ihre Rolle als Mutter und Ehefrau bzw. ihre Berufsrolle ist. Vielleicht stellt sie sich vor, dass sie es später bedauern wird, zugunsten des Berufs auf die Familie verzichtet zu haben; aber ihr ist zugleich bewusst, dass diese Vorstellung auch falsch – beispielsweise eine Manipulation durch das traditionelle Frauenbild – sein kann. Sie weiß es einfach nicht. Auch für ein und denselben Akteur gilt also: Er kann sich selbst widerstreiten, und er kann nicht wissen, was er eigentlich will.

Damit sind die beiden grundsätzlichen Arten von Interdependenzproblemen, die für das Entscheidungshandeln eines Akteurs soziale Komplexität ausmachen, benannt.[10] Diese Komplexität

---

[10] Für politische Entscheidungen liegt die Relevanz dieser Interdependenzprobleme auf der Hand. Auch Organisationen sind aber bereits seit längerem ge-

kann nun in zwei analytischen Dimensionen genauer gefasst werden. Zum einen lässt sich die Beschaffenheit des Interdependenzproblems spezifizieren, zum anderen ist die Art der Akteurkonstellation bedeutsam.

*Konflikthaftigkeit des Interdependenzproblems*
Die Komplexität von Entscheidungssituationen wird in der Sozialdimension stark dadurch bestimmt, wie konflikthaftig die Interdependenz der Akteure ist. Mit Hilfe einer in spieltheoretischen Untersuchungen eingeführten Typologie lassen sich drei Abstufungen der Konflikthaftigkeit unterscheiden: „games of pure coordination", „games of pure conflict" und „mixed motive games".[11]

In den *reinen Koordinationsspielen* gibt es überhaupt keinen Konflikt zwischen den involvierten Akteuren. Hier geht es lediglich darum, dass alle Beteiligten sich auf ein Muster des handelnden Zusammenwirkens einigen. Ein geläufiges Beispiel hierfür ist die Abstimmung zweier einander entgegenkommender Autofahrer auf einer breiten Strasse (Schaubild 3.1).[12]

---

rade in Entscheidungsanalysen als quasi-politische Konstellationen aufgefasst worden – siehe dazu March (1962), Küpper/Ortmann (1988) und Friedberg (1993).

[11] Zum folgenden siehe Zürn (1992: 153) sowie ausführlich Esser (2000: 25-108).

[12] Der „payoff" des jeweiligen handelnden Zusammenwirkens ist für den Zeilenspieler links unten, für den Spaltenspieler rechts oben im betreffenden Feld notiert, wobei eine ordinale Rangordnung der Alternativen gebildet wird und die größere Zahl die bessere Alternative darstellt.

|              | Autofahrer 2 |     |
|--------------|:---:|:---:|
|              | rechts | links |
| Autofahrer 1 rechts | 2 \ 2 | 1 \ 1 |
| Autofahrer 1 links  | 1 \ 1 | 2 \ 2 |

*Schaubild 3.1*

Es muss nur geklärt werden, wer auf welcher Straßenseite fährt, damit die Autofahrer einander nicht in die Quere kommen. Ob sie sich gemeinsam dafür entscheiden, dass jeder von beiden aus seiner Sicht die rechte Straßenseite benutzt, oder die linke, ist beiden völlig gleichgültig. Keiner von beiden hat einen Vor- oder Nachteil dadurch, dass die eine und nicht die andere der beiden Alternativen gewählt wird. Es gibt also eine – genauer gesagt: mehr als eine – allseitig beste gemeinsame Entscheidung.

Viele so genannte Konventionen entsprechen diesem Muster des reinen Koordinationsspiels (Tietzel 1990). Ob man sich beispielsweise mit Kopfnicken begrüßt, oder mit Kopfschütteln, oder mit einem dreimaligen Aufstampfen des rechten Fußes, oder noch auf eine andere Weise, dürfte allen Akteuren ebenfalls ziemlich egal sein, solange sie sich noch nicht gewohnheitsmäßig auf eine bestimmte Grußform festgelegt haben. Würde so etwas per Entscheidung geregelt, wäre es auch ein Beispiel dafür, dass Koordinationsspiele manchmal sehr viele denkbare und vielleicht auch ins Gespräch gebrachte Handlungsalternativen aufweisen – anders als bei dem Beispiel der Autofahrer, bei dem nur zwei Möglichkeiten einer keinen benachteiligenden Koordination bestehen.[13]

---

[13] Wenn einer der beiden Autofahrer dem anderen vorschlägt, sich gemeinsam darauf zu einigen, dass er selbst jederzeit auf der Strassenseite fahren kann, auf der es ihm gerade gefällt, und der andere ihm jeweils ausweichen muss,

Beispiele für tatsächlich in oftmals schwierigen Verhandlungskonstellationen entschiedene Konventionen sind viele technische Standardisierungen, die aufgrund der immer höheren Interdependenz technischer Artefakte und Prozesse immer wichtiger geworden sind – etwa in internationalen Telekommunikationsnetzen.[14] Allerdings zeigt dieses Beispiel auch, dass selbst dann, wenn es scheinbar bloß um eine Konvention geht, der Konstellation der Entscheidungshandelnden ein gewisses, manchmal durchaus erhebliches, Konfliktniveau innewohnen kann. Wenn sich beispielsweise ein Unternehmen im Rahmen seiner Forschungs- und Entwicklungsarbeit auf einen bestimmten technischen Standard festgelegt hat und eine Umstellung auf einen anderen Standard viel Geld und Zeit kosten würde, steht es nicht mehr allen möglichen Alternativen einer gemeinsamen Entscheidung mit den anderen involvierten Unternehmen mit gleicher Offenheit gegenüber. Bekannte Beispiele waren die Firma Microsoft und das Betriebssystem MS-DOS oder die verschiedenen Hersteller von Videorecordern, von denen jeder einen eigenen Standard gefunden hatte. Wenn einer der Entscheidungshandelnden – so wie Microsoft – eine dominante Position in der jeweiligen Konstellation hat, ist er in der Lage, allen anderen seinen Standard aufzuzwingen bzw. diejenigen, die sich dem nicht anpassen, in eine Außenseiterposition zu drängen. Wenn eine solche einseitige Durchsetzungsfähigkeit eines beteiligten Akteurs nicht gegeben ist, ergeben sich oft zähe Verhandlungen, die in komplizierten Kompromissen enden können – etwa in Schnittstellendefinitionen, die mittels Adaptern eine wenigstens nachträgliche Standardisierung nicht standardisierter Techniken ermöglichen. Manchmal stellt sich auch keine Einigung ein, und die unterschiedlichen Standards werden parallel gefahren, wie es etwa in der Anfangszeit der Videorecorder war. In dem

---

wäre dies ja kein allseitig bestes Muster handelnden Zusammenwirkens. Denn letzterer Akteur hätte den ständigen Aufwand, auf ersteren Acht geben zu müssen, während dieser tun könnte, was er wollte.

[14] Siehe dazu die plastische und analytisch präzise Untersuchung von Schmidt/ Werle (1998).

Maße, in dem Akteure in ihren Entscheidungen durch derartige Vorinvestitionen in eine bestimmte Alternative schon mehr oder weniger stark gebunden sind, handelt es sich somit um kein reines Koordinationsspiel mehr. Das Spiel nimmt vielmehr bereits Züge eines „mixed motive games" an.

Bevor ich jedoch auf diesen Typ eingehe, will ich zunächst das andere Extrem vorstellen: *reine Konfliktspiele.* Diese Art von Interdependenzproblem weist eine sehr hohe Konflikthaltigkeit auf. Hier besteht ein Nullsummenverhältnis zwischen den Nutzenbilanzen der Beteiligten. In dem Maße, in dem der eine Akteur sich durch das Ergebnis des handelnden Zusammenwirkens verbessert, verschlechtert sich der andere. Um die Autofahrer wieder anzusprechen: Wenn die beiden einander auf einer längeren engen Wegstrecke entgegen kommen, muss einer von ihnen zurückfahren, bis die Strasse wieder so breit ist, dass der andere ihn passieren kann, und solange warten. Sofern beide es eilig haben, ist der, der zurückfährt und den anderen passieren lässt, klar benachteiligt, und der andere entsprechend bevorteilt. Hier eine gemeinsame Entscheidung zu finden, ist ersichtlich deutlich schwieriger als in reinen Koordinationsspielen. Auch nicht einfacher wird es im Übrigen, wenn jeder der Akteure nur je für sich entscheidet, dabei aber die Entscheidungen der anderen in Rechnung stellen muss. Dass das sich dann einstellende Muster handelnden Zusammenwirkens für alle Seiten oder auch nur für einen einzigen der Akteure zufrieden stellend ausfällt, ist erst einmal nicht zu erwarten.

Noch mehr Komplexität baut sich auf, wenn es in einem reinen Konfliktspiel nicht bloß um einen „teilbaren", sondern um einen „unteilbaren Konflikt" geht.[15] Alle Arten von Verteilungskonflikten, die graduell abgestufte Ergebnisse zulassen, sind *„teilbare Konflikte".* Das gilt z.B. für Tarifauseinandersetzungen, bei denen jeder Prozentpunkt an Lohnsteigerungen, die die Arbeitgeber den Arbeitnehmern gewähren, Letzteren zugute kommt und Ersteren bei ihren Gewinnen fehlt. *„Unteilbar"* sind demgegen-

---

[15] Zu dieser Unterscheidung siehe Hirschman (1994).

über insbesondere Identitätskonflikte, in denen es nicht vielerlei vorstellbare Kompromisse gibt, sondern jeder Entscheidungsakteur für sich nur ein Alles-Oder-Nichts-Ergebnis sieht. Die Auseinandersetzungen zwischen Katholiken und Protestanten in Nordirland entsprachen lange Zeit sehr deutlich diesem unseligen Muster; und wenn sich zwei Eltern, die sich scheiden lassen, um das Sorgerecht für ihr Kind streiten, ist grundsätzlich ein ähnliches Maß an Kompromisslosigkeit in der Konfliktstruktur angelegt. Das Kind kann nicht aufgeteilt werden,[16] und auch Besuchsrechte sind nur ein schwacher Trost für denjenigen, der subjektiv davon überzeugt ist, dass das Kind bei ihm besser aufgehoben wäre.[17] „Unteilbare Konflikte" stellen offensichtlich die höchste Komplexitätsstufe in der Sozialdimension dar. Oftmals scheitern Entscheidungsakteure dauerhaft an dieser Komplexität, weshalb es – wie viele Politiker, aber etwa auch Mediatoren bei Ehescheidungen wissen – in solchen Situationen schon ein Erfolg ist, wenn man einen „unteilbaren" in einen „teilbaren Konflikt" überführt hat.

„*Mixed motive games*" sind weder so harmlos wie Koordinations- noch so konfrontativ wie Konfliktspiele: „Suppose each of two partners would welcome collaboration with the other, provided the terms of that collaboration can be made favourable, but neither is certain to sustain that collaboration if the contending claims of individual preferences ... conflict." (March 1994: 120) Die hier möglichen Muster handelnden Zusammenwirkens, die aus den – sei es gemeinsamen, sei es je für sich getroffenen – Entscheidungen der involvierten Akteure hervorgehen, unterscheiden sich in ihrer „Pareto-Superiorität". Bei manchen Mustern steht sich mindestens ein Beteiligter besser als bei anderen, und keiner der

---

[16] Siehe aber den weisen Richter in Bertolt Brechts (1949) Drama „Der kaukasische Kreidekreis", der das Kind letztlich derjenigen Person zuspricht, die angesichts seiner Drohung, jeder der beiden Personen im wortwörtlichen Sinne ein halbes Kind zu geben, als erste auf ihren Anspruch auf das Kind verzichtet. Denn paradoxerweise zeigt sich genau darin die höhere Identifikation mit dem Kindeswohl.

[17] Siehe auch Elster (1987) zu dieser Art von Entscheidung.

anderen Beteiligten steht sich schlechter; es kann auch durchaus Muster geben, bei denen sich alle verbessern.[18] Nochmals die beiden Autofahrer (Schaubild 3.2): Wenn ihnen außer der engen Wegstrecke auch eine, allerdings deutlich weitere, Alternativroute zur Verfügung steht, könnten sie sich ja darauf verständigen, dass der eine von ihnen von vornherein immer dort entlang fährt. Beide hätten den Vorteil, sich nicht erst miteinander um die Vorfahrt streiten und eventuell dann auch noch lange warten zu müssen. Einer hätte allerdings darüber hinaus auch den kürzeren Weg, sparte also noch mehr Zeit und Benzin als der andere.

|  |  | Autofahrer 2 | |
|---|---|---|---|
|  |  | kurze Strecke | lange Strecke |
| Autofahrer 1 | kurze Strecke | 1 \ 1 | 2 \ 3 |
|  | lange Strecke | 3 \ 2 | 1 \ 1 |

*Schaubild 3.2*

Dieses Beispiel entspricht der spieltheoretischen Konstellation des „Battle of the sexes" (Colman 1982: 97/98). Noch bekannter als dieses Spiel ist das „Prisoner's dilemma" (Colman 1982: 101-104, 113-136; Holler/Illing 1991: 1-9; Axelrod 1984).[19] Hierfür ist der Rüstungswettlauf zwischen den beiden Supermächten, der nach

---

[18] Es kann, weil eben kein Nullsummenverhältnis besteht, aber auch zu „lose-lose agreements" kommen (Thompson/Hrebec 1996): Alle Akteure können sich gleichzeitig gegenüber dem Status quo verschlechtern.

[19] Weitere bekannte „Mixed motive games" sind „Assurance" und „Chicken". Siehe nur die knappe Präsentation aller vier genannten Konstellationen bei Scharpf (1997: 72-79).

dem Zweiten Weltkrieg begann und erst Ende der achtziger Jahre mit dem Ende der sozialistischen Herrschaft in der Sowjetunion und der Auflösung der Sowjetunion selbst endete, das bekannteste Beispiel. Beide Akteure – die USA ebenso wie die Sowjetunion – strebten die militärische Überlegenheit über den jeweils anderen an. Noch wichtiger war beiden allerdings, eine militärische Unterlegenheit zu vermeiden. Aus dieser Beschaffenheit ihrer Interdependenz ergab sich, dass beide fortwährend aufrüsteten, um nicht gegenüber dem anderen ins Hintertreffen zu geraten. Dies kostete beide Seiten enorme Ressourcen, die auf andere Weise nutzbringender hätten verwendet werden können. Beide hatten nicht nur deshalb, sondern auch aufgrund der Risiken ein vitales Interesse daran, diesen Rüstungswettlauf zu beenden; doch dies scheiterte lange Zeit am wechselseitigen Misstrauen, das seinerseits darauf beruhte, dass es eben auch noch ein anderes Interesse beider Seiten gab: die Oberhand über den je anderen zu gewinnen. Eine genau analoge Interdependenzstruktur weist im Übrigen auch das Doping im Hochleistungssport auf (Bette/Schimank 1995: 236-269); und es ließen sich aus den unterschiedlichsten Gesellschaftsbereichen viele weitere Beispiele für das „Prisoner's dilemma" anführen.

„Mixed motive games" haben, ebenso wie Koordinations- und Konfliktspiele, natürlich oftmals eine komplexere Struktur als die hier in den einfachen spieltheoretischen Modellen zugrunde gelegte, die von nur zwei Akteuren ausgehen, deren jeder nur zwei Entscheidungsalternativen hat. Klar ist: Wenn mehr als zwei Akteure mit jeweils mehr als zwei Alternativen handelnd zusammenwirken, stellt sich ganz schnell eine Explosion sozialer Komplexität ein. Denn jeder Entscheider muss sich dann fragen: Wenn ich x tue, aber Alter$_1$ y, Alter$_2$ z usw., was ergibt sich dann als Gesamtresultat? Und was ergibt sich, wenn ich x tue, Alter$_1$ ebenfalls, und Alter$_2$ z usw.? Und was ergibt sich, wenn ich x tue, und Alter$_1$ und Alter$_2$ tun dies ebenfalls? Und wenn ich y tue ...? Ersichtlich übersteigt das Durchdenken all dieser Szenarien die kognitive Kapazität jedes Entscheidungshandelnden sehr schnell.[20] Zumeist allerdings greifen die Akteure dann wieder auf Vereinfachungen zurück, damit es bei „games real actors are able to play" (Scharpf 1991) bleibt. Beispielsweise wird dann eine vielschichtigere Konstellation von Akteuren polarisierend auf zwei Akteure – etwa politische Lager – reduziert, und das Gleiche wird auch für die Entscheidungsalternativen getan. Aber nicht immer ist dies angebracht; und entsprechend plagen sich Akteure gelegentlich mit einer sehr hohen sozialen Komplexität.

Sieht man von diesen Faktoren ab, ist eindeutig, dass Konfliktspiele die höchste, Koordinationsspiele die niedrigste und „mixed motive games" eine mittlere Konfliktintensität aufweisen. Anders gesagt: Bei Koordinationsspielen kann man sich am ehesten vorstellen, dass die Entscheidungsakteure zu einer allseitig befriedigenden Abstimmung ihres je individuellen Entscheidens gelangen; bei Konfliktspielen ist dies am wenigstens vorstellbar, wenngleich natürlich nicht unmöglich; und „mixed motive games" bewegen sich in der Mitte zwischen diesen beiden Extremen.

Die beiden Ausprägungen von Entscheidungskomplexität in der Sozialdimension – zum einen mangelnde Erwartungssicherheit, zum anderen Konflikte – lassen sich einerseits so in dieser Typologie verorten, dass zu bewältigende Konflikte oft dem Konfliktspiel entsprechen, während zu bewältigende mangelnde Erwartungssicherheit oft dem Koordinationsspiel entspricht. Allerdings bilden eben auch die „mixed motive games" bestimmte Arten von Konflikten ab – nämlich solche, in denen nicht nur distributive, sondern auch produktive Kompromisse denkbar sind. Gelegentlich lassen sich ja Konflikte auch in Win-Win-Situationen überführen. Schließlich bilden „mixed motive games", wie bereits kurz erwähnt, auch solche Situationen mangelnder Erwartungssicherheit ab, in denen zugleich Interessenkonflikte zwischen den

---

[20] Siehe dazu auch die – hierauf übertragbaren – Darlegungen zur sachlichen Entscheidungskomplexität im nächsten Abschnitt dieses Kapitels.

Akteuren bestehen.[21] Damit sind die „mixed motive games" theoretische Modelle für die analytisch komplizierteren Interdependenzprobleme.[22]

*Konstellationstypen*
Neben der Konfliktintensität eines Interdependenzproblems ist für die soziale Komplexität, mit der es Akteure konfrontiert, der Typus der vorliegenden Konstellation der Akteure bedeutsam. Drei Konstellationstypen lassen sich unterscheiden: Verhandlungs-, Beeinflussungs- und Beobachtungskonstellationen.[23] Wenn zwischen den Entscheidungshandelnden bindende Vereinbarungen – etwa in Form von Verträgen – darüber möglich sind, wie sie ihr handelndes Zusammenwirken gestalten wollen, liegt eine *Verhandlungskonstellation* vor. Miteinander zu verhandeln macht für die involvierten Akteure nur dann Sinn, wird also auch nur dann ernsthaft von ihnen erwogen und angegangen werden, wenn sie sich eine bindende Vereinbarung als Verhandlungsergebnis erwarten können. Von einer bindenden Vereinbarung können sich die Akteure erhebliche Vorteile versprechen. Alle profitieren von der hohen dauerhaften Erwartungssicherheit, die die Vereinbarung stiftet – vor allem dann, wenn keine einseitige Aufkündigung möglich ist, man also vereinbart, dass nur alle gemeinsam von der Vereinbarung zurücktreten können, jeder einzelne Akteur also mit Abschluss der Vereinbarung ein Vetorecht gegen deren Aufkündigung hat. Eine solche Vereinbarung ist insbesondere dann eine sehr weitreichende Reduktion sozialer Komplexität, wenn sie nicht

---

[21] Siehe ausführlich Schimank (1992c) zu einer generellen dualistischen Anthropologie menschlicher Sozialität – die im Übrigen auch auf korporative Akteure übertragbar ist.

[22] Diese analytische Kompliziertheit darf wohlgemerkt nicht mit der Komplexität eines Interdependenzproblems für die involvierten Akteure verwechselt werden. Reine Konfliktspiele beispielsweise, die – wie erläutert – für die Akteure am komplexesten sind, können analytisch sehr unkompliziert zu modellieren sein.

[23] Siehe dazu ausführlich Schimank (2000: 207-331).

nur mangelnde Erwartungssicherheit beseitigt, sondern auch Konflikte dauerhaft regelt, so dass keiner der Beteiligten mehr ständig auf im weitesten Sinne des Wortes „unfreundliche" oder gar „feindselige Akte" seiner Gegenüber gefasst sein muss.

Die Kehrseite von bindenden Vereinbarungen ist ihre Inflexibilität, was von Akteuren insbesondere in turbulenten Umwelten als sehr hinderliche Restriktion ihres Handlungsspielraums erfahren werden kann. So mögen beispielsweise zwei Firmen, die auf demselben Markt miteinander konkurrieren, eine bindende Vereinbarung treffen, dass sie ihre Preise nur nach Absprache ändern. Wenn dies ein Markt ist, in den häufig neue Anbieter hineinstoßen, macht dies schnelle Entscheidungen, auch bezüglich der Preisgestaltung, in beiden Unternehmen erforderlich; und diese Entscheidungen können dabei in beiden Unternehmen in durchaus unterschiedliche Richtungen gehen. Bindende Vereinbarungen, die den Spielraum dafür begrenzen, sind für beide Seiten schädlich.

Eine noch grundlegendere Schwierigkeit von Verhandlungskonstellationen stellt der hohe Aufwand dar, der getrieben werden muss, um überhaupt zu bindenden Vereinbarungen zu gelangen. Ein hoher Kommunikationsaufwand zieht einen entsprechenden Zeitaufwand nach sich; und all das ist nur dann Erfolg versprechend, wenn zumindest Ansatzpunkte für eine wenigstens partielle Einigung auf dem Verhandlungswege gegeben sind – also etwa nicht bei „unteilbaren Konflikten".

Wenn keine bindende Vereinbarung, aber wechselseitige Beeinflussung zwischen den Entscheidungshandelnden möglich ist, besteht eine *Beeinflussungskonstellation*. Ein Akteur vermag einen anderen auf verschiedene Weisen dahingehend zu beeinflussen, dass Letzterer in seinem Handeln bzw. Entscheiden eine mehr oder weniger weitgehende Fügsamkeit gegenüber den Wünschen von Ersterem an den Tag legt: durch das Angebot von Geld; durch Macht, die wiederum letztlich auf der Androhung physischer Gewalt beruhen kann; durch Überzeugung oder Überredung auf der Basis von als vertrauenswürdig eingestuftem Wissen; durch moralische Appelle; durch persönliches Charisma; durch Liebesbeweise oder durch die Nutzung des Tatbestandes, vom anderen geliebt zu werden; oder auch zeitlich durch die Setzung mehr oder weniger weitreichender vollendeter Tatsachen für den anderen.[24]

In dem Maße, wie ein bestimmter Entscheidungshandelnder in der Konstellation ein überlegenes Einflusspotential besitzt, vermag er sich über die divergierenden Intentionen der anderen hinwegzusetzen. Für ihn ist die Konstellation dann in sozialer Hinsicht, was ihr Konfliktniveau anbetrifft, nicht komplex. Je ausgeglichener die Einflusspotentiale der Akteure hingegen sind bzw. je einflussüberlegener aus der Sicht eines bestimmten Akteurs die anderen sind, desto komplexer stellt sich die Situation in sozialer Hinsicht für alle bzw. für den betreffenden Akteur dar.

Beeinflussung ist weniger aufwendig als Verhandeln, besitzt dafür aber auch eine entsprechend geringere Bindungswirkung. Selbst Einflussdominanzen müssen ständig stabilisiert werden, damit aus der Sicht des betreffenden Akteurs keine schleichende oder auch galoppierende Erosion seiner Hegemonie stattfindet. Nach der Fixierung einer bindenden Vereinbarung können sich die betreffenden Akteure, was die soziale Komplexität anbetrifft, zwar nicht auf alle Ewigkeit beruhigt zurücklehnen, dürfen aber doch erst einmal Atem holen. In Beeinflussungskonstellationen finden die Akteure demgegenüber nie Zeit für eine Atempause. Wer rastet, der rostet: Dieses Sprichwort trifft sehr genau die ständige Sorge, die ein Akteur hinsichtlich des Erhalts seines Einflusspotentials haben muss.

Nochmals verschärfter fordern *Beobachtungskonstellationen* den involvierten Akteuren eine ununterbrochene Hab-Acht-Haltung ab. In Beobachtungskonstellationen ist weder Verhandeln noch Beeinflussung möglich. Die Akteure können einander nur noch wechselseitig beobachten; und jeder muss dann für sich, also

---

[24] Einige wichtige gesellschaftlich institutionalisierte Einflusspotentiale werden von Talcott Parsons (1963a; 1963b; 1969) und Niklas Luhmann (1997: 316-396) als symbolisch generalisierte Kommunikationsmedien konzeptualisiert.

für das eigene Handeln bzw. Entscheiden, seine Schlüsse daraus ziehen.

Beobachtung kann dabei direkt, „mit eigenen Augen" geschehen – wenn z.B. ein Schachspieler sieht, welchen Zug sein Gegner macht, oder ein arbeitsloser junger Mann, der in einer strukturschwachen Region lebt, in Kneipengesprächen hört, dass schon wieder zwei seiner Freunde in die nächste Großstadt gezogen sind, weil sie dort Arbeit zu finden hoffen. Daneben gibt es aber auch indirekte Formen von Beobachtung, etwa durch Klatsch oder Gerüchte oder durch die Massenmedien. Vielleicht bewegt den jungen Mann ja eine Arbeitslosigkeitsstatistik in der Zeitung zum Wegzug.

Fritz Scharpf (1997: 109) konstatiert für solche Konstellationen wechselseitiger Beobachtung ein „mutual adjustment" der Akteure: „they ... respond to the status quo that has been created by the past moves of all other players." Jeder Akteur reagiert also mit seinem Handeln oder Entscheiden auf den je momentanen Zustand der Konstellation insgesamt – soweit er sie überblickt. Dieser Zustand ist das Ergebnis des bisherigen handelnden Zusammenwirkens aller Konstellationsbeteiligten: der jeweiligen anderen und des betreffenden Akteurs selbst. Alle passen sich somit allen – einschließlich sich selbst! – an. Der Konstellationszustand zu einem bestimmten Zeitpunkt wird als gegeben hingenommen; und jeder bemüht sich beständig, für sich das Beste daraus zu machen – wodurch man einen neuen Zustand erzeugt, der wieder entsprechende Bemühungen hervorruft, und so weiter.

Beobachtungskonstellationen sind damit am instabilsten. Nicht nur, dass es keine bindenden Vereinbarungen zwischen den Akteuren gibt; es fehlen auch durch Wachsamkeit und Geschick aufrechterhaltene Einflussdominanzen oder zumindest Einflusspotentiale, die gewisse Vetopositionen markieren können. Einerseits sind Beobachtungskonstellationen zwar am unaufwendigsten. Ein Akteur benötigt weder Einflusspotentiale, noch muss er sich den Mühen von Verhandlungen unterziehen. Andererseits sind und bleiben Beobachtungskonstellationen damit sozial am komplexesten. Erwartungssicherheit kann schneller wieder verloren gehen als in Beeinflussungs- und erst recht in Verhandlungskonstellationen; und auch Konflikte bleiben in diesem Konstellationstyp am ungeregeltsten.

Verhandlungskonstellationen können damit mehr soziale Komplexität reduzieren als Einflusskonstellationen, und diese wiederum mehr als Beobachtungskonstellationen. Dies gilt allerdings nur dann, wenn Verhandlungskonstellationen zu bindenden Vereinbarungen bzw. Beeinflussungskonstellationen zu einem relativ dauerhaften Gleichgewicht der Kräfte führen – sei es als Dominanz eines Akteurs oder einer Gruppe von Akteuren, sei es als Ausbalancieren von Kräften und Gegenkräften. Diese Voraussetzungen weisen bereits darauf hin, dass die Konstellationstypen ihrerseits unterschiedlich komplexitätsverträglich sind. Wechselseitige Beobachtung zwischen den Akteuren ist auch in hochgradig komplexen Konstellationen noch möglich – also dann, wenn an Beeinflussung oder gar an Verhandeln nicht mehr zu denken ist. Beeinflussung setzt bereits eine stärkere Reduktion sozialer Komplexität voraus, Verhandeln eine nochmals reduziertere soziale Komplexität.

Kombiniert man die beiden gerade dargestellten analytischen Dimensionen der Interdependenzbewältigung, gelangt man zu neun verschiedenen Typen von Interdependenzproblemen. Koordinationsspiele können in Form von Beobachtungs-, Beeinflussungs- oder Verhandlungskonstellationen vorliegen; und dasselbe gilt für „mixed motive games" und Konfliktspiele. Diese zweidimensionale Typologie kann hier nicht systematisch exploriert werden, sondern bleibt lediglich als Vorschlag stehen, wie man die Vielschichtigkeit der sozialen Komplexität von Entscheidungssituationen differenzierter betrachten kann.

*Universelle Ursachen*
Wendet man sich nun den Ursachen der sozialen Komplexität von Entscheidungssituationen zu, muss man – wie bei den anderen beiden Sinndimensionen auch – universelle Ursachen auf der einen

von spezifisch modernen Ursachen auf der anderen Seite unterscheiden. Universelle Ursachen finden sich in jeder Art von Gesellschaft, spezifisch moderne Ursachen hingegen nur in der durch funktionale Differenzierung und deren im Kapitel 2 bereits angesprochene Implikationen gekennzeichneten modernen Gesellschaft.

Bei den universellen Ursachen sozialer Komplexität lässt sich hinsichtlich mangelnder Erwartungssicherheit zunächst auf die anthropologisch gegebene „*Weltoffenheit*" des Menschen verweisen.[25] Die – im Vergleich zu Tieren – weitestgehend fehlende Programmiertheit des Menschen durch Instinkte ist die allgemeinste Ursache dafür, dass Akteure Situationen überhaupt und soziale Situationen im Speziellen als hochgradig kontingent erfahren. Der französische Moralist Antoine Rivarol hielt fest: „Wir sind das einzige Wesen, das staunen kann über die Welt." (Schalk 1938: 312)

Zwar schaffen insbesondere institutionelle Regelungen aller Art für die tagtägliche Interdependenzbewältigung in vielen Hinsichten eine hinreichende Erwartungssicherheit (Berger/Luckmann 1966: 106-109). Doch selbst verdinglichte Institutionen, die von den Akteuren längst so wahrgenommen werden, als wäre gar nichts anderes möglich, können prinzipiell jederzeit – wodurch auch immer dies initiiert sein mag – hinterfragt und in ihrer Kontingenz wieder in Erinnerung gerufen werden. Die „Weltoffenheit" ist niemals und in keiner Hinsicht völlig zu beseitigen. Damit kann aber auch jederzeit eine mehr oder weniger weitreichende Verunsicherung von Erwartungen eintreten. Entscheidungssituationen sind dafür sogar besonders prädestiniert. Denn wenn Entscheidungshandelnde erst einmal damit begonnen haben, sich bestimmte Facetten der Kontingenz einer Situation vor Augen zu führen, kann es umso leichter passieren, dass sie auch bis dahin fixe Randbedingungen kontingent setzen, also etwa Tabus thematisieren und Denkverbote in Frage stellen. Möglicherweise wollen Akteure ih-

---

[25] Siehe dazu die auch durch spätere empirische Forschungen bestätigten grundlegenden Aussagen der deutschen philosophischen Anthropologie (Scheler 1928; Plessner 1928; Gehlen 1940).

ren Alternativenspielraum noch weiter ausloten und fragen sich: Was wäre, wenn dieses bisher als konstant unterstellte Situationselement auch noch variabel wäre? Hier kann sich leicht eine kognitive Eigendynamik der Art einstellen, dass das Bemühen, das eigene Entscheiden wirklich ernst zu nehmen, die Entscheidungskomplexität immer mehr steigert.

In der Sozialdimension heißt das: Als gültig unterstellte Normen werden in Frage gestellt; die bis dahin unterstellte Konformität der anderen mit diesen Normen wird in Frage gestellt; die eigene Einschätzung der Intentionen und Einflusspotentiale der anderen wird in Frage gestellt. Wohlgemerkt bewirkt die „Weltoffenheit" des Menschen nicht, dass diese Vergegenwärtigung situativer Kontingenz zwangsläufig flächenbrandartig immer weiter um sich greift; doch die „Weltoffenheit" bietet dafür gewissermaßen eine Gelegenheitsstruktur, und es müssen nur entsprechende Anlässe hinzukommen, die verschiedenster Art sein können.

Eine weitere universelle Ursache für mangelnde Erwartungssicherheit können *Fremdheitserfahrungen* aller Art sein, wie sie Akteure erleben, die mit Akteuren aus ganz anderen kulturellen oder subkulturellen Kontexten in Kontakt kommen. Solche Fremdheitserfahrungen können durchschlagende Vergegenwärtigungen der „Weltoffenheit" sein, stellen also einen der gerade genannten Anlässe dafür dar, dass Akteure die Kontingenz aller Arten von sozialen Erwartungen vor Augen geführt bekommen. Dass die Amerikaner teilweise andere Umgangsformen oder etwa auch eine andere Art von Patriotismus haben als die Deutschen, stellt beispielsweise eine deutsche Touristin in den Vereinigten Staaten schnell fest. Doch man muss gar nicht in die Ferne schweifen: Ein deutscher Bildungsbürger, der sich in einem Freizeitpark von vielen Angehörigen anderer sozialer Milieus umgeben sieht, macht genau die gleiche Art von Erfahrung.[26] Und wohlmeinende Politi-

---

[26] Pierre Bourdieus (1979) Studie über die „feinen Unterschiede" oder Gerhard Schulzes (1992) Untersuchung der „Erlebnisgesellschaft" bieten reichhaltiges Anschauungsmaterial zu den Abgründen, die sich teilweise zwischen

ker, die Angehörigen der Unterschicht mit bestimmten Förderprogrammen etwas Gutes tun wollen, merken ebenfalls immer wieder, dass diese Bevölkerungsgruppen völlig andere Präferenzen und Erfahrungen haben als sie selbst. Auch wenn das Alltagsdenken auf solche Fremdheitserfahrungen zunächst einmal geradezu reflexartig so reagiert, dass ein Akteur den je eigenen kulturellen Hintergrund für sich als besser und damit nicht antastbar ansieht, ist so nicht das Problem aus der Welt geschafft, dass er in seinem handelnden Zusammenwirken mit den anderen verunsichert wird. Er kann ihnen ja nicht länger einfach denselben kulturellen Hintergrund wie sich selbst zuschreiben. Und im Übrigen sind eben auch Fremdheitserfahrungen Gelegenheitsstrukturen dafür, ins Nachdenken über den eigenen kulturellen Hintergrund zu geraten. Selbst wenn dies in der Mehrzahl der Fälle nicht eintritt, führt es den Akteur dann, wenn es geschieht, in eine umso größere Erwartungsunsicherheit.

Schließlich ist noch eine weitere universelle Ursache für die soziale Komplexität von Entscheidungssituationen zu benennen: die immer wieder vorkommende Erosion von Erwartungssicherheit durch die *nutzenorientierte Zielverfolgung* der Akteure (Schimank 2000: 165/166). Wiederum ist gerade Entscheidungshandeln in dieser Hinsicht besonders anfällig. Denn es ist oftmals ein nutzenverfolgendes Handeln, das dementsprechend die Konformität mit institutionalisierten Normen danach kalkuliert, wie die Kosten/Nutzen-Bilanz bezüglich des jeweiligen Zieles ausfällt. Sich zu entscheiden bedeutet daher immer wieder, sich über Normen hinwegzusetzen; und wenn dies andere Entscheidungshandelnde in der Umgebung eines bestimmten Entscheidungshandelnden tun oder aus seiner Sicht vielleicht tun könnten, geht ihm Erwartungssicherheit verloren. Hinzu kommt, dass Entscheidungshandeln nicht selten strategischer Natur ist, also unter anderem auch auf bewussten Täuschungen der Gegenüber beruht. Ein Akteur, der sich

---

verschiedenen Milieus innerhalb ein und derselben nationalen Gesellschaft auftun.

in einer Konstellation mit anderen Entscheidungshandelnden bewegt, muss deshalb stets davon ausgehen, dass sie ihn bezüglich ihrer Normkonformität oder ihrer Intentionen und Einflusspotentiale in die Irre führen könnten. Dies trägt dann zusätzlich dazu bei, dass er mit sozialer Komplexität in Gestalt von mangelnder Erwartungssicherheit zu kämpfen hat.

Ich komme nun zu den universellen Ursachen für die zweite Ausprägung von sozialer Komplexität, also für Konflikte zwischen Akteuren. Hierzu sollen nur zwei Aspekte herausgegriffen werden. Der eine bezieht sich auf inkompatible *reflexive Interessen* verschiedener Akteure. Reflexive Interessen eines Akteurs sind solche Interessen, die sich auf die Chancen der Durchsetzung konkreter substantieller Interessen beziehen (Schimank 1992a: 261-268). Zu diesen reflexiven Interessen gehört das Interesse an Erwartungssicherheit; es gehören aber auch das Interesse an der Erhaltung oder Steigerung der eigenen Autonomie, an der Erhaltung und Ausweitung der eigenen Domäne oder an der Erhaltung und Ausweitung der eigenen Ressourcenbasis und Einflusspotentiale dazu. Solche reflexiven Interessen verschiedener Akteure können gerade deshalb, weil sie relativ generell angelegt sind, leicht in Konflikt miteinander geraten. Dies kann beispielsweise ein Konflikt zwischen hinsichtlich ihrer Einflusspotentiale besser- und schlechter gestellten Akteuren sein. Letztere werden sich verbessern, Erstere werden ihren Vorteil nicht aufgeben wollen. Ähnlich können Akteure mit ihren Domänenansprüchen aneinander geraten. Es mag sich um die Domänen von Berufsgruppen handeln, oder von Vertretern verschiedener gesellschaftlicher Teilsysteme, oder auch um die Arbeitsteilung der Geschlechter.[27] Bezüglich ihrer reflexiven Interessen handeln Akteure oftmals gemäß der Devise: Wehret den Anfängen! Genau deshalb ist die Wahrscheinlichkeit von so stimulierten Konflikten, mit denen ein Entscheidungsakteur dann umgehen muss, groß.

---

[27] Zu Ersterem siehe Rüschemeyer (1986), zu letzterem Burkart/Koppetsch (1999).

Die andere universelle Ursache von Konflikten sind *inkompatible Normvorstellungen und Identitäten* der Akteure. Diese Inkompatibilitäten können sich nicht nur, aber unter anderem auch aus unterschiedlichen kulturellen Hintergründen ergeben. Über eine Erosion von Erwartungssicherheit hinaus können sich daraus auch Konflikte ergeben – gar nicht so selten sogar „unteilbare Konflikte". Damit ist die höchste Intensität sozialer Komplexität im Spiel.

Soziale Komplexität, sowohl in Gestalt mangelnder Erwartungssicherheit als auch in Gestalt von Konflikten, ist also zum einen ein universelles Merkmal von Entscheidungssituationen – damit auch nicht beseitigbar. Zum anderen spitzt sich die soziale Komplexität aber in modernen Gesellschaften zu. Auch dies ist nicht beseitigbar, will man nicht die Moderne abschaffen.

*Spezifisch moderne Ursachen*
Die zentralen spezifisch modernen Ursachen für Erwartungsunsicherheiten und Konflikte in Entscheidungssituationen liegen in der funktionalen Differenzierung der Gesellschaft. Diese Differenzierungsform führt sowohl zu einer Vervielfachung als auch zu einer Intensivierung der beiden Ausprägungen von Komplexität in der Sozialdimension. Dies lässt sich vor allem an drei Zusammenhängen ausmachen: dem Orientierungsdissens zwischen Akteuren aus verschiedenen gesellschaftlichen Teilsystemen, dem durch die Teilsysteme forcierten Anspruchsindividualismus und der Globalisierung der Teilsysteme in Richtung einer Weltgesellschaft.

Die funktionale Differenzierung der modernen Gesellschaft erzeugt eine Mehrzahl teilsystemspezifischer Eigenlogiken, die sich keiner übergeordneten Gesamtlogik fügen und ebenso wenig in eine Rangordnung bringen lassen. Für Entscheidungssituationen bedeutet das, dass Akteure aus verschiedenen Teilsystemen nicht bloß einfach unterschiedliche, sondern oftmals strikt inkommensurable und entsprechend nicht ohne weiteres rational gegeneinander abwägbare Entscheidungskriterien anlegen werden. Immer dann also, wenn Entscheidungsprobleme nicht ausschließlich im Horizont eines und nur eines gesellschaftlichen Teilsystems angesiedelt sind, sondern mehrere Teilsysteme betreffen, sind Entscheidungshandelnde mit dieser Problematik konfrontiert. Sie manifestiert sich darin, dass dann Vertreter unterschiedlicher Teilsysteme auf der Basis eines prinzipiellen *Orientierungsdissenses* zu einer gemeinsamen Entscheidung kommen müssen oder jedenfalls ein Entscheidungsakteur den Einflüssen von Akteuren aus anderen Teilsystemen ausgesetzt ist.[28] Im Grenzfall hat ein einzelner Entscheider zwei oder mehr Seelen in seiner Brust.

So muss vielleicht eine Architektin bei der Planung eines Wohnhauses neben technischen, also aus dem Horizont des Wissenschaftssystems stammenden Kriterien auch künstlerische und wirtschaftliche Gesichtspunkte zusammenführen – ganz zu schweigen von mit zu berücksichtigenden rechtlichen oder vielleicht auch gesundheitlichen Aspekten. Nicht zu vergessen sind schließlich auch die Anforderungen des Familienlebens, das in diesem Gebäude stattfinden soll. Es gibt keine unmittelbar evidenten oder auch durch eine sorgfältige „objektive" Anschauung „der Sache selbst" sich ergebende Liste und Rangordnung der hier relevanten Kriterien aus den verschiedenen Teilsystemen, sondern nur ein Nebeneinander unvergleichbarer Perspektiven auf das betreffende Entscheidungsproblem. Funktionale Differenzierung erzeugt so für Entscheidungsakteure, pointiert formuliert, „mehr als eine Wahrheit" (Willke 1983: 68) – wobei „Wahrheit" hier nicht auf den spezifischen binären Code der Wissenschaft gemünzt ist, sondern im alltagssprachlichen Sinne eine sachangemessene Urteilsgrundlage meint.

Die Polykontexturalität der funktional differenzierten Gesellschaft bedeutet somit: „Alle Einzelsysteme entwerfen in Folge ihrer abstrahierten Funktionsperspektive und ihrer generalisierten Indifferenz einen zu weiten Horizont von Möglichkeiten ..." (Luhmann 1970: 148). Diese Heterogenität auseinanderdriftender Mög-

---

[28] Eine ausführlichere Darstellung des Orientierungsdissenses findet sich bei Schimank (1992a).

lichkeitshorizonte des Entscheidens führt dann zu Konflikten über die relative Bedeutung der verschiedenen Entscheidungskriterien. Zwei Erscheinungsformen solcher Konflikte lassen sich unterscheiden: Verteilungs- und Koordinationskonflikte.

*Verteilungskonflikte* ergeben sich daraus, dass jedes gesellschaftliche Teilsystem davon abhängig ist, dass es von den anderen Teilsystemen bestimmte Ressourcen erhält. Im Einzelnen fällt darunter vieles: Geld, Personal, Güter und Dienstleistungen, Informationen oder Legitimationen. Auf der einen Seite sind solche Ressourcen in einer begrenzten Welt notorisch knapp; auf der anderen Seite beansprucht jedes Teilsystem, das nur seine spezifische Eigenlogik und damit seine eigenen Erfordernisse sieht, für sich tendenziell immer mehr Ressourcen. So könnte etwa das Bildungssystem immer mehr Lehrer, Schulbauten, Schulbücher usw. gebrauchen; das Gesundheitssystem hingegen stellt ähnlich unersättliche Ansprüche in Bezug auf Ärzte, Krankenschwestern, Krankenhäuser, medizinische Geräte etc. Da aber beispielsweise ein und dieselbe Person in ihrer beruflichen Tätigkeit nicht gleichzeitig Lehrer und Arzt sein kann, bestehen hier konkurrierende Nutzungsinteressen zwischen den Teilsystemen; und die Leistungsrollenträger und Organisationen der Teilsysteme werden diese Interessen geltend machen.

Was auf der gesellschaftlichen Ebene oft noch latent bleibt, wächst sich auf der Organisationsebene häufig zu manifesten Dauerkonflikten aus. So kämpft manchmal die Absatzabteilung eines Unternehmens tagein, tagaus für noch mehr Personal und Finanzmittel, um Werbung und Vertrieb auszuweiten; und dem stehen entsprechende Bemühungen der Forschungsabteilung für ihre Belange entgegen. Eine Vielzahl solcher Verteilungskonflikte finden jährlich ihren prägnanten Ausdruck in den Haushaltsverhandlungen des Staates. Hier repräsentieren Ministerien bzw. ihre Abteilungen als Organisationen die verschiedenen gesellschaftlichen Teilsysteme und deren Ressourcenwünsche. Hier wird auch deutlich, dass die je teilsystemspezifischen Eigenlogiken aus sich heraus keinerlei Maßhalteregeln kennen (Luhmann 1981: 25-32). Nur die Maßlosigkeit der je anderen Teilsysteme und die – durch das Finanzministerium zur Geltung gebrachte – Begrenztheit der insgesamt verfügbaren Ressourcen bewirkt mürrisches, weil uneinsichtiges Maßhalten.

Neben Fragen der Ressourcenverteilung gibt es eine weitere Konfliktquelle zwischen den Teilsystemen der funktional differenzierten Gesellschaft. Die gesellschaftliche Reproduktion ist davon abhängig, dass kein Teilsystem durch seine Operationen die Operationsfähigkeit anderer Teilsysteme gefährdet (Willke 1978). Zur Wahrung gesellschaftlicher Systemintegration „muß vermieden werden, daß die Optimierung im Bereich eines Funktionssystems zu nicht abfangbaren Problemen in anderen Funktionssystemen führt ..." (Luhmann 1977: 245). So werden etwa die Möglichkeiten des Systems der Intimbeziehungen, kindgerechte und gesellschaftlich adäquate Sozialisationsleistungen zu erbringen, unter anderem auch dadurch begrenzt, wie viel arbeitsfreie Zeit das Wirtschaftssystem den erwerbstätigen Eltern zugesteht. Wirtschaftlich mag es durchaus adäquat sein, das berufstätige gesellschaftliche Personal extensiv für die Belange der Unternehmen einzuspannen; aber die Intimbeziehungen können darüber zu kurz kommen, was längerfristig dann auch wirtschaftlich negative Folgewirkungen haben kann, wenn z.B. in der frühkindlichen Sozialisation nicht mehr die Grundlagen für Selbstdisziplin und Bedürfnisaufschub gelegt werden, die dann später auch in den Berufsrollen wichtig werden.

Dies ist nur eines von vielen Beispielen für Koordinationserfordernisse zwischen gesellschaftlichen Teilsystemen. *Koordinationskonflikte* entstehen daraus, dass die Akteure verschiedener Teilsysteme Koordination zunächst einmal stets nur aus der Logik ihres jeweiligen Teilsystems heraus betreiben wollen, also jeweils am liebsten eine einseitige Anpassung der jeweils anderen Teilsysteme an ihr Teilsystem hätten.

Eine dauerhafte, umfassende und eindeutige sowie von allen beteiligten Akteuren als einzig richtig angesehene Kriterienordnung lässt sich angesichts von Ressourcen- und Koordinationskonflikten für all jene Entscheidungsprobleme auf individueller, organisatorischer oder gesellschaftlicher Ebene, in deren Zieldimension mehr als ein einziger teilsystemischer Orientierungshorizont hineinspielt, nicht erwarten.[29] Die Polykontexturalität der funktional differenzierten Gesellschaft macht es eher zur Regel als zur Ausnahme, dass Entscheidungsprobleme Zielgrößen enthalten, die aus verschiedenen teilsystemischen Orientierungshorizonten stammen und zu einer irreduziblen Pluralität der Entscheidungskriterien führen.

Auch härtester Dissens wäre freilich kein Problem für die Entscheidungsfindung, wenn ein Akteur die jeweiligen Konstellationen so dominierte, dass er sich über die übrigen hinwegsetzen könnte. Genau das ist aber in den allermeisten Fällen nicht so. Denn die vielfältigen Abhängigkeiten zwischen allen gesellschaftlichen Teilsystemen und den entsprechenden Akteuren haben dazu geführt, dass immer mehr Akteure immer öfter zumindest darauf dringen können, dass auf ihre Belange Rücksicht genommen wird. Zwei Gesellschaftsdiagnosen von Amitai Etzioni und Michel Crozier zitierend, spitzt Wolfgang Streeck (1987: 483, Hervorh. weggel.) diesen Tatbestand so zu: „Die 'aktive Gesellschaft' ... und die 'blockierte Gesellschaft' ... sind ... ein und dieselbe." Weil inzwischen jede Person – ob als Einzelkämpferin mit Rechtsschutzversicherung oder in einer Bürgerinitiative – in eigener Sache aktiv werden kann und nicht länger vieles einfach schlucken muss, leben „Entscheidungsträger" nunmehr mit der „Gewissheit, dass immer

---

[29] Diese Art von sozialer Entscheidungskomplexität tritt hingegen dann nicht auf, wenn die Gesichtspunkte bestimmter Teilsysteme nur eindeutig sekundäre Randbedingungen, etwa Restriktionen, darstellen. So müssen beispielsweise Unternehmensentscheidungen auch den rechtlichen Rahmen berücksichtigen, der aber eben nicht eine mit den wirtschaftlichen Kriterien konkurrierende Prägung der Zielvorstellungen von Unternehmen zu sein beansprucht. Es kommt freilich immer wieder vor, dass ursprünglich sekundäre Gesichtspunkte aus anderen Teilsystemen sich zu primären Zielgrößen aufschwingen.

irgendwo irgendjemand sich mit Aussicht auf Erfolg 'querlegen' wird."³⁰

Eine weitere Quelle von Entscheidungskonflikten stellt der moderne *Anspruchsindividualismus* dar. Personen konstruieren in der funktional differenzierten Gesellschaft, wie schon im Kapitel 2 angesprochen, eine subjektiv sinnhafte Identität vor allem durch Ansprüche, die sie an die verschiedenen Teilsysteme richten (Luhmann 1984: 362-367; 1987; Schimank 2002b: 281-304). Selbstverwirklichung vollzieht sich in hohem Maße als Realisierung dieser Ansprüche. Wirtschaftlich vermittelte Konsum- und Freizeiterlebnisse, Gesundheitsleistungen, Kulturangebote und Unterhaltung durch Kunst und die Massenmedien, Intimität in Familie und Freundeskreis, Bildungschancen, Sporttreiben und -zuschauen: Dies sind teilsystemisch bereitgestellte Leistungen, die der Anspruchsindividualismus auf immer höherem Niveau einfordert. Immer mehr von allem, was die Teilsysteme an vielfältigsten Optionen der Lebensführung offerieren, für jeden: Gemäß dieser Steigerungsformel bringt der Anspruchsindividualismus „Anspruchsinflationen" (Luhmann 1983) hervor. Die von den Teilsystemen produzierten Leistungen erfordern jedoch Ressourcen. Eine immer weitergehende Steigerung teilsystemischer Leistungsproduktionen als Entfaltung der im Kapitel 2 erläuterten „Multioptionsgesellschaft" intensiviert so die angesprochenen Verteilungskonflikte zwischen den gesellschaftlichen Teilsystemen. Ein Beispiel dafür ist die „Kostenexplosion" im Gesundheitssystem, die anderen gesellschaftlichen Teilsystemen dort ebenfalls erforderliche Ressourcen vorenthält.

Noch eine andere Art von Verteilungskonflikten wird durch den Anspruchsindividualismus forciert. Ansprüche beruhen ja mangels absoluter Maßstäbe für das, was gerechtfertigt und erforderlich ist, auf Vergleichen. Zum einen wird hierzu die Zeitdimension herangezogen und „Fortschritt" angemahnt: Was gestern

---

[30] Die von Dermer/Lucas (1986) für Manager in Organisationen aufgezeigte „illusion of control" ist also zumindest bei politischen Akteuren längst einer gründlichen Desillusionierung gewichen.

reichte, ist – allein schon deshalb! – heute ungenügend. Zum anderen bietet die Sozialdimension Vergleichsmöglichkeiten: Andere haben mehr als man selbst.[31] So erwächst aus dem Zusammenspiel von funktionaler Differenzierung und sozialer Ungleichheit vor dem Hintergrund einer kulturell verankerten Gleichheitsnorm eine unerschöpfliche Gelegenheitsstruktur für Anspruchshaltungen und deren Aufeinanderprallen in Gestalt von Verteilungskonflikten zwischen Individuen bzw. sozialen Gruppen. Dass andere mehr und bessere Optionen der Lebensführung besitzen, wird als ungerecht angesehen und muss daher beseitigt werden. Diese Art von sozialer Komplexität kommt somit bei all jenen Entscheidungsproblemen ins Spiel, bei denen die Ziele eines Entscheidungsakteurs darauf hinauslaufen, als Haupt- oder als Nebeneffekt die Optionen anderer Individuen zu schmälern.

Neben dem teilsystemischen Orientierungsdissens und dem Anspruchsindividualismus ist die weltgesellschaftliche Ausdehnung der Operationszusammenhänge der gesellschaftlichen Teilsysteme ein weiterer wichtiger Faktor, der die soziale Komplexität vieler Entscheidungsprobleme erhöht. Funktionale Differenzierung weist – mit der Ausnahme des politischen Systems – in keinem Teilsystem immanente, sich aus der Logik des jeweiligen binären Codes zwingend ergebende räumliche Stoppregeln des Operierens auf (Luhmann 1971b; 1997: 145-171): „Warum sollten Zahlungen an territorialen Grenzen haltmachen, warum sollte Wahrheit von der Sprache abhängen, in der sie publiziert wird, warum Liebe von der Hautfarbe oder Religion vom Breitengrad?" (Hahn 2000: 58) Für die Faktizität des räumlichen Ausgreifens teilsystemischen Operierens bedarf es lediglich günstiger Gelegenheiten, um Schritt für Schritt in Richtung einer *Globalisierung* zu gehen – wozu vor allem auch technische Innovationen im Verkehrswesen und in der Telekommunikation zählen. Damit werden aber immer mehr Individuen in unterschiedlichsten teilsystemischen Inklusionsbezügen

---

[31] Dass meistens wiederum andere weniger haben als man selbst, wird hingegen geflissentlich übersehen.

mehr oder weniger häufigen und intensiven Fremdheitserfahrungen ausgesetzt. Derartige Fremdheitserfahrungen in der Weltgesellschaft können in unterschiedlichste Arten von Entscheidungssituationen hineinspielen. Ein deutsches Unternehmen kooperiert mit japanischen Partnern und muss dabei feststellen, dass ganz unerwartete Sichtweisen auf das Verhältnis von Management und Mitarbeitern bestehen; eine französische Forschungseinrichtung, die in Chile eine Sternwarte errichten will, sieht sich Kommunalverwaltungen und sonstigen politischen Entscheidungsträgern gegenüber, die ganz anders denken und handeln als politische Akteure in Frankreich; und die Familie eines indischen Computerspezialisten muss sich in den Vereinigten Staaten einleben. Vielfältigste Arten von Erwartungsunsicherheiten können sich ergeben, aber auch Konflikte, mit denen das Entscheidungshandeln dann umgehen muss. Dass „interkulturelle Kommunikation" in den letzten Jahren ein immer stärker nachgefragtes Fortbildungs- und Beratungsthema gerade auch im wirtschaftlichen Bereich geworden ist, ist nur ein Indiz für die Bedeutung dieses Aspekts von sozialer Entscheidungskomplexität.[32]

### 3.2 Sachdimension: Unvollständige Information

Die Sachdimension komplexer Entscheidungssituationen ist deren Informationsgehalt. Es geht also um die Menge und Verknüpfung derjenigen Informationen, die ein Entscheidungsakteur benötigt, um sich ein umfassendes und hinreichend vertieftes Bild der jeweiligen Entscheidungssituation machen und auf dieser Grundlage eine adäquate Entscheidung treffen zu können.

---

[32] Die verschiedenen Arten von „Fundamentalismen" – zurzeit am prominentesten in Teilen der islamischen Welt – sind nicht nur, aber auch als Extremreaktionen auf globalisierungsbedingte Verunsicherungen zu verstehen. Hier wird eine Wiedergewinnung von Erwartungssicherheit durch das Bestreiten der Gleichwertigkeit anderer Kulturen mit der je eigenen Kultur versucht.

*Informationsverarbeitungskapazität*
Informationen sind keine objektiv gegebenen Daten über die Welt, sondern vom betreffenden Akteur verarbeitete Daten. Die Informationsverarbeitungskapazität eines Akteurs gliedert sich in zwei Teilkomponenten.[33] Erstens geht es um dessen Suchkapazität – in Verbindung mit seiner Gedächtniskapazität (March 1994: 10). Die in einer Entscheidungssituation relevanten Informationen hält der Handelnde teilweise aufgrund früherer Erfahrungen in seinem Wissensvorrat vor – beispielsweise als Erfahrungswissen eines Unternehmens über die Präferenzen seiner Kunden. Dieses im Gedächtnis gespeicherte Wissen kann aktualisiert werden, wenn es um die Beurteilung der Verkaufschancen neuer Produkte geht. Teilweise müssen entscheidungsrelevante Informationen aber auch erst noch ermittelt werden – im Beispiel des Unternehmens etwa durch eine aufwendige Kundenbefragung.

Der Vorgang der Informationssuche verbindet sich damit, dass die gesammelten und dann zur Verfügung stehenden Informationen sinnvoll aufeinander bezogen werden müssen. Hier kommt als zweite Komponente der Informationsverarbeitungskapazität eines Akteurs dessen Kombinationskapazität ins Spiel.[34] Das über die Kundenpräferenzen zusammengetragene Wissen muss vom Unternehmen unter anderem mit dem Wissen über eigene Produktionskapazitäten und investierbares Kapital verknüpft werden. Hier geht es also um „cognitive maps" (Axelrod 1976), die unterstellte relevante Wirkungszusammenhänge festhalten.

Die Sachdimension des Entscheidungshandelns ist in dem Maße komplex, wie die Menge der bedeutsamen Informationen über Tatbestände und Wirkungszusammenhänge die Informationsverarbeitungskapazität des Akteurs überschreitet, so dass dieser seine

---

[33] Für individuelle Akteure hat insbesondere die Kognitionspsychologie viele Erkenntnisse zusammengetragen – siehe nur Fiske/Taylor (1991) und als entscheidungsbezogenen Überblick über die älteren Forschungen Kirsch (1971a). Sellmaier (2004) unterscheidet verschiedene Typen der „Ahnungslosigkeit".

[34] Siehe auch March (1994: 10) zu „comprehension".

Entscheidung auf der Basis unvollständiger und oft zudem noch unsicherer Informationen treffen muss (March/Simon 1958: 139/ 140).[35] Was ist überhaupt der Fall? Und was hängt wie womit zusammen? Je mehr Antworten auf diese beiden Fragen ein Akteur zu seinem jeweiligen Entscheidungsproblem schuldig bleibt, desto komplexer stellt sich ihm die Welt in sachlicher Hinsicht dar.[36] Diese Komplexität ist latent vorhanden, solange dem Akteur die Unvollständigkeit und Unsicherheit seiner Informationsbasis nicht bewusst vor Augen steht. Dass er wichtige Informationen übersehen oder nicht in Rechnung gestellt hat, merkt er dann gegebenenfalls erst im Nachhinein daran, dass eine Entscheidung zu anderen Ergebnissen als von ihm erwartet führt – wobei er diesen Sachverhalt allerdings irrtümlich auch auf andere Ursachen als auf unvollständige Information zurückführen mag. Oftmals liegt die sachliche Entscheidungskomplexität aber auch in manifester Form vor. Dann weiß der Akteur über die Unvollständigkeit seines Wissens und erfährt dies etwa als „a lack of clarity or consistency in reality, causality, or intentionality ..." (March 1994: 178) Die Entscheidungssituation stellt sich ihm dann als mehr oder weniger undurchsichtig dar, und entsprechend unsicher ist er sich darüber, was er nun eigentlich tun soll.

Unvollständigkeit der Informationsbasis schließt Ambiguität mit ein, also etwa widersprüchliches Wissen. Dies kann sogar durch mehr Informationen erst erzeugt oder verstärkt werden (Zahariadis 1998: 74/75; Böschen et al. 2004). Was einem dann fehlt, ist ein Wissen darüber, welche Informationen richtig, relevant oder wie gewichtig sind. So existieren z.B. verschiedene Vorstellungen darüber, welche Faktoren konjunkturelles Wachstum erzeugen bzw. stören können.

---

[35] Siehe auch den „difficulty-competence gap" bei Ronald Heiner (1983).
[36] In ihrem Wissensaspekt geht auch die Sozialdimension hier ein: Was weiß der Akteur über seine Gegenüber?

*Universelle Ursachen*
Generell ist die Informationsverarbeitungskapazität von Menschen so begrenzt, dass die sachliche Komplexität der allermeisten Entscheidungssituationen nur mehr oder weniger unvollständig erfasst werden kann.[37] In entwaffnender Schlichtheit formuliert: „Trotz der beeindruckenden Leistungsfähigkeit des menschlichen Gehirns erweist sich, allein schon aus gehirnphysiologischen Gründen, die Annahme einer unbeschränkten Informationskapazität des menschlichen Gehirns als stark übertrieben." (Brauchlin/Heese 1995: 52, Hervorheb. weggel.) Man höre und staune! Bei La Rochefoucauld heißt es anschaulicher: „Um die Dinge zu kennen, muss man sie in den Einzelheiten kennen, und da diese zahllos sind, bleiben unsere Kenntnisse stets oberflächlich und unvollkommen." (Schalk 1938: 16)

Eine Begrenzung, die im Zusammenhang mit der noch anzusprechenden zeitlichen Komplexität von Entscheidungssituationen besonders erwähnt werden muss, liegt im weitgehend seriellen Prozedieren von Informationen. Diese müssen nacheinander verarbeitet werden – und das kostet Zeit, die man oftmals nicht hat. In dieser Hinsicht stehen Organisationen als Entscheidungshandelnde besser da. Sie können Informationen parallel prozessieren, also die sachliche Komplexität von Entscheidungssituationen durch eine simultane arbeitsteilige Verarbeitung in unterschiedlichen Organisationseinheiten schneller bewältigen (Geser 1990: 413/414). So kann sich beispielsweise in einem Unternehmen, das den Ausbau seiner Produktpalette plant, die Forschungsabteilung um technische Möglichkeiten kümmern, während der Verkauf die Kundenpräferenzen ermittelt und die Finanzabteilung Möglichkeiten der Kapitalbeschaffung eruiert.[38] Einem individuellen Entscheider bliebe nichts anderes übrig, als diese und weitere relevante Aspekte nacheinander aufzuarbeiten.

---

[37] Siehe hierzu nur den Überblick bei Kirsch (1970: 76-87) sowie als eine besondere plastische klassische psychologische Darstellung Miller (1956).

[38] Im Kapitel 5 wird dies als vertikale Entscheidungsdekomposition noch genauer betrachtet werden.

Im Fall menschlicher Entscheidungshandelnder lassen sich die letztlich biologisch determinierten – und sich evolutionär allenfalls extrem langsam verändernden – Informationsverarbeitungskapazitäten offenbar nur in geringem Maße durch Psycho-Techniken wie etwa Gedächtnistraining oder Schulung logischen Denkens erweitern. Nicht sehr viel anders sieht es bei Organisationen aus. Zwar hat in den letzten Jahrzehnten die Einführung von Computern eine erhebliche Ausweitung der Informationsverarbeitungskapazität mit sich gebracht – und natürlich darf man auch so etwas wie die modernen Buchhaltungstechniken bis hin zum Controlling in ihrer Wirkung nicht unterschätzen. Manche Leute meinen ja sogar, dass die sozialistische Planwirtschaft in der Sowjetunion nur deshalb gescheitert sei, weil die Computer nicht rechtzeitig mit der erforderlichen Informationsverarbeitungskapazität bereitstanden: Hätten schon in den zwanziger Jahren jene Rechnerkapazitäten zur Verfügung gestanden, die heute vorhanden sind, wären die Fünf-Jahres-Pläne vielleicht aufgegangen. Die Tatsache, dass auch die besten heutigen Schachcomputer die Komplexität dieses – im Vergleich zu einer Volkswirtschaft höchst simplen – Spiels noch immer nur sehr begrenzt verarbeiten können, stimmt freilich skeptisch. Auch eine computertechnisch oder auf andere Weisen noch so gesteigerte Informationsverarbeitungskapazität von Organisationen wird notorisch hinter der sachlichen Komplexität der jeweiligen Entscheidungssituationen zurückbleiben.

Neben diesen quantitativen Grenzen der Informationsverarbeitungskapazität von Akteuren gibt es weiterhin in qualitativer Hinsicht charakteristische Blindheiten und Deformationen der Informationsverarbeitung, die wiederum zunächst vor allem an individuellen Akteuren auffallen. Beispielhaft seien nur folgende, sich häufiger bemerkbar machende kognitive Fehlurteile herausgegriffen:[39]

---

[39] Für knappe Zusammenstellungen siehe Elster (1989), Conlisk (1996: 669-683) und Esser (1999: 301-313). Sehr plastische Veranschaulichungen finden sich bei Dörner (1989) sowie bei Schwartz (2004).

- „Menschen können nur sehr bedingt logische Schlüsse ziehen, verzerren objektive Wahrscheinlichkeiten und können auch keine bedingten Wahrscheinlichkeiten berechnen." (Esser 1999: 312) Hierzu zählt ferner, dass exponentielle Entwicklungen als linear angesehen und damit systematisch unterschätzt werden. Auch werden sehr große Schäden, die mit sehr geringen Wahrscheinlichkeiten eintreten, überschätzt – siehe etwa die Havarie eines Kernkraftwerks. Ebenso gilt: „Günstige Ereignisse, die mit Sicherheit auftreten, werden riskanten Ereignissen vorgezogen, auch wenn der Erwartungswert der riskanten Ereignisse deutlich höher ist: Der Spatz in der Hand ist besser als die Taube auf dem Dach!" (Esser 1999: 311)[40]
- Menschliche Informationsverarbeitung unterliegt der Kurzsichtigkeit. Auch wenn längerfristige positive oder negative Wirkungen des Handelns bekannt sind, werden sie weniger beachtet und gewichtet als kurzfristig eintretende Effekte. So bevorzugen z.B. Autokäufer oft preiswerte Fahrzeuge mit hohem Benzinverbrauch, die längerfristig teurer sind.
- Menschen haben einen Hang zur Selbstüberschätzung (Frey 1988). Allgemein bekannte Risiken eines Handelns – beispielsweise des schnellen Autofahrens – werden unterschätzt, sofern es um die eigene Person und ein positiv besetztes Handeln geht. Umgekehrt wird davon ausgegangen, dass man selbst bestimmte positive Effekte mit überdurchschnittlicher Wahrscheinlichkeit zu erzielen vermag.

Auch Gruppenentscheidungen können sich solchen Informationsverarbeitungsfehlern oftmals nicht entziehen. Die individuellen Entscheidungsbeteiligten korrigieren einander nicht etwa gegenseitig, sondern verstärken sogar noch bestimmte Fehlerneigungen in der Interaktion miteinander. Ein bekanntes Phänomen dieser Art ist das „group think" (Janis 1972). Gruppen von Entscheidern kön-

---

[40] Siehe zu den verschiedenen Arten der Fehleinschätzung von Risiken weiterhin March (1994: 35-55).

nen sich geradezu in eine Bagatellisierung ernster Risiken bestimmter Entscheidungsalternativen, die ihnen gemeinsam als sehr attraktiv erscheinen, hineinsteigern. Sehr folgenreiche strategische Fehlentscheidungen des amerikanischen Militärs im Vietnamkrieg gingen auf „group think" der Befehlshaber zurück. Damit zeigt sich, dass auch Organisationen als Entscheidungsakteure – die ja intern oftmals auf Gruppenentscheidungen beruhen – nicht gegen Informationsverarbeitungsfehler der genannten Art gefeit sind.

*Spezifisch moderne Ursachen*
In der funktional differenzierten Gesellschaft hat geradezu eine Explosion der gesellschaftlich vorhandenen Informationsmenge stattgefunden – entsprechend der immensen Vervielfachung und Vervielfältigung der Möglichkeiten des Erlebens und Handelns in jedem der spezialisierten teilsystemischen Sinnhorizonte. Das Internet hat dem nur die – vorläufige – Spitze aufgesetzt. Angesichts der gesteigerten Rationalitätsansprüche an Entscheidungen wird ein immer größerer Ausschnitt aus dieser prinzipiell vorhandenen Informationsmenge in Entscheidungssituationen relevant; und so tut sich eine immer tiefere Kluft zwischen dem immer mehr wachsenden gegebenen Wissen auf der einen Seite und der kaum steigerbaren Verarbeitung dieses Wissens durch Entscheidungshandelnde auf.

Als Spezialisierung sinnhafter Orientierungen bringt funktionale Differenzierung weiterhin immer auch die Ambivalenz selektiver Aufmerksamkeit zum Tragen. Einerseits ergeben sich unzweifelhafte Spezialisierungsvorteile. Auch unscheinbare und unklare Informationen werden so kundig und nuancenreich registriert und interpretiert. Spezialisten hören das sprichwörtliche Gras wachsen – nicht zuletzt, um anderen die eigene Wichtigkeit zu beweisen. Andererseits ergibt sich aber insgesamt auch eine Fragmentierung von Spezialwissen, das nicht zusammengeführt wird. Die moderne Wissenschaft gibt dafür ein Musterbeispiel ab. Disziplinäre Spezialisierung führt dazu, dass man immer mehr über immer kleinere Wirklichkeitsausschnitte weiß. Das bekannte Bonmot sieht die Tendenz so auf die Spitze getrieben, dass jemand irgendwann alles über nichts weiß. Die Reaktion darauf sind Forderungen nach Interdisziplinarität, also der Herstellung größerer, auch disziplinenübergreifender Formen der Informationsverarbeitung. Nur so vermag man etwa ein Problem wie das Waldsterben zu begreifen.

Auf der Organisationsebene wird diese sachliche Ambivalenz funktionaler Differenzierung so zu bearbeiten versucht, dass Programm- und Kommunikationsstrukturen einander wechselseitig korrigieren sollen. Ziele, Aufgaben und Rollen lenken in der Programmdimension die Aufmerksamkeit der Akteure in bestimmte Richtungen und auf bestimmte Zusammenhänge, während andere Realitätsausschnitte ausgeblendet bleiben. Programme fungieren gleichsam als Scheinwerfer, die die Suchkapazität von Akteuren dirigieren und konzentrieren, und als Landkarten, die der Kombinationskapazität Anknüpfungspunkte und Ordnungsmuster liefern. Jede Organisationsabteilung erkennt und deutet anstehende Entscheidungsprobleme nur entsprechend den eigenen Programmstrukturen (March/Simon 1958: 127/128, 153). Beispielsweise interpretieren die Abteilungsleiter eines großen Unternehmens eine ihnen vorgelegte – für alle identische! – Darstellung der Unternehmenssituation mehrheitlich so, dass die dringendsten Engpässe weiterer Entwicklung jeweils in der eigenen Abteilung lokalisiert werden (Dearborn/Simon 1958). Jeder ist – jedenfalls dann, wenn es um Zuteilung zusätzlicher Ressourcen oder das Verschontbleiben von Kürzungen geht – davon überzeugt, dass in der je eigenen Abteilung etwas getan werden müsse, weil von deren möglichst gutem Funktionieren das Wohl und Wehe der Gesamtorganisation abhänge.

Sehr deutlich wird eine solche selektive Aufmerksamkeit auch dann, wenn verschiedene Einheiten der öffentlichen Verwaltung ein und dasselbe Problem bearbeiten und dabei je nach ihren Zielsetzungen zu sehr unterschiedlichen Lösungsansätzen gelangen:

> *If a city is troubled by a series of juvenile burglaries, a police chief is likely to interpret these events as indicating a need for*

*a larger patrol force; the recreation department may base on these same facts an appeal for an enlarged program of teenage athletics; while the welfare department may reach the conclusion that more attention should be given to the care of children from broken homes. Furthermore, unless the police department is relatively enlightened it may not even see the desirability of communicating the facts of juvenile delinquency to the other departments concerned. (Simon et al. 1950: 234)*

Das gleiche Phänomen findet sich auf gesellschaftlicher Ebene, wenn man beispielsweise betrachtet, wie die großen Interessenverbände als Repräsentanten bestimmter gesellschaftlicher Teilsysteme und Gruppen innerhalb dieser Teilsysteme Entscheidungsprobleme behandeln (Lindblom 1965). Für Vertreter der Wirtschaft hängt eine erfolgreiche Bewältigung existierender gesellschaftlicher Probleme und ein Ergreifen gesellschaftlicher Entwicklungschancen vorrangig davon ab, dass es diesem Teilsystem gut geht, während man im Bildungssystem hören wird, dass nur eine bessere Bildung der Bevölkerung der Schlüssel zu einer besseren gesellschaftlichen Zukunft ist. Und dass die Gewerkschaften Arbeitszeitverkürzung bei vollem Lohnausgleich als einzig wirksame Lösung aktueller wirtschaftlicher Probleme propagieren, die Unternehmerverbände dies hingegen als Problemverschlimmerung abwehren, liegt eben daran, dass Arbeitnehmervertreter Wirtschaftskrisen vor allem mit Arbeitslosigkeit und Kaufkraftverlusten verbinden, während es der Unternehmerseite vorrangig um eine Verbesserung des Investitionsklimas geht.

Organisationen versuchen, die selektiven Aufmerksamkeiten spezialisierter Abteilungen durch Kommunikationsstrukturen zusammenzuführen – etwa Regeln der wechselseitigen Information und gemeinsamen Entscheidungsfindung. Doch auch dies kann immer nur begrenzt institutionalisiert werden. Eine totale wechselseitige Verbundenheit, so dass jeder mit jedem kommuniziert, wäre wiederum eine Überforderung der Informationsverarbeitungskapazität der einzelnen Akteure. Dementsprechend bestimmt dann die Gestalt der Kommunikationsstrukturen, die etabliert sind, sowohl die Quantität als auch die Qualität der Informationen, die bestimmte Akteure bei der Bearbeitung ihrer Entscheidungsprobleme erhalten und zugrunde legen (Downs 1966: 104/105).[41] Je nachdem, welche bevorzugten Kommunikationspartner eine Organisationsabteilung hat, ist ihre Informationsbasis eine andere. Auf Unternehmen bezogen:

> *... a research and development unit that has frequent communication with sales engineers and infrequent communication with persons engaged in fundamental research will live in a different environment of new product ideas than a research and development unit that has the opposite communication pattern.* (March/Simon 1958: 168)

Wovon man nichts erfährt, das kann man auch schwerlich in eigene Entscheidungen einbeziehen. Dieser triviale Sachverhalt lässt sich ebenso an vielen politischen Entscheidungen verdeutlichen. Solange beispielsweise bei der Aufstellung kommunaler Sanierungspläne nur minimale Mitspracherechte für die betroffene Wohnbevölkerung gewährt werden, bleiben den Stadtplanern bestimmte Arten von Informationen, die sachlich durchaus relevant sind, unbekannt (Jacobs 1961: 418-441; Nash/Durden 1964).

Dass funktionale Differenzierung entsprechend den begrenzten Informationsverarbeitungskapazitäten spezialisierte Sinnhorizonte etabliert, löst also das Problem der Informationsüberflutung von Entscheidungshandelnden keineswegs. Denn zum einen bedeutet Spezialisierung eben nicht Begrenzung der zu berücksichtigenden Informationen, sondern deren prinzipiell unbegrenztes Wachstum „in die Tiefe". Zum anderen verlaufen die sachlichen Relevanzen, die ein Entscheidungsproblem konturieren, eben nur teilweise entsprechend den teilsystemischen Spezialisierungen. Viele relevante Wirkungszusammenhänge überschreiten teilsystemische Grenzen und führen den Entscheidungsakteur, der ja zunächst einmal eine „legitime Indifferenz" (Tyrell 1978: 183/184)

---

[41] Dies ließe sich mit der Analyse sozialer Netzwerke genauer fassen – siehe nur Jansen (1999) als Überblick.

gegenüber jeglichen außerhalb des eigenen Teilsystems lokalisierten Gegebenheiten kultiviert, erst richtig auf unbekanntes Terrain.

### 3.3 Zeitdimension: Zeitknappheit

In zeitlicher Hinsicht manifestiert sich die Komplexität von Entscheidungssituationen als Zeitknappheit.[42] Diese ergibt sich zum einen daraus, dass ein Akteur zu viele Probleme mehr oder weniger gleichzeitig entscheiden muss (Zahariadis 1998: 76). Dadurch vermag er sich keinem von ihnen in Ruhe zu widmen. Zum anderen steht hinter Zeitknappheit nicht selten eine hohe Dringlichkeit der Probleme. Es muss im betreffenden Fall schnell etwas geschehen, damit keine schwer oder gar nicht reversiblen negativen Folgen eintreten (Payne et al. 1996: 131).[43]

Formell fixiert wird Zeitknappheit in Gestalt von Terminen und Fristen (Luhmann 2000b: 174/175). So kann Zeitknappheit auch artifiziell geschaffen, zumindest unterstrichen werden – wenn etwa ein Widerspruch gegen einen Steuerbescheid innerhalb von zwei Wochen zu erfolgen hat. Dies ist ein Beispiel dafür, dass Entscheidungsprobleme durch künstlich gesetzte Zeitknappheit auch verschwinden können. Ist die Frist verstrichen, brauche ich mir keine Gedanken mehr über einen Widerspruch zu machen. Diese Art der Problembeseitigung durch Zeit gilt allerdings nur für solche Entscheidungsprobleme, die Gelegenheiten der Verbesserung darstellen. Probleme, die sich aus einer endogenen Verschlechterungsdynamik ergeben, werden durch ablaufende Fristen nicht beseitigt. So kann z.B. eine Unternehmensleitung der Marketing-

---

[42] Siehe auch Hirschman (1967: 95-107) zu zeitlicher „latitude" bzw. „discipline" entwicklungspolitischer Projekte.

[43] Zum „Entscheiden in kritischen Situationen" etwa bei Fluglotsen oder Anästhesisten, siehe anschaulich Strohschneider (2003) sowie auch Flin et al. (1996). Die Studien zeigen im Übrigen auch, dass unter Bedingungen extremer Zeitknappheit oftmals kaum noch von Entscheiden die Rede sein kann, sondern aus gutem Grund vorher eingeübte „standard operating procedures" zum Einsatz kommen.

abteilung vorgeben, in vier Wochen einen Entscheidungsvorschlag vorzulegen, wie dem Absatzrückgang begegnet werden kann; doch wenn kein Vorschlag kommt, schreitet der Absatzrückgang weiter voran.

Am tückischsten kann Zeitknappheit dann werden, wenn dem Akteur die Deadline nicht klar ist und er dann ganz plötzlich damit konfrontiert wird, dass es bereits fünf vor Zwölf ist und er kaum noch eine Chance zum Nachdenken oder gar zum Entscheiden hat (Payne et al. 1996: 132, 150). Manche Entscheidungsprobleme wiegen den Akteur gewissermaßen in falscher Sicherheit, während irgendwo im Verborgenen die Uhr tickt. Manchmal hätte er es freilich wissen können, wenn er nur nicht beharrlich weggeschaut hätte – siehe etwa die heutigen demographischen Probleme, die sich schon seit Jahrzehnten abgezeichnet haben.

*Universelle Ursachen*
Zeitknappheit ergibt sich für individuelle Akteure letztlich existentiell aus der Sterblichkeit des Menschen. Dies ist ein objektiv gegebener Tatbestand, der noch dazu erratisch variiert. Die eine stirbt jung, dem anderen ist ein langes Leben beschert. Für Entscheidungshandeln ist allerdings im eigentlichen Sinne erst die subjektive Zeitknappheit, das Wissen über die eigene Sterblichkeit bedeutsam.[44] Man kann sich in einem Gedankenexperiment fragen: Was wäre, wenn die Menschen – wie die Tiere – nicht wüssten, dass sie sterben müssen? Oder auch: Was wäre, wenn jeder Mensch von Anfang an oder ab einem bestimmten Lebensjahr wüsste, wann genau er sterben wird? Wer meint, unbegrenzt viel Zeit zu haben, weil er von einem existentiellen Und-So-Weiter ausgeht, dürfte einen anderen Stil des Entscheidens pflegen als jemand, der einerseits im wahrsten Sinne des Wortes todsicher über die eigene Endlichkeit weiß, andererseits sehr unsicher darüber ist, wann sein letztes Stündlein schlagen wird. Schon wenn man Letz-

---

[44] In Martin Heideggers (1927) philosophischen Reflexionen über „Sein und Zeit" spielt dieses Element der conditio humana eine zentrale Rolle.

teres genau wüsste, könnte man zumindest bis zu einem gewissen Moment des eigenen Lebens ruhiger mit Entscheidungsproblemen umgehen.[45]

Zeitknappheit manifestiert sich zum einen darin, dass in der Sachdimension nicht unbegrenzt weiter Informationen eingeholt und verknüpft werden können, also die Informationsdefizite des Entscheidens bestehen bleiben (March/Simon 1958: 154; Luhmann 2000b: 176). Zum anderen sorgt Zeitknappheit dafür, dass in der Sozialdimension nicht unbegrenzt lange Erwartungssicherheit aufgebaut werden kann und Konflikte nicht diskursiv bewältigt werden können. Anders gesagt: Hätte man unendlich viel Zeit, wäre die Welt auch sachlich und sozial nicht komplex.[46] So gesehen stellen die Sach- und die Sozialdimension lediglich Erscheinungsformen, sozusagen Bühnen zeitlicher Komplexität dar. In der Zeitdimension ist die letzte Ursache der Komplexität von Entscheidungssituationen zu suchen.[47]

Existentielle Zeitknappheit betrifft nicht nur individuelle Akteure, sondern auch Organisationen. Letztere können ebenso sterben, also beispielsweise als Unternehmen in Konkurs gehen, als Schule geschlossen werden oder sich als Verein selbst auflösen. Dieses Problem des prinzipiell kontingenten Fortbestands schlägt in vielen organisatorischen Entscheidungen sogar unmittelbarer durch als in biographischen Entscheidungen von Individuen. Nur selten geht es bei individuellen biographischen Entscheidungen im

---

[45] Rationale Akteure müssten freilich eine „backward induction", wie sie die Spieltheorie aufzeigt (Dixit/Nalebuff 1991: 36/37, 99), vornehmen – und sich spätestens damit das Leben schwer machen. Aus philosophischer Perspektive sieht Schmid (2002: 229) in der „Kürze des Lebens" ein Erfordernis für „Lebenskunst".

[46] In dieser Hinsicht ist der von Vogd (2004) in seinen Krankenhausstudien aufgezeigte Unterschied im Entscheidungsstil von Internisten auf der einen, Chirurgen auf der anderen Seite instruktiv: Wo Internisten oft lange über Behandlungsalternativen debattieren können, sind bei Chirurgen häufig schnelle Entschlüsse gefragt.

[47] Reiner (1995) argumentiert demgegenüber, dass selbst unbegrenzte Zeit in bestimmten Fällen keine perfekte Rationalität ermöglichte.

buchstäblichen Sinne um Leben oder Tod; es geht lediglich um ein besseres oder schlechteres Leben. Organisationen treffen vergleichsweise häufiger Entscheidungen, denen sie selbst eine zumindest mögliche Tragweite zurechnen, die sich auf die Formel „Sein oder Nichtsein" bringen lässt. Ein Beispiel wäre ein Unternehmen, das von vornherein davon ausgeht, dass ein möglicher Misserfolg bei der Einführung eines bestimmten neuen Produkts eine existenzielle Krise hervorrufen kann.

Außer aus dem elementaren Problem des Fortbestands des Entscheidungsakteurs ergibt sich Zeitknappheit auch daraus, dass keinerlei Mechanismen dafür sorgen, dass das Tempo der Welt beim Aufwerfen von Entscheidungsproblemen dem Entscheidungstempo der Akteure gemäß ist. Stattdessen passieren die Probleme notorisch zu schnell. Auch wenn die Welt niemals anders war: Sie müsste ja nicht so sein. Man kann sich eine andere Welt vorstellen – wenn auch nicht als „konkrete", sondern nur als „abstrakte Utopie" (Bloch 1959), so wie das Schlaraffenland die Utopie einer Welt ohne Knappheit ist.

*Spezifisch moderne Ursachen*
Auch in der Zeitdimension ist die Komplexität der modernen Gesellschaft durch deren funktionale Differenzierung explodiert. Die Vervielfältigung der Möglichkeiten des Erlebens und Handelns in sachlicher und sozialer Hinsicht macht die funktional differenzierte Gesellschaft im wahrsten Sinne des Wortes zur „Multioptionsgesellschaft" – und dies geht für individuelle Akteure damit einher, dass die existentielle Zeitknappheit aufgrund der Säkularisierung erst eigentlich bedrängend wird. In vormodernen Gesellschaften konnten die Menschen darauf setzen, dass ihr Tod nicht das Ende sein würde. Im Gegenteil: Für gläubige Christen beginnt dann erst das eigentliche, ewige Leben – ohne Zeitknappheit. Wer dagegen davon ausgeht, nur dieses begrenzte irdische Leben zu haben, und an dieses entsprechend der modernen Fortschrittsidee hohe Ansprüche stellt, muss gemäß der Devise „Paradise now! (Or never!)" leben und seine biographischen Entscheidungen treffen.

Zeitknappheit entsteht in der funktional differenzierten Gesellschaft weiterhin daraus, dass die Teilsysteme einerseits entsprechend ihrer funktionalen Spezialisierung differente Zeithorizonte ausbilden, es aber andererseits – wie bereits zur Sachdimension ausgeführt – viele Entscheidungen gibt, die Interdependenzen und damit auch Sychronisationserfordernisse zwischen Teilsystemen berücksichtigen müssen, was zu entsprechenden wechselseitigen Terminzumutungen führt. Dann tun sich „Zeitklüfte" (Wiesenthal 2005: 158-161) auf.

Um dies wiederum zunächst auf der Organisationsebene zu verdeutlichen (Lawrence/Lorsch 1967):[48] Die Forschungsabteilung eines Unternehmens beispielsweise arbeitet mit einer längerfristigen Perspektive als die Absatz- oder die Produktionsabteilung. Während Produktinnovationen Zukunftsinvestitionen darstellen, sich also erst auf längere Sicht bewähren und auszahlen können, antworten Produktion und Absatz auf gegenwärtige, sich immer wieder kurzfristig wandelnde Marktbedingungen. Trotz dieser aus ihrer funktionalen Spezialisierung erwachsenden Asynchronität der Organisationsabteilungen müssen diese jedoch viele Entscheidungen miteinander synchronisieren. Für ein zeitlich aufeinander abgestimmtes Handeln der verschiedenen Teilsysteme gibt es auch keinen ein für allemal feststehenden Ablaufplan nach Art einer „sequential interdependence" (Thompson 1967: 54). Sondern die Organisationsabteilungen müssen situativ in wechselnder Reihenfolge oder auch gleichzeitig konzertiert handeln. Die Forschungsabteilung kann eine Produktinnovation entwickeln, und daraufhin prüft die Absatzabteilung deren Verkaufschancen; ebenso gut kann aber umgekehrt die Absatzabteilung aufgrund ihrer Marktkenntnis eine Produktidee zur technischen Ausarbeitung an die Forschungsabteilung weitergeben; oder aber beide Abteilungen bilden ein Gremium, in dem gemeinsam – also gleichzeitig – über technisch mögliche und gut verkäufliche neue Produkte nachgedacht wird.

---

[48] Siehe auch March/Simon (1958: 122, Hervorheb. weggel.) zur „interdependence of timing of activities".

Die zeitliche Synchronisierung wird also so erreicht, dass mal die eine Abteilung den Zeithorizont der anderen übernimmt, mal umgekehrt und gelegentlich auch beide sich auf einen gemeinsamen Zeithorizont einigen.

Ähnliche Phänomene finden sich auf der Gesellschaftsebene (Luhmann 1973: 109-112; Willke 1983: 68). Den relativ langen Zeithorizonten, die das Wissenschaftssystem seiner Theorieproduktion oder das System der Intimbeziehungen der Kindererziehung und dem Eheleben zugrunde legen, stehen die vergleichsweise kurzen Zeithorizonte gegenüber, die die Wahlrhythmen dem politischen System oder die Konjunkturschwankungen dem Wirtschaftssystem auferlegen. Auch innerhalb desselben Teilsystems können sich Zeithorizonte entsprechend der internen funktionalen Differenzierung unterscheiden: im Wissenschaftssystem etwa zwischen eher kurzfristiger angewandter Forschung und eher langfristiger Grundlagenforschung. Beispiele für Synchronisationserfordernisse zwischen Teilsystemen sind zahlreich: wenn etwa wissenschaftliche Gutachten zu aktuellen politischen Themen noch kurz vor dem Wahltag veröffentlicht werden sollen; wenn ein Unternehmen auf Forschungsergebnisse wartet, die ein Professor an der Hochschule erarbeitet; oder wenn das Bildungssystem durch das Agenda-Setting der Massenmedien – siehe PISA – unter Reformdruck gesetzt wird.

Die Beispiele lassen bereits als gemeinsames Muster erkennen: Jedes Teilsystem setzt anderen Teilsystemen aus seinem Zeithorizont heraus Fristen, innerhalb derer diese bestimmte Entscheidungen getroffen haben müssen; und jedem Teilsystem werden Fristen durch andere Teilsysteme gesetzt. So erzeugt funktionale Differenzierung aus sich heraus Zeitknappheit für alle Teilsysteme.

Was immer schon galt, gilt somit erst recht in der funktional differenzierten Gesellschaft: dass die sich als Zeitknappheit manifestierende zeitliche Komplexität von Entscheidungssituationen deren sachliche und soziale Komplexität forciert. In allen drei Dimensionen werden Entscheidungssituationen immer komplexer.

Damit setzt die Moderne die Akteure einer zunehmenden Zerreißprobe aus. Auf der einen Seite findet eine „Anspruchsinflation"[49] an die Entscheidungsförmigkeit und Rationalität des Handelns statt; und auf der anderen Seite nimmt die Komplexität der Entscheidungssituationen so zu, dass Rationalität immer schwieriger wird. Diese Kluft zwischen Wollen bzw. Sollen auf der einen Seite und Können auf der anderen Seite, die für die Entscheidungsgesellschaft konstitutiv ist, wird im folgenden Kapitel genauer betrachtet.

---

[49] Um eine von Luhmann (1983) in anderem Zusammenhang verwendete Formulierung zu übernehmen.

# 4 Perfekte und begrenzte Rationalität

In der Entscheidungsgesellschaft werden immer mehr Handlungssituationen entscheidungsförmig bewältigt; und dies wird mit hohen Rationalitätsansprüchen verknüpft. Dem steht eine hohe soziale, sachliche und zeitliche Komplexität der Entscheidungssituationen gegenüber, die tendenziell auch noch immer weiter zunimmt. Die Kluft zwischen Komplexität und Rationalitätsanspruch des Entscheidens zeigt sich sowohl in der Qual vor als auch in der Qual nach der Wahl. Je größer die Entscheidungskomplexität ist, desto größer ist erstens die Unsicherheit des Akteurs, wie er sich entscheiden soll; und desto größer ist zweitens sein Risiko, eine Fehlentscheidung zu treffen, die er dann zu verantworten hat.

Das ist die Grundproblematik der Entscheidungsgesellschaft, die in diesem Kapitel weiter ausgeleuchtet wird. Ich gehe dabei in drei Schritten vor. In einem ersten Schritt wird ein Idealmodell perfekt rationalen Entscheidens formuliert. Ihm wird in einem zweiten Schritt auf der Basis empirischer Befunde eine Phänomenologie typischer Rationalitätsbeschränkungen des Entscheidens gegenüber gestellt. Dieser Soll-Ist-Vergleich führt dann im dritten Schritt zu der Frage, wie Entscheidungshandelnde mit der notorischen Diskrepanz zwischen Rationalitätsansprüchen und faktisch erreichbarer Rationalität umgehen können. Die generelle Antwort lautet: Akteure können und sollten sich um eine begrenzte Rationalität ihres Entscheidens bemühen; doch diese begrenzte Rationalität ergibt sich nicht einfach als quasi naturwüchsiges Zurückbleiben des faktischen Entscheidens hinter dem Idealmodell, sondern muss durch Strategien begrenzter Rationalität des Entscheidens gezielt angestrebt werden. Die drei folgenden Kapitel werden sich dann im Einzelnen mit diesen Strategien beschäftigen.

## 4.1 Perfekt rationales Entscheiden

Einen Vorgeschmack darauf, wie eine perfekt rationale Entscheidung auszusehen hätte, gibt das folgende Beispiel von James March (1994: 4/5):[1]

> *Consider the problem of assigning people to jobs in an organization. If it were to satisfy the expectations of pure rationality, this decision would start by specifying an array of tasks to be performed and characterizing each by the skills and knowledge required to perform them, taking into account the effects of their interrelationships. The decision maker would consider all possible individuals, characterized by relevant attributes (their skills, attitudes, and price). Finally, the decision maker would consider each possible assignment of individuals to tasks, evaluating each possible array of assignments with respect to the preferences of the organization. Preferences would be defined to include such things as (1) profits, sales, and stock value (tomorrow, next year, and ten years from now); (2) contribution to social policy goals (e.g. affirmative action, quality of life goals, and the impact of the assignment on the family); and (3) contributions to the reputation of the organization among all possible stakeholders – shareholders, potential shareholders, the employees themselves, customers, and citizens in the community. The tradeoffs among these various objectives would have to be known and specified in advance, and all possible task definitions, all possible sets of employees, and all possible assignments of people to jobs would have to be considered. In the end, the decision-maker would be expected to choose the one combination that maximizes expected return.*

Die Anforderungen, die eine perfekt rationale – also optimale – Entscheidung zu erfüllen hat, lassen sich näher bestimmen, wenn der Entscheidungsvorgang in seine einzelnen Komponenten zerlegt wird. Sechs Komponenten einer Entscheidung können hierbei analytisch unterschieden werden: Problemdiagnose, Kriterienformulierung, Alternativensuche, Alternativenbewertung und -aus-

---

[1] Siehe als systematische Zusammenstellungen weiterhin March/Simon (1958: 137/138) und Kirsch (1970: 27-42).

wahl, Implementation und Evaluation.[2] Diese Komponenten werden oftmals als Phasenabfolge verstanden. Das ist allerdings deshalb irreführend, weil Entscheidungshandeln, wie sich noch zeigen wird, selten linear von der ersten bis zur sechsten Komponente voranschreitet, sondern häufig Komponenten überspringt oder zu früheren Komponenten zurückspringt.[3] Man versteht die Komponenten also besser als logische Bestandteile jeder Entscheidung.

Das durchgängige Beispiel, anhand dessen nun sowohl die Anforderungen einer perfekt rationalen Entscheidung als auch im nächsten Abschnitt die faktischen Rationalitätsbeschränkungen vorgeführt werden, sind Berufs- und Studienwahlentscheidungen. Es handelt sich also um eine wichtige biographische Entscheidung, die jeder Einzelne nach Abschluss seiner schulischen Laufbahn zu treffen hat: Welchen Beruf will ich ergreifen? Handelt es sich um einen Lehrberuf, oder muss ich erst ein Studium absolvieren, mit dem ich die in dem Beruf erforderlichen akademischen Qualifikationen erwerbe? Auch wenn jemand sich entschließt, überhaupt keinen Beruf zu ergreifen und stattdessen eher als Hausfrau, als ungelernte Arbeitskraft oder als Stadtstreicher zu leben, wird dies ihm oder ihr als höchst persönliche Entscheidung zugerechnet. Er oder sie hatte die Wahl und hat sich dann eben so und nicht anders entschieden. Eingestreute Beispiele aus anderen Entscheidungsbereichen illustrieren, dass es sich bei den dargestellten Phänomenen keineswegs um Besonderheiten biographischen Entscheidens handelt.

---

[2] In der entscheidungstheoretischen Literatur gibt es verschiedene Vorschläge für eine solche Komponentenanalyse, die in ihren Grundzügen übereinstimmen. Das hier vorgelegte Schema lehnt sich vor allem an Dill (1962: 34-36), Katz/Kahn (1966: 274-282), Biasio (1969: 44-48) und Kirsch (1970: 72-75) an.

[3] Eine empirische Widerlegung der These einer klaren Phasenabfolge findet sich bei Witte (1968). Siehe weiterhin auch Mintzberg et al. (1976).

*Problemdiagnose*
Die erste Komponente einer perfekt rationalen Entscheidung besteht darin, dass ein Akteur erkennt, dass er mit einem Entscheidungsproblem konfrontiert ist, und sich dessen Beschaffenheit genauer klarmacht. So kann beispielsweise einer Schülerin gegen Ende ihrer Schulzeit klar werden, dass auf sie die Entscheidung darüber zukommt, was sie nach der Schule in beruflicher Hinsicht tun will. Zu einem solchen Problembewusstsein gehört ferner, dass die Schülerin sich auch den Stellenwert dieser Entscheidung für ihre künftige Lebenssituation vor Augen führt: Wie wichtig ist es, sich mit diesem Problem zu beschäftigen und es entscheidungsförmig anstatt auf irgendeine andere Art und Weise anzugehen? Angesichts der Tatsache, dass ein Akteur nur die wenigsten seiner Probleme entscheidungsförmig bearbeiten kann, ist dies eine sehr bedeutsame Klärung.

Ein anderes Beispiel: Erst ab einem bestimmten Ausmaß wird ein Absatzrückgang für ein Unternehmen zu einem prioritären Entscheidungsproblem. Dieses Beispiel zeigt, dass das Ausmaß der „Problemhaftigkeit" einer Situation im Zeitverlauf variieren kann. Wenn es zunimmt, überschreitet es irgendwann einen Schwellenwert, der es dem Akteur gleichsam unabweisbar vor Augen führt.

Zur Problemdiagnose gehört ferner, dass der Akteur sich auch die Beschaffenheit des anstehenden Entscheidungsproblems in den relevanten Aspekten klar macht. Eine diffuse Ahnung, dass nach Ende der Schule, sozusagen nach der „Freisetzung" aus dieser Laufbahn, etwas anderes zu geschehen hat, stellt noch keine Problemdiagnose dar. Die Schülerin muss sich vielmehr vor Augen führen, dass ihre Eltern nicht mehr für alle Zeiten für ihren Lebensunterhalt sorgen werden und Erwerbsarbeit in einem Beruf die gesellschaftlich verbreitetste Möglichkeit ist, den eigenen Lebensunterhalt zu bestreiten. Diese Problemdiagnose enthält hinsichtlich der später zu betrachtenden Entscheidungsalternativen durchaus auch noch die Möglichkeit, dass die Schülerin zu dem Schluss kommt, ihr Taschengeld fortan ins Lottospielen zu investieren, oder dass sie darauf setzt, dass ihre Eltern bald sterben und sie eine reiche Erbschaft antritt. Die Problemdiagnose spezifiziert also, in welcher Hinsicht Entscheidungsbedarf besteht, wobei ein fließender Übergang zur zweiten Komponente eines Entscheidungsvorgangs – der Kriterienformulierung – besteht.

Alltagssprachlich ist ein Problem eine unbefriedigende Soll-Ist-Diskrepanz. Ein tatsächlicher oder antizipierter Zustand bleibt hinter einem als Anspruchsniveau definierten Soll-Minimum zurück. Am augenfälligsten ist dies bei quantitativ fassbaren Problemen: wenn etwa die Schulnoten so schlecht sind, dass die Versetzung gefährdet ist, oder wenn ein Absatzrückgang droht, ein Unternehmen zahlungsunfähig zu machen. Beim Beispiel der Berufswahlentscheidung nach der Schule stellt sich die Soll-Ist-Diskrepanz so dar, dass die Schülerin sich ausmalt und auch von ihren Bezugsgruppen verdeutlicht bekommt, dass eine Nicht-Entscheidung für sie sehr schnell unangenehme Konsequenzen hätte. Würde sie sich der Entscheidung einfach verweigern, stünde sie nach der Schule perspektivlos auf der Strasse und hätte mit dem Unverständnis ihrer Umgebung sowie heftigen Vorhaltungen von Seiten ihrer Eltern zu rechnen.

Außer in dieser Form bereits eingetretener oder drohender negativer Entwicklungen können sich Entscheidungsprobleme aber auch positiv als Gelegenheiten darstellen, eine durchaus zufrieden stellende Soll-Ist-Bilanz noch weiter zu verbessern (Mintzberg et al. 1976; Ashmos et al. 1998: 29/30). Faktisch dürfte zwar die Mehrzahl aller Entscheidungsprobleme aus zu verhindernden bzw. zu beseitigenden Verschlechterungen bestehen; man darf darüber aber nicht übersehen, dass es beim Entscheidungshandeln auch immer wieder darum geht, Gutes weiter zu verbessern. Man vergleiche etwa die Situation der Schülerin mit der einer Person, die bereits beruflich etabliert und in ihrer gegebenen beruflichen Position auch erfolgreich ist. Diese Person mag etwa davon erfahren, dass anderswo jemand mit ihren beruflichen Fähigkeiten und Erfahrungen gesucht wird, oder mag auch gezielt nach Stellenausschreibungen Ausschau halten, um sich beruflich weiter zu verbessern. Oder die Person kann sich überlegen, ob es nicht für sie sinnvoll ist, neben dem Beruf ein Fernstudium aufzunehmen, um weitere Qualifikationen zu erwerben, die dann einer zukünftigen beruflichen Karriere ganz andere Chancen eröffnen. Und auch ein Unternehmen, dessen Absatzzahlen positiv sind, kann zum Entscheidungsproblem erheben, welche weiteren Möglichkeiten der Absatzsteigerung es eigentlich noch gibt.

Klar ist allerdings beim Vergleich der beiden Arten von Entscheidungsproblemen: Die Bewältigung eingetretener oder drohender Verschlechterungen ist etwas, was die betreffenden Akteure kaum ignorieren können, was sie im Extremfall sogar zum Entscheiden zwingt, während das Ergreifen guter Gelegenheiten etwas ist, was der Akteur tun kann, aber nicht unbedingt muss. Wer gute Gelegenheiten übersieht oder auch bewusst nicht ergreift, hat mit keinen gravierenden negativen Konsequenzen zu rechnen. Wer hingegen auf ein massives Zurückbleiben des Ist-Zustands hinter einem definierten Sollwert nicht reagiert, hat eine weitere Verschlechterung zu gewärtigen; und irgendwann können sich derartige Probleme so aufschaukeln, dass sie dem Akteur völlig entgleiten und er ihnen fortan hilflos ausgeliefert ist.

Aus diesen Aspekten der Problemdiagnose ergibt sich, was perfekte Rationalität hinsichtlich dieser Entscheidungskomponente bedeutet. Der Akteur muss Entscheidungsprobleme, die – sei es als Verschlechterungen, sei es als gute Gelegenheiten – auf ihn zukommen, zunächst einmal möglichst frühzeitig antizipieren. Denn desto mehr Zeit bleibt ihm dafür, eine rationale Entscheidung zu finden, die dem Problem angemessen ist. Die Schülerin sollte also nicht erst zwei Monate vor Ende der Schulzeit beginnen, darüber nachzudenken, welche berufliche Laufbahn sie einschlagen könnte; und das Unternehmen sollte schon vor eingetretenen Absatzeinbußen Entscheidungen treffen, die es erst gar nicht dazu kommen lassen. Weiterhin setzt eine perfekt rationale Entscheidung eine Problemdiagnose voraus, die ein vollständiges Bild des Problems in allen seinen unter Umständen sehr vielfältigen relevanten Aspekten erarbeitet. Nur dann weiß der Akteur genau, was eigentlich der Gegenstand seiner zu treffenden Entscheidung ist. Das wiederum verhindert, dass er sozusagen am Problem vorbei entscheidet.

*Kriterienformulierung*
Ist ein Entscheidungsproblem formuliert, geht es darum, die Kriterien aufzustellen, denen eine vom Akteur als angemessen erachtete Problembearbeitung zu genügen hat. Wie bereits erwähnt, kann dies Hand in Hand mit der genauen Erfassung der Problembeschaffenheit gehen. Denn wenn ein Akteur spezifiziert, in welchen Hinsichten ein bestimmter Zustand für ihn problematisch ist, sind damit mindestens implizit auch schon Kriterien angesprochen, aus denen sich das Problematische des Zustands ergibt.

Entscheidungskriterien sind zunächst einmal zielorientiert: Was will ich wie anders haben, als es tatsächlich ist (Brauchlin/ Heese 1995: 36-38)? Oder: Was soll – im normativen Sinne – anders sein, als es ist? Das kann eine einzige Zielgröße sein, es kann sich aber auch um mehrere davon handeln. Bei einer Berufswahlentscheidung mag jemand beispielsweise allein oder zumindest vorrangig daran interessiert sein, einen möglichst sicheren zukünftigen Arbeitsplatz zu haben. Dann gilt es, den Beamtenstatus zu erwerben – in welchem Berufsfeld auch immer. Oder die Betreffende will mehrere Zielgrößen zugleich verfolgen. Der angestrebte Beruf soll etwa ein gutes Einkommen versprechen, interessant sein und ein Tätigkeitsfeld eröffnen, in dem man viel mit Menschen zu tun hat. Auch bei politischen Entscheidungen geht es häufig um ein mehr oder weniger umfangreiches Bündel von Zielen. So soll beispielsweise ein Auslandseinsatz der Bundeswehr im Rahmen einer Friedensmission der Vereinten Nationen gleichzeitig humanitären Zwecken dienen, die Stellung Deutschlands in der internationalen Staatengemeinschaft festigen, vergangene Missstimmungen zwischen der deutschen und der amerikanischen Regierung beseitigen und auch noch zukünftige Wirtschaftsbeziehungen zum neuen Regime des betreffenden Landes anbahnen.

Über Zielorientierungen hinaus stellen evaluative und normative Randbedingungen der Zielverfolgung weitere Entscheidungskriterien dar. Der finanzielle Kostenaufwand einer Entscheidung ist ein häufig vorzufindender Gesichtspunkt dieser Art. Typischerweise hat ein Entscheider bestimmte Obergrenzen, die die Kosten nicht überschreiten dürfen. Auch die Berücksichtigung geltender Gesetze ist eine häufig vorkommende Randbedingung – nicht nur bei politischen Entscheidungen. Wenn sich beispielsweise ein Berufstätiger überlegt, noch ein Studium zu absolvieren, kann ferner die zeitliche Vereinbarkeit beider Aktivitäten eine wichtige Randbedingung sein. Während Zielorientierungen der Alternativensuche – also der als nächstes anzusprechenden Entscheidungskomponente – eine Richtung vorgeben, wird die so ausgerichtete Alternativensuche durch die Randbedingungen gleichsam links und rechts eingegrenzt. Gemeinsam ist beiden Arten von Entscheidungskriterien, dass der Horizont der Problembearbeitung konturiert wird.

Kriterienformulierung beinhaltet zweierlei. Zum einen müssen die relevanten Kriterien der Entscheidung identifiziert werden; zum anderen müssen sie gemäß ihrer Wichtigkeit in eine Rangordnung gebracht werden. Letzteres kann auf graduelle Abstufungen hinauslaufen. Dann ist beispielsweise die Erfüllung eines bestimmten Kriteriums sehr wichtig, die eines anderen hingegen nur von mittlerer Wichtigkeit. Es kann aber auch so sein, dass bestimmte Kriterien als essentiell hervorgehoben werden: Sie müssen auf einem bestimmten Niveau erfüllt sein, damit eine Entscheidungsalternative überhaupt in Betracht gezogen wird. Andere Kriterien hingegen sind Zusatzgesichtspunkte in dem Sinne, dass ihre Erfüllung zwar als wünschenswert, aber nicht als zwingend erforderlich erachtet wird. So mag jemand z.B. bei seiner Studienfachwahl darauf aus sein, in der Heimatstadt studieren zu können – aber nur dann, wenn sich an der dortigen Hochschule ein Studiengang findet, der den eigenen inhaltlichen Interessen entspricht.

Die Kriterienformulierung läuft so auf eine nach relativer Priorität geordnete Liste von Zielorientierungen hinaus, die durch eine Auflistung von Randbedingungen ergänzt wird. Letztere können auf einem Kontinuum von harten und weichen Constraints geordnet werden. Manche Randbedingungen sind mehr oder weniger unverrückbar in dem Sinne, dass der Entscheidungshandelnde sie respektieren muss und auch bei größter eigener Anstrengung nicht zu revidieren vermag. Andere Randbedingungen hingegen vermag er durchaus mehr oder weniger stark zu modifizieren oder gar außer Kraft zu setzen. So kann beispielsweise ein Stipendium dabei helfen, die finanziellen Schranken der Entscheidung für ein Studium zu überwinden.

Eine perfekt rationale Entscheidung zeichnet sich hinsichtlich der Kriterien erstens dadurch aus, dass der Akteur sämtliche für ihn relevanten Kriterien ausmacht und präzise formuliert. Diese Vollständigkeit ist eine notwendige Bedingung dafür, dass der Entscheidungshandelnde bei seiner Entscheidung nichts für ihn Wichtiges außer Acht lässt. Zweitens müssen die Zielorientierungen des Entscheidens in eine eindeutige und zeitbeständige Rangordnung gebracht werden. Technisch gesprochen geht es um eine stabile transitive Reihung. Letzteres bedeutet: Wenn das Kriterium A als wichtiger eingestuft wird als das Kriterium B und dieses als wichtiger als das Kriterium C, dann muss auch das Kriterium A wichtiger sein als das Kriterium C. Drittens schließlich müssen die Randbedingungen der Problembearbeitung – von physischen Unmöglichkeiten bis zu sozialen Zwängen – danach geordnet werden, wie hart oder weich sie für den Akteur sind.

Das Ergebnis einer solchen Kriterienformulierung könnte dann beispielsweise für eine Studienfachwahl so aussehen, dass jemand für sich folgende fünf Kriterien aufstellt: Bei den Zielorientierungen rangiert ein starkes Interesse an Naturwissenschaften vor einem ebenfalls noch gewichtigen Interesse an späteren guten Einkommens- und Karrierechancen; zwei unverrückbare Randbedingungen bestehen darin, dass es sich um kein Numerus-clausus-Fach handeln darf und man es in der Universität des Heimatortes studieren kann; schön wäre es zudem, wenn einer der eigenen Freunde dasselbe Fach am selben Ort studiert.

*Alternativensuche*
Sind die Beschaffenheit des Problems und die Kriterien der Problembearbeitung geklärt, kann sich der Handelnde auf die Suche nach Entscheidungsalternativen begeben. Fast immer gibt es mehr als eine Möglichkeit, wie mit einem bestimmten Problem umgegangen werden kann. Zu diesen Alternativen gehört im Übrigen auch die stets gegebene Möglichkeit, gar nichts zu tun: die „Null-Alternative" (Brauchlin/Heese 1995: 39). Manchmal kann alles Erdenkliche, was man tun könnte, ein Problem nur noch verschlimmern; und dann ist es das Beste, das Problem, so wie es ist, zu ertragen.[4]

Gelegentlich liegen die verfügbaren Entscheidungsalternativen auf der Hand, sobald das Problem formuliert ist und die Entscheidungskriterien benannt sind. Oft muss der Akteur jedoch auch eine mehr oder weniger umfangreiche Suche nach geeigneten Alternativen auf sich nehmen. Diese Suche kann zum einen dadurch bedingt sein, dass es nur wenige und verborgene, also erst aufzuspürende Problemlösungen gibt. Was soll beispielsweise ein Unternehmen tun, dessen einziges Produkt durch eine unverhoffte technische Innovation eines Konkurrenten plötzlich nicht mehr gefragt ist? Die üblichen Reaktionen auf einen Absatzrückgang – mehr Werbung, Preissenkungen oder Produktverbesserungen – helfen hier ersichtlich nicht weiter; und wenn dann eine Umstellung auf das neue Produkt nicht möglich ist, weil es z.B. eine ganz andere Produktionstechnologie erfordert, ist guter Rat teuer.

In anderen Fällen besteht die Suche nach Entscheidungsalternativen umgekehrt darin, in einer Vielzahl sich offen darbietender Möglichkeiten geeignete auszumachen. So sind etwa bei Berufs-

---

[4] Hierzu nur ein Beispiel aus einem gerade gelesenen Zeitungsinterview mit einem Walforscher: Gefragt, wie einem Pottwal, der sich in die Ostsee verirrt hat, wo er früher oder später wegen des zu flachen und zu warmen Wassers verenden müsste, geholfen werden könnte, den Rückweg zu finden, antwortete der Experte, man könne leider überhaupt nichts Sinnvolles tun. Jede noch so gut gemeinte Aktion würde den Wal nur noch mehr unter Stress setzen und so dafür sorgen, dass seine geringen Chancen auf ein Entkommen noch kleiner würden.

wahlentscheidungen bereits Hauptschüler mit Hunderten von möglichen Lehrberufen konfrontiert; und mit jedem höheren Schulabschluss nimmt diese Anzahl noch immer mehr zu, bis dann das Abitur auch noch Hunderte von Studienfächern eröffnet.

Das Finden von Alternativen ist der eine Teilschritt dieser Komponente des Entscheidungshandelns. Der andere Teilschritt besteht darin, die gefundenen Alternativen genauer zu spezifizieren. Mit Blick auf die künftige Implementation müssen die Alternativen instruktiv ausformuliert werden. Es reicht beispielsweise nicht, wenn sich die Leitung eines Unternehmens überlegt, auf Absatzrückgang mit Preissenkungen zu reagieren. Man muss schon genauer sagen, dass diese Entscheidungsalternative darin besteht, für bestimmte Produkte in einem bestimmten Zeitraum die Preise um einen bestimmten Prozentsatz zu senken.

Nur ein solcher Spezifikationsgrad erlaubt die vergleichende Bewertung unterschiedlicher Entscheidungsalternativen, die als nächste Entscheidungskomponente angesprochen werden wird. Ähnlich kann es eine Studienwahlentscheidung auch nicht einfach bei den Alternativen belassen, entweder Biologie oder Geschichte zu studieren. Je nach Entscheidungskriterien muss der Betreffende sich schon darüber im Klaren werden, ob er Biologie als Diplom- oder als Lehramtsstudiengang – bei Letzterem dann möglicherweise mit Geschichte als zweitem Fach – oder Geschichte als Magister- bzw. als Lehramtsstudiengang studieren möchte; und möglicherweise müssen bei den jeweiligen Entscheidungsalternativen auch noch die in Frage kommenden Studienorte mit ihren inhaltlich anders profilierten Studiengängen näher ins Auge gefasst werden.

Eine perfekt rationale Entscheidung zeichnet sich bei der Alternativensuche dadurch aus, dass die in Frage kommenden unterschiedlichen Möglichkeiten, wie das anstehende Entscheidungsproblem im Rahmen der Randbedingungen und gemäß den Zielorientierungen bearbeitet werden könnte, vollständig gefunden werden. Jede dieser Alternativen muss weiterhin so detailliert ausgearbeitet werden, dass im Falle ihrer Auswahl gewissermaßen von Anfang bis Ende feststünde, was dann zu tun wäre. Die meisten Entscheidungen, und insbesondere Gestaltungsentscheidungen, bestehen ja nicht aus einem einzigen Akt – anders als die Entscheidung für ein bestimmtes Gericht im Restaurant. Entscheidungen können aus mehr oder weniger vielen Schritten bestehen; und perfekte Rationalität erfordert in solchen Fällen ein lückenloses Skript dieser Schritte für jede Entscheidungsalternative. So kann es beispielsweise sein, dass die Alternative, auf den Absatzrückgang mit einer spezifizierten Preissenkung zu reagieren, mit entsprechenden Werbemaßnahmen und einer temporären Produktionssteigerung verbunden ist. Diese Teilschritte der Entscheidungsalternative müssten dann nicht nur je für sich, sondern auch in ihrer zeitlichen Synchronisation festgelegt werden.

*Alternativenbewertung und -auswahl*
Die vorliegenden Entscheidungsalternativen werden an Hand der Entscheidungskriterien auf ihre Eignung zur Bearbeitung des zugrunde liegenden Problems geprüft. Diese Prüfung widmet sich zunächst der Frage, ob eine Alternative – jede für sich betrachtet – überhaupt geeignet ist, das anstehende Problem auf eine zufrieden stellende Weise zu bewältigen. Die Alternativensuche hat sich diesbezüglich ja mit einem vagen Eindruck begnügt. Nun muss sich beispielsweise die Schülerin fragen, ob sich ihre Vorstellung, dass Kfz-Mechanikerin für sie der richtige Beruf sein könnte, tatsächlich erhärten lässt. Bei genauerem Hinsehen mag sich erweisen, dass das eigene technische Verständnis doch nicht so ausgebildet ist, wie es für diesen Lehrberuf erforderlich wäre. Ähnlich könnte ein Unternehmen feststellen, dass es sich mit der als Entscheidungsalternative ins Auge gefassten Preissenkung wohl einen Bärendienst erwiese. Denn es verlöre den Nimbus der Qualitätsmarke und konkurrierte in einem niedrigeren Preissegment mit vielen Billiganbietern, was dann die Absatzprobleme womöglich sogar noch verschärfen würde.

Bei diesem Teilschritt – der Prüfung der absoluten Eignung – können bestimmte Entscheidungsalternativen als unpraktikabel ausgesondert werden. Es kann aber auch sein, dass jede der gefundenen Alternativen grundsätzlich geeignet ist. Der zweite Teilschritt der Entscheidungskomponente prüft dann entsprechend die relative Eignung der grundsätzlich geeigneten Alternativen. Hier werden die Alternativen also miteinander verglichen und daraufhin untersucht, welche sich als bessere bzw. schlechtere erweisen. Die Schülerin wägt also beispielsweise bei ihrer Berufswahlentscheidung ab, ob für sie eine Schreinerlehre besser oder schlechter ist als eine Dachdeckerlehre. Hierbei sind dann zum einen die Zielorientierungen zu berücksichtigen: Welcher der beiden Berufe bietet die besseren Verdienstchancen und die höhere Arbeitsplatzsicherheit? Zum anderen müssen auch die Randbedingungen mit in den Blick genommen werden: Welcher der beiden Berufe stellt höhere Anforderungen an die körperliche Feinmotorik? Vielleicht gibt es auch bei einem der beiden Berufe eine Lehrstelle am Ort, während man für den anderen Beruf jeden Tag in den Nachbarort fahren müsste – bei schlechten Verbindungen mit dem öffentlichen Nahverkehr. Solche Abwägungen gehen in eine Gesamtbeurteilung der relativen Eignung der verschiedenen Alternativen ein, womit dann die Grundlage für die Auswahl derjenigen Alternative geschaffen ist, für die man sich schließlich entscheidet.

Eine perfekt rationale Entscheidung erfordert bei der Alternativenbewertung und -auswahl, dass zunächst jede der gefundenen Alternativen anhand aller Entscheidungskriterien geprüft und bewertet wird. In vielen Fällen genügt keine punktuelle Bewertung dessen, was eine Alternative zu einem einzigen zukünftigen Zeitpunkt bewirkt; sondern ihre längerfristigen Effekte müssen in Rechnung gestellt werden.[5] So kann ich zwar sehr schnell relativ viel Geld verdienen, wenn ich gleich nach der Schule irgendwo als Ungelernter anfange, statt eine Lehre zu machen; aber längerfristig zahlt sich die Lehre aus. Diejenigen Alternativen, bei denen die Bewertung ergibt, dass bereits die absolute Eignung nicht gegeben ist, werden aus der weiteren Betrachtung ausgeschlossen. Für die

---

[5] Siehe Bitz (1981: 287-346) zu „mehrperiodigen Entscheidungsproblemen".

grundsätzlich geeigneten Alternativen müssen sodann die hinsichtlich jedes einzelnen Entscheidungskriteriums vorgenommenen Teilbewertungen zu einer Gesamtbewertung zusammengefasst werden. Dann sind diese Alternativen in einer eindeutigen Rangordnung miteinander vergleichbar, und die am besten bewertete Alternative wird als diejenige, die in die Tat umzusetzen ist, gewählt.

Diese Auswahl ist dann am einfachsten, wenn eine der Alternativen allen Kriterien am besten gerecht wird, oder zumindest den am wichtigsten eingestuften Kriterien. Es können sich allerdings auch unübersichtlichere Bewertungslagen ergeben. Ist beispielsweise diejenige Alternative vorzuziehen, die dem wichtigsten Kriterium am besten entspricht, aber bei allen weiteren nur mittelmäßig abschneidet, oder diejenige, die beim wichtigsten Kriterium die zweitbeste und bei allen weiteren die beste ist? Wenn man in der Lage ist, die relative Wichtigkeit der Kriterien in quantitativen Gewichtungsfaktoren zu beziffern, und dasselbe auch für das Ausmaß, in dem eine bestimmte Alternative einem bestimmten Kriterium gerecht wird, zu tun vermag, lassen sich solche Bewertungsfragen rechnerisch lösen:

*Man stelle sich eine Entscheidungssituation vor, in der drei Alternativen A, B und C anhand von drei Kriterien x, y und z bewertet werden. Dabei zählt das Kriterium x dreimal und das Kriterium y zweimal soviel wie das Kriterium z; und die drei Alternativen werden den drei Kriterien jeweils in folgendem Maße gerecht:*

|   | A | B | C |
|---|---|---|---|
| x | 0.6 | 0.7 | 0.2 |
| y | 0.8 | 0.4 | 1.0 |
| z | 0.3 | 0.9 | 0.6 |

*Die Gesamtbewertung der drei Alternativen ergibt dann:*[6]
A: 3 x 0.6 + 2 x 0.8 + 1 x 0.3 = 3.7
B: 3 x 0.7 + 2 x 0.4 + 1 x 0.9 = 3.8
C: 3 x 0.2 + 2 x 1.0 + 1 x 0.6 = 3.2

*Hier wäre somit die Alternative B die am besten bewertete, für die sich der Akteur dann entschiede.*

Bis hierher sind nur „Entscheidungen unter Sicherheit" betrachtet worden.[7] Die Wirkungen der Alternativen im Hinblick auf die drei Kriterien treten sicher ein. Bei „Entscheidungen unter Risiko" kennt der Akteur lediglich Wahrscheinlichkeiten für das Eintreten der Wirkungen. Das macht die Kalkulation nur unwesentlich komplizierter: Die Wahrscheinlichkeitswerte müssen in die obige Multiplikation mit einbezogen werden. Wirklich schwierig sind dann allerdings „Entscheidungen unter Unsicherheit", wenn der Akteur auch über keine Wahrscheinlichkeitseinschätzungen mehr verfügt oder diese nur noch höchst unvollständig oder ungenau vorliegen. Dann kann auch eine perfekt rationale Entscheidung nicht immer zu einer eindeutigen Rangfolge der bewerteten Alternativen kommen.

*Implementation*
Ist eine Entscheidungsalternative ausgewählt, kann sie sodann in die Tat umgesetzt werden. Dies erfordert zunächst einmal einen entsprechenden Entschluss.[8] Ohne ihn bleibt eine Entscheidung nur als Gedanke im Kopf bzw. Wort auf dem Papier stehen. Sobald aus Gedanken und Worten Taten werden, erfährt der Akteur die konkreten situativen Bedingungen, mit denen sein Entscheidungshandeln fertig werden muss. Einige davon wird er sich mehr

---

[6] Dies ist die simpelste Form der Wert-Erwartungs-Theorie (Esser 1999: 247-293).

[7] Zum Folgenden siehe Kirsch (1970: 29/30), Bronner (1999: 9-14), Bamberg/ Coenenberg (2002: 18-27).

oder weniger genau antizipatorisch vor Augen geführt haben, während ihn anderes manchmal völlig überrascht. Doch selbst das, womit der Akteur gerechnet hat, stellt sich zumeist etwas und manchmal auch ganz anders dar, wenn es dann eintritt.

Dabei kann es zum einen so sein, dass eine Entscheidung sich unkomplizierter umsetzen lässt, als der Akteur es eigentlich erwartet hat. Alles geht nicht bloß reibungslos, sondern geradezu „wie von selbst". Häufiger ist allerdings, dass sich während der Implementation mehr oder weniger gravierende Hemmnisse und Schwierigkeiten zeigen, die zumindest in diesem Ausmaß nicht erwartet wurden. Das erfordert dann eine größere Kraftanstrengung, als der Akteur vorausgesehen hat, und spontane Fortschreibungen und Modifikationen des entworfenen Entscheidungshandelns.

Wenn sich jemand beispielsweise dafür entschieden hat, neben seiner Berufstätigkeit ein Fernstudium der Informatik zu absolvieren, muss er damit beginnen, sich darum zu kümmern, wann und wie er sich bei der in Frage kommenden Hochschule einschreiben kann und an welche Organisationseinheit er sich dabei zu wenden hat. Er findet sicher schnell heraus, dass dafür das Studentensekretariat der Hochschule zuständig ist. Möglicherweise entdeckt er dann bei genauerem Studieren der Unterlagen, dass eine Einschreibung nur im Wintersemester möglich ist; er war hingegen fraglos davon ausgegangen, dass dies auch im Sommersemester geht. Das bedeutet ein halbes Jahr warten. Die Einschreibunterlagen weisen ihn weiterhin darauf hin, dass er eine ganze Reihe von Auskünften und Dokumenten herbeizubringen hat; und vielleicht entdeckt er dann, dass sein Abiturzeugnis offenbar beim letzten Umzug verloren gegangen ist, so dass er sich erst noch Ersatz beschaffen muss. Ist die Einschreibfrist fast zu Ende, kann dies hektisch werden und schnelles Handeln erfordern. Womöglich muss er sich einen Tag Urlaub nehmen, um mit dem Auto quer durch Deutschland zu fah-

---

[8] Siehe auch Luckmanns (1992: 48-92) phänomenologische Analyse des Handelns mit der Abfolge von Entwurf, Entschluss und Vollzug.

ren, damit er an seiner alten Schule eine beglaubigte Kopie seines Zeugnisses abholen kann.

Dies sind nur wenige Beispiele für Komplikationen, die sich bei der Umsetzung dieser Entscheidung ergeben könnten. Abstrakt könnte man natürlich sagen, dass ein Akteur an solche Eventualitäten doch früher – nämlich bei der Entscheidungsfindung und der Ausarbeitung der Entscheidungsalternativen – hätte denken können. Doch es liegt auf der Hand, dass dies letztlich einen Akteur voraussetzte, der allwissend ist – und soweit geht nicht einmal das Idealmodell perfekt rationalen Entscheidens.

Perfekte Rationalität bedeutet vielmehr bei der Implementation einer Entscheidung, dass der Akteur die gewählte Alternative unverzüglich und ohne Abstriche umzusetzen beginnt sowie dabei trotz auftretender Hindernisse und Komplikationen zielstrebig voranschreitet. Das heißt unter anderem, dass er sich nicht länger durch andere Entscheidungsalternativen beirren läßt, selbst wenn diese bei der Alternativenbewertung nur ganz knapp hinter der gewählten Alternative lagen. Die Würfel sind gefallen, und jede Art von „post-decisional regret" (Festinger 1957; Jones/Gerhard 1967: 186-226) hält nur von dem ab, was nun zu tun ist.

Der Akteur muss ferner den „inneren Schweinehund" überwinden, also beharrlich entschlossen voranbringen, wofür er sich entschieden hat. Wer etwa neben seiner Berufstätigkeit zur beruflichen Weiterqualifikation ein Fernstudium absolvieren will, muss dann diese einmal getroffene Entscheidung auch tagtäglich umsetzen, also selbst nach einem harten Arbeitstag noch abends sein Pensum für das Studium absolvieren. Dies hat er sich vorher durchaus klar gemacht. Was ihm möglicherweise nicht klar war, ist der Tatbestand, dass er neben den Studientexten, die er von der Hochschule erhält, auch noch in mindestens gleichem Ausmaß weitere Literatur zu bearbeiten hat, was für ihn, der auf dem Lande weitab von jeder Universitätsbibliothek wohnt, immer wieder ein Beschaffungsproblem darstellt. Auch dergleichen unvorhergesehene Hindernisse müssten bei einer perfekt rationalen Entscheidung vom Akteur ohne Zögern angegangen werden. Ihm ist schließlich klar gewesen, dass er mit Unvorhergesehenem konfrontiert werden würde, durch das er sich nicht vom Weg abbringen lassen darf. Eventuell kann er einmal im Monat samstags die längere Autofahrt zu einer Universitätsbibliothek auf sich nehmen; oder er findet heraus, dass diese Bibliothek wochentags bis zehn Uhr abends geöffnet hat, was ihm dann, wenn er mit seinem Vorgesetzten vereinbart, ab und zu etwas früher mit der Arbeit Schluss zu machen, auch wochentags den Bibliotheksbesuch ermöglicht.

*Evaluation*
Bis zu ihrer Umsetzung stellt jede Entscheidung eine kognitive Erwartung darüber dar, was dann geschehen wird. Das betrifft zunächst diejenigen Wirkungen, die sich auf die formulierten Ziele der Entscheidung beziehen. Wird das zugrunde liegende Entscheidungsproblem, gemessen an den aufgestellten Kriterien, tatsächlich effektiv bearbeitet? Erfüllt also beispielsweise der Beruf, für den ich mich entschieden habe, die Erwartungen, die ich an ihn hatte? Oder wird der Absatzrückgang, den ein Unternehmen mit einer Preissenkung stoppen wollte, tatsächlich zumindest verlangsamt?

Neben den angestrebten Zielen ist für den Akteur weiterhin wichtig, ob er die kalkulierten Randbedingungen einhält. Bleiben z.B. die finanziellen Kosten einer Entscheidung in dem Rahmen, den der Akteur sich gesetzt hat, oder wird sie erheblich teurer für ihn? Neben den finanziellen Kosten ist der Zeitaufwand oftmals eine wichtige Randbedingung. Auch diesen gilt es daraufhin zu beobachten, ob gesetzte Fristen eingehalten werden und ob das veranschlagte Zeitpensum – etwa für das tägliche Studium – ausreicht oder nicht.

Schließlich wird der Akteur auch noch mit weiteren Wirkungen seiner Entscheidung konfrontiert, die bei der Entscheidungsfindung jenseits seines Aufmerksamkeitshorizonts lagen.[9] Diese Nebenwirkungen können sich für ihn als positiv oder als negativ

---

[9] Insbesondere Dietrich Dörners (1989) Experimente zur „Logik des Misslingens" zeigen, wie beschränkt der Horizont der meisten Entscheidungen ist.

herausstellen. Derjenige, der neben seinem Beruf ein Fernstudium aufgenommen hat, bemerkt beispielsweise, dass er sich dadurch im Laufe der Zeit erhebliche Kenntnisse im Umgang mit dem PC und dem Internet aneignet, die ihm dann auch im beruflichen Alltag zu Nutze kommen. Diesem positiven Nebeneffekt steht aber möglicherweise als negativer gegenüber, dass der Betreffende mehr Zeit als veranschlagt für das Studium benötigt, wodurch er kaum noch zum Sport Treiben kommt. Hinzu kommen Auswirkungen der eigenen Entscheidung auf andere Akteure – sei es, dass diese Drittwirkungen dem Entscheidungshandelnden von sich aus nicht gleichgültig sind, sei es, dass negativ betroffene andere ihn das spüren lassen. Vielleicht macht dem Studierenden das stumme Leiden seiner Partnerin, für die er kaum noch Zeit findet, Gewissensbisse; oder die Partnerin droht ihm an, ihn zu verlassen.

Diese verschiedenen Arten von Auswirkungen des Entscheidungshandelns treten zu unterschiedlichen Zeitpunkten in unterschiedlichem Maße auf. Manche Effekte sind sehr schnell registrierbar, andere hingegen erst nach einer gewissen Verzögerung oder einer langen, schleichenden Entwicklung. Die negativen Effekte forstwirtschaftlicher Monokulturen in Deutschland beispielsweise stellten sich – nach anfänglichen großen Erfolgen – erst nach über hundert Jahren ein (Scott 1998: 11-22). Auch die Größenordnung der jeweiligen Wirkungen ist von Bedeutung.[10] Solange etwa die negativen Nebenwirkungen einer Entscheidung geringfügig bleiben, lassen sie sich verschmerzen; gleiches gilt für einen moderaten finanziellen oder zeitlichen Mehraufwand. Die Zielgrößen der Entscheidung werden in den seltensten Fällen allesamt hundertprozentig realisiert. So erfüllt beispielsweise ein Studium nicht sämtliche inhaltlichen Erwartungen, die die Person damit verbunden hat; und ihre Abschlussnote bleibt ebenfalls hinter dem zurück, was sie sich versprochen hat. Ein Unternehmen kann seinen Absatzrückgang vielleicht deutlich reduzieren, aber nicht

---

[10] Siehe auch die Unterscheidung von „Scheitern" auf der ganzen Linie und „Misslingen" als „Scheitern im Kleinen" bei Dimbath (2004: 3/4).

gänzlich stoppen – ganz zu schweigen davon, dass es wieder Absatzsteigerungen erreicht.

Solche Diskrepanzen zwischen erwarteter und faktischer Zielerreichung können ebenso wie die Nichteinhaltung gesetzter Randbedingungen oder auftretende negative Nebenwirkungen ein Ausmaß erreichen, das ein weiteres Entscheidungsproblem hervorruft. Dann hat der Akteur ein neues Problem zu bewältigen – das auch das alte sein kann, wenn z.B die getroffene Entscheidung nicht die geringste Wirkung auf den Absatzrückgang hat. Genau das alte Problem liegt allerdings selbst dann nicht vor. Denn der Akteur hat zum einen mit der umgesetzten Entscheidungsalternative Erfahrungen gesammelt und weiß nun, dass er sich etwas anderes überlegen muss. Zum anderen hat er Ressourcen und Zeit aufgewendet, und beides steht ihm nicht noch einmal zur Verfügung. Bei keiner Entscheidung hat man beliebig viele Versuche, um herauszufinden, was richtigerweise zu tun ist. Manche Entscheidungen geben einem sogar nur einen einzigen Versuch; und wenn sich dann erweist, dass man das Falsche getan hat, war das fatal. Wenn ein Patient stirbt, sofern der Arzt nicht in kürzester Zeit die richtige Entscheidung trifft, liegt ein solcher Fall vor.

Eine perfekt rationale Entscheidung zeichnet sich in der Evaluationskomponente dadurch aus, dass die Ergebnisse der Implementation – Zielerreichung, Einhaltung der Randbedingungen, Vermeidung negativer Nebenwirkungen – kontinuierlich sondiert und gegebenenfalls unverzüglich zu einem neuen Entscheidungsproblem gemacht werden. Die gesamte Umsetzung der Entscheidung steht also unter einer umfassenden Dauerbeobachtung, und der Akteur ist darauf gefasst, jederzeit ein weiteres Entscheidungsproblem angehen zu müssen.

Perfekte Rationalität geht also keineswegs von perfekten Entscheidungen in dem Sinne aus, dass jede Entscheidung ihr Ziel zuverlässig im Rahmen der gesetzten Randbedingungen und ohne weitere negative Nebenwirkungen erreicht und der Akteur dann erst einmal Ruhe hat, bis irgendwann ein nächstes Entscheidungsproblem auftritt. Perfekte Rationalität rechnet vielmehr mit der

Unaufhörlichkeit des Entscheidens, weil der Akteur eben weder allwissend noch allmächtig ist und damit prinzipiell jeder Entwurf einer Entscheidung bei deren Umsetzung hinter den Erwartungen zurückbleiben kann. Weil also Ergebnisrationalität – um das mindeste zu sagen – nicht zwingend eintritt, setzt das Idealmodell perfekt rationalen Entscheidens auf prozedurale Rationalität: Bei der Implementation auftretende Defizite einer Entscheidung werden zu einem neuen Entscheidungsproblem erhoben.

Wenn beispielsweise ein Student feststellt, dass sich das gewählte Studienfach als für ihn viel zu schwierig erweist, müsste er diesen Tatbestand als neues Entscheidungsproblem behandeln. Er müsste sich wiederum Kriterien überlegen, nach Alternativen Ausschau halten, diese bewerten und dann eine Alternative auswählen und umsetzen. Das könnte dann darauf hinauslaufen, dass er das Studium abbricht und sich ein neues Fach sucht – oder auch einen Lehrberuf ergreift. Er könnte aber auch zu dem Schluss gelangen, in eine studentische Lerngruppe zu gehen, um gemeinsam mit anderen die für ihn besonders schwierigen Teile des Studiums vielleicht doch bewältigen zu können. Andere Alternativen sind vorstellbar; und bei jeder Alternative ist wiederum abzuwarten, was sie, in die Tat umgesetzt, bringt. Vielleicht klappt es ja mit der Lerngruppe, und die ursprüngliche Entscheidung für das Studienfach lässt sich bis zum Abschluss durchhalten. Vielleicht bleibt aber auch dieser Versuch erfolglos; und wenn dem Studenten dann nichts anderes mehr einfällt, wie er doch noch das Studium bewältigen könnte, muss er sich notgedrungen schleunigst nach Alternativen dazu umsehen.

*Sachliche, zeitliche und soziale Anforderungen perfekter Rationalität*
Nimmt man alle sechs Komponenten eines Entscheidungsvorgangs zusammen in den Blick, dann ergibt sich in sachlicher Hinsicht, dass eine perfekt rationale Entscheidung auf einer vollständigen Erfassung und Verarbeitung der relevanten Informationen beruhen muss. Denn nur dann ist garantiert, dass das anstehende Entschei-

dungsproblem nicht nur oberflächlich oder partiell bearbeitet wird. Allein totale Informiertheit vermag zu gewährleisten, dass das Problem an seiner Wurzel und nicht bloß Symptome kurierend oder gar völlig falsch angegangen wird.

In sozialer Hinsicht muss eine perfekt rationale Entscheidung die unterschiedlichen Perspektiven und daraus hervorgehenden Problemdeutungen aller Entscheidungsbeteiligten und -betroffenen aufnehmen und die so sich ergebende Vielzahl von Kriterien in eine allgemein anerkannte Rangordnung überführen. Nur wenn eine Entscheidung auf diese Weise sämtlichen relevanten, jeweils eine relative Berechtigung aufweisenden Interessen und Standpunkten gerecht wird, ist eine nicht bloß auf einzelne, für sich genommen partikulare Gesichtspunkte abstellende, sondern das betreffende Problem umfassend angehende Entscheidung sichergestellt. Nur das garantiert wiederum Konsens und Erwartungssicherheit unter den involvierten Akteuren.

In zeitlicher Hinsicht schließlich muss eine perfekt rationale Entscheidung hinreichend Zeit zur Verfügung haben, damit überhaupt eine vollständige Informationsverarbeitung und die Erarbeitung einer allgemein anerkannten Kriterienordnung stattfinden können. Nur so lässt sich eine nicht bloß kurzatmige, sondern dauerhaft wirksame Problembearbeitung erreichen.

Aus eigener Alltagserfahrung kann jedermann feststellen, dass reale Entscheidungen diesen hochgesteckten Anforderungen auch nicht annähernd entsprechen, sondern gänzlich anders zustande kommen. Das gilt sowohl für Entscheidungen, die man selbst zu treffen hat, als auch für Entscheidungen, über die man in der Zeitung liest – etwa politische Entscheidungen. Diese Alltagserfahrung wird mittlerweile durch zahllose empirische Studien der Entscheidungsforschung bestätigt und fundiert. In welchen Hinsichten und warum reale Entscheidungen dem formulierten Idealmodell nicht entsprechen, wird nun im nächsten Schritt in den Blick genommen.

## 4.2 Phänomenologie der Rationalitätsbeschränkungen

Gleichgültig, ob man politische, wirtschaftliche, wissenschaftliche oder pädagogische Entscheidungen betrachtet, Entscheidungen in Organisationen oder Familien oder auch biographische Entscheidungen: Überall erweist sich, dass nur ein gegenüber dem Ideal perfekter Rationalität deutlich reduziertes Rationalitätsniveau erreicht wird. Dieser Tatbestand kann nicht auf die Nachlässigkeit oder Unfähigkeit der jeweils entscheidenden Akteure oder auf besondere unglückliche Umstände zurückgeführt werden. Zwar ist nicht abzustreiten, dass es bessere und schlechtere Entscheider sowie günstig und ungünstig gelagerte Entscheidungssituationen gibt.[11] Dies sind jedoch in dem Sinne zweitrangige Determinanten des Rationalitätsniveaus von Entscheidungen, dass auch der beste Entscheider unter den günstigsten Umständen in der großen Mehrzahl von Entscheidungssituationen bei weitem nicht an perfekte Rationalität heranzukommen vermag.

Was das im Einzelnen für die verschiedenen Entscheidungskomponenten bedeutet, soll nun präsentiert werden. An dieser Stelle geht es zunächst einmal strikt um eine Beschreibung empirischer Befunde. Diese Beschreibung konstatiert Defizite des Faktischen gegenüber dem Rationalitätsideal. Bei Defiziten denkt man automatisch an problematische Sachverhalte. Genau diese Bewertung dessen, was das tatsächliche Entscheidungshandeln von Akteuren ist, soll jedoch vorerst ausgeklammert bleiben. Die Bewertung ergibt sich von selbst, wenn man perfekte Rationalität zum Maßstab erhebt. Doch ob dies ein geeigneter Maßstab ist, wird erst

---

[11] Die psychologischen Voraussetzungen eines besseren Umgangs mit hoher Komplexität werden von Dörner et al. (1983) untersucht. Siehe ferner Gigerenzer/Goldstein (1996) und Gigerenzer/Todd (1999) zu „simple heuristics that make us smart", sowie Hertwig/Hoffrage (2001) zu „ökologischer Rationalität". Ob diese psychologischen Merkmale etwa mit sozialer Lage, z.B. Bildungsniveau, korrelieren, ist eine offene Frage. Zwar sind z.B. Frauen offenbar davon überzeugt, bessere Entscheider zu sein (Veeder 1994) – aber wahrscheinlich käme bei einer Befragung von Männern das Umgekehrte heraus (Warum sollten Männer weniger sexistisch sein als Frauen?).

im folgenden Abschnitt reflektiert. Hier und da wird zwar bereits die Beschreibung des Entscheidungshandelns spontane Bewertungen provozieren. Bestimmte empirisch aufweisbare Muster des Entscheidungshandelns erscheinen wahrscheinlich jedem ohne längeres Nachdenken als sehr wenig rational. Umgekehrt hat man vielleicht bei anderen der gleich zur Sprache kommenden Muster eine vage Ahnung, dass Entscheidungshandelnde damit unter Rationalitätsgesichtspunkten womöglich gar nicht so schlecht fahren könnten – obwohl diese Muster eindeutig höchst defizitär sind, wenn man den Maßstab perfekter Rationalität anlegt. Solche Ahnungen sollen erst einmal im Raum stehen bleiben; es wird auf sie zurück zu kommen sein.

Wie im Kapitel 3 dargelegt worden ist, ergeben sich Rationalitätsbeschränkungen des Entscheidens aus der Komplexität von Entscheidungssituationen:

- in sachlicher Hinsicht aus begrenzten Informationsverarbeitungskapazitäten der Akteure (Kirsch 1970: 76-96; Dörner et al. 1983; March 1994: 9-11),
- in sozialer Hinsicht aus Konflikten zwischen Entscheidungsbeteiligten sowie aus wechselseitiger Erwartungsunsicherheit (Lindblom 1959; 1965) und
- in zeitlicher Hinsicht aus Zeitknappheit (Downs 1966: 183/184; Luhmann 1968b).

Ich gehe nun noch einmal die sechs Komponenten eines Entscheidungsvorgangs durch und resümiere die einschlägigen empirischen Erkenntnisse darüber, wie sich jede dieser Komponenten typischerweise bei realen Entscheidungen darstellt.[12]

---

[12] Die im Weiteren eingestreuten Beispiele aus Berufs- und Studienwahlentscheidungen stammen von den Teilnehmern zweier Seminare, die ich mit Mitarbeitern durchgeführt habe: „Individualisierung – Die Last der Freiheit" (Fernstudienzentrum Steyr, 22.-31.8.2001, mit Ute Volkmann) und „Entscheidungshandeln – am Beispiel biographischer Entscheidungen" (Studienzentrum der FernUniversität in Hagen an der FU Berlin, 19.-21.10.2001, mit Thomas Kron). Siehe zu diesem Feld biographischer Entscheidungen auch

*Problemformulierung*
Entscheidungsprobleme werden selten aktiv und antizipatorisch gesucht. Akteure lassen Probleme vielmehr meist auf sich zukommen und erklären sie erst dann explizit als bearbeitungsbedürftig, wenn sich dies nicht länger vermeiden lässt. Solange wie möglich versucht man also, Entscheidungsprobleme zu verdrängen und zu ignorieren. Rolf Bronner (1999: 5) stellt mit einem plastischen Vergleich fest: „In verblüffender Parallelität zu Flugzeugen gibt es auch bei Entscheidungen zwei besonders kritische Phasen: den 'Start' und die 'Landung'." Erstere ist hier zunächst angesprochen, zu letzterer siehe später.

Es wird oftmals erst äußerst spät, wenn sich ein Problem bereits krisenhaft zugespitzt hat, klar, dass es besteht und man schon sehr lange die Augen davor verschlossen hat (Mintzberg et al. 1976; Downs 1966: 167-174; Offe 1974: 343/344). Auf gesellschaftlicher Ebene ist dies beispielsweise nach wie vor bei vielen Arten von Umweltverschmutzung und Naturzerstörung der Fall. Die mittlerweile zusammengestellten und bekannten Fakten belegen, dass diese Probleme schon sehr viel länger zurück reichen, als sie als solche öffentlich thematisiert werden. Diese Problemverdrängung lag in den allermeisten Fällen nicht etwa daran, dass man – etwa aufgrund fehlender wissenschaftlicher Erkenntnisse und Messungen – nicht früher wissen konnte, dass bestimmte ökologische Probleme bestehen; man wollte es vielmehr möglichst lange nicht wissen.

Auch wenn Probleme als solche identifiziert sind, kann man ihre genauere Betrachtung und ihre entscheidungsförmige Bearbeitung hinausschieben. Dies geschieht immer wieder mit der scheinbar rationalen Begründung, man wolle gründlich über die Sache nachdenken, um eine möglichst gute Entscheidung treffen zu können. So etwas kann unter Umständen sehr lange durchgehalten werden. Bei manchen Entscheidungsproblemen ist es dann aller-

---

Hodkinson/Sparkes (1997) sowie die materialreiche empirische Studie von Dimbath (2003).

dings irgendwann zu spät. Weil beispielsweise die Familiengründung für junge Erwachsene ein mit vielen Ambivalenzen und Unwägbarkeiten behaftetes Problem ist, schieben sie es uneingestanden immer weiter vor sich her, und einige bleiben letztlich wider Willen kinderlos (Kühn 2003).

Früher oder später drängen allerdings bei den meisten Entscheidungsproblemen vor allem zwei Faktoren darauf, dass der betreffende Akteur sich schließlich doch mit der Sache auseinandersetzen muss. Erstens spitzen sich viele Probleme, bleibt man untätig, immer weiter zu, bis der Problemdruck letztendlich unerträglich wird und zum Handeln zwingt. Das geht manchmal langsam, manchmal aber auch sehr schnell – man denke nur an eine in einem brennenden Haus eingeschlossene Person: Hier bleiben der Feuerwehr nur wenige Minuten, um zu entscheiden, was sie tut. In derartigen Situationen ist kein gründliches Nachdenken möglich. Andere Probleme brauchen erheblich länger, bis man sie nicht mehr ignorieren kann. Die demographischen Probleme der deutschen Rentenversicherung z.B. haben sich über zwei Jahrzehnte im Verborgenen aufgestaut – nur von wenigen Fachleuten erkannt, denen aber kein Politiker zuhören wollte. Dann jedoch haben sich die Politiker daran machen müssen, längst überfällige Entscheidungen zu treffen. In wieder anderen Fällen gibt es formell gesetzte Deadlines, bis zu denen ein Akteur eine bestimmte Entscheidung getroffen haben muss. Wenn er dies versäumt, hat er mit manchmal gravierenden Nachteilen zu rechnen; oder andere treffen dann die Entscheidung für ihn. Wenn ich mich beispielsweise bis zum Ende der Einschreibefrist nicht entschieden habe, welches Studienfach ich wo studieren will, muss ich ein halbes oder sogar ein ganzes Jahr bis zur nächsten Einschreibemöglichkeit warten. Der jeweils durch Problemdruck oder Terminierung vorgegebene Zeitraum bezieht sich im Übrigen auf den gesamten Entscheidungsvorgang, zumindest auf die Entscheidungsfindung, und nicht bloß auf die Problemformulierung. Damit wird der Zeitrahmen für letztere nur umso enger.

Zweitens unterliegen Akteure in der Entscheidungsgesellschaft auch einem spezifisch modernen Entscheidungsdruck. In vielen Situationen wird von den jeweiligen Akteuren eine Entscheidung geradezu normativ erwartet. Nicht-Handeln wird ebenso wie ein nicht-entscheidungsförmiges Handeln als Entscheidung – nämlich eine Entscheidung zur Nicht-Entscheidung – zugerechnet. Viele Personen agieren insbesondere in ihren Berufsrollen als so genannte „Entscheidungsträger" und vermögen sich dem Ansinnen verschiedenster Bezugsakteure, bestimmte Tatbestände als Entscheidungsprobleme aufzugreifen, kaum zu entziehen. Auch Organisationen können oftmals allein schon dadurch zu Entscheidungen gezwungen werden, dass Mitglieder oder Akteure in der Umwelt entsprechende Auslöser von Entscheidungshandeln betätigen. Wenn ein Bürger bei einer Verwaltungsbehörde eine Eingabe macht, muss diese in einer angemessenen Frist entschieden werden. Ebenso kann ein Sportverein durch jedes seiner Mitglieder dazu gebracht werden, bestimmte Angelegenheiten spätestens bei der turnusmäßigen Mitgliederversammlung entscheidungsförmig, etwa durch einen förmlichen Mehrheitsbeschluss, zu bearbeiten – und sei es durch eine Entscheidung des Vorstands, die jeweilige Angelegenheit der Mitgliederversammlung nicht zur Entscheidung vorzulegen.

Entscheidungsprobleme können sich also zum einen aus der Sache heraus aufdrängen und zum anderen sozialem Erwartungsdruck entspringen, wobei aus beidem auch zeitliche Vorgaben erwachsen. Sachliche und soziale Faktoren liegen oftmals kombiniert vor. So können etwa bestimmte Akteure einen Zustand sachlich als problematisch erachten, weil er ihren Interessen eklatant zuwiderläuft, und aufgrund dessen sozialen Entscheidungsdruck auf andere Akteure ausüben, die sachlich überhaupt keine Problembetroffenen sind. Ein Arzt beispielsweise ist nicht selbst krank; sondern der Patient erwartet, dass seine Schmerzen zum Entscheidungsproblem des Arztes werden.

Am Beispiel von Berufs- und Studienwahlentscheidungen lassen sich einige typische Muster der Problemwahrnehmung illustrieren.[13] Eines besteht darin, dass äußere Signale oder Zwänge dem betreffenden Akteur das Entscheidungsproblem als solches in den Blick rücken. So werden Schüler in der letzten Klasse der Hauptschule von ihren Lehrern aufgefordert, sich um einen Ausbildungsplatz zu kümmern und Bewerbungen zu schreiben. Ähnlich schildert jemand, dass ihm „schon die ganze Oberstufe des Gymnasiums bewusst ..." war, dass er sich überlegen müsse, was er nach dem Abitur studieren wolle.[14] Bei einem anderen Gymnasiasten spitzten die Eltern mit ihren Mahnungen schließlich das Entscheidungsproblem zu: „Studium oder kein Studium."

Ein anderes Muster des Bewusstwerdens von Entscheidungsproblemen stellen akute Anlässe – manchmal ganz überraschender Art – dar. Eine Frau, die in ihrem erlernten Beruf bei einer Firma beschäftigt war, schildert: „Dann ... wurde ich schwanger, so dass sich ein Weiterkommen in diesem Beruf erledigte." Dieser äußere Zwang brachte die Möglichkeit mit sich, auf dem Weg des Fernstudiums doch noch zu studieren; und vor dieses Entscheidungsproblem sah sich die Betreffende gestellt. Sollte sie studieren, wogegen sie sich mit ihrer Berufswahl zunächst einmal entschieden hatte – und wenn ja: Welches Fach? Jemand anders schildert: „Durch einen ... Firmenumzug ... stand ich plötzlich vor der Wahl ...", wie der weitere berufliche Werdegang aussehen sollte. Der Betreffende hätte seinen Beruf bei dieser Firma behalten und mit ihr in eine andere Stadt umziehen können; er hätte versuchen können, in seinem Beruf an dem Ort, wo er lebte, eine neue Beschäftigung zu finden; es bot sich ihm aber auch – wie der zuvor geschilderten Person – die Möglichkeit, jetzt doch noch ein Studium aufzunehmen. Bei einer dritten Person waren die Alternativen noch eingeschränkter. Der Betreffende führte gemeinsam mit seiner Mutter eine Firma; doch dann „wurde meine Mutter krank, und

---

[13] Siehe für politische Entscheidungsprobleme Zahariadis (1998: 76).
[14] Zitate ohne weitere Angaben stammen in diesem Abschnitt von Teilnehmern der beiden erwähnten Seminare.

wir entschieden uns ..., die Firma aufzugeben, so dass ich mich beruflich verändern musste."

Dies sind jeweils Beispiele für akut auftretende Schwierigkeiten, die es der Person unmöglich machen, ihr eingespieltes Muster der Berufsbiographie einfach weiterzuführen. In anderen Fällen kommen solche akuten Anlässe aber auch als überraschende gute Gelegenheiten daher. Eine Frau, die wegen Kindererziehung ihre Berufstätigkeit aufgegeben hatte, schildert, dass sie plötzlich vor der Entscheidung stand, ob sie wieder arbeiten wollte, „als mir ein Arbeitsvertrag nach 9-jähriger Familienpause vorgelegt wurde, womit ich nicht gerechnet habe." Auch wenn solche guten Gelegenheiten prinzipiell ignorierbar wären, weil ja das eingespielte biographische Muster fortführbar wäre, haben sie doch einen Aufforderungscharakter, der sie zum Entscheidungsproblem macht.

Wieder ein anderes Muster des Aufkommens eines Entscheidungsproblems stellt sich als chronische Kumulation von Unzufriedenheit dar.[15] Ein Problem baut sich lange Zeit schleichend und für die Person allenfalls diffus spürbar auf, um dann plötzlich ins Bewusstsein zu drängen. So war es beispielsweise bei einer Hausfrau und Mutter, der auf einmal klar wurde, dass sie wieder „Kontakte abseits der 3 K" (Kinder, Küche, Kirche) suchte; hinzu kam die „Lust, mich wieder geistig zu regen (ich hatte inzwischen 2 Kinder bekommen)." Aus beiden Bedürfnissen ergab sich das Entscheidungsproblem, ob die Aufnahme eines Studiums förderlich sein könnte, und welches Studienfach dann gegebenenfalls in Frage käme. Bei einer anderen Frau stellten sich nach acht Semestern eines Jurastudiums „zunehmende Misserfolge" und „zunehmendes Interesse" an anderen Themen ein: „Das Problembewusstsein formierte sich langsam." Doch dann: „Nach längerer Hinauszögerungstaktik recht radikaler Abbruch des 1. Studiengangs ... und zügige Neueinschreibung." Letzteres greift bereits auf die anderen Entscheidungskomponenten vor. Bemerkenswert an diesem Bei-

---

[15] Wobei dieses Muster auch mit dem vorher geschilderten der überraschenden Gelegenheit kombiniert auftreten kann. Deren Aufforderungscharakter wird dann nur umso deutlicher.

spiel ist, dass ein bereits weit fortgeschrittenes Studium von einem Tag auf den anderen beendet wird und dies mit weiteren biographischen Umbrüchen – der Heirat und einem Umzug aufgrund der beruflichen Tätigkeit des Mannes – einhergeht. In einem weiteren Fall spitzte sich allmählich die Unzufriedenheit mit einem Beruf zu, der zwar ein gutes Einkommen bot, jedoch eine 6-Tage-Woche mit jeweils 16-Stunden-Tagen auferlegte. Die „anhaltende Unzufriedenheit" verband sich damit, dass dem Betreffenden klar wurde, dass er in seinem Alter entweder sofort oder nie mehr ein Studium absolvieren könnte, das ihm noch eine Alternative zum ausgeübten Beruf eröffnen könnte. Eine sich kumulierende Unzufriedenheit muss im Übrigen nicht unbedingt heißen, dass die Lebenssituation als problematisch erlebt wird. Sie kann auch einfach nur langweilig werden, weil man sie ohne Schwierigkeiten meistert und neue Herausforderungen oder zumindest eine Abwechslung sucht.

Hat ein Akteur ein Entscheidungsproblem als solches erkannt, kommt es dennoch durchaus vor, dass er es unbearbeitet auf sich beruhen lässt. Das kann daran liegen, dass er es als zu schwierig und zu aufwendig einstuft, also von vornherein keine Chance für eine angemessene Problembewältigung sieht (Olsen 1976: 86; Weiner 1976). Ein solche Einschätzung kann in der Sachdimension durch den erwarteten Informationsverarbeitungsaufwand, in der Sozialdimension durch die hohe Konflikthaltigkeit oder in der Zeitdimension durch eine nur ganz kurze Frist, in der das Problem anzugehen ist, begründet sein. Beobachtbar ist auch: Je radikalere Änderungen am Status quo ein Problem erfordert, desto größer ist zunächst einmal die Neigung, es hintanzustellen (Downs 1966: 180-183) – obwohl gerade solche Probleme oft die drängendsten sein mögen. Zu hoher Problemdruck kann also Entscheidungshandeln paralysieren, weil der Akteur sowieso alles, was er tun könnte, als zwecklos einstuft.

Hat ein Akteur hingegen ein Entscheidungsproblem erkannt und ist darüber hinaus bereit, sich mit ihm auseinander zu setzen, wird er dennoch in der Regel nur eine mehr oder weniger selektive

Problemwahrnehmung an den Tag legen. Für viele kleine Firmen beispielsweise lässt sich die Informationsverarbeitung generell und speziell die Wahrnehmung von Entscheidungsproblemen offenbar oft auf die drastische Formel des „driving blind" bringen (Brouthers et al. 1998). Häufig zeigen erst unerwartete Wirkungen bei der Implementation der schließlich realisierten Entscheidungsalternative, welche unter Umständen wichtigen Problemdimensionen außer Acht gelassen worden sind. Peter F. Drucker (1954: 354) behauptet sogar: „What appears at first sight to be elements of the problem rarely are the really important or relevant things." An schon mehrfach angesprochenen unvorhergesehenen und unerwünschten Nebenwirkungen des Entscheidungshandelns wird dies immer wieder deutlich. Ein – im Vorfeld von „Hartz IV" wieder stark diskutiertes – Beispiel hierfür sind die unbedachten kontraproduktiven Effekte zu großzügiger sozialpolitischer Leistungen auf die Bereinigung wirtschaftlicher Krisen: Da die Arbeitslosen aufgrund dieser Leistungen nicht mehr als lohndrückende „Reservearmee" wirken, führt die Krise zu keiner den wirtschaftlichen Aufschwung fördernden Senkung der Lohnkosten (Vobruba 1978).

Ein anderes Beispiel könnte an einen der Fälle anknüpfen, der gerade hinsichtlich der Studienwahlentscheidung geschildert wurde. Die Frau, bei der die „3 K" zu einer Kumulation von Unzufriedenheit geführt haben und die wieder „geistig rege" werden wollte, hat sich aufgrund dieser Problemformulierung auf ein Fernstudium eingelassen – weil dies besser als ein Präsenzstudium mit ihren familiären Belastungen zu vereinbaren ist. Vielleicht stellt sie dann ja während des Studiums fest, dass ihr Problem nicht nur in einer intellektuellen Unterforderung, sondern auch in sozialer Isolation besteht: Sie will mal wieder andere Leute – außer den eigenen Kindern, dem eigenen Ehemann, den Verwandten und den Müttern gleichaltriger Kinder – kennen lernen. Genau dafür ist aber ein Fernstudium im Vergleich zu einem Studium an einer Präsenzuniversität relativ ungeeignet.

Oft wird bei der Problemformulierung auch die zeitliche Eigendynamik einer Problemlage außer Acht gelassen. Viele Probleme verändern sich in der Zeitspanne zwischen dem Moment, wo sie als entscheidungsbedürftig wahrgenommen werden, und dem Moment, wo die schließlich gewählte Entscheidungsalternative in die Tat umgesetzt wird (Dörner et al. 1983: 20/21, 26-28). Das erweist sich dann daran, dass die Art der Problembearbeitung, für die man sich schließlich entscheidet, schon längst unangebracht ist, weil der Charakter des Problems sich dramatisch gewandelt hat. Konjunkturpolitische Steuerungsmaßnahmen stehen beispielsweise oft in der Gefahr, ein solches Schicksal zu erleiden, weil die wirtschaftliche Situation sich aus sich selbst heraus oder aufgrund äußerer Einflüsse rasch verändern kann, während die Entscheidungsfindung – etwa in einer Koalitionsregierung oder einem korporatistischen Verhandlungsnetzwerk – manchmal demgegenüber sehr langsam vonstatten geht.

*Kriterienformulierung*
Bei der Kriterienformulierung fällt als Erstes auf, dass die Liste der Gesichtspunkte für eine angemessene Problembearbeitung stets mehr oder weniger unvollständig ist (Simon 1946a: 65; March/Simon 1958: 138; Lindblom 1959; 1965: 139-141). Wichtige Kriterien können unberücksichtigt bleiben, weil man sie schlicht vergisst, weil man ihre jeweilige Bedeutung falsch einschätzt oder aber – der häufigste Grund – weil die Überfülle potentiell relevanter Kriterien so groß ist, dass man ab einem bestimmten Punkt keine weiteren mehr beachtet. Man denke etwa an die Vielzahl und Heterogenität von Kriterien, an denen stadtplanerische Entscheidungen gemessen werden können – von regionalökonomischen Wachstumseffekten bis hin zur Sicherheit des Schulwegs der Kinder. Diese Unvollständigkeit der Kriterienliste gilt sowohl für die nicht immer leicht überschaubare Vielfalt an Zielorientierungen, denen eine Entscheidung genügen soll, als auch für die unterschiedlichen Randbedingungen, die das Alternativspektrum einschränken.

Entscheidungskriterien sind weiterhin oftmals ausgesprochen vage formuliert – bis hin zum Extremfall völliger Leerformeln.

Beispielsweise äußern Abiturienten, die sich für ein Studienfach entscheiden müssen, das gewählte Fach solle der „Selbstverwirklichung" dienen oder „Spaß machen". Je diffuser Kriterien jedoch sind, desto mehr verlieren sie ihre orientierende Kraft bei der Suche nach und Bewertung von Entscheidungsalternativen. Es ist z.B. ein gravierender Unterschied, ob eine Unternehmensentscheidung daran gemessen wird, dass sie „ein besseres Betriebsklima" herstellen soll, oder daran, dass sie die Krankheitsrate und die Personalfluktuation um 10 % vermindern soll. Hinzu kommt, dass eine Reihe tatsächlich relevanter Kriterien gar nicht explizit als solche formuliert werden, sondern implizit bleiben. Sie mögen so selbstverständlich sein, dass sie als völlig unbewusste Filter wirken. Es mag auch sein, dass gewisse Kriterien im jeweiligen sozialen Milieu verpönt sind und daher nicht offen ausgesprochen werden dürfen. Manche Kriterien, denen Akteure tatsächlich folgen, können sie sich vielleicht nicht einmal selbst eingestehen, weil sie sie für unmoralisch halten (March 1978: 603/604). Dass z.B. ein Professor ein Gutachten auch deshalb schreibt, weil es finanziell lukrativ ist, will er vielleicht allein schon deshalb nicht wahrhaben, weil er jeden Eindruck möglicher Befangenheit vermeiden möchte.

An Studien- und Berufswahlentscheidungen lassen sich wiederum typische Arten von Kriterien verdeutlichen, wie sie auch bei ganz anderen Entscheidungen vorkommen. Zunächst gibt es positiv bestimmte Ziele, die mit einer Entscheidung realisiert werden sollen. Bei Berufs- und Studienwahlen kann dazu ein mehr oder weniger genau gefasstes persönliches Interesse und eine entsprechende Arbeitszufriedenheit gehören. Ein Ziel könnte aber auch z.B. darin bestehen, mit dem Erfolg in einem bestimmten Beruf dem eigenen Vater zu imponieren, der einem dies nicht zugetraut hat.

Zu beachtende Randbedingungen sind eine andere Art von Kriterien, die einem oftmals als Erstes einfallen und damit auch den Rahmen dessen abstecken, was als Zielformulierungen überhaupt noch in den Blick kommt. Ein Berufstätiger, der sich durch ein Studium weiterqualifizieren will, postuliert z.B.: „Arbeit muss möglich sein (Geld verdienen)." Daher kommt für ihn nur ein Fernstudium in Frage. Eine Ehefrau, die ein Studium aufnehmen will, stellt in Rechnung: „Außerdem wollten wir auch ein Kind ..." Entsprechend sieht eine Ehefrau und Mutter ihre Studienwahlentscheidung so: Das Studium „durfte die Familie nicht beeinträchtigen." In diesen beiden Fällen wirken also der Ehemann bzw. die Kinder als Gegenüber mit unhintergehbaren Ansprüchen. Wieder eine andere Randbedingung kommt in den Blick, wenn Studierwillige festhalten, dass ihr Studienfach Berufschancen bieten muss. Das schließt all jene Fächer aus, die persönlich noch so interessant erscheinen mögen, aber „brotlose Kunst" sein könnten.

Auch attraktive Nebeneffekte einer Berufs- oder Studienfachwahl werden nicht nur mit in Betracht gezogen, sondern stellen manchmal sogar die zentralen Entscheidungskriterien dar. So schließt beispielsweise jemand für sich sämtliche Fächer, die an der Hochschule im Heimatort studiert werden können, deshalb aus, weil ihm „ein Loslösen von der Familie" wichtig ist und er davon ausgeht, dass dies nur so legitimierbar ist, dass das Studienfach einen Sachzwang zum Ortswechsel darstellt. In anderen Fällen ist es umgekehrt so, dass jemand nur im Heimatort studieren will, um seine regen Kontakte mit alten Freunden und Freizeitcliquen aufrechterhalten zu können. Eine junge Frau, die sich für ein Studium in Salzburg entscheidet, sagt dazu: „Vorteilhaft für Salzburg war, dass eine gute Freundin auch hingegangen ist." Es müssen freilich nicht immer Personen und soziale Netzwerke sein, die als attraktive Nebeneffekte zu Entscheidungskriterien werden. Auch andere Gegebenheiten können eine Rolle spielen – wenn sich beispielsweise jemand für ein Studium in Kiel entscheidet, weil er die Ostseeküste so sehr mag und in seiner Freizeit gerne segelt.

Weitere Entscheidungskriterien stellen Gesichtspunkte des Vermeidens dar. So konstatiert z.B. jemand: „ich hatte sehr geringe und vage Vorstellungen vom Berufsleben." Dabei waren seine Kriterien „hauptsächlich negative: nicht so." Jemand könnte etwa festhalten, dass er keinen Beruf ausüben will, der technisches Verständnis erfordert oder bei dem Schichtarbeit zu erwarten ist. Für solche Vermeidungskriterien gilt ebenso wie für attraktive Nebeneffekte und unhintergehbare Randbedingungen, dass sie oftmals spezifischer und damit instruktiver bei der Alternativenbewertung sind als positive Zielorientierungen. Je genauer gefasst ein Entscheidungskriterium jedoch ist, desto mehr faktisches Gewicht kommt ihm zu – ob der Akteur dies wahrhaben will oder nicht. Wohl jeder wird sagen, dass ihm sein persönliches Interesse an einem Beruf wichtiger ist als der Gesichtspunkt, nicht auf ein Auto angewiesen zu sein, um zum Arbeitsort zu gelangen. Weil aber letzteres viel eindeutiger formuliert ist als ersteres Kriterium, kann es passieren, dass der eigentlich zweitrangige Gesichtspunkt den erstrangigen in den Schatten stellt.

Ein Entscheidungskriterium, das immer wieder auftaucht und dann oftmals über allen anderen Kriterien rangiert, besteht darin, eine Entscheidungssituation offen zu halten, also keine irreversiblen Entscheidungen zu treffen. Ein Schüler sah sich einerseits genötigt, den Eltern und Lehrern einen konkreten Berufswunsch vorweisen zu können, hatte aber andererseits „Angst, mich festlegen zu müssen." Dieser Gesichtspunkt war ihm am wichtigsten, weshalb er sich für einen Beruf entschied, der viele Weiterqualifizierungen in unterschiedliche Richtungen ermöglicht und dessen Ausübung mit geregelten Arbeitszeiten verbunden ist, so dass etwa ein paralleles Fernstudium möglich erscheint.

Neben der Unvollständigkeit der Kriterien, die ein Akteur seiner Entscheidung zugrunde legt, ist als weitere Rationalitätsbeschränkung zu konstatieren, dass die Aufgabe, eine eindeutige – transitive und stabile – Rangordnung der aufgefundenen Kriterien festzulegen, fast immer ein Ding der Unmöglichkeit darstellt (March/Simon 1958: 138-141; Lindblom 1959; 1965: 139-141; Luhmann 1971c: 165-167).[16] Von der jeweiligen Sachlage her erscheinen oftmals mehrere Kriterien als ziemlich gleichrangig. Häufig bereitet es prinzipielle Schwierigkeiten, überhaupt einiger-

---

[16] Siehe weiterhin das bekannte Arrow-Paradox der mathematischen Entscheidungstheorie (Bamberg/Coenenberg 2002: 255-263).

maßen klar festzustellen, welches Gewicht einem bestimmten Kriterium in einer bestimmten Situation zukommt. Ob es etwa bei einer Industrieansiedlung vertretbar ist, im Allgemeinen als wichtig erachtete Umweltschutzstandards in diesem besonderen Fall wegen der Vielzahl dringend benötigter neu geschaffener Arbeitsplätze zurückzustellen, bereitet Kommunalpolitikern häufig Kopfzerbrechen. Diese sachliche Ambivalenz wird noch dadurch erheblich weiter verkompliziert, dass in sozialer Hinsicht aus dem Blickwinkel unterschiedlicher Interessenlagen je andere Prioritäten erwachsen, wie insbesondere bei politischen Entscheidungen sehr plastisch zum Ausdruck kommt. In zeitlicher Hinsicht schließlich muss davon ausgegangen werden, dass sich die Wichtigkeit von Kriterien unter Umständen gravierend ändern kann – nicht zuletzt durch die Folgen von Entscheidungen, die aufgrund eben dieser Kriterien zustande gekommen sind (March 1978: 597, 600/601). Die von vielen Gesellschaftsmitgliedern in den siebziger und achtziger Jahren des 20. Jahrhunderts vollzogene Relativierung der Bedeutsamkeit des individuellen Lebensstandards für das subjektive Wohlbefinden und das Auftreten neuartiger, auf „Lebensqualität" hin ausgerichteter „postmaterieller" Bedürfnisse beispielsweise sind nur dadurch erklärbar, dass der individuelle Lebensstandard zeitweise als vergleichsweise problemlos gesichert erschien (Inglehart 1977).

Bei der individuellen Entscheidung für ein Studienfach stellte jemand beispielsweise fest: „Die Liste der Kriterien ... war sehr lang und die einzelnen Punkte waren zum Teil unvereinbar." Damit schälen sich bei den Entscheidungskriterien zwei gegensätzliche, aber im Rationalitätsniveau gleichermaßen unbefriedigende Ergebnisse heraus. Entweder bleibt die Kriterienliste unvollständig, so dass wichtige Gesichtspunkte unter den Tisch fallen; oder der Akteur geht in Richtung einer möglichst vollständigen Kriterienliste, in der dann aber die Widersprüche zwischen einzelnen Kriterien unübersehbar zu Tage treten.[17]

*Alternativensuche*
Bei der Alternativensuche fällt zunächst wiederum auf, dass keineswegs sämtliche der prinzipiell in Frage kommenden Möglichkeiten der Problembearbeitung gefunden werden. Entscheidungshandelnde zeigen nicht einmal ein Bestreben danach, eine vollständige Alternativenliste aufzustellen (Simon 1946a: 80-84; March/Simon 1958: 138/139). Man scheut den unter Umständen beträchtlichen Suchaufwand – vor allem dann, wenn ein Problem sehr drängt.

Der Zeitdruck erklärt auch, dass man bei der Alternativensuche dazu neigt, sein Augenmerk auf das nahe Umfeld des jeweiligen Problems zu richten – also auf die Beeinflussung solcher Faktoren, die in einer möglichst direkten Kausalbeziehung zu dem betreffenden Problem gesehen werden. Indirekter wirkende Einflussfaktoren werden hingegen vernachlässigt, obwohl a priori natürlich keinesfalls feststeht, dass nicht auch und gerade sie die eigentlich bestimmenden Größen sein könnten (Cyert/March 1963: 120-122; Grochla 1972: 161-163; Mintzberg et al. 1976). Beispielsweise wird ein Unternehmen, dessen Produkte sich plötzlich schlechter verkaufen, zunächst Maßnahmen im Bereich von Werbung und Vertrieb in Angriff nehmen, bevor daran gedacht wird, dass Eigenschaften dieser Produkte selbst das Absatzproblem hervorgerufen haben und Gegenmaßnahmen folgerichtig im Forschungs- und Entwicklungsbereich anzusetzen hätten. Die kritische Redeweise von „Kurieren an Symptomen" – anstatt dass man ein Problem „an den Wurzeln" angeht – bringt dieses Muster auf den Punkt.

Gelegentlich kommt zwar auch ein umfangreicheres Suchen nach Alternativen vor. Teilweise ist dies aber nur eine unbewusste

---

[17] Harrison White (1992: 301) konstatiert: „explicit goals or preference orderings ... are appropriate and relevant only to entities which are inertial as well as isolate – angels, in short."

Strategie der Entscheidungsvermeidung. Zudem gilt: Je vager die Entscheidungskriterien formuliert worden sind, desto mehr Alternativen kommen in Betracht. So berichtet jemand, der keine genauen Vorstellungen über seinen zukünftigen Berufsweg hatte, er habe „sehr viele" Alternativen sondiert. Eine andere Person hat ebenfalls eine längere Sondierungsphase hinter sich. Sie hatte bei verschiedenen Stellen genauere Informationen eingeholt, eine Freundin befragt und eigene Neigungen kritisch überprüft: „Ich wollte dies ... nicht aus dem hohlen Bauch entscheiden ..." Was rational klingt, könnte tatsächlich bedeuten, dass jemand ein Entscheidungsproblem, das er nicht länger zu ignorieren vermag, gewissermaßen in zweiter Instanz ignoriert, indem er anderen und sich selbst vorspiegelt, es besonders ernsthaft und damit gründlich anzugehen – was doch nur lobenswert sei!

Andere, ebenfalls häufiger vorkommende Muster der Alternativensuche lassen sich genauso an Berufs- und Studienwahlentscheidungen zeigen. Eines besteht darin, dass eine probate Handlungsalternative quasi automatisch zur Verfügung steht, so dass ein Kurzschluss von der Formulierung des Entscheidungsproblems zur Auswahl der zu implementierenden Entscheidungsalternative stattfindet. Das Entscheidungsproblem wird sozusagen nie als Qual der Wahl gesehen, sondern evoziert eine selbstverständliche Tradition oder Routine. So wird z.B. das Kind eines Arztes fraglos Arzt. Eine Frau überlegte auf der gleichen Linie, „das Bekannte zu wählen und wie meine Mutter im medizinischen Bereich zu arbeiten." Dies schlägt sogar dann durch, wenn die eigenen Präferenzen ganz anderer Art sind. Ein junger Mann „absolvierte ... eine Dachdeckerlehre, da meine Eltern eine Dachdeckerfirma hatten, die ich übernehmen wollte. Mein eigentlicher Traum war ein Medizinstudium." Dieses Beispiel zeigt wiederum, dass Zielformulierungen gegenüber Randbedingungen, die nicht ignorierbar erscheinen, den Kürzeren ziehen.

Dass Entscheidungshandelnde üblicherweise nur wenige relevante Alternativen sondieren, wird durch Studienwahlentscheidungen vielfach illustriert. So schaute jemand per Internetrecherche auf Einschreibtermine und hat „nicht viele mögliche Alternativen in Betracht gezogen ..." Jemand anders konstatiert zu seiner schließlich getroffenen Studienwahl: „Die einzigen wahrgenommenen Alternativen zu dieser Entscheidung bestanden in der Beibehaltung der als unbefriedigend beurteilten beruflichen Stellung sowie in einer vagen, unbestimmten und wenig rationalen Hoffnung auf eine sich plötzlich ergebende Kehrtwendung in Gestalt des durchschlagenden Erfolges meiner hobbymäßig betriebenen Rockmusik." Eine dritte Person überantwortet sich den Zufälligkeiten der Studienberatung. Der Betreffende wollte sich über einen ganz anderen Studiengang als den schließlich gewählten informieren – da „fiel mir dort der heutige ins Auge ..."

In anderen Fällen gaben Hinweise von Personen im Umfeld des Betreffenden den Ausschlag. So trifft jemand auf eine sympathische Person, die ihm in einer Zwangslage einen Ausbildungsplatz vermitteln kann. Für jemand anderen denkt die Vorgesetzte im aktuell ausgeübten Beruf mit. Wiederum jemand anders konstatiert: „Die Ratschläge meiner Umgebung waren wenig hilfreich." Diese Person orientiert sich hingegen an „Heldinnen aus Romanen". Schließlich gilt jedoch: „Die Wahl fiel zufällig und auf Zuraten einer Lehrerin." Der offensichtliche Widerspruch in dieser Aussage läßt sich wohl nur so interpretieren, dass die betreffende Lehrerin nicht jemand war, auf deren Ratschlag sich die Person immer schon verlassen hatte. Noch mehr auf „weak ties" (Granovetter 1973) verweist die folgende Schilderung: „Im Fitnessstudio lernte ich dann eine junge Frau kennen ... Sie schwärmte so von ihren Aufgaben ...", dass der Entscheidungshandelnde sich dazu entschloss, dieselbe Berufswahl zu treffen.

Während dieses Muster sich insgesamt dadurch auszeichnet, dass der Akteur nur sehr wenige Entscheidungsalternativen ernsthaft in den Blick nimmt, besteht ein anderes Muster im planlosen Suchen. So schildert jemand, der eine Berufswahlentscheidung zu treffen hat, seine „Ziellosigkeit, die sich in der wilden Anhäufung von Informationsmaterialien äußerte." Heutzutage besteht das Problem von Entscheidungen ja in der Sachdimension zumeist nicht etwa darin, zu wenig relevantes Wissen abrufen zu können. Spätestens Google überschüttet einen zu jedem beliebigen Thema mit relevanten oder – größtenteils – irrelevanten Informationen. Doch häufig führt die Informationssammlung nur zu einer Selbstentmutigung des Entscheiders: Je mehr er weiß, desto schwerer fällt ihm das Treffen einer Entscheidung. Er unterliegt einem „bad opening" (Klapp 1978), dessen Tücke gerade darin besteht, dass eine zusammenhanglose Kollektion von je für sich genommen durchaus relevanten Informationen stattfindet.

Nur wenige der so gefundenen Alternativen werden zu operationalen Skripten ausformuliert (Mintzberg et al. 1976). Durch eine oberflächliche, eher als Vorurteil denn als fundiertes Urteil einzustufende Vorabmusterung der gefundenen Alternativen filtert man bereits vor der eigentlichen Bewertung wieder so viele von ihnen aus, dass man nur noch sehr wenige genauer anzuschauen und so weit zu konkretisieren braucht, bis sie im Einzelnen hinsichtlich ihrer Voraussetzungen, Teilschritte und Folgewirkungen überschaubar werden. Im Hinblick auf die möglichen Wirkungen einer Entscheidungsalternative konzentriert sich die Aufmerksamkeit auf diejenigen, die sich direkt und unmittelbar auf das jeweilige Entscheidungsproblem beziehen und die betreffenden Entscheidungsbeteiligten selbst tangieren. Eher vernachlässigt werden Langzeiteffekte und weitere Nebenfolgen einer Entscheidungsalternative, insbesondere wenn davon andere Akteure betroffen sind. Ein Unternehmen beispielsweise betrachtet seine Investitionsalternativen hinsichtlich deren mittelfristigen Profitabilität. Langfristige Auswirkungen auf den Fortbestand des Unternehmens werden hingegen allein schon deshalb kaum beachtet, weil sich darüber meist nur vage spekulieren lässt; und was eine Investitionsalternative etwa für Auswirkungen auf den jeweiligen regionalen Arbeitsmarkt und die natürliche Umwelt hat, interessiert das Unternehmen normalerweise erst recht nicht – es sei denn, es wird durch andere Akteure darauf aufmerksam gemacht.

*Alternativenbewertung und -auswahl*
Den festgestellten Charakteristika der Problem- und Kriterienformulierung sowie der Alternativensuche entsprechend fallen die Alternativenbewertung und -auswahl aus. Akteure berücksichtigen dabei in der Regel nur wenige Problemdimensionen, Entscheidungskriterien und -alternativen. Vor allem können Akteure bei bestimmten Entscheidungen – etwa weitreichenden biographischen Entscheidungen – die „erwünschten oder befürchteten längerfristigen Folgen" nicht einmal annähernd abschätzen (Heinz 2000: 170). Diese Kurzsichtigkeit lässt nur Entscheidungen unter Unsicherheit zu, die ein simples Risikokalkül ins Leere laufen lassen.

Der Informationsverarbeitungsaufwand bei der Bewertung wird sehr in Grenzen gehalten – auch weil man weiß, dass man schnell an prinzipielle Größen stößt (Feldman/March 1981). Die Folge dessen ist, dass die Bewertung der Alternativen hinsichtlich der unterschiedlichen Problemdimensionen und anhand der verschiedenen Entscheidungskriterien nicht sonderlich präzise und eindeutig ausfällt. Sie wird keineswegs mit gleichsam mathematischer Exaktheit vorgenommen. Das Urteil darüber, welche Alternative die angemessenste Problembearbeitung darstellt, beruht vielmehr auf groben Schätzungen und Vergleichen und ist mit dementsprechend vielen Unwägbarkeiten behaftet – weshalb es sich auch bisweilen schlagartig ändern kann. Genaue Einschätzungen der Sachgerechtigkeit einer Alternative werden häufig durch soziale Abstimmungen – etwa Mehrheitsmeinungen oder auch die Rücksichtnahme auf kleinste Minderheiten und deren Voten – ersetzt (Thompson 1967: 86/87). Es kommt sogar vor, dass eine Alternative gewählt wird, ohne dass irgendeine eingehendere Abwägung und Bewertung der verschiedenen anderen Möglichkeiten stattgefunden hätte (Cohen/March 1974: 83/84). Man beschließt dann ohne nähere Prüfung aufgrund plötzlicher Stimmungen oder Intuitionen – und weil die Zeit drängt.

Nur selten wird jede ins Auge gefasste Alternative mit jeder anderen verglichen. Welche mit welchen verglichen wird, ist oft eher zufallsabhängig. Immer wieder kommt es auch vor, dass die betrachteten Alternativen nur mit dem Status quo, nicht aber untereinander verglichen werden. Dann beschränkt sich die Bewertung auf die Frage: Stellt eine Alternative eine Verbesserung gegenüber Nichtstun dar? So schildert jemand seine Studienwahlentscheidung als „Vergleich mehr von Ist-Zustand und Veränderung durch Studium ...", ohne dass irgendeine andere Alternative noch in den Blick genommen wird. Auch die bereits geschilderte Situation desjenigen, der durch Druck von Seiten seiner Eltern vor die zugespitzte Wahl „Studium oder kein Studium" gestellt wurde, entspricht diesem Muster.

Häufig geht die Bewertung der Alternativen nicht so vor sich, dass man der Reihe nach sämtliche vorgefundenen Alternativen prüft und sich dann erst für die beste entscheidet. Stattdessen wählt man die erstbeste Alternative, bricht also die Bewertung ab, sobald man eine Alternative gefunden hat, die sich als einigermaßen befriedigend darstellt (March/Simon 1958: 140/141) – insbesondere bei unter hohem Zeitdruck zu fällenden Entscheidungen (Holsti 1971). Anstatt also Optimalität zumindest anzustreben, verringert man von vornherein das eigene Anspruchsniveau. So streben Unternehmen bekanntlich nicht nach Profitmaximierung, sondern nach als ausreichend erachteten Gewinnen (Galbraith 1967: 160-172); und Maßnahmen politischer Gesellschaftssteuerung bemühen sich nicht um die einzig richtigen, gesellschaftlichen Problemen an die Wurzel gehenden Maßnahmen, sondern darum, diese Probleme soweit unter Kontrolle zu behalten, dass keine gefährlichen Krisenherde entstehen (Lindblom 1959).

Drei weitere typische Muster, wie man schließlich seine Wahl trifft, lassen sich wiederum an Berufs- und Studienwahlentscheidungen verdeutlichen. Ein erstes besteht darin, nur eine Negativauswahl zu treffen, also nicht nach der besten oder zumindest einer guten Alternative zu suchen, sondern umgekehrt ungeeignete oder schlechte Alternativen zu identifizieren und auszuschließen. Auf diese Weise kann man soweit kommen, dass nur noch eine Alternative übrig bleibt, für die man sich dann entscheidet, wie das eine Person für ihre Studienwahl schildert: „Reduzierung der Alternativen nach dem Ausschlussprinzip, bis nur noch eine Möglichkeit übrigblieb." Diese Möglichkeit wird tunlichst nicht mehr sonderlich sorgfältig geprüft, weil sich dann ja herausstellen könnte, dass auch sie nichts taugt und man mit leeren Händen dasteht. In anderen Fällen bleiben nach der Negativauswahl noch mehrere Alternativen übrig, zwischen denen man sich dann häufig relativ zufällig entscheidet.

Ein zweites Muster überlässt die Entscheidung letztlich den Umständen – also anderen Akteuren. So schildert jemand seine Entscheidung, an welcher Universität er das gewählte Fach studieren will, als „keine wirkliche Wahl", weil er sich nur bei zwei Universitäten beworben hat und von einer abgelehnt wurde. Jemand anders traf seine Studienfachwahl so: Die Bewerbung für das Fach erster Wahl blieb erfolglos; und anstatt noch einen weiteren Versuch zu unternehmen, diesbezüglich vielleicht doch noch erfolgreich zu sein, waren für ihn damit automatisch die Würfel für das Fach seiner zweiten Wahl gefallen. Noch weitergehender schildert jemand, dass bei seiner Berufswahl „der Zufall Regie geführt hat". Eine koinzidentielle Verknüpfung der Aktivitäten anderer traf faktisch für ihn diese wichtige biographische Entscheidung.

Ein drittes Muster läuft darauf hinaus, sich für eine solche Alternative zu entscheiden, durch die man Zeit gewinnt, um sich die eigentliche Entscheidung noch für einen längeren Zeitraum mehr oder weniger offen zu halten. Solche „Moratorien" (Dimbath 2003: 201-208) lassen sich aus verschiedenen Zwängen oder Gelegenheiten ableiten. Für junge Männer kann der Wehr- oder Zivildienst dazu dienen. Junge Frauen können als Au-pair-Mädchen Zeit zum Überlegen ihrer beruflichen Neigungen gewinnen. Ähnlich schob eine Abiturientin, die sich nicht zwischen den beiden Studienfächern Betriebswirtschaftslehre und Jura entscheiden konnte, die Entscheidung vor sich hin, indem sie zunächst eine Zwischenlösung wählte: „Ich bekam einen Job als Reitlehrerin angeboten. Diese Möglichkeit kam mir sehr gelegen, da ich Zeit bekam, mir genau zu überlegen ...", welches Fach das richtige sei. In dieser Zeit besuchte sie verschiedene Vorlesungen beider Fächer, betrieb also wieder Alternativensondierung. Jemand anders entschied sich ganz ähnlich nach dem Abitur für „ein halbes Jahr Pause: Auslandsaufenthalt." Eine dritte Person ging nach dem Abitur zunächst in eine Lehre, begriff dies aber von Anfang an nicht als die endgültige Entscheidung: „Bereits meine erste Berufswahl ... war im Prinzip ein Hinausschieben einer endgültigen Entscheidung. Ich hatte immer im Hinterkopf, danach noch zu studieren." Eine andere Möglichkeit, sich noch nicht festzulegen, wählte jemand, der sich für eine breite Fächerkombination entschied und dann erst nach einigen Semestern alle Fächer bis auf eines aufgab.

*Implementation*
Einmal getroffene Entscheidungen werden keineswegs stets zügig und entschlossen in die Tat umgesetzt. Stattdessen regiert oftmals Trägheit und Unentschlossenheit (Brauchlin/Heese 1995: 76-80). Richard Butler (1990: 12) hält fest: „The connection between decision and action is problematic. ... some intentions get translated more perfectly into action than others." Dafür ist in vielen Fällen ein „post-decisional regret" verantwortlich, der nicht zuletzt darauf zurückgeht, dass die Alternativenbewertung nur oberflächlich geschehen ist oder aus anderen Gründen kein klares Ergebnis hervorgebracht hat. Dann fragt man sich immer wieder aufs Neue, ob nicht doch eine der nicht gewählten Alternativen die bessere wäre, und zögert mit einem solchen Hin-und-her-überlegen die Implementation immer weiter hinaus.

Ein weiterer Grund dafür, warum jemand nicht mit der Umsetzung seiner Entscheidung beginnt, kann darin bestehen, dass dies einen psychischen oder sozialen Kraftaufwand erforderlich macht, vor dem er immer wieder zurückschreckt. Zumeist ist ja die Entscheidungsfindung – selbst wenn sie schwierig ist – als ein rein gedankliches und kommunikatives Geschehen weniger aufreibend als die Implementation. Aber erst einmal den „inneren Schweinehund" zu überwinden oder z.B. den Eltern zu verkünden, dass man sich nach reiflicher Überlegung dazu entschlossen hat, nicht die Firma zu übernehmen: Das ist schwerer getan als gedacht. Diese

Unfähigkeit, sich endlich aufzuraffen, kann sich in ein regelrechtes „Oblomov-Syndrom" hineinsteigern. Dann schmiedet man beständig großartige Pläne, bei denen nie auch nur der erste Spatenstich erfolgt. Schließlich kann es auch sein, dass man die zur Durchführung ausgewählte Entscheidungsalternative nur sehr vage, vielleicht gar in sich widersprüchlich, formulieren konnte, weil nur so ein Konsens erzielbar war. Die Implementation eines solchen Formelkompromisses, wie er sich nicht selten bei politischen Entscheidungen vorfindet, wird dann aber schwierig (March 1994: 195/196).

Ist die Umsetzung einer Entscheidung erst einmal in Gang gekommen, wird der Akteur meist schnell neuer Schwierigkeiten gewahr, über die er sich vorher nicht so klar war oder an die er gar nicht gedacht hat. Er stößt beispielsweise auf Widerstand anderer, mit dem er in dem Ausmaß nicht gerechnet hat, oder wird durch unverhoffte Wirkungszusammenhänge überrascht. So etwas tritt insbesondere dann ein, wenn man sich bei der Entscheidungsfindung die Problembeschaffenheit nur oberflächlich vergegenwärtigt hat, wenn die Entscheidungskriterien vage und inkompatibel geblieben und wenn die Alternativen nicht genau ausgearbeitet worden sind. Eine klassische Studie hierzu am Beispiel einer arbeitsmarktpolitischen Maßnahme der amerikanischen Bundesregierung trägt den Untertitel: „How great expectations in Washington are dashed in Oakland, or, why it's amazing that federal programs work at all." (Pressman/Wildavsky 1973) Erkennt man dergleichen Hindernisse gleich zu Beginn der Implementation, kann das dazu führen, dass man nach dem ersten Schritt alles Weitere hinauszögert. Wird man mittendrin mit solchen Hindernissen konfrontiert, kann das so weit gehen, dass man die Umsetzung der Entscheidung abbricht; oder das Rationalitätsniveau der Entscheidung sinkt immer weiter ab, weil man mehr und mehr Abstriche machen muss, um überhaupt noch etwas zu erreichen.

Wenn jemand z.B. ein Fernstudium aufnimmt und nach den ersten Wochen seinen Internet-Anschluss immer noch nicht ans Laufen gekriegt hat und es auch nicht schafft, sich abends regelmäßig für zwei Stunden zurückzuziehen, um seine Studienmaterialien zu studieren, sondern immer wieder vom Ehepartner dazu animiert wird, sich mit vor den Fernseher zu setzen, was ja auch viel entspannender ist: Dann stagniert das Studium sehr schnell aufgrund solcher äußerer Umstände. Die Hälfte derer, die ein Fernstudium aufnehmen, bricht es – dies sind die internationalen Erfahrungen – nach spätestens zwei Semestern wieder ab. Damit ist dies ein Beispiel für eine Entscheidung, die mit einer beträchtlichen Wahrscheinlichkeit in der Umsetzung scheitert – was sich zum Glück schon früh abzeichnet, so dass die Personen noch nicht zu viel investiert haben.

*Evaluation*
Welche tatsächlichen Wirkungen Entscheidungen bei ihrer Umsetzung haben, wird von den Akteuren in der Regel nur relativ oberflächlich beobachtet.[18] So nimmt man etwa zumeist nur diejenigen Informationen zur Kenntnis, die ohne Mühe beschaffbar sind, und vernachlässigt alles Weitere, selbst wenn man weiß, dass darunter die wichtigeren Daten zu finden wären. Bei vielen wirtschaftlichen oder politischen Entscheidungen besteht beispielsweise die Neigung, nur verfügbare statistische Zahlen zu berücksichtigen, ohne weiter in die Tiefe zu gehen. Dabei zieht man dann häufig viel zu weitreichende Schlüsse aus sehr begrenzt tauglichen Indikatoren. Man extrapoliert auch schnell viel zu kurze Zeitspannen als linearen Trend in die Zukunft – sei es, dass man allererste Anzeichen einer Verbesserung sogleich als sichere Trendwende in Richtung „blühender Landschaften" deutet, sei es, dass man umgekehrt Anfangshemmnisse resignativ als unüberwindbare Blockaden jeder Problembearbeitung wertet. Auch bei den Ursachen für die beobachteten Wirkungen wird sehr oft zu viel pauschal der getroffenen Entscheidung zugerechnet. In welchem Maße positive

---

[18] Für Unternehmer siehe Goold/Quinn (1990). Ferner allgemein zu „unvollständigen Lernzyklen" in Organisationen March/Olsen (1975: 386-396). Insbesondere werden positive Nebeneffekte oft übersehen (Hirschman 1967: 160-188).

Wirkungen auf begünstigende, negative Wirkungen auf problematische Umstände zurückzuführen sind, wird übersehen, wodurch wiederum entweder ein zu großer Optimismus oder ein zu großer Pessimismus genährt wird.

In der Gesamtschau können solche Arten der Evaluation in zwei einander entgegengesetzte Richtungen tendieren, die beide auf „self-interested sense-making" (Connolly 1980: 73) hinauslaufen. Die eine Richtung besteht in einer Neigung zum Schönreden dessen, was die Entscheidung faktisch bewirkt, um nicht vor einem neuen Entscheidungsproblem zu stehen. Weder für den Betreffenden noch für einen Außenstehenden ist z.B. letztlich beurteilbar, ob folgende Einschätzung einer getroffenen Studienfachwahl ehrlich ist oder eine Selbsttäuschung darstellt: „bin wirklich sehr glücklich, dass ich mich ... so entschieden habe. Ich habe nun wirklich das gefunden, was ich machen will." Deutlicher tritt diese Neigung hervor, wenn jemand durchaus gemischte Gefühle zum Ausdruck bringt, aber jede – wie ein Jurist sagen würde – Wiederaufnahme des Verfahrens ostentativ zurückweist. So sagt eine Person ganz prinzipiell, dass sie „die Frage, ob die Entscheidung richtig oder falsch war, für sinnlos ..." hält – denn: „Alle Entscheidungen im Leben sind erklärbar, aber kaum revidierbar. Und insofern geht es eher darum, aus getroffenen Entscheidungen das Beste zu machen." Mit der Einstufung des Geschehenen als „kaum revidierbar" wird ein Sachzwang konstruiert, der jede weitere Evaluation als müßig erscheinen lässt.[19] Lapidarer äußert jemand anders mit gleichem Tenor: „Ja, ich nehme es an, wie es gelaufen ist." Wieder andere Personen bekennen sich zumindest noch zu anfänglichen negativen Bewertungen dessen, was die Umsetzung ihrer Entscheidung bewirkt hat, attestieren sich jedoch einen dann eintretenden Bewertungswandel. So notiert jemand: „habe mir lange (ca. 1 Jahr) überlegt, ob es das Richtige war." Doch „am Ende

---

[19] Psychologische Experimente zeigen, dass Umtauschrechte den Effekt haben, dass Akteure leichter zum Schlechtreden getroffener Kaufentscheidungen neigen. Man arrangiert sich also schneller mit dem, was irreversibel ist, oder freundet sich sogar damit an (Gilbert/Ebert 2002; Schwartz 2004: 161-163).

war ich trotzdem zufrieden." Und jemand anders schildert die Umsetzung seiner Berufswahlentscheidung so, dass er in der Ausbildung sehr unzufrieden war, aber durchgehalten habe, um überhaupt einen Beruf zu haben. Nach der Ausbildung habe sich die Berufstätigkeit dann aber als „sehr erfreulich" erwiesen.

Die andere Richtung, in die die Evaluation von umgesetzten Entscheidungen tendiert, ist die des Schlechtredens. Dies kann so bald einsetzen und so weit gehen, dass man der getroffenen Entscheidung gar keine Chance lässt, ihre positiven Wirkungen zu zeigen. Insbesondere dann, wenn man sich bei der Alternativenauswahl nur halbherzig entschieden hat, liegt das nahe. Wie beim Schönreden auch ist die Grenze zwischen begründeter Unzufriedenheit und Selbsttäuschungen kaum erkennbar.

Manchmal stellt jemand sehr schnell fest, dass er die falsche Entscheidung getroffen hat. So schildert jemand die Umsetzung seiner Studienfachwahl: „Das Problem wurde bereits nach 4 Wochen Studium im 1. Semester evident." Die einzelnen Elemente der Unzufriedenheit ließen sich in diesem Fall kaum benennen – klar war „nur eines: Jura war das falsche Fach." In anderen Fällen ergab sich diese Beurteilung erst über längere Zeit: „Allmähliches Bemerken eines speziellen Faktors, den ich vorher nicht so beachtet hatte: die intellektuelle Anforderung war zu gering. Also: Suche nach Alternativen ..." Diese Person stellt sich somit schnell dem neuen Entscheidungsproblem. Jemand anders, der nach einiger Zeit bemerkt, dass er seine Studienwahlentscheidung „sehr unreif und zu sehr an anderen orientiert ..." getroffen hat, braucht länger, um sich auf ein neues Entscheidungsproblem einzulassen. Ein „wehmütiger Gedanke, den Zeitpunkt für ein Präsenzstudium verpasst zu haben ...", beherrscht ihn, bis er endlich auf die Möglichkeit des Fernstudiums stößt. Wieder eine andere Person absolviert nach einem schnell abgeschlossenen Erststudium zunächst eine Dolmetscherausbildung, bevor sie sich nochmals der Entscheidung zuwendet, ob sie nicht doch studieren will, was sie dann schließlich auch tut. Rückblickend ärgert sie sich, „dass ich damals nicht begriffen habe, dass ich letztlich ja doch unbedingt einen Hochschulabschluss erlangen will."

Schließlich gibt es auch die Fälle, bei denen die Evaluation dessen, wofür die Person sich entschieden hat, durchaus rundum positiv ausfällt, aber trotzdem ein Entscheidungsproblem aufwirft. So übt jemand eine anspruchsvolle und ihn interessierende berufliche Tätigkeit aus, das Betriebsklima ist gut, so dass er seine Berufswahlentscheidung in keiner Weise bereut: „Dennoch möchte ich mich gern beruflich verändern ..." Langeweile mit einem problemlos gemeisterten, routinisierten Berufsalltag mag hier der Beweggrund sein, der erneut Entscheidungsbedarf weckt.

Insgesamt läuft die Evaluation der Problembearbeitung durch eine getroffene Entscheidung also weniger darauf hinaus, dass der Akteur wissen will, was wirklich bewirkt wird, sondern wird stärker durch die je eigenen – manchmal kaum bewussten – Interessen und Ziele für die Zukunft geprägt. Wie im letzten Beispiel können schon höchst diffuse Stimmungen dafür sorgen, dass sich aus der Bilanzierung einer getroffenen und umgesetzten Entscheidung ein neues Entscheidungsproblem ergibt. In anderen Fällen ist dieses Entscheidungsproblem aber auch durch schlechte Erfahrungen mit der vorherigen Entscheidung spezifischer gefasst; teilweise stechen nun bestimmte Entscheidungskriterien deutlich hervor. Jemand, der an einem sehr offen angelegten, wenig durch Studienpläne strukturierten Studienfach gescheitert ist, sucht sich danach eine Ausbildung „... mit festem Lehrplan und absehbarem Abschluss." Jemand anders inthronisiert als neues zentrales Auswahlkriterium für ein Studienfach „... ein reines Interesse, denn mit Nutzenkalkül war ich ja vorher gescheitert." Sehr ähnlich heißt es bei einer dritten Person: „Kriterium der Berufsperspektive wurde hintangestellt (Begründung: Schon einmal mit einem 'Brotstudium' gescheitert)."

Dass ein Entscheidungsproblem in mehr oder weniger veränderter Gestalt früher oder später zur Wiedervorlage kommt, lässt sich letztlich – wie in Kapitel 3 erläutert – darauf zurückführen, dass Zeitknappheit es unmöglich macht, die sachliche und soziale

Komplexität von Entscheidungssituationen auch nur annähernd vollständig abzuarbeiten. Je kürzer die Frist ist, innerhalb derer eine Entscheidung getroffen werden muss, desto stärker ist diese zum einen durch die Vergangenheit prädeterminiert, zum anderen durch Zukunftsungewissheit geprägt. Wie in vielen organisatorischen und politischen Entscheidungsprozessen immer wieder vorgeführt wird, führt Zeitknappheit einerseits dazu, dass Problembearbeitungsalternativen gewählt werden, die bereits vertraut sind, also keine weitreichenden Innovationen gegenüber dem Status quo darstellen (Selznick 1949: 256/257; Luhmann 1968b: 145/146, 149) – bis hin zu einem rigiden Immobilismus, der bestehende Strukturen trotz spürbarer Dysfunktionalitäten konserviert (Simon et al. 1950: 393/394; Crozier 1963). Andererseits bedeutet Zeitknappheit auch, dass keine ausreichend fundierten Prognosen zukünftiger Entwicklung erstellt werden können. Die Zukunft rückt zu schnell heran und schließt ein umfassendes antizipierendes Durchspielen aller möglichen Folgen eigener Entscheidungen aus, so dass immer wieder mit nicht vorhergesehenen und unerwünschten Auswirkungen gerechnet werden muss.

Diese dem Status quo verhafteten und dennoch durch Unsicherheit geprägten Entscheidungen weisen dabei auch noch einen kurzen Zeithorizont der Folgenberücksichtigung auf. Die Zukunft wird nicht nur evaluativ, sondern auch kognitiv diskontiert. Man trifft kurzsichtige Entscheidungen, die schnell weitere Entscheidungen erforderlich machen. So ergibt sich die Unaufhörlichkeit des Entscheidens als eigendynamisch eskalierendes Wechselspiel von Zeitknappheit und geringem Rationalitätsniveau von Entscheidungen.

Zeitlich gesehen ist – wie schon in Kapitel 1 erläutert – der Anspruch, der mit jeder Entscheidung verbunden ist, „a cut in the fabric of governance of the present, and of the history-to-come, by the past." (Shackle 1979: 21) Eine Entscheidung soll gleichsam ein Umschaltvorgang zwischen der Vergangenheit, also dem gewohnten Status quo, und einer anders auszusehen habenden Zukunft sein. Dieser Umschaltvorgang braucht jedoch eine gewisse Zeit:

Die Gegenwart muss lange genug dauern. Unter Bedingungen von Zeitknappheit hingegen hält einerseits die Vergangenheit die Akteure zu sehr in ihrem Bann und prädeterminiert deren Entscheidungen in zu hohem Maße; andererseits rückt die Zukunft zu schnell heran und verhindert so eine umfassende Antizipation möglicher Entscheidungsergebnisse. Zeitknappheit verkürzt zwar die Qual vor der Wahl – aber um den Preis einer umso wahrscheinlicheren Qual nach der Wahl.

## 4.3 Rationalität trotz Komplexität

Insgesamt lässt sich nach diesem Panorama von Rationalitätsbeschränkungen festhalten, dass zwischen dem tatsächlichen Entscheiden und dem Ideal perfekt rationalen Entscheidens eine tiefe Kluft klafft. Die Ursache dafür ist die sachliche, soziale und zeitliche Komplexität von Entscheidungssituationen: Je höher die Komplexität, desto geringer das erreichbare Rationalitätsniveau. Dies ist allerdings keine völlig starre Relation, wie etwa Dietrich Dörner in seinen Simulationsexperimenten gezeigt hat. Die Versuchspersonen variierten erheblich in ihrer Fähigkeit zu einem rationalen Umgang mit Komplexität (Dörner et al. 1983). In gewissem Maße vermag ein Entscheidungsakteur der Komplexität also Rationalität gleichsam abzutrotzen. Zum einen liegt das daran, dass Personen aufgrund bestimmter psychologischer Prädispositionen – z.B. Empathie oder Ambiguitätstoleranz – mehr oder weniger Komplexität aushalten und verarbeiten können und deshalb bessere oder schlechtere Entscheider sind. Zum anderen ist aber auch die eingesetzte Entscheidungsstrategie von Bedeutung, die eher komplexitätstauglich oder -untauglich sein kann. Nur um diese strategische, nicht um die psychologische Seite des Entscheidungshandelns wird es im Weiteren gehen.

Bevor ich mich allerdings der Frage zuwende, wie Rationalität trotz Komplexität möglich ist, soll ein kurzer Blick auf die bisherige entscheidungstheoretische Forschung geworfen werden. Denn hier kann man feststellen, dass das Spannungsverhältnis zwischen Rationalität und Komplexität genau die Bruchstelle zweier diametral entgegengesetzter Forschungsrichtungen markiert. Diese Forschungsrichtungen korrespondieren nicht zufällig den beiden in der Einleitung benannten entscheidungstheoretischen Erkenntnisinteressen. Auf der einen Seite stellt die vor allem durch betriebswirtschaftliche Problemlagen inspirierte normativ-präskriptive Entscheidungstheorie den Maßstab der Rationalität in den Mittelpunkt und bemüht sich um „die Entwicklung von logischen Regeln für rationales Verhalten." (Schwarz 1978: 342) Dem steht auf der anderen Seite die empirisch-analytische Entscheidungstheorie gegenüber. Sie „konzentriert sich auf die empirische Analyse des faktischen Entscheidungsverhaltens" (Schwarz 1978: 343, Hervorheb. weggel.) und entdeckt so das Phänomen der Komplexität.

*Normativ-präskriptive Entscheidungstheorie*
Der historische Ausgangspunkt der modernen Entscheidungstheorie, der Homo oeconomicus der Wirtschaftswissenschaften, figuriert als mittlerweile generalisierte und abstrahierte Leitfigur präskriptiv-normativer Analysen. Dieser Modellakteur ist dadurch charakterisiert, dass er seine Zielsetzungen gemäß dem Rationalitätsprinzip verfolgt, wobei die Ausrichtung auf Effizienz das in der präskriptiv-normativen Entscheidungstheorie vorherrschende Verständnis von Rationalität ist. Mittlerweile ist der Homo oeconomicus aus dem wirtschaftswissenschaftlichen Kontext herausgelöst und auf andere gesellschaftliche Bereiche – z.B. die öffentliche Verwaltung – übertragen worden. Stets wird dabei versucht, Empfehlungen darüber abzugeben, wie ein Akteur für seine jeweiligen Entscheidungsprobleme möglichst optimale Lösungen findet (Moore/Thomas 1976; Bitz 1981; Bamberg/Coenenberg 2002).

Die Stärke dieser Perspektive besteht darin, dass sie dem Rationalitätsprinzip einen zentralen Stellenwert einräumt. Denn damit ist ein Maßstab gefunden, um reale Entscheidungen hinsichtlich ihrer Güte beurteilen zu können – und zwar an einem Maßstab, der der gesellschaftlichen Wirklichkeit nicht etwa durch eine willkürliche wissenschaftliche Setzung übergestülpt, sondern gesellschaftlich selbst zugrunde gelegt wird. Die dieser Ausrichtung am Rationalitätsprinzip korrespondierende Schwäche der präskriptivnormativen Entscheidungstheorie besteht in der ihr innewohnenden Idealisierung und Abstrahierung der Entscheidungssituation. Der Frage nach den empirischen Bedingungen der Möglichkeit, sich überhaupt am Rationalitätsprinzip orientieren zu können, wird kein systematischer Stellenwert eingeräumt. Die Theorie unterstellt, dass die jeweiligen gesellschaftlichen Akteure, die Entscheidungen zu treffen haben, in der Lage sind, optimale Lösungen ihrer Entscheidungsprobleme zu finden. Am Beispiel von Berufswahlentscheidungen wird dieser „economic rationalism" kritisch so resümiert: „No attention is paid to the actual decisionmaking, other than the assumption that it is a simple, technically rational process where (young) people assess their own abilities and interests, evaluate the range of opportunities which are available to them and then make a choice which matches ability to opportunity." (Hodkinson /Sparkes 1997: 31)

Diese Theorieperspektive ist aber klar kontrafaktisch: Denn die reale Komplexität lässt weit weniger als perfekte Rationalität zu. Das Ausblenden dieser Einschränkungen rationalen Entscheidens, die reale Entscheidungssituationen gerade bestimmen, durch die normativ-präskriptive Entscheidungstheorie kommt somit einer weitreichenden Realitätsverleugnung gleich. Diese Art entscheidungstheoretischer Forschung, die sich allein am Rationalitätsmaßstab orientiert und darüber die Komplexität gesellschaftlicher Entscheidungssituationen geflissentlich übersieht, ist zwar in der Lage, sehr elaborierte mathematisierte Rationalitätskalküle zu entwerfen; die Anwendung dieser Kalküle auf reale Entscheidungssituationen – im Unterschied zu den bereits kalkülgerecht simplifizierten Modellsituationen der einschlägigen Lehrbücher – bereitet dann aber, wenn das überhaupt versucht wird, unüberwindbare Schwierigkeiten. Ein kritischer Beobachter resümiert: „the gap ... between the opinions of academic researchers and teachers on how business decisions ought to be taken and how decisions actually are made has grown from merely embarrassing to scandalous." (Collingridge 1992: 151)[20]

Bezeichnenderweise finden sich gelegentlich in derartigen normativ-präskriptiven Theoriemodellen Hinweise, in denen explizit zugestanden wird, dass es bei realen Entscheidungen unter Umständen schwierig sein mag, die Anforderungen des jeweiligen Rationalitätsprinzips zu erfüllen, also vielschichtige gesellschaftliche Wirklichkeit kalkülgerecht zu mathematisieren.[21] Die Überführung der empirischen Realität in das theoretische Modell sei „more art than science." (Moore/Thomas 1976: 56) Michael Bitz (1981: 18-20) geht in seiner Entscheidungslehre anfangs kurz darauf ein, dass die Modellbildung „in vielen Punkten von rein subjektiven Ermessensentscheidungen abhängig ..." sei; im Weiteren werde – ganz typisch – „das Entscheidungsfeld nun jedoch stets als eindeutig vorgegeben angesehen." Ein anderes einschlägiges Lehrbuch vermerkt, es werde „im Schrifttum vielfach die Ansicht vertreten, dass den Modellen ... der präskriptiven Entscheidungstheorie nur ein geringer realtheoretischer Gehalt zukommt." (Bamberg/Coenenberg 2002: 6)[22] Konsequenzen aus dieser Einsicht werden jedoch nicht gezogen.

Unverblümt gesagt: Die Exaktheit der Rationalitätskalküle ist eine Pseudo-Exaktheit, sobald sie mit dem bunten Leben realer Entscheidungen gefüllt wird. Doch derartige Schwierigkeiten werden als Theorie-Praxis-Probleme, wie es sie in anderen Wissenschaftsbereichen auch gebe, bagatellisiert. Systematische theoretische Überlegungen zur Vermittlung des abstrakten Rationalitätskalküls mit den empirischen Bedingungen konkreter Ent-

---

[20] Siehe auch Gilboa/Schmeidler (1995: 608).
[21] Siehe z.B. entsprechende Bemerkungen bei Moore/Thomas (1976: 55/56, 122, 195-197). Ein Teil dieser Probleme ließe sich möglicherweise mit Fuzzy-Logik zumindest reduzieren – siehe den Vorschlag von Kron (2005).
[22] Siehe Conlisk (1996: 683-686) zur Darstellung und Kritik der einschlägigen Argumente, die für die Nichtberücksichtigung von Rationalitätsbegrenzungen gegeben werden.

scheidungssituationen liegen von Seiten der normativ-präskriptiven Entscheidungstheorie jedenfalls nicht vor.

*Empirisch-analytische Entscheidungsforschung*
Dieser Modellplatonismus wird von der vor allem durch sozialpsychologische und politikwissenschaftliche Untersuchungen vorangetriebenen empirisch-analytischen Entscheidungsforschung völlig zu Recht als müßiges Bauen von Luftschlössern kritisiert. James Brian Quinn (1980: 18) berichtet aus vielen Interviews mit Managern über wichtige Unternehmensentscheidungen, dass „few of these issues lent themselves to quantitative modeling techniques or perhaps even formal financial analyses." Man kann geradezu sagen: Je wichtiger eine Unternehmensentscheidung ist, desto komplexer ist in der Regel die Entscheidungssituation, und desto unbrauchbarer ist das elaborierte Instrumentarium der mathematisierten normativ-präskriptiven Entscheidungstheorie. Anders gesagt: Der ganze Rechenaufwand wird bestenfalls für die unwichtigen Entscheidungen betrieben. Dieses vernichtende Urteil über die Effizienz der normativ-präskriptiven Entscheidungstheorie gilt natürlich nicht nur für Unternehmensentscheidungen, sondern für jede Art von Entscheidungen.

Die empirisch-analytische Entscheidungsforschung zeichnet demgegenüber insbesondere in zahlreichen ausführlichen Fallstudien minutiös nach „how decisions actually happen rather than how they ought to happen." (March 1994 : VII) Diese Ergebnisse werden dann polemisch gegen Vorstellungen perfekter Rationalität gewendet. So führt die empirisch-analytische Entscheidungsforschung das real vorfindbare Phänomen der Komplexität gegen die Rationalitätsempfehlungen der normativ-präskriptiven Entscheidungstheorie ins Feld und gelangt dadurch zu weitreichenden „Revisionen der Rationalität".[23] Die gesellschaftliche Komplexität wird als einschneidende Einschränkung der Rationalität des Ent-

---

[23] Unter diesem Titel resümieren Becker et al. (1988) die entsprechenden Forschungslinien der Organisationssoziologie.

scheidungshandelns herausgearbeitet. Damit hat die empirisch-analytische Entscheidungstheorie ihre Stärke genau dort, wo die Schwäche der normativ-präskriptiven Entscheidungstheorie liegt: in der Herausarbeitung der von dieser verdrängten Strukturkontexte gesellschaftlichen Entscheidens.

In ihrer Aburteilung der normativ-präskriptiven Entscheidungstheorie kommt allerdings auch bereits die Schwäche der empirisch-analytischen Entscheidungsforschung zum Ausdruck. Sie neigt aufgrund ihrer Genese aus der Gegnerschaft zur normativ-präskriptiven Entscheidungstheorie dazu, dem in der Tat realitätsblinden Rationalismus eine Totalnegation entgegenzuhalten, also Rationalität gleich ganz über Bord zu werfen.[24] Dies wird zwar selten explizit so gesagt, liegt aber in der Logik der Argumentation. Dies ist eine abschüssige Bahn, auf der es nicht leicht ist, vor dem Nullpunkt zu stoppen. Ein solches Verfallen ins andere Extrem wird aber der differenzierten gesellschaftlichen Realität genauso wenig gerecht wie die normativ-präskriptive Entscheidungstheorie. Letztere betreibt *Komplexitätsverleugnung*, während die empirisch-analytische Entscheidungsforschung *Rationalitätsverleugnung* auf ihre Fahnen schreibt.[25]

---

[24] Als Vertreter der Gegenseite meint Bronner (1999: 46) zwar versöhnlich: „Die empirische Entscheidungstheorie versteht sich ... keineswegs als eine Forschungsrichtung, die stets den Nachweis der Unzulänglichkeit des Menschen führt." Das ist aber eine entschieden zu freundliche Beurteilung einer Forschungslinie, „in der die Rationalitätsfrage als letztlich irrelevant ausgeklammert wird." (Kirsch 1994: 114)

[25] Auch im Hinblick auf praktische Empfehlungen für besseres Entscheiden hat diese Art von realitätsbesessenem Empirismus nichts anzubieten. Denn Theorie wird hier zu einer puren Nachzeichnung dessen, was ist, ohne der empirisch vorfindlichen Realität ein kritisches Potential entgegenzuhalten. Sobald eine Theorie jedoch ihren Gegenstandsbereich nicht mehr im Hinblick auf Verbesserungsmöglichkeiten kritisch beurteilt und entsprechende Empfehlungen ausspricht, hat sie ihre praktische Relevanz ebenso verloren wie eine Theorie, die ihren Gegenstandsbereich an unerreichbaren Idealen misst. Wenn Rationalitätsmaßstäbe durch die empirisch-analytische Entscheidungsforschung nur destruiert werden, fehlt zunächst jeder Maßstab dafür, was eine „bessere" oder „schlechtere" Entscheidung sein könnte. So wie die normativ-präskriptive Entscheidungstheorie die Entscheidungspraxis gänz-

Bezüglich ambitionierter politischer Gesellschaftsreformen verweist Helmut Wiesenthal (2003: 520) darauf: „Zu Beginn des 21. Jahrhunderts hat die Vorstellung klug gewählter und mit guter Erfolgsaussicht zu realisierender Projekte der Gesellschaftsreform einen Tiefpunkt der Glaubwürdigkeit erreicht." Doch eine genauere Betrachtung einschlägiger Fälle ergibt: „Wenngleich nirgendwo 'vollständig' rationales Handeln möglich zu sein schien, bestand doch eine weite Skala von mehr oder weniger problemgeeigneten und potentiell zielführenden Alternativen. Eine 'absolute' Komplexitätsfalle für anspruchsvolle Reformpolitiken war nicht erkennbar." (Wiesenthal 2003: 533) Angesichts dessen warnt Wiesenthal (2003: 534): „Dennoch hat saloppe Skepsis stets gute Chancen, als 'self-fullfilling prophecy' zu reüssieren." Sie vernichtet dann leicht „die zwar bescheidenen, aber keineswegs illusionären Möglichkeiten gesellschaftlicher Selbststeuerung ..." (Wiesenthal 2005: 16) Terry Connolly (1980: 69) verallgemeinert: „Instances of important failures in solving complex problems are commonly observed, discussed, and deplored in both popular and scholarly literatures. Less widely remarked, but in many ways more remarkable, is the frequency with which such problems are successfully solved or, at least, adequately handled."

*Komplementäre Apologetiken*
Beide Perspektiven der Entscheidungsforschung können der Entscheidungspraxis nichts Instruktives anbieten. Allerdings können sie von ihr instrumentalisiert werden – und zwar zur Legitimierung von Fehlern und Unzulänglichkeiten. Solange Akteure gegenüber anderen verbergen können, wie sie tatsächlich Entscheidungen treffen, können die beeindruckenden formalisierten Rationalitätskalküle als äußere Fassade herhalten, gleichsam den „schönen Schein" der Rationalität vor der hässlichen Realität der Komplexität wahren. Sobald allerdings offenbar wird, dass die Entschei-

---

lich überfordert, so lässt die empirisch-analytische Entscheidungsforschung die Praxis gänzlich orientierungslos zurück. Das Ergebnis bleibt das gleiche: praktische Irrelevanz.

dungspraxis keineswegs diesen Kalkülen entspricht, erfolgt dann ein pauschaler Verweis auf die Ergebnisse der empirisch-analytischen Entscheidungsforschung, die ja angeblich zeigen, dass Rationalitätsmaßstäbe sowieso unangebracht sind. Das ist die Gefahr, die mit der Aufdeckung von Rationalitätsbeschränkungen verbunden ist: Wenn damit das Rationalitätsprinzip überhaupt aufgegeben wird, sind selbst die eklatantesten Auswüchse von Nicht-Rationalität nicht länger kritisierbar. Genau diese Neigung der empirisch-analytischen Entscheidungstheorie zur bloßen Apologetik dessen, was ist, ruft dann wieder normativ-präskriptiv inspirierte und legitimierte Gegenreaktionen hervor. Ambitionierte Rationalitätskalküle werden aufs Neue propagiert und in die Tat umzusetzen versucht, nur um früher oder später wieder im Morast der Entscheidungskomplexität stecken zu bleiben, wieder einmal die Irrealität von Rationalitätskalkülen zu beweisen und neuerlich apologetische empirisch-analytische Entscheidungstheorien auf den Plan zu rufen.

Ein Fallbeispiel, an dem dieses Oszillieren zwischen empirisch-analytischen und normativ-präskriptiven Apologetiken dessen, was die Entscheidungspraxis jeweils betrieb, besonders eindrucksvoll deutlich wurde, war die staatliche Haushaltsplanung in den sechziger und siebziger Jahren des letzten Jahrhunderts.[26] Auf der einen Seite zeigten empirisch-analytische Untersuchungen der jährlichen Budget-Aufstellung, dass die Unmenge an völlig divergenten, mit konfligierenden Interessen verbundenen, in keiner Weise gegeneinander aufrechenbaren Haushaltstiteln den entscheidenden Akteuren nur eine Strategie erlaubt, die bei der großen Mehrzahl aller Titel das Vorjahresbudget fortschreibt und lediglich bei sehr wenigen Titeln größere Änderungen mit dem dazu gehörigen Begründungs- und Einigungsaufwand erlaubt (Wildavsky 1964; Wildavsky/Hammond 1965). Dem wurden dann allerdings in jenen Jahren präskriptiv-normative Konzeptionen gegenüberge-

---

[26] Siehe als neueres Beispiel, an dem sich viele der alten Probleme wiederholen, die von Bogumil/Holtkamp (2002) analysierten Sozialraumbudgets.

stellt, die für jeden Haushaltsplan eine rationale Auseinandersetzung über prinzipiell jeden Haushaltstitel vorsahen – vor allem das in den Vereinigten Staaten entwickelte „planning-programming-budgeting-system" (Lyden/Miller 1968; Buse 1974). Derartige Entwürfe reagierten auf den, am Rationalitätsmaßstab gemessen, eklatant defizitären Zustand staatlicher Haushaltsplanung. Das Scheitern dieser Konzepte in ihrer ansatzweisen praktischen Umsetzung war dann nach wenigen Jahren wiederum der Angriffspunkt der empirisch-analytischen Entscheidungsforschung (Wildavsky 1966; 1969; 1973). So standen den staatlichen Akteuren, die die Haushaltsplanung betreiben, zwei elaborierte wissenschaftliche Perspektiven zur Verfügung, um das, was man gerade tat, legitimatorisch als das einzig Richtige bzw. Mögliche darzustellen. Weit entfernt davon, eine mehr als bestenfalls sporadische wissenschaftliche „Aufklärung" der gesellschaftlichen Praxis zu leisten, verkamen somit beide skizzierten Perspektiven zu austauschbaren rhetorischen Figuren, mit denen politische Akteure ihre wissenschaftlich nach wie vor unzureichend durchschaute Entscheidungspraxis mit wissenschaftlichen Weihen versehen konnten.

*Meta-Rationalität: rational kalkulierter Verzicht auf Rationalitätsansprüche*
Das skizzierte Schisma von empirisch-analytischer und normativ-präskriptiver Entscheidungstheorie zeigt, dass man dem Problem des Verhältnisses von Rationalität und Komplexität des Entscheidens nicht gerecht wird, wenn man nur eine der beiden Seiten verabsolutiert und die andere entsprechend ausklammert. In Bezug auf ethische Entscheidungen hält Wolfgang Spohn (1993: 188) fest: „Da wir die empirischen Argumente ernst nehmen, können wir uns nicht von der empirischen Seite abkoppeln ... Und da wir unsere Rationalitätsintuition ernst nehmen, können wir nicht die normative Seite fallen lassen ..." Dieses Postulat kann für jede Art von Entscheidungen Geltung beanspruchen.

Eine theoretisch gehaltvolle – und dann auch praktisch relevante – soziologische Entscheidungstheorie darf offensichtlich weder realitätsferne Rationalitätsideale kultivieren noch das Rationalitätsprinzip zugunsten einer bloßen Komplexitätsdeskription aufgeben. Reale Entscheidungen *können* nicht *perfekt* rational sein – sie *sollen* aber auch nicht *nicht-rational* sein, sondern vielmehr trotz der unvermeidbaren Rationalitätsbeschränkungen *möglichst* rational. Nicht-Rationalität und perfekte Rationalität sind die beiden Extreme eines Kontinuums, zwischen denen gesellschaftliche Entscheidungen sich bewegen können. Eines der beiden Extreme – Nicht-Rationalität – stellt einen zu vermeidenden und auch vermeidbaren Tiefpunkt des Entscheidens dar; das andere Extrem – perfekte Rationalität – ist demgegenüber ein zwar erstrebenswertes, allerdings völlig unerreichbares Ideal.

Was perfekte Rationalität bedeutet, ist bereits klar geworden. Nicht-Rationalität – gleichsam der Nullpunkt der Rationalitätsskala – besteht demgegenüber darin, gar nichts angesichts eines Problems zu tun, ohne dieses Unterlassen entschieden zu haben.[27] Es ist also ein purer Fatalismus, eine Pauschalunterlassung von Problembearbeitung ohne nähere Prüfung, ob Unterlassung vielleicht sinnvoll ist.[28] Bereits etwas rationaler, aber immer noch nahe an Nicht-Rationalität ist es, zwar nicht gar nichts gegen das jeweilige Problem zu tun – aber das, was man tut, durch Los entscheiden zu lassen, also eine Zufallsentscheidung zu treffen. Worauf dies hinaus läuft, läßt sich am literarischen Gedankenexperiment von Luke Rhineharts (1971) „dice man" ermessen. Diese Romanfigur trifft immer mehr zunächst kleine alltägliche, dann aber auch weitrei-

---

[27] Letzteres ist wichtig. Man könnte sich ja zum Nichtstun entscheiden, weil man z.B. erkennt, dass alles, was man tun könnte, die Lage nur verschlechtert.

[28] Es geht hier wohlgemerkt, wie im Kapitel 1 erläutert, stets um prozedurale Rationalität. Im Ergebnis kann sogar ein nicht weiter reflektiertes Nichtstun rational sein, wenn sich etwa durch einen „Cournot-Effekt" (Boudon 1984: 173-179) günstige Umstände entwickeln, die das Problem beseitigen. Auch ein Bauer beispielsweise, der überhaupt nicht gegen Schädlinge auf seinen Äckern vorgeht und dieses Unterlassen auch nicht etwa damit begründet, dass er auf eine natürliche Gegenreaktion setzt, kann das Glück haben, dass ein plötzlicher Wetterwechsel die Schädlinge vernichtet.

chende biographische Entscheidungen mit Hilfe eines Würfels. Allerdings legt der Würfler selbst, nicht der Würfel, die jeweiligen inhaltlich bestimmten Alternativen fest. Genau besehen ist es also gar nicht so einfach, völlig nicht-rational zu handeln – ebenso wie es schwierig ist, auch nur einigermaßen rational zu entscheiden.

Wie hat man sich angesichts dessen ein Entscheiden vorzustellen, das trotz der gravierenden faktischen Rationalitätsbeschränkungen durch die gesellschaftliche Komplexität ein möglichst hohes Rationalitätsniveau erreicht? Die Empfehlung, angesichts dieser Sachlage zu versuchen, sich dem Rationalitätsideal zumindest so weit wie möglich anzunähern, ist – je nachdem, wie das gemeint ist – entweder banal oder völlig falsch. Banal ist die Empfehlung, wenn das lediglich heißen soll, dass man, anstatt in pure Nicht-Rationalität zu verfallen, eine möglichst rationale Entscheidung anstreben sollte. Völlig falsch im Sinne von irreführend ist die Empfehlung jedoch, wenn sie darüber hinaus unterstellt, ein unter den angegebenen Umständen maximales Rationalitätsniveau sei dadurch zu erreichen, dass man versucht, die einzelnen Anforderungen des Ideals perfekter Rationalität, soweit es nur irgend geht, zu erfüllen, und dann einfach sieht, wieweit man dabei kommt. Dieser Weg, Schritt für Schritt den dargestellten Komponenten einer perfekt rationalen Entscheidung Rechnung zu tragen, führt in komplexen Entscheidungssituationen gerade nicht zu einer möglichst rationalen Entscheidung, sondern kommt einem naturwüchsigen, sich schicksalhaft hinter dem Rücken des betreffenden Akteurs einstellenden, daher nicht-rationalen Verzicht auf Rationalitätsansprüche gleich.

Dies ergibt sich schon allein aus zeitlichen Gründen. Wer versucht, zunächst eine möglichst umfassende und präzisierte Problemdiagnose zu erstellen, sodann eine möglichst umfassende und eindeutige Kriterienliste zu entwerfen usw.: Der wird irgendwann, kurz bevor er seine Entscheidung getroffen haben muss, hochschrecken und feststellen, dass er immer noch erst bei der Kriterienformulierung ist und ihm nun so gut wie keine Zeit mehr für Alternativensuche, -bewertung und -auswahl bleibt, wodurch jeder dieser weiteren Entscheidungsschritte – von Implementation und Evaluation ganz zu schweigen – notwendigerweise äußerst sub-rational ausfallen muss. Vauvenargues' generelle Empfehlung führt also in die Irre: „Um Großes zu vollbringen, muss man leben, als müsste man niemals sterben." (Schalk 1938: 92) Wer meint, am besten zu fahren, indem er kontrafaktisch Zeitknappheit ignoriert, bleibt auf halbem Wege stecken.[29]

Um dies nur an der Sachdimension von Entscheidungskomplexität deutlich zu machen: Dass die begrenzte Informationsverarbeitungskapazität des Akteurs keine vollständige Erhebung und Verknüpfung der jeweils entscheidungsrelevanten Informationen zulässt, bedeutet eben nicht, dass es keinen wesentlichen Unterschied gäbe „between ill-considered, often accidental incompleteness on one hand and deliberate, designed incompleteness on the other." (Lindblom 1979: 519)[30] Die Selektivität der Informationsverarbeitung kann sich quasi schicksalhaft ergeben – sie kann aber auch gezielt strukturiert werden. Ersteres läuft auf den Verzicht darauf hinaus, das sachliche Rationalitätsniveau von Entscheidungen im Rahmen des Möglichen überhaupt steuern zu wollen. Es ist ein Verzicht darauf, in einer Meta-Entscheidung eine möglichst rationale *Strategie* des Umgangs mit Rationalitätsbeschränkungen zu entwickeln. Genau dies ist jedoch möglich und rationaler. Es ist rationaler, Rationalitätsanforderungen kontrolliert soweit herunterzuschrauben, dass sie erfüllbar werden, anstatt einfach auf gut Glück

---

[29] Man kennt das gleiche Phänomen sattsam von solchen wissenschaftlichen Vorträgen, bei denen der Redende einen viel zu langen Text vorbereitet hat und dann – seltsamerweise stets völlig überrascht – mittendrin vom Diskussionsleiter erfährt, dass er in fünf Minuten fertig sein muss. Nach einer Schrecksekunde jagen solche Redner dann in hektischen unzusammenhängenden Sprüngen, denen kein Zuhörer mehr zu folgen vermag, durch den Text; und wenn die fünf Minuten fast beendet sind, der Redner aber immer noch nicht das Ende seiner Argumentation erreicht hat, schließt er mit einer verzweifelten ad-hoc-Zusammenfassung, die erst recht von niemandem sonst nachvollzogen werden kann. Unterstellt man, dass die interessantesten Punkte eines Vortrags gegen Ende kommen, liegt die Suboptimalität dieses Vorgehens auf der Hand.

[30] Siehe dazu auch die empirischen Befunde bei Payne et al. (1996).

einem unerreichbaren Rationalitätsideal nachzueifern und dann irgendwie dahinter zurückzubleiben – auch wenn letzteres gelegentlich heroischer und damit auch begeisternder wirkt.

Die Unerreichbarkeit perfekter Rationalität und die Unaufgebbarkeit von Rationalität verweisen somit auf Meta-Rationalität: eine rationale Entscheidung über das angestrebte Niveau begrenzter Rationalität und die dafür eingesetzten Strategien des Entscheidens. Diese Meta-Rationalität ist nichts, was die Entscheidungstheorie erst zu erfinden hätte, um es sodann den Entscheidungspraktikern zur Verfügung zu stellen. Prinzipiell ist zwar vorstellbar, dass die Entscheidungstheorie diesbezügliche Innovationen hervorbringt. Die gesellschaftliche Entscheidungspraxis selbst hat allerdings schon längst ein reichhaltiges Repertoire an solchen meta-rationalen Entscheidungspraktiken hervorgebracht, die soziologisch zu rekonstruieren sind. Darum wird es in den folgenden drei Kapiteln gehen.

# 5 Inkrementalismus:
# Begrenzte Rationalität auf mittlerem Niveau

Wie ist der Komplexität von Entscheidungssituationen, die perfekte Rationalität unmöglich macht, dennoch ein gewisses Maß – natürlich: möglichst viel – an Rationalität abzutrotzen? Auf diese Frage nach einer Strategie begrenzt rationalen Entscheidens gab Charles Lindblom (1959) mit dem Konzept des *Inkrementalismus* die bis heute am meisten beachtete Antwort. Er schaute sich empirisch an, wie reale Entscheidungen – ihm bot die Politik das meiste Anschauungsmaterial – ablaufen, und destillierte daraus bestimmte, von ihm auch präskriptiv verfochtene Strategiekomponenten. Der Inkrementalismus ist ein Bündel solcher nicht zwangsläufig, aber doch oftmals miteinander kombinierten und auch zueinander passenden Komponenten.[1] Lindblom charakterisiert den Inkrementalismus schon im Titel seines programmatischen Beitrags als „Science of muddling through". „Sich-durchwursteln" als „Wissenschaft"! Das klingt gerade in seiner Bescheidenheit unverhohlen spöttisch gegenüber den grandiosen Ansprüchen der normativ-präskriptiven Entscheidungstheorie, die aber eben regelmäßig bei der praktischen Umsetzung auf ganzer Linie scheitert. „Sich-durchwursteln" ist etwas ganz und gar nicht Heroisches, manchmal vielleicht sogar Verdächtiges: als sei da jemand zu unbeholfen oder zu faul, um seinem Entscheiden eine klare Linie zu geben. „Wissenschaft" hingegen hebt darauf ab, dass dem „Sich-durchwursteln" durchaus Reflexion und systematisches Bemühen zu Grunde liegt.

---

[1] Eine ausführlichere und auch philosophisch gründlicher reflektierte Darstellung findet sich in Braybrooke/Lindblom (1963); Lindblom (1965) präsentiert demgegenüber ein Verständnis von demokratischen Entscheidungsprozessen, das deren spezifische Rationalität im inhärenten Inkrementalismus des pluralistischen Zusammenwirkens von Interessengruppen, Ministerialbürokratie, Parteien und Parlamenten sieht. Als knappen Überblick siehe ferner Hayes (1992: 13-26).

Der Inkrementalismus war und ist nicht die einzige Strategie begrenzt rationalen Entscheidens, die zur Diskussion gestellt worden ist. Er weist große Ähnlichkeit mit Karl Poppers (1957) „piecemeal engineering" auf, das dieser etwa gleichzeitig normativ-präskriptiv als politische Reformstrategie allen Vorhaben weiterreichender Gesellschaftsplanung – insbesondere dem real existierenden Sozialismus sowjetischer Prägung – entgegensetzte. Anders als Popper griff Lindblom auf bereits vorliegende Befunde der empirisch-analytischen Entscheidungsforschung zurück, wie sie vor allem von Herbert Simon (1946a) vorgelegt und inspiriert worden waren.[2] Der Inkrementalismus ist ein integratives theoretisches – und präskriptives – Konzept, das viele Einzelbefunde zusammenführt. Zugleich ist das Konzept aber auch offen angelegt, so dass es mit Hilfe weiterer Erkenntnisse ergänzt und ausgebaut werden kann.[3] Sowohl aufgrund der empirischen Fundierung als auch aufgrund des integrativen Charakters eignet sich der Inkrementalismus, um in diesem Kapitel als Ausgangspunkt einer Erkundung von Strategien begrenzt rationalen Entscheidens zu dienen.

Für viele ist der Inkrementalismus ein Universalrezept. Wie immer die Komplexität einer Entscheidungssituation beschaffen ist: Inkrementalismus sei stets das Richtige. So argumentiert ganz explizit beispielsweise David Collingridge (1992: 9), der den Inkrementalismus als Methode von Versuch und Irrtum benennt: „trial-and-error-learning is ... the only way of making intelligent choices in a hostile, turbulent world which can be understood in only the most superficial way."[4] Derartigen Einschätzungen liegt vermutlich die Vorstellung zugrunde, der einen Idee perfekter Ra-

---

[2] Siehe weiterhin March/Simon (1958) als systematisches Resümee derartiger Forschungen zum organisatorischen Entscheiden.

[3] Die Charakterisierung des Inkrementalismus als „Small steps"-Ansatz des Entscheidens (Sunstein/Ullmann-Margalit 1999) ist zu eng, auch wenn sie ein zweifellos wesentliches Element benennt.

[4] Lindblom (1964: 171) selber gesteht allerdings – zumindest in Reaktion auf entsprechende Kritik – zu, diese Entscheidungsstrategie sei „unquestionably one of less than universal usefulness."

tionalität ein und nur ein Konzept begrenzt rationalen Entscheidens gegenüberzustellen. Dagegen argumentieren Cass Sunstein und Edna Ullmann-Margalit, dass ein Bemühen um begrenzte Rationalität angesichts komplexer Entscheidungssituationen „second-order decisions" erfordere, nämlich „decisions about the appropriate strategy for reducing the problems associated with making a first-order decision." (Sunstein/Ullmann-Margalit 1999: 7) Inkrementalismus ist nur eine der Alternativen für diese „second-order decisions". Nicht in jeder komplexen Entscheidungssituation ist Inkrementalismus das Beste, was man tun kann.

In diesem Kapitel werde ich zunächst die Perspektive Lindbloms einnehmen, also den Inkrementalismus für sich genommen betrachten. In sechs Punkten wird herausgearbeitet, auf welche Ausprägungen sachlicher, zeitlicher und sozialer Komplexität von Entscheidungssituationen der Inkrementalismus mit welchen Strategiekomponenten eine probate Antwort darstellt. Die weitere Betrachtung in den beiden folgenden Kapiteln wird dann zeigen, dass der Inkrementalismus – in einer groben quantitativen Charakterisierung – zu Entscheidungssituationen passt, in denen eine mittelhohe Komplexität vorliegt. Wenn die Komplexität der Entscheidungssituation geringer – freilich immer auf hohem Niveau – ist, verschenkt der Inkrementalismus Chancen, ein höheres Rationalitätsniveau zu erreichen; und wenn umgekehrt die Komplexität noch höher als mittelhoch ist, kann nicht einmal mehr Inkrementalismus praktiziert werden. In beiden Fällen sind andere Strategien begrenzter Rationalität tauglicher als Inkrementalismus; und diesen Strategien wenden sich die Kapitel 6 und 7 zu.

Dass hier analytisch der Einstieg über den Inkrementalismus genommen wird, vollzieht ein wichtige Meta-Strategie begrenzter Rationalität der Entscheidungspraxis nach: es erst einmal mit Inkrementalismus zu versuchen, um dann erfahrungsbasiert für die jeweilige Entscheidungssituation zu sehen, ob womöglich mehr als Inkrementalismus drin ist oder ob man sich umgekehrt mit weniger als Inkrementalismus begnügen muss. Dahinter steht wiederum ein – nicht streng beweisbarer – Erfahrungswert: Bei mindestens der

Hälfte aller Gestaltungsentscheidungen liegt man mit Inkrementalismus richtig; die andere Hälfte verteilt sich auf die anderen beiden Fälle, wobei man eventuell leicht optimistisch sagen könnte, dass etwas mehr als ein Viertel mehr als Inkrementalismus und der Rest weniger als Inkrementalismus ermöglicht. Diese Verteilung ist zweifellos nicht mehr als eine ganz grobe Intuition, die höchst unterschiedliche Entscheidungsfelder, Entscheidungsprobleme und historische Situationen über einen Kamm schert. In speziellen Fällen mag es auch angebracht sein, den Einstieg bei weniger als Inkrementalismus, gewissermaßen als „worst case scenario", zu nehmen – oder umgekehrt gestaltungsambitioniert gleich mehr als Inkrementalismus zu probieren.

## 5.1 Reaktive Problemfixierung

Die erste Komponente einer inkrementalistischen Entscheidungsstrategie besteht darin, sich in mehreren Hinsichten gleichsam an Entscheidungsproblemen, so wie sie sich situativ aufdrängen, entlangzuhangeln. Dies setzt sich ab von einem Entscheidungshandeln, das sozusagen einen Schritt von den jeweiligen Problemen zurücktritt und Abstand gewinnt, um so mit größerem Über- und Weitblick zu entscheiden. Genau dies versucht der Inkrementalismus erst gar nicht, weil es an der Komplexität der Entscheidungssituation scheiterte – spätestens derart, dass die knappe Zeit, die für eine Entscheidung zur Verfügung steht, verstriche, ohne dass eine Entscheidung getroffen würde.

*Warten auf Probleme*
Inkrementalismus betreibt keine aktive und vorausschauende Sondierung von zukünftigen, noch latenten Entscheidungsproblemen. Die Akteure lassen Probleme vielmehr auf sich zukommen, agieren also reaktiv. Entscheidungsprobleme werden er-wartet. Genauer gesagt: Die Akteure hoffen, dass der Kelch möglichst lange an ihnen vorübergeht und sie nichts zu tun brauchen – selbst dann

noch, wenn das Problem unübersehbar geworden ist (Cyert/March 1963: 169; Downs 1966: 208-210). Ein Unternehmen beispielsweise überprüft seine Marktsituation nicht ständig auf alle möglichen Schwierigkeiten, die eventuell eintreten können, sondern beschäftigt sich erst dann damit, wenn konkrete Anlässe dafür vorliegen – beispielsweise der Absatz spürbar stockt oder neue Konkurrenz energisch in den Markt eindringt. Auch für die politische Thematisierung gesellschaftlicher Probleme ist typisch, dass diese Probleme eine gewisse Dringlichkeitsstufe erreicht haben müssen.

Auf diese Art und Weise ersparen sich Entscheidungshandelnde einen großen Informationsverarbeitungsaufwand. Politische Akteure, z.B. Parteien oder Regierungen, würden ohne einen solchen Aufmerksamkeitsfilter – man könnte auch von Dickfelligkeit sprechen – hoffnungslos mit gesellschaftlichen Forderungen überflutet. Allgemein formuliert: „Die Suche nach neuen Problemen kann freilich leicht zu einem Überschuss an offenen Fragen führen." (Brauchlin/Heese 1995: 120) Präskriptiv heißt das: Akteure sollen sich erst dann mit Entscheidungsproblemen befassen, wenn diese nicht länger vernachlässigbar sind. Man könnte natürlich einwenden, dass ein Problem doch zumeist umso leichter bewältigbar ist, je früher man es angeht. Medizinische Vorsorgeuntersuchungen entspringen dieser Ratio, die nicht falsch, aber im Kontext von Rationalitätsbeschränkungen zu sehen ist. Entscheidungsprobleme gibt es jederzeit in Überfülle – viel zu viele für eine antizipative aktive Problemsuche. Diese würde sich nur selbst überfordern. Man kann stattdessen froh sein, wenn man es schafft, wenigstens die drängendsten Probleme anzugehen. „Die Knappheit der Zeit" lehrt – so Niklas Luhmann (1968b) – „die Vordringlichkeit des Befristeten".

Eine derartige abwartende Haltung ist unter der Voraussetzung begrenzt rational, dass die allermeisten Probleme auch dann noch effektiv bearbeitbar sind, wenn sie sich bereits in einem beträchtlichen Maße zugespitzt haben. Das gilt nicht für alle Probleme: Manche müssen sehr früh, wenn sie quasi noch unbemerkt schlummern, durch gezielte Suche entdeckt werden, um sie noch in den

Griff bekommen zu können – wie bei den meisten Krebserkrankungen. Deshalb machen hier die erwähnten Vorsorgeuntersuchungen Sinn – und Inkrementalismus wäre Fahrlässigkeit.

Freilich ist eine abwartende Vorgehensweise als eine stets nur reaktive „konservativ": Akteure reagieren auf Problemlagen, die sich quasi schicksalhaft hinter ihrem Rücken aufbauen. Akteure verzichten darauf, aktiv selbst ihre Situation zu gestalten und so in gewissem Maße Einfluss darauf zu nehmen, welche Probleme überhaupt noch auftreten können. Inkrementalismus schließt also Problemprävention aus. Das Kind muss erst in den Brunnen gefallen sein, um inkrementalistische Entscheider zu Taten zu bewegen. Nicht einmal eindeutige Warnungen lösen Entscheidungshandeln aus. Denn Warnungen beziehen sich auf Zukünftiges; und das wird angesichts der „Vordringlichkeit des Befristeten" diskontiert.

*Situativer Opportunismus*
Das problemfixierte Betrachten von Entscheidungssituationen nimmt so seinen Ausgangspunkt davon, dass sich ein bestimmtes Entscheidungsproblem aufdrängt und dadurch den jeweiligen Akteuren der Aufwand der Problemsuche und -definition weitgehend erspart bleibt. Dies geht einher mit einer sehr selektiven Prioritätensetzung bei den Entscheidungskriterien. Insbesondere in zeitlicher Hinsicht werden keine längerfristigen Erwägungen angestellt. Ziele und Wirkungsüberlegungen beschränken sich auf überschaubare kurzfristige Zeiträume.

Das hat dann Konsequenzen in der Sach- und der Sozialdimension. Als Opportunismus wird üblicherweise – mit tadelndem Unterton – ein Handeln eingestuft, bei dem sich jemand entgegen den offenkundigen eigenen Interessen und normativen Prinzipien den je gegebenen Kräfteverhältnissen anpasst, also, alltagssprachlich ausgedrückt, „sein Fähnlein nach dem Winde hängt". Luhmann (1971c: 166, Hervorh. weggel.) hingegen entmoralisiert dieses Verständnis und fasst Opportunismus als Notwendigkeit, sich in einer sachlich und sozial komplexen Welt „an laufend wechselnden Präferenzen zu orientieren ..." Er betont zwar: „Opportunistische Praxis besteht nicht in ziellosem, druckabhängigen Schlendern durch die Landschaft der Zwecke und Werte." (Luhmann 1971c: 177) Doch im Kern geht es darum, dass die Akteure sich bei der Auswahl und Gewichtung berücksichtigter Entscheidungskriterien von ihren je situativ artikulierten und dominanten Eigeninteressen leiten lassen, also längerfristige Erwägungen und die zu extensive Berücksichtigung der Interessen Dritter außer Acht lassen. Dieser situative Opportunismus geht aber eben nicht darauf zurück, dass die Akteure egoistisch sind und in den Tag hinein leben, sondern auf die Einsicht, dass die Komplexität der Entscheidungssituation ihnen nichts anderes übrig lässt.

„First things first!" lautet die Devise des situativen Opportunismus in zeitlicher Hinsicht, gemäß dem bekannten Diktum John Maynard Keynes: „In the long run we are all dead." Die Kehrseite dieses Vorgehens besteht natürlich darin, dass eine Fixierung auf die gegenwärtige Lage dazu führen kann, dass wichtige zukünftige Belange sträflich vernachlässigt werden – selbst wenn man sich ihrer klar bewusst ist. Ein Spitzensportler z.B., der sich dafür entscheidet, sich mit bestimmten Mitteln zu dopen, weiß darüber, dass er sich mit großer Wahrscheinlichkeit in zehn Jahren auftretende gravierende Gesundheitsschäden einhandelt. Doch in seiner Situation mag es so sein, dass Erfolge hier und jetzt vorrangig sind, weil er nur so in der staatlichen Sportförderung bleibt oder lukrative Sponsorenverträge verlängert werden. Im Extremfall kann es sogar so sein, dass die kurzfristige Bewältigung eines bestimmten Problems dazu führt, dass genau dieses Problem schon mittelfristig nicht mehr bewältigt werden kann: Das heutige Überleben sorgt für den morgigen Untergang. So könnten manche Dopingmittel zwar kurzfristig den sportlichen Erfolg sichern – aber um den Preis, dass man schon bald, noch mitten in der Karriere, zum Sportinvaliden wird. Ein anderes Beispiel wäre ein Unternehmen, das am Markt über die Runden zu kommen vermag, indem es ein inzwischen technisch veraltetes Produkt immer preiswerter anbietet, aber genau deshalb nicht die Gewinne macht, die erforderlich wären, um ein technisch innovatives Nachfolgeprodukt entwickeln und die Produktion entsprechend umstellen zu können.

*„Simple-minded search"*
Der Inkrementalismus trägt der sachlichen Komplexität von Entscheidungssituationen weiterhin auch in der Weise Rechnung, dass keine weit ausholende Suche nach allen möglichen Alternativen angestellt wird, die für eine Problembearbeitung in Frage kämen. Die Begrenzung des ausgeloteten Alternativenspektrums ist dabei nicht einfach quantitativer Natur. Wichtiger ist vielmehr ein spezifisches Muster der Alternativensuche, das ironisch-bescheiden als „simple-minded search" bezeichnet wird (Cyert/March 1963: 170/171; Frese 1971; Grochla 1972: 161-163). Die Alternativensuche beschränkt sich darauf, nur im engsten Umkreis des jeweiligen Entscheidungsproblems Ursachen und in Frage kommende Maßnahmen der Problembewältigung ausfindig zu machen.[5] Dieses Vorgehen fügt sich mit dem Warten auf Probleme und dem situativen Opportunismus insgesamt zu einer reaktiven Problemfixierung.

Eine „simple-minded search" lässt sich am Beispiel eines Autofahrers verdeutlichen, dessen Fahrzeug eines Morgens nicht anspringt. Er wird kaum versuchen, den Problemzusammenhang seines Benzinmotors so zu ergründen, dass er systematisch dessen Funktionslogik nachvollzieht, um dann früher oder später auf die Ursache des Nichtanspringens zu stoßen. Eine solche Vorgehensweise wäre zwar – allerdings nur einem kundigen Automechaniker – prinzipiell möglich und würde auch mit nahezu hundertprozentiger Sicherheit zum Erfolg führen, wäre aber viel zu aufwendig. Die betreffende Person hat es eilig, weil sie morgens zur Arbeit muss und nicht zu spät kommen darf. Sie besitzt auch weder ein Motoren-Handbuch als Anleitung noch das erforderliche Werkzeug, um größere Untersuchungen und Reparaturen durchführen zu können. Stattdessen wird der Autofahrer auf der Basis von Er-

---

[5] Siehe auch die „ABC-Analyse" (Brauchlin/Heese 1995: 129) als etwas verfeinerte Technik.

fahrungswissen bestimmte nahe liegende und unkomplizierte, für ihn leicht behebbare Störungsursachen prüfen – etwa die Zündkerzen, die Unterbrecherkontakte oder die Batterie. Verallgemeinert heißt das: Entscheidungshandelnde werden sich, anstatt den jeweiligen Problemzusammenhang in seiner Totalität zu durchdringen, einzelne, erfahrungsgemäß strategische Faktoren herausgreifen und sich diesen jeweils isoliert zuwenden – und zwar sukzessiv von sehr wahrscheinlichen und leicht zugänglichen zu weniger wahrscheinlichen und schwieriger zugänglichen Faktoren (Barnard 1938: 200-211; March/Simon 1958: 179/180; Willke 1984: 43/44).[6]

James March (1994: 28) führt hierfür das Beispiel eines großen Unternehmens an, das in einer bestimmten Region mit Absatzschwierigkeiten zu kämpfen hat: „If sales fall in Texas, then they look for the problem and the solution in Texas." Es wird also nicht die Gesamtstruktur des Unternehmens nach problemverursachenden Faktoren durchsucht, und man setzt entsprechend dann auch mit Maßnahmen der Problembearbeitung vor Ort und nicht etwa in der Zentrale in New York an. Die Ursachen eines Problems werden zunächst in dessen unmittelbarer kausaler Nähe gesucht; und als Problembearbeitungsalternativen geraten dabei nur solche Handlungsoptionen in den Blick, die für die betreffenden Akteure möglichst einfach praktikabel sind und ihnen möglichst geringe Situationsveränderungen abverlangen. Erst wenn sich die so gefundenen Entscheidungsalternativen als unwirksam erweisen, werden schrittweise indirektere Kausalzusammenhänge und schwieriger zu realisierende Formen der Problembearbeitung in Betracht gezogen. So schildert jemand seine Studienwahl, nachdem er schon zwei Studiengänge abgebrochen hatte, als eine zunächst sehr unbefriedigende Erfahrung, „weil ich wieder nur beim Bekannten suchte." Hier war „simple-minded search" also offensichtlich in ihrem Potential erschöpft. Dann „stieß ich ... eher zufällig auf mein jetziges

---

[6] Bendor (1995: 824-828) weist zusätzlich darauf hin, dass weniger nahe liegende Alternativen oft auch schwieriger hinsichtlich ihrer Wirksamkeit zu beurteilen sind.

Studium ...", das in einem ganz anderen Wissenschaftsgebiet als die bisherigen Sondierungen lag.

Akteure, die „simple-minded search" betreiben, „associate actions and outcomes by their temporal and spatial proximity." (March 1994: 84) Räumliche oder zeitliche Nähe – zu ergänzen wären: soziale und sachliche Nähe – werden als Indiz für enge kausale Zusammenhänge genommen. Die Probleme der texanischen Niederlassung müssen demzufolge dort zu finden und zu bearbeiten sein; sie wurden auch nicht in lange zurückliegenden Ereignissen angelegt, sondern in Entwicklungen der jüngsten Vergangenheit; und Absatzprobleme haben auch erst einmal etwas mit der Absatzabteilung zu tun, und nicht etwa mit der Produktion oder der Entwicklungsabteilung. Das sind die Unterstellungen, mit denen eine „simple-minded search" arbeitet.

Ein Entscheidungshandelnder, der eine Leistungsrolle in einem bestimmten Teilsystem innehat, wird insbesondere oftmals durch den Code und die Programme dieses Teilsystems geleitet. „Simple minded" heißt dann soviel wie: eine der jeweiligen Teilsystemlogik folgende Problemdeutung und daran anschließende Alternativensuche. So werden beispielsweise Lehrer als Leistungsrollenträger im Bildungssystem auf veränderte Verhaltensweisen von Jugendlichen – etwa ein Sinken der Gewaltschwelle bei Konflikten auf dem Schulhof – pädagogisch und nicht etwa polizeilich, politisch oder religiös reagieren. Neue pädagogische Konzepte und Maßnahmen werden entwickelt und umgesetzt werden, um den gewandelten Bedingungen des Schulalltags gerecht zu werden; und hierbei wird man sich vom bisherigen pädagogischen Wissensstand über die bestimmenden Faktoren der Sozialisation und Entwicklung von Jugendlichen leiten lassen. Denn dies sind die Faktoren, die Lehrer kompetent zu handhaben vermögen. Erst wenn sie damit nicht weiterkommen, werden andere Instanzen gerufen, die dann mit ihren anderen Perspektiven – und durchaus wiederum zunächst als „simple-minded search" – Alternativen der Problembewältigung durchmustern und ausprobieren. Die eine „simple-minded search" wird durch eine andere abgelöst, und die Ablösung selbst kann als Meta-Entscheidung über die Weitergabe eines Entscheidungsproblems entsprechend einer „simple-minded search" folgen. Dass sich die Lehrer, wenn sie mit ihren Mitteln nicht mit dem Problem der Gewalt auf dem Schulhof zurechtkommen, beispielsweise vielleicht zunächst an die Eltern und nicht etwa an Sportvereine wenden, würde das illustrieren.

Weitere wichtige Prägungen der „simple-minded search" stellen vergangene Erfahrungen mit demselben Entscheidungsproblem oder als ähnlich erscheinenden Problemen dar.[7] Nicht selten verläuft die Suche nach Problemursachen und Möglichkeiten der Problembewältigung entlang mehr oder weniger triftiger Analogieschlüsse. Weil jemand die Erfahrung gemacht hat, dass er aggressive Hunde laut schreiend zur Ruhe bringen kann, versucht er das dann vielleicht auch mit Kleinkindern – in diesem Fall womöglich mit wenig Erfolg. Auch die im Kapitel 7 noch ausführlich zur Sprache kommenden Rationalitätsfiktionen spielen bei der „simple-minded search" eine wichtige Rolle.

Insgesamt beruht die begrenzte Rationalität der „simple-minded search" auf einer durch Erfahrung gewonnenen und an ihr bewährten Blickverengung auf die unmittelbare Umgebung der eng fokussierten Entscheidungsprobleme: „The assumption that causes are to be found in the neighbourhood of effects is not a foolish assumption. It is often true." (March 1994: 85) Das gesamte weitere Umfeld an kausalen Interdependenzen, in dem ein Problem steht, wird ignoriert, wodurch die Totalität entscheidungsrelevanter Informationen auf ein bearbeitbares Maß reduziert wird. Unter der Voraussetzung, dass die ausgewählten strategischen Faktoren die richtigen sind, ist dies eine effektive Form der Problembearbeitung. Wie bei jeder nur begrenzt rationalen Strategie ist freilich auch hiermit ein gewisses Risiko verbunden: das der Vernachlässigung weiter reichender Probleminterdependenzen und damit des engstirnigen und unverbundenen Bearbeitens von Einzelproblemen, auch wenn diese in einem größeren Zusammenhang stehen.

---

[7] Siehe Hickson et al. (1986: 52/53), die sogar von „quasi-decision making" sprechen, weil die Entscheidung so weitgehend vorstrukturiert ist.

Ein derartiges Kurieren von Symptomen läge beim Beispiel des nicht anspringenden Autos dann vor, wenn man immer wieder nur die verölten Zündkerzen säubert, anstatt den tieferen Ursachen dieses Sachverhalts – etwa einem falsch eingestellten Vergaser – auf den Grund zu gehen. Dieses Beispiel macht deutlich, dass die spezifische Gefahr einer „simple-minded search" darin liegt, ein Problem nicht wirksam zu beheben, sondern immer nur kurzfristig zu beseitigen und so weiter vor sich herzuschieben. Insbesondere an der hochgradig arbeitsteilig spezialisierten Entscheidungsproduktion der öffentlichen Verwaltung lässt sich immer wieder deutlich machen, dass die Folge einer reaktiven Problemfixierung eine oberflächlich bleibende Bearbeitung isolierter Einzelprobleme anstelle des diesen zugrunde liegenden Problemzusammenhangs sein kann (Scharpf 1972: 81-83). Beispielsweise könnte eine regionale Gewässerschutzbehörde wieder und wieder Maßnahmen zur Reinigung des Wassers durchführen, ohne doch der eigentlichen Ursache der Wasserverschmutzung, nämlich einer zu schnellen und zu großzügigen Industrialisierung der Region, an die Wurzel zu gehen. In diesem Fall könnte die Behörde dies sogar wissen, ohne doch von ihren Befugnissen her etwas anderes in die Wege leiten zu dürfen. Eine reaktive Problemfixierung kann einem Entscheidungshandelnden also auch auferlegt sein, so dass er sie selbst dann noch weiter praktizieren muss, wenn ihm klar ist, dass im Hinblick auf sich stellende Probleme eigentlich etwas anderes getan werden müsste.

## 5.2 Reduzierte Informationsverarbeitung

Eine inkrementalistische Entscheidungsstrategie kennt über das hinaus, was bereits in der Komponente der reaktiven Problemfixierung enthalten ist, weitere Praktiken zur Reduktion des Informationsverarbeitungsaufwands, die zugleich auch den Zeitaufwand des Entscheidens in Grenzen halten. Diese Praktiken der sachlichen und teilweise auch sozialen Simplifizierung von Entscheidungssituationen gehen – wie auch die „simple-minded search" – davon aus, dass eine Entscheidungssituation weder in ihrer Breite noch in ihrer Tiefe vollständig erfasst und durchdrungen zu werden braucht, sondern die Kenntnis ausgewählter Fakten ausreicht, um eine realistischen Ansprüchen gerecht werdende Form der Problembearbeitung zu finden. Diese Heuristiken der Entscheidungsvereinfachung versuchen also, die Totalität relevanter Informationen dadurch auf die begrenzten Informationsverarbeitungskapazitäten der Akteure zu reduzieren, dass nur „das Wesentliche" einer Entscheidungssituation betrachtet wird und überflüssige, ablenkende Details ausgeblendet bleiben. James March (1994: 13/14) kategorisiert solche „heuristics" als „rules of thumb".

Im Weiteren werden drei generell verwendbare Heuristiken genauer dargestellt: die Typisierung von Entscheidungssituationen sowie die horizontale und die vertikale Entscheidungsdekomposition. Gerade im Vergleich untereinander hinsichtlich der jeweiligen Potentiale begrenzter Rationalität wird deutlich werden, wo die Stärken und Schwächen liegen.

*Typisierung von Entscheidungssituationen*
Die Typisierung einer Entscheidungssituation reduziert die entscheidungsrelevanten Informationen dadurch auf die Informationsverarbeitungskapazität der Akteure, dass die Situation nicht in ihrer jeweiligen Einmaligkeit, sondern als Fall betrachtet wird, der einem generellen Typus untergeordnet werden kann (Perrow 1970: 57-59).[8] Die gezielte Selektivität der Informationsverarbeitung liegt hier darin, dass der generelle Typus von vielen konkreten Besonderheiten abstrahiert, die das spezifische Problem aufweist. Die Entscheidung eines Sozialamtes darüber, welche Maßnahmen bezüglich eines bestimmten Klienten ergriffen werden, kann ein Beispiel abgeben. Grundlage dieser Entscheidung ist keine umfassende und intensive Erkundung der je einzigartigen aktuellen Le-

---

[8] Siehe auch March/Simon (1958: 39) zu „categorization", March (1994: 14/15) zu „framing" sowie Sunstein/Ullmann-Margalit (1999: 10) zu „heuristics".

benssituation des Klienten als eines konkreten Individuums, sondern dessen Einstufung mittels abstrakter Kategorien wie Beschäftigungsverhältnis, Einkommenshöhe, Kinderzahl, Mietbelastung u.ä. Diese Eingruppierung des Einzelnen in Merkmalsklassen bestimmt dann, wie sein Fall entschieden wird: ob und in welcher Höhe er Anspruch auf Sozialhilfe oder Wohngeld hat.

Gerade staatliches Entscheidungshandeln bietet viele Beispiele für Typisierungen, die dann auch eine ursprünglich vielschichtigere Situation real simplifizieren können. James Scott (1998) zeigt an reichem Anschauungsmaterial, dass sich zum einen betroffene Akteure den „state simplifications" anpassen, wodurch diese zu sich selbst erfüllenden Prophezeiungen werden – wenn etwa Professoren, die wissen, dass ihre Forschungsleistungen vom Ministerium im Wesentlichen nur an der Höhe der eingereichten Drittmittel gemessen werden, ihr Forschungshandeln ganz auf diesen Indikator ausrichten. Zum anderen kann der Staat aber auch selbst gestaltend eingreifen, um die Realität seinen Typisierungen anzupassen – etwa Naturwälder in Nutzwälder umwandeln, die seinen forstwirtschaftlichen Interessen entsprechen.

Betrachtet man Typisierung als heuristische Strategie, so ist zu beachten, dass sie in einer basalen Form ein konstitutives Moment jeglichen sozialen Erlebens und Handelns ist. Die ursprünglich chaotische, unstrukturierte Vielfalt von Gegebenheiten und Wahrnehmungen in einer sozialen Situation wird stets gemäß bestimmten sozial konstruierten Deutungsschemata interpretiert und zu einer sinnhaften, in sich relativ geschlossenen und intersubjektiv geteilten Definition der Situation synthetisiert (Gurvitch 1957; McHugh 1968; Schütz 1971). Über eine solche basale Typisierung hinaus gibt es jedoch eine spezifisch entscheidungsbezogene Verwendung von Typisierungen. Solche Typisierungen sind dann oft nicht alltagsweltlich naturwüchsig entstanden, sondern gezielte Operationalisierungen von Aspekten teilsystemischer oder organisatorischer Programmstrukturen und den Interessen der jeweiligen Akteure. Jede wissenschaftliche Theorie, jedes juristische Gesetz und jede Kunstlehre eines partnerschaftlichen Umgangs in Intimbeziehungen beispielsweise setzen sich aus – mehr oder weniger präzisen – derartigen Typisierungen zusammen. Das gleiche gilt für Programme in Organisationen – etwa für Verwaltungsrichtlinien, wie sie sich für das Publikum u.a. in Gestalt von Antragsformularen manifestieren (Paris 1998). Stets werden bestimmte Dimensionen aus der Totalität der Entscheidungssituation hervorgehoben und andere dadurch vernachlässigt – mit dem Ziel, aufgrund solcher Typisierungen Ähnlichkeiten zwischen der jeweils vorliegenden Entscheidungssituation und anderen Entscheidungssituationen zu entdecken, um so auf eigene frühere Erfahrungen oder Erfahrungen anderer zurückgreifen zu können und nicht jede Situation als absolut neue bearbeiten zu müssen.[9]

Typisierung gestattet also eine zumindest partielle Routinisierung von Entscheidungen.[10] Für die Kategorisierung von Individuen als Fällen gilt etwa: „People are categorized and placed into pigeonholes because it would take enormous resources to treat every case as unique and requiring thorough analysis. Like stereotypes, categories allow us to move through the world without making continuous decisions at every moment." (Perrow 1970: 58)

Die „case-based decision theory" (Gilboa/Schmeidler 1995), die sich als Gegenkonzept zur „expected utility theory" der präskriptiv-normativen Perspektive versteht, basiert in genau diesem Sinne einer partiellen Routinisierung auf Typisierung im Sinne einer relativen Ähnlichkeit von Entscheidungssituationen. Empfohlen wird, ein Entscheidungsproblem so anzugehen, dass im Erfahrungsschatz vergangenen Entscheidungshandelns danach gesucht wird, welches früher bearbeitete Problem dem jetzt vorliegenden am ähnlichsten ist; und dieser Ähnlichkeitsfaktor wird multipliziert mit dem relativen Nutzen, also der erwiesenen Wirksamkeit der

---

[9] Siehe auch Reichertz (1991: 285-305) zur Bedeutung von Typisierungen in der kriminalpolizeilichen Ermittlungsarbeit sowie Scheffer (2003) zu Asylprüfungen.

[10] Je stärker ein Entscheidungshandeln auf Typisierungen beruht, desto mehr nähert es sich dem in Kapitel 1 betrachteten Handlungsmodus der Routine an.

damaligen Art der Problembearbeitung. Entscheidungsalternativen werden somit daraufhin bewertet, wie ähnlich, also auf die jetzige Problemlage passend, sie erscheinen und wie gut man damals mit ihnen gefahren ist. Fasst man beide Momente als Skalen auf, die die beiden grundlegenden Koordinaten einer vergleichenden Bewertung von Entscheidungsalternativen darstellen, lassen sich vier Pole unterscheiden (Schaubild 5.1):

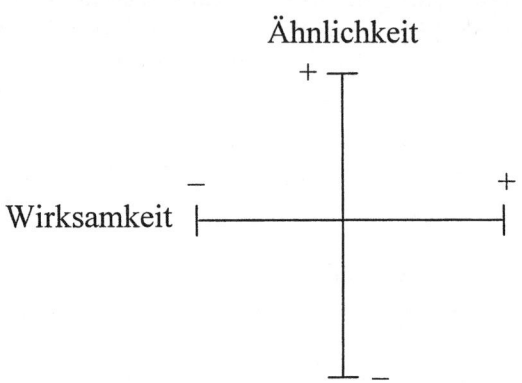

*Schaubild 5.1*

- Eine sehr wirksame Alternative, die in einer Entscheidungssituation eingesetzt wurde, die eine große Ähnlichkeit mit der vorliegenden Situation aufweist: Diese Alternative sollte man übernehmen.
- Eine sehr wirksame Alternative, die in einer Entscheidungssituation eingesetzt wurde, die keine große Ähnlichkeit mit der vorliegenden Situation aufweist: Diese Alternative zu übernehmen wäre nicht plausibel, man sollte weitersuchen.
- Eine wenig wirksame Alternative, die in einer Entscheidungssituation eingesetzt wurde, die keine große Ähnlichkeit mit der vorliegenden Situation aufweist: Es gibt nichts, was einen veranlassen könnte, diese Alternative zu übernehmen, man sollte ebenfalls weiter suchen.

- Eine wenig wirksame Alternative, die in einer Entscheidungssituation eingesetzt wurde, die eine große Ähnlichkeit mit der vorliegenden Situation aufweist: Auch diese Alternative, die sich ja offensichtlich nicht bewährt hat, sollte man nicht übernehmen, man sollte also auch in diesem Fall weitersuchen.

Typisierungen sind, wie bereits deutlich geworden sein dürfte, auch eine wichtige Grundlage jenes Erfahrungsschatzes, aufgrund dessen eine „simple-minded search" die kausal wichtigen und für Interventionen zugänglichen Faktoren des jeweiligen Problemzusammenhangs auswählt. Die Typisierung und die problemfixierte Betrachtung von Entscheidungssituationen greifen somit – wie andere Praktiken begrenzt rationalen Entscheidens auch – häufig eng ineinander und steigern dann durch ihre Komplementarität das komplexitätsreduzierende Potential der Entscheidungshandelnden.

In dem Maße, wie die verwendeten Typisierungen die bestimmenden Merkmale einer Entscheidungssituation wiedergeben, handelt es sich um eine begrenzt rationale Form der Informationsverarbeitung – solange also den ausgeblendeten Besonderheiten der Situation keine zentrale Bedeutung für die Problembearbeitung zukommt. Die zugrunde liegende Unterstellung, dass *ähnliche* Entscheidungssituationen als *gleiche* Fälle angesehen werden können, birgt freilich das Risiko, unvergleichliche Situationen über einen Kamm zu scheren. In dem Maße, in dem die Unterstellung, dass die ausgeblendeten Aspekte einer Entscheidungssituation irrelevant für eine adäquate Problembearbeitung sind, nicht zutrifft, verliert die zugrunde gelegte Typisierung ihren rationalen Gehalt und wird zu einem sachlich nicht begründeten Vorurteil, das dann auch zu gravierenden Fehleinschätzungen von Entscheidungssituationen führen kann.[11] Als vorbeugende Maßnahme gegen derartige Fehlurteile enthalten zahlreiche Gesetze und Verwaltungsrichtlinien Ausnahmeklauseln, um auch denjenigen Problemsituationen gerecht werden zu können, die nicht dem in den jeweiligen Typisierungen zum Ausdruck kommenden Normaltyp entsprechen. Solche

---

[11] Siehe March/Simon (1958: 164/165) zur Verdinglichung von Typisierungen.

Ausnahmeklauseln sind bezeichnenderweise oftmals vage gehalten – weil eben die möglichen Abweichungen vom Normalfall äußerst vielfältig sein können. Typische Formulierungen sind etwa: „in besonderen Härtefällen", „in begründeten Ausnahmefällen", „in Fällen besonderer Dringlichkeit" oder „unter Würdigung aller Umstände" Gerade weil diese Ausnahmeklauseln diffus sind, halten sie die Akteure zur steten Wachsamkeit an – um einer riskanten pauschalen Verwendung von Typisierungen entgegenzuwirken.

*Entscheidungsdekomposition*
Typisierungen reduzieren Entscheidungskomplexität in einem Schritt. Demgegenüber reduzieren die nun zu schildernden Praktiken der Entscheidungsdekomposition sachliche Entscheidungskomplexität durch eine Zerlegung des Problems in weniger komplexe Teilprobleme, die zunächst je für sich betrachtet werden, also durch ein schrittweises Vorgehen (March 1994: 12/13). Jedes der so gebildeten Teilprobleme kann dann auf einem vergleichsweise hohen Rationalitätsniveau bearbeitet werden. Da jedoch niemals das Gesamtproblem in seiner ganzen Breite und Tiefe betrachtet wird, kann die Zusammenführung der einzelnen Teilprobleme und darauf bezogenen Teilentscheidungen zu einer Gesamtentscheidung immer nur begrenzt rational sein.

Zu unterscheiden sind eine vertikale und eine horizontale Dekomposition von Entscheidungen.

*Vertikale Entscheidungsdekomposition*
Bei der vertikalen Entscheidungsdekomposition wird ein Entscheidungsproblem in über- und untergeordnete Teilentscheidungen zerlegt. Dem liegt die Tatsache zugrunde, dass Entscheidungssituationen sich auf verschiedenen Generalisierungsniveaus betrachten lassen. Entscheidungen sind schrittweise spezifizierbar, indem man zunächst auf sehr allgemeiner Ebene mögliche Alternativen vergleicht und sich für eine entscheidet, um dann auf der Grundlage dieser allgemeinen Vorentscheidung eine bereits konkretere Vorentscheidung zu treffen, usw. – bis man zu einer detailliert ausge-

arbeiteten Problembearbeitung gelangt. Die sachliche Über- und Unterordnung übersetzt sich also praktisch in eine zeitliche Staffelung vor- und nachgeordneter Entscheidungen.

Eine derartige „stratification of decisions" (Simon 1946a: 98), eine Ineinanderschichtung von Vorentscheidungen bis hin zur endgültigen Entscheidung, lässt sich an dem Beispiel studieren, dass die Verkehrsverbindung zwischen zwei Orten A und B verbessert werden soll (Manheim 1966: 3-25). Diese Entscheidung könnte in folgender Weise vertikal dekomponiert werden:

- Die erste Vorentscheidung wäre die Festlegung des Verkehrsmittels: Soll der Straßen-, der Schienen- oder der Luftverkehr zwischen A und B verbessert werden?
- Hat man sich hier auf eine Alternative, z.B. den Straßenverkehr, festgelegt, dann stellt sich als zweite Frage: Soll die bereits bestehende Straße zwischen A und B ausgebaut oder eine neue Straße angelegt werden?
- Entscheidet man sich für eine neue Straße, dann muss als dritte Vorentscheidung die generelle Trassenführung bestimmt werden. Verschiedene, zunächst noch recht grobe Trassen bieten sich an: z.B. eine Süd- oder eine Nordroute.
- Hat man sich für die Südroute entschieden, dann muss als vierte Vorentscheidung diese grobe Trasse genauer festgelegt werden.

Hieran könnten sich dann Entscheidungen über die Kapazitätsauslegung der Straße, über ihre technisch-materiale Gestaltung und Weiteres mehr anschließen, bis man schließlich bei operationalen Festlegungen anlangt, die sich unmittelbar in Ausführungsvorschriften für die Erstellung der Straße, also in die Implementation der Entscheidung übersetzen lassen.

Anders als die noch anzusprechende horizontale Entscheidungsdekomposition, die ein Entscheidungsproblem in einzelne Teile zerlegt und hierbei an funktionale Spezialisierungen anknüpfen kann, hält die vertikale Entscheidungsdekomposition an einer ganzheitlichen Problembetrachtung, entsprechend der Problemspezifizierung auf der jeweiligen Entscheidungsstufe, fest. Die erste Vorentscheidung des Beispiels bezieht bei der Festlegung des Verkehrsmittels alle für relevant erachteten Problemaspekte – finanzielle, geologische, ökologische, soziale usw. – ein. Freilich kann dies dann nur in einer vergleichsweise kursorischen Weise erfolgen. Während die Rationalitätssteigerung bei der horizontalen Entscheidungsdekomposition in der Präzision des Spezialwissens liegt, die Rationalitätsbegrenzung hingegen in der genau dadurch zwangsläufig unzureichenden Integration dieser funktional spezialisierten Problemperspektiven, verhält es sich bei der vertikalen Entscheidungsdekomposition genau umgekehrt: Hier wirkt die übergreifende und damit integrative, Interdependenzen zwischen den Teilperspektiven einbeziehende Betrachtungsweise rationalitätssteigernd – und die Rationalitätsbegrenzung ergibt sich aus der damit einhergehenden zwangsläufigen Oberflächlichkeit bei der Einschätzung der einzelnen Problemaspekte.

Genauer betrachtet lässt sich die vertikale Entscheidungsdekomposition als ein sich immer weiter verzweigender Entscheidungsbaum darstellen (Schaubild 5.2).

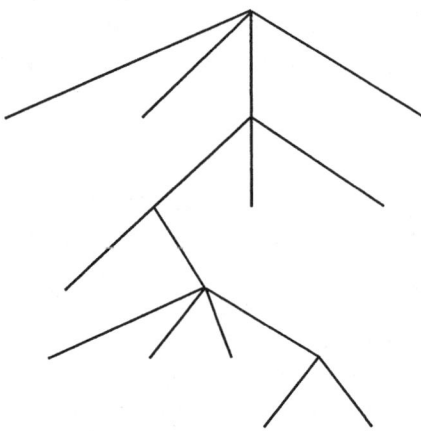

*Schaubild 5.2*

Daran wird die spezifische Art der Reduktion sachlicher Entscheidungskomplexität, die diese Heuristik leistet, deutlich. Hat man sich auf einer Entscheidungsebene für eine von mehreren Alternativen entschieden, dann betrachtet man bei der Spezifizierungsentscheidung auf der nächsten Ebene nur noch diese Alternative, nimmt also die Vorentscheidung als nicht länger hinterfragte Prämisse des weiteren Entscheidens hin. Hat man sich etwa für eine Straße anstelle einer Eisenbahnstrecke entschieden, dann braucht man sich nicht mehr länger darum zu kümmern, wo die Schienentrasse hätte verlegt werden können. Das und alles daran Anschließende sind fortan müßige Fragen.

An einem einfachen Beispiel lässt sich klar machen, wie drastisch der Informationsverarbeitungsaufwand hierdurch verringert wird: Angenommen, der Entscheidungsbaum erstreckt sich lediglich über drei Ebenen, wobei auf jeder Ebene jeweils nur zwei Alternativen zur Wahl stehen! Um die relevanten Informationen vollständig zu verarbeiten und so in sachlicher Hinsicht perfekte Rationalität zu erreichen, müsste man in diesem Fall 14 Verzweigungen des Entscheidungsbaums berücksichtigen, da man sich erst auf der untersten Ebene endgültig entscheidet. Das andere Extrem einer willkürlichen, nicht-rationalen Entscheidung, bei der man auf jeder Ebene einfach irgendeine der beiden Alternativen wählt und nur diese weiter verfolgt, liefe darauf hinaus, dass man nur drei Verzweigungen des Entscheidungsbaums berücksichtigt. Die begrenzte Rationalität der vertikalen Entscheidungsdekomposition liegt zwischen diesen beiden Extremen: Auf jeder Ebene werden alle Alternativen in Betracht gezogen – doch man wählt eine davon aus und verfolgt nur diese weiter. Hierbei muss man sechs Verzweigungen des Entscheidungsbaums berücksichtigen. Diese Unterschiede werden noch deutlicher, erweitert man das Beispiel so, dass sich der Entscheidungsbaum über 30 Ebenen erstreckt. In dem Falle müsste man bei perfekter Rationalität $2^{34}$ Verzweigungen berücksichtigen – eine astronomische Größe gegenüber den immer noch handhabbaren 60 Verzweigungen der vertikalen Entscheidungsdekomposition.

Diese heuristische Strategie, „whereby only the most 'plausible' alternatives are worked out in detail ..." (Simon 1946a: 99), klammert in komplexen Entscheidungssituationen also den allergrößten Teil der Informationen aus – und dennoch sind im Unterschied zur Irrationalität einer Willkürentscheidung alle nicht mehr thematisierten Alternativen auf einer allgemeineren Ebene in Betracht gezogen und gegen die letztendlich getroffene Entscheidung abgewogen worden. Wenn man sich beispielsweise schließlich dafür entscheidet, zwischen den Städten A und B eine vierspurige Schnellstraße auf der Nordroute zu bauen, dann ist diese Alternative nicht – wie perfekte Rationalität das erforderte – mit der einer zweigleisigen Bahnstrecke auf der Südroute verglichen worden, wohl aber mit der allgemeinen Alternative, ob nicht überhaupt eine Bahnstrecke sinnvoller wäre. Die Unterstellung, die hier zugrunde liegt, klingt bei diesem Beispiel bereits an: dass nämlich ein Vergleich zwischen Alternativen auf einer generelleren Ebene zum selben Ergebnis gelangen lässt wie ein Vergleich auf spezifischeren Ebenen. Wenn man allgemein zwischen Bahnstrecke und Straße wählt und sich fortan um die verworfene Alternative – z.B. die Bahnstrecke – nicht mehr kümmert, dann deshalb, weil man davon ausgeht, dass diese Wahl sich auch bei ihrer Konkretisierung als besser erweist: dass also – weil eine Straße dem zu bearbeitenden Problem adäquater ist als eine Bahnstrecke – eine vierspurige Schnellstraße auf der Nordroute problemadäquater ist als eine zweigleisige Bahnstrecke auf der Südroute.

Diese Unterstellung trifft keinesfalls immer zu. Hierin liegt die nur begrenzte Rationalität der vertikalen Entscheidungsdekomposition begründet. Das stellt sich immer dann heraus, wenn eine verfolgte Alternative bei ihrer Spezifizierung nur noch die Wahl zwischen gleichermaßen unbefriedigenden Möglichkeiten bietet. Man entscheidet sich beispielsweise für eine vierspurige Schnellstraße und findet aufgrund der geologischen Bedingungen keine einzige mögliche Trasse, die nicht exorbitante zusätzliche Kosten verursachen würde. In so einem Fall, wenn man auf einer unteren Entscheidungsebene gleichsam in eine Sackgasse gerät, kann es sein, dass man nachträglich die bis dahin als gegeben hingenommenen Vorentscheidungen wieder in Frage stellt – also beispielsweise überlegt, ob unter diesen bis dahin nicht erkannten Umständen eine Bahnstrecke nicht doch die bessere Lösung wäre.

Dieses Problem zeigt weiterhin, dass es einen Unterschied macht, wie man eine Entscheidungssituation vertikal dekomponiert, wie also die Teilentscheidungen hintereinander geschaltet werden. Es läuft nicht auf die gleiche Entscheidung hinaus, wenn man zuerst die Route festlegt und sich dann überlegt, ob man eine Bahnstrecke oder eine Straße baut, oder umgekehrt erst das Verkehrsmittel und dann die Route auswählt. Hat man sich zuerst für die Südroute entschieden und stellt dann fest, dass dort wegen der Höhenunterschiede keine Bahnstrecke in Frage kommt, bedeutet das, dass man eine Straße auf der Südroute bauen will. Hat man sich hingegen zuerst dafür entschieden, eine Bahnstrecke zu bauen, wird man im nächsten Schritt die Südroute als Möglichkeit ausschalten und sich auf eine Bahnstrecke auf der Nordroute festlegen.

Diese Uneindeutigkeiten der vertikalen Entscheidungsdekomposition machen den Einbau korrektiver Flexibilitäten erforderlich. Zwar beruht die komplexitätsreduzierende Wirkung dieser Heuristik darauf, dass Vorentscheidungen auf höheren Ebenen zu unhinterfragten Prämissen für Entscheidungen auf tieferen Ebenen werden. Dieses Prinzip darf jedoch – wie bei Typisierungen auch – nicht zu starr angewandt werden. Wenn sich bei der schrittweisen Spezifizierung von Entscheidungen offensichtliche Suboptimalitäten einstellen, muss man, wie bereits angesprochen, die Vorentscheidungen, die hierzu geführt haben, wieder in Frage stellen und erneut gegen andere Möglichkeiten abwägen. Nur unter dieser Bedingung vermag die vertikale Dekomposition von Entscheidungen eine begrenzt rationale Selektivität der Informationsverarbeitung zu leisten.

Auch die Wahl eines Studienfachs lässt sich als biographische Entscheidung vertikal dekomponieren. Man fragt sich dann etwa als Erstes, ob man überhaupt studieren will oder nicht. Wenn ja, könnte man zweitens grob überlegen, ob man sich für eine Natur-, eine Geistes- oder eine Sozialwissenschaft interessiert. Wenn dies auf Letztere hinausläuft, stellen sich drittens vielleicht die Alternativen: Soziologie oder Politikwissenschaft oder Ethnologie? Wenn Soziologie, wäre viertens zwischen unterschiedlichen soziologischen Profilen verschiedener Standorte zu entscheiden. Hat man sich für das Profil der quantitativen empirischen Sozialforschung entschieden, wäre dann noch zwischen den Standorten Mannheim und Köln zu wählen.

*Horizontale Entscheidungsdekomposition*
Bei der horizontalen Entscheidungsdekomposition wird ein Problem in einzelne Sachaspekte zerlegt (March/Simon 1958: 190-193; Brauchlin/Heese 1995: 44/45). Um das Beispiel der zu verbessernden Verkehrswege wieder aufzugreifen: Die Entscheidung, ob zwischen den Orten A und B eine Straße gebaut wird, hat u.a. geologische Möglichkeiten und Einschränkungen, ökologische Belastungen, eine Beeinträchtigung der Wohnbevölkerung, finanzielle Kosten und den Nutzen der Straße für verschiedene gesellschaftliche Gruppen zu berücksichtigen. Jeder dieser Aspekte lässt sich zunächst in einer separaten Teilentscheidung bearbeiten – wobei dies auch unterschiedliche Entscheider für die verschiedenen Aspekte tun können. Denn die Aspekte sind in dem Sinne unabhängig voneinander, dass die Informationen, die für eine der Teilentscheidungen benötigt werden, nicht in eine der anderen Teilentscheidungen eingehen und die Ausprägung einer Teilentscheidung nicht die Ausprägungen anderer Teilentscheidungen präjudiziert. Eine Untersuchung des möglichen Nutzens der Straße muss sich beispielsweise u.a. für die bis jetzt über andere Verkehrswege laufenden Verkehrsflüsse zwischen A und B interessieren und die durch den Bau der Straße erzielbaren Zeit- und Energieeinsparungen bilanzieren. Diese Information ist für keinen der anderen Problemaspekte wichtig. Und angenommen, die Nutzenbetrachtung ergibt einen hohen zu erwartenden Nutzen der geplanten Straße, dann ist damit noch nichts darüber ausgesagt, ob die entstehenden finanziellen Kosten, ökologischen Belastungen und Beeinträchtigungen

der Wohnbevölkerung tragbar sind und ob die geologischen Bedingungen überhaupt den Bau einer Straße zulassen. Erst in einem zweiten Schritt müssen diese verschiedenen Aspekte wieder zu einer Gesamtentscheidung zusammengefügt werden, die dann als „composite decision" (Simon 1946a: 221/222) im Nachhinein und eben nicht aus einer von vornherein ganzheitlichen Betrachtung des Entscheidungsproblems hervorgeht.

Die spezifische Selektivität der Informationsverarbeitung beruht demnach bei der horizontalen Dekomposition von Entscheidungen darauf, dass die sachliche Komplexität von Entscheidungssituationen zerlegt wird. Perfekte Rationalität erforderte eine holistische, die Situation in ihrer Totalität erfassende Betrachtung. Dies ist jedoch wegen der Unüberschaubarkeit einer komplexen Entscheidungssituation unmöglich, sofern man nicht völlig oberflächlich bleiben will. Daher wird die diffuse Gesamtsituation in einzelne Aspekte zerlegt, von denen jeder für sich genommen so überschaubar ist, dass für ihn eine begrenzt rationale Teilentscheidung möglich wird. Voraussetzung dafür ist, dass der Zusammenhang der Aspekte, wie am Beispiel schon erläutert, locker ist, also diesbezüglich „near decomposability" besteht (Simon 1962). Daraufhin muss die horizontale Dekomposition der Entscheidungssituation zugeschnitten werden. Beispielsweise wäre nicht sinnvoll, die Straßenbauentscheidung in die beiden Teilaspekte des potentiellen Nutzens der Straße und deren quantitative Auslegung zu zerlegen, weil offensichtlich die Größe des Nutzens wesentlich davon abhängt, wie viele Fahrspuren zur Verfügung stehen.

Diese Bedingung einer begrenzt rationalen horizontalen Entscheidungsdekomposition – die relative Eigenständigkeit und damit Unabhängigkeit der einzelnen Problemaspekte – kann oft dadurch gewährleistet werden, dass die Dekomposition den Linien funktionaler Differenzierung folgt. Die funktionale Spezialisierung eines gesellschaftlichen Teilsystems oder einer Organisationsabteilung kann sich nur dann auf Dauer stabilisieren, wenn die jeweilige Teilfunktion zunächst einmal für sich genommen bearbeitet werden kann und nicht von vornherein andere Gesichtspunkte mitbedacht werden müssen. Ein solches Schnittmuster horizontaler Entscheidungsdekomposition entlang der funktionalen Differenzierung liegt am deutlichsten bei vielen politischen Entscheidungen zugrunde – wenn beispielsweise die Frage, ob die Bundesrepublik Deutschland einem Entwicklungsland einen Finanzkredit für eine bestimmte Maßnahme gewähren soll, vom Bundesministerium für wirtschaftliche Zusammenarbeit unter entwicklungspolitischen, vom Auswärtigen Amt unter außenpolitischen, vom Bundesministerium für Wirtschaft unter außenhandelspolitischen und vom Bundesministerium der Finanzen unter haushaltspolitischen Gesichtspunkten geprüft wird.[12] Das Gleiche findet man aber auch innerhalb von Organisationen wieder, wenn verschiedene Abteilungen oder Stellen ein Entscheidungsproblem unter unterschiedlichen Aspekten betrachten.

Bei einer solchen Anlehnung der horizontalen Entscheidungsdekomposition an funktionale Spezialisierungen kommt einerseits das Rationalitätspotential dieser Heuristik besonders zur Geltung. Wenn jeder Problemaspekt von dafür kompetenten Spezialisten bearbeitet wird, die, gerade weil sie alle anderen Aspekte ausblenden, ihren jeweiligen Aspekt umso tiefer zu durchdringen vermögen, gelangt man zu umso sachgerechteren Teilentscheidungen. Jeder kann sich dann darauf verlassen, dass die jeweils anderen für ihre Aspekte kompetent entschieden haben (Luhmann 1964b: 178/179). Als weiterer Vorteil kommt noch der Zeitgewinn hinzu, der dadurch erreicht wird, dass die verschiedenen Problemaspekte simultan bearbeitet werden können.

Diesem Rationalitätsgewinn steht andererseits gegenüber, dass gerade Spezialisten bekanntermaßen dazu neigen, ihren jeweiligen Teilaspekt engstirnig zu verabsolutieren. Dann aber ist die Gefahr groß, dass miteinander unvereinbare Teilentscheidungen gegeneinander stehen: „Es ist keineswegs ausgemacht, dass sich die einzelnen Teillösungen zu einer guten Gesamt-Lösung zusammenfügen lassen." (Brauchlin/Heese 1995: 45) Die begrenzte Rationalität der horizontalen Entscheidungsdekomposition beruht gerade darauf,

---

[12] Siehe zu diesem Beispiel Glagow/Schimank (1985).

dass von Seiten keines Teilaspekts bereits eine Festlegung der Gesamtentscheidung vorgenommen wird, sondern dies erst durch die alle Teilentscheidungen aufeinander beziehende und aneinander abarbeitende Gesamtbetrachtung erfolgt. Wenn beispielsweise das Finanzministerium pauschal äußert, dass keine Gelder für Kredite an Entwicklungsländer vergeben werden sollen, weil der Bundeshaushalt dies definitiv nicht zulasse, dann ist die Betrachtung der anderen Problemaspekte überflüssig geworden. Eine horizontale Entscheidungsdekomposition lebt demgegenüber davon, dass jeder der Problemaspekte in gewissem Maße verhandelbar ist, Spielräume für alternative Bearbeitungsformen bietet. Das Finanzministerium muss von seinen verfügbaren Haushaltmitteln her in der Lage sein, sein Interesse an einer Minimierung der Haushaltsbelastung gradualistisch zu gestalten und so den Optionen, die sich aus der Sicht der anderen Ministerien ergeben, entgegenzukommen, also etwa zu der Feststellung zu gelangen: Wenn der betreffende Kredit entwicklungspolitisch und außenpolitisch so wichtig ist, dann kann eine bestimmte Geldsumme dafür bereitgestellt werden. Insofern also die horizontale Dekomposition von Entscheidungen überschaubarere Problemaspekte schafft, wirkt sie rationalitätssteigernd; dennoch bleibt sie immer nur begrenzt rational deshalb, weil sie gleichsam vom Teil zum Ganzen, von der Vielfalt der Teilentscheidungen zur Gesamtentscheidung vorgeht, wobei nie ex ante gewährleistet ist, ob sich die Teilentscheidungen harmonisch vereinheitlichen.

Wie schon erwähnt liegt die horizontale Entscheidungsdekomposition besonders nahe, wenn es mehrere Entscheider gibt, die sich auf unterschiedliche Aspekte des zu bearbeitenden Problems spezialisieren – typischerweise innerhalb einer Organisation oder auf verschiedene Organisationen verteilt. Dennoch können auch individuelle Akteure diese Heuristik, etwa bei ihren biographischen Entscheidungen, nutzen – freilich ohne die sachlichen Vorteile der Spezialisierung und die zeitlichen Vorteile des Parallelprozessierens der verschiedenen Entscheidungsaspekte.[13] Die Entscheidung für einen Studienort könnte z.B. so gestaltet werden, dass der Betreffende nebeneinander und separiert folgende Aspekte betrachtet: den Reiz verschiedener Orte, etwa hinsichtlich der Kneipenkultur; die finanziellen Gesichtspunkte, die u.a. damit zusammenhängen, wie hoch die Lebenshaltungskosten an verschiedenen Orten sind und ob man weiterhin bei den Eltern wohnt; die Studienorte von Freunden; die inhaltlichen Profile des gewählten Fachs an den verschiedenen Orten. Wenn alle oder doch die meisten bzw. wichtigsten Aspekte auf denselben Ort hinauslaufen, fällt die Entscheidung nicht schwer. Wenn es hingegen unvereinbare Rangordnungen bei wichtigen Aspekten gibt, müssen noch weitere Überlegungen angestellt werden. Vielleicht legen mir meine Freizeitbedürfnisse München als Studienort nahe, aber fachlich wäre Frankfurt genau das Richtige. Dann trägt jemand einen intrapersonellen Konflikt zwischen verschiedenen Seelen in seiner Brust aus, der sich nicht sehr von den nun anzusprechenden interpersonellen Konflikten zwischen verschiedenen Entscheidungshandelnden, die gemeinsam eine Entscheidung treffen müssen, unterscheidet.

## 5.3 „Partisan Mutual Adjustment"

Ein Akteur kann in seinem Entscheidungshandeln durch andere Akteure unterstützt oder behindert werden. Ersteres ist vor allem immer dann der Fall, wenn ein Akteur auf gute Ratschläge anderer – seien es professionelle Experten, seien es lebenserfahrene Mitmenschen – zurückgreifen kann. Idealiter verfolgen diese Berater keinerlei Eigeninteressen, sondern stellen sich gänzlich in den Dienst des Beratenen, machen sich dessen Ziele und Interessen zu Eigen. Dann reduziert sich soziale auf sachliche Komplexität: Die Berater können den Beratenen mit Informationen überhäufen, die er gar nicht alle zu verarbeiten vermag. Inkrementalistisches Ent-

---

[13] Letzteres hebt Geser (1990) in seinem Leistungsvergleich individueller und korporativer Akteure hervor.

scheiden behilft sich in solchen Fällen mit den bereits behandelten Praktiken reaktiver Problemfixierung und Entscheidungssimplifizierung. Im Klartext: Der Entscheider überhört, was ihm alles eingeflüstert wird.

Die Sozialdimension der Entscheidungskomplexität kommt erst dann zum Tragen, wenn ein Entscheider – aus dessen Sicht gesagt – auf andere trifft, die ihm auf die eine oder andere Weise „dazwischenfunken" oder dies zwar nicht unbedingt tun, wohl aber tun könnten. Dies ist immer dann der Fall, wenn es Interdependenzen zwischen Akteuren gibt und dabei ihre Intentionen nicht von vornherein kompatibel miteinander sind.[14] Knallharte Interessenkollisionen sind nur der Extremfall. Mein Gegenüber kann auch aus purer Gedankenlosigkeit etwas tun, was mein Entscheidungshandeln konterkariert.

Intentionsinterferenzen können manifest oder latent sein. Das hängt vor allem davon ab, inwieweit die involvierten Akteure erstens die Interferenzen registrieren und zweitens über Möglichkeiten verfügen, den eigenen Intentionen Geltung zu verschaffen – etwa durch „voice" oder „exit" (Hirschman 1970). Wenn ein Akteur gar nicht bemerkt, dass ihm das Entscheidungshandeln eines anderen Schaden zufügt, wird er dem anderen auch keinen Ärger bereiten. Dieser kann so entscheiden, als gäbe es den von ihm Geschädigten überhaupt nicht. Und selbst wenn der Geschädigte sich dieses Tatbestands bewusst ist, kann es sein, dass er sich in einer Lage ohnmächtigen Erdulden-Müssens befindet. Umgekehrt formuliert: Der Entscheider braucht sich um diesen Geschädigten keinen Deut zu scheren. Die Veränderungen des Weltklimas, die durch den Lebensstil und die Industrieproduktion der Ersten Welt herbeigeführt worden sind und weiter vorangetrieben werden, aber

---

[14] Es sei nochmals darauf hingewiesen, dass dies auch für solche biographischen – oder sonstigen – Entscheidungen gilt, die ein Akteur ganz für sich allein trifft. Denn auf die eine oder andere Weise von seiner Entscheidung betroffene und sich vor allem betroffen fühlende Andere muss er stets in Rechnung stellen – selbst so etwas wie z.B. die Enttäuschung der Eltern, die sich diese nie explizit anmerken lassen, über eine in ihren Augen falsche Studienfachwahl ihres Kindes.

die Dritte Welt besonders hart treffen, geben ein Beispiel ab. Anfangs wussten weder die politischen Akteure der Ersten noch die der Dritten Welt, was den Menschen in der Dritten Welt durch die Länder der Ersten Welt auferlegt worden ist. Inzwischen ist das Wissen darüber auf beiden Seiten vorhanden. Doch die Einflussmöglichkeiten der Dritten auf die Erste Welt sind immer noch so gering, dass letztere ziemlich ungestört damit fortfahren kann, die globale Erwärmung voranzutreiben, also gegensteuernde politische Entscheidungen zu unterlassen. Die Nicht-Unterzeichnung des Kyoto-Protokolls durch die Vereinigten Staaten ist nur das symbolträchtigste Beispiel.

Erst manifeste Intentionsinterferenzen, also tatsächlicher oder glaubhaft angedrohter Widerstand anderer Entscheidungsbeteiligter oder -betroffener gegen bestimmte Entscheidungen, ergeben eine soziale Komplexität, mit der ein Entscheider sich auseinandersetzen muss. Dies ist in der Sozialdimension das erste Kennzeichen einer inkrementalistischen Entscheidungsstrategie: Nur um manifeste Komplexität sollte ein Entscheider sich kümmern; die Intentionen und Interessen Ahnungs- oder Einflussloser sollten ihm egal sein, weil er schon genug damit zu tun hat, mit einflussstarken Gegenübern fertig zu werden.

*Kräfteverhältnisse*
Das zweite Merkmal schließt unmittelbar an: Der Inkrementalismus orientiert sich hinsichtlich der manifesten sozialen Komplexität einer Entscheidungssituation pragmatisch und auch in diesem Sinne opportunistisch an den gegebenen Kräfteverhältnissen. Es werden keinerlei Hoffnungen darauf gesetzt, diese Kräfteverhältnisse zugunsten der eigenen Interessen ändern zu können, und entsprechend werden auch keinerlei Anstrengungen in dieser Richtung unternommen.[15] Denn solche Änderungen könnten – abgesehen von glücklichen Zufällen – allenfalls längerfristig herbeige-

---

[15] Erst recht wird keine Rücksicht oder gar Nächstenliebe derart geübt, dass man eigene Vorteile nicht ausnutzt.

führt werden, und der Zeithorizont des Inkrementalismus ist kurzfristig.

Kräfteverhältnisse setzen sich aus zwei Momenten zusammen: zum einen aus den Intentionen der involvierten Akteure, zum anderen aus deren Einflusspotentialen.[16] Intentionen können mehr oder weniger auseinander gehen, Einflusspotentiale können mehr oder weniger ungleich verteilt sein. Damit lässt sich eine Entscheidungssituation in der Sozialdimension zunächst einmal als Kräftefeld ansehen, in dem die verschiedenen Entscheidungsbeteiligten entsprechend ihren Einflusspotentialen unterschiedlich starke Kräfte darstellen, die gemäß ihren jeweiligen Entscheidungskriterien in unterschiedliche Richtungen drängen. Die situative pragmatische Einigung der Entscheidungsbeteiligten kann dann gleichsam vektoranalytisch ermittelt werden (Schaubild 5.3).

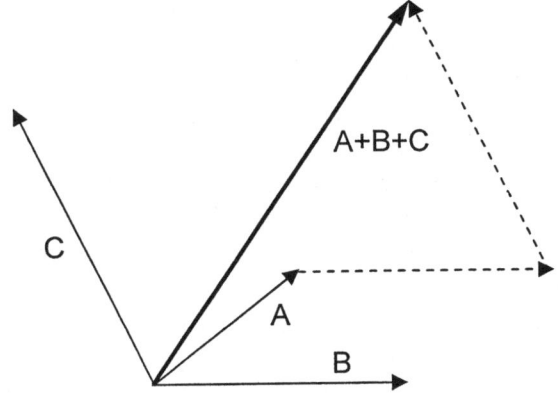

*Schaubild 5.3*

---

[16] Ich lasse hier der Einfachheit halber das strategische Moment völlig außer Acht. Vor allem die Spieltheorie zeigt, dass ein Akteur aus gegebenen Kräfteverhältnissen höchst unterschiedliche Ergebnisse für sich herausholen kann, je nach dem, welche Strategie er wählt (Dixit/Nalebuff 1991; Holler/Illing 1991). Die Strategiewahl ist also selbst eine rationale Entscheidung.

Beispielhaft illustriert könnte (A) das für Entwicklungspolitik zuständige Ministerium sein, das in einem Land der Dritten Welt eine entwicklungspolitische Maßnahme plant, bei der vor allem die Befriedigung der Grundbedürfnisse der ärmeren Bevölkerungsschichten angestrebt wird – z.B. der Aufbau dezentraler Gesundheitsstationen in den Dörfern. (B) wäre das Wirtschaftsministerium, das aufgrund der Zuständigkeiten für Außenwirtschaft im Vergleich zum entwicklungspolitisch zuständigen Ministerium auch in dessen Ressortangelegenheiten noch über ein etwas größeres Einflusspotential verfügt und dieses einsetzt, um das geplante Projekt dahin gehend abzuwandeln, dass dabei lukrative Exportaufträge für die deutsche Wirtschaft anfallen – in diesem Fall z.B. darauf drängt, dass die Gesundheitsstationen mit aufwendiger Medizintechnologie „Made in Germany" ausgerüstet werden. (C) schließlich wäre das Auswärtige Amt, das bei allen außenpolitischen Angelegenheiten über das weitaus größte Einflusspotential verfügt und stets darauf achtet, dass entwicklungspolitische Maßnahmen als Teil der Außenpolitik politisch verbündete Länder und Regimes stärken. Das Gesamtergebnis dieser stark divergierenden Entscheidungskriterien wäre dann die Vektoraddition (A) + (B) + (C): eine Entscheidung, die am ehesten noch den Präferenzen des Auswärtigen Amts entspricht, während insbesondere das Wirtschaftsministerium in diesem Falle den Kürzeren zieht. Wirklich zufrieden dürfte keiner der drei Akteure mit dem Ergebnis ihres Kräftemessens sein. Das kann in anderen Fällen, in denen die Intentionen nicht so weit auseinander gehen, natürlich ganz anders ausfallen.

Dieser Modus der Einigung zeichnet sich hinsichtlich der Intentionen der Akteure dadurch aus, dass von vornherein von keiner Seite versucht wird, eine von allen geteilte dauerhafte und umfassende Kriterienordnung zu finden – perfekte Rationalität in sozialer Hinsicht wird also gar nicht erst angestrebt. Jede Art von Bemühungen, andere Akteure durch „arguing" (Prittwitz 1996) dazu zu bringen, dass eine Intentionskonvergenz stattfindet, wird unterlassen. Überzeugungsversuche durch moralische Appelle, den Verweis auf Wertprinzipien oder wissenschaftliche Wahrheiten unterbleiben. In diesem Sinne handelt es sich um ein „positionsorientiertes Verhandeln" (Benz 1994: 112-148), das die Intentionen der Beteiligten quasi konstant setzt. Die „multiple veto points" (Hayes 1992: 27-43) werden als gegeben hingenommen. Die anderen und sich selbst in diesem Sinne als unbelehrbar anzusehen, bedeutet eine starke Komplexitätsreduktion.

Wenn Intentionen so als fixe Größen behandelt werden, verlagert sich das Aushandeln einer Einigung auf andere Praktiken, die in der einfachen Vektoraddition noch nicht abgebildet sind. „Arguing" fällt aus, und so können sich die Akteure voll auf „bargaining" konzentrieren (March/Simon 1958: 129-131). Es finden solche Beeinflussungsmanöver statt, die auf das ganze Spektrum mehr oder weniger glaubwürdig angedrohter negativer Sanktionen für mangelnde Fügsamkeit anderer mit den je eigenen Intentionen sowie in Aussicht gestellter Belohnungen für Fügsamkeit setzen. Dabei kann gebluft werden, und es lassen sich manchmal in ganz anderen Zusammenhängen bestehende Abhängigkeiten ausnutzen. Je größer diese sind, desto mehr vermag ein Akteur, von dem andere abhängen, mit „exit" zu drohen und so in seinem Sinne Fügsamkeit zu erzwingen. Akteure können schließlich versuchen, ihre Intentionen auf sich allein gestellt durchzusetzen, oder es werden mehr oder stabile Koalitionen eingegangen.[17]

Wichtig sind ferner die oftmals institutionell vorgegebenen Regeln der gemeinsamen Entscheidungsfindung (Scharpf 1994). Insbesondere kommt es darauf an, ob Einstimmigkeit erzielt werden muss, so dass jeder Beteiligte über eine Veto-Position verfügt, oder ob Mehrheitsentscheidungen möglich sind, so dass Minderheiten mit ihren Vorstellungen neutralisiert werden können. Gibt es allseitige Veto-Positionen, ist „negative Koordination" (Scharpf 1972) ein typischer „bargaining"-Modus, wie er in interministeriellen Verhandlungen die Regel ist. Jeder Akteur fixiert dann

---

[17] All diese Möglichkeiten der wechselseitigen Beeinflussung in durch „bargaining" geprägten Entscheidungssituationen wären ein Thema für sich – aus der umfangreichen Literatur siehe nur die gut systematisierenden älteren Überblicke bei Kirsch (1971b: 183-239) und Crott et al. (1977).

bestimmte Entscheidungskriterien oder -alternativen als nicht disponibel: Über diese lässt man nicht mit sich reden. Das Gesamtspektrum möglicher Entscheidungen wird so durch multiple Vetos konturiert. Das garantiert allen Beteiligten „die Vermeidung wechselseitiger Schädigung" (Scharpf 1994: 389), sorgt also unter Rationalitätsgesichtspunkten immerhin für die Pareto-Superiorität der getroffenen Entscheidungen: Keiner steht sich schlechter, aber mindestens einer steht sich besser.

Selbst bei institutionell vorgegebenen Vetopositionen gibt es allerdings die „Möglichkeit von Ausgleichszahlungen und Koppelgeschäften" (Scharpf 1994: 390); und dies gilt erst recht für „bargaining" ohne Vetos. Ausgleichszahlungen – auch im übertragenen Sinne – entschädigen einen Akteur dafür, dass er sich einer Entscheidungsalternative fügt, die für andere von Vorteil, für ihn jedoch nachteilig ist. Wenn beispielsweise unter vier Personen, die sich gemeinsam in einem Auto auf einen feuchtfröhlichen Discoabend begeben, die Entscheidung darüber ansteht, wer zurück fährt, also nichts trinken darf, verfügen alle vier über Vetopositionen. Niemand kann dazu gezwungen werden, die anderen zu fahren. Aber vielleicht lässt sich ja einer dadurch überreden, dass die anderen ihm den teuren Eintritt bezahlen. Koppelgeschäfte laufen im Ergebnis auf das Gleiche hinaus. Sie sind aus dem amerikanischen Kongress als „log-rolling" bekannt. Es geht dabei um einen Abtausch von Einflusspotentialen: Ich unterstütze deine Position bei der Entscheidung x, an der mir nicht viel liegt, bei der ich aber Einfluss besitze, und du unterstützt umgekehrt mich bei der Entscheidung y, wo du Einfluss besitzt und die dich nicht weiter interessiert. Gegenüber reiner „negativer Koordination" geraten so mehr Entscheidungsalternativen in den Blick, und die Pareto-Superiorität der Entscheidung lässt sich weiter steigern.

Insgesamt gilt also für den Inkrementalismus, dass „decision making involves horse-trading and logrolling, associations and alliances." (March 1994: 151-172 – Zitat: 151) Jeder Beteiligte bringt mit dem ihm zur Verfügung stehenden Einflusspotential seine jeweiligen Kriterien und präferierten Alternativen vor und bemüht sich, diese so weit wie möglich durchzusetzen. Damit ist der Inkrementalismus in der Sozialdimension durch „partisan mutual adjustment" gekennzeichnet (Lindblom 1965; Collingridge 1992: 8/9, 149, 176). Man passt sich nach Maßgabe der Kräfteverhältnisse aneinander an und versucht nicht, die je anderen hinsichtlich ihrer Intentionen eines Besseren zu belehren; und jeder kümmert sich ganz parteiisch nur um die eigenen Interessen.[18]

*„Watchdogs for values"*
In dieser Parteilichkeit für sich selbst steckt letztlich die begrenzte Rationalität inkrementalistischer Einigungen. Diese Rationalität ist zweistufig angelegt. Zunächst einmal handelt jeder Akteur gleichsam auf eigene Rechnung, und insoweit es ihm so gelingt, die eigenen Belange zur Geltung zu bringen, so dass sie sich in der schließlich getroffenen Entscheidung niederschlagen, ist dies für ihn rational. Insoweit agiert jeder als Wachhund in eigener Sache. Sehr oft ist aber davon auszugehen, dass die einzelnen Entscheidungshandelnden darüber hinaus auch als „watchdogs for values" (Lindblom 1965: 156) fungieren, also jeweils übergeordnete sachlich und sozial relevante Gesichtspunkte einbringen. Weil ein individueller oder korporativer Akteur eben meist nicht einfach bloß für sich steht, sondern u.a. aufgrund seiner Rolle, seiner Organisationszugehörigkeit oder seiner teilsystemischen Positionierung übergreifendere Belange zumindest beiläufig mit vertritt, erstreckt sich die begrenzte Rationalität des „partisan mutual adjustment" dann auch auf die Interessen und Erfordernisse beispielsweise des Arztberufs, der Marketingabteilung im Unternehmen X, der SPD oder des Rechtssystems.

Ein alles umfassendes „Gemeinwohl" freilich liegt jenseits dessen, wofür einzelne Akteure eintreten. Denn das „Gemeinwohl" kennt per defitionem keine Parteilichkeit mehr; es kann sich allenfalls transintentional aus dem „partisan mutual adjustment" ergeben, was aber keineswegs zwangsläufig so sein muss. Allein schon

---

[18] Siehe auch Bendor (1995: 830-832) zu „majority inconsistency", die eine „more localized search" rational erscheinen lässt.

die bereits erwähnte Tatsache, dass die Intentionen derer, die zwar Entscheidungsbetroffene, aber nicht -beteiligte sind, nicht weiter berücksichtigt werden, spricht gegen die Hoffnung auf gemeinwohlförderliche Entscheidungen. Im Gegenteil werden ja beim „bargaining" häufig solche Entscheidungen getroffen, bei denen man sich auf Kosten der Nichtbeteiligten, aber sehr wohl Betroffenen, einigt – so wie es die Gewerkschaften und Arbeitgeberverbände in den Tarifauseinandersetzungen seit Jahren zu Lasten der Arbeitslosen tun.[19] Dass kein totaler, sondern immer nur ein höchst begrenzter Pluralismus der Entscheidungsbeteiligten besteht, macht das „partisan mutual adjustment" einerseits überhaupt erst möglich, lässt aber andererseits nur ein begrenztes Rationalitätsniveau der Entscheidungen zu. Würden bei einer Entscheidung sämtliche irgendwie von ihr Betroffenen auch beteiligt, explodierte die soziale Komplexität der Entscheidungssituation. Paradox formuliert würde dann zwar prinzipiell eine perfekt rationale Entscheidung möglich, aber zugleich würde es unmöglich, überhaupt eine Entscheidung – also auch und schon gar eine perfekt rationale – zu treffen. Je weniger Betroffene demgegenüber beteiligt sind, desto mehr sinkt das Rationalitätsniveau, und desto leichter lässt sich eine Entscheidung treffen.

In diesem unauflösbaren Spannungsverhältnis von „Komplexität und Demokratie" (Luhmann 1969b) bewegt sich inkrementalistisches Entscheiden. Die seit Ende der sechziger Jahre gemachten Erfahrungen mit einer verstärkten „citizen participation" an vielen Arten von politischen Planungsprozessen ergeben in den Vereinigten Staaten ebenso wie in Deutschland eine gemischte Bilanz. Unzweifelhaft kamen mit vielen Bürgerinitiativen Wachhunde für bis dahin weitgehend ausgeblendete, „disparitäre" (Offe 1969) gesellschaftliche Erfordernisse und Interessen in die Ent-

---

[19] Für korporatistische Verhandlungsarrangements hat Bernd Marin (1980) schon vor geraumer Zeit darauf hingewiesen, dass die etablierten politischen Interessengruppen dort viele gesellschaftliche Interessen sozusagen „wegdefinieren" – die sich folgerichtig dann als „neue soziale Bewegungen" bemerkbar gemacht haben.

scheidungsinstanzen hinein; doch die Komplexitätsverarbeitungskapazität der politischen und administrativen Verfahren wurde schnell überfordert, was dann immer wieder allseitige Frustrationen nach sich zog. Über die prinzipiell engen Interessenberücksichtigungspotentiale von Entscheidungsverfahren kommt man dann nur noch so hinaus, dass im Zeitverlauf nicht dauerhaft dieselbe Auswahl Betroffener beteiligt wird, sondern dies immer wieder wechselt. Schematisch gesagt: Wenn ein bestimmtes Entscheidungsthema wie etwa die Stadtplanung 70 verschiedene Arten von Betroffenen hat, aber nur höchstens 15 Entscheidungsbeteiligte tragbar sind und diese dann im Sinne des „partisan mutual adjustment" die Belange der ausgeschlossenen 55 Betroffenen nicht vertreten, sondern vielleicht sogar schädigen, um sich einigen zu können, sollte es entweder eine zyklische oder – noch sachgerechter – eine nach spezifischen Entscheidungsangelegenheiten wechselnde, jeweils die am stärksten Betroffenen einbeziehende Zusammensetzung der Beteiligten geben.[20] Faktisch freilich herrscht vielerorts eine Betonierung von Beteiligungsstrukturen vor: Wer einmal dabei ist, bleibt auf alle Zeiten dabei und sorgt selbst mit dafür, dass möglichst keiner neu hinzukommt.

Auch deutlich unterhalb von – das Ideal perfekter Rationalität anklingen lassenden – „Gemeinwohl"-Maßstäben kann „partisan mutual adjustment", wie bereits angesprochen, im faktisch erreichten Rationalitätsniveau erheblich variieren. Dass die Akteure nicht verlässlich von einem akzeptablen Rationalitätsniveau einer durch diesen Einigungsmodus getroffenen Entscheidung ausgehen können, ist ein weiterer Aspekt begrenzter Rationalität. Die schließlich zustande kommende pragmatische Einigung kann bei ungünstigen Kräfteverhältnissen – siehe nochmals die vektoranalytische Darstellung – so ausfallen, dass sich keiner der Beteiligten auch nur halbwegs mit ihr anfreunden kann. Bei einem solchen Ergebnis können die Beteiligten sich dann höchstens damit trösten, dass „no party to the decision can force through the option that their own distorted view leads them to

---

[20] Das wäre dann eine Ausprägung der später noch angesprochenen Selbstkorrektivität inkrementalistischen Entscheidens.

prefer." (Collingridge 1992: 8) Jeder kann sich sagen: Zwar habe ich meine guten Ideen und berechtigten Interessen nicht einmal annähernd realisieren können; doch zumindest kann auch kein anderer seine – aus meiner Sicht – schlechten Ideen und eigensüchtigen Interessen realisieren.

Sofern Akteure über Vetopositionen verfügen, gilt überdies, dass „partisan mutual adjustment" riskante radikale Veränderungen verhindert: „Any radical change is likely to be vetoed by those participants who find its consequences unacceptable." (Collingridge 1992: 149) Gegenüber sehr unsicheren, potentiell gefährlichen Auswirkungen von Entscheidungen zählt ja durchaus der „Status quo als Argument" (Luhmann 1968c). Das Defensive und Status-quo-orientierte hat den Sinn, „alle Beteiligten gegen Überraschungen zu sichern." (Streeck 1987: 489) In der Verhinderung von Entscheidungen, die mit einer gewissen Wahrscheinlichkeit negative Folgen nach sich zögen, liegt somit ein letztes, nicht zu vernachlässigendes Rationalitätspotential des „partisan mutual adjustment".

## 5.4 „Satisficing"

Bei der vierten Komponente inkrementalistischen Entscheidens geht es speziell um die – auch zuvor schon implizit mit angesprochene – Alternativenbewertung und -auswahl. Hierzu stellt Herbert Simon (1946a: 80-84) anhand empirischer Befunde klipp und klar fest: Nicht „maximizing", sondern „satisficing" ist die Regel.[21] Die erste befriedigende Entscheidungsalternative, auf die ein Akteur stößt, wird gewählt (March/Simon 1958: 140/141, 179/180; Collins 1982: 78/79; March 1994: 18-21). Befriedigend heißt dabei: Die Alternative erscheint dem Akteur sowohl als hinreichend sachgerecht als auch als sozial durchsetzbar.

---

[21] Genauer: „Satisficing" ist „lokale Maximierung" (Wiesenthal 2005: 37).

*Zeitgerechtigkeit*
Das spezifische Rationalitätspotential des „satisficing" ist in der Zeitdimension zu verorten. Man könnte ja durchaus fragen: Was soll daran rational sein, dass sich ein Akteur für die – im wahrsten Sinne des Wortes – „erste beste" Art, ein gegebenes Problem zu bearbeiten, entscheidet, wenn doch die Reihenfolge, in der sich ihm die Alternativen präsentieren, sehr zufällig sein kann? Und selbst wenn er, wie bei der „simple-minded search", zunächst kausal nahe am Problem gelegene Problembearbeitungsalternativen in den Blick nimmt, geht er – wie dargestellt – das Risiko eines bloßen Kurierens von Symptomen ein. Der überragende Rationalitätsaspekt, der hier zum Tragen kommt, ist freilich der der Zeitgerechtigkeit: Der Akteur maximiert die Chance, rechtzeitig eine Entscheidung zu treffen, durch relativ niedrig gehaltene sachliche und soziale Rationalitätsansprüche.

Auch eine Maximierung der Chance rechtzeitigen Entscheidens gibt keine Garantie. Es kann vorkommen, dass der Akteur in der verfügbaren Zeit auf keine einzige Entscheidungsalternative stößt, die ihm befriedigend erscheint; vielleicht findet er überhaupt keine Alternative. Je größer die Zeitknappheit, desto größer ist dieses Risiko. Aber wenn der Akteur sich erst mit der bestmöglichen Alternative zufrieden geben würde, wäre das Risiko, dass das Entscheidungsproblem überhaupt nicht angegangen wird, natürlich ungleich größer.

Als Praktik inkrementalistischen Entscheidens ist „satisficing" so allgegenwärtig, dass es schwer fällt, überhaupt Beispiele für „maximizing" zu benennen.[22] Bei manchen sehr einfachen Spielen kommt es vor, dass die Konstellation der Karten oder Figuren so schnell überschaubar ist, dass man tatsächlich die bestmögliche Entscheidung über den nächsten Zug zu treffen in der Lage ist. Auch gewisse Endspielsituationen im Schach erlauben zumindest

---

[22] Psychologische Studien zeigen allerdings, dass es „Maximierer" als Persönlichkeitstyp gibt und dass fast jeder bestimmte Entscheidungsprobleme hat, bei denen er zum „Maximieren" neigt (Schwartz 2004: 87-108). Psychisch fahren „satisficer" entschieden besser als „Maximierer".

eine große Annäherung an „maximizing". Ansonsten ist Schach gerade ein Beispiel dafür, dass selbst Großrechner mit immensen Kalkulationsgeschwindigkeiten über den größten Teil einer Partie auf „satisficing" verwiesen sind. Manche betriebswirtschaftlichen Kalküle erwecken den Eindruck von „maximizing", weil sehr exakte und komplizierte Vergleichsrechnungen etwa verschiedener Alternativen der Preisgestaltung für ein Produkt mit erwarteter mengenmäßiger Nachfrage angestellt werden und auch klare Ergebnisse zeitigen. Dies ist freilich die Scheingenauigkeit des in Kapitel 4 angesprochenen Modellplatonismus. Die Berechnungen führen nur deshalb in begrenzter Zeit zu klaren Ergebnissen, weil so viele Parameter der realen Situation des betreffenden Unternehmens ausgespart bleiben, die aber tatsächlich in ganz erheblichem Maße die eintretenden Wirkungen der Preisentscheidung prägen. Genau besehen betreiben auch die Unternehmen somit „satisficing", wenn sie die in solchen Berechnungen am besten abschneidenden Entscheidungsalternativen auswählen: Denn dieses Abschneiden wird als ungenaues Indiz dafür genommen, dass die betreffenden Alternativen zumindest einigermaßen brauchbar sein könnten.

Bei biographischen oder politischen Entscheidungen gibt man sich nicht einmal der Illusion hin, durch maximierende Kalküle wenigstens Anhaltspunkte für eine befriedigende Entscheidungsalternative zu erlangen. Zu offenkundig ist bei diesen Entscheidungsgegenständen, dass die Vielschichtigkeit der relevanten Aspekte nicht einmal grob quantifizierbar und in eine Formel zu bannen ist. Schon deshalb strebt man hier zumeist nicht mehr als „satisficing" an, ob es nun um die Berufswahl oder die EU-Erweiterung geht. Das Problem ist freilich bei beiden Arten von Entscheidungen, dass man sich nicht offen dazu bekennen darf, sich mit einer befriedigenden Entscheidung zu begnügen. Denn je wichtiger eine Entscheidung ist oder genommen wird, desto rationaler soll sie sein, selbst wenn das angesichts der Komplexität gar nicht möglich ist. Man stelle sich vor, was es hieße, sich selbst einzugestehen oder dem Lebenspartner zu verkünden, dass die Entscheidung für ein Zusammenleben als „satisficing" gefallen ist – was faktisch so gut wie immer so ist! Und auch wenn die Türkei EU-Mitglied werden sollte, wird man dies – schon angesichts der heftigen Auseinandersetzungen darüber – als wohl abgewogene, für alle Seiten bestmögliche Entscheidung darstellen. Man könnte sogar als Zusammenhang vermuten: Je wichtiger eine Entscheidung ist, desto höher ist wahrscheinlich ihre Komplexität, desto unumgänglicher wird faktisch „satisficing", aber desto unverzichtbarer wird deklaratorisch „maximizing".

Zeitgerechtigkeit beinhaltet noch einen weiteren Aspekt, der nicht bei allen, aber doch bei einigen Entscheidungen eine Rolle spielt. Es gibt Entscheidungen, bei denen Alternativen nicht warten, bis man sich endgültig für oder gegen sie entschieden hat (Dixit/Nalebuff 1991: 46-51) – etwa deshalb, weil es konkurrierende Interessenten an ihnen gibt. Wenn ich bei einer umfangreichen Speisekarte im Lokal den Versuch unternehme, „maximizing" zu betreiben, also sämtliche Gerichte in ihrem Für und Wider gegeneinander abzuwägen, mag das zwar länger dauern; ich kann mich aber damit beruhigen, dass nicht damit zu rechnen ist, dass ein Gericht, für das ich mich schließlich entscheide, bis dahin ausverkauft ist. Anders sieht es auf einem durch starke Nachfrage geprägten Immobilienmarkt aus. Wenn ich ein Haus nicht kaufe, weil ich hoffe, vielleicht auf ein noch besseres zu stoßen, kann es gut sein, dass das Haus nicht mehr verfügbar ist, sollte ich nach geraumer Zeit feststellen, dass ich doch kein besseres finde und nun dieses kaufen will. Zumindest alle Entscheidungen, die sich um den Zugriff auf knappe Ressourcen im weitesten Sinne – von Sonderangeboten bis zu Lebenspartnern, von der Laufzeit eines Kinofilms bis zu bald schon touristisch überschwemmten „Geheimtipps" – drehen, legen „satisficing" nahe.

*Anspruchsniveau*
„Satisficing" heißt wohlgemerkt nicht, dass ein Entscheidungshandelnder sich durch die Realität dessen, was sich ihm an Alternativen präsentiert, gewissermaßen beliebig runterhandeln lässt. Er hat

ein Minimum an sachlicher und sozialer Adäquanz definiert; und alle Alternativen, die dieses Minimum unterschreiten, kommen für ihn nicht in Frage.[23] Das Minimum des Akzeptablen muss auch keineswegs ganz niedrig angesiedelt sein, so dass es kaum noch unterbietbar ist. „Satisficing" heißt erst einmal nur, dass man aufs Optimale oder gar Maximale verzichtet, nicht aber, dass man nicht gewisse, manchmal durchaus gehobene Ansprüche an die Qualität einer Entscheidung stellt.[24]

Klar ist zunächst: Man wird sich auf keine Entscheidungsalternative einlassen, die gegenüber dem Status quo keine Verbesserung darstellt. Der Status quo zieht damit die untere Linie dessen, was für den Entscheidungshandelnden akzeptabel ist. Wenn das Entscheidungsproblem eine unbefriedigende Soll-Ist-Diskrepanz darstellt, geht es darum, dass diese Diskrepanz durch die Entscheidung nicht noch vergrößert wird. Wenn mir beispielsweise zu dem Problem, dass meine Wohnung zu klein ist, im Rahmen meines verfügbaren Budgets nur Wohnungsangebote in den Blick geraten, die noch weniger Quadratmeter bieten, stellt keines davon eine brauchbare Alternative dar. Auch eine bezahlbare größere Wohnung, die aber ein anderes mir wichtiges Kriterium verletzt, also etwa an einer viel zu lauten Straße liegt, käme nicht in Frage. Besteht das Entscheidungsproblem darin, eine durchaus zufrieden stellende Soll-Ist-Bilanz weiter zu verbessern, werden ebenfalls nur Alternativen in den Blick genommen, die dies auch gewährleisten. Ist diese Bedingung nicht gewahrt, unterlässt man eine Entscheidung, wählt also die „Null-Alternative". Insbesondere bei unbefriedigenden Soll-Ist-Diskrepanzen – und nochmals zugespitzt, wenn sie sich bei Nichtstun weiter verschärfen – gilt freilich: Je drängender dieses Problem, je dringender also der Wunsch ist, dass etwas geschehen muss, desto geringere Ansprüche stellt

---

[23] Siehe auch Cyert/March (1963: 165/166) zu „acceptable level decision rules".

[24] Siehe auch Michael Slote (1989: 7-31 – Zitat: 10), für den „satisficing" eine Form nicht-asketischer „moderation" ist: „You turn down a good thing ... because you are perfectly satisfied as you are."

man – desto kleiner muss die von einer Entscheidungsalternative erwartete Verbesserung gegenüber dem Status quo ausfallen, um sie zu wählen.

Damit ist bereits eine Determinante des Anspruchsniveaus an eine als befriedigend eingestufte Problembearbeitung genannt. Dieses Anspruchsniveau liegt über dem Status quo – wie hoch darüber, hängt außer von der Dringlichkeit des Entscheidungsproblems noch von weiteren Faktoren ab (March/Simon 1958: 182/ 183; Jones/Gerard 1967: 326-328, 361-363; Kirsch 1970: 107-118; March 1994: 21-23; Brauchlin/Heese 1995: 145/146). Erstens ergibt sich ein Anspruchsniveau aus den Erfahrungen mit Entscheidungen gleicher oder ähnlicher Art: Je müheloser dabei ein bestimmtes Anspruchsniveau erreicht und übertroffen wird, desto eher und stärker wird es für weitere gleichartige Entscheidungen angehoben; und umgekehrt wird ein gegebenes Anspruchsniveau abgesenkt, je häufiger und stärker es verfehlt worden ist. Zweitens besitzen Entscheider aber auch ein generelles Anspruchsniveau für ihr Entscheidungshandeln insgesamt. Je mehr Erfahrungen mit Entscheidungssituationen, die der gegebenen ähnlich sind, die Akteure allerdings bereits haben, desto größeres Gewicht bekommt das spezifische gegenüber dem generellen Anspruchsniveau. Als intervenierende Variablen kommen drittens noch soziale Vergleiche und Erwartungshaltungen hinzu. Je stärker ein bestimmtes Anspruchsniveau als legitimer Anspruch für sich selbst gesehen wird und/oder als legitime Erwartung anderer an einen gilt, desto schwieriger wird eine Absenkung des Anspruchsniveaus unter diesen Level, und desto größer wird der Drang bzw. Zwang, ein darunter liegendes Anspruchsniveau zumindest bis dort anzuheben. Die Legitimität des Selbstanspruchs ergibt sich daraus, wo sich das Anspruchsniveau von als vergleichbar angesehenen anderen Akteuren bewegt.

Diese verschiedenen Faktoren lassen sich in ihrem Zusammenwirken an der Entscheidung eines berufstätigen Betriebswirts illustrieren, durch ein Fernstudium den Abschluss eines Master of Business Administration (MBA) zu erwerben. Damit diese Alternative als brauchbar für die weitere Karriere eingeschätzt wird und somit gemäß einem inkrementalistischen „satisficing" gewählt wird, müssen dieses Studium und seine erwartbaren Karriereeffekte insgesamt als besser eingestuft werden, als wenn der Betreffende gar keine weiteren Karrierebemühungen irgendwelcher Art unternähme, sondern einfach seinen Job weiter erledigte. Wenn etwa der Karrierenutzen des erworbenen MBA zwar als hoch eingestuft wird, aber die generellen Karrierechancen als gering veranschlagt werden, weil mittlerweile zu viele diesen Abschluss erwerben, wenn überdies die hohe Belastung durch das Studium neben der Berufstätigkeit in Rechnung gestellt wird, und wenn man schließlich mit einer gewissen Wahrscheinlichkeit auch darauf rechnen kann, dem Vorgesetzten durch konstante gute Leistungen aufzufallen und so die Karriereleiter hinaufklettern zu können: Dann lohnt sich insgesamt eine Entscheidung für ein Studium mit MBA-Abschluss nicht. Ist man von anderen Karriereentscheidungen her gewohnt, dass man jeweils erfolgreich größere Schritte voran gemacht hat, wird man diese Messlatte auch an die Entscheidung für oder gegen einen MBA legen: Nur wenn der Erwerb eines MBA mit großer Sicherheit eine deutliche Verbesserung der Karrierechancen verspricht, wird man sich für diese Alternative entscheiden; ungewisse kleinere Fortschritte genügen einem dann nicht. In dieser Einschätzung kann man auch noch durch andere bestärkt werden, die dies ebenso sehen und – noch wichtiger – am persönlichen Beispiel demonstrieren.

### 5.5 „Sich-durchwursteln"

Wenn inkrementalistisches Entscheiden auf der Grundlage der vier bisher dargelegten Komponenten – reaktive Problemfixierung, simplifizierende Heuristiken, „partisan mutual adjustment" und „satisficing" – aus den in Betracht gezogenen Alternativen eine auswählt, schließt sich deren Implementation an. Wie verläuft diese, und wie werden insbesondere die sich tatsächlich einstellenden

Wirkungen der umgesetzten Alternative im Vergleich zu den erhofften Wirkungen evaluiert? Diese Frage führt zur fünften Komponente des Inkrementalismus: dem „muddling through", um Lindbloms (1959) treffende Formulierung aufzugreifen.

*Serialität iterativer Problemverschiebung*
Inkrementalismus betreibt kein systematisches Monitoring dessen, was die Umsetzung der gewählten Entscheidungsalternative faktisch bewirkt. Defizite gegenüber dem Gewollten müssen sich der reaktiven Problemfixierung als neue Entscheidungsprobleme aufdrängen, um die Aufmerksamkeit des Entscheidungshandelnden zu erregen. Dies muss überdies gegen eine Neigung zum Schönreden der Entscheidung erfolgen. Insgesamt läuft all das darauf hinaus, dass eine faktisch gegebene Erforderlichkeit von Folgeentscheidungen eher nicht gesehen wird – teilweise bewusst übersehen wird. Was nach Versäumnis oder gar Selbsttäuschung klingt, ist allerdings durchaus begrenzt rational. Zumeist muss sich der Akteur einer umfangreichen Agenda von Entscheidungen – bei knapper Zeit – widmen: Käme er immer wieder auf dasselbe Entscheidungsproblem zurück, litten darunter alle anderen ebenfalls wichtigen Probleme.

Einerseits bemüht sich eine inkrementalistische Entscheidungsstrategie also darum, einem Entscheidungsproblem nicht mehr als einen Durchgang zu gewähren. Die oberflächliche Evaluation des Bewirkten dürfte oftmals das Anspruchsniveau gegenüber dem „satisficing" bei der Alternativenauswahl nochmals etwas tiefer hängen. Andererseits ist der Inkrementalismus prinzipiell von vornherein darauf eingestellt, dass doch Folgeentscheidungen nötig sein könnten. Mehr noch: Es besteht nicht der Optimismus, ein bestimmtes Problem ein für alle Mal – und sei es in mehreren Durchgängen – loswerden zu können, wenn man sich nur genügend Mühe bei der Entscheidung gibt. Vielmehr wird die Serialität des Entscheidens einkalkuliert (Quinn 1980: 58; Hickson et al. 1986: 99/100) – was bis hin zu einer Totalrevision der ursprünglichen Entscheidung reichen kann.

Die Akteure rechnen im Einzelnen erstens prinzipiell mit so großen Hindernissen bei der Implementation einer Entscheidung, dass neue Entscheidungen erforderlich werden können, weil man sonst das Problem nicht angemessen bewältigen kann. Was sich auf dem Papier als toller Plan darstellt, kann bei der Umsetzung ganz anders aussehen. Zweitens treten selbst dann, wenn sich die Entscheidung als wirksame Problembewältigung herausstellt, möglicherweise negative Nebenwirkungen auf, die so groß sind, dass sie nicht ignoriert werden können. Drittens schließlich sind die Akteure auf Änderungen der eigenen Entscheidungskriterien eingestellt. Zum einen kann ein „Sich-umfreuen"[25] zugunsten dessen, was man faktisch bewirkt hat, eintreten. Das macht einen wichtigen Teilaspekt des Schönredens von umgesetzten Entscheidungen aus, wodurch der Akteur sich Folgeentscheidungen erspart. Zum anderen können solche mehr oder weniger weitgehenden Modifikationen der ursprünglichen Kriterien geschehen, dass für das betreffende Problem die nächste Runde eingeläutet wird. So kann es eine Anspruchssteigerung bei denselben Kriterien geben – etwa deshalb, weil man bei der Implementation überraschend schnell erfolgreich war und sich noch mehr ausrechnet. Oder es verschiebt sich bei gleich bleibenden Kriterien die Gewichtung, weil man z.B. ein zunächst weniger wichtig genommenes Kriterium als tatsächlich sehr wichtiges entdeckt – etwa bei der Entscheidung für einen PC erst nur auf den Preis achtet, um dann festzustellen, dass ein etwas größerer Bildschirm und ein schnellerer Prozessor nicht ganz ohne sind. Oder es tauchen bei der praktischen Umsetzung einer Entscheidung bis dahin gar nicht beachtete Aspekte auf, die eine gewichtige Bedeutung besitzen. So wurden z.B. Umweltschäden durch Sport bei der breitensportpolitischen Propagierung von „Sport für alle" lange Zeit übersehen, selbst als der Umweltgedanke schon en vogue war, weil man bei Umweltschädigern zunächst nur an Industrie, Müllberge u.ä. dachte und die Zerstörung von Gebirgslandschaften durch Skifahrer erst anhand unmittelbarer prak-

---

[25] Eine Wortprägung, die ich von Fritz Scharpf gehört habe, der sie aber, wie sich dann herausstellte, von Dieter Freiburghaus übernommen hat.

tischer Erfahrungen in den Blick bekam (Cachay 1988: 288-296). Und erst wenn jemand z.B. die praktische Erfahrung macht, aufgrund beruflicher Umstände nur noch am Wochenende mit seiner Partnerin zusammen zu sein, kann ihm aufgehen, dass er auf deren tagtägliche Nähe auch zugunsten eines lukrativen Jobs nicht verzichten will – was er sich vorher nicht hätte träumen lassen.

Akteure, die einer inkrementalistischen Entscheidungsstrategie folgen, entwerfen dementsprechend keine langfristig angelegten Pläne, die sie dann unbeirrt verfolgen, sondern praktizieren eine „Politik der kleinen Schritte".[26] Denn sie wissen: „Ja mach nur einen Plan / Sei nur ein großes Licht / Und mach dann noch 'nen zweiten Plan / Gehn tun sie beide nicht ..."[27] Albert Hirschman (1967: 130/131) zeigt an entwicklungspolitischen Projekten ein zentrales Merkmal jeder „Politik der kleinen Schritte" auf: Man muss die meisten Elemente des jeweiligen Status quo als gegebene, „temporarily unchangeable characteristics of the environment that will mold the project ..." hinnehmen, um einige wenige Dinge gezielt ändern zu können. Dabei gilt „A series of small steps obviously can lead to significant change if there are enough of them coming quickly enough." (Weiss/Woodhouse 1992: 261)[28]

Prozesse inkrementalistischer Serialität haben als zentrales Merkmal einen nicht-teleologischen Charakter. Sie gewinnen ihre prozessuale Einheit von Entscheidung und in Anzahl und Richtung unabsehbaren Folgeentscheidungen nicht über eine – wie immer approximative – Annäherung an einen substantiell fixierten Flucht-

---

[26] Die kritische Diskussion des Inkrementalismus hat u.a. darauf hingewiesen, dass Lindblom nicht immer unterscheidet zwischen „kleinen Schritten", also sich nur wenig vom Status quo entfernenden Entscheidungen, und einer kleinen Anzahl in Betracht gezogener Alternativen (Bailey/O'Connor 1975). Letztere können aber jeweils „große Schritte" sein.

[27] Wie es im „Lied von der Unzulänglichkeit menschlichen Strebens" in Bertolt Brechts (1928) „Dreigroschenoper" heißt.

[28] So auch Lindblom (1979: 520/521), der noch folgenden Vorteil sieht: „Incremental politics is also a way of 'smuggling' changes into the political system." Die Wahrer des Status quo können eventuell so überlistet werden (Quinn 1980: 68/69).

punkt. Die Einheit inkrementalistischer Entscheidungsprozesse ergibt sich vielmehr daraus, dass diese immer wieder in Form bestimmter Negationen auf sich selbst als problembehaftete reagieren. Sich jeweils situativ aufdrängende Probleme werden abgearbeitet, um damit neue Probleme zu erzeugen, die wiederum abgearbeitet werden. Inkrementalistische Entscheidungen laufen so auf Prozesse iterativer Problemverschiebung hinaus. Bei Sunstein/Ullmann-Margalit (1999: 15) wird dieses zentrale Merkmal einer solchen „Politik der kleinen Schritte" treffend so ausgedrückt: „small steps might be seen as an effort to 'export' the costs of decision to one's future self ..." Man ist heute fähig, zu einer Entscheidung zu kommen, indem man sich selbst die zukünftigen Folgeentscheidungen aufbürdet – und dies ganz bewusst tut.[29]

Sieht man reaktive Problemfixierung und Serialität zusammen, laufen inkrementalistische Entscheidungen letztlich auf ein *Auf- und Verschieben von Problemen* hinaus – so lange wie möglich Ersteres, wenn das nicht mehr geht, Letzteres. Werner Kirsch (1994: 10) vermerkt entsprechend: „Probleme werden oftmals lediglich 'gehandhabt', nicht jedoch in einem engeren Sinne des Wortes 'gelöst'." Niklas Luhmann (2000b: 322) spricht von einer „Umwandlung von Problemen in andere Probleme." Bei allem Verständnis klingt dies immer noch nach leichtem Tadel oder zumindest Bedauern – wogegen ein überzeugter Inkrementalist sich mit der lapidaren Entgegnung zur Wehr setzen könnte: „Bin ich Gott?!" Denn letztlich könnte nur Er es sein, der irgendein Problem in dieser Welt endgültig löst.[30]

---

[29] Man beachte die höhere „Sozialverträglichkeit" dieser Komponente des Inkrementalismus im Vergleich zum „partisan mutual adjustment", das – wie dargestellt – Einigungen nicht zuletzt auf Kosten unbeteiligter Dritter erzielt.

[30] Generell sei zu dieser Komponente inkrementalistischen Entscheidens nochmals auf Karl Poppers (1957) zeitgleiche und sehr ähnliche Überlegungen zu „piece-meal engineering" verwiesen. Ihm stand das sich in der Tat gottgleiche Fähigkeiten anmaßende Entscheiden der Kommandeure sozialistischer Planwirtschaften als Negativbild vor Augen.

*Vorprogrammiertes Scheitern?*
An dieser Stelle sei ein Einschub gestattet, der den Rationalitätsanspruch des Inkrementalismus weiter abklärt, indem er diesen mit einer Extremposition konfrontiert. Luhmann beurteilt Entscheidungen anhand eines knallharten Dualismus, der keine Zwischentöne zulässt – und sich damit die Sache sehr einfach macht. Für Luhmann ist klar: Wer entscheidungsförmig irgendein Ziel verfolgt, wird dieses praktisch niemals vollständig realisieren – es sei denn, es handelt sich um ein so bescheidenes Ziel, dass es diesen Namen eigentlich gar nicht mehr verdient. So betrachtet, scheitert jedes Entscheiden – und man kann das vorher wissen: „Wer einen Zweck in die Welt setzt, muss dann mit dem Zweck gegen die Welt spielen – und das kann nicht gut gehen oder jedenfalls nicht so, wie er denkt." (Luhmann 1988: 330) Denn: „Wenn man einmal anfängt, zwingt das zu Korrekturen, und man kann nicht wieder aufhören, wie immer man die Zwecke dreht und wendet." (Luhmann 2000b: 404)

Also, so Luhmann unmissverständlich, sollte man's doch am besten gleich ganz lassen! So erklärt sich sein Defätismus in Sachen Entscheidungshandeln und, im engeren Sinne, politischer Steuerung oder Organisationssteuerung.[31] Helmut Willke (2000: 201) schlägt in dieselbe Kerbe und verkündet marktschreierisch als große Neuigkeit:

*Was ein Mensch, ein Philosoph gar oder ein Soziologe, als Veränderung intendiert, hat nahezu nichts mit den wirklichen Veränderungen zu tun, denn diese laufen auf Bahnen, die er nicht beherrscht und deren Weichen er nicht kontrollieren kann. Deshalb sind alle von Philosophen, Religionsstiftern, Politikern, Wirtschaftsreformern etc. in die Welt gesetzten Veränderungszüge vielfach und mit hohen Kosten entgleist, ob Christentum oder französische Revolution, ob Sozialismus oder Apartheid, ob Entwicklungshilfe oder der Neoliberalismus der Weltbank. Diese Einsicht kann eine systemtheoretische Sozio-*

---

[31] Noch grundsätzlicher begründet sich so sein analytisches Negieren von Akteuren, außer als – allerdings notwendige – Selbstbeschreibungsillusionen sozialer Systeme.

*logie und eine auf ihr aufbauende Interventions- und Steuerungstheorie zum Verständnis von Gesellschaft beitragen.*

Diese in ihrem eigenen Selbstverständnis so mustergültig abgeklärte Sicht der Dinge ist ironischerweise zutiefst „idealistisch" im Sinne der klassischen normativ-präskriptiven Entscheidungstheorie. Luhmann legt nämlich, genau besehen, den Maßstab perfekter Rationalität an und findet dann natürlich unsäglich viele Haare in der Suppe.[32] Doch nur dann, wenn man diese maßlos überzogenen Ansprüche erhebt, die in der Realität niemand so stellt, kann man Entscheiden als völlig illusionäres Geschäft abtun und dann analytisch auf die Evolution kommunikativer Autopoiesis umstellen, also nicht viel vorsichtiger als die Marktapologeten feiern, dass die „unsichtbare Hand" jedenfalls bislang noch kein katastrophales Unheil angerichtet habe.

Dass Akteure variable Anspruchsniveaus hinsichtlich der Ergebnisse ihres Entscheidens hegen, also durchaus unter Umständen auch schon damit zufrieden sind, dass sie die Welt ein kleines bisschen in Richtung ihrer Zielsetzung geändert haben, lässt Luhmann nicht gelten. So etwas wäre in seinen Augen wahrscheinlich Selbstbetrug in dem Sinne, dass ein Misserfolg nachträglich als Erfolg umgedeutet wird. Aber muss man die Welt so rigoros sehen? Dass eine bestimmte Entscheidung – etwa ein Steuerungsziel – sich völlig realisiert, und dass sie sich überhaupt nicht realisiert, sind zwei Extrempunkte eines Kontinuums, die beide empirisch so gut wie nie vorkommen werden. Interessant sind die Punkte dazwischen – vor allem jene, die noch eine gewisse Nähe zum Pol der Identität von Intention und Wirkung aufweisen. Kein real existierender Entscheidungshandelnder, einige verwirrte Weltverbesserungs-Fanatiker und verbohrte planwirtschaftliche Bürokraten – die es wohl nicht mal mehr in Nordkorea gibt – vielleicht ausgenommen, erwartet doch mehr von seinen Bemühungen als eine kleine Annäherung an diesen Pol. „Die grobe Richtung muss stimmen" – so eine gängige Umschreibung dieser realistischen Hal-

---

[32] Siehe schon seine weit ausgreifende Aufarbeitung der Ergebnisse der empirischen Entscheidungsforschung (Luhmann 1968a).

tung. Und natürlich hat nicht zuletzt Luhmann selbst in genau diesem Sinne gesteuert bzw. Steuerungsempfehlungen gegeben – von der eigenen Familie angefangen über die Bielefelder Universität bis hin zum Wohlfahrtsstaat, den er mit Hilfe der CDU reformieren wollte. Er hat dabei – nicht nur als Alltagsmensch, auch als Soziologe – an den kleinen wünschenswerten Unterschied geglaubt, den seine Entscheidung allen Hindernissen zum Trotz im evolutionären Geschehen machen könnte und zumindest so oft auch tatsächlich macht, dass es sich immer wieder zu versuchen lohnt.

Dies gilt insbesondere, wenn man beharrlich bleibt, also langfristig einen bestimmten Kurs verfolgt. Horst Kern (2004: 1) vergleicht in diesem Sinne seine Erfahrungen als Rektor einer großen Universität mit dem Steuern eines Segelboots: „Der Steuermann steckt einen Kurs ab, ... aber die Mannschaft ... erweist sich als widerspenstig. Man plant mit Blick auf die Umgebung, Landschaft und Wetterlage. Doch überraschend und unvorhersehbar verändern sich die Bedingungen ... Schnell muss die Strategie auf die neuen Verhältnisse eingestellt werden: Segeln wechseln oder reffen, Kurs anpassen, abwettern." Aber in der Regel „kann das Boot doch noch ans Ziel, vielleicht auch nur in einen sicheren Hafen gebracht werden." Und Letzteres bedeutet ja nur, dass man sich nach dem Unwetter wieder in Richtung Ziel auf den Weg macht.

*Beispiel: biographischer Inkrementalismus* [33]
Anhand biographischer Entscheidungen kann man das „Sichdurchwursteln" konkreter verdeutlichen – beispielsweise bei der freiwilligen oder unfreiwilligen Trennung von einem langjährigen Lebenspartner, beim Umzug in eine andere Stadt oder ein fremdes Land oder bei beruflichen Umschulungsmaßnahmen.

Solche Wendepunkte können sich aus drei Arten von Determinanten des Lebenslaufs einer Person ergeben; meistens wirken alle drei zusammen (Rocklage 1983: 18-20; Hodkinson/Sparkes 1997).

---

[33] Zu diesem Abschnitt siehe ausführlicher Schimank (2002b: 235-247) sowie auch die plastische Studie von Pascall et al. (2000) zu Frauen im Bankgewerbe.

Jeder Lebenslauf wird erstens durch eine Vielzahl externer Bestimmungsgrößen geprägt. Das können äußere Zwänge sein, die zu negativen Verkettungen kumulieren können – zum Beispiel die mannigfachen Folgewirkungen eines Arbeitsplatzverlustes oder einer chronischen Krankheit. Externe Bestimmungsgrößen können der Person aber auch Chancen eröffnen – etwa das Wachstum einer Organisation, das den Mitarbeitern Einkommensverbesserungen und Karrierechancen verheißt.

Eine zweite Prägung erfährt der Lebenslauf einer Person durch deren in ihrer biografischen Folgenträchtigkeit unreflektiertes eigenes Handeln. Eine Person macht sich ja bei den meisten ihrer Handlungen überhaupt nicht bewusst, wie diese sich auf längere Sicht auf den eigenen Lebenslauf auswirken könnten. Jemand gewöhnt sich, aus welchen Zufälligkeiten auch immer, das Rauchen an – und zwanzig Jahre später hat er Lungenkrebs; oder jemand kommt mit moderner Malerei in Berührung, entwickelt allmählich ein immer tieferes Interesse und wird zum Kunstliebhaber. Über keineswegs zwangsläufige, daher auch nicht im Voraus beobachtete Verstärkungen anfänglich minimaler Richtungsänderungen (Maruyama 1963) entstehen so die meisten folgenreichen sich selbst zurechenbaren, aber eben unbeabsichtigten Bestimmungen des eigenen Lebenslaufs.

Drittens schließlich gibt es auch biographische Entscheidungen, in denen eine Person unter bewusster Betrachtung ihrer Lebenssituation eine strategische Wahl trifft, um ihren Lebenslauf in eine bestimmte Richtung zu lenken. Hierzu zählt die Entscheidung darüber, welchen Beruf man erlernt, die Entscheidung für einen Lebenspartner, für oder gegen Kinder, für ein bestimmtes politisches Engagement und ähnliches. Zwar wird die Person niemals alle Neben- und Fernwirkungen solcher Entscheidungen antizipieren können und so immer wieder durch deren Folgen ebenso überrascht werden wie durch die Folgen ihres biographisch unreflektierten Handelns. Dennoch stellen biographische Entscheidungen den Versuch dar, den eigenen Lebenslauf intentional zu prägen.

Studienwahlentscheidungen – um wieder dieses Beispiel heranzuziehen – werden offenbar in den wenigsten Fällen aufgrund einer klar vor Augen stehenden Studien- und Berufsperspektive getroffen. Stattdessen entdeckt man an sich vage Neigungen, die letztlich eher durch äußere Zwänge und Gelegenheiten zu einer Wahl spezifiziert werden. Jemand ist politisch engagiert und studiert daraufhin Politologie; jemand will weiter mit der Freundin zusammenleben und zieht deshalb überhaupt nur das Fächerspektrum der örtlichen Hochschule in Betracht; oder jemand erfährt durch persönliche Bekannte Näheres über einen bestimmten Studiengang und entschließt sich daraufhin für diesen. Das biographische Problem der Studienwahl wird also nicht durch eine Vergegenwärtigung der Zukunft und der Möglichkeiten ihrer Gestaltung, sondern strikt gegenwartsbezogen bearbeitet. Anstatt – wie Modelle perfekter Rationalität es erforderten – den Horizont gegenwärtiger Einbindungen zu transzendieren, suchen die Personen geradezu nach Vorgaben, die ihnen als Limitationen[34] ihrer Wahl dienen können.

Die Selbstbindungskraft der einmal getroffenen Entscheidung bleibt dann gering. Mehrfache Revisionen werden von vornherein ins Kalkül gezogen und auch tatsächlich vollzogen, wie die hohe Rate von Studienabbrüchen und Studienfachwechseln sowie der beträchtliche Anteil derer zeigen, die studienfachfremde Berufe ausüben oder später noch einmal ein anderes Studium aufnehmen. Dem liegen nicht nur äußere Zwänge zugrunde, wie etwa die Bedarfsstruktur des Arbeitsmarktes, sondern auch Diskrepanzen zwischen Erwartungen an das Studienfach und dessen Wirklichkeit sowie Wandlungen der je persönlichen Interessen. Jemand beginnt ein Studium der Elektrotechnik, um etwas Verwertbares, in der Wirtschaft Karriereträchtiges zu erlernen, wird durch ein Engagement in der studentischen Selbstverwaltung politisiert, fängt an, die Gesellschaftsstruktur und seine persönlichen Perspektiven darin zu hinterfragen ... – und bricht nach dem vierten Semester dieses Studium ab, um Soziologie und Geschichte zu studieren. Die-

---

[34] Sollte man mit Dahrendorf (1979) sagen: als „Ligaturen"?

ses fast schon zum Klischee verkürzte Beispiel müsste natürlich näher ausgeführt werden, um im Einzelnen die Zusammenhänge zwischen Lebenslauf, Lebenserfahrungen und biographischen Entscheidungen rekonstruieren zu können. Soviel wird jedoch sichtbar: Die erste Studienwahl ist keine Verirrung, keine Abweichung von einem von vornherein festgelegten Weg, sondern notwendiger – und das heißt: die lebensgeschichtliche Einheit nicht sprengender, sondern mitkonstituierender – Umweg.

So lässt sich die iterative Problemverschiebung, die inkrementalistisches Entscheiden ausmacht, auch lesen – nicht negativ als Unklarheit über Zielsetzungen, sondern positiv als deren schrittweise Klärung: „In Lebensläufen geht es ... darum zu handeln, um daraus zu lernen ..." (Heinz 2000: 171). Manche Berufe prädestinieren dazu, sich zu diesem biographischen Inkrementalismus zu bekennen – siehe die Äußerung eines freiberuflichen Journalisten: „Das Leben sehe ich nicht so als eine gerade Bahn ..., es ist viel zu komplex, um für die nächsten vierzig Jahre voraus zu planen. ... Du suchst halt aus, was dir momentan wichtig erscheint. Das sind wahrscheinlich irgendwelche Prämissen, die man sich setzt. Aber genau die sind veränderbar oder sollten veränderbar sein." (zitiert bei Dunkel 1993a: 162) Der Titel eines deutschen Spielfilms aus den neunziger Jahren drückt dasselbe plakativ so aus: „Das Leben ist eine Baustelle".

*Reflektierte Selbstkorrektivität*
Ähnliches lässt sich für organisatorische oder politische Gestaltungsentscheidungen zeigen. Auf diesen Ebenen ist die Serialität iterativer Problemverschiebung teilweise als reflektierte Selbstkorrektivität installiert.[35] Es hängt dann nicht mehr von der – vorhandenen oder nicht vorhandenen – Einsicht eines Entscheidungshandelnden ab, dass Folgeentscheidungen angebracht sind, ob diese in die Wege geleitet werden; sondern es gibt dafür institutionalisierte Wege.

---

[35] Henry Mintzberg (1987) spricht von einer „crafting strategy", vergleichbar dem allmählichen Design einer Vase beim Töpfern. Siehe ferner Elaine Mosakowski (1997) zur „calculative experimentation."

Angesichts des durch eine Problemsituation gesetzten Zeitdrucks wären Akteure generell schlecht beraten, würden sie versuchen, gleichsam auf einen Schlag zur optimalen Problembearbeitung zu gelangen. Die Unmöglichkeit, in der knappen zur Verfügung stehenden Zeit das Entscheidungsproblem so weit zu durchdringen, dass eine optimale Entscheidung – außer als zufälliger Glückstreffer – gefunden werden kann, lässt vielmehr ein Vorgehen in Form von *Versuch und Irrtum* angebrachter erscheinen: Aufgrund mehr oder weniger reichhaltiger Erfahrungen mit mehr oder weniger ähnlichen Problemsituationen wird eine vorläufige Form der Problembearbeitung gewählt, die auf ihre verschiedenen Wirkungen hin möglichst genau beobachtet wird; sobald sich herausstellt, dass die tatsächliche Problembearbeitung hinter den Erwartungen zurückbleibt, erfolgen – auf der Basis der hinzu gewonnenen Erfahrungen! – gezielte Korrekturen in Richtung einer adäquateren Problembearbeitung (Tolman/ Brunswik 1935).

Ein solches Vorgehen ermöglicht zum einen, relativ schnell eine Entscheidung zu treffen und so dem zeitlichen Problemdruck gerecht zu werden, weil die getroffene Entscheidung eben nicht gleichsam das letzte Wort zum jeweiligen Problem bedeuten muss. Zum anderen baut jede der Folgeentscheidungen in diesem Sinne auf allen ihr vorausgegangenen auf, so dass die ursprünglich unüberschaubare zeitliche Kontingenz der Entscheidungssituation – die Ungewissheit, welche möglichen Folgen einer Entscheidungsalternative sich tatsächlich einstellen werden – durch die Entscheidungsgeschichte, nämlich die sukzessive Realisierung von Entscheidungsfolgen und deren Bearbeitung durch nachfolgende Entscheidungen, allmählich abgebaut wird. Das dem Innovationspotential einer Entscheidung – ihrem Bruch mit der den bisherigen Status quo erzeugt habenden Vergangenheit – innewohnende Risikopotential lässt sich auf diese Weise unter Kontrolle halten.

Ein Beispiel für eine in diesem Sinne selbstkorrektive Entscheidung wäre die folgende Vorgehensweise, mit der ein Unternehmen seine Absatzprobleme zu bewältigen versucht:

- Die komplexen Marktstrukturen, in denen sich das Unternehmen befindet, erlauben ihm keine eindeutige Analyse der Ursachen des sinkenden Absatzes. Falsche Werbestrategien, neu in den Markt eingedrungene Konkurrenz, veraltete Produktqualität, mangelhafte Vertriebsorganisation und anderes mehr kommen als mögliche Ursachen in Frage, ohne dass das Unternehmen jedoch aufgrund seiner beschränkten Ressourcen in der Lage wäre, alle oder auch nur mehrere dieser Ursachen zugleich anzugehen.
- Zeit für eine umfassende und von allen Organisationseinheiten akzeptierte Problemanalyse bleibt nicht; der Absatzrückgang wird von Monat zu Monat spürbarer, so dass so schnell wie möglich etwas geschehen muss, um den drohenden Konkurs abzuwenden. Aus verschiedenen Erwägungen entscheidet man sich für bestimmte Verbesserungen der Vertriebsorganisation – unter anderem deshalb, weil diese rasch in die Tat umzusetzen sind und nur geringe Kosten verursachen.
- Ein gewisser Erfolg stellt sich ein: Der Absatzrückgang wird zwar nicht völlig gestoppt, jedoch verlangsamt. Einer tatsächlichen Problemursache ist man also offenbar auf die Spur gekommen. Damit ist zum einen das Problem zwar nicht beseitigt, jedoch entschärft worden; zum anderen hat man Zeit gewonnen, um die noch verbliebenen Problemaspekte anzugehen.
- Als Nächstes greift man Ideen zur Produktinnovation auf, die in der Forschungsabteilung des Unternehmens entwickelt worden sind. Die Umsetzung dieser Innovationen in ein neu entwickeltes Produkt nimmt längere Zeit in Anspruch, weil die Produktionsanlagen technisch umgerüstet werden müssen. Flankiert durch eine darauf abstellende Werbekampagne wird das neue Produkt jedoch zu einem Markterfolg: Der Absatzrückgang ist endgültig aufgefangen; das Unternehmen vergrößert sogar seinen Markanteil auf Kosten der Konkurrenz.
- Das Absatzproblem ist somit in adäquater Weise bearbeitet worden. Allerdings stellt sich heraus, dass die technischen Produktionsumstellungen gewisse Folgeprobleme nach sich ziehen. Unter

anderem erweist sich, dass die bisherigen Zulieferfirmen auf Dauer nicht in der Lage sind, die nun benötigten Rohmaterialien der Produktion in der erforderlichen Qualität und Quantität zu liefern. Die Bewältigung des Absatzproblems bringt also ein Beschaffungsproblem hervor.
- Diese Problemverschiebung wäre jedoch selbst dann, wenn sich das Beschaffungsproblem nun als ebenso prekär herausstellen würde wie zuvor das Absatzproblem, ein begrenzt rationaler Umgang mit zeitlicher Komplexität: Denn das Unternehmen ist erst einmal gewissermaßen eine Runde weitergekommen, hat seine Reproduktion eine Zeitlang sichern können.

Dieses beliebig fortführbare Beispiel zeigt zunächst, dass die Selbstkorrektivität inkrementalistischer Entscheidungen zwei Stufen aufweist. Auf einer ersten Stufe sind derartige Entscheidungen in der Hinsicht selbstkorrektiv, dass die anfangs gesetzten Entscheidungskriterien – hier: den Absatzrückgang zu stoppen und zu einer neuen Absatzsteigerung zu gelangen – noch nicht oder noch nicht hinreichend durch die realisierten Entscheidungen erreicht werden und so diesbezügliche Folgeentscheidungen ausgelöst werden. Die zweite Stufe der Selbstkorrektivität wird dann erreicht, wenn andere negative Folgewirkungen realisierter Entscheidungen – hier: das Beschaffungsproblem – dazu führen, dass die Abarbeitung dieser Folgewirkungen als neue Entscheidungskriterien aufgenommen werden und neben die oder an die Stelle der bisherigen Kriterien treten.

Das Beispiel lässt weiterhin die beiden eng verknüpften Komponenten einer selbstkorrektiven Entscheidung deutlich erkennen: Sequenzialität und Reversibilität. *Sequenzialität* bedeutet ein schrittweises Vorgehen bei der Bearbeitung eines Problems. Anstatt zu versuchen, in einem einzigen kühnen Sprung vorwärts ein Problem an seiner Wurzel anzugehen und ein für alle Male zu beseitigen, was einen Aufwand an Informationsverarbeitung und Konsensbeschaffung bedeutete, der unter Bedingungen von Zeitknappheit kaum jemals zu leisten ist, tasten sich Akteure in kleinen Schritten vom unbefriedigenden Status quo weg hin zu einem besseren Zustand. Auf politische Entscheidungen bezogen fasst Lindblom (1959: 163/164, Hervorh. weggel.) die wesentlichen Vorteile von Sequenzialität so zusammen:

> *Policy is not made once and for all; it is made and re-made endlessly. Policy-making is a process of successive approximation to some desired objectives in which what is desired itself continues to change under reconsideration. Making policy is at best a very rough process. Neither social scientists, nor politicians, nor public administrators yet know enough about the social world to avoid repeated error in predicting the consequences of policy moves. A wise policy-maker consequently expects that his policies will achieve only part of what he hopes and at the same time will produce unanticipated consequences he would have preferred to avoid. If he proceeds through a succession of incremental changes, he avoids serious lasting mistakes in several ways. In the first place, past sequences of policy steps have given him knowledge about the probable consequences of further similar steps. Second, he need not attempt big jumps towards his goals that would require predictions beyond his or anyone else's knowledge, because he never expects his policy to be a final resolution of a problem. His decision is only one step, one that if successful can quickly be followed by another. Third, he is in effect able to test his previous predictions as he moves on to each further step. Lastly, he often can remedy a past error fairly quickly ...*

David Collingridge (1992: 4-7) sieht hierin den Kern von Inkrementalismus, den er als Variante von „trial-and-error learning" auffasst. Dabei ist es wichtig, dass „errors should be kept to a minor nature ...", weshalb „it is important not to change too much at once." Weiterhin sollte gewährleistet sein, dass „lessons are learned quickly ...", also schnelle Rückmeldungen über den relativen Erfolg einer Entscheidung eintreffen. Der Sinn von Sequenzialität besteht somit darin, Reversibilität zu ermöglichen. Jede der Teilentscheidungen kann sich als falsch erweisen; aber da jede von ihnen immer nur eine vergleichsweise geringe Entfernung vom vorherigen Zustand bedeutet, also keinen radikalen Bruch mit dem Status quo ante vollzieht, lässt sich jede nötigenfalls in ihren negativen Auswirkungen korrigieren (Quinn 1980: 20/21).

Noch vergleichsweise wenig ambitionierte Varianten einer solchen „Politik der kleinen Schritte" sind Testläufe, wie sie zur Erprobung neuer Wege zur Bewältigung bestimmter Probleme stattfinden (Hirschman 1967: 82-84; Quinn 1980: 35). Unternehmen beispielsweise, die ihre Produktpalette erweitern wollen, wählen oftmals folgendes Vorgehen:

> *Mit einem neuen Produkt wird in der Regel zuerst nur ein Testmarkt beliefert. Gleichzeitig werden mehrere Produkte parallel getestet. Auch nach Abschluß dieser Testphase wird das Engagement auf dem neuen Markt in Grenzen gehalten, so daß die Ausweitung oder Umwandlung des Produktionsprogramms erst nach einem wesentlich längeren Zeitraum abgeschlossen wird, als dies aufgrund der produktionstechnischen Möglichkeiten der Fall zu sein braucht. (Grochla 1972: 160)*

Auch in anderen Gesellschaftsbereichen wird häufig in kleinerem Maßstab experimentiert, bevor eine umfassende und übergreifende Entscheidung getroffen wird. Man denke etwa an die Einführung des Globalhaushalts an den deutschen Hochschulen. Es wurde keineswegs von einem Tag auf den anderen an sämtlichen Hochschulen eines Bundeslandes oder gar bundesweit der Globalhaushalt installiert, sondern man wählte einige Hochschulen auf freiwilliger Basis dafür aus. Diese „Modellversuche" wurden besonders beobachtet, und erst aufgrund positiver Erfahrungen dort wurde das neue Budgetierungssystem auf alle Hochschulen übertragen.

Viele Probleme sind freilich nicht durch solch eine schrittweise Maßstabsvergrößerung bearbeitbar. Oftmals sind Testläufe nicht möglich, weil die jeweilige Entscheidung die dazu erforderliche Maßstabsverkleinerung nicht zulässt. Wenn ein Unternehmen beispielsweise entscheiden muss, ob es ein Zweigwerk in einer anderen Stadt errichtet, kann diese Entscheidung zumeist nicht so getroffen werden, dass man dort zunächst nur eine sehr kleine Einheit aufbaut, abwartet, ob sich diese bewährt, und dann stufenweise vergrößert. Ebenso wenig können die Auswirkungen einer Stadtteilsanierung quasi portionsweise geprüft werden, weil erst die vollständig durchgeführte Sanierung all diejenigen Wirkungen, aufgrund derer man sie als erfolgreich oder gescheitert einstufen kann, zeitigt. Die Pars-pro-

Toto-Beurteilung des Gesamtprojekts anhand eines realisierten Teilkomplexes wäre hier unzulässig. Derartige Entscheidungen verlangen daher ein andersartiges schrittweises Vorgehen.

Immer dann, wenn es sich als nicht möglich oder jedenfalls als nicht hinreichend aussagekräftig erweist, eine Entscheidung zunächst in kleinerem Maßstab zu prüfen und sie so lange offen zu halten, um sie gegebenenfalls bis hin zur Annullierung zu revidieren, müssen die Entscheidungskriterien so flexibel gehalten werden, dass eventuelle negative Konsequenzen korrigierbar bleiben. Hier wird dann die zweite Komponente der Selbstkorrektivität von Entscheidungen erforderlich: *Reversibilität* (Scott 1998: 345). Am Beispiel der Altstadtsanierung illustriert, hieße das, dass man nicht von vornherein eine bis ins letzte Detail fixierte Konzeption ausarbeitet und sich bei der Entscheidungsumsetzung sklavisch daran hält; sondern man wahrt bewusst Optionsspielräume, um diese je nach dem, welche Erfahrungen bei der schrittweisen Entscheidungsumsetzung gemacht werden, in der einen oder anderen Richtung spezifizieren zu können. Anstatt die vergebliche Anstrengung zu unternehmen, mit einer bereits vollständig spezifizierten Kriterienliste all jene Konsequenzen der Sanierung schon jetzt zu prognostizieren, die doch erst die Zukunft erweisen kann, soll die Ausgangsentscheidung eher einen richtungsweisenden Charakter besitzen. Denn:

> *... it is much easier to make rational choices if a plan of action is broken down into a series of proximate steps, and the plan is open to revision as each step is completed. The ultimate purpose can then be only vaguely, or even inconsistently stated, since it is no more than an indication of the general direction of the initial effort, a justification of the appropriateness of the first steps. As it will be continually re-interpreted in the light of experience, a precise and inflexible definition of the ultimate goal would only be an encumbrance. ... In the face of ignorance, then, the most rational decisions are those which leave open the greatest range of future choice. (Marris/Rein 1967: 257/258)*

Ob es etwa nach einer erfolgten Kanalisierung des Verkehrs in Umgehungsstraßen noch nötig ist, die Altstadt generell zur Fußgängerzone zu erklären, oder ob eine gezielte Sperrung weniger Straßen für den Autoverkehr genügt, und welche Straßen das sein werden: Solche Fragen lassen sich weit präziser und weit weniger aufwendig aufgrund von Erfahrungen als auf der Basis noch so ausgetüftelter Szenarien beantworten. Daher sollte die ursprüngliche Konzeption sich noch nicht auf spezifische Regelungen versteifen, sondern nur bestimmte Ausgangsentscheidungen – beispielsweise den Ausbau einer Umgehungsstraße – treffen und dann erst einmal sehen, wie sich die Verkehrssituation entwickelt. Falls die Verkehrsbelastung der Altstadt nach einiger Zeit immer noch als zu groß erscheint, müssen weitergehende Maßnahmen getroffen werden; ob das jedoch nötig sein wird, lässt sich nicht mit hinreichender Sicherheit voraussagen, weshalb es nicht sinnvoll ist, jetzt schon so weitgehende Eingriffe vorzunehmen.

Manche gesellschaftlichen Teilsysteme haben intern Teilsysteme ausdifferenziert, die der je eigenen Selbstkorrektivität dienen. Das Bildungssystem beispielsweise besitzt ein Teilsystem für Weiterbildung, dessen Funktion u.a. darin besteht, dem Einzelnen jene Bildungsleistungen anzubieten, die das Schul- und Hochschulsystem aufgrund eines unzureichend erkannten oder sich wandelnden Bildungsbedarfs der anderen gesellschaftlichen Teilsysteme nicht erbracht hat. Andere Teilsysteme wie das Wirtschaftssystem haben Selbstkorrektivität in ihrer Eigenlogik eingebaut: Der Marktmechanismus sorgt dafür, dass das Warenangebot – also die Investitionsentscheidungen der Unternehmen – sich immer wieder an der Konsumentennachfrage orientiert. Diese beiden Beispiele einer nicht länger nur prozessualen, sondern darüber hinaus strukturell institutionalisierten Selbstkorrektivität sind freilich ganz unterschiedlicher Art. Weiterbildung wurde durch bildungspolitische Maßnahmen installiert. Hier wurde also Selbstkorrektivität gezielt entschieden – mit Entscheidungen übrigens, die ihrerseits selbstkorrektiv waren, nämlich über kleine Versuchsballons allmählich aufgebaut wurden. Hingegen wird der Marktmechanismus zumeist nicht per Entscheidungen eingeführt, sondern hat sich „naturwüchsig" durchgesetzt – außer in Fällen wie der Transformation ehemals planwirtschaftlicher Systeme in Marktwirtschaften. Teilweise kann somit die Selbstkorrektivität des „Sich-durchwurstelns" auch auf evolutionär entstandene soziale Mechanismen rekurrieren.

## 5.6 „Fehlerfreundlichkeit"

Aufgrund von reaktiver Problemfixierung, Entscheidungssimplifikationen, „partisan mutual adjustment" und „satisficing" muss inkrementalistisches Entscheiden stets damit rechnen, Fehler zu machen. „Sich-durchwursteln" ist der dazugehörige prozedurale Modus der Fehlerkorrektur. Er wiederum setzt voraus, dass die Entscheidungen „fehlerfreundlich" sind. „Fehlerfreundlichkeit" (Weizsäcker/Weizsäcker 1984) ist ein Konzept aus der Technik, das Sicherheitsmargen und Notbremsen in technischen Systemen vorsieht, z.B. Sicherungen an Elektrogeräten oder eine mehrfache Installierung wichtiger Steuerungen in Atomkraftwerken. Im hier erweiterten Verständnis sorgen alle Arten von Vorkehrungen und Strategien, die sehr schwere, katastrophale Fehler des Entscheidens begrenzen, für „Fehlerfreundlichkeit".

Eine „Politik der kleinen Schritte", die möglichst reversible Entscheidungen trifft, ist der operative Modus der „Fehlerfreundlichkeit" (Weiss/Woodhouse 1992: 269/270). Wie in Kapitel 4 gesehen, sind Zukunftsungewissheit auf der einen und Prädetermination durch die Geschichte auf der anderen Seite die gegenläufigen Erscheinungsformen von zeitlichen Rationalitätsbeschränkungen. Angesichts dieser Polarität könnten Akteure in Entscheidungssituationen prinzipiell in zwei Richtungen tendieren:

- Entweder versuchen die Akteure eine radikal neuartige Form der Bearbeitung des jeweiligen Problems, um einen bewussten Bruch mit dem bisherigen Problemzustand herbeizuführen und so anstelle marginaler Verbesserungen einen „großen Sprung vorwärts" zu tun. Diese optimistische Vorgehensweise bezahlt ihre Ambitioniertheit freilich mit einem desto höheren Risiko des Scheiterns. Die Minimierung der Prädetermination bewirkt

eine Maximierung der Zukunftsungewissheit: Man kann umso weniger sicher sein, dass die Entscheidung nicht anstelle der angestrebten Effekte ganz andere unliebsame Folgen zeitigt.
- Oder aber die Akteure versuchen genau umgekehrt, die Zukunftsungewissheit zu minimieren – um den Preis einer Maximierung der Prädetermination durch die Geschichte. Denn am besten in seinen zukünftigen Folgen einschätzen lässt sich normalerweise das, was in seinem möglichst unbeeinflussten Werden nachvollzogen werden kann. Dies ist die pessimistische Form des Entscheidens: möglichst wenig zu verändern, um zumindest einigermaßen sicher sein zu können, dass sich keine gravierenden unerwünschten Nebenfolgen der Entscheidung einstellen.

Rational können angesichts dessen nur solche Entscheidungsstrategien sein, die weder in das eine noch in das andere dieser beiden Extreme fallen: die einerseits ein gewisses Risiko eingehen, um überhaupt den Absprung vom problembehafteten Status quo und dessen bei Nichtstun zu erwartender weiterer Zuspitzung zu schaffen – die andererseits aber dieses Risiko so weit unter Kontrolle halten, dass der größte zu erwartende Schaden einer immer möglichen Fehlentscheidung noch verkraftet werden kann.

Strategien der „Fehlerfreundlichkeit" zielen vor diesem Hintergrund auf eine Balance ab: „in der Gegenwart eine Festlegung und Offenhaltung von Zukunft zugleich ..." zu erreichen (Bergmann 1981: 246). „Fehlerfreundlichkeit" hilft dem Akteur also dann, wenn er sich entschieden hat und sich das als Fehler herausstellt; und das Wissen darüber erleichtert ihm vorher, sich überhaupt zur Entscheidung entschließen zu können. Die Qual vor der Wahl wird verringert, indem Vorkehrungen getroffen werden, um die Qual nach der Wahl zu begrenzen. Der Entscheider hat gewissermaßen Rückfallpositionen für den Fall des Falles. Zwei häufig und bei allen Arten von Entscheidungen vorzufindende bewusste Vorkehrungen der „Fehlerfreundlichkeit", die eine operative „Politik der kleinen Schritte" ergänzen, aber auch ein Stück weit ersetzen können, werden im Weiteren näher betrachtet: Redundanz und Risikostreuung.

*Redundanz*
Das Phänomen der Redundanz ist zunächst an der Informationsübermittlung aufgefallen. Nahezu jeder geschriebene oder gesprochene Text beispielsweise – sieht man einmal von Telegrammen oder manchen Befehlen ab – ist mehr oder weniger redundant in dem Sinne, dass der Adressat einen Teil der im Text enthaltenen Informationen übersehen oder wieder vergessen kann und dennoch den vollständigen Informationsgehalt des Textes oder zumindest das Wesentliche erfasst. Der Text enthält also ein gewisses Maß an Verdoppelungen; und dies ist keinesfalls überflüssig, sondern vielmehr deshalb sinnvoll, weil man realistischerweise davon ausgehen muss, dass ein Leser oder Hörer immer nur begrenzte und durch alle möglichen Ablenkungen noch weiter reduzierte Aufmerksamkeits- und Gedächtniskapazitäten besitzt. Will man also sicherstellen, dass der Informationsempfänger zumindest den Informationskern eines Textes adäquat aufnimmt, dann wiederholt man die Schlüsselinformationen mehrmals innerhalb des Textes. Informationelle Redundanz steigert so die Verlässlichkeit der Informationsübermittlung angesichts im Einzelnen unvorhersehbarer Übermittlungsstörungen.

In genau der gleichen Weise wird Redundanz auch in sozialen Zusammenhängen zur Absicherung riskanter Entscheidungen benutzt. Redundanz als Strategie der Risikokontrolle findet sich hier in der bewussten Schaffung von Überkapazitäten als Sicherheitspolster gegen unvorhersehbare Ereignisse (Landau 1969). In Organisationen zeigt sich Redundanz als „organizational slack" (Cyert/ March 1963: 41-44; Downs 1966: 138/139; Quinn 1980: 121-124; March 1994: 29/30). Weil etwa die Beschaffungsabteilung den Bedarf der Produktionsabteilung für bestimmte Rohstoffe nicht genau, sondern aufgrund von Erfahrungswerten nur ungefähr vorauszusagen vermag, wird sie diese Rohstoffe in gewisser Menge lagern. Dadurch fallen zwar Lagerkosten an; aber eine solche Beschaffungsstrategie kann ohne sichere Kenntnis des Rohstoffbedarfs der Produktionsabteilung einigermaßen sicher sein, diesen Bedarf decken zu können. Mittlerweile gemachte negative Erfahrungen mit einer „just in time"-Zulieferung verdeutlichen demgegenüber die Probleme zu geringer Redundanz.

Dies wäre ein Beispiel für Ressourcenredundanz. Strukturredundanz liegt demgegenüber beispielsweise dann vor, wenn die Produktionsabteilung einer Organisation eine Produktionsanlage mit drei Fließbändern besitzt, von denen jedoch normalerweise nur zwei in Betrieb sind. Die Produktionsabteilung ist dadurch sowohl gegen den Fall, dass plötzlich eines der beiden benutzten Bänder ausfällt, als auch gegen den Fall, dass die Verkaufsabteilung kurzfristige Nachfragesteigerungen meldet, die mit nur zwei Bändern nicht bewältigt werden können, abgesichert. Auch personelle Überkapazitäten als stille Reserve gegen plötzlich gesteigerte Anforderungen von Seiten anderer organisatorischer Abteilungen oder der Umwelt wären ein Fall von Strukturredundanz.[36]

Ähnliche Phänomene sind auch auf gesellschaftlicher Ebene festzustellen. Betrachtet man z.B. das Bildungssystem, so findet sich hier Strukturredundanz im Hinblick auf bestehende Ausbildungskapazitäten vor. Die individuelle Freiheit der Berufswahl stellt für das Bildungssystem einen erheblichen Unsicherheitsfaktor dar, der bei bildungspolitischen Entscheidungen darüber, welche Ausbildungsmöglichkeiten angeboten werden, dadurch zu bewältigen versucht wird, dass die meisten Ausbildungsgänge kapazitätsmäßig erheblich über dem tatsächlichen und normalerweise erwarteten Bedarf ausgelegt sind.[37] Ressourcenredundanz stellt das Bildungssystem mit

---

[36] Auf einen speziellen Typ von Strukturredundanz weisen Crouch/Farrell (2002) hin, wenn sie institutionelle Komplexe als weniger stromlinienförmig optimiert ansehen, als dies in einigen Theorieperspektiven dargestellt wird. Die aktuell überflüssigen oder gar störenden institutionellen Regelungen können sich zukünftig als probate Mittel erweisen, um sich veränderten Kontexten anpassen zu können.

[37] In der ehemaligen DDR, wo es die Freiheit der Berufswahl in diesem Sinne nicht gab, konnte man demgegenüber Redundanzen gering halten, war damit aber auch nicht flexibel reaktionsfähig bei plötzlich gesteigerten Anforderungen an Personal mit bestimmten Qualifikationen (Kreutzer 2001).

Blick auf das Wirtschaftssystem bereit. Die Unternehmen als Abnehmer qualifiziert ausgebildeten Personals stellen ein in seinen branchenmäßigen und technologischen Entwicklungen nur sehr begrenzt erwartbares Geschehen dar, wie nicht zuletzt die Erfahrungen der Bildungsplanung gezeigt haben. Um die ökonomische Brauchbarkeit des in den Schulen und Hochschulen ausgebildeten Arbeitskräftepotentials dennoch sicherzustellen, versucht das Bildungssystem, die faktische Nachfrage des Wirtschaftssystems sowohl quantitativ als auch qualitativ zu übertreffen. Für viele Berufe werden mehr Personen ausgebildet, als später tatsächlich gebraucht werden, und das vermittelte berufliche Qualifikationsprofil ist oft breiter als die faktisch benötigten Qualifikationen.

Eine solche Risikobegrenzung durch den Aufbau von Redundanz ist zweifellos rationalitätssteigernd. Redundanz ermöglicht Akteuren, unvermeidlich irrtumsanfällig dennoch Entscheidungen zu treffen. Freilich bleibt Redundanz eine immer nur begrenzt rationale Strategie. Denn der Aufbau von Überkapazitäten als Sicherheitspolster ist gleichbedeutend mit dem Verzicht auf maximale Effizienz. Hinzu kommt, dass eben deshalb Redundanz stets begrenzt bleibt, so dass keine vollständige Sicherheit gegen alle überhaupt möglichen Unwägbarkeiten garantiert ist. Ein Unternehmen mag sich zwar ein zusätzliches Fließband als Sicherheit gegen technisches Versagen der anderen Bänder und gegen plötzliche Nachfragesteigerung leisten – aber eben aus Kostengründen keine zwei im Normalfall unbenutzten Bänder. Das bedeutet, dass der – allerdings sehr unwahrscheinliche – Fall, dass beide normalerweise benutzten Bänder zugleich ausfallen und auch noch die Nachfrage plötzlich steigt, das Unternehmen immer noch vor unlösbare Probleme stellen mag.

Redundanz erlaubt schließlich auch, die „Politik der kleinen Schritte" ein Stück weit zu lockern. Wer sich z.B. ein Sicherheitspolster an Kapital angespart hat, kann dann auch mal eine gewagtere Entscheidung riskieren, die – wie man hofft – viel einbringen, aber auch schief gehen kann, was man dann zu tragen vermag. Genau das haben viele im Aktienrausch der späten neunziger Jahre des letzten Jahrhunderts übersehen. Die alte Weisheit der Anlageberater, die von ihnen allerdings in jenen Jahren ebenfalls geflissentlich verschwiegen wurde, lautet bekanntlich: Man soll nur mit Geld, auf das man verzichten kann, an der Börse spekulieren.

*Risikostreuung*
Redundanz ist die eine Strategie einer umfangmäßigen Risikobegrenzung; die andere ist Risikostreuung. Hierbei versuchen Akteure, sich dadurch Sicherheiten gegen mögliche Risiken ihres Entscheidens zu schaffen, dass sie – wie die treffende umgangssprachliche Maxime es ausdrückt – nicht alles auf eine Karte setzen. Um dies anknüpfend an das gerade benutzte Beispiel zu verdeutlichen: Jemand, der vor dem Problem steht, sein Vermögen möglichst profitabel anzulegen, streut beispielsweise das mit jeder Investition verbundene Risiko, indem er nicht sein gesamtes Kapital in Aktien eines einzigen Unternehmens anlegt, sondern Aktien unterschiedlicher Unternehmen aus verschiedenen Branchen erwirbt.[38] Dies ist ein bewusster Verzicht auf Gewinnmaximierung. Denn hätte der Betreffende all sein Geld in ein einziges Unternehmen gesteckt, hätte er zumindest die Chance gewahrt, dass gerade dessen Aktien sich als diejenigen mit der größten Kurssteigerung erwiesen hätten; so aber läuft die Verteilung des Kapitals auf verschiedene Unternehmen wahrscheinlich darauf hinaus, dass ein Teil der erworbenen Aktien gute, ein Teil geringere Gewinne abwerfen und ein Teil auch Wertverluste erleiden wird. Der sich so ergebende Durchschnittsgewinn des Betreffenden wird deutlich unter dem ihm möglichen Maximalgewinn liegen – noch deutlicher wird dieser Durchschnittsgewinn jedoch über dem bei einer Geldanlage in einem einzigen Unternehmen ebenfalls möglichen maximalen Verlust liegen. Genau darin liegt die begrenzte Rationalität der Risikostreuung begründet.

Aus dem Unternehmensbereich fallen einem zahlreiche Beispiele für Risikostreuung ein. Die Produktdiversifikation innerhalb eines einzelnen Unternehmens oder der Zusammenschluss von Unternehmen aus verschiedenen Branchen zu einer Unternehmensgruppe be-

---

[38] Zur wirtschaftswissenschaftlichen Portfolio-Theorie siehe auch Bitz (1981: 110-146).

ruhen auf genau diesem Kalkül: dass eine gleichzeitige Krise verschiedener, nicht miteinander verknüpfter Absatzmärkte erheblich unwahrscheinlicher ist als die Krise eines einzigen und daher Verluste auf einem Markt durch Gewinne anderswo mehr als ausgeglichen werden können, so dass sich insgesamt eine positive Bilanz ergibt.

Auch die Steuerung wissenschaftlicher Forschung bietet ein gutes Beispiel für Risikostreuung. In dem Maße, wie in sämtlichen gesellschaftlichen Teilsystemen wissenschaftliche Erkenntnisse zur Bewältigung anstehender Probleme herangezogen werden, wächst das gesellschaftliche Interesse daran, dass die Wissenschaftsentwicklung sich an den je aktuellen oder antizipierten praktischen Problemlagen orientiert, anstatt einer rein theoretisch geleiteten Eigenlogik zu folgen. Dennoch wäre es offensichtlich wenig sinnvoll, würde Wissenschaft in der Weise strikt finalisiert, dass einzig und allein die momentan aufgetretenen oder vorauszusehenden gesellschaftlichen Probleme bestimmten, welche Wissenschaftsdisziplinen und innerdisziplinären Forschungsschwerpunkte finanziell und personell großzügig gefördert würden bzw. völlig brachlägen. Die Gefahr einer solchen Finalisierung bestünde genau darin, dass nicht absehbare Verkettungen von Ereignissen im komplexen Interdependenzgefüge der funktional differenzierten Gesellschaft immer wieder überraschend drängende Probleme aufwerfen, denen man dann – weil völlig fixiert auf die bereits bekannten Probleme – nur hilflos gegenüberstünde, was wissenschaftliche Problembearbeitungskapazitäten anbetrifft. Insofern erweist es sich als rationaler, zwar durchaus jene Wissenschaftsbereiche, die für aktuelle gesellschaftliche Problemlagen relevant sind, verstärkt zu fördern – jedoch nicht ausschließlich, um auch andere Bereiche trotz momentaner praktischer Irrelevanz voranzutreiben und so auf ungewisse zukünftige Problemlagen gerüstet zu sein.[39]

---

[39] Je knapper freilich die staatlichen Finanzmittel für die Forschungsförderung werden, desto mehr neigen Wissenschaftspolitiker dazu, auf Risikostreuung zu verzichten und in einer Art Verzweiflungsakt zu glauben, sie wüssten, welche Forschungen den Durchbruch zum nächsten Wirtschaftsaufschwung befördern könnten.

Vergleichbar sieht „women's career building" aus: „Rather than choosing one goal – to be a 'career woman' or to be a 'mother', many have two long-term ends." (Pascall et al. 2000: 69) Erst in vielen kleinen Schritten stellt sich dann heraus, ob die Karriereoption sich realisieren lässt oder die Familie als anderes Standbein stärker akzentuiert wird. Hier zeigt sich freilich auch eine mögliche Problematik von Risikostreuung. Die Einschätzung, vielleicht doch keine Karrierechancen zu haben, kann zur sich selbst erfüllenden Prophezeiung werden, weil man die Rückzugsoption der Mutterrolle zu sehr betont und deshalb nicht genügend in die Karriere investiert. Zudem hat „frau" natürlich nach wie vor mit der allgegenwärtigen Zurechnung zu kämpfen, dass sie sich letztlich doch nicht voll beruflich engagieren wolle.

Die allgemeine Bedingung für jede Form der Risikostreuung ist die, dass die alternativen Teilentscheidungen, die nebeneinander getroffen werden, keine folgenreichen Interdependenzen miteinander aufweisen, sondern nur locker miteinander verknüpft sind (Simon 1962). Wenn beispielsweise eine Interdependenz derart bestünde, dass Krisen der Automobilindustrie stets mit Krisen der Mineralölindustrie einhergehen, dann wäre es unter dem Gesichtspunkt der Risikostreuung nicht sonderlich rational, wenn sich zwei Unternehmen aus diesen beiden Branchen vereinigten; denn wenn das eine Verluste erleidet, erleidet sie mit hoher Wahrscheinlichkeit auch das andere. Risikostreuung ist somit nur dann begrenzt rational, wenn keine derartigen Kettenreaktionen möglicher negativer Folgen auftreten können. Diese Einsatzbedingung, dass es möglich sein muss, ein Entscheidungsproblem durch voneinander weitgehend unabhängige Teilentscheidungen zu bearbeiten, unterscheidet Risikostreuung von Redundanz. Letztere wird genau dann aufgebaut, wenn die kausalen Interdependenzen hoch sind, so dass Abpufferungen erforderlich werden.

Gemeinsam ist Redundanz und Risikostreuung jedoch die Vermeidung einer strikten Entweder/oder-Option mit der darin angelegten Gefahr des „alles oder nichts": entweder das Richtige getan zu haben und dadurch ein optimales Ergebnis zu erzielen – oder genau das Falsche getan zu haben und dadurch völlig zu scheitern. Sowohl durch Redundanz als auch durch Risikostreuung legen sich die Akteure bei ihren Entscheidungen nicht eindeutig fest und sind so selbst im schlimmsten realistisch möglichen Falle nicht auf der ganzen Linie gescheitert. Eben diese Uneindeutigkeit der Selbstfestlegung macht Redundanz und Risikostreuung begrenzt rational.

Eine häufige Kombination von Fehlerfreundlichkeit mit Selbstkorrektivität besteht darin, Risikostreuung oder Redundanz einzusetzen, um von vornherein so viel Zeitknappheit des Entscheidens zu reduzieren, dass die dann noch eintretenden negativen Folgen getroffener Entscheidungen selbstkorrektiv weiter abgearbeitet werden können. Man denke etwa an den Fall eines Unternehmens, das seine Absatzmärkte entsprechend einer Strategie der Risikostreuung geographisch so weit diversifiziert hat, dass Absatzprobleme auf einem der Teilmärkte nicht auf einen der anderen Teilmärkte durchschlagen. Risikostreuung für sich genommen stellt unter diesen Umständen nur sicher, dass das Unternehmen eine Absatzkrise auf einem der Teilmärkte durchzustehen vermag, ohne dadurch in seinem Bestand gefährdet zu sein. Genau dies lässt sich jedoch weiterhin als Zeitgewinn nutzen, um eine Strategie der Selbstkorrektivität des Entscheidens zu installieren: Weil das Unternehmen nicht sogleich unter diesem sektoralen Markteinbruch kollabiert, bleibt ihm noch die Zeit, um den Ursachen der Absatzkrise nachzuspüren und gezielte Strategien der Absatzsteigerung auf dem betreffenden Teilmarkt zu verfolgen. Erst die umfangmäßige Risikobegrenzung schafft also hier die Bedingungen der Möglichkeit selbstkorrektiven Entscheidens.

Damit sind die wesentlichen Komponenten inkrementalistischen Entscheidens in ihrer begrenzten Rationalität dargelegt. Deutlich geworden ist, dass es sich um ein Bündel zusammengehöriger Strategien handelt, die zwar auch je einzeln verwendet ein gewisses Rationalitätspotential entfalten, aber erst in der Kombination ihre eigentliche Wirkung erzielen.

# 6 Mehr als Inkrementalismus: Rationalitätssteigerungen durch Planung

Die im letzten Kapitel dargestellte Theorie inkrementalistischen Entscheidens wird oft, ganz explizit etwa von Charles Lindblom selbst, mit einem normativ-präskriptivem Anspruch präsentiert. Es geht nicht bloß darum, der herkömmlichen normativ-präskriptiven Entscheidungstheorie mit ihren überzogenen Rationalitätsansprüchen die empirische Wirklichkeit des Entscheidens unter Bedingungen hoher Komplexität entgegenzustellen. Über diesen Aufweis der Wirklichkeitsfremdheit hinaus, der ja erst einmal nur destruktiv ist, nämlich Illusionen zerstört, bieten Lindblom und weitere Verfechter des Inkrementalismus konstruktiv andere, „machbare" Empfehlungen rationalen Entscheidens an. Diese Empfehlungen stellen auch nicht bloß eine unzusammenhängende Auflistung dar, sondern ergeben insgesamt – wie deutlich geworden ist – ein klar konturiertes Muster inkrementalistischen Entscheidens.

*Inkrementalismuskritik*
Unwidersprochen ist der Inkrementalismus indessen von Anfang an nicht geblieben. Natürlich haben sich die von ihm direkt angegriffenen Vertreter der normativ-präskriptiven Entscheidungstheorie zur Wehr gesetzt. Dies soll hier allerdings nicht weiter interessieren, weil die Realitätsblindheit der dort zugrunde gelegten Rationalitätsmaßstäbe offenkundig ist. Doch auch, wer nicht formal elegante philosophische und mathematische Konstrukte rationalen Entscheidens im Sinn hat, sondern Entscheidungen, wie sie im „wirklichen Leben" getroffen werden,[1] hat teilweise heftige Kritik am Inkrementalismus geübt. Die Generallinie dieser Kritik lautet: Der Inkrementalismus vermeidet die praxisferne Hybris

---

[1] Siehe, für die spieltheoretische Modellierung von Entscheidungen, Fritz Scharpfs (1991) glasklare Formulierung der Problematik: „Games real actors could play: the challenge of complexity."

perfekter Rationalität nur um den Preis, zur Apologie einer gänzlich rationalitätsindifferenten Praxis herhalten zu müssen. Unter der polemischen Überschrift „Muddling through – 'science' or inertia?" wird etwa von Yehezkel Dror (1964) darauf hingewiesen, dass die übersteigerten Rationalitätsideale der normativ-präskriptiven Entscheidungstheorie zumindest das für sich haben, dass sie Entscheidern überhaupt eine Rationalitätsorientierung nahe bringen, während der Inkrementalismus eine ideologische Rechtfertigung für Kleinmut und Bequemlichkeit darstelle – nämlich für das Absehen von der stets schwierigen Frage, was denn in einer bestimmten Entscheidungssituation rational sein könnte. Mit Vauvenargues gesprochen: „Man verachtet kühne Pläne, wenn man sich große Erfolge nicht zutraut." (Schalk 1938: 87) Dem Inkrementalismus wird also vorgehalten, dass er unausgesprochen eine bloße empirisch-analytische Deskription faktischen Entscheidungshandelns normativ-präskriptiv zu einer Rationalität des Faktischen überhöhe – sozusagen nach dem Motto: So viele Entscheider können sich nicht irren! Anders gesagt: Das Spannungsverhältnis von Realität und Ideal, das die herkömmliche normativ-präskriptive Entscheidungstheorie einseitig so auflöst, dass sie sich nicht weiter um die Realität kümmert, werde vom Inkrementalismus ebenso einseitig in der anderen Richtung einer ideologischen Verbrämung der Realität aufgelöst.

Diese – so noch sehr pauschale – Kritik ist dann im Einzelnen ausformuliert worden:[2]

- In *sachlicher* Hinsicht führe der Inkrementalismus zu einer ideenlosen und Stückwerk bleibenden Entscheidungsproduktion, die angesichts der Zuspitzung und zunehmenden Interdependenz zahlreicher Probleme einem wenig rationalen Kurieren an Symptomen gleich käme.

---

[2] Siehe – für viele andere – Dror (1964; 1968), Etzioni (1967; 1968: 249-309), Mayntz/Scharpf (1973), Hirsch (1974: 231-265), Ruggie (1975: 130-136), Bailey/O'Connor (1975), Gershuny (1978) und Lustick (1980).

- In *sozialer* Hinsicht sei der Inkrementalismus konservativ und ordne sich den je herrschenden gesellschaftlichen oder organisatorischen Kräfteverhältnissen widerstandslos unter. Auch dies sei angesichts sich rasch wandelnder und immer mehr gesellschaftliche Bereiche betreffender Entscheidungen nicht rational.
- In *zeitlicher* Hinsicht schließlich reagiere der Inkrementalismus bloß passiv auf sich aufdrängende Probleme, anstatt eine aktive und antizipatorische Problembearbeitung zu versuchen, was angesichts der Tatsache, dass ursprünglich noch kleine – verhältnismäßig gut bearbeitbare – Probleme mit zunehmender Zeitdauer immer schwieriger zu bewältigen sind, ebenfalls kaum rational erscheint.

Diese Kritik ist in ihrer Pauschalität unberechtigt. Sie geht explizit oder implizit davon aus, dass stets mehr als Inkrementalismus möglich ist [3] und er insofern nichts als eine Ideologie von „Inertia" darstellt.[4] Die Kritik hat aber damit recht, dass gelegentlich ein höheres Rationalitätsniveau als Inkrementalismus erreichbar ist – manchmal allerdings auch, wie im folgenden Kapitel behandelt werden wird, nur ein noch niedrigeres als das des Inkrementalismus. Sowohl die skizzierte Kritik des Inkrementalismus als auch dieser selbst legen ein nicht weiter differenziertes Verständnis von hoher Komplexität zugrunde und verstehen sich auf dieser Basis als Gegensätze. Es haben aber beide Recht, wenn man die hohe Komplexität einer Entscheidungssituation graduell weiter unterteilt.

---

[3] Ian Lustick (1980: 344) betont allerdings, dass sein Hinweis auf die Schwächen imkrementalistischen Entscheidens nicht bedeute, dass andere Entscheidungsstrategien bessere Ergebnisse zeitigten.

[4] Weiss/Woodhouse (1992: 267) kehren den Ideologieverdacht um: „We suspect the misunderstandings arise partly because incrementalism runs against the grain of fundamental precepts in Western culture ... incrementalism poses a challenge to the mastery-via-understanding tradition of Western civilization."

*Komplexitäts- und Rationalitätsniveaus*
Man kann sich das Verhältnis zwischen der Komplexität einer Entscheidungssituation – auf einem hohen Komplexitätsniveau – und dem erreichbarem Rationalitätsniveau als ein Koordinatensystem mit diesen beiden Achsen vorstellen, in dem, in einer betriebswirtschaftlichen Analogie, die Budgetgerade das erreichbare Maximum an Rationalität bei einem gegebene Komplexitätsniveau markiert (Schaubild 6.1).

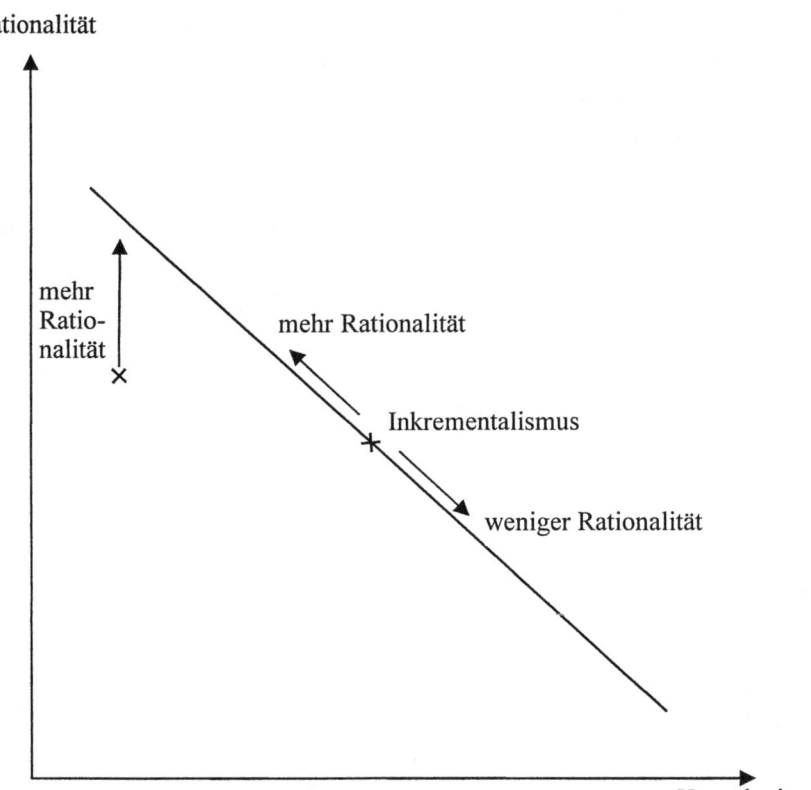

*Schaubild 6.1*

In diesem Koordinatensystem lässt sich der Inkrementalismus auf einem Punkt eintragen, der die Mitte der von oben links nach unten rechts verlaufenden Budgetgeraden markiert: also eine – auf hohem Niveau – mittlere Komplexität. Bei geringerer Komplexität ist mehr als Inkrementalismus erreichbar, was auf der Budgetgeraden einer Verschiebung dieses Punktes nach oben entspricht.[5] Bei höherer Komplexität ist weniger als Inkrementalismus erreichbar, einer Verschiebung nach rechts unten entsprechend.[6] Befindet sich ein Entscheider mit seinem Rationalitätsniveau irgendwo unterhalb der Budgetgeraden, hat er noch Verbesserungsmöglichkeiten, die einem Pfad senkrecht nach oben bis zur Budgetgeraden entsprechen. Noch mehr lässt sich das Rationalitätsniveau dann nur noch steigern, wenn man durch eine Meta-Entscheidung die Komplexität der Entscheidungssituation reduziert – oder wenn günstige Umstände dies herbeiführen.[7]

Das Komplexitätsniveau einer Entscheidungssituation ist also nicht von vornherein und unveränderlich festgelegt. Es kann durch Eigendynamiken oder durch koinzidientielle Dynamiken der Situation und in Grenzen auch durch das Komplexitätsmanagement der Entscheidungshandelnden verändert werden. Ein Beispiel für eine solche Meta-Entscheidung bestünde etwa darin, angesichts immer wieder auftretender weltweiter Turbulenzen von Finanz-

---

[5] In einem solchen Bezugsrahmen machen auch die – die Autoren selbst irritierenden – Befunde von Dean/Sharfman (1993) Sinn, dass die prozedurale Rationalität von strategischen Organisationsentscheidungen bei gemildertem Konkurrenzdruck und geringerer Unsicherheit höher ist.

[6] Die Denklogik entspricht dem, was der organisationssoziologischen Kontingenztheorie zugrunde liegt (Burns/Stalker 1961; Lawrence/Lorsch 1967): Je nachdem, wie komplex sich die Umwelt einer Organisation darstellt, kann die Organisationsstruktur mehr oder weniger bürokratisiert sein. Hier also: Je nach Komplexität der Entscheidungssituation ist eine andere Strategie begrenzter Rationalität angebracht. Siehe auch Grandori (1984), Hickson et al. (1986) sowie Fredrickson/Iaquinto (1989).

[7] Siehe auch Grandori (1984: 200, 205/206), die darauf hinweist, dass man inkrementalistisch beginnen kann, um eine Entscheidungssituation dadurch so weit in den Griff zu bekommen, dass später mehr als Inkrementalismus möglich wird.

märkten dadurch Komplexität herauszunehmen, dass man den Wiederverkauf von Anlagen durch die Festlegung eines Zeitraums, für den sie mindestens behalten werden müssen, verlangsamt. Eine solche Verpflichtung aller Anleger zu einer längerfristigen Selbstbindung bei jeder Anlage würde die Börsen verstetigen, erratische Dynamiken herausnehmen und so ein höheres Rationalitätsniveau individueller Anlageentscheidungen ermöglichen.[8]

Ganz unabhängig von derartigen Meta-Entscheidungen kann man danach fragen, wie begrenzte Rationalität auf einem Niveau von Entscheidungskomplexität aussieht, das mehr als Inkrementalismus zulässt. Das ist das Thema dieses Kapitels. In vier Hinsichten soll eine Entscheidungsstrategie vorgestellt werden, die über das Rationalitätsniveau des Inkrementalismus hinauskommt. Sie kann:

- mehr als reaktiv problemfixiert sein,
- mehr als „partisan mutual adjustment" betreiben,
- mehr als „kleine Schritte" tun und
- mehr als „satisficing" erreichen.

Jeder dieser Punkte ist eine Komponente dessen, was gemeinhin als *Planung* verstanden wird. Planung stellt eine zeitlich, sachlich und sozial ambitioniertere Art von Entscheidung dar. Sie ist langfristiger und ausgreifender angelegt, systematischer und kreativer in der Informationsverarbeitung und Alternativensuche, bemüht sich stärker um Optimierung und um einen umfassenderen Konsens.[9] Man muss diesen Planungsbegriff freilich sogleich gegenüber völlig unrealistischen Planungsutopien abgrenzen, wie sie vor allem dem daran grandios gescheiterten Staatssozialismus zugrunde lagen. Auch manche Erscheinungsformen des Planungsoptimismus, wie er in den sechziger und siebziger Jahren in westlichen

---

[8] Mit Wolfgang Streeck (1997) würde man von einem „beneficial constraint" sprechen.

[9] Siehe zum Planungsbegriff Luhmann (1966) sowie spezieller und mit guter Operationalisierung zur „biographischen Planung" Kühn (2003).

Ländern vor allem auf der politischen Bühne herrschte (Ronge/ Schmieg 1971; Mayntz/Scharpf 1973; Naschold/Väth 1973; Böhret 1975), erwiesen sich schnell als unrealistisch. Ohne diese längst geführten Debatten zu überzogenen Planungsansprüchen hier noch einmal aufwärmen zu wollen, soll gleich bescheidener angesetzt werden. Zum einen werden keine normativen Vorgaben dafür fixiert, wie stark eine Entscheidung in jeder der vier Komponenten über das Rationalitätsniveau des Inkrementalismus hinausgehen muss. Denn dies hängt vom Komplexitätsniveau der Entscheidungssituation ab. Zum anderen wirkt sich dies auch dahingehend aus, dass es nicht selten vorkommt, dass nur in einer Komponente oder vielleicht in zwei Komponenten ein höheres Rationalitätsniveau als Inkrementalismus realisierbar ist, die jeweils anderen Komponenten also inkrementalistisch bleiben. So könnte es z.B. so sein, dass das „partisan mutual adjustment" oder das „satisficing" nicht überwindbar ist, wohl aber über die reaktive Problemfixierung und die kleinen Schritte hinausgegangen werden kann.

## 6.1 Aktive Problemsondierung

Die reaktive Problemfixierung des Inkrementalismus besteht darin, Probleme auf sich zukommen zu lassen und erst dann zu bearbeiten, wenn sie unaufschiebbar sind, und sich dabei mit einem situativen Opportunismus der Kriterien und einer „simple-minded search" nach Möglichkeiten der Problembearbeitung zu begnügen. Ein kurzer Zeithorizont und eine zeitsparende Berücksichtigung nur weniger Informationen prägen diese Komponente inkrementalistischen Entscheidens. Wenn mehr Zeit bleibt und in diesem Rahmen auch ansonsten erweiterte Möglichkeiten der Informationssuche und -verarbeitung bestehen, kann eine aktive Problemsondierung betrieben werden.

*Frühwarnsysteme und Beratung*
Eine erste Empfehlung besteht darin, Gelegenheiten zu nutzen, um Entscheidungsprobleme in einem möglichst frühen Stadium und nicht erst dann aufzugreifen, wenn sie ein unübersehbares oder gar dramatisches Ausmaß angenommen haben.[10] Für politisches Entscheiden wird dies als „aktive" statt bloß „reaktive" Politik verstanden (Mayntz/Scharpf 1973; 1975: 7-30). Voraussetzung dessen ist freilich, dass Frühwarnsysteme bestehen, die das jeweilige Problemfeld sondieren und unscheinbare Vorkommnisse als Warnsignale für die Zukunft zu lesen verstehen: „Wehret den Anfängen!"

Dies kann auf ganz einfachen Mechanismen beruhen, in anderen Fällen aber auch sehr voraussetzungsvoll sein. Am einen Ende des Spektrums findet man z.B. den Bauern oder Trapper, der sich abends die Zeit nimmt, sorgfältig das Wetter zu beobachten, und sich mit Hilfe seines reichen Erfahrungswissens an vielen Tagen eine recht wahrscheinliche Vorstellung vom Wetter des kommenden Tages, oder gar der nächsten Tage, macht – was frühzeitige Entscheidungen über die dann anstehenden Aktivitäten ermöglicht. Auch ein gewiefter Politiker, der in seinen alltäglichen Begegnungen mit unterschiedlichsten Menschen beiläufig, neben dem eigentlichen Zweck der jeweiligen Interaktionen, diffuse Stimmungen des Wahlvolks spürt und sich in seinem Entscheidungshandeln von diesem Sensorium leiten lässt, nutzt ein unaufwendiges, auf eigenem Erfahrungswissen beruhendes Frühwarnsystem. Es geht dabei gerade auch darum, „weak signals" (Ansoff 1976) aufzuspüren.

Am anderen Ende des Spektrums stehen Beispiele wie der „Club of Rome": ein „Think tank" ausgewählter und hochgradig spezialisierter wissenschaftlicher Experten, die in interdisziplinärer Zusammenarbeit komplizierte Computersimulationen durchspielen und die Ergebnisse den politischen Entscheidern beratend an die Hand geben. Nicht nur die Studie zu den „Grenzen des Wachstums" aus den frühen siebziger Jahren hat längerfristig angelegten

---

[10] Siehe auch als Überblick über entsprechende Techniken Brauchlin/Heese (1995: 146-161).

Politiken wichtige Entscheidungshilfen geboten. Wenn Unternehmen sich von Marktforschungsinstituten Trendanalysen für die Nachfrage nach ihren Produkten machen lassen, ist das ein weiteres Beispiel für ein voraussetzungsvolles Frühwarnsystem. Je mehr in der Sachdimension Erfahrungswissen durch wissenschaftliches Wissen und in der Sozialdimension eigenes Wissen durch Beratung ersetzt wird, desto voraussetzungsvoller stellt sich ein Frühwarnsystem dar – ohne dass sich dies immer in der Verlässlichkeit der Antizipationen niederschlagen muss.

Auf gesellschaftlicher Ebene kann man die Wissenschaft insgesamt als Frühwarnsystem prinzipiell aller anderen Teilsysteme ansehen, wobei diese sich in sehr unterschiedlichem Maße wissenschaftlicher Beratung bedienen. An wissenschaftlicher Forschung tritt nochmals die für alles Weitere grundlegende zeitliche Voraussetzung dafür hervor, Entscheidungsprobleme längerfristig antizipierend anzugehen: die Entlastung eines Akteurs vom unmittelbaren Handlungsdruck.[11] Wer fortwährend eilig reagieren muss, weil er ständig von Problemen überrascht wird, kann gar nicht anders, als die sprichwörtlichen „Schnellschüsse" zu produzieren. Nur so vermag er sein Überleben hier und jetzt zu sichern – freilich bisweilen um den hohen Preis, schon übermorgen vor die Wand zu rennen. Ein Forscher hingegen lehnt sich zurück, kann Dingen systematisch auf den Grund gehen und vermag so zu einem Wissen zu gelangen, das auf längere Sicht hilfreich für Entscheidungshandeln sein kann. Die Entscheider müssen freilich auch offen dafür sein. In Deutschland weist beispielsweise die Demographie schon seit Jahrzehnten warnend darauf hin, welche gesellschaftlichen Folgen der Geburtenrückgang haben wird, ohne dass bis vor kurzem darauf gehört worden wäre.

Manche gesellschaftlichen Phänomene deuten darauf hin, dass ein immer flächendeckenderes Netz von Frühwarnsystemen aufgebaut wird. So konstatiert Michael Power (1997) das Aufkommen

---

[11] Siehe nur zusammenfassend Hans-Georg Soeffners (1983) prägnante Gegenüberstellung von „kognitivem Stil der Praxis" und dem Stil wissenschaftlicher Erkenntnissuche.

einer „audit society", in der allgegenwärtige Berichtssysteme Sachinformationen über Tatbestände – von durchschnittlichen Ernteerträgen und der Verteilung von Schulnoten bis zu finanziellen Aufwendungen für Gefängnisse und Publikationsbilanzen von Professoren – bereithalten und diese Informationen auch von Entscheidungsakteuren gezielt gesucht und benutzt werden. Letzteres ist womöglich das eigentlich Neue. Schon lange sammelt in Deutschland etwa das Statistische Bundesamt quantitativ erhebbare Daten über eine kaum vorstellbare Unmenge heterogenster Sachverhalte, wie ein kurzer Blick in die Themen der Periodika dieses Amtes erweist – doch größtenteils sind damit, in der drastischen Sprache der empirischen Sozialforscher, „Datenfriedhöfe" angelegt worden: nie auch nur von einem einzigen Entscheider benutzte Wissensberge. Das wird in einer „audit society", die Wissen gezielter mit Blick auf Entscheidungsfragen sammelt und auswertet, anders. Regelmäßige Leistungsevaluationen in Unternehmen, Schulen, Universitäten oder Gerichten sollen Entscheidungen über einen möglichst ertragreichen Einsatz knapper Ressourcen instruieren; für staatlich getragene Organisationen ist dieses Bemühen ein integraler Bestandteil des „new public management" (Hood 1995; Naschold/Bogumil 2000).

Die eine Voraussetzung für eine antizipative Sondierung von Entscheidungsproblemen ist schon genannt: Der jeweilige Akteur darf nicht von dringenden, ihn hautnah bedrängenden Problemen überflutet werden. Unter solchen Umständen *kann* er gar nicht längerfristiger planen. Wenn er es aber kann, weil der auf ihm lastende Zeitdruck nicht so immens ist, *will* er es in vielen Fällen erst einmal nicht: Der „innere Schweinehund" gewinnt die Oberhand. Einerseits hat der Akteur zwar kognitiv den Kopf frei für noch gar nicht drängende Probleme; aber andererseits ist er wenig motiviert, etwas zu tun, weil die Probleme ja eben noch nicht unter den Nägeln brennen und er sich – endlich! – mal etwas ausruhen kann. Diese psychologisch verständliche Haltung wird oft noch dadurch verstärkt, dass auch die Unterstützungsbereitschaft anderer kaum zu gewinnen ist, wenn Entscheidungen anstehen, die Belastungen mit sich bringen. Welcher Politiker etwa hat es schon einmal geschafft oder auch nur versucht, der Bevölkerung Einschränkungen zugunsten der Umwelt aufzuerlegen, wenn die betreffenden ökologischen Probleme aktuell noch gar nicht dramatisch sind! Hier kann allenfalls eine Moralisierung von Problemen helfen, so dass derjenige, der nicht mitmacht, als ein schlechter Mensch etikettiert wird. Ansonsten befindet sich jedes Frühwarnsystem in diesem Dilemma, gerade deshalb unbeachtet zu bleiben, weil es so frühzeitig auf Probleme hinweist. Selbst wenn jedem klar ist, dass der Problembearbeitungsaufwand jetzt viel geringer ist als später: Er ist höher, als wenn man jetzt gar nichts tut. Dass also z.B. ein großer Mineralölkonzern „mitten in einer Zeit hoher Ölpreise ein Szenario für die Eventualität einer Preissenkung ..." ausarbeitet, ist bemerkenswert, auch wenn der sich dann einstellende Vorteil von vornherein plausibel war: „Als die Preise fielen, war man in der Unternehmung darauf vorbereitet und konnte ... rascher Maßnahmen ergreifen." (Brauchlin/Heese 1995: 251)

In der Sozialdimension fällt dieser Aufwand als Überwindung von Widerstand und Konflikten an und wird später noch ausführlich behandelt. In der Sachdimension läuft der Aufwand einer aktiven Problemsondierung darauf hinaus, mehr Informationen über Problembeschaffenheit, relevante Entscheidungskriterien und verfügbare Alternativen zu beschaffen und zu verarbeiten. Dies kann der Entscheider je individuell tun, sich also entsprechend dem jeweiligen Entscheidungsproblem etwa durch Zeitungslektüre oder gezielte Recherchen in Bibliotheken oder im Internet zusätzliches Wissen verschaffen. Manchmal bietet sich auch eine längere Beobachtung des betreffenden Sachverhalts an – etwa des Immobilienmarkts anhand der einschlägigen Anzeigen in den Zeitungen oder der Börse anhand der täglichen Kursnotierungen. Dies kann durchaus ausreichen, um kundigere Entscheidungen beim Kauf eines Hauses oder bei der Geldanlage zu treffen. Sehr oft jedoch wird ein Entscheidungshandelnder es nicht bei eigenen Anstrengungen bewenden lassen, sondern auf die eine oder andere Weise den Rat kundiger anderer einholen.

Dies hat es immer schon gegeben. Dennoch ist es nicht falsch, die heutige Gesellschaft als eine „beratene Gesellschaft" zu charakterisieren (Schützeichel/Brüsemeister 2004).[12] „Beratene Gesellschaft" und „audit society" gehen in gewisser Weise Hand in Hand. Auf den ersten Blick könnte man das Gegenteil meinen. Macht nicht eine Dauerbeobachtung aller möglichen gesellschaftlichen Tatbestände und die öffentliche Bereitstellung vieler dieser Beobachtungsdaten Beratung überflüssig? Wenn z.B. Wochenzeitungen Hochschulrankings veröffentlichen, haben doch Studierwillige die Möglichkeit, selbst die besten Standorte für ihr Studienfach herauszufinden; und auf derselben Datengrundlage können Ministerien entscheiden, an welchen Hochschulen sie bestimmte Fächer ausbauen oder im Gegenteil vielleicht gar schließen wollen. In Einzelfällen mag die „audit society" tatsächlich zuvor erforderliche Beratung erübrigen, also zur „Mündigkeit" des Laien beitragen. In den allermeisten Fällen jedoch verhält es sich genau umgekehrt: Die Vermehrung verfügbarer Informationen und deren „esoterischer", mit Alltagswissen nicht adäquat entschlüsselbarer Gehalt macht Beratung mehr denn je nötig, um nicht einer Informationsparalyse und in der Konsequenz einer Entscheidungsparalyse zum Opfer zu fallen (Bergmann et al. 1998: 207-211). Ein Studierwilliger wird ja konfrontiert mit mehreren konkurrierenden Hochschulrankings, die teilweise weit auseinander gehende Urteile über einzelne Fächer an bestimmten Standorten abgeben; und diese Divergenzen gehen vor allem auf unterschiedliche Indikatoren etwa für die „Qualität der Lehre" zurück. Wem soll er glauben? Allgemeiner gefasst: Welche der verfügbaren Informationen sind für die Bearbeitung eines bestimmten Entscheidungsproblems überhaupt relevant? Welche Informationen sind verlässlich? Was bedeuten bestimmte Informationen in Bezug auf das Problem?

Beratung – teils als Angebot, teils obligatorisch – ist in allen Gesellschaftsbereichen in vielfältigen Formen institutionalisiert: von der Ehe- bis zur Organisationsberatung, von der Berufs- bis

---

[12] Siehe auch Bergmann et al. (1998) zu verschiedenen Formen der Konsumenten- und Lebensberatung.

zur Politikberatung. Das Spektrum der Institutionalisierungsformen reicht von ad hoc eingeholter Beratung, etwa durch einen guten Freund abends in der Kneipe, über temporäre task forces, „Runde Tische" und Krisenberatungen bis hin zu Dauereinrichtungen wie ständigen Beiräten, wie sie viele Ministerien eingerichtet haben – nicht zu vergessen all die auf Beratung spezialisierten Organisationen. Auch einige typische Schwächen vieler Formen der Beratung lassen sich benennen. So ist für die wissenschaftliche Politikberatung u.a. die Neigung auffällig, die spezifisch politischen Durchsetzungsprobleme zu vernachlässigen, also gute, aber unpraktikable Vorschläge zu machen, sowie die Gefahr, dem jeweiligen Auftraggeber nach dem Munde zu reden, sich also in bloßer Legitimation des politisch sowieso schon Beschlossenen zu erschöpfen (Schimank 1988; Wollmann 1995).

In Letzterem deutet sich eine noch grundlegendere Beschränktheit, eine regelrechte Aporie von Beratung an. Zwar gibt es, vor allem im politischen Kontext, nicht selten die Konstellation, dass ein Entscheidungsakteur eigentlich gar keinen Beratungsbedarf hat, also weiß, was er will, sich aber auf eine Schein-Beratung einlässt, um nach außen sagen zu können, dass seine Entscheidung durch Experten abgesegnet ist. Aus diesem Grunde halten sich etwa in der Wirtschaftspolitik die Ministerien, die Gewerkschaften, die Arbeitgeber und die verschiedenen Parteien je eigene Berater, um den Experten der je anderen symbolisch Paroli bieten zu können – wodurch in den Entscheidungsfragen jeder im Brustton der Überzeugung bei dem zu bleiben vermag, was er immer schon für richtig hielt. Doch es gibt auch die Situationen, in denen jemand wirklich offen für Ratschläge ist. Und was tut dann jemand, dem mehrere Berater ganz Unterschiedliches empfehlen? Ein dramatisches Beispiel hierfür ist eine Person, die an einer schweren, vielleicht lebensbedrohlichen Krankheit leidet und neben der Behandlungsmethode, die ihr Arzt vor Ort empfiehlt, im Internet weltweite Foren sichten kann, wo teilweise mit gleicher oder sogar größerer medizinischer Autorität auftretende Experten ganz andere Behandlungen nahe legen – und dringend vor den

Empfehlungen der Kollegen warnen. Hier wäre ein Meta-Berater hilfreich: jemand, der mit entsprechend unbezweifelbarer Autorität darüber urteilt, welchem Berater am meisten zu trauen ist. Leider ist diese Rolle in den meisten Fällen nicht besetzt, und der multipel beratene Entscheider ist so unter Umständen noch ratloser als ganz ohne Beratung.

Beratung ist also kein Königsweg zu rationaleren Entscheidungen. Aber man sollte sie auch nicht umgekehrt als Mechanismus der Rationalitätssteigerung unterschätzen. Im Zusammenwirken mit Frühwarnsystemen erschließt Beratung entscheidungsrelevante Informationen, die einem inkrementalistischen Vorgehen verschlossen bleiben.

*Partizipation*
Neben Beratung gibt es eine weitere wichtige Möglichkeit, die Informationsbasis einer Entscheidung zu verbessern. Man lässt möglichst viele derer, die aus unterschiedlichen Perspektiven etwas zu der Entscheidungsfindung beizutragen haben, partizipieren (Quinn 1980: 21/22; Ashmos et al. 1998; Wiesenthal 2005: 102/103). Auf diese Weise wird das Entscheidungsproblem aus vielen Richtungen beleuchtet, was insgesamt zu einer Erhellung des Problems führt. James Brian Quinn (1980: 87) spricht etwas euphorisch von „collective wisdom". Partizipation wird hier zunächst rein auf die Sachdimension bezogen betrachtet. Es geht also darum, möglichst viele der irgendwie von einer Entscheidung Betroffenen zu Wort kommen zu lassen. In der Sozialdimension kann dies auf Mitentscheidung hinauslaufen, muss es aber nicht – was später behandelt werden wird.

Als Strategie eines begrenzt rationalen Umgangs mit der Komplexität von Entscheidungssituationen lässt sich die partizipative Einbeziehung von Entscheidungsbetroffenen in die Entscheidungsfindung nur dann begreifen, wenn man ein gravierendes Defizit der „partisan mutual adjustment" in den Blick nimmt. Ein Grund dafür, warum diese Komponente des Inkrementalismus als stillschweigender Verzicht auf Rationalitätsansprüche kritisiert werden kann, besteht in deren Unterstellung, dass jeder Akteur, der von einem Entscheidungsproblem spürbar betroffen ist, die Chance, die Motivation und die Fähigkeiten besitzt, sich an der Entscheidungsfindung auch zu beteiligen und so die aus seiner jeweiligen Interessenlage erwachsenden Entscheidungskriterien und Sachinformationen einzubringen. Ganz offensichtlich gibt es jedoch immer wieder aus vielfachen Gründen Nichtbeteiligung trotz Betroffenheit. Ein Akteur erkennt nicht, dass er von einem Entscheidungsproblem betroffen ist; dies mag ihm auch systematisch verheimlicht werden. Der Akteur wird nicht als Entscheidungsbeteiligter zugelassen. Ihm kann die Zeit für eine Entscheidungsbeteiligung fehlen, oder er mag nicht das für eine Entscheidungsbeteiligung erforderliche Sachwissen haben. Der Akteur mag schließlich auch davon ausgehen, dass seine Interessen ohnehin keine Durchsetzungschancen haben – oder aber dass sie von einem anderen Akteur bereits hinreichend eingebracht würden.

Aus all diesen Gründen ist der sich von selbst einstellende Kreis der Entscheidungsbeteiligten fast immer nur ein mehr oder weniger eingeschränkter Ausschnitt des Spektrums aller Entscheidungsbetroffenen. Die „partisan mutual adjustment" nimmt dies als gegeben hin, unternimmt also keine ernsthaften Anstrengungen, um möglichst viele Betroffene auch zu Beteiligten zu machen und so dafür zu sorgen, dass das Spektrum verschiedener Entscheidungskriterien möglichst weitgehend repräsentiert wird. Im Gegenteil: Gemäß der Einschätzung, dass mit der Anzahl der Entscheidungsbeteiligten der Einigungsaufwand steigt, wird sogar oft empfohlen, den Kreis der Entscheidungsbeteiligten klein zu halten (Downs 1966: 180-183; Pressman/Wildavsky 1973; Luhmann 1978: 344-347). Das ist jedoch eine radikale Reduktion von Rationalitätsansprüchen. Denn wenn überhaupt eine den verschiedenen Seiten eines Entscheidungsproblems gerecht werdende Kriterienordnung erstellt werden kann, dann nur aus der Auseinandersetzung möglichst vieler Entscheidungsbetroffener.

An diesem sachlichen Rationalitätsdefizit der „partisan mutual adjustment" setzt Partizipation an. Jeder einzelne Akteur ist, wie in

Kapitel 5 erläutert, ein „watchdog for values" (Lindblom 1965: 156), der entsprechend seiner teilsystemischen Position und sozialen Lage Wissen über das Problem und mögliche Problembearbeitungsalternativen einbringt sowie Entscheidungskriterien heranträgt. Da sich keines dieser Kriterien a priori als wichtiger bzw. unwichtiger im Vergleich zu anderen begründen lässt, besteht die einzige Möglichkeit, um zumindest situative Prioritäten herauszufinden, darin, möglichst viele Kriterien miteinander vergleichen zu können, so dass die schließlich zustande kommende Kriterienordnung sich gegenüber möglichst vielen anderen Möglichkeiten als sachadäquat hat begründen müssen. Eine solche Zusammenschau vieler Problemaspekte, Alternativen und Entscheidungskriterien lässt sich allein durch eine umfassende Versammlung von Entscheidungsbeteiligten bewerkstelligen. Soziale Pluralität wird also zur Nutzung sachlicher Diversität eingesetzt (Brauchlin/Heese 1995: 201). Es wird gezielt darauf hingewirkt, dass so viele Entscheidungsbetroffene wie möglich die Chance erhalten, sich an der Entscheidungsfindung zu beteiligen.

Man kann manchmal sogar noch weiter gehen. Über den Kreis der noch oder schon Betroffenen hinaus lässt sich der „unverbrauchte" Blick derer nutzen, die noch nicht in die jeweiligen Betriebsblindheiten hinein sozialisiert worden sind.[13] Für Organisationen heißt das etwa: „Man kann einen neuen Kollegen als unwiederbringliche Chance sehen, etwas über den eigenen Betrieb zu lernen, was man anders nicht lernen kann." (Baecker 1994: 94) Helmut Wiesenthal (1995: 145/146) spricht von „Invasion" als Modus „unkonventionellen Organisationslernens", wenn es nicht mehr einzelne, sondern viele „Neue" sind. Die von Peter C. Dienel (1978) propagierte „Planungszelle", die in stadtplanerischen Entscheidungsprozessen des Öfteren praktiziert worden ist, geht diesbezüglich einen mittleren Weg. Es werden nicht die Betroffenen, sondern ihnen ähnliche Nicht-Betroffene in die Entscheidung einbezogen: nicht die Bewohner eines sanierungsbedürftigen Stadt-

---

[13] Oder man nutzt die „Querulanten" und „Dissidenten", die sich den Betriebsblindheiten standhaft verweigern (Wiesenthal 1995: 146).

teils, sondern Menschen vergleichbarer sozialer Lage, die ganz woanders leben. So soll einerseits etwa der spezifische Blickwinkel wenig verdienender allein erziehender Mütter zur Geltung kommen – aber andererseits ohne die Eigeninteressiertheit und emotionale Aufgeladenheit unmittelbar Betroffener.

Die rationalitätssteigernde Wirkung von Partizipation beruht darauf, dass es unter Bedingungen funktionaler Differenzierung und hoher Komplexität keinen Akteur gibt, der von seiner Position und seiner Informationsverarbeitungskapazität her in der Lage wäre, das Spektrum relevanter Perspektiven auf ein anstehendes Entscheidungsproblem umfassend zu repräsentieren: „Es gibt in differenzierten Systemen keinen privilegierten Platz (etwa: eine allwissende Zentrale), von dem aus das ganze System unter Einschluss der Zentrale selbst durchschaut werden könnte." (Luhmann 1981: 50) Entsprechend kann eine möglichst vielen Seiten eines Problems gerecht werdende Form der Problembearbeitung nur so zustande kommen, dass möglichst viele in unterschiedlicher Weise von dem Problem Betroffene an der Entscheidungsfindung beteiligt werden.

Partizipation führt zu „plural planning" (Davidoff 1965). Bei einer Innenstadtsanierung etwa fragt die zuständige Planungsbehörde dann nicht mehr nur die ansässigen Gewerbetreibenden um ihre Meinung – mit der vielerorts zu beobachtenden Folge, dass die Innenstädte zu „Einkaufsparadiesen" verkommen und ihre Lebensqualität als Wohn- und Erholungsgebiet verlieren. Sondern auch die Interessen der Wohnbevölkerung im betreffenden Innenstadtgebiet sowie derjenigen, die den „Freizeitwert" der Innenstadt schätzen, werden auf die eine oder andere Weise durch Hearings, Meinungsumfragen, „advocacy planning" (Davidoff 1965) und Ähnliches in die Planung einbezogen.

In Organisationen ist eine derartige Beteiligung aller betroffenen Organisationseinheiten an Entscheidungen weitgehend formal festgelegt – in Verwaltungen etwa durch Mitzeichnungsrechte und -pflichten (Simon et al. 1950: 250/251). Dieser Mechanismus soll sicherstellen, dass eine aus mehreren Perspektiven zu betrachtende

Entscheidung nicht unter Vernachlässigung einer oder mehrerer dieser Perspektiven getroffen werden kann. Beispielsweise müssen innerhalb einer entwicklungspolitischen Durchführungsorganisation drei verschiedene Organisationseinheiten an der Konzeption von Entwicklungsprojekten mitwirken – nämlich

- eine Organisationseinheit, die die regionalen Eigentümlichkeiten des betreffenden Entwicklungslandes kennt, also etwa die spezifischen Bedingungen islamischer Länder;
- eine Organisationseinheit, die um die sektoralen Besonderheiten des jeweiligen Projektes weiß, also etwa Gesundheitsprojekte im Unterschied zu Ernährungsprojekten einzuschätzen vermag;
- sowie eine Organisationseinheit, die auf die technischen Probleme der Projektdurchführung – etwa bei Staudammprojekten – achtet.

Das steigert die Rationalität der Projektentscheidungen deshalb, weil jeder dieser drei Aspekte gleichermaßen wichtig für ein gelingendes Projekt ist.[14] Geht es beispielsweise darum, ob und wie ein Rundfunknetz in einem afrikanischen Staat aufgebaut werden soll, dann benötigt man erstens Kenntnisse über die geographischen und sozialstrukturellen Bedingungen dieses Landes, zweitens Kenntnisse der sozialen Voraussetzungen und Wirkungen eines solchen Massenmediums und schließlich drittens Kenntnisse über dessen technische Funktionsweise und Erstellung.

Die möglichst umfassende Beteiligung der von einer Entscheidung Betroffenen an der Entscheidungsfindung steigert naturgemäß auch das Konfliktniveau; und Konflikte werden immer noch oft per se als etwas Negatives, Zerstörerisches und daher für die jeweilige Entscheidung Dysfunktionales angesehen. In der Tat steigern Konflikte, wie in Kapitel 3 erläutert, erst einmal Komplexität – aber generell gilt eben, dass zu bearbeitende Komplexität nur

---

[14] Siehe allerdings Glagow et al. (1983) zur tatsächlich weniger gut funktionierenden Praxis.

durch eine adäquate Bearbeitungskomplexität bewältigt werden kann (Ashby 1956: 298-308). Dysfunktional sind Konflikte nur dann, wenn eine der Konfliktparteien eindeutig schädliche oder ungerechtfertigte Partikularinteressen verfolgt oder wenn sich die Parteien in unauflösbare wechselseitige Blockaden flüchten. Bei der Mehrzahl aller Konflikte wird sich dies schwerlich aufzeigen lassen – auch wenn Konfliktparteien natürlich immer mal wieder aus taktischen Gründen bestrebt sein werden, entsprechende Behauptungen über die Standpunkte ihrer jeweiligen Gegner aufzustellen.

Es trifft einerseits zu, dass produktive Konflikte voraussetzen, dass die Beteiligten gewisse Interaktionsstile pflegen, etwa kompromissfähig sind. Anderseits ist aber zu bedenken, dass Partizipationserfahrungen solche Interaktionsstile zwar nicht zwangsläufig, aber doch oft erzeugen, diese also nicht von vornherein vorausgesetzt werden müssen. Man kann durch Partizipation lernen, dass für einen selbst mehr erreichbar ist als ohne – aber nur, wenn man nicht aufs Maximum fixiert ist, sondern vom Status quo ausgeht.[15]

Weil eben in einer funktional differenzierten Gesellschaft stets eine Pluralität unterschiedlicher, nicht auf einen gemeinsamen Nenner zu bringender Perspektiven auf ein Entscheidungsproblem besteht, die alle ihre relative Berechtigung haben, sind Konflikte zwischen den Repräsentanten der verschiedenen Perspektiven die einzige Möglichkeit, eine den verschiedenen Seiten eines Problems gerecht werdende Form der Problembearbeitung zu finden: „immer fehlt es uns an Erkenntniskraft, um das Wesen der Dinge

---

[15] Manche organisatorischen Settings, insbesondere Universitäten, lassen freilich die Blockadewirkungen von Entscheidungspartizipation voll aufblühen. Siehe dazu Schimank (1995: 222-258) oder etwa die Fallstudie von Marcus (1999), der die These von G. Beneviste zitiert, dass das „dilemma of planning is that planning cannot succeed without some participation while at the same time it cannot afford to be dominated by participatory processes." In Universitäten ist zwar niemand so naiv, sich aufs Maximum zu fixieren; doch jeder will verhindern, dass jemand anders sich auch nur minimal verbessert.

verbindlich zu erfahren ...; ... weil in der ungewissen Welt die Antwort des Einen nicht richtiger sein kann als die des Anderen, beruht aller Fortschritt auf der Vielfalt und Widersprüchlichkeit der menschlichen Gesellschaft, d.h. darauf, im Widerstreit der Normen und Gruppen die jeweils annehmbare Lösung zu finden ..." (Dahrendorf 1960: 276) Konflikte und die ihnen zugrunde liegenden Widersprüche zwischen Entscheidungskriterien bilden so eine Art Immunsystem in jeder Art von sozialem System: „Das System immunisiert sich nicht gegen das Nein, sondern mit Hilfe des Nein; es schützt sich nicht gegen Änderungen, sondern mit Hilfe von Änderungen gegen Erstarrung in eingefahrenen, aber nicht mehr umweltadäquaten Verhaltensmustern. Das Immunsystem ... schützt durch Negation vor Annihilation." (Luhmann 1984: 507, Hervorh. weggel.)

Sowohl auf organisatorischer als auch – und insbesondere – auf gesellschaftlicher Ebene muss man sich allerdings des begrenzt rationalen Charakters von Partizipation bewusst sein. Man kann niemals sicher sein, dass nicht dennoch wichtige relevante Kriterien vernachlässigt werden, weil die komplexen Interdependenzbeziehungen innerhalb einer funktional differenzierten Gesellschaft oder auch einer arbeitsteilig spezialisierten Organisation letztlich unüberschaubar bleiben und deshalb selten wirklich alle irgendwie von einer Entscheidung Betroffenen beteiligt werden. Dass ein Akteur von einer bestimmten Entscheidung betroffen ist, stellt sich immer wieder sowohl für ihn selbst als auch für andere erst im Nachhinein heraus: nämlich dann, wenn negative Folgen dieser Entscheidung für ihn manifest werden, die nicht vorausgesehen worden sind. Die Einführung einer neuen Produktionstechnologie in einem Unternehmen mag z.B. allein deshalb betrieben worden sein, weil dadurch Arbeitskräfte und damit Lohnkosten eingespart werden; dass die neue Technologie zu so beträchtlichen Qualitätsverlusten der produzierten Waren führt, dass dadurch die Absatzabteilung in ernsthafte Schwierigkeiten gerät, zeigt sich erst nach einiger Zeit. Hätte die Absatzabteilung dies vorher gewusst, dann hätte sie sicherlich versucht, diese Umstrukturierung der Produktion so lange zu verhindern, bis die Qualitätseinbußen auf ein erträgliches Maß reduziert worden wären.

Eine Unterschätzung der Notwendigkeit, sich aufgrund eigener Betroffenheit von bestimmten Problemen auch an der Problembewältigung zu beteiligen, kommt auf gesellschaftlicher Ebene vor allem bei denjenigen Entscheidungen vor, die so genannte „Jedermannsinteressen" verletzen – also solche Erfordernisse der gesellschaftlichen Reproduktion und der Wahrung individueller Lebenschancen, die so grundsätzlicher Natur und damit so allgemein bedeutsam sind, dass gerade deswegen jedes Teilsystem und jede Interessengruppe die Verantwortung für die Wahrung dieser Gesichtspunkte den jeweils anderen überlässt, so dass diese faktisch leicht ganz unter den Tisch fallen (Offe 1969: 145/146). Lange Zeit waren Belange ökologischer Nachhaltigkeit von dieser Art. Jedem war klar, dass bestimmte natürliche Ressourcen endlich sind, auch wenn die Wissenschaft immer wieder Mittel und Wege findet, ihren Verbrauch zu strecken. Selbst der egoistische Standpunkt, die ökologischen Probleme den künftigen Generationen aufzubürden und sich selbst überhaupt nicht ernsthaft darum zu kümmern, ließ sich irgendwann nicht mehr aufrechterhalten. Und dennoch nahmen Unternehmen wie Konsumenten allesamt noch längere Zeit den Standpunkt ein, da ja jeder betroffen sei, würden sich schon genügend viele der jeweils anderen um diese Angelegenheiten kümmern. Die Paradoxie liegt also in der Sozialdimension darin, dass gerade diejenigen Probleme, die die extensivste Betroffenheit erzeugen, die geringste Entscheidungsbeteiligung initiieren.

*Intuitive Kreativität*
Wann neigt ein Entscheider am meisten zum Inkrementalismus? Dies ist sowohl dann der Fall, wenn er sehr viel über das Entscheidungsproblem weiß bzw. zu wissen meint, als auch dann, wenn er sehr wenig weiß. Im ersteren Fall sedimentiert sich der Inkrementalismus früher oder später sogar in mehr oder weniger gedankenlos abgespulten Routinen; im letzteren kann er etwa so aussehen,

dass man sich an irgendeinen wie immer unwichtigen Zipfel eines Problemaspekts klammert, den man verstanden zu haben glaubt, und ihm mit dafür als bewährt angesehenen Strategien zu Leibe rückt. Wenn in einer Entscheidungssituation ein hoher Zeit- oder Konsensdruck herrscht, bleibt einem in der Tat nicht viel mehr übrig, als so zu verfahren. Wenn die Entscheidungskomplexität in diesen beiden Dimensionen aber nicht ganz so hoch ist, lohnt es sich für die Entscheidungshandelnden, auf intuitive Kreativität zurückzugreifen, um zu besseren Arten der Problembearbeitung zu kommen – zweckmäßigerweise verknüpft mit einer Partizipation von Akteuren mit möglichst unterschiedlichen Erfahrungshintergründen (Ashmos et al. 1998).

Intuitive Kreativität zeichnet sich dadurch aus, dass sie als ein – im Unterschied etwa zur „simple-minded search" – nicht schematisiertes Sondieren von Entscheidungsproblemen, Kriterien und Alternativen ein besonderes exploratives Potential besitzt. Dementsprechend ist intuitive Kreativität potentiell um so ertragreicher, je weitgehender das Unwissen der Akteure über die Beschaffenheit eines Entscheidungsproblems und die möglichen Alternativen der Problembearbeitung ist – und sei es als ein sich als sicheres Wissen missverstehendes Unwissen über das eigene Unwissen. So setzt beispielsweise die im Kapitel 5 behandelte horizontale Entscheidungsdekomposition voraus, dass die Akteure eine gewisse Klarheit über ihre Entscheidungskriterien gewonnen haben. Wenn die Entscheidung, wie die Verkehrsverbindung zwischen den Orten A und B verbessert werden soll, mittels einer horizontalen Entscheidungsdekomposition getroffen werden soll, muss man bereits am Anfang festlegen, welche Kriterien – geologische, finanzielle, ökologische usw. – hierbei mit welcher Priorität zugrunde zu legen sind; denn anhand dieser Kriterien wird das Entscheidungsproblem ja horizontal dekomponiert. Sobald die Akteure jedoch über genau diese Kriterienliste nicht verfügen bzw. ihre Kriterienliste ihnen als zu unvollständig erscheint, dann greift der Schematismus der horizontalen Entscheidungsdekomposition nicht mehr:

> *We know how to advise a society, an organization, or an individual if we are first given a consistent set of preferences. ... But what about a normative theory of goal-finding behavior? What do we say when our client tells us that he is not sure his present set of values is the set of values in terms of which he wants to act? (Cohen/March 1974: 222)*

Ein solches fundamentales Unwissen der Akteure, durch das die Bedingungen der Möglichkeit einer Anwendung der geschilderten schematischen Heuristiken nicht erfüllt sind, kann sich im Übrigen nicht nur auf die Kriterienordnung, sondern auch auf Problemdimensionen und mögliche Entscheidungsalternativen erstrecken. Man betrachte etwa ein wirtschafts- und forschungspolitisches Problem wie die technologische Erneuerung des Wirtschaftssystems eines Landes, weil daran ganz offensichtlich die Wirtschaft in Gestalt einer chronischen Strukturkrise krankt: Auf welche Zukunftstechnologien soll ein Land setzen? Bio- oder Informationstechnologien? Soll man das wählen, was alle anderen Länder auch vorantreiben, oder bewusst in Nischen vorstoßen? Hier ist bereits unklar, welche verschiedenen Aspekte dieses Problem überhaupt aufweist. Geht es allein darum, die Produktivität und Konkurrenzfähigkeit bestimmter Branchen zu erhöhen? Als weiterer Problemaspekt kommt sicher noch hinzu, das Forschungspotential der entsprechenden wissenschaftlichen Einrichtungen und Teildisziplinen zu steigern. Welche funktionalen Interdependenzen zu anderen gesellschaftlichen Teilsystemen darüber hinaus noch in Betracht gezogen werden müssen, ist ebenfalls schwierig abzuschätzen: mögliche Arbeitsplatzgefährdungen, die vor allem die Familien und das politische System betreffen; Veränderungen von Qualifikationsprofilen, die im Bildungssystem relevant werden; neuartige arbeitsmedizinische Gesichtspunkte, die das Gesundheitssystem angehen; ökologische Auswirkungen, die dann wieder andere Teilsysteme treffen ... Bei so diffusen und fragmentarischen Problemkonturen stellen sich die Entscheidungskriterien und die möglichen Entscheidungsalternativen entsprechend schattenhaft und schwankend dar.

Dies sind Entscheidungssituationen hoher sachlicher Komplexität, in denen es – sofern zeitlich und sozial möglich – rationalitätssteigernd ist, auf intuitive Kreativität zurückzugreifen. Wie intuitive Kreativität im Einzelnen beschaffen ist, lässt sich nur sehr schwer umschreiben.[16] Das liegt nicht bloß an entsprechenden Forschungslücken, sondern beschreibt vielmehr einen Wesenszug der Sache selbst. Verbreitet ist die Vorstellung, dass es sich bei intuitiver Kreativität um etwas Außerrationales handelt (Dror 1964: 169/ 170; 1968: 149-153, 157-159; Cates 1979: 529; Alexander 1982: 285/286). Einer solchen Vorstellung liegt jedoch eine zu enge Rationalitätsvorstellung zugrunde. Rationalität wird dabei im Grunde auf den Typus algorithmischer Berechnung, also auf das normativ-präskriptive Rationalitätsideal, reduziert; und spielerisches und schöpferisches Handeln erscheint dann durch völlige Willkürlichkeit charakterisiert – eine unhaltbare Vorstellung, der allerdings etwa durch den romantischen Geniekult in Bezug auf künstlerische oder auch wissenschaftliche Schöpferkraft Vorschub geleistet wird.

Der besondere Charakter von intuitiver Kreativität wird klarer, schaut man sich einzelne Mechanismen an. Hier ist als Erstes der alles Weitere fundierende Mechanismus der *Negation* zu nennen. Negation eröffnet die unbeschränkte Möglichkeit, alles Gegebene kontingent zu setzen (Luhmann 1975b). Sämtliche Informationen, die Akteure über eine bestimmte Entscheidungssituation besitzen, können von ihnen in Frage gestellt werden. In Bezug auf orientierende Ziele heißt das etwa: „we can treat goals as hypotheses." (Cohen/March 1974: 226, Hervorh. weggel.) Eine solche Kontingentsetzung all dessen, was man über die jeweilige Entscheidungssituation weiß, dient dazu, ganz andere Problemdimensionen, Entscheidungskriterien und Entscheidungsalternativen als die herkömmlich in Betracht gezogenen hervortreten zu lassen (Cates 1979: 530/531).

---

[16] Einige Techniken kreativen Denkens – individuell oder in Gruppen – werden bei Brauchlin/Heese (1995: 60-71, 184-207) und Bronner (1999: 47-72) dargestellt.

In einem Unternehmen beispielsweise mag man darüber nachdenken, welche prinzipiellen Produktalternativen es geben könnte, um die chronischen Absatzprobleme bewältigen zu können. Nur so wird das möglich, was real durchaus ab und zu vorkommt: dass beispielsweise eine Fahrradfabrik auf die Produktion von Plastikbechern umsteigt. Eine solche radikale Umorientierung setzt voraus, dass die arbeitsteiligen Spezialisierungen der einzelnen Teilbereiche einer Organisation und die Interdependenzen zwischen ihnen in ihrer je gegebenen Gestalt gleichsam eingeklammert werden und die Akteure sich in eine fiktive Tabula-rasa-Situation hineinversetzen. Die Negation des Gegebenen dient somit einer möglichst weitgehenden Öffnung für andere Möglichkeiten – ohne dass diese bereits positiv vorgezeichnet sein müssen. Es geht also nicht nur darum, schon durchdachte und ausgearbeitete andere Antworten auf bestimmte Problemsituationen zu geben, sondern viel grundsätzlicher darum, „different questions" zu fragen (Cates 1979: 531).

Die Entscheidungsfindung kann freilich nicht im bloßen Fragenstellen verharren. Der zunächst einmal den Blick weitende Negationsmechanismus erzeugt Unbestimmtheit, die einer neuerlichen Bestimmung bedarf. Die Negation des jeweils gegebenen Wissens über eine Entscheidungssituation findet ihren Sinn nur in einer daraus hervorgehenden positiven Formulierung neuer Problemdimensionen, Entscheidungskriterien und Entscheidungsalternativen. Die kognitive, evaluative und normative Entstrukturierung der Entscheidungssituation soll zu einer Restrukturierung führen, „good opening" soll in „good closing" übergehen (Klapp 1978). Dementsprechend beinhaltet intuitive Kreativität neben dem Negationsmechanismus auch restrukturierende Mechanismen, von denen hier exemplarisch nur einige wenige genannt werden können.

Einer dieser Mechanismen ist der *umherschweifende Blick*. Genau umgekehrt zur „simple-minded search" beschränkt er sich nicht auf das enge Umfeld des Entscheidungsproblems. So werden Aspekte der Entscheidungssituation belichtet, die ansonsten überhaupt nicht in den Blick gerieten, woraus sich ganz neue Ideen ergeben können. Ein im Kapitel 5 schon kurz angesprochenes Beispiel, an dem die Nützlichkeit des umherschweifenden Blicks aufgezeigt worden ist, ist die Suche nach einem neuen Job (Granovetter 1974). Solange man sich nur im engen Umfeld der guten Freunde und Arbeitskollegen umschaut, ist die Wahrscheinlichkeit nicht sehr groß, dass man auf etwas anderes als das stößt, worauf man auch selbst schon gekommen ist. Denn innerhalb dieser dichten sozialen Netzwerke besteht eine große Übereinstimmung der Wissensbasis: weil alle ähnliche Hintergründe haben und viel miteinander kommunizieren. Gute Tipps – nicht nur bei der Arbeitssuche – erhält man viel wahrscheinlicher von entfernteren Bekannten oder Gelegenheitskontakten oder um die berühmten „drei Ecken" herum. Denn die „strength of weak ties" (Granovetter 1973) gegenüber den „strong ties" des engen Umfelds besteht darin, neue Informationen zu transportieren.

Verallgemeinert: Es lohnt sich für Entscheider, gleichgültig welche Art von Problem sie bearbeiten, sich gezielt aus der „Betriebsblindheit" derer, mit denen man tagtäglich an dem jeweiligen Problem arbeitet, heraus zu begeben und ganz andere Informationsquellen anzuzapfen – bis hin zu solchen, bei denen von vornherein überhaupt nicht absehbar ist, ob sie jemals etwas zur besseren Bewältigung des Problems beitragen werden. Auch Wissenschaftler berichten beispielsweise immer wieder darüber, dass sie gute Ideen, nicht selten den Durchbruch bei der Lösung einer bestimmten Frage aus Diskussionskontexten gewonnen haben, die weitab von dieser Frage lagen. Manchmal kommt die eigentliche Inspiration vielleicht sogar beim Lesen eines Romans oder beim Betrachten eines Bildes. Möglicherweise unterscheiden u.a. die in viele Richtungen ausfransenden sozialen und kognitiven „weak ties" die besonders kreativen Wissenschaftler von ihren auf kleinteiliges „puzzle-solving" (Kuhn 1962) beschränkten engstirnigen Kollegen.

Ein anderer Mechanismus, der den umherschweifenden Blick gleichsam systematisiert, ist *Holismus* (Dror 1964: 170) – also eine möglichst ganzheitliche Betrachtung des Sozialzusammenhangs, in dem das jeweilige Entscheidungsproblem auftaucht. Eine holistische Problemperspektive achtet darauf, dass Entscheidungen in ihren vielfältigen Interdependenzen mit anderen sozialen Dynamiken gesehen werden. Dabei kann es freilich nicht darum gehen, den weiteren Kontext des Problems umfassend in gleichmäßig detaillierter Weise aufzuarbeiten – was schnell an Grenzen der Informationsverarbeitung stieße. Das Bild der Entscheidungssituation wird weiterhin hier und da, insbesondere in weiterer Entfernung vom Problem, verschwimmen und sogar weiße Flecken aufweisen. Entscheidend ist jedoch das Bemühen, sich gleichsam aus der Vogelperspektive überhaupt erst einmal ein Gesamtbild zu verschaffen.

Ein möglicher Weg, unter Bedingungen von gesellschaftlicher funktionaler Differenzierung und organisatorischer Arbeitsteilung zu einer ganzheitlicheren Betrachtung von Entscheidungsproblemen zu gelangen, besteht darin, eine plurale und dennoch aufeinander Bezug nehmende Selbstbeschreibung des jeweiligen Systems hervorzubringen – was innerhalb eines Unternehmens etwa folgendermaßen vonstatten gehen kann:

> *Take representative groups of managers and workers of an enterprise. Let them depict the system of which they are directly responsible in the form of an input-output flow diagram in which their personal function is the centrepiece of the network ... Project all these diagrams on to each other so that identical elements take identical places in the network. Since all the diagrams are models of the system we will arrive at an entire systems model which has been made by the system itself of itself.* (Malik 1984:125/126)

Ähnlich lassen sich auf gesellschaftlicher Ebene die immer wieder unternommenen Versuche eines „Dialogs" der Repräsentanten unterschiedlicher gesellschaftlicher Teilsysteme über aktuelle Problemlagen interpretieren – z.B. über die Energieversorgung, die Sicherheit der Renten oder bestimmte ökologische Risiken. Dies ist mehr als die bereits angesprochene Partizipation. Letztere ist schon dann gegeben, wenn verschiedene Entscheidungsbetroffene je für sich, ohne aufeinander Bezug zu nehmen, einem Entscheider – oder auch einer Gruppe von Entscheidern – ihre Sicht der Dinge vermitteln und diese Zentralfigur des Entscheidungsprozesses sich dann selbst ihren Reim auf die verschiedenen Perspektiven macht. Beim „Dialog" kommunizieren die Entscheidungsbetroffenen untereinander, so dass ihre Kommunikationen an den Entscheider bereits miteinander vermittelt sind.

Ein weiterer Mechanismus der Restrukturierung kognitiv, evaluativ und normativ entstrukturierter Entscheidungssituationen ist *Abstraktion*. Dabei werden konkrete Situationen und Problemlagen in möglichst vielen Hinsichten auf bestimmte generellere Kategorien zurückgeführt und dadurch mit anderen Situationen und Problemlagen, die in den jeweiligen Hinsichten als ähnlich erscheinen, vergleichbar. Diese Vergleichsmöglichkeiten dienen wiederum dazu, Analogieschlüsse zu ermöglichen: also adäquate Formen der Problembearbeitung aus anderen Situationen und Bereichen hinsichtlich ihrer Übertragbarkeit zu prüfen (Cates 1979: 531; Dörner et al. 1983: 368-373; Knorr-Cetina 1984: 92-125; Crouch/Farrell 2002: 21-23). Abstraktion ist in gewisser Weise das Gegenstück zur in Kapitel 5 behandelten Typisierung. Letztere versucht, ein Problem unter ein möglichst nahe liegendes Muster zu subsumieren, für das man bewährte Formen des Umgangs hat; Abstraktion hingegen sucht – auch mit Hilfe des umherschweifenden Blicks – nach fern liegenden Vergleichsmustern.

Ein sehr bewusster Rückgriff auf diesen Mechanismus findet sich z.B. in der Art und Weise, wie sowohl Talcott Parsons als auch Niklas Luhmann die Konstruktionsprobleme ihrer jeweiligen Sozialtheorien bearbeitet haben. Sie haben Sozialität als System zu begreifen versucht und sich dabei der Konzepte der „General systems theory" bedient – also einer zunächst einmal ganz weit von sozialen Zusammenhängen entfernten Denkrichtung, die ihrerseits aus der Verallgemeinerung vor allem biologischer und technischer Phänomene entstanden war. Die abstrakten Konzepte der „General systems theory" wie etwa die Unterscheidung von System und Umwelt, die Gegenüberstellung von positiver und negativer Rückkopplung oder das Verständnis von Komplexität und Komplexitätsreduktion wurden dann von Parsons und Luhmann genutzt, um

Theorieentscheidungen zu treffen, die dem Verständnis sozialer Phänomene dienen sollen. Dabei spielen Analogien mit biologischen Vorgängen immer wieder eine wichtige Rolle, bei Luhmann etwa zwischen der Autopoiesis einer Zelle und eines sozialen Kommunikationszusammenhangs. Anders als bei früheren Sozialtheoretikern jedoch, die Gesellschaft mit einer Organismusanalogie zu verstehen trachteten und dann etwa anzugeben versuchten, welcher gesellschaftliche Teilbereich dem Herz und welcher der Lunge entspricht, also direkte Analogien zu ziehen versuchten, sind die Analogien bei Parsons und Luhmann indirekt, nämlich über die Ebene der „General systems theory" vermittelt (Luhmann 1984: 15-17), was wenig hilfreiche platte Gleichsetzungen verhindert.

Umherschweifender Blick, Holismus und Abstraktion bringen für sich genommen noch keine detailliert ausgearbeiteten Formen der Problembearbeitung hervor. Darin besteht aber auch nicht die Funktion von intuitiver Kreativität im Rahmen von Planung. Durch intuitive Kreativität sollen vielmehr zusätzliche Informationen entdeckt werden, wenn die vorhandenen Informationen über eine Entscheidungssituation als unzureichend erscheinen, um eine adäquate Problembearbeitung generieren zu können. Intuitive Kreativität wird daher fallweise je nach Bedarf in die anderen Komponenten von Planung eingeschaltet; die Weiterverarbeitung der Ergebnisse intuitiver Kreativität obliegt dann diesen anderen Komponenten.

*Die Gewagtheit der Planung*
Wie auch für Beratung und Partizipation aufgezeigt, bietet intuitive Kreativität keine Garantie für bessere Entscheidungen. Man muss im Gegenteil sogar betonen, dass alle in diesem Kapitel behandelten Komponenten von Planung im Vergleich zu den Komponenten inkrementalistischen Entscheidens riskanter sind. Die Wahrscheinlichkeit, das angestrebte und prinzipiell mögliche Rationalitätsniveau auch tatsächlich zu erreichen, ist wohl geringer – etwa im Vergleich des umherschweifenden Blicks mit „simple-minded

search". Intuitive Kreativität kann auch ergebnislos enden oder blühenden Unsinn produzieren – und zwar eben häufiger, als „simple-minded search" misslingt. Denn der Rationalitätsanspruch intuitiver Kreativität ist, wie dargestellt, deutlich höher als bei einem reaktiv-problemfixierten Entscheiden; und allein der Umstand, mehr Zeit zur Verfügung zu haben und weniger Konflikte austragen zu müssen, stellt noch keinen Sprung nach vorn in der Sachdimension sicher. Je höher das Rationalitätsniveau ist, von dem aus man Ambitionen auf weitere Rationalitätssteigerungen formuliert, desto größerer Anstrengungen bedarf das gleiche Ausmaß an Steigerung und desto mehr ist man angesichts begrenzter Kapazitäten auch darauf angewiesen, ein bisschen Glück bei seiner Entscheidung zu haben.[17]

Diese insgesamt größere Gewagtheit von Planung gegenüber Inkrementalismus, die im Weiteren noch an verschiedenen anderen Aspekten zur Sprache kommen wird, ist dennoch tragbar, weil Planung eben *Inkrementalismus als Rückfallposition* hat. Der Entscheidungsakteur kann jederzeit auf Inkrementalismus umschalten, wenn beispielsweise intuitive Kreativität oder Partizipation oder eine der noch anzusprechenden Komponenten von Planung ergebnislos bleibt oder scheitert. Er wird zwar möglicherweise für diesen Rückfall in „Inertia" angegriffen werden; doch letztlich sprechen die Fakten für ihn, wenn er auf ernsthafte, aber eben nicht erfolgreiche Bemühungen der Planung verweisen kann.

## 6.2 Mehrheitsentscheidungen und Empathie

Planung will in der Sozialdimension über „partisan mutual adjustment" hinausgehen. Das Kräfteparallelogramm der Entscheidungsbeteiligten, oft durch Vetopositionen zementiert, bringt häufig

---

[17] Aus der Qualitätsverbesserung von Leistungen jeder Art ist dieser Tatbestand wohlbekannt. Will man beispielsweise bei einem Produktionsverfahren die Fehlerquote von 20% auf 10% halbieren, ist dies sehr viel leichter getan als die weitere Halbierung von 10% auf 5%.

stark am Status quo orientierte Entscheidungen hervor. Zwar ist vorstellbar und auch manchmal der Fall, dass ein einzelner Akteur der Gesamtheit der anderen eindeutig überlegen ist und im Extremfall schalten und walten kann, wie er will. Doch das macht die Sache meist nicht besser. Ein Diktator – um die politische Extremfigur dieser Konstellation anzuführen – muss sich um die Interessen aller anderen nicht viel scheren und braucht sie auch nicht um Rat zu fragen, was seine Entscheidungen aus deren Sicht nicht sonderlich rational macht. Denn der dem Gemeinwohl verpflichtete und allwissende Diktator – oder auch Vorgesetzte oder Führer einer Gruppe – ist eine empirisch sehr seltene Spezies. Genau deshalb setzt Planung, wie schon erläutert, auf Partizipation. Je stärker diese aber ausgeweitet wird, desto schwieriger wird es wiederum, eine Einigung aller zu erzielen.

Hier liegt ein Spannungsverhältnis zwischen Sozial- und Sachdimension vor: Je mehr Entscheidungsbeteiligte, desto größer ist das Rationalitätspotential des Entscheidens im Sinne der Sachadäquanz – doch dieses Potential realisiert sich oft nicht, weil das Konfliktniveau mit der Anzahl der Entscheidungsbeteiligten steigt und man nicht konstruktiv miteinander, sondern destruktiv gegeneinander arbeitet.[18] Um dieses Spannungsverhältnis zwar nicht gänzlich überwinden, aber doch in Richtung einer tatsächlich zum Zuge kommenden Rationalitätssteigerung des Entscheidens auflösen zu können, setzt Planung auf zweierlei: zum einen auf Mehrheitsentscheidungen, mit denen einzelne Vetopositionen überwunden werden können, zum anderen auf Empathie in Gestalt von verständigungsorientiertem Verhandeln, Solidarität und Reflexion – also eine Transzendierung der je partikularen Interessen zugunsten des größeren Ganzen.

---

[18] In der Terminologie Orrin Klapps (1978): Partizipation, die im Sinne von „good opening" zur Anreicherung der sachlichen Diversität eingesetzt worden ist, wirft zugleich damit das Problem des „bad opening" in Gestalt einer allseits frustrierenden Konflikthaftigkeit des Entscheidens auf. Zu einer entsprechenden kritischen Einschätzung von Partizipation siehe Wiesenthal (1990a).

*Mehrheitsentscheidungen*
Wenn es in einer Konstellation von Entscheidungsbeteiligten keine faktischen Vetopositionen gibt oder wenn die Inhaber von Vetopositionen bereit sind, allseitig oder sogar einseitig darauf zu verzichten, kann man vereinbaren, sich auf den Modus der Mehrheitsentscheidung zu einigen. Dabei entscheidet immer noch jeder wie beim „partisan mutual adjustment" ganz am eigenen Interesse orientiert; aber diese Voten für bestimmte Entscheidungsalternativen werden nun so aggregiert, dass nicht das Kräfteverhältnis der Einflusspotentiale gezählt wird, sondern jeder Beteiligte über genau eine Stimme verfügt, also Einflussgleichheit hergestellt ist.

Vor allem als Entscheidungsregel demokratischer Politik wird das Mehrheitsprinzip überwiegend mit Gerechtigkeitsvorstellungen begründet. Wenn schon darüber, wie eine bestimmte Entscheidung getroffen werden soll, so gut wie niemals eine Einstimmigkeit aller Beteiligten erzielt werden kann, dann soll die getroffene Entscheidung zumindest den Interessen möglichst weniger Beteiligter nicht entsprechen – umgekehrt formuliert: den Interessen einer möglichst großen Mehrheit entsprechen. Dieser Begründung des Mehrheitsprinzips aus Gerechtigkeitserwägungen liegt allerdings zumindest implizit auch eine Rationalitätsunterstellung zugrunde: Man geht davon aus, dass eine Entscheidung, die bei der Mehrzahl der Entscheidungsbeteiligten gemäß deren je eigenen Entscheidungskriterien Zustimmung findet, mehr als jede andere den verschiedenen Aspekten des anstehenden Entscheidungsproblems gerecht wird und so eine möglichst hohe Annäherung an eine unerreichbare harmonische Synthese aller Aspekte darstellt.

Die begrenzte Rationalität von Mehrheitsentscheidungen wird im Direktvergleich mit der „partisan mutual adjustment" schnell deutlich. Letztere unterstellt, dass die sachliche Wichtigkeit eines Entscheidungskriteriums bezüglich eines Entscheidungsproblems mit der Einflussstärke desjenigen Entscheidungsbeteiligten korreliert, der dieses Kriterium repräsentiert. Denn je größer das Einflusspotential ist, das ein Akteur einsetzt, um seinem Entscheidungskriterium Geltung zu verschaffen, desto ausschlaggebender wird dieses Kriterium für die schließlich sich ergebende Kriterienordnung sein. Eine derartige Unterstellung lässt sich freilich in dieser Allgemeinheit nicht begründen und trifft evidenterweise längst nicht immer zu. Es gibt mindestens zwei häufig anzutreffende Typen sozialer Konstellationen, in denen bestimmte Entscheidungsbeteiligte ein von der Sache her weit überzogenes Einflusspotential geltend machen können:

- Erstens sind in sehr vielen Entscheidungssituationen diejenigen Entscheidungsbeteiligten bevorzugt, deren Entscheidungskriterien ein Beharren auf dem Status quo nahe legen. Denn der Status quo umfasst ja auch die jeweils etablierten, oftmals sogar formal fixierten Selektivitätsstrukturen des betreffenden Sozialzusammenhangs. Jene Entscheidungskriterien, die sich in diese Strukturen einfügen, können sich gleichsam sehr viel anstrengungsloser Geltung verschaffen als jene, die den etablierten Strukturen widersprechen und daher stets Gefahr laufen, als unpassend ausgefiltert oder als Normverstoß negativ sanktioniert zu werden. Weil beispielsweise noch immer zwar die Investitionsfreiheit von Unternehmen in Form der Eigentumsfreiheit, nicht jedoch die ökologische Stabilität der Umwelt grundgesetzlich verankert ist, können die Repräsentanten des Wirtschaftssystems in politischen Entscheidungsprozessen Angriffe auf ihre Interessen sehr viel leichter abwehren, als Naturschutzverbände ihre ökologischen Forderungen durchzusetzen vermögen.
- Zweitens verschafft Arbeitsteilung, ob auf Organisations- oder Gesellschaftsebene, immer wieder bestimmten Entscheidungsbeteiligten, die an besonderen Engpässen der Leistungsproduktion strategische Schlüsselpositionen innehaben und nicht substituierbar sind, sachlich unangemessene Machtpotentiale (Crozier 1963). Diese Entscheidungsbeteiligten sind dann in der Lage, die Tatsache auszunutzen, dass andere Akteure hochgradig von ihnen abhängig sind. Auf gesellschaftlicher

Ebene sind hier beispielsweise Berufsgruppen wie Ärzte oder Fluglotsen zu nennen.

Trotz solcher offensichtlicher Diskrepanzen zwischen dem Einflusspotential von einzelnen Entscheidungsbeteiligten und der übergeordneten Relevanz der von ihnen repräsentierten Entscheidungskriterien bemüht sich die „partisan mutual adjustment" nicht darum, Entscheidungskriterien unabhängig vom Einflusspotential der sie repräsentierenden Entscheidungsbeteiligten abzuwägen. Dies stellt einen gravierenden Rationalitätsverzicht in sozialer Hinsicht dar. Mehrheitsentscheidungen sind demgegenüber ein Weg, um genau diese Rationalitätseinbußen zumindest partiell auszugleichen.

Dies wird deutlich, vergegenwärtigt man sich genauer, dass ein Entscheiden nach dem Mehrheitsprinzip zunächst eine Restrukturierung sozialer Einflusspotentiale ist. Die vorgegebenen Einflussdifferenzen zwischen den verschiedenen Entscheidungsbeteiligten werden nivelliert, indem allen, gleichgültig wie groß oder klein ihr generelles gesellschaftliches bzw. organisatorisches Einflusspotential ist, bezüglich der anstehenden spezifischen Entscheidung ein gleich großes Einflusspotential, nämlich eine Stimme zugestanden wird. Konkret bedeutet das etwa bei der politischen Wahl, dass beispielsweise das Votum eines Großunternehmers nicht mehr zählt als das eines Hilfsarbeiters – trotz des zweifellos weitaus größeren gesellschaftlichen Einflusses, den der Großunternehmer ansonsten aufgrund seines ökonomischen, kulturellen und sozialen Kapitals zu entfalten vermag (Bourdicu 1983).

Die Einflussnivellierung schließt aus, dass sich von der Sache her wenig relevante Entscheidungskriterien nur deshalb durchsetzen, weil sie von den jeweils einflussreichsten Entscheidungsbeteiligten vertreten werden – oder umgekehrt sachlich hochgradig relevante Kriterien unter den Tisch fallen, weil keine einflussreichen Akteure hinter ihnen stehen. Wenn etwa in einem Unternehmen bei gesamtorganisatorischen Schlüsselentscheidungen jede einzelne Abteilung eine Stimme erhält, dann bedeutet dies, dass sich nicht immer wieder die große und den organisatorischen Status quo verkörpernde Produktionsabteilung durchsetzt, selbst wenn die Marktsituation des Unternehmens innovative Produktveränderungen, wie sie von der kleinen Forschungsabteilung propagiert werden, dringend erforderlich macht. Das Mehrheitsprinzip verhindert so, dass Entscheidungen quasi naturwüchsig und ungebremst von den Entscheidungskriterien der jeweils einflussreichsten Entscheidungsbeteiligten dominiert werden.

Die Nivellierung vorgegebener Einflussdifferenzen durch das Mehrheitsprinzip bedeutet somit: Weil ein Entscheidungsbeteiligter, um den eigenen Kriterien Geltung zu verschaffen, nicht mehr einfach sein gesellschaftlich bzw. organisatorisch vorhandenes Einflusspotential einsetzen und gegebenenfalls die diesbezügliche eigene Überlegenheit ausspielen kann, was immer nur einigen wenigen möglich ist, sieht sich aufgrund der durch das Mehrheitsprinzip hergestellten Gleichrangigkeit aller Entscheidungsbeteiligten jeder von ihnen der Chance, aber auch der Notwendigkeit gegenüber, sich eine Mehrheit der übrigen Entscheidungsbeteiligten zur Durchsetzung der je eigenen Kriterien zu suchen. Nur diejenigen Entscheidungskriterien, die in diesem Sinne mehrheitsfähig sind, können dann noch die zu treffende Entscheidung bestimmen. Wenn also die Produktionsabteilung eines Unternehmens die von ihr repräsentierten funktionalen Erfordernisse in gesamtorganisatorische Entscheidungen einbringen will, dann kann sie dies gemäß dem Mehrheitsprinzip nur noch so tun, dass sie möglichst viele der anderen Abteilungen für ihre Position gewinnt. Genau die gleiche Chance, dies zu tun, hat aber auch jede andere Abteilung – also z.B. die Forschungsabteilung, die eine gänzlich andere Position als die Produktionsabteilung vertreten mag. Gesamtorganisatorisch durchsetzbar sind dann nur noch diejenigen Entscheidungen, die – aus welchen Gründen auch immer – von einer Mehrheit der Abteilungen getragen werden.

An diesem Punkt beginnen sich die rationalitätssteigernden Effekte des Mehrheitsprinzips zu entfalten. Bei oberflächlicher Betrachtung könnte man meinen, diese Effekte rührten daher, dass der Zwang zur Suche nach einer Mehrheit für die je eigene Position zu einer Angleichung der Entscheidungskriterien der Beteiligten führe. Das hieße, dass die Einflussnivellierung durch das Mehrheitsprinzip eine entsprechende Angleichung der unterschiedlichen Perspektiven der Entscheidungsbeteiligten auf das anstehende Entscheidungsproblem bewirkt. Dies mag zwar gelegentlich und in gewissem Maße tatsächlich vorkommen: Die Notwendigkeit, mit bestimmten anderen Entscheidungsbeteiligten eine Koalition eingehen zu müssen, um den eigenen Kriterien effektiv Geltung verschaffen zu können, bringt häufig den Lerneffekt mit sich, dass man sich – schon um die passendsten Koalitionspartner identifizieren zu können – mit den Standpunkten der anderen Entscheidungsbeteiligten auseinandersetzt und diese dadurch möglicherweise auch in ihrer relativen Berechtigung erkennt und anerkennt. Ein instruktives politisches Beispiel für diesen Vorgang wäre etwa die allmähliche Eingliederung ökologischen Gedankenguts in die Programmatik der SPD. Denn diese Lerneffekte sind hauptsächlich darauf zurückzuführen, dass die SPD sich vor die Situation gestellt sah, vor allem in Koalitionen mit den Grünen die politische Mehrheitsfähigkeit erlangen zu können.

Eine solche Perspektivenangleichung zwischen den verschiedenen Entscheidungsbeteiligten ist jedoch nicht derjenige Effekt, aufgrund dessen die Entscheidung nach dem Mehrheitsprinzip als rationalitätssteigernd eingestuft werden kann. Im Gegenteil: Angesichts der Tatsache, dass die Entscheidungsbeteiligten Repräsentanten unterschiedlicher Interessen und funktionaler Erfordernisse darstellen, liefe eine Angleichung von Perspektiven, wenn sie in großem Maßstab vorkäme, auf eine insgesamt dysfunktionale Zurücknahme von funktionaler Differenzierung hinaus. Entsprechend kritisch ist diesbezüglich beispielsweise im politischen Bereich der Wandel der traditionellen Weltanschauungsparteien – also solcher Parteien, die klar definierte gesellschaftliche Teilgruppen vertreten haben – zu den heutigen „Allerweltsparteien" zu beurteilen, die sich aus Gründen der Stimmenmaximierung um eine größtmögliche Vereinnahmung gesellschaftlicher Interessen bemühen (Hennis 1977; Schiller 1978; Offe 1980). Ähnlich problematisch wäre auf organisatorischer Ebene, wenn sich etwa die Forschungsabteilung eines Unternehmens die spezifische Logik der Produktionsabteilung zu Eigen machte und ihre eigene Logik entsprechend herabstufte. Dann würden die Leistungsvorteile arbeitsteiliger Spezialisierung in Gestalt gesteigerter Sensibilität und Virtuosität der Bearbeitung von Teilfunktionen zum Schaden beider Abteilungen und damit der Gesamtorganisation zunichte gemacht.

Bei genauerem Hinsehen erkennt man somit, dass die rationalitätssteigernde Wirkung des Mehrheitsprinzips gerade dadurch erzielt wird, dass zwar die Einflusspotentiale der Entscheidungsbeteiligten, nicht aber deren Perspektiven auf das anstehende Entscheidungsproblem und damit deren Entscheidungskriterien nivelliert werden (Scheuner 1973: 14, 57). „Das Mehrheitsprinzip setzt gerade die Verschiedenheit der Anschauungen unter den Abstimmenden voraus." (Gusy 1981: 334, Hervorh. weggel.) Die *generellen* perspektivischen Differenzen, die aus den unterschiedlichen Soziallagen und je teilsystemspezifischen Eigenlogiken resultieren, und die daraus hervorgehende irreduzible Pluralität von Entscheidungskriterien auf Seiten der Entscheidungsbeteiligten bleiben erhalten; es geht lediglich um eine pragmatische Einigung über das je *spezifische* Entscheidungsproblem – also darum, „die Pluralität vorhandener Anschauungen zu einer in Einzelfragen übereinstimmenden Mehrheit zusammenzufügen." (Gusy 1981: 342)[19]

Genau hieraus ergibt sich die begrenzte Rationalität von Mehrheitsentscheidungen: In dem Maße, wie sich eine Mehrheit von Entscheidungsbeteiligten trotz und wegen der Divergenz ihrer generellen Perspektiven und der irreduziblen Pluralität ihrer Entscheidungskriterien hinsichtlich eines spezifischen Entscheidungsproblems auf eine bestimmte Form der Problembearbeitung zu einigen vermögen, kann davon ausgegangen werden, dass die ge-

---

[19] Siehe auch als analoges Argument zur Abstimmung zwischen gesellschaftlichen Teilsystemen Schimank (1992a) mit der Unterscheidung von generellem Orientierungs- und spezifischem Interessenkonsens.

troffene Entscheidung einer entsprechenden Vielfalt situativer Aspekte Rechnung trägt. Weil eben nicht mehr der jeweils einflussstärkste Entscheidungsbeteiligte über die Möglichkeit verfügt, sich über die anderen hinwegzusetzen und seine eigenen Entscheidungskriterien durchzusetzen, sondern jeder Entscheidungsbeteiligte bestrebt sein muss, seine Kriterien mit denen anderer Beteiligter situativ zumindest so weit zu kompatibilisieren, dass sich eine Mehrheitsposition herstellen lässt, wird die Pluralität von Entscheidungskriterien sowohl erhalten als auch problembezogen transzendiert. „Jedes noch so atomistische Meinungsspektrum ..." lässt sich auf diese Weise „wenigstens in Einzelfragen zu einer übereinstimmenden Mehrheit ..." formieren (Gusy 1981: 335).

Diese Funktionsweise des Mehrheitsprinzips lässt sich nicht etwa nur an Parlamenten oder Mitgliederversammlungen von Sportvereinen, sondern auch etwa an allen Arten von Beiräten illustrieren, die einzelnen Verwaltungseinheiten – z.B. Ministerien – zugeordnet sind. Diese Beiräte setzen sich aus Repräsentanten der jeweils relevanten unterschiedlichen gesellschaftlichen Gruppierungen zusammen. Im Beirat einer kommunalen Planungsbehörde, die eine umfassende Sanierung der Innenstadt auszuarbeiten hat, könnten etwa Vertreter der dortigen Wohnbevölkerung, des Einzelhandels, der Kaufhäuser, der ansässigen Industrie, der Grundstückseigentümer, des Gaststättengewerbes, der Sportvereine und verschiedener kultureller Institutionen vertreten sein. Die zweifellos vorhandenen Einflussdifferenzen zwischen diesen Gruppierungen, die jeweils spezifische Interessenlagen haben, werden innerhalb des Beirates nivelliert. Die aus der Unterschiedlichkeit der Interessenlagen resultierende Perspektivendivergenz hinsichtlich der Ziele und anzuwendenden Mittel der Innenstadtsanierung bleibt jedoch erhalten – und damit auch die Pluralität der Entscheidungskriterien, die diese verschiedenen Gruppenrepräsentanten im Beirat einbringen werden. Wenn sich nun eine wie immer geartete Mehrheit von Beiratsmitgliedern trotz der gravierenden Divergenzen ihrer Perspektiven und Kriterien auf eine bestimmte Sanierungsstrategie einigen kann, dann ist es zumindest wahrscheinlicher, dass diese Planung rationaler ist als eine, die aus der „partisan mutual adjustment" der Gruppierungen hervorgegangen wäre. Denn letztere hätte zu einer Dominanz einiger weniger Perspektiven und Kriterien aufgrund der gesellschaftlichen Vorrangstellung der sie repräsentierenden Gruppierungen geführt – hier etwa: der Grundeigentümer, der Industrie- und Kaufhauskonzerne. Das Mehrheitsprinzip führt demgegenüber zu einer nicht generell voraussagbaren, weil eben situationsspezifischen Konstellationen Rechnung tragenden Entscheidung.

Auch die Mehrheit kann freilich irren. Das Mehrheitsprinzip ist kein Garant perfekter Rationalität, sondern nur eine Strategie begrenzter Rationalität. Doch auch in sozialer Hinsicht ist perfekte Rationalität – Jean Jacques Rousseaus (1762) „volonte generale" – wenn überhaupt, dann nur im Nachhinein und auch nur negativ erkennbar: Wenn sich nämlich herausstellt, dass das, was die Mehrheit entschieden hat, offensichtlich keine adäquate Bearbeitung des jeweiligen Entscheidungsproblems gewesen ist. Und selbst diese Einsicht führt angesichts eines prinzipiell unüberschaubaren Horizonts alternativer Entscheidungsmöglichkeiten oft genug zu keiner besseren Kenntnis dessen, was eine adäquate Problembearbeitung zu berücksichtigen hat, und schon gar nicht jemals zu einer perfekt rationalen Problemlösung. Die Tatsache, dass jede Mehrheitsentscheidung prinzipiell in eine falsche Richtung führen kann, spricht allerdings nicht gegen das Mehrheitsprinzip – beansprucht es doch lediglich, in der Mehrzahl von Entscheidungssituationen einigermaßen problemadäquate Entscheidungen hervorzubringen.

Besser als durch einen Vergleich mit dem abstrakten Ideal perfekter Rationalität lässt sich die begrenzte Rationalität von Mehrheitsentscheidungen daran ermessen, dass diese zwar einer gewissen – nämlich der für die Mehrheitsbildung erforderlichen – Anzahl von Entscheidungskriterien Rechnung tragen, jedoch niemals allen. Wenn sich etwa im Beispiel des Sanierungsbeirates eine Mehrheit formiert, die die Repräsentanten der Bedürfnisse von Kindern nicht einschließt, dann bedeutet dies, dass deren Entscheidungskriterien tendenziell nicht mit berücksichtigt werden. Das wiederum läuft auf eine Vernachlässigung von Sozialisation als funktionalem Erfordernis gesamtgesellschaftlicher Reproduktion in der betreffenden Sanierungsplanung hinaus. Die Vernachlässigung funktionaler Erfordernisse wiederum führt zumindest längerfristig zu neuen Problemen – man denke etwa an die seit längerem bekannten Zusammenhänge zwischen Stadtverödung und Jugenddelinquenz.

Dieses Beispiel zeigt, dass eine Entscheidung nach dem Mehrheitsprinzip – wie jede andere Strategie begrenzt rationalen Entscheidens – Korrektivmechanismen benötigt, die erkennbare bzw. voraussagbare Fehlentscheidungen verhindern bzw. korrigieren können. Insbesondere zwei Korrektivmechanismen sind verbreitet:

- Erstens gibt es in vielen Entscheidungsbereichen quantitative und qualitative Begrenzungen von Mehrheitsentscheidungen. Quantitativ können für bestimmte Entscheidungen so genannte qualifizierte Mehrheiten, also etwa ⅔- oder ¾-Mehrheiten, vorgeschrieben sein. Dadurch ist gewährleistet, dass die Anzahl der in die Mehrheitsentscheidungen eingehenden Entscheidungskriterien größer als bei einfachen Mehrheiten ist. Darüber hinaus gibt es noch qualitative Regelungen des Minderheitenschutzes, die Entscheidungen zu Lasten bestimmter Entscheidungsbeteiligter nicht zulassen, selbst wenn diese Entscheidungen mit sehr großer Mehrheit getroffen würden.
- Zweitens müssen Mehrheitsentscheidungen in zeitlicher Hinsicht reversibel sein. Wenn also die zukünftige Entwicklung ergibt, dass eine offensichtlich inadäquate Form der Problembearbeitung gewählt worden ist, dann müssen die Entscheidungshandelnden in der Lage sein, diese mehrheitlich getroffene Entscheidung erneut zur Disposition stellen zu können. Wie wichtig die hier beobachtbare Flankierung des Mehrheitsprinzips durch im vorherigen Kapitel schon behandelte zeitliche Mechanismen der Risikokontrolle ist, bewiesen in den achtziger Jahren des letzten Jahrhunderts geführte Debatten darüber, ob das Mehrheitsprinzip bestimmte kaum revi-

dierbare politische Entscheidungen wie die Entscheidung für die Kernenergie zu tragen vermag (Guggenberger/Offe 1984): Darf eine heutige Mehrheit zukünftigen Generationen über hunderte von Jahren hinweg auferlegen, sich um die Entsorgung des jetzt anfallenden atomaren Restmülls kümmern zu müssen?

Deutlich wird an diesen beiden Korrektivmechanismen, dass die begrenzte Rationalität des Mehrheitsprinzips genau dadurch erhöht wird, dass sein Wirkungsfeld eingeschränkt wird.

*Empathische Solidarität*
Partizipation zielt darauf ab, dass möglichst viele der von einer Entscheidung betroffenen Interessen und funktionalen Erfordernisse durch Repräsentanten an der Entscheidungsfindung mitwirken können. Auf diese Weise wird der Bereich der überhaupt in Betracht gezogenen Entscheidungskriterien ausgeweitet. Entscheidungen nach dem Mehrheitsprinzip zu treffen ist demgegenüber darauf ausgerichtet, dass innerhalb dieses Bereichs der durch Entscheidungsbeteiligte repräsentierten Entscheidungskriterien aufgrund des Zwangs zur Mehrheitsbildung eine situative Kompatibilisierung divergierender Kriterien stattfindet. Während also Partizipation die Pluralität von Entscheidungskriterien erhöht, reduziert das Mehrheitsprinzip diese Pluralität auf eine einheitliche Entscheidung hin – wieder ein Fall des Zusammenspiels von „good opening" und „good closing". Keiner dieser beiden Mechanismen ist freilich darauf ausgerichtet, dass die Entscheidungsbeteiligten ihre je eigenen Kriterien explizit im Lichte übergreifender oder auch nur anderer Gesichtspunkte reflektieren. Funktionserfordernisse des betreffenden Teilsystems oder der gesellschaftlichen Integration, Erfordernisse organisatorischer Reproduktion oder auch Gerechtigkeitsprinzipien realisieren sich sowohl im Rahmen von Partizipation als auch im Rahmen des Mehrheitsprinzips durchaus nicht selten, aber doch stets lediglich im Huckepack der

Verfolgung partikularer Interessen und hinter dem Rücken der auf diese Interessen fixierten Akteure.

Die nun zu behandelnde empathische Solidarität ist demgegenüber genau darauf ausgerichtet, eine solche Fixierung der Entscheidungsbeteiligten auf ihre jeweiligen Eigeninteressen zu lockern. Dies kann in zwei Stufen geschehen. Die Beteiligten können erstens lernen, die relative Berechtigung der Gesichtspunkte der je anderen anzuerkennen, bleiben dabei aber noch einem Denken in partikularen Interessen verhaftet. Zweitens können die Entscheidungsbeteiligten, darüber hinausgehend, die Pluralität partikularer Perspektiven insgesamt überwinden und zur Leitidee übergreifender Interessen und Erfordernisse – in der Politik als „Gemeinwohl" tituliert – vorstoßen. Auch wer davon ausgeht, dass die Belange des größeren Ganzen – der Organisation, der Nation oder gar der Menschheit – letztlich unerkennbar sind, kann die Erfahrung machen, dass die Orientierung an diesen Belangen zum einen mäßigend bei der Verfolgung der je eigenen Interessen wirken kann und zum anderen mehr als bloß Toleranz bei der Anerkennung der partikularen Interessen anderer zu erzeugen vermag.

Arthur Benz (1994: 112-148) schildert den sich keineswegs zwangsläufig einstellenden, aber doch immer wieder mit einer gewissen Eigendynamik stattfindenden Übergang von „partisan mutual adjustment" zu empathischer Solidarität am Beispiel einer politischen Auseinandersetzung über die Ansiedlung einer Firma in einer strukturschwachen Region. Die neu geschaffenen Arbeitsplätze werden dringend benötigt – aber was, wenn als Werksgelände nur ein Naturschutzgebiet in Frage kommt? Benz (1994: 118/119) fasst das Entscheidungsgeschehen im Zusammenspiel von Firma, Umweltgruppen und Verwaltung so zusammen:

*Die Verhandlungen ... betrafen zunächst die Frage des Standorts und möglicher Alternativen. Sie brachen jedoch schnell ab, da das Unternehmen in der Frage des Standorts unbeweglich blieb. In der Folgezeit gelang es den Umweltverbänden, ein Grundstück auf dem Werksgebiet zu erlangen. Sie hatten damit die Möglichkeit, gegen das Vorhaben zu klagen. Nachdem sich eine lange gerichtliche Auseinandersetzung abzeich-*

*nete, vereinbarten die beteiligten Verbände, das Land, die Stadt und das Unternehmen ... weitere Verhandlungen. Dabei wurde nach den ersten beiden Runden die Standortfrage als nicht verhandelbar ausgeschlossen. Das Unternehmen konnte somit sein Vorhaben durchsetzen. Allerdings erreichten die Verhandlungspartner dennoch eine Einigung, weil das Land ökologische Ausgleichsmaßnahmen zusagte, damit Nachteile für die Umweltschützer in einem Tauschgeschäft ausglich. Nachdem diese Kompensationslösung feststand, mussten im Weiteren die Forderungen der Umweltschützer und die Möglichkeiten des Landes, das die Ausgleichsmaßnahmen zu finanzieren hatte, auf einen Nenner gebracht werden. Auch hierüber konnte eine Einigung erzielt werden, indem beide Seiten wechselseitige Zugeständnisse machten und einen Kompromiss erreichten. Auf der Grundlage dieser Einigung über die Unternehmensansiedlung und ihre ökologischen Folgen entwickelte sich schließlich eine fortgesetzte Zusammenarbeit zwischen dem Unternehmen, der Verwaltung und den Umweltgruppen, wobei letztere bei den ökologischen Begleitmaßnahmen im Werksgelände und bei Projekten in dessen Umgebung beteiligt wurden. Dies verweist auf ein verbessertes gegenseitiges Verständnis aller Beteiligten für die Belange der anderen Seite und die Bereitschaft, vom anderen zu lernen.*

Das Beispiel zeigt, dass zunächst ganz im Sinne von „partisan mutual adjustment" „positionsbezogene" Verhandlungen dominierten, in denen die Beteiligten einander wechselseitig mit ihren Einflusspotentialen zur Fügsamkeit bringen wollten. Die Firma war insoweit erfolgreich, als sie sich hinsichtlich des Werksgeländes durchsetzen konnte. Ihr Versprechen von Arbeitsplätzen bzw. die Drohung, gar nicht in der Region zu investieren, falls das Gelände nicht verfügbar wäre, taten ihre Wirkung. Die Umweltgruppen verschafften sich aber mit dem Grundstücksankauf ebenfalls ein Drohpotential. Sie konnten dadurch die Werksansiedlung blockieren und so ökologische Ausgleichsmaßnahmen des Landes herausschlagen. Nach dieser „Ausgleichszahlung" gaben die Umweltgruppen ihren Widerstand gegen die Werksansiedlung auf. Beide Seiten hatten bis hierher ihre Minimalanforderungen an eine rationale Entscheidung erreicht: Werksansiedlung ohne weitere Proteste, unter zugesicherter Berücksichtigung ökologischer Belange.

Viele Verhandlungen realisieren nicht mehr als das. Hier allerdings ging die Verhandlungsdynamik weiter. Die Ausgestaltung der vereinbarten ökologischen Ausgleichsmaßnahmen fand als „kompromissorientierte" Verhandlung zwischen Umweltgruppen und Verwaltung statt. Man sondierte also diejenigen Punkte, in denen man konsensfähig war, und klammerte strittige Punkte aus. Dabei verzichtete man auf Drohgebärden bzw. das „Abkaufen" des Widerstands der anderen Seite durch Versprechungen. Dies geht bereits über „partisan mutual adjustment" hinaus: Man redet sozusagen mehr miteinander, als dafür erforderlich wäre. Die intensivere Kommunikation miteinander wirkte vertrauensbildend. Im Vergleich dazu hatte in der „positionsbezogenen" Verhandlungsphase noch wechselseitiges Misstrauen vorgeherrscht. Das jetzt erzielte Verhandlungsergebnis zeitigte also bereits eine deutliche Verbesserung der Ausgangslage weiteren Verhandelns.

Nochmals intensivierte Kommunikation und ein weiter erhöhtes wechselseitiges Vertrauen leiteten in die „verständigungsorientierte" Verhandlungsphase über. In ihr ging es um die längerfristige Kooperation von Umweltgruppen, Unternehmen und Verwaltung bei der ökologisch verträglichen Gestaltung des Werksgeländes, vielleicht sogar der Produktionsverfahren und der Produkte. „Verständigungsorientierte" Verhandlungen laufen auf wechselseitiges Lernen voneinander hinaus. Alle Verhandlungspartner stellen die eigenen Intentionen und Situationsdeutungen mehr oder weniger weitgehend zur Disposition, zeigen sich also bereit, die Absichten und Sichtweisen ihrer Gegenüber nicht bloß als potentielle Behinderungen dessen anzusehen, was man selbst will, sondern als Chancen zur je eigenen Selbstkritik aufzufassen.

Hier geht Verhandeln vom Modus des bloßen „bargaining" in den des „arguing" (Saretzki 1996) über, also in eine auf allen Seiten vorherrschende Haltung, andere nur noch durch allseits einleuchtende gute Gründe zu überzeugen und sich selbst auch nur auf diese Weise überzeugen zu lassen. Zwar lassen sich so keine Interessendivergenzen wegzaubern. Wohl aber können Entscheidungsbeteiligte von einer Orientierung des „minimize own loss!"

zu einer des „maximize joint gain!" gelangen (Scharpf 1997: 84-89). So ließe sich etwa in einer Hochschule der meist vorherrschende Immobilismus allseitiger Besitzstandswahrung in eine bindende Vereinbarung transformieren, dass fortan alle an einem Strick ziehen, wovon trotz kurzfristiger und vielleicht ungleich verteilter Opfer längerfristig alle profitieren könnten. Je weiter auf diese Weise der zwischen Entscheidungsbeteiligten erzielte Konsens reicht, desto mehr können alle davon ausgehen, dass die je anderen sich an die getroffenen Vereinbarungen halten werden. Dass so etwas in deutschen Hochschulen bekanntermaßen äußerst selten vorkommt, zeigt im Übrigen, wie voraussetzungsvoll „verständigungsorientierte" Verhandlungen sind.[20]

Empathische Solidarität ist vor allem in solchen Entscheidungssituationen angebracht, in denen harte Interessengegensätze aufeinanderprallen. Die Divergenz der Entscheidungskriterien verschiedener Beteiligter kann ja durchaus erheblich variieren. Dies gilt sogar für identische Interessenlagen unter unterschiedlichen Kontextbedingungen. Beispielsweise ist der Interessenkonflikt zwischen Unternehmen und Gewerkschaften in wirtschaftlichen Krisenzeiten sehr viel stärker ausgeprägt als in Wachstumsperioden. Wenn nun derartige Interessenkonflikte tendenziell antagonistischen Charakter annehmen, stoßen sowohl Partizipation als auch das Mehrheitsprinzip an Grenzen. Entscheidungsbeteiligte werden sich dann vehement dagegen wehren, dass Entscheidungsbetroffene mit diametral anders gelagerten Interessen in die Entscheidungsfindung einbezogen werden; und in Mehrheitsentscheidungen unterlegene Entscheidungsbeteiligte werden die Legitimität der so getroffenen Entscheidung anzweifeln und sich nicht an diese gebunden fühlen. Beide Tendenzen sind in den achtziger Jahren des letzten Jahrhunderts in der Auseinandersetzung zwischen den etablierten politischen Kräften und der ökologischen Bewegung

---

[20] Sowohl theoretische Auseinandersetzungen hierzu als auch empirische Fallstudien darüber, wie schwierig „Argumentieren" ist und wie schnell ein Rückfall in „kompromissorientierte" oder sogar „positionsbezogene" Verhandlungsstile passieren kann, finden sich in Prittwitz (1996).

sichtbar geworden; möglicherweise wiederholt sich ein ähnliches Muster derzeit im Wechselspiel von Globalisierungskritikern, multinationalen Konzernen und Regierungen.

In solchen Entscheidungssituationen, die durch fundamentale Konflikte zwischen den von den verschiedenen Akteuren repräsentierten Entscheidungskriterien bestimmt sind, kann empathische Solidarität eine Grundlage dafür schaffen, dass Partizipation und das Mehrheitsprinzip überhaupt rationalitätssteigernd wirken können. Solidarität kennzeichnet hierbei einen solchen Modus des kollektiven Entscheidens, bei dem anstelle einer rücksichtslos partikularistischen Maximierung der je eigenen Entscheidungskriterien diese im Horizont übergreifender Erfordernisse und Gerechtigkeitsprinzipien reflektiert und entsprechend „gemäßigt" verfolgt werden (Kaufmann 1984). Voraussetzung dafür ist die Fähigkeit der Akteure zur Empathie. Sie besteht darin, sich verstehend in die Position eines Gegenübers hineinzuversetzen (Krappmann 1969: 142-150). Akteure in einer funktional differenzierten Gesellschaft mit sehr unterschiedlichen Soziallagen haben dementsprechend in dem Maße Empathie, wie sie das von ihnen repräsentierte Teilsystem als Umwelt der anderen Teilsysteme begreifen, sich also deren Funktionserfordernisse als Limitationen der eigenen Funktionserfüllung zu eigen machen (Ackoff 1974: 54-68)[21], und wie sie die „Lebenschancen" (Dahrendorf 1979) anderer sozialer Gruppen als berechtigte Anliegen, denen entsprechend Rechnung zu tragen ist, anerkennen.

Die Wirkungsweise empathischer Solidarität lässt sich auf gesellschaftlicher Ebene am Beispiel der Mitwirkung von Interessenverbänden an politischen Entscheidungen verdeutlichen (Vobruba 1983; Willke 1983; Schimank/Glagow 1984; Gotsch 1984). In einer pluralistischen Struktur politischer Willensbildung streben die verschiedenen Interessengruppen danach, ihr jeweiliges Eigeninteresse möglichst maximal durchzusetzen; keine der Gruppen nimmt Rücksicht auf die Interessen anderer oder auf gesamtgesellschaftliche Belange. Aus dieser anarchischen Konkurrenz der „partisan

---

[21] Siehe auch Luhmann (1984: 640, 642) zu „Reflexion".

mutual adjustment" entstehen dann politische Entscheidungen als Resultat der auseinander gehenden und unterschiedlich starken Kräfte, die die verschiedenen Interessengruppen zu mobilisieren vermögen. Die Hoffnung, dass so gesamtgesellschaftlich rationale – also nicht bloß den Teilinteressen der durchsetzungsfähigsten Gruppen entsprechende – Entscheidungen in Form eines von niemandem intentional angestrebten, sondern sich naturwüchsig einstellenden „Gemeinwohls a posteriori" (Fraenkel 1968: 168) hervorgehen, ist geschwunden. In den siebziger und achtziger Jahren wurde daher in verschiedenen Politikbereichen versucht, die pluralistische Konkurrenz der Interessengruppen in eine korporatistische Solidarität zu überführen, also die überkommene ausschließliche Orientierung der Interessengruppen an ihren jeweiligen Eigeninteressen durch eine politische Verantwortung für die gesamtgesellschaftlichen Belange zu korrigieren. Die in solchen korporatistischen Arrangements zumindest rudimentär erkennbare empathische Solidarität lässt sich allgemein so charakterisieren, dass sich die Repräsentanten möglichst vieler Soziallagen und funktionaler Erfordernisse darum bemühen, gemeinsame Entscheidungsprobleme, von den jeweiligen eigenen Kriterien ausgehend, über die Vergegenwärtigung der relativen Berechtigung der von den jeweils anderen Akteuren vorgebrachten Kriterien einer – als solcher unerkennbaren – umfassenden, in sich harmonischen und von allen als einzig richtig anerkennbaren Kriterienordnung zumindest anzunähern. Die empathische Anerkennung der Kriterien der jeweils anderen führt also bei allen Entscheidungsbeteiligten zu einer Transzendierung der eigenen Kriterien in Richtung auf einen nicht bloß aus blinder, uneinsichtiger Konkurrenz hervorgegangenen Ausgleich.

Die Annäherung der verschiedenen Entscheidungsbeteiligten geht wohlgemerkt nicht so vonstatten, dass jeder Beteiligte versucht, seine eigenen Kriterien möglichst zu vergessen und in einen allgemein geteilten Kriterienkonsens zu überführen. Ein solches Vorgehen führt – wie im politischen Bereich oft genug beobachtet werden kann – zu diffusen Allgemeinplätzen, die keinerlei Instruktivität für eine Entscheidungsfindung besitzen, so dass hinterrücks doch wieder andere Kriterien bemüht werden müssen und der Konsensus nur als legitimatorische Rhetorik offizieller Verlautbarungen dienen kann. Empathische Solidarität zielt demgegenüber nicht auf eine Nivellierung, sondern auf eine Transzendierung der je eigenen Kriterien der Entscheidungsbeteiligten ab: Da es außer diesen Kriterien überhaupt keine Orientierungsgrößen für eine Kriterienfindung gibt, dürfen sie keinesfalls getilgt, sondern sollen lediglich im Hinblick auf die Kriterien der jeweils anderen Entscheidungsbeteiligten reflektiert werden. Anstelle eines leerformelartigen, unverbindlichen Konsensus vermag empathische Solidarität also spezifische und damit instruktive Kompatibilisierungen unterschiedlicher Entscheidungskriterien hervorzubringen, die jedoch als solche weiterhin kenntlich bleiben.

So ist auch Fritz Scharpfs (1971; 1994) Konzept der „*positiven Koordination*" zu verstehen. Zunächst einmal wird diese, im Unterschied zur im letzten Kapitel behandelten „negativen Koordination", um so schwieriger, je mehr Entscheidungsbeteiligte involviert sind: „Wenn jeder von N Beteiligten S Handlungsoptionen zur Verfügung hat, dann erfordert die Suche nach dem Optimum die Überprüfung von $S^N$ möglichen Gesamtlösungen, und die Verständigung über die gerechte Verteilung erfordert die Überprüfung von N(N-1) bilateralen Beziehungen." (Scharpf 1994: 396) Dies ist unmöglich, wenn mehr als eine kleine Zahl von Akteuren an der Entscheidung beteiligt sind. Schon 3 Beteiligte mit je 3 Optionen ergeben 27 zu vergleichende Alternativen des handelnden Zusammenwirkens; weniger aufwendig ist die Verteilungsfrage, bei der nur 6 Beziehungen zu prüfen sind. Was aber machbar sein kann, ist eine Kombination von positiver und negativer Koordination derart, dass erstere durch letztere gerahmt wird. Eine kleine Gruppe von Entscheidungsbeteiligten sucht für sich nach einer optimalen und gerechten Lösung; diese wird dann durch negative Koordination mit den übrigen Beteiligten abgestimmt (Scharpf 1994: 397-404). Genau dies findet in interministeriellen Verhandlungen als manchmal realisierbare Rationalitätssteigerung gegenüber reiner negativer Koordination statt (Mayntz/Scharpf 1975):

> *Unser Befund war, dass interministerielle Projektgruppen zur Entwicklung innovativer Programme in der Regel nur von wenigen, in der Sache besonders engagierten oder besonders intensiv betroffenen Ressorts beschickt wurden. In ihnen fanden intensive Beratungen statt, in denen auch etablierte Positionen zur Disposition standen und neue, für die Beteiligten gemeinsam attraktive Lösungen gesucht wurden. Das hier erzielte Ergebnis musste dann aber allen anderen in irgendeiner Weise betroffenen Ressorts zur Billigung vorgelegt und solange verändert werden, bis bei der endgültigen Beschlussfassung im Gesamtkabinett von keiner Seite mehr ernsthafte Einwände erhoben wurden. Während also in der Projektgruppe positive Koordination versucht wurde, zwang die Letztentscheidungskompetenz des Gesamtkabinetts die Beteiligten gleichzeitig zur Rücksichtnahme auf die Vetopositionen der nicht unmittelbar beteiligten übrigen Ressorts – also zur negativen Koordination.* (Scharpf 1994: 398)

## 6.3 „Mixed Scanning"

So wie Scharpf die inkrementalistische „negative Koordination" mit „positiver Koordination" zu einer über Inkrementalismus hinausgehenden Planung kombiniert, so will auch Amitai Etzioni (1967; 1968: 249-309; 1986) den Inkrementalismus – im Sinne des „small steps"-Vorgehens (Sunstein/Ullmann-Margalit 1999: 15) – mit Elementen eines komprehensiven, größere Schritte wagenden Ansatzes verknüpfen. Planung wird hier als eine Rahmung des Inkrementalismus durch „mixed scanning" verstanden. Dahinter mag im übrigen nicht immer die Gelegenheit stehen, dass aufgrund einer nicht ganz so hohen Entscheidungskomplexität mehr als Inkrementalismus *möglich* ist; es gibt auch Situationen, in denen größere Schritte einfach *nötig* sind, obwohl dies hoch riskant ist: „Those who perceive the status quo as intolerable may well want significant change despite the likelihood of making major mistakes." (Weiss/Woodhouse 1992: 257) Doch selbst ein solches Umschwenken auf Planung aus purer Verzweiflung sollte, um überhaupt eine Chance zu haben, große und kleine Schritte kombinieren.

*Zweistufigkeit des Entscheidens*
Etzioni (1967: 224) illustriert die Kombination von komprehensivem und inkrementalistischem Vorgehen u.a. an der Wetterbeobachtung: „A mixed-scanning strategy would include elements of both approaches by employing two cameras: a broad-angle camera that would cover all parts of the sky but not in great detail, and a second one which would zero in on those areas revealed by the first camera to require a more in-depth examination."

„Mixed scanning" beruht also auf einer Zweistufigkeit des Entscheidens. Auf der ersten Stufe werden grundlegende Weichenstellungen getroffen: „Fundamental decisions are made by exploring the main alternatives the actor sees ... but ... details and specifications are omitted so that an overview is feasible." Die zweite Stufe führt dies dann inkrementalistisch fort: „Incremental decisions are made ... within the contexts set by fundamental decisions ..." (Etzioni 1967: 225)[22] Insgesamt ist dieser Entscheidungsmodus: „not as utopian as rationalism but not as conservative as incrementalism, not so unrealistic a model that it cannot be followed but not one that legitimates myopic, self-oriented, non-innovative decision-making." (Etzioni 1968: 282/283)[23] Wie deutlich heraus zu hören ist, versucht Etzioni somit sehr bewusst, die normativ-präskriptive und die empirisch-analytische Entscheidungstheorie, so wie sie einander im Kapitel 4 gegenübergestellt worden sind, so zu kombinieren, dass die Stärke der einen die Schwäche der anderen ausgleicht – und umgekehrt.

---

[22] Auch mehr als zwei Stufen sind vorstellbar.

[23] Siehe auch Quinn (1980: 70, 135/136) zur Unternehmensplanung sowie Mintzberg (1987: 70/71) zur „umbrella strategy". Die Schwierigkeiten des „mixed scanning" in der niederländischen Kulturpolitik analysiert Blokland (1993).

Am Beispiel eines Schachspielers verdeutlicht: „A chess player cannot study all strategies at each move. Better players ... quickly review several strategies and then explore a sub-set of them in greater detail and an even smaller sub-set in still more detail." (Etzioni 1968: 285) Alle Strategien, die bei einem flüchtigen Blick einen offensichtlichen Nachteil aufweisen, werden nicht weiter beachtet – was ein Fehler sein kann:

> *Were they able to examine all strategies in detail, they might discover that an alternative that had been rejected in this first round would have been the optimal one. But they cannot optimize. Still, we expect them to do better with this sequential combination of different kinds of scanning, going from vague but encompassing to detailed but exclusive examination, than players who only 'increment' on the strategy with which they began or which they have used successfully in the past. (Etzioni 1968: 285)*

„Mixed scanning" bleibt also eine nur begrenzt rationale Strategie des Entscheidens; doch ihr Rationalitätspotential ist deutlich höher als das des puren Inkrementalismus. Große Schritte im Sinne einer deutlichen Abweichung vom bisherigen ausgetretenen Pfad des inkrementalistischen Entscheidens werden möglich und machen auch den eigentlichen Sinn der Weichen stellenden Entscheidungen auf der ersten Stufe aus. Bildlich gesprochen bewegt sich der Inkrementalismus im Rahmen eines engen Korridors, der sich sehr schnell als „path dependency" (David 1985; Arthur 1989) iterativer kleiner Schritte einstellt. „Mixed scanning" baut die Möglichkeit von Wegscheiden ein, an denen sich gewissermaßen links und rechts neue Korridore eröffnen (Schaubild 6.2).

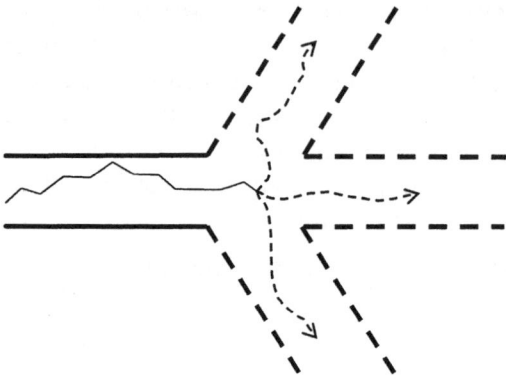

*Schaubild 6.2*

An solchen Punkten ist es dem Entscheider zeitlich und sozial möglich, gleichsam zumindest einen schnellen Blick in alle Korridore zu werfen, auf dessen Basis er sich für einen der Korridore entscheiden muss. Nur diesen vermag er dann eingehender zu betrachten, um seinen genauen weiteren Weg darin zu bestimmen.

Man kann sich die Rationalitätssteigerung durch „mixed scanning" an einer Studienwahlentscheidung konkreter verdeutlichen. Jemand, der in der Schule immer recht gut in Mathematik gewesen ist, könnte diesen Pfad einfach weiter gehen und sich für ein Mathematikstudium entscheiden. Wenn er auch dieses Studium erfolgreich absolviert und sich ihm danach sowohl eine interessante als auch lukrative Berufsperspektive als Mathematiker bei einer Versicherung auftut, wird er rückblickend sagen, dass er eine gute Entscheidung getroffen hat. Die Ergebnisrationalität spricht in diesem Fall für den Inkrementalismus seiner prozeduralen Rationalität. Es hätte natürlich an mehreren Punkten auch ganz anders kommen können: Er hätte im Studium scheitern können; es hätte ihn schnell langweilen können, so dass der Weg bis zum Abschluss nur noch Überdruss und Qual bedeutet hätte; trotz Spaß an der Sache und gutem Abschlusszeugnis hätte er keine attraktive Stelle finden können; oder die Versicherung hätte nach einiger Zeit ein

Stellenabbauprogramm begonnen, dem auch er zum Opfer gefallen wäre. All dies hätte man vorher nicht wissen und kaum in die Entscheidung einbeziehen können; es würde nur als defizitäre Ergebnisrationalität den Blick zurück darauf lenken, dass von Anfang an keine nicht-inkrementalistischen Alternativen in Betracht gezogen worden sind.

„Mixed scanning" hätte demgegenüber bedeutet, dass der Betreffende durchaus ein Mathematikstudium als eine zunächst einmal nahe liegende Alternative ins Auge gefasst, aber zumindest kursorisch weitere Möglichkeiten sondiert hätte. Zum einen hätten das Möglichkeiten sein können, die noch mit Mathematik zu tun haben – je nach sonstigen Interessen hätten das vielleicht Physik oder Psychologie oder Volkswirtschaftslehre sein können. Zum anderen hätte der Betreffende auch ganz andere Neigungen erkunden können – etwa seine Sportbegeisterung, der er in einem Studium der Sportwissenschaft hätte frönen können. Er hätte dann zu dem Schluss kommen können, eine dieser anderen Möglichkeiten zu wählen und sie inkrementalistisch weiter zu verfolgen. Das hätte im Ergebnis genauso gut oder schlecht ausgehen können wie eine rein inkrementalistische Entscheidung. Doch der Betreffende müsste sich – wenn sich die getroffene Studienwahl als unbefriedigend oder gar als völlig falsch herausstellt – nicht im Nachhinein vorwerfen, sozusagen engstirnig in eine Sackgasse hinein gelaufen zu sein. Er hatte ganz andere Möglichkeiten in den Blick genommen und sich in diesem Horizont für die gewählte Alternative entschieden. Das Risiko einer Fehlentscheidung war geringer – wenn auch natürlich nicht Null.

„Mixed scanning" ist paradoxerweise in dem Maße angebracht, in dem ein Akteur davon überzeugt ist, er könne mit einer anstehenden Entscheidung weiter auf dem eingeschlagenen Pfad voranschreiten. Anders gesagt: Je weniger ein Akteur motiviert ist, von seinem puren Inkrementalismus abzugehen, desto mehr hat er genau das nötig. Denn desto engstirniger blendet er alles links und rechts dieses Pfades aus und kann dann irgendwann in einem schleichenden Prozess der Senkung seines Anspruchsniveaus sogar bereit sein, bloße Schadensbegrenzung als Gewinn zu verbuchen, während er mit Durchhalteparolen in die Sackgasse marschiert. Ein Beispiel stellen immer wieder Unternehmen dar, die meinen, für ihre Produktpalette relevante technologische „Basisinnovationen" ignorieren zu können, indem sie sich weiterhin auf „Verbesserungsinnovationen" ihrer bisherigen Technologie beschränken (Mensch 1974). Doch gegenüber den neuen Uhren mit elektronischem Uhrwerk können sich noch so vervollkommnete mechanische Uhrwerke nicht halten, wie die traditionelle Uhrenindustrie im Schwarzwald und in der Schweiz schmerzlich erfahren musste – wobei ein Hersteller wie Swatch bewies, dass es sehr wohl möglich war, in den neuen Korridor zu wechseln und dort höchst profitabel mitzuhalten.

Das Beispiel grundlegender technologischer Innovationen zeigt auch, dass purer Inkrementalismus insbesondere dann höchst problematisch wird, wenn sich wichtige Randbedingungen des Entscheidens massiv verändern – sei es, dass sich ganz neue Chancen jenseits des bisherigen Pfades auftun, sei es, dass ganz neue Engpässe den bisherigen Pfad blockieren. Aber auch dann, wenn sich ein Entscheider auf einem für ihn bisher ganz unbekannten Terrain bewegen muss, kann purer Inkrementalismus subrational sein. Wer dann den erstbesten Pfad wählt, auf den er gerade stößt, und ihn starrsinnig immer weiter geht, ist bestenfalls zufällig auf dem besten oder auch nur auf einem relativ guten Weg. Jemand, der in eine andere Stadt umzieht und dort, nachdem er durch Vermittlung eines Kollegen eine Wohnung gefunden hat, nicht mehr weiter sucht, obwohl ihm die Wohnung nur mäßig zusagt, und stattdessen durch umfangreiche Renovierungen immer mehr in sie investiert, handelte nur solange rational, wie er überhaupt keine Zeit für Wohnungssuche mehr erübrigen könnte – etwa in einer längeren Einarbeitungszeit. Sobald sich aber die Zeitknappheit lockerte, gäbe es die Gelegenheit zum „mixed scanning", etwa durch Wochenendspaziergänge in anderen Stadtvierteln, um zu sondieren, welche Viertel bei den Wohnungsinseraten eine nähere Prüfung verdienen.

*Anschlussfähige Utopien*
„Mixed scanning" beruht somit darauf, dass auf der ersten Stufe des Entscheidens möglichst unterschiedliche Alternativen in Betracht gezogen werden, „including alternatives not usually considered feasible ..." (Etzioni 1968: 286). Gerade auch das Abwegige, sogar Abstruse soll ernsthaft erwogen werden. Dafür, dass ein Entscheidungshandelnder dies – gegen seinen schon erwähnten inkrementalistischen Hang zum bisher Bewährten – tut, sind Beratung, Partizipation und intuitive Kreativität, so wie weiter oben beschrieben, hilfreiche Mechanismen. Doch es ist darüber hinaus eine noch weitergehende Art von intuitiver Kreativität erforderlich: anschlussfähige Utopien.

Man kann sich deren Bedeutung an solchen Entscheidungssituationen vor Augen führen, bei denen allen Beteiligten von vornherein klar ist, dass ein sehr weitgehender Sprung weg vom Status quo getan werden muss, um das betreffende Problem tatsächlich wirksam zu bearbeiten. Um dies an einem Beispiel zu verdeutlichen: Es besteht ein offensichtlicher Unterschied zwischen dem Problem eines Unternehmens, dessen Absatz aufgrund von mangelnder Produktqualität und ungeeigneter Werbestrategie stockt, und einem Unternehmen, das – wie etwa Fahrradhersteller Anfang der sechziger Jahre des letzten Jahrhunderts – Produkte produziert, für die auf einen längeren Zeitraum eine dramatische Marktschrumpfung absehbar ist. Das erstere Unternehmen kann sich schrittweise im Rahmen bewährter Problembearbeitungsformen bewegen und so, durch Redundanz und Risikostreuung mit einem Sicherheitspolster ausgestattet, eine selbstkorrektive Problembewältigung vornehmen. Für einen Fahrradhersteller hingegen war klar, dass eine adäquate Entscheidung das Unternehmen in eine völlig neue, unbekannte Richtung führen muss: nämlich in eine andere Branche. Der jeweilige Status quo kann in einem solchen Fall nicht nur allmählich und in kleinen Schritten verändert, sondern muss rasch und weitgehend hinter sich gelassen werden. Entscheidungen müssen dann in zeitlicher Hinsicht einen utopischen Charakter in dem Sinne annehmen, dass eine radikale Differenz zwischen der gegenwärtigen Zukunft und der zukünftigen

Gegenwart markiert wird (Luhmann 1976: 142/143). Auch Lindblom (1979: 522) sieht unter solchen Umständen durchaus eine sinnvolle „supplementation of incremental analysis by broad-ranging, often highly speculative, and sometimes utopian thinking about directions and possible futures, near and far in time."

Um dies zu ermöglichen, ist vor allem die Etablierung einer „Auszeit" erforderlich: also einer temporären künstlichen Unterbrechung des Zeitstroms von der Vergangenheit über die Gegenwart in die Zukunft, um die Gegenwart aus Vergangenheits- und Zukunftshorizonten herauszulösen (Cavan 1966: 234-241; Lyman/Scott 1970: 204). Solche „Auszeiten" sind aus dem Freizeitbereich bekannt. Spielen ist das Musterbeispiel für einen Typ von Aktivität, der um des bloßen Zeitvertreibs willen, ohne Aussicht auf irgendwelche Ergebnisse, an die späteres Handeln anschließen könnte, betrieben wird. Im Gegensatz beispielsweise zu einer Arbeitsaktivität, „which gears the individual's efforts into the needs of other persons who count on him for supplies, equipment, or services in order to fulfil their own obligations ...", gilt für Auszeiten, dass sie folgenlos bleiben. „They are bounded and insulated. They do not spill over into the rest of life and have an effect there." (Goffman 1967: 162/163)

Genau dies lässt sich nun auch für durchaus ernsthaftes und folgenreiches Handeln in Gestalt von Entscheidungen nutzen. Hierbei geht es um eine „deliberate, temporary relaxation of rules in order to explore the possibilities of alternative rules." (Cohen/March 1974: 225) Noch schärfer formuliert: „we can treat memory as an enemy." (Cohen/March 1974: 227, Hervorh. weggel.) James March (1971) spricht geradezu von einer „technology of foolishness", um zum Ausdruck zu bringen, wie weit man sich gedanklich vom Status quo und der ihm innewohnenden „Vernünftigkeit" entfernen sollte. Die Entscheidungshandelnden verhalten sich dann in ihrer Reflexion über die Entscheidungssituation so, als ob die etablierten Strukturen, Prinzipien und Verfahrensweisen keine Geltung mehr besäßen, um sich auf diese Weise größtmöglich für Alternativen zu öffnen. Solche „practices that stimulate variation" (March 1994: 94) beruhen auf einer Tabula-rasa-Fiktion, um der eigenen Status-quo-Verhaftung zu entgehen. Zugleich wird die Zukunftsungewissheit, mit der ganz neuartige Entscheidungsalternativen behaftet sind, als Beurteilungsgesichtspunkt zeitweilig suspendiert. Dadurch sollen auch radikal vom Status quo abweichende Alternativen, deren mögliche Folgen man sich kaum auszumalen in der Lage ist, zunächst mit in den Blick genommen werden. Insgesamt zielt die Etablierung einer „Auszeit" also auf eine „Aussichts-Erforschung des In-Möglichkeit-Seienden" (Bloch 1959: 240) ab – d.h. darauf, auch solche Entscheidungsalternativen zu erkunden, die man ansonsten von vornherein als „unrealistisch" beiseite geschoben hätte.

Ein Beispiel dafür, in welcher Form Auszeiten institutionalisiert werden können, wären Planungsstäbe oder -kommissionen – wenn etwa ein Ministerium auf die zahllosen Probleme seines Politikfelds nicht durch entsprechend zahlreiche punktuelle Regelungen reagiert, sondern einen Planungsstab bildet, der gleichsam am Reißbrett grundlegende Alternativmodelle für die Strukturierung dieses Politikfelds entwerfen und durchdenken soll. Ein solcher Planungsstab wird sowohl hinsichtlich der Quantität als auch hinsichtlich der Qualität seiner Alternativmodelle dann am effektivsten arbeiten, wenn auch solche Ideen produziert und aufgenommen werden, die, gemessen am Status quo, als „Spinnerei" – eben: utopisch – erscheinen. Genau dies ist aber nur möglich, wenn sich die Arbeit dieses Planungsstabs bewusst aus den eingefahrenen – nämlich durch die bisherigen Strukturen und Prozesse des Politikfelds präformierten – Denkbahnen herauslöst. Das wiederum bedingt, dass keine unmittelbar umsetzbaren Ergebnisse erwartet werden. So galt beispielsweise für die Arbeitsgruppe, die im Bundesverkehrsministerium Ende der sechziger Jahre des letzten Jahrhunderts den so genannten „Leberplan" – eine nach dem damaligen Minister benannte grundsätzliche Neuordnung des Fernverkehrs in der Bundesrepublik – ausarbeitete, u.a.: „die Arbeit der Gruppe wurde während der ersten Monate nicht nur gegenüber der Öffentlichkeit und den anderen Ressorts, sondern auch gegenüber dem eigenen Haus abgeschirmt ..." (Scharpf 1971: 51) Derart handlungs- und rechtfertigungsentlastet gewinnen Entscheidungen somit in zeitlicher Hinsicht einen experimentellen Charakter, der durch die Etablierung einer „Auszeit" ermöglicht wird. Es findet eine „suspension of judgment" (Alexander 1982: 285) bezüglich neuer Ideen statt, um nicht sogleich wieder ins Gravitationsfeld des Status quo hineinzugeraten.

Zugleich müssen derartige Entscheidungen freilich eine grundsätzliche Anschlussfähigkeit an den Status quo aufweisen. Andernfalls sind die neu entworfenen Formen der Problembearbeitung unrealisierbar, wie sich dann spätestens beim Versuch ihrer Implementation zeigt. Die projektierten neuen Wege müssen als Potentialität – als nicht nur denkbare, sondern auch verwirklichbare andere Möglichkeiten – in den bisherigen Strukturen und Prozessen der Entscheidungssituation enthalten sein. Anschlussfähige Utopien sind in diesem Sinne keine abstrakten, sondern konkrete Utopien (Bloch 1959: 224-288). Die Suche nach anschlussfähigen Utopien zielt so auf das „Noch-nicht": das, was nicht ist, aber werden kann. Die Prüfung der generierten Entscheidungsalternativen daraufhin, ob sie prinzipiell im Rahmen des Status quo umsetzbar sind, erfolgt aber eben immer erst im zweiten Schritt. Genau das macht die Besonderheit einer Bearbeitung der zeitlichen Komplexität von Entscheidungssituationen durch anschlussfähige Utopien im Unterschied zu Risikobegrenzung und Selbstkorrektivität von Entscheidungen aus. Anschlussfähige Utopien nutzen gezielt das Selbsttransformationspotential sozialer Gebilde oder individueller Biographien.

Es wäre beispielsweise müßige Tagträumerei, wenn jemand eine Lebensplanung konzipierte, die darauf beruht, dass er alsbald eine reiche Erbschaft machen wird, wenn die Voraussetzungen dafür – reiche Eltern, mit deren Ableben bald zu rechnen ist, und möglichst keine weiteren Erben – nicht gegeben sind. Auch jemand, der sich ausmalt, Professor zu werden, aber vor Erlangung der allgemeinen Hochschulreife die Schule verließ und seitdem als ungelernter Arbeiter tätig gewesen ist, hängt einer abstrakten Utopie nach – zumindest solange, wie es keine institutionalisierten Möglichkeiten gibt, das Abitur nachzumachen oder durch Sonderprüfungen zum Studium zugelassen zu werden, was ja der unabdingbare erste Schritt hin zum Professorenstatus ist. Inzwischen existieren solche Wege, auch später noch studieren zu können, wodurch dieser Wunsch einer Professorenkarriere eine anschlussfähige Utopie geworden ist – wie unwahrscheinlich auch immer sie nach wie vor sein mag.

Utopisches Denken wird oft pauschal als Luxus angesehen, dem sich nur hingeben kann, wer zu viel Zeit übrig hat. Daran ist einerseits richtig, dass diese Radikalisierung des ausschweifenden Blicks, wie alle Komponenten von Planung, voraussetzt, dass der Entscheider keinem ihn auf Inkrementalismus beschränkenden Zeitdruck unterliegt. Andererseits gibt es Situationen, in denen die Devise eines Entscheidungshandelnden nur lauten kann: Sei realistisch – also utopisch! Das sind genau die schon angesprochenen Situationen, in denen Inkrementalismus absehbar in eine Sackgasse führt. Ab einem bestimmten Zeitpunkt der Problemeskalation ist freilich die Chance, sich eine „Auszeit" nehmen zu können, vertan. Umso wichtiger ist es, dass Entscheidungshandelnde im Sinne einer aktiven Problemsondierung frühzeitig erkennen, dass sich etwas zusammenbraut, und dann noch die Zeit zum „mixed scanning" haben. Das wiederum setzt voraus, die ebenfalls bereits erwähnte Paradoxie aufzulösen, dass man sich schon und ausgerechnet dann, wenn Inkrementalismus ganz passabel funktioniert, anstrengt, ein höheres Rationalitätsniveau zu erreichen. Diese Überwindung von „Inertia" setzt letztlich ein solches Wollen oder gar Sollen voraus, wie es in dem Sprichwort zum Ausdruck kommt: „Das Bessere ist der Feind des Guten." Ein Entscheider darf sich demgemäß solange nicht zufrieden geben, wie ihm eine noch weitere Steigerung des Rationalitätsniveaus seiner Entscheidung als machbar erscheint.

## 6.4 „Something Better"

Genau das Letztgesagte lässt sich als normativer Appell an den von Thomas Schelling (1981: 15-17) als Charakteristikum ökonomischen Denkens propagierten „'something better' approach" anhängen. Dieser ist „a technique that economics commonly employs in addressing whether a particular condition or policy or program has virtue. That technique is to explore whether, in respect of alternative outcomes or consequences, some alternative policy or condition or program is 'better'." (Schelling 1981: 15) Ökonomisches Denken kennt keinen absoluten Maßstab für den Nutzen eines Gutes oder die Güte einer Entscheidung; es kann lediglich im Vergleich zweier oder mehrerer Güter oder Entscheidungen deren jeweiligen relativen Nutzen bzw. relative Güte bestimmen. Etwas ist nützlicher oder besser als etwas anderes. Am Beispiel der politischen Entscheidung, Benzin zu rationieren, macht Schelling (1981: 15) klar: „Of gasoline rationing we explore whether there is something better, something that meets whatever objectives rationing was supposed to fulfill and does a little more besides, or meets some of them more amply, or achieves the same results at lower costs to someone concerned."

Als zunächst einmal bloß kognitive Technik vergleicht der „'something better' approach" bereits vorliegende Alternativen der Problembearbeitung im Hinblick auf ihr Rationalitätsniveau. Als normativer Appell gefasst trägt der „'something better' approach" auf, solange wie möglich nach noch besseren Alternativen zu suchen. Er stellt damit eine Überwindung des „satisficing" beim inkrementalistischen Entscheiden dar. Wie auch „mixed scanning", beruht der „'something better' approach" auf einer Zweistufigkeit des Entscheidens.

*Anspruchsniveau und Restzeit*
In der Darstellung des „satisficing" im Kapitel 5 habe ich darauf hingewiesen, dass das Anspruchsniveau der Entscheidungshandelnden keine konstante Größe darstellt, sondern sich nach oben oder unten verschieben kann – je nachdem, wie einfach oder schwierig es zu erreichen ist. Dies betrifft längerfristige Anpassungen des Anspruchsniveaus an die Realitäten des betreffenden Entscheidungsproblems, so wie es sukzessiv in einer Abfolge von Entscheidungen bearbeitet wird. Kurzfristig, im Rahmen einer ein-

zigen Entscheidung, sieht „satisficing" hingegen keine Veränderung des Anspruchsniveaus vor. Inkrementalistisches Entscheiden begnügt sich vielmehr damit, eine Entscheidungsalternative zu finden, die dem Anspruchsniveau genügt – und diese Alternative wird dann ohne Vergleich mit weiteren Alternativen gewählt. Hier fungiert also das konstant gehaltene Anspruchsniveau als absoluter Maßstab, dem eine Entscheidung jeweils genügen muss.

Das so ablaufende „satisficing" stellt im „'something better' approach" die erste Stufe der Alternativenauswahl dar. Die auf diese Weise gefundene Entscheidungsalternative bildet die Rückfallposition des weiteren Vorgehens: Man hat eine zumindest befriedigende Entscheidungsalternative in der Hinterhand.[24] Die zweite Stufe kommt dann zum Tragen, wenn man nun noch etwas Zeit zum Überlegen übrig hat. Dann kann man, mit dieser Sicherheit im Rücken, schauen, ob man nicht vielleicht eine noch bessere Entscheidungsalternative findet. March (1994: 20) stellt fest: „consideration often continues for some more or less predetermined time, rather than strictly until the first satisfactory alternative is found."

Das weitere Vorgehen kalkuliert folgende Größen:

- Wie viel besser als das Anspruchsniveau ist die gefundene Alternative? Je weniger sie das Anspruchsniveau überschreitet, desto größer ist die Neigung, die verbleibende Zeit zur Suche nach besseren Alternativen zu verwenden.
- Wie viel Zeit bleibt noch für die Entscheidung? Je mehr Zeit bleibt, desto größer ist die Neigung zur Suche nach besseren Alternativen.
- Wie wichtig ist diese Entscheidung im Vergleich mit anderen aktuellen Möglichkeiten der Zeitverwendung – u.a. anderen Entscheidungen, aber auch zum Beispiel Freizeitaktivitäten etc.? Je

---

[24] Vorausgesetzt, dass diese hinreichend lange verfügbar bleibt. Das ist, wie schon in Kapitel 5 angesprochen, nicht immer so. Bei einer Mietwohnung muss ich mich oftmals schnell entscheiden, damit sie nicht ein Mitbewerber bekommt. Verallgemeinert: Immer dann, wenn eine Entscheidungsalternative den Zugriff auf ein knappes und ständig umkämpftes Gut impliziert, kommt wieder Zeitknappheit mehr oder weniger drastisch ins Spiel.

wichtiger die Entscheidung ist, desto größer ist die Neigung, mit der Suche nach besseren Alternativen fortzufahren.
- Wie aufwendig und Erfolg versprechend erscheint die Suche nach einer besseren Alternative? Je geringer der erforderliche Aufwand und je größer die Erfolgswahrscheinlichkeit zu sein scheint, desto größer ist die Neigung, weiter zu suchen.

Wenn entsprechend dieser Kalkulation die Suche nach einer noch besseren Alternative unternommen worden und erfolgreich gewesen ist, stellt sich wiederum die Frage: Wie viel Zeit bleibt noch, und soll weiter gesucht werden? Gegebenenfalls kommt diese Frage nach dem „something better" noch mehrere Male auf. Die Anzahl der Wiederholungen dieser Prüfung ergibt sich – außer aus dem Grad der Schwierigkeit, etwas Besseres zu finden – aus den je entscheidungsspezifischen Zeiteinheiten. Bei manchen Entscheidungen wird stündlich, bei anderen täglich, bei wieder anderen monatlich die Aufmerksamkeit darauf gelenkt, dass man weiter nach einer besseren Alternative suchen soll; und dementsprechend bemisst sich die Anzahl der Durchläufe.

Die bisherigen Überlegungen unterstellen, dass sich das zu bewältigende Problem in dem Zeitraum, der für die Entscheidung zur Verfügung steht, nicht weiter verschlechtert. Oftmals ist freilich genau das der Fall. Dann gilt es, hat man eine befriedigende Entscheidungsalternative gefunden, abzuwägen: Der voranschreitenden Problemverschlechterung, die eine befriedigende Problembewältigung immer aufwendiger macht, ist die Wahrscheinlichkeit, eine deutlich bessere Entscheidungsalternative zu finden, gegenüberzustellen. Je schneller sich das Problem verschlechtert, also etwa die Absatzzahlen eines Unternehmens zurückgehen, und je unwahrscheinlicher es ist, „something better" zu finden, desto eher sollte man es beim „satisficing" belassen.

*Planung und Inkrementalismus*
„Something better" ist eine der vier hier behandelten Komponenten von Planung. Jede einzelne kann das Rationalitätsniveau einer

Entscheidung gegenüber dem Inkrementalismus steigern; und in Kombination miteinander gilt das erst recht. Damit stellt sich aber Planung insgesamt gegenüber dem Inkrementalismus als „'something better' approach" dar. Wie schon gesagt, kann ein Entscheidungshandelnder sich Planung leisten, weil er selbst dann, wenn ein Planungsprozess ergebnislos bleibt, auf Inkrementalismus zurückfallen kann. Es handelt sich also bei aktiver Problemsondierung, Mehrheitsentscheidungen und Empathie, „mixed scanning" und dem „'something better' approach" allesamt um kontrollierte Risiken.

Voraussetzung von Planung ist freilich, dass die Komplexität der Entscheidungssituation unter dem Niveau liegt, auf dem nur Inkrementalismus oder sogar noch weniger – siehe dazu das folgende Kapitel – möglich ist. Erinnert sei aber nochmals daran, dass die Komplexität von Entscheidungssituationen den involvierten Akteuren nicht völlig unbeeinflussbar vorgegeben ist. In einer einzelnen Situation ist dies zwar häufig so – vor allem immer dann, wenn schnell entschieden werden muss. Doch insbesondere dann, wenn eine bestimmte Art von Entscheidungssituation sich für einen Akteur mehr oder weniger regelmäßig wiederholt, kann er auf längere Sicht die Komplexität der Situation gezielt reduzieren und so etwa dafür sorgen, dass er von einem Komplexitätsniveau, das nur Inkrementalismus zulässt, allmählich auf ein Niveau gelangt, auf dem Planung möglich wird. Allein schon, dass der Akteur Erfahrungen mit dieser Art von Entscheidungssituation sammelt, trägt in gewissem Maße zur Komplexitätsreduktion bei. Wenn sich dann zugleich im Zeitverlauf Vertrauen zwischen den Entscheidungsbeteiligten aufbaut, reduziert sich auch das Konfliktniveau, und wechselseitige Erwartungssicherheit stellt sich ein. Besteht schließlich auch noch die Möglichkeit, durch Meta-Entscheidungen über die institutionellen Strukturen des Entscheidens – wie etwa Verfahrensregeln – weitere Komplexität zu reduzieren, lässt sich spätestens nicht mehr davon sprechen, dass die Akteure der Komplexität der Entscheidungssituation gleichsam ausgeliefert sind.

Am dringendsten erforderlich – als alle anderen Maßnahmen der Komplexitätsreduktion flankierende Maßnahme – ist es auf jeden Fall, sich mehr Zeit zu verschaffen. Für alle vier Komponenten von Planung stellt dies eine Conditio sine qua non dar. Neben vielen situationsspezifischen Vorkehrungen, die getroffen werden können, um Zeit zu gewinnen, steht eine generelle Strategie. Sie besteht darin, viele Entscheidungen inkrementalistisch und damit vergleichsweise schnell zu treffen, um sich bei wenigen Entscheidungen mehr Zeit nehmen und Planung leisten zu können. Damit stellt sich das Verhältnis von Planung und Inkrementalismus ähnlich dar, wie ich im Kapitel 1 das Verhältnis von Entscheiden und nicht-entscheidungsförmigem Handeln porträtiert habe: So wie Entscheiden der Luxus ist, den man sich nur leisten kann, weil man meistens nicht-entscheidungsförmig handelt, so ist auch Planung der Luxus, den man sich durch viel Inkrementalismus erarbeiten muss.

Es wäre allerdings zu einfach, würde man den Inkrementalismus allein in einem solchen Ermöglichungsverhältnis zur Planung sehen. Inkrementalismus kann Planung auch umgekehrt unmöglich machen. Das ist immer dann der Fall, wenn er selbst dafür sorgt, dass die Komplexität einer Entscheidungssituation dauerhaft so hoch bleibt oder sogar erst so ansteigt, dass nicht mehr als Inkrementalismus möglich ist. Das ist es, was den Inkrementalismuskritikern letztlich schwant, wenn sie dieser Strategie begrenzter Rationalität „Inertia" vorhalten: dass inkrementalistisches Entscheiden sich selbstzufrieden einrichtet und gar keine Ambitionen mehr hat, über sich selbst hinaus zu gelangen.

Planungseuphorie und inkrementalistisches Phlegma: Entscheiden bewegt sich oftmals zwischen diesen beiden höchst unterschiedlichen, aber gleichermaßen unguten Polen und muss zu vermeiden versuchen, ihnen zu nahe zu kommen. Planung zu versuchen, wo sie nicht möglich ist, und im Inkrementalismus zu verharren, wo mehr möglich wäre: Beides ist schädlich für die Rationalität des Entscheidens.

# 7 Weniger als Inkrementalismus: Im Spiel bleiben

Was tun Akteure, die in Situationen sehr hoher Komplexität rationale Entscheidungen treffen müssen? Solche Situationen zeichnen sich in der Sachdimension dadurch aus, dass sie für die Betreffende weitgehend oder gar völlig undurchschaubar sind. Oftmals muss sie auch davon ausgehen, dass ihr Entscheiden – egal, was sie tut – nur in sehr geringem Maße auf das ablaufende Geschehen einwirkt. Auch in der Sozialdimension ist ihr Entscheiden marginal. Über viel mehr als flüchtige Beobachtungen der je anderen verfügt der Akteur nicht. Weder vermag er einen nennenswerten gezielten Einfluss auf sie auszuüben, noch finden Verhandlungen statt. Er kann sich lediglich dem Handeln der anderen, wie er es registriert und antizipiert, anpassen. In der Zeitdimension schließlich unterliegt er immer wieder sehr hoher Zeitknappheit, muss aus dem Stand blitzschnell reagieren.

Planung ist unter diesen Umständen völlig unmöglich. Noch nicht einmal Inkrementalismus lässt sich realisieren. Muss damit jeglicher Anspruch auf Rationalität aufgegeben werden? Oder gibt es rationales Entscheiden auf sub-inkrementalistischem Niveau? Mit dieser Frage hat sich die Entscheidungsforschung bislang wenig beschäftigt. Der Inkrementalismus gilt weithin als Minimum dessen, was man bereit ist, rational zu nennen. Weniger als Inkrementalismus: Kann das noch etwas anderes als Irrationalität sein – ob nun in Form emotionaler Panikreaktionen oder als ritualistische Fixiertheit auf obsolete Routinen oder Traditionen?

In diesem Kapitel werden drei Muster sub-inkrementalistischen Entscheidens näher vorgestellt: erstens der Rekurs auf Rationalitätsfiktionen und -fassaden, zweitens Improvisation und drittens das Warten auf eine Chance. Das erste dieser Muster verhält sich zu einer um Rationalität bemühten Entscheidung wie eine Fertigsuppe zu einer aus frischen Zutaten selbst zubereiteten Suppe. Rationalitätsfiktionen und -fassaden erwecken nur noch den Anschein von Rationalität, so wie die Fertigsuppe den Anschein des eigenen Kochens. Die anderen beiden Muster sub-inkrementalistischen Entscheidens bekennen sich hingegen offen dazu, nicht einmal mehr „satisficing", geschweige denn Besseres erreichen zu können. Es geht ihnen nicht länger um Effektivität, Effizienz o.ä.; es geht nur noch darum, durchzuhalten, weil das immerhin die Chance bietet, von – hoffentlich kommenden – besseren Zeiten zu profitieren.

Das Gemeinsame aller drei Muster besteht also darin, dass Entscheidungshandelnde sich bereits damit zufrieden geben müssen, dass es ihnen gelingt, überhaupt im Spiel zu bleiben. Mittels Rationalitätsfiktionen und -fassaden wahren sie dabei vor sich selbst bzw. zumindest vor anderen noch den schönen Schein eines rationalen Entscheidens, oft sogar auf einem deutlich gehobeneren Niveau als ein inkrementalistisches „Sich-durchwursteln". Wenn dieser Anschein eines souveränen Mitspielens in der Entscheidungsgesellschaft nicht mehr aufrecht zu halten ist, kann man durch Improvisation oder Warten versuchen, zumindest zu vermeiden, dass man ganz aus dem Spiel herausfällt. Wenigstens das – sozusagen das Existenzminimum in der Entscheidungsgesellschaft – noch schaffen zu können, macht die begrenzte Rationalität dieser Muster des Entscheidens aus.

## 7.1 Täuschungen und Selbsttäuschungen des Entscheidens

Vieles Handeln, das als rationale Entscheidung deklariert wird, tut nur so. Wir treten gegenüber anderen so auf, als ob wir eine rationale Handlungswahl vornähmen; wir glauben das nicht selten sogar selbst. Weitergehender ist eine solche Vorspiegelung von Rationalität, die auch den betreffenden Akteur selbst einbezieht, also als Selbsttäuschung angelegt ist. Derartige Rationalitätsfiktionen lassen sich von Rationalitätsfassaden unterscheiden, bei denen der Betreffende nur den anderen, aber nicht sich selbst etwas vormacht. Scheinheiligkeit und Hochstapelei sind hier zum Einsatz kommende moralische Kategorien, während Selbsttäuschungen psychologisch pathologisiert werden. Derartige Bewertungen sollen hier allerdings aus dem Spiel bleiben. Es geht wie auch sonst in dieser Untersuchung allein um die analytische Frage, wie Handelnde mit den ihnen zugemuteten Entscheidungen umgehen.

*Rationalitätsfiktionen* [1]
Fiktionen sind – hier lässt sich an die weit ausholenden Überlegungen Hans Vaihingers (1918) anschließen – *Als-ob-Konstrukte*. Vaihinger interessiert sich aus einer erkenntnistheoretischen Perspektive insbesondere für die deskriptiv simplifizierende Funktionalität von Fiktionen. So spricht er u.a. von den „abstraktiven" bzw. „neglektiven Fiktionen", die so beschaffen sind, „daß sie absichtlich nur einen Bruchteil der Wirklichkeit an die Stelle der ganzen Fülle der Ursachen und Tatsachen setzen." (Vaihinger 1918: 28-36) Ein berühmtes Beispiel dafür ist der Homo oeconomicus. Der wirtschaftswissenschaftliche Beobachter sieht einen Konsumenten so, als ob dieser ein Homo oeconomicus wäre, und baut darauf seine theoretischen Modelle auf. Dabei weiß der Wissenschaftler jederzeit, dass dies nicht nur ein vereinfachtes, sondern auch ein verzerrtes Bild des Konsumenten darstellt.

Rationalitätsfiktionen haben allerdings, anders als die „abstraktiven Fiktionen", keinen zunächst einmal deskriptiven Charakter, aus dem dann erst mittelbar Präskriptives folgen kann. Rationalitätsfiktionen sind vielmehr *unmittelbar präskriptiv*. Sie empfehlen für bestimmte Entscheidungsprobleme bestimmte Entscheidungen oder zumindest deutlich eingegrenzte Richtungen des Entscheidens; und diese Empfehlung tritt so suggestiv auf, dass der Akteur sich das, was eigentlich eine Entscheidung ausmacht, subjektiv guten Gewissens sparen kann. Die im Kapitel 1 erläuterte Thematisierung der Kontingenz der gewählten Alternative vor dem Hintergrund der nicht gewählten Alternativen und die Begründung dieser Wahl als rational erscheinen entbehrlich. Anders

---

[1] Dieser Abschnitt beruht auf Schimank (2006).

gesagt: Rationalitätsfiktionen sind intersubjektiv geteilte Routinen, die sich darstellen, als ob es sich um Entscheidungen handele.

Wenn sich beispielsweise jemand dazu entschließt, regelmäßig Sport zu treiben, um die eigene Gesundheit zu fördern, gilt dies heutzutage als eine rationale Entscheidung. Dabei hat der Betreffende überhaupt nicht länger darüber nachgedacht, welche verschiedenen Wege es für ihn speziell geben könnte, gesünder zu leben – geschweige denn: ob es sich in Konkurrenz mit anderen Lebenszielen überhaupt lohnt, stärker auf die eigene Gesundheit zu achten. Vielleicht ist der Person ja die eigene berufliche Karriere viel wichtiger als ein langes Leben; oder sie müsste bei genauerem Hinsehen entdecken, dass ihr ausschweifendes Sexualleben oder ihre Freude an üppigem Essen und Trinken gar nicht zu einer Prioritätensetzung für Gesundheit passt. Und selbst wenn ihr Gesundheit so wichtig ist, wären auch andere Alternativen neben dem Sport als Mittel der Gesundheitsförderung zu bedenken: etwa vegetarische Ernährung, Stressreduktion, regelmäßigere Vorsorgeuntersuchungen, längerer Schlaf usw. All dies bleibt ausgeblendet, wenn jemand einfach der Rationalitätsfiktion folgt, dass Sport gesund sei. Aber behandelt wird der Entschluss, Sport zu treiben, so, als hätte der Betreffende sich diesen Horizont anderer Möglichkeiten vergegenwärtigt, bevor seine Wahl auf das Sporttreiben fiel. Und natürlich wird darüber hinaus auch unterstellt, dass der Wirkungszusammenhang zwischen Sporttreiben und Gesundheitssteigerung kritisch geprüft und abgesichert ist.[2] Doch nichts davon ist tatsächlich der Fall. Die Entscheidungsförmigkeit der Wahl einer Handlungsalternative und damit auch die prozedurale Rationalität dieser Wahl sind hochgradig fingiert.

Beim Rekurs auf Rationalitätsfiktionen glaubt auch und gerade der betreffende Akteur selbst, sich rational entschieden zu haben – und zwar in dem Sinne, dass er davon überzeugt ist, dass diejenige Alternative, die er auf der Grundlage der Rationalitäts-

---

[2] Umfangreiche empirische Forschungen hierzu vermitteln ein ambivalenteres Bild – siehe nur Knoll (1997), Sobiech (2000) und Weiß et al. (2000) als neuere Literaturüberblicke.

fiktion wählt, dieselbe ist, auf die er auch nach aufwendigen eigenen Überlegungen gekommen wäre. Einer Rationalitätsfiktion zu folgen, heißt also: im Ergebnis so zu wählen, als ob man sich entschieden hätte. Man könnte auch von einer Quasi-Entscheidung sprechen, die ein allgemein akzeptables funktionales Äquivalent für aufwendiges Entscheiden darstellt: „Entscheidungen von der Stange" statt Einzelanfertigungen.

Erst als solche Selbsttäuschungen wirken Rationalitätsfiktionen für den betreffenden Akteur komplexitätsreduzierend. Diese Funktion lässt sich in zeitlicher, sachlicher und sozialer Hinsicht ausmachen:

- In zeitlicher Hinsicht verschafft der Rückgriff auf eine Rationalitätsfiktion dem Akteur große *Zeitgewinne*. Er muss keine aufwendigen Such- und Bewertungsprozesse durchführen, um eine bestimmte Alternative auszuwählen; sondern diese wird ihm gleichsam alternativlos präsentiert.
- In sachlicher Hinsicht leistet eine Rationalitätsfiktion angesichts unvollständiger Informationen über eine komplexe Entscheidungssituation eine durchgreifende *Unsicherheitsabsorption*. Anstatt benötigte Informationen mit großem Aufwand zu suchen und sich dabei erst richtig zu vergegenwärtigen, wie wenig man über die Entscheidungssituation weiß, hat man ohne größeres Kopfzerbrechen ein klares Bild davon, was zu tun ist.
- In sozialer Hinsicht liefert der Rückgriff auf eine Rationalitätsfiktion eine unbezweifelte *Legitimität* dessen, was man tut. Diese erschwert zum einen Dissens, wie er aus Interessenunterschieden hervorgeht, und trägt so wesentlich dazu bei, dass man sich auch gegen potenziellen Widerstand anderer auf eine bestimmte Wahl festzulegen vermag.[3] Zum anderen kann die Entscheidung auch dann, wenn sie nicht zum gewünschten Er-

---

[3] Die Reduktion von Dissens sorgt weiterhin dafür, dass das handelnde Zusammenwirken von Akteuren sich leichter abstimmen lässt und wechselseitige Erwartungssicherheit zunimmt.

folg führt oder unerwünschte Nebenwirkungen mit sich bringt, gegenüber Kritik rechtfertigt werden. Denn wer das tut, was allgemein als rational gilt, kann eigentlich nichts falsch gemacht haben; etwaige problematische Folgen lassen sich dann auf nicht zu verantwortende widrige äußere Umstände zurechnen.

Das obige Beispiel einer Rationalitätsfiktion – dass Sport gesund sei – weist beide Orientierungsdimensionen des Handelns auf, in denen sich Fragen der Rationalität stellen. Die eine Dimension ist die *kognitive*. In ihr geht es darum, möglichst effektive oder effiziente Mittel zur Realisierung eines bestimmten Zwecks auszumachen. Dieses Mittel ist im Beispiel das Sporttreiben. Die andere Orientierungsdimension ist die *evaluative*. In ihr geht es um die Rationalität von Zwecken bzw. dahinter stehenden Werten. Welche relative Wichtigkeit kommt einem bestimmten Zweck angesichts oftmals vieler konkurrierender anderer Zwecke zu? Dieser Zweck ist hier die Erhaltung der eigenen Gesundheit. Manche Rationalitätsfiktionen betonen eher die kognitive, andere heben die evaluative Dimension hervor, und wieder andere bringen – wie das Beispiel – beide Dimensionen gleichermaßen zum Ausdruck.

Rationalitätsfiktionen kommen auf unterschiedlichen Generalisierungsniveaus vor. Auf der einen Seite gibt es sehr spezifische Rationalitätsfiktionen, die sich auf eng umrissene Entscheidungsprobleme beziehen. Dies wäre beispielsweise die „gängige Vorstellung ..., daß Organisationen EDV nutzen ..." müssen: „Eine Organisation, die das nicht tut, erscheint uns unmodern, nicht mehr zeitgemäß, wenig rational." (Walgenbach 1999: 320) Ein anderes Beispiel für eine ähnlich spezifische Rationalitätsfiktion wäre die Aussage, dass bei Berufswahlentscheidungen Berufsberater eine geeignete Anlaufstelle sind, um eine bessere Wahl treffen zu können. Ein sehr hohes Generalisierungsniveau weist demgegenüber die Rationalitätsfiktion auf, dass mehr Informationen nie schaden können, um eine gute Entscheidung zu treffen. Vielleicht die generellste in der westlichen Moderne verbreitete Rationalitätsfiktion lautet: Angesichts eines Problems irgendetwas zu tun, ist allemal besser, als völlig untätig zu bleiben. Diese hochgradig generalisierten Rationalitätsfiktionen beziehen sich auf jede Art von Entscheidungen – gleichgültig, wo und wie sie zu treffen sind. Auf einem mittleren Generalisierungsniveau sind schließlich solche Rationalitätsfiktionen angesiedelt, die sich auf Entscheidungsprobleme in bestimmten gesellschaftlichen Teilsystemen oder gegenüber größeren Gruppen von Personen beziehen. Dazu gehört etwa die Rationalitätsfiktion, dass Bildung für die Lebensführung wichtig ist und durch „lebenslanges Lernen" immer wieder erneuert werden muss. Ein anderes Beispiel wäre die Rationalitätsfiktion, dass ein möglichst ungezügelter Marktwettbewerb zu optimalen Produktions- und Verteilungsergebnissen führt. Auch Geschlechterstereotype, die sich etwa in Personalentscheidungen von Organisationen niederschlagen, illustrieren Rationalitätsfiktionen auf mittlerem Generalisierungsniveau – wenn z.B. Frauen für bestimmte Posten nicht in Betracht gezogen werden, weil sie zu emotional seien. Je höher das Generalisierungsniveau einer Rationalitätsfiktion, desto weiter ist ihr Einsatzbereich, und desto mehr Akteure müssen sie subjektiv plausibel finden, damit sie – in der Sprache der Juristen – als „herrschende Meinung" inthronisiert ist, auf die dann jeder einzelne Entscheidungshandelnde, ohne weiter nachdenken zu müssen, zurückgreifen kann.

Alle angeführten Beispiele von Rationalitätsfiktionen illustrieren deren Schillern zwischen Wahrheit und Vorurteil. Letztere Seite betont, wer – wie Peter Walgenbach (1999: 325) – von „Rationalitätsmythen" spricht.[4] Für Walgenbach (1999: 325, Hervorh. weggel.) handelt es sich um „Mythen in dem Sinne, dass ihre Möglichkeit und Wirksamkeit von einem geteilten Glauben an sie abhängt, sie also nicht einer objektiven Prüfung unterzogen wer-

---

[4] Walgenbach verallgemeinert hier Überlegungen von John Meyer und Brian Rowan über Mythen rationaler Organisation (Meyer/Rowan 1977). Siehe auch mit positiver Wertung Lichtenberg (1958: 63): „Die Vorurteile sind sozusagen die Kunsttriebe der Menschen; sie tun dadurch vieles, das ihnen zu schwer werden würde, bis zum Entschluß durchzudenken, ohne alle Mühe."

den können ..." Wissenssoziologisch kommt es jedoch für die alltagspraktische Verwendung solcher Vorstellungen über rationale Zwecksetzungen und Mittelwahlen gar nicht darauf an, ob eine wissenschaftliche Fundierung vorliegt oder nicht. Diese wäre ohnehin, wie nicht nur der Kritische Rationalismus lehrt, ein stets vorläufiges Konstrukt. Wer von „Mythen" spricht, tut dies allzu leicht mit einem denunziatorischen ideologiekritischen Unterton.[5] Die Etikettierung einer Rationalitätsfiktion als wissenschaftliche Wahrheit ist alltagspraktisch in der modernen Gesellschaft nicht mehr als eine besonders wirksame Begründungsformel – anders gesagt: ein besonders wirksamer Schutzschild gegen Skeptizismus. Was Peter Berger und Thomas Luckmann bezüglich institutioneller Regeln mit dem von Marx adaptierten Begriff der „Verdinglichung" belegen (Berger/Luckmann 1966: 106-109), gilt auch für Rationalitätsfiktionen als kulturelle Deutungsmuster. Sie werden allesamt für objektiv wahr gehalten – gleichgültig, ob sie tatsächlich wissenschaftlich abgesichert sind und in welchem Maße das der Fall ist, oder ob dies nur eine Einbildung oder Vortäuschung darstellt. Auch der Antisemit beispielsweise, zu dessen Ausstattung mit Rationalitätsfiktionen es gehört, sich durchgängig dazu zu entscheiden, mit Juden keine Geschäfte zu machen, wird für dieses Vorurteil hinsichtlich der vermeintlichen Gerissenheit dieser Bevölkerungsgruppe heutzutage nicht mehr nur die allgemeine Lebenserfahrung, sondern angebliche wissenschaftliche Studien anführen. Nicht viel anders stützt sich gegenwärtig die „neoliberale" Wirtschaftspolitik auf – wie Claus Offe (2003: 23) es treffend genannt hat – „wissensarme Gewissheiten", die kurzerhand mit den Weihen bestimmter wirtschaftswissenschaftlicher Schulen versehen zu „allseits unbezweifelten Lebenstatsachen" deklariert werden.

Diese mit jeder Rationalitätsfiktion verbundene Wahrheitsprätention begründet das eigentümliche Verhältnis von Fiktion und

---

[5] Dieser bleibt selbst dann bestehen, wenn konzediert wird, dass Menschen nun mal auf Mythenbildung angewiesen sind. Umso schlimmer – aus der Sicht eines furchtlosen Aufklärers!

Selbsttäuschung.⁶ Einerseits ist sich der Akteur, der auf eine Rationalitätsfiktion rekurriert, darüber bewusst, dass er genau besehen keine rationale *Entscheidung* trifft, weil er sich eben den damit verbundenen Aufwand subjektiv unübersehbar nicht macht. Die Wahl der Handlungsalternative fällt ihm viel zu leicht, um als Entscheidung eingestuft zu werden. Dass der Akteur andererseits dennoch – eben im Modus des Als-ob ebenso subjektiv plausibel – davon ausgeht, eine *rationale* Entscheidung getroffen zu haben, begründet sich daraus, dass er überzeugt ist, seine Wahl auf gleichsam wissenschaftlicher Grundlage zu treffen. Wissenschaftliche Wahrheit schließt gewissermaßen die rationale Entscheidung kurz. Der Akteur braucht nicht mehr selbst zu entscheiden, weil es eine eindeutig prädestinierte Alternative gibt. Diese sich als verdinglichte Wahrheit konstituierende Selbsttäuschung des Akteurs ermöglicht es ihm, seinen Verzicht auf eine rationale Entscheidung ganz offen als eine rationale Entscheidung anzusehen. Wenn er sich tatsächlich mit allem prozeduralen Aufwand selbst entschieden hätte, wäre seine Wahl – so die Unterstellung – nicht anders ausgefallen, sie hätte aber viel länger gedauert.

*Genese von Rationalitätsfiktionen*
Die moderne Gesellschaft stellt ein immenses Repertoire an Rationalitätsfiktionen bereit, so dass Akteure zwar vielleicht nicht in jeder Situation, aber doch in vielen und immer mehr Situationen über Rationalitätsfiktionen verfügen. Oft drängen diese sich geradezu auf, ohne dass man groß nach ihnen suchen müsste.

Nicht selten kann man sogar von einem Überangebot an Rationalitätsfiktionen sprechen. Dieses kann funktionalitätsmindernd wirken, wenn ein Akteur für ein und dieselbe Entscheidung über zwei oder mehr inkompatible Rationalitätsfiktionen verfügt. Was tut z.B. ein Jugendlicher, der eine Studienwahlentscheidung zu

---

⁶ Siehe auch die komplizierte Überlegung La Rochefoucaulds: „Es gibt verkappte Unwahrheiten, die die Wahrheit so natürlich spielen, daß sich von ihnen nicht täuschen zu lassen, Mangel an Urteil gleichkäme." (Schalk 1938: 35)

treffen hat und dem einerseits gesagt wird: Am wichtigsten für eine längerfristig zufrieden stellende Wahl sei es, Arbeitsmarkt- und Karrierechancen zu optimieren – auch wenn man sich dann für ein relativ uninteressantes Studium entscheiden muss. Andererseits wird dem Jugendlichen vermittelt: Nur das, woran jemand längerfristig intrinsisch interessiert ist, stelle subjektive Arbeitszufriedenheit sicher – und damit die motivationale Triebkraft, die einen hohen Arbeitseinsatz und darüber vermittelte Karrierechancen sicherstellt. Man denke auch an die von Herbert Simon (1946b) spöttisch vorgeführten „proverbs of administration" der klassischen amerikanischen Managementlehre. Zu jedem der angeblich wissenschaftlich fundierten Managementprinzipien existierte bei näherem Hinsehen ein anderes Prinzip, das das genaue Gegenteil empfahl.

Neben einem partiellen Überangebot, also einer zeitlichen Koexistenz sachlich divergierender Rationalitätsfiktionen, findet sich in immer mehr Bereichen inzwischen auch eine zeitliche Dynamik rasch wechselnder Moden sachlich ganz unterschiedlicher Rationalitätsfiktionen. Am häufigsten beobachtet wurde dies im Bereich der Organisationsberatung (Kieser 1996; Faust 2000). Aber auch für andere Entscheidungsprobleme, etwa eine gesunde Ernährung, wechseln die Rationalitätsfiktionen buchstäblich jedes Jahr. Zwar gibt es in derartigen Fällen zu jedem Zeitpunkt eine vorherrschende Rationalitätsfiktion – aber der rasche Wechsel setzt doch nach einiger Zeit jede neue Rationalitätsfiktion einem ähnlichen Zweifel aus, wie dies auch bei zwei simultan etablierten einander widersprechenden Rationalitätsfiktionen der Fall ist.

Um die Genese und Reproduktion von Rationalitätsfiktionen einschließlich deren Überproduktion und modischen Wechsel zu verstehen, muss man sich die Akteurkonstellationen, in denen Entscheidungshandelnde stehen, genauer anschauen.[7] Am elementarsten sind Konstellationen wechselseitiger Beobachtung. In solchen Konstellationen passt jeder Akteur sein Handeln dem an, was er

---

[7] Generell zu den Akteurkonstellationen siehe Schimank (2000: 169-331) sowie Kapitel 3.

als die durch die Gesamtheit der anderen Akteure bewirkte soziale Dynamik zu erkennen meint. Jeder orientiert sich also jeweils an den anderen und ist zugleich einer der anderen für die anderen. Paul diMaggio und Walter Powell haben die Genese und Reproduktion von Rationalitätsfiktionen in derartigen Konstellationen oftmals sehr vieler Akteure als „*mimetic isomorphism*" gefasst (diMaggio/Powell 1983). Ein Akteur, der eine bestimmte Entscheidung zu treffen hat, nimmt in solchen Konstellationen diejenigen anderen Akteure in den Blick, die bereits vor demselben oder zumindest einem ähnlichen Entscheidungsproblem gestanden haben; er schaut sich an, was sie getan haben und was dabei herausgekommen ist; und dann trifft er seine eigene Entscheidung so, wie diejenigen sie getroffen haben, die nach seiner Einschätzung am besten mit dem betreffenden Entscheidungsproblem zu Rande gekommen sind. Wenn viele oder sogar alle betreffenden Akteure so vorgehen, entstehen Rationalitätsfiktionen aus dem kollektiven Kopieren von Erfolgsrezepten – genauer gesagt: von Entscheidungen, die von einer Vielzahl anderer Akteure als erfolgreich angesehen werden. Anders gesagt, gehen Rationalitätsfiktionen aus „bandwagon"-Effekten als sich selbst erfüllende Prophezeiungen hervor.

Ein Akteur, der aus einer derartigen Beobachtung anderer Akteure Erfolgsrezepte destilliert, stuft dies als Lernen ein. Genau darin sieht er die prozedurale Rationalität seiner Entscheidung, bestimmte andere nachzumachen. Bei genauerem Hinsehen entpuppt sich diese Selbsteinschätzung freilich als höchst trügerisch. Der zunächst einmal ratlose Akteur ist zum einen nur allzu bereit, zu unterstellen, dass die eigene Entscheidungssituation der Situation des zum Vorbild genommenen anderen Akteurs hinreichend ähnlich ist, um eine Imitation von dessen Entscheidung zu rechtfertigen. Zum anderen ist der Akteur in seiner Ratlosigkeit auch nur allzu bereit, hinsichtlich des Erfolgs seines Vorbilds nicht sonderlich genau hinzuschauen – also etwa unüberprüft zu lassen, ob dieser Erfolg langfristig Bestand hat und ob er ohne gravierende negative Nebenwirkungen erzielt worden ist. Für Organisationen heißt das dann etwa: „as key organizations labelled new practices 'efficient', organizations hungrily consumed them with little reflection about whether they were truly efficient and with little concern for whether those practices were suited to their own needs." (Dobbin 1994: 127) So kopieren beispielsweise Unternehmen, über Branchen und nationale Wirtschaftsräume hinweg, „Lean Management" oder irgendein anderes Beraterkonzept, das gerade en vogue ist; ein nationales Hochschulsystem nach dem anderen implementiert Evaluationen, Zielvereinbarungen und Hochschulräte; und eine Hausfrau nach der anderen kommt darauf, dass ein Ceran-Kochfeld besser als die althergebrachte Elektro-Kochplatte ist.[8] In der Regel gibt es allseits bekannte Musterbeispiele, auf die – ganz im Sinne von Thomas Kuhns (1962) „Paradigmen" – wechselseitig verwiesen wird: z.B. die japanischen Unternehmen oder die amerikanischen Hochschulen. Manchmal sind es sogar einzelne Akteure, etwa die University of Warwick, die gewissermaßen für die Rationalitätsfiktion geradestehen müssen.

Wechselseitige Beobachtung kann direkt oder indirekt erfolgen. In gewissem Maße ist ein Akteur in der Lage, bestimmte andere Akteure in seiner Umwelt unmittelbar im Blick zu behalten und deren Geschicke sozusagen vergleichend auszuwerten. Das Monitoring größerer Gruppen von Vergleichsakteuren erfolgt demgegenüber über Aggregatdaten. Vom Entscheidungshandelnden selbst erstellte Beobachtungen und deren Auswertungen oder Statistiken, die von anderen Seiten offeriert werden, sind ein Beispiel dafür. Die „audit society" (Power 1997) stellt das nötige Wissen zuhauf bereit. Die Börsennotierung eines Unternehmens oder die Anzahl arbeitsloser Absolventen eines bestimmten Studiengangs wären solche Signale, die einen „mimetic isomorphism" anleiten könnten. Generell erweitern die Massenmedien durch ihre Berichterstattung den Beobachtungsradius aller gesellschaftlichen Akteure immens.

---

[8] Zu Rationalitätsfiktionen bei strategischen Entscheidungen in Sportvereinen siehe Nagel (2005: 239-288).

Die angeführten Beispiele sind nicht zufällig alle kein reiner „mimetic isomorphism", sondern eine Kombination von „mimetic" und „normative isomorphism". Bei bloßer wechselseitiger Beobachtung zwischen denjenigen, die bestimmte Entscheidungen zu treffen haben, bleibt es in der modernen Gesellschaft meistens nicht. Vielmehr treten – gefragt oder ungefragt – die schon im Kapitel 6 angesprochenen Berater unterschiedlichster Provenienz auf den Plan. Damit erweitert sich die Konstellation derjenigen, die bestimmte Rationalitätsfiktionen hervorbringen und aufrechterhalten. Wechselseitige Beobachtung findet sozusagen zwischen Schicksalsgenossen statt: zwischen Akteuren, die ähnliche Entscheidungen zu treffen haben. Berater sind hingegen selbst entscheidungsentlastet. Es geht nicht um ihre Entscheidungen. Sie sind daher auch keine Beobachtungsobjekte im Hinblick darauf, was sie selbst in den betreffenden Entscheidungssituationen tun. Mit dem Auftreten von Beratern gewinnt die Akteurkonstellation der Entscheidungssituation eine neue Qualität. Über bloßes wechselseitiges Beobachten zwischen Schicksalsgenossen hinaus tritt *Beeinflussung durch Expertenwissen* auf den Plan.[9]

Sowohl Beobachtung als auch Beeinflussung prägen das Handeln bzw. Entscheiden eines Akteurs. Aber wenn man einem Entscheidungshandelnden der Einfachheit halber nur ein einziges Alter Ego gegenüberstellt, ist bei beiden Konstellationsarten Aktivität und Passivität umgekehrt verteilt. Das Alter Ego ist in einer Beobachtungssituation passives Objekt einer aktiven Sondierung der Situation durch den Entscheider: Es wird beobachtet. Hingegen ist in einer Beeinflussungskonstellation der Entscheider passives Objekt der Beratungsaktivität seines Alter Ego: des Experten. Mit diesem Unterschied der Konstellationsarten gehen Unterschiede der Explizitheit, Zielgenauigkeit und Autorisiertheit der Entscheidungsprägung einher. Der Beobachtete erklärt nicht, warum er tatsächlich oder vermeintlich erfolgreich agiert und wie genau er vorgegangen ist; dies bleibt seinem Entscheidungshandeln implizit und wird erst vom ihn beobachtenden Entscheider für sich explizit

---

[9] Zur Sozialfigur des Experten siehe Hitzler et al. (1994).

gemacht. Demgegenüber sagt und begründet der Berater dem von ihm beeinflussten Entscheider ganz explizit, was dieser zu tun hat. Dies geschieht mit der Autorität des Experten, die einen großen Vertrauensvorschuss genießt. Den Schlüssen hingegen, die ein Entscheider gewissermaßen auf eigene Faust aus der Beobachtung eines anderen Entscheiders zieht, haftet unweigerlich eine gewisse Unsicherheit des Amateurs an – selbst wenn noch so viel Erfahrung dahinter steckt. Diese Autoritätsüberlegenheit ist es, die diMaggio/Powell von „normative" anstatt bloß „mimetic" sprechen lässt. Natürlich sind Beraterempfehlungen keine Normen. Man darf z.B. das Konzept des „Lean Management" ignorieren, ohne deshalb als deviant, illegal, unmoralisch oder gar böse etikettiert und sanktioniert zu werden. Doch Beraterempfehlungen wie etwa solche Managementprinzipien weisen als kognitive und evaluative Orientierungen einen ähnlich intensiven Verbindlichkeitsgrad wie Normen auf. Wer den Beratern nicht folgt, gilt als „von gestern", ahnungslos, unbelehrbar, unvernünftig. Diese soziale Achtung kann in der Entscheidungsgesellschaft schlimmer sein als die eines Normbrechers.[10]

An das von Berger/Luckmann (1966: 65-109) konzipierte Modell der Instituionalisierungsdynamik anknüpfend könnte man sagen: Erst wenn Rationalitätsfiktionen von anerkannten Beratern als Expertenwissen repräsentiert und durch sie verbürgt werden, kann man von institutionalisierten Rationalitätsfiktionen sprechen. Solange eine Rationalitätsfiktion nur durch wechselseitige Beobachtung unter Entscheidern gewonnen und – wie oft auch immer – bestätigt wird, fehlt ihr die Legitimation. Sie bleibt etwas bloß

---

[10] Noch in einer weiteren Hinsicht zeigt sich der normähnliche Charakter von Rationalitätsfiktionen. Genau wie bei normativen Erwartungen wird bei Rationalitätsfiktionen Lernbereitschaft im Falle einer Erwartungsenttäuschung blockiert. An den Rationalitätsfiktionen wird festgehalten, auch wenn Fehlentscheidungen daraus hervorgehen. Denn sie dienen ja gerade als Entschuldigungen in dem Sinne, dass der Entscheidungshandelnde nichts falsch gemacht hat. Und das bedeutet, dass er auch beim nächsten Mal wieder so handeln würde, weil ja nur unbeeinflussbare und unberechenbare widrige Umstände den Misserfolg der Entscheidung herbeigeführt haben können.

„Abgegucktes". Legitimation bekommt eine Rationalitätsfiktion demgegenüber erst dadurch, dass Experten auf eine solide, wenn möglich wissenschaftlich abgesicherte Empirie verweisen und theoretische Begründungen dafür darzulegen vermögen, warum das von der Rationalitätsfiktion empfohlene Entscheidungshandeln Erfolg versprechend und anderen Alternativen überlegen ist. Es ist also alles andere als ein Zufall, dass die Moderne als Entscheidungsgesellschaft auch die Sozialfigur des beratenden Experten in prinzipiell allen Lebensbereichen hervorgebracht hat und das Beratungsgeschäft so floriert, dass immer mehr Berater ihr Auskommen finden.[11] Im Vorfeld dessen, und oft zur Inanspruchnahme von Beratung hinführend, ist eine Ratgeberliteratur für alle Lebenslagen aus dem Boden geschossen, wie jeder Besuch einer Bahnhofsbuchhandlung beweist.[12]

Zwischen dem, was Experten als Erfolg versprechend raten, und dem, was ein Entscheider aus seiner Beobachtung erfolgreicher Vorbilder schließt, kann es Diskrepanzen geben – ganz zu schweigen davon, dass auch die Empfehlungen verschiedener Experten derselben Profession oder, erst recht, verschiedener Professionen einander widersprechen können. Je größer solche Diskrepanzen sind, desto schwächer institutionalisiert ist eine Rationalitätsfiktion – was nichts anderes heißt, als dass ihre Funktionalität für den Entscheider entsprechend gering ist.

Es gibt nun auf der einen Seite Mechanismen und Dynamiken, die immer wieder Diskrepanzen zwischen Rationalitätsfiktionen aufkommen lassen, auf der anderen Seite aber auch gegenläufig

---

[11] diMaggio/Powell unterscheiden hier noch zwischen dem „normative" und dem „coercive isomorphism", wobei letzterer auf Rechtsnormen, nämlich staatlich erlassene Gesetze, zurückgeht. Auch das wäre im Übrigen Beeinflussung von Entscheidungshandeln, allerdings durch Macht statt durch überzeugungskräftig auftretendes Expertenwissen. Freilich fügen diMaggio/Powell schnell hinzu, dass schon lange die allermeisten Gesetze gemäß den Empfehlungen professioneller Experten formuliert werden, so dass – differenzierungstheoretisch formuliert – das Kommunikationsmedium Macht ganz erheblich durch das Medium Wahrheit instrumentiert und legitimiert wird.

[12] Siehe z.B. Schöneck (2004) zu Ratgeberbüchern in Sachen Zeitmanagement.

wirkende Kräfte. Die Möglichkeit von Diskrepanzen ist zunächst einmal schlicht darauf zurückzuführen, dass es keinerlei Grund dafür gibt, warum ein nicht durch Expertenwissen angeleitetes wechselseitiges Beobachten zwischen Entscheidern automatisch dasselbe sehen müsste, was aus der distanzierten Perspektive eines Experten in den Blick gerät. Und dass verschiedene Experten Unterschiedliches sehen, geht allein schon auf Profilierungskonkurrenz zurück. Hinzu kommt, dass all diejenigen Rationalitätsfiktionen, die von den professionellen Experten noch fortlaufend mit dem wissenschaftlichen Erkenntnisfortschritt abgeglichen werden, durch diesen immer wieder mehr oder weniger weitreichend revidiert werden können, wobei es aber eben zu Ungleichzeitigkeiten in der Weitergabe dieser Revisionen durch verschiedene Experten kommen kann.

Diesen Kräften, die Diskrepanzen zwischen Rationalitätsfiktionen erzeugen, wirken andere Kräfte entgegen. So können Ratschläge von Experten spontan oder strategisch inszeniert eine derartige Suggestivkraft entfalten, dass die betreffenden Entscheider der unmittelbaren wechselseitigen Beobachtung nicht mehr trauen bzw. nur noch durch die Brille der Experten beobachten. Diskrepanzen zwischen Rationalitätsfiktionen verschiedener Experten wiederum werden teilweise dadurch neutralisiert, dass eine Expertengruppe als höherrangig und damit auch die von ihr vertretene Sicht der Dinge als die im Zweifelsfall vorgeordnete eingestuft wird. Oder jeder Entscheider entscheidet sich – auf der Basis welcher Kriterien auch immer – für einen und nur einen Experten, dem er vertraut, so dass sich die Anhängerschaften wie bei Glaubensgemeinschaften segmentieren. Dann frönt beispielsweise das eine Unternehmen dem Managementkonzept der ersten Beratungsfirma, während ein anderes auf das Konzept einer anderen Unternehmensberatung schwört.

Spätestens hier könnte ein Beobachter innehalten und fragen, ob man wirklich noch von Rationalität sprechen kann, wenn jeder sich seinen eigenen Guru hält, dessen Botschaften kritisch zu hinterfragen er gerade vermeidet. Die krudesten Vorurteile lassen sich so mit den Weihen der Rationalität versehen. Das stimmt; doch der analytische Blick kann über das für einen aufgeklärten Geist Empörende dieses Tatbestands hinwegsehen und die trotz alledem begrenzte Rationalität solcher Rationalitätsfiktionen erkennen. Die zugegeben nicht sehr hohe, aber gleichwohl gegebene Rationalität beruht darauf, dass sich ein Akteur, der keine Zeit und nicht die nötigen Informationen für eine eigene Urteilsbildung darüber hat, ob z.B. Sport im Allgemeinen und speziell für ihn wirklich gesund ist, auf ein sozial verbreitetes Urteil verlässt. Er kann dabei sehr wohl auf ein Vor- oder Fehlurteil hereinfallen, wie dann viele andere auch. Doch auf sich gestellt hätte er nur völlig aus dem hohlen Bauch heraus entscheiden oder am besten gleich würfeln können; eine etwas größere Wahrscheinlichkeit, dass die stattdessen herangezogene Rationalitätsfiktion eine gewisse Fundierung hat, besteht nun doch. Je größer die Reputation der Experten, die hinter der Rationalitätsfiktion stehen, umso höher ist diese Wahrscheinlichkeit – jedenfalls dann, wenn man davon ausgeht, dass Reputation einen zumindest schwachen Zusammenhang mit tatsächlicher Kompetenz hat.

Macht ein Akteur sich diese Kalkulation klar, verliert die betreffende Rationalitätsfiktion den Charakter einer Selbsttäuschung. Er durchschaut dann, dass seine Quasi-Entscheidung auf sozialem Vertrauen beruht, und auf wie wackligen Beinen sie damit steht. Für die Zuversicht, die der Akteur in seine Entscheidung hineinlegt, ist es freilich besser, dass die Selbsttäuschung bestehen bleibt. Wer an die hochgradige Rationalität dessen, was er tut, glaubt, fühlt sich nicht nur besser, sondern geht auch mit einem ganz anderen Elan an die Implementation der Entscheidung und ist nicht schon durch den kleinsten Fehlschlag entmutigt. Glaube versetzt vielleicht nicht immer Berge, aber doch wenigstens kleinere Maulwurfshügel.

*Rationalitätsfassaden*
Ein Akteur kann in Situationen kommen, in denen von ihm eine rationale Entscheidung erwartet wird, vielleicht sogar mit einer

gewissen Richtung des Entscheidens, und er vermag dieser Erwartung nicht nachzukommen. Es mag sein, dass er – etwa aus Zeitgründen – gar nicht in der Lage ist, entscheidungsförmig zu handeln; oder das Rationalitätsniveau, das er bestenfalls erreichen kann, liegt deutlich unter dem, was als angemessen erachtet wird; oder er hat heimliche Gesichtspunkte, die eine ganz anders aussehende Entscheidung nahe legen. Wenn die Bezugsakteure nicht mit sich reden lassen und bei einer Enttäuschung ihrer Erwartungen empfindliche Sanktionen ausüben können, befindet sich der Entscheidungshandelnde in der Klemme. Was er dann tun kann, ist, sein Handeln oder Entscheiden so darzustellen, als entspräche es den Rationalitätserwartungen seiner Bezugsakteure. Er kann sie also durch geeignetes „impression management" auf der „frontstage" des Entscheidungsgeschehens täuschen, um „backstage" das zu tun, was er selbst für richtig hält bzw. aufgrund anderer Restriktionen zu tun genötigt ist.[13] Rationalität auf dem erwarteten Niveau und in der erwarteten inhaltlichen Ausprägung – was etwa die Bedeutung bestimmter Entscheidungskriterien anbetrifft – wird dann so *dar*gestellt, als sei sie *her*gestellt, was aber eben nicht der Fall ist.[14] Nils Brunsson (1989; 1996) spricht von „hypocrisy", weil

---

[13] Erving Goffmans (1956) Theatermodell sozialen Handelns lässt sich gut auf diese spezifische Lage von Entscheidern beziehen. Rationalitätsfassaden kann jemand im übrigen auch vor sich selbst aufbauen, wenn er die Erwartungen der Bezugsgruppen verinnerlicht hat – siehe Randall Collins (1982: 19): „Even when we do calculate, it may be only a symbolic calculation, expressing an uncalculated feeling that it is good to calculate."

[14] Es sei ausdrücklich vermerkt, dass hier lediglich eine spezifische Praktik des Errichtens von Rationalitätsfassaden gemeint ist, nicht aber die generelle These, dass Rationalität überhaupt immer nur der nachträglichen Darstellung von Handlungsgründen diene, aber nie zu den wahren Handlungsantrieben zähle und nie den tatsächlichen Modus der Herstellung von Handlungen beschreibe. Karl Weick (1995) kommt mit seinen Überlegungen zum „sensemaking" einer solchen radikalen Dekonstruktion des herkömmlichen, auch hier zugrunde gelegten Handlungs-, Entscheidungs- und Rationalitätsverständnisses nahe; auch der neo-institutionalistischen Perspektive des „world polity"-Ansatzes (Thomas et al. 1987) entgleitet Rationalität als eine kulturelle Leitidee der westlichen Moderne zu einer bloßen Legitimationsrhetorik. Ich vermag in solchen Überlegungen – jedenfalls in dieser Zuspitzung – aus

„action" und „talk" auseinander fallen: Man redet anders als man handelt.[15]

Personalentscheidungen geben ein Beispiel für Rationalitätsfassaden ab. Es wäre mit Sicherheit oftmals ehrlicher, bei der Entscheidung zwischen den drei Bewerbern, die in die engste Wahl gekommen sind, zum Schluss zu losen.[16] Denn wirklich eindeutige Gründe für eine Rangfolge liegen nicht vor. Aber natürlich darf nicht gelost werden, weil das eine rechtliche Klage der nicht zum Zuge gekommenen Bewerber nach sich ziehen könnte. Die Bewerber haben nach gängiger Lesart Anspruch auf eine rationale, weil gerechte, Auswahlentscheidung. Derjenige, der diese Entscheidung zu treffen hat, mag letztlich nach ganz subjektiven Sympathien entscheiden und sich dabei darüber im Klaren sein, dass seine Entscheidung zwei Stunden später anders hätte ausgefallen können; vielleicht lost er heimlich sogar. Doch er wird für die Akten und gegenüber anderen Instanzen – und natürlich den Bewerbern selbst – klare Gründe für seine Entscheidung an den Haaren herbeiziehen. Er fingiert Rationalität, um überhaupt entscheidungsfähig zu sein.

Ein weiteres Beispiel, das einen anders gelagerten Hintergrund für den Aufbau von Rationalitätsfassaden illustriert, gibt ein Ministerium ab, das mit einem neuen Minister zurechtkommen muss, der ganz neue Ideen hat. Vielleicht handelt es sich um die besonders in Frauenfragen engagierte neue Ministerin für Entwicklungspolitik. Wenn sie dann verkündet, dass Projekte zur Verbesserung der Lage der Frauen in der Dritten Welt einen zukünftigen Schwerpunkt der Arbeit des Ministeriums darstellen, kann es sein, dass diese vollmundigen – und viel Publicity einbringenden –

---

hier nicht darzustellenden Gründen keine plausible Gegenkonzeption zu sehen.

[15] Siehe auch die Fallstudie zu Unternehmen von Westphal/Zajac (1998).

[16] Zu diesem Beispiel und weiteren ähnlich gelagerten Phänomenen siehe Schmidt (2000). Bei Burkart (1994: 301) findet sich demgegenüber ein Beispiel dafür, dass die Frage, ob man ein Kind will oder nicht, als „Glücksspiel" angegangen wurde, weil rationale Erwägungen keine Entscheidung hervorbrachten – dazu ferner auch Kühn (2003: 80).

Sprüche gar nicht in die Tat umgesetzt werden können. So könnten die verfügbaren Finanzmittel längerfristig weitgehend in laufenden Projekten gebunden sein. Es kann auch sein, dass eine solche Prioritätensetzung für die Frauenfrage entwicklungspolitisch gänzlich unsinnig ist, weil andere Themen – Bekämpfung des Hungers oder der Kinderarbeit – viel wichtiger sind, was aber die Ministerin nicht weiß, weil sie vorher mit diesem Ressort nichts zu tun hatte und auch mit ihren Statements nicht gewartet hat, bis sie sich ein bisschen kundig machen konnte. Was Ministerialbeamte in solchen Fällen oftmals noch tun können, ist Etikettenschwindel: Sie deklarieren, wo immer es irgendwie geht, Projekte, die sowieso und sinnvollerweise laufen, als Frauenprojekte – etwa Projekte zur ländlichen Trinkwasserversorgung, weil ja schließlich traditionellerweise die Frauen das Wasser vom Dorfbrunnen holen. Auch dies ist eine Rationalitätsfassade – hier zur Camouflage einer anderen Ausrichtung rationalen Entscheidens als der von einer mächtigen Bezugsperson geforderten.[17]

Wenn Bezugsakteure von einem Entscheidungshandelnden nicht nur dazu gebracht werden müssen, seine Entscheidungen passiv hinzunehmen, sondern aktiv kooperieren sollen, kann sich der Gebrauch von Rationalitätsfassaden noch verstärken. So lässt sich z.B. an einer Krankenhausärztin, die der Krankenkasse eines Patienten eine medizinisch erforderliche Behandlung „verkaufen" will, beobachten: „In der Kommunikation mit der Krankenkasse passen sich die Begründungen dem zu erreichenden Ziel an, nicht umgekehrt." (Vogd 2004: 32)

Die Sportverbände geben schon seit längerem – nicht nur in Deutschland – bei ihrem „Coping mit Doping" (Bette/Schimank 1996) ein Beispiel für Rationalitätsfassaden ab, die in diesem Fall darauf zurückgehen, dass die Bezugsakteure dieser Organisationen sie in einen „double bind" verwickeln. Auf der einen Seite wollen die politischen Förderer, die Sponsoren aus der Wirtschaft, die

---

[17] Dieses Beispiel geht auf eigene Interviews Anfang der achtziger Jahre im Bundesministerium für wirtschaftliche Zusammenarbeit zurück. Die Ministerin war Marie Schlei.

Massenmedien und das Sportpublikum „sauberen Spitzensport", verlangen den Sportverbänden also eine energische Dopingbekämpfung ab. Auf der anderen Seite ist diesen Bezugsakteuren aber unausgesprochen noch wichtiger, dass die Sportler des eigenen Landes international erfolgreich abschneiden – was, wie jeder weiß, in vielen Disziplinen nur noch durch systematisches Doping möglich ist. Zwar findet im Westen kein „von oben" verordnetes und exekutiertes „Staatsdoping" wie in den ehemals sozialistischen Staaten statt, so dass die Verbände sich nicht selbst die Hände schmutzig machen müssen; doch sie müssen, um den Erfolgserwartungen gerecht zu werden und so die eigene Ressourcenbasis sichern zu können, ihren Athleten das Doping nahe legen – etwa durch entsprechende Leistungsvorgaben – oder es zumindest duldend und ohne ernsthafte Kontrollen hinnehmen. Diese Zwickmühle bewältigen die Sportverbände durch eine Entkopplung von „talk" und „action": Nach außen mimt man „brutalstmögliche" – um eine in einem vergleichbaren Zusammenhang entstandene bezeichnende Wortschöpfung des hessischen Ministerpräsidenten Roland Koch zu entlehnen – Dopingkontrollen und Ahndung von Dopingvergehen, während man intern klammheimlich alles weiter laufen lässt wie bisher. Nach außen tut man in Gestalt einer Vielzahl rational aussehender Entscheidungen für Maßnahmen der Dopingbekämpfung also so, als sei man der festen Überzeugung, dass ein dopingfreier Sport wünschenswert und auch erreichbar sei; doch insgeheim weiß man es besser.

In den bisherigen Beispielen spitzt sich die sehr hohe Komplexität der Entscheidungssituation jeweils in der Sozialdimension in Gestalt eines unnachgiebigen und unausweichlichen Drucks von Seiten bestimmter Bezugsakteure ab; zeitliche und sachliche Komplexität mögen zusätzlich sehr hoch sein, müssen es aber nicht, um die Entscheidungshandelnden auf Rationalitätsfassaden verfallen zu lassen. Es gibt allerdings auch solche Entscheidungssituationen, in denen die Entscheider angesichts überbordender Komplexität in allen drei Dimensionen, oder auch nur in der Sach- und Zeitdimension, weitgehend hilflos mit dem Geschehen konfrontiert sind, dies aber zumindest nach außen verbergen können, indem sie mit Hilfe von Rationalitätsfassaden den Eindruck von Entscheidungsfähigkeit aufrechterhalten. Zu diesem Zweck kann man etwa an geregelten Entscheidungsverfahren festhalten, auch wenn diese de facto leer laufen. Man kann sich beraten lassen oder andere zur Partizipation an der Entscheidung einladen, indem man beispielsweise eine Kommission schafft, obwohl man sich in der Sache von all dem nichts verspricht. Im Grunde lassen sich mehr oder weniger sämtliche Praktiken inkrementalistischen Entscheidens und Planens, die in den Kapiteln 5 und 6 dargestellt worden sind, auch zum bloßen Schein durchführen. Dem jeweiligen Entscheider ist klar, dass ihm das alles nicht in der Frage weiterhilft, *wie* er entscheiden sollte – aber es hilft ihm über die Zeit.

Wer auf der „Vorderbühne" anders agiert als auf der „Hinterbühne", muss Enthüllung fürchten. Diejenigen, die durch die Rationalitätsfassaden getäuscht werden sollen, können misstrauisch werden oder es auch von Anfang an sein und dahinter kommen, was wirklich gespielt wird. Es ist klar, dass die Bezugsakteure der Entscheider, insbesondere wenn es sich nicht bloß um ein unbeteiligtes Publikum handelt, sondern um Betroffene oder Aufsichtsinstanzen, zwar einerseits immer wieder interessiert daran sind, und sei es aus purer Neugier, auf die „Hinterbühne" zu schauen, um dann zu entdecken, dass das tatsächliche Geschehen viel weniger oder ganz anders rational verläuft als dessen Inszenierung auf der „Vorderbühne". Andererseits können die Entscheider bezüglich ihrer Rationalitätsfassaden aber oftmals auch mit einer gewissen Mischung aus Takt und Verständnis auf Seiten der Bezugsakteure rechnen. Diese schauen gar nicht so genau hin, wollen überhaupt nicht wirklich wissen, was abläuft. Und selbst wenn die Bezugsakteure die Fassade durchschauen, tun sie immer wieder so, als nähmen sie diese für bare Münze. Sogar wenn alle Beteiligten darüber wissen, dass es mit der rationalen Wahl nicht weit her ist, wird die gemeinsame Rationalitätsdarstellung wechselseitig taktvoll aufrechterhalten (Turner 1991: 99/100). Dahinter steht oftmals Verständnis des Publikums für die Nöte der Darsteller, rationale

Entscheider sein zu müssen. Dieses Verständnis rührt daher, dass die Bezugsakteure selbst oft genug in der gleichen Lage sind. Nur dann, wenn es dem Publikum strategisch nützt oder dieses eine normative Erwartung hegt, wird es takt- und verständnislos rationale Entscheidungen verlangen und rigoros skandalisieren, wenn es Fassaden durchschaut.

Begrenzt rational können Rationalitätsfassaden vor allem in zwei Hinsichten sein, wie die Beispiele verdeutlicht haben: Zum einen können die Fassaden dazu dienen, faktisch verfolgte andere Ausrichtungen von Rationalität zu verbergen; und zum anderen können sich Entscheidungshandelnde, die aufgrund situativer Komplexität unfähig zu einer rationalen Entscheidung sind, mit Rationalitätsfassaden zumindest eine Zeit lang über die Runden retten. Letzterer Aspekt tritt bei den nun anzusprechenden anderen beiden Mustern sub-inkrementalistischen Entscheidens ganz in den Vordergrund.

## 7.2 Improvisation

Wenn Entscheidungshandelnde unter einem unabwendbaren zeitlichen und sozialen Entscheidungsdruck stehen, also einflussreiche Gegenüber von ihnen binnen kürzester Zeit – oder „nun endlich"! – eine Entscheidung erwarten, aber keine Rationalitätsfiktionen weiterhelfen und man sich auch nicht hinter Rationalitätsfassaden verstecken kann: Dann bleibt nichts anderes mehr übrig, als aus dem Stand heraus zu nehmen, was gerade zur Hand ist, um daraus eine Entscheidung zu fabrizieren. Anders gesagt: Die Entscheider müssen in einer solchen Situation improvisieren – z.B. weil auf der Tagesordnung eines Gremiums „Aussprache und Beschluss" steht und man nicht ständig beschließen kann, noch nichts zu beschließen. Eine solche Improvisation des Entscheidens kann verschiedene Ausprägungen annehmen, die im Weiteren näher betrachtet werden.

*Entscheidungs-Reflexe*
Ein bekannter Witz schildert, dass jemand, der auf dem nächtlichen Heimweg seinen Schlüssel verloren hat, beginnt, unter der nächsten Straßenlaterne nach ihm zu suchen. Gefragt, warum er glaube, dass der Schlüssel gerade dort liegen könne, antwortet er, dass er dies für sehr unwahrscheinlich halte – aber dort sei wenigstens Licht. Der Witz will die mangelnde Rationalität eines Verhaltensmusters aufspießen, das ein Problem so angeht, dass ein bereitstehendes Mittel der Problembewältigung – Licht hilft beim Suchen – gegen alle Erfolgseinschätzungen zum Einsatz gebracht wird, nur weil es bereitsteht. In der Tat ist dieses Vorgehen weniger rational, als sich zu überlegen, wo man denn den Schlüssel mit größerer Wahrscheinlichkeit verloren haben könnte, um sich dann mit Hilfe einer Taschenlampe dorthin zu begeben – vielleicht an einen Ort, an dem man stehen geblieben ist, um sich die Nase zu putzen, wofür man ein Taschentuch aus der Hosentasche gezogen hat, wobei der in derselben Tasche befindliche Schlüssel mit herausgefallen sein könnte. Was aber, wenn einem keine solchen Orte größerer Erfolgswahrscheinlichkeit für die Schlüsselsuche einfallen – wenn es also gleichgültig ist, wo man zu suchen anfängt? Dann ist es durchaus begrenzt rational, erst einmal dort zu suchen, wo dies vergleichsweise unaufwendig ist.

Verallgemeinert: Es werden gebrauchsfertig bereitstehende Alternativen des Entscheidens probeweise auf das Problem angewandt.[18] Dies können dauerhaft verfügbare Optionen im Repertoire eines Akteurs, eines gesellschaftlichen Teilsystems oder einer Organisation sein. Wenn also beispielsweise Schulen auf zunehmende Disziplinlosigkeit der Schüler zunächst mit Verschärfungen der Schulordnung und moralischen Appellen durch die Lehrer reagieren, dann deshalb, weil diese Instrumente sozialer Kontrolle dort jederzeit bereitstehen und einsetzbar sind – und möglicherweise ja auch problemschärfend wirken. Mit diesem – hier so-

---

[18] Siehe auch Grandori (1984: 199/200) zu „cybernetic" und „random strategies". Connolly (1980: 75-77) macht darauf aufmerksam, unter welchen Bedingungen so etwas Erfolgschancen hat.

gar nicht völlig blinden, sondern durch eine gewisse Plausibilität gestützten – Rekurs auf bereits vorhandene, problemunspezifische Instrumente versucht man sein Glück und kann überdies Aktivität demonstrieren.

Der moderne Wohlfahrtsstaat, dessen Standardinstrumente Recht und Geld sind, legt bei manchen politischen Entscheidungen dasselbe Muster spontaner Improvisation an den Tag (Luhmann 1981: 94-102). Staatliche Akteure verfallen reflexartig auf diese beiden Instrumentenkoffer und greifen zunächst einmal das heraus, was schon öfter mal funktioniert hat – z.B. Steuerermäßigungen für Kinderreiche, um dem Geburtenrückgang entgegenzuwirken, oder schärfere Waffengesetze, um Gewaltkriminalität einzudämmen. Ganz ersichtlich liegt in solchen Fällen keine gründliche Durchdringung der komplexen Entscheidungsmaterie vor; genau das ist in der kurzen Zeit und angesichts des hohen öffentlichen Drucks, Aktivität vorweisen zu müssen, nicht möglich. Im Grunde wissen die Entscheider, dass sie nur mehr oder weniger zufällig richtig liegen können. Aber zumindest haben sie Zeit gewonnen.

Derartige Entscheidungs-Reflexe – die paradoxe Formulierung sei gestattet – können auch als ganz unspezifische Routinen oder Rationalitätsfiktionen vorliegen. Letzteres folgt dem Motto: Es hat noch nie geschadet, wenn man X tut. Im Unterschied zu problemspezifischen Rationalitätsfiktionen, wie ich sie zuvor angesprochen habe, handelt es sich hier nicht bloß um hochgradig generalisierte Vorlagen der Problembearbeitung, sondern sozusagen um „Allzweckwaffen". Hierin können auch diffuse Betroffenheiten eingehen. So kann man beispielsweise jedes Problem, das sich in einer Organisation ergibt, unter dem Aspekt des „gender mainstreaming" betrachten und sich für entsprechende Maßnahmen entscheiden – wodurch man auch bei denjenigen Problemen, denen man ansonsten in völliger Ratlosigkeit gegenübersteht, entscheidungsfähig ist.

*„Garbage can decision processes"*
Am Beispiel amerikanischer Hochschulen hat die Organisationsforschung das Phänomen der „garbage can decision processes" entdeckt (Cohen/March/Olsen 1972; Cohen/March 1974; March/Olsen 1976; March 1994: 198-206; Warglien/Masuch 1996; Zahariadis 1998).[19] Dies ist eine andere Ausprägung improvisierten Entscheidens. Das herkömmliche Bild eines Entscheidungsvorgangs in Organisationen sieht so aus: Wann immer sich ein Entscheidungsproblem stellt, wird es in dafür eingerichteten Verfahren von den vorgesehenen Beteiligten in der Weise bearbeitet, dass alternative Problemlösungen gesucht und gegeneinander abgewogen werden, um dann die beste dieser Alternativen auszuwählen und umzusetzen. Demgegenüber sind „Mülleimer-Entscheidungsprozesse" durch eine große Unverbundenheit der vier wesentlichen Komponenten – Probleme, Verfahren, Beteiligte und Lösungen – gekennzeichnet. Verfahren finden statt, obwohl gar keine echten Probleme vorliegen, und umgekehrt stellen sich Probleme, für die keine passenden Verfahren existieren; es entscheidet mit, wer gerade da ist, und das fluktuiert erheblich; Lösungen flottieren auf der Suche nach Problemen, und wenn kein passendes auftaucht, wird eine Lösung auch einem unpassenden Problem übergestülpt. Echte Lösungen in dem Sinne, dass die Probleme wirksam bearbeitet werden, sind das dann natürlich nicht – eher Scheinlösungen in der Logik „symbolischer Politik" (Edelman 1964). Echte Probleme werden überspielt, verschoben, „ausgesessen"; umgekehrt werden solche Scheinprobleme kreiert, für die man bewährte und beifallsträchtige Lösungen bei der Hand hat.

„Mülleimer-Entscheidungsprozesse" sind in Organisationen in dem Maße die Regel, wie schlecht definierte Ziele und schlecht durchschaute Wirkungszusammenhänge der Zielerreichung vorliegen und eine schon für Inkrementalismus, geschweige denn Planung, übergroße sachliche und soziale Komplexität konstituieren. Dann sorgt die Zeitdimension für das Zusammenführen von Problemen, Kriterien und Alternativen: Entscheidungen werden „sim-

---

[19] Siehe ferner eingängige empirische Fallstudien in Nagel (2005: 239-288).

ply a function of timing." (March/Olsen 1976: 31) Die Erratik vieler Entscheidungen, die in Hochschulen getroffen werden, lässt sich auf diese Weise erklären. Dass beispielsweise die Ausschreibung einer neuen Professur für Medienforschung um den Aspekt des Geschlechtsspezifischen ergänzt wird und sich dies letzten Endes als entscheidendes Kriterium für die Aufstellung der Berufungsliste erweist: Das kann dann etwa an einem informellen Wink von Seiten des Rektors liegen, der die frauenbewegte Kultusministerin für die Hochschule günstig stimmen will, weil diese das Ministerium in einigen anderen Fragen kürzlich verstimmt hat.

Aber auch biographische Entscheidungen können dieses Muster aufweisen – und politische Entscheidungen erst recht, wie sich immer wieder plastisch der Zeitungsberichterstattung über die Irrungen und Wirrungen vieler Politikprozesse entnehmen lässt. Um eine biographische Entscheidung anzuführen: Jemand, der nicht weiß, was er wo studieren soll, und diese Fragen schon lange ergebnislos hin und her gewälzt hat, entscheidet sich schließlich ganz überraschend – vor allem auch für sich selbst – dafür, Agrarwissenschaften in Bonn zu studieren.[20] Eine Koinzidenz schwacher Gründe hat ihn dazu bewogen: Als Westfale stellt er sich das Leben im Rheinland ganz nett vor, was er schon mal im Karneval erlebt hat; weil er sich mit Agrarwissenschaften, überhaupt mit Landwirtschaft, noch nie ernsthaft beschäftigt hat, fallen ihm wenigstens nicht sogleich gewichtige Gründe ein, die gegen diese Studienwahl sprechen; das Studium kann auch im Sommersemester begonnen werden, was zupass kommt, da seine bisherige Unentschlossenheit verhindert hat, dass er sich zum Wintersemester eingeschrieben hat, seine Eltern ihm aber nun großen Druck machen, endlich ein Studium aufzunehmen; und schließlich hört er über „weak ties" (Granovetter 1973) auf einer Party zufällig von einer Wohngemeinschaft in Bonn, in der in Kürze ein preiswertes Zimmer frei wird. So „gibt der Einzelne dem sich in seiner Umwelt aufbauenden Handlungsdruck nach ..." – und schließlich ist

---

[20] Eine wahre Begebenheit aus meinem Freundeskreis. Siehe auch Miller (1983) zur „role of happenstance in career choice".

es ihm „relativ gleichgültig, wohin genau er sich orientiert: Hauptsache der Übergang wird einigermaßen termingerecht vollzogen." (Dimbath 2004: 7)

In einem Mülleimer geraten oft Dinge zueinander, die sachlich nicht zusammengehören; und anders als in den Collagen Kurt Schwitters fügen sich die Dinge dort nicht zu guter Letzt wie von Wunderhand überraschend interessant zusammen. Die Erratik ist groß; und man rettet sich oftmals nur so über die Zeit, dass man geschäftig überspielt, dass man keine Entscheidung getroffen hat, die das Ausgangsproblem wirksam bearbeitet. Im gerade geschilderten Fall wurde das Studium der Agrarwissenschaften nach drei Semestern wieder aufgegeben; und ein Bewusstsein davon, sich falsch entschieden zu haben, war schon viel früher da. Begrenzt rational war die Entscheidung dennoch: Der Betreffende hatte sich Aufschub für eine ernsthafte Entscheidung verschafft; und da er von Anfang an kaum etwas für das Studium tat, hatte er auch viel Zeit, ernsthafter seine Neigungen zu prüfen. Als er sich exmatrikulierte, war ihm klar geworden, dass er Grafik und Design an einer Fachhochschule studieren wollte. Eine künstlerische Ausrichtung hatte ihm zwar auch früher schon vage vorgeschwebt. Doch zum Kunststudium an einer Akademie fühlte er sich nicht berufen; und überdies warnten ihn alle vor „brotloser" Kunst. Nun hingegen konnte sich die Vorstellung festigen und – nicht zuletzt vor dem Hintergrund eines Aushilfsjobs in einem Grafikbüro – konkretisieren. Über die „garbage can decision" war der Betreffende also zu einer Entscheidung gelangt, die viele Züge von Planung aufwies und damit auf einem deutlich höheren Rationalitätsniveau lag. Natürlich ist so etwas kein Automatismus. Es hätte auch sein können, dass sich die nächste „garbage can decision" angeschlossen hätte. Aber dass Zeit, die man erst einmal gewinnt, zumindest Chancen der Rationalitätssteigerung bieten kann, gilt allemal.

Als weiterer Aspekt begrenzter Rationalität von „garbage can decisions" kann hinzutreten, dass Entscheider im Nachhinein merken, dass sie zwar nicht das Problem bewältigt haben, das Entscheidungsanlass war, aber wenigstens ein anderes – das kaum oder gar nicht mit im Blick gewesen ist – ein Stück weit bearbeitet worden ist. Dann können sich die Entscheider insoweit „umfreuen". Vielleicht wirbt ja die neue Professorin für Medienforschung, die man nur aufgrund ihres Geschlechts dem eigentlich favorisierten Bewerber vorgezogen hat, im Rahmen eines Förderprogramms über Geschlechterdarstellung in der Werbung umfangreiche Drittmittel ein, die der Hochschule ausgesprochen gut zu Gesicht stehen, weil man sich mit dieser Thematik auch politisch in Szene setzen kann. Dass die ursprüngliche Idee, Medienforschung in einer ganz anderen Richtung zu betreiben, faktisch fallen gelassen worden ist, lässt sich dann leichter verschmerzen.

Im Alltag spricht man diesbezüglich davon, dass alles, was man tut, schon irgendwie auch sein Gutes habe. Ganz so tröstlich kann man sich die Sache freilich nicht zurechtlegen. Eine Garantie dafür, sich „umfreuen" zu können, erhält man nicht. Die berufene Professorin hätte sich ja auch als beinharte „Emanze" entpuppen können, die den Fachbereich mit dogmatischen Forderungen und inquisitorischen Verdächtigungen derer, die diesen Forderungen nicht entsprechen wollen, lahm legt und sich in ihrer eigenen Lehr- und Forschungstätigkeit als komplette Versagerin erweist.

*Herumbasteln*

„Garbage can decisions" zeichnen sich durch eine sehr hohe Wahllosigkeit in dem Sinne aus, dass der Entscheider zeitliche Koinzidenzen einfach nimmt, wie sie kommen. Dann werden ein Problem, das gerade ansteht, und eine Lösung, die zufällig – vielleicht weil ein bestimmter Entscheidungsbeteiligter da ist, der sie wie ein Handelsvertreter überall anpreist – im Raum steht, miteinander verknüpft, selbst wenn dies schon auf den ersten Blick keinen großen Sinn ergibt. Ganz so hilflos sind Entscheidungshandelnde freilich auch unter Bedingungen sehr hoher Komplexität der Entscheidungssituation nicht immer. Eine gezieltere Form von Improvisation stellt z.B. das „tinkering" dar, das Karin Knorr-Cetina (1984: 64-68) unter Naturwissenschaftlern im Labor beobachtet, die Entscheidungen über ihr weiteres experimentelles Vorgehen treffen müssen.[21] Wie Autobastler, die sich auf dem Schrottplatz von brauchbaren Teilen, die irgendwo herumliegen, inspirieren lassen, gehen diese Wissenschaftler – ganz im Gegensatz zu wissenschaftstheoretischen Standards, die als bereichsspezifische Ausformulierungen der normativ-präskriptiven Idee perfekter Rationalität gelten können – vom „Zuhandenen" (Heidegger 1927: 63-113) aus: „ein tinkerer ... weiß nicht, was er produzieren wird, aber er verwendet alles, was er um sich herum findet ..., um irgendein praktikables Objekt herzustellen ..." Dabei „bringt es der tinkerer immer fertig, mit dem, was ihm gerade in die Hände kommt, auszukommen." Seine Ergebnisse „repräsentieren nicht das perfekte Produkt eines planvollen engineering, sondern mehr ein 'Flickwerk' von Resten, die zusammengefügt wurden, je nachdem, wie sich die Gelegenheit ergab."[22]

Wie könnten diejenigen Geräte, Substanzen, Techniken und persönlichen Fähigkeiten, die hier und jetzt im Labor verfügbar sind, so kombiniert werden, dass man mit der Forschung weiterkommen kann?[23] Knorr-Cetina (1984: 66) stellt beispielsweise fest, dass in dem von ihr untersuchten Labor ein „neu gekauftes Elektronenmikroskop" eine große „Anziehungskraft" ausübte und dann auch das, was man mit diesem Gerät tun konnte, die Entscheidungen über das weitere Vorgehen in bestimmten Projekten stark prägte. Oder: „Auch im Falle von Chemikalien wurden diejenigen, die gerade vorrätig waren, routinemäßig für eigentlich erwünschte, aber nicht vorrätige Chemikalien substituiert, um die Weiterführung der Versuche nicht aufzuhalten." (Knorr-Cetina 1984: 68) Dieses Beispiel zeigt, wie stark das „tinkering" schon als alltägliche Entscheidungspraktik eingespielt war. Zusammenfassend konstatiert Knorr-Cetina (1984: 65):

---

[21] Siehe auch „bricolage" bei Claude Levi-Strauss (1962: 29-31).

[22] Knorr-Cetina (1984: 64/65, Hervorh. weggel.) zitiert hier die Beschreibung evolutionärer Dynamiken von F. Jacob, der das „tinkering" der Natur dem planvollen Ingenieurhandeln gegenüberstellt – und zwar, um die, im übertragenen Sinne, begrenzte Rationalität der Evolution aufzuweisen.

[23] Eine in vielem vergleichbare Entscheidungsproblematik untersucht Reitman (1964): das Komponieren einer Fuge.

*Tinkerer sind Opportunisten. Sie sind sich der materialen Gegebenheiten, die sich an einem bestimmten Ort ergeben, bewusst und nutzen diese für ihre Projekte. Gleichzeitig wissen sie, was 'machbar' ist, und passen ihre Projekte dem an oder entwickeln sie entsprechend. Dabei sind sie ständig damit beschäftigt, funktionierende Resultate zu produzieren für Ziele, auf die sie sich im Augenblick eingelassen haben.*

Besonders hervorzuheben ist nochmals das „Sich-umfreuen", das auch das „tinkering" auszeichnet.

„Tinkering" ist ein Beispiel einer „sich an die Gegebenheiten anschmiegenden Improvisation" im Sinne von „Basteln, Flicken, Probieren, Kombinieren" (Guttandin 1996: 31). Auch die von Ronald Hitzler (1996) porträtierte „Bastelbiographie", die mehr und mehr Gesellschaftsmitglieder als Begleiterscheinung ihrer Individualisierung heute kultivieren müssen, entspricht diesem Muster. Jo Reichertz (1991: 266) schließlich zitiert einen Kriminalbeamten, der den typischen Umgang mit aufzuklärenden Verbrechen so umschreibt: „Das ist so ein Schrottplatzdenken hier. Man sammelt erst mal alles und schaut dann, ob man es irgendwann gebrauchen kann." Man sucht also wenig gezielt Informationen gleichsam auf Vorrat und wartet ab, ob einem irgendwann etwas daran auffällt, dem man dann gezielt nachgeht.

Friedhelm Guttandin (1996) hat am Beispiel einer südamerikanischen Provinzstadt die Grundzüge einer „Improvisationsgesellschaft" gezeichnet,[24] die sich – wie er selbst feststellt – auch auf viele tagtägliche Entscheidungssituationen in entwickelten westlichen Ländern übertragen lässt. So sind in dieser agrarisch geprägten Kleinstadt individuelle Investitions- oder Karriereentscheidungen – ob politischer oder wirtschaftlicher Art – im Horizont allgegenwärtiger Korruption, unüberschaubarer Netzwerke und Mauscheleien, wie man sie bei uns als „Filz" bezeichnet, abrupt durchschlagender Weltmarktturbulenzen und, teilweise damit zusammenhängend, politischer Instabilitäten zu sehen; hinzu treten

---

[24] Ein Roman wie Joseph Conrads „Nostromo" (1904) verdichtet dieses Lebensgefühl literarisch.

noch die Capricen der Natur, die einem die Ernte immer wieder unverhofft verhageln, ebenso gut aber auch einen reichen Segen bescheren können. Sehr hohe soziale und sachliche Komplexität teilt sich dem Einzelnen als immense Unsicherheit darüber mit, welche Möglichkeiten des Handelns und Entscheidens er eigentlich hat, und für wie lange, sowie welche Wirkungen er mit bestimmten Möglichkeiten eigentlich erzielen kann.

Guttandin (1996: 33-37) arbeitet verschiedene Klugheitsregeln improvisierenden Entscheidens heraus. So gilt in sachlicher Hinsicht: „Keine Pläne, keine Kalkulationen, kein Berechnen von Zwecken, konkurrierenden Mitteln, eventuellen Nebenfolgen, sondern die Direktheit situativ bedingter Eingebung und Aktion ..." In sozialer Hinsicht zeichnet sich ein solches Herumbasteln durch einen „Verzicht auf einen Dirigenten" aus. Die verschiedenen Entscheidungsbeteiligten koordinieren sich nicht in Gestalt eines besprochenen, etwa arbeitsteiligen Vorgehens; sondern jeder geht erst einmal auf eigene Faust vor, dabei allerdings die je anderen intensiv, auch argwöhnisch beobachtend. Man muss sich das wie bei kollektiv improvisierenden Jazzmusikern vorstellen, die immer wieder abwechselnd blitzschnell aufeinander eingehen müssen. Zeitlich heißt das: „Die kurzen und schnellen Handlungsvollzüge lösen einander ab ..." An die Stelle eines länger angelegten schrittweisen Vorgehens tritt ein spontanes Eingehen auf den Augenblick; im Vergleich zum Inkrementalismus weist das Herumbasteln sehr kurze feedback-Schleifen der Selbstkorrektivität auf, die dessen zwangsläufig hoher Fehlerquote angemessen sind.

Der Entscheider hängt noch weniger an seinen Entscheidungen als bei einem inkrementalistischen Vorgehen, sondern kalkuliert von vornherein ein, dass er fast alles, was er entscheidet, nicht bloß mehrfach nachjustieren, sondern gar nicht so selten nach kürzester Zeit völlig auf den Kopf stellen muss. So kann es etwa passieren, dass man mit einer bestimmten Absicht in eine Verhandlung geht und ganz schnell feststellt, dass das, was man eigentlich wollte, überhaupt nicht durchsetzbar ist und überdies einer der anderen Beteiligten ein neues Argument in den Raum stellt, das einem zu denken gibt und in eine völlig andere Richtung weist. „Was interessiert mich mein Geschwätz von gestern!" Diese bekannte, durchaus zwiespältig beurteilte Maxime trifft den Kern von Improvisation: bis zur Prinzipienlosigkeit offen für situative Überraschungen – angenehme wie unangenehme – zu sein, um jeweils, wie es so schön heißt, sogleich das Beste daraus machen zu können. Forschungen über die „alltägliche Lebensführung" weisen auf die „situativ-reflexive" Lebenslage hin: „Man hängt gar nicht mehr der Illusion der Machbarkeit einer ins Detail vorausschauenden Planung des Lebens an, sondern verfolgt das Ziel, Rahmenbedingungen zu schaffen, die genügend Offenheit gewährleisten, um im richtigen Moment – eher situativ – die richtige Entscheidung treffen zu können." (Jurczyk/Rerrich 1993: 41)[25] Das ist freilich noch zu rationalistisch formuliert: Eine nicht völlig falsche Entscheidung ist schon gut, „die richtige Entscheidung" wäre reine Glückssache.

Erfolgreiche Börsenmakler sind vermutlich eines der Musterbeispiele, an denen man diese Art des Improvisierens als tagtäglichen Umgang mit sehr hoher Entscheidungskomplexität gut studieren könnte. Damit, was dort ein dauerhaftes Merkmal der beruflichen Tätigkeit ist, sind andere Akteure nur gelegentlich konfrontiert. Dadurch haben sie es einerseits leichter, meistens rationalere Entscheidungen als durch Improvisation zu treffen; andererseits üben sie sich eben auch nicht ständig im Improvisieren, was für das damit erreichbare Rationalitätsniveau sehr wichtig ist. Je nachdem, wie schicksalhaft – z.B. für eine Organisation – eine plötzlich zu treffende Entscheidung ist, die nur improvisierend zu bewältigen ist, kann es sein, dass diese mangelnde Übung so schwerwiegende negative Folgen hat, dass dagegen die guten Ergebnisse bei vielen anderen Entscheidungen verblassen.

---

[25] Für Unternehmen siehe ähnlich Quinn (1980: 27): „consciously preparing to move opportunistically."

## 7.3 Abwarten

Die beiden bisher erläuterten Muster sub-inkrementalistischen Entscheidens folgen allesamt, ebenso wie Inkrementalismus und Planung, noch einer Prämisse, die die vielleicht generellste und gemeinhin völlig unhinterfragte Rationalitätsfiktion der Moderne darstellt: dass angesichts eines Problems etwas zu tun besser ist als gar nichts zu tun. Handeln bzw. Entscheiden ist rationaler als es zu unterlassen. Hinter dieser Rationalitätsfiktion steht letztlich die für die christliche Religion und speziell den Protestantismus, der die westliche „Kultur der Moderne" (Münch 1986) so entscheidend geprägt hat, kennzeichnende „innerweltliche Askese" (Weber 1922: 328-337). Diese verspricht Erlösung und Seelenheil durch „Werke", also durch pflichterfülltes Tätigsein im Sinne einer unermüdlichen Umgestaltung der Welt. Insbesondere der Beruf institutionalisiert „die rational nüchterne Mitarbeit an den durch Gottes Schöpfung gesetzten sachlichen Zwecken der rationalen Zweckverbände der Welt ..." (Weber 1922: 329, Hervorh. weggel.) – seien diese nun wirtschaftlicher, politischer, wissenschaftlicher oder anderer Natur. Säkularisiert wird dieses Grundmuster einer subjektiv als sinnhaft erfahrenen Existenz in dem im Kapitel 2 dargestellten Fortschrittsglauben.

Die radikale Gegenposition ist die einer „außerweltlichen Kontemplation", wie sie als Erlösungsweg etwa in der buddhistischen Religion vorgezeichnet wird. Weltflucht statt Weltgestaltung: „Nichthandeln, jedenfalls aber Vermeidung jedes rationalen Zweckhandelns ('Handeln mit einem Ziel') als der gefährlichsten Form der Verweltlichung empfiehlt der alte Buddhismus als Vorbedingung der Erhaltung des Gnadenstandes." (Weber 1922: 331)[26] Nichthandeln in einem radikalen Sinne ist zwar gar nicht menschenmöglich; gerade Selbstmord als definitive Herbeiführung eines solchen Zustands setzt erst einmal willensstarkes Handeln voraus. Doch religiöse Virtuosen wie die buddhistischen Mönche

---

[26] Generell zu Nichthandeln als handlungstheoretischer Kategorie siehe Geser (1986).

können ein ganzes Stück weit diesen Erlösungsweg gehen, also auf der Basis von Routinen mit möglichst wenig Handeln und mit noch weniger Entscheiden – und erst recht beinahe keinen Gestaltungsentscheidungen – durchs Leben kommen. Die buddhistischen Laien vermögen diesem Zustand viel seltener und weniger nahe zu kommen; sie können sich aber sehr wohl und gerade deswegen danach sehnen. Klar ist jedenfalls, dass in einer so geprägten Kultur die Rationalitätsfiktion, die Handeln und noch mehr Entscheiden gegenüber dem Unterlassen insbesondere von Gestaltungsaktivitäten bevorzugt, nicht so selbstverständlich gilt, auch wenn die Alltagspraxis mit ihren Notwendigkeiten oft genug ganz fraglos Aktivität evoziert. Nichthandeln, und speziell Nicht-Entscheiden, besitzt kulturelle Dignität und kann so überhaupt als Option in den Blick geraten, anstatt ohne Nachdenken als untragbarer Fatalismus verdammt zu werden.

Bei dem jetzt zu behandelnden dritten Muster sub-inkrementalistischen Entscheidens geht es nun nicht etwa darum, unter Bedingungen sehr hoher Entscheidungskomplexität völliges Nicht-Entscheiden für begrenzt rational zu erklären. Eine pauschale Verweigerung des Entscheidens, wie sie der Buddhismus als höchstes Ideal empfehlen müsste, kann nicht begrenzt rational sein, wenn es um Weltgestaltung geht und man weder an Gottes gütige Hand, die schon alles richten wird, glaubt noch sich auf Evolution oder irgendeine andere „unsichtbare Hand" verlassen will. In abgeschwächter Form kann es aber sehr wohl begrenzt rational sein, Entscheidungen zu unterlassen: nicht auf Dauer, aber bis zu einem günstigeren Zeitpunkt. Genau dieses Abwarten ist der Kern desjenigen Musters sub-inkrementalistischen Entscheidens, das einem als letztes Mittel noch übrig bleibt, wenn alle anderen Strategien zur Erreichung begrenzter Rationalität – von Planung als anspruchsvollster bis zur Improvisation – nicht einsetzbar sind. Mit diesem Muster ist gleichsam die „baseline" erreicht: Noch weiter herunterschraubbar ist der Rationalitätsanspruch nicht, ohne ganz auf Rationalität zu verzichten.

Die aktivistische Rationalitätsfiktion impliziert in ihrer Favorisierung des Tuns auch, dass dies möglichst schnell geschieht. Je eher etwas getan wird, um das jeweilige Problem zu bearbeiten, desto besser.[27] So heißt es ganz typisch bei Lichtenberg (1958: 145): „Das Aufschieben wichtiger Geschäfte ist eine der gefährlichsten Krankheiten der Seele."[28] Dahinter steht die auch hier bisher stillschweigend übernommene Vorstellung, dass Probleme sich zuspitzen, je länger nichts getan wird. Hier liegt die Analogie der Krankheit zugrunde, für die dieser Zusammenhang ja in der Tat meistens gilt. Doch nicht alle Probleme werden, je später man sie angeht, immer schwieriger zu bearbeiten. Manche Probleme verändern ihren Schwierigkeitsgrad im Zeitverlauf gar nicht oder lange nicht, oder ab einem frühen Zeitpunkt nicht mehr. Beispielsweise ist es oftmals relativ egal, ob ich mir heute schon eine neue Wohnung suche oder erst noch einige andere größere Angelegenheiten erledige, bevor ich mich in etwa einem Jahr auf Wohnungssuche begebe. Sofern der Wohnungsmarkt sich nicht verschlechtert, wird die Entscheidung für eine neue Wohnung dann nicht einfacher oder schwieriger sein als heute. Andere Entscheidungsprobleme verringern sich sogar im Zeitverlauf. So ist es etwa ratsam, ein Problem hinauszuschieben, wenn man sich bei der Entscheidung über dessen Bearbeitung mit bestimmten Akteuren einigen muss, mit denen man gerade in einer anderen Angelegenheit einen heftigen Konflikt hatte. Und selbst wenn ein Problem sich, je länger man nichts tut, verschlechtert, kann es immer noch sein, dass im gleichen Zeitraum die eigenen Möglichkeiten der Problembearbeitung schneller zunehmen als der Schwierigkeitsgrad des Problems. Auch dann ist ein geschicktes „timing" der Entscheidung zweckmäßig. Massimo Warglien (1996: 176) schließlich betont „the advantages of slow learning", die nicht zuletzt darin bestehen, dass man nicht das Unmögliche versucht, mit der Problemdynamik

---

[27] Allenfalls wird vor überhastetem Entscheiden gewarnt, nicht aber vor zügigem.

[28] An anderer Stelle formuliert er freilich auch als „eine große Regel": „mit stilltätiger Geduld abwarten." (Lichtenberg 1958: 346)

Schritt zu halten, was nur zu hektischer Frustration führt, sondern eher abwartet, dass ein Problem gleichsam in der nächsten Runde wieder vorbeikommt.

Die begrenzte Rationalität des Abwartens beruht auf solchen Relationen des Problemverlaufs zu der Entwicklung der eigenen Möglichkeiten der Problembearbeitung. Solange mit einer gewissen Wahrscheinlichkeit erwartbar ist, dass sich diese Relation zukünftig günstiger darstellen könnte als jetzt, ist Abwarten begrenzt rational. Wie hoch diese Wahrscheinlichkeit sein muss, hängt von mehreren Faktoren ab. So spielt sich auch hier, wie beim in Kapitel 5 dargestellten „satisficing", ein Anspruchsniveau des Entscheiders ein, das je nach zurückliegenden Erfahrungen höher oder niedriger liegen kann. Wer in vergleichbaren Entscheidungssituationen schon öfter erlebt hat, dass sich Abwarten lohnt, wird mehr Geduld aufbringen als jemand, der gegenteilige Erfahrungen gemacht hat. Wichtig ist ferner vor allem noch, wie hoch die Wahrscheinlichkeit ist, dass sich die Relation von Schwierigkeitsgrad des Problems und eigenen Möglichkeiten der Problembearbeitung gegenüber dem momentanen Status quo verschlechtert. Wenn ziemlich sicher ist, dass eine weitere Verschlechterung der Lage nicht mehr eintreten kann, kann man lange abwarten – im Rahmen dessen, wie lange der derzeitige Zustand aushaltbar ist. So vermag sogar paradoxerweise derjenige Akteur am meisten Geduld aufzubringen, der es mit einem Problem zu tun hat, das schlimmer nicht mehr werden kann. Schließlich ist zu bedenken, dass ein Handelnder unter Umständen auch selbst etwas dafür tun kann, dass sich die eigenen Möglichkeiten der Problembearbeitung verbessern, also auf diese Weise aktiv die Wahrscheinlichkeit einer Verbesserung der Relation von Schwierigkeitsgrad und Möglichkeiten erhöhen kann – nicht zuletzt auf die Weise, dass er sich erst einmal andere, gleichzeitig anstehende Probleme vom Hals schafft und dann mehr Aufmerksamkeit für das aufgeschobene Problem aufbringen kann.

*Okkasionalismus*
Wer mit der Bearbeitung eines Problems abwartet, bis er seine Kräfte gesammelt hat, wartet gewissermaßen planvoll ab. Er vermag womöglich schon von vornherein genau zu sagen, wann es so weit sein wird, dass er zur Tat schreitet. Das Grundmuster dessen gibt derjenige ab, der Monat für Monat Geld anspart, bis er sich eine benötigte größere Anschaffung leisten kann. Je langfristiger angelegt diese Art des Abwartens ist, desto mehr stellt sie eine Variante der Planung dar und setzt als solche auch eine vergleichsweise geringere Komplexität der Entscheidungssituation voraus. Insbesondere ist sie nur dann als begrenzt rational einzustufen, wenn die Kontinuität und damit Erwartbarkeit der zukünftigen Entwicklung sowohl des anstehenden Problems als auch der eigenen Möglichkeiten der Problembearbeitung auf längere Sicht unterstellbar ist. Wenn hingegen der Preis des Anschaffungsobjektes auch erratisch in die Höhe schnellen kann und man zugleich aufgrund eines instabilen Einkommens nicht davon ausgehen kann, dass man jeden Monat eine feste Summe anzusparen vermag, wird einem planvollen Abwarten der Boden entzogen.

Hier geht es um genau solche Situationen, in denen sehr hohe Entscheidungskomplexität kein planvolles, sondern sozusagen nur ein planloses Abwarten ermöglicht (Wiesenthal 2005: 186). Dieses folgt dem Motto „Warten und lauern": „Bei einer günstigen Gelegenheit, einem glücklichen Zufall gilt es blitzschnell zuzupacken." (Guttandin 1995: 35) Ein derartiges „okkasionalistisches Vorgehen" gehört für Guttandin (1996: 93) zu vielen Spielarten von Improvisation dazu: „Aufgrund der langfristig ungewissen Handlungsbedingungen zieht der Improvisator es vor, die Dinge auf sich zukommen zu lassen, um dann zu einem ihm günstig erscheinenden Zeitpunkt zu seinem Vorteil intervenieren zu können." Planlos ist das in dem Sinne, dass der Akteur „eine Schnelligkeit der Reaktion, des Sich-Umstellens und Sich-Einstellens ..."

an den Tag legen muss, die durch Planung gerade ausgeschlossen würde.[29]

Eric Leifer (1991) charakterisiert dieses planlose Abwarten als „local action", das er durch die Beobachtung von Schachspielern verdeutlicht.[30] Gängige Einschätzungen dessen, was gute Schachspieler ausmacht, gehen davon aus, dass diese in allen Phasen des Spiels möglichst viele Züge in allen Verzweigungen möglicher Gegenzüge vorauszuschauen versuchen, um so eine Entscheidung über den nächsten eigenen Zug zumindest auf dem Niveau von „satisficing", wenn nicht des „'something better' approach" zu treffen.[31] Leifer stellt demgegenüber fest, dass erfolgreiche Schachspieler insbesondere im Mittelspiel ganz anders vorgehen. Für Spieleröffnungen gibt es eine Vielzahl an hochgradig routinisierten Varianten, die meist nur geringfügig modifiziert werden; das Endspiel, in dem sich oft nur noch wenige Figuren auf dem Spielfeld befinden, ermöglicht ein inkrementalistisches oder auch planvolles Vorgehen, in manchen Konstellationen sogar perfekt rationale Entscheidungen. Aber ist die Eröffnung erst einmal gelaufen, das Endspiel jedoch noch nicht erreicht, befindet sich der Schachspieler als Entscheidungshandelnder in einer Situation sehr hoher Komplexität: viele Figuren in relativ unordentlichen Konstellationen, die einen explodierenden Möglichkeitshorizont eröffnen. Was tun gute Schachspieler in dieser Lage?

Leifers (1991: 66) Antwort lautet, dass sie versuchen, solche unüberschaubaren, für eine längerfristig angelegte Strategie noch nicht reifen Situationen möglichst offen zu halten: „Decision ...

---

[29] Ähnliches erfasst das Konzept des „policy window" (Zahariadis 1998: 77/ 78, 82-84).

[30] Ähnlich die „Aktionismen", die Vogd (2004: 38) bei Krankenhausärzten beobachtet.

[31] Herbert Simon hat in den sechziger und siebziger Jahren auf der Grundlage von Computersimulationen umfangreiche Forschungen zum „general problem solver" unternommen, die nicht zuletzt am Beispiel des Schachspiels einen inkrementalistischen Entscheider modelliert haben (Newell/Simon 1972). Erinnert sei ferner auch an Amitai Etzionis im Kapitel 6 angesprochene Vorstellung, dass gute Schachspieler „mixed scanning" betreiben.

becomes a mechanism for keeping the future open." Die Schachspieler bleiben im Spiel und kümmern sich eher darum, sich keine Positionsnachteile einzuhandeln, anstatt um das Erringen von Positionsvorteilen. Worum es vorrangig dabei geht, ist „buying time for more observation ..." (Leifer 1991: 45). Dabei kommt auch Improvisation in dem Sinne zum Tragen, dass gute Schachspieler „are the least constrained by their ex ante pursuits." (Leifer 1991: 62) Sie hängen nicht an Zügen, die sie getan haben, weil diese nicht Bestandteil eines größer angelegten Plans oder auch nur einer inkrementalistischen Zielverfolgung sind: „Local action serves as a kind of safety valve, allowing skilled actors to avoid the pursuit of global ends and objectives until they can be attained." (Leifer 1991: 69) Dabei ist die Paradoxie des Geduldhabens zu beachten: „At no point am I assuming that skilled players 'want' to sustain equality. To the contrary, they want to keep prospects for winning alive. These are jeoparadised by trying to win where there is no opportunity to do so." (Leifer 1991: 129)

David Collingridge (1992: 151) findet das gleiche Muster bei erfolgreichen Managern: Sie „are masters of delay until the time is ripe ..."[32] Und auch polizeiliche Ermittlungsarbeit geht – anders als in Kriminalromanen, wo der Spannungsbogen nicht abreißen darf – oftmals so vor sich, dass zunächst rätselhafte, nicht zu lösende Fälle im Gedächtnis behalten werden und man wartet, ob nicht irgendwann neue, viel versprechende Spuren auftauchen (Reichertz 1991: 187-259). La Rochefoucauld empfahl Politikern kategorisch: „In der Politik soll man weniger versuchen, neue Gelegenheiten zu schaffen, als die sich bietenden zu nutzen." (Schalk 1938: 50)

Geduldiges Abwarten schlägt dann, wenn die Situation sich in einer für den Entscheidungshandelnden günstigen Richtung geklärt hat, sofort in ebenso entschlossene und zielstrebige Aktivität um: „With favorable opportunities, skilled players become the best planners and implementers." (Leifer 1991: 64) Je nach dem, wie

---

[32] Ein solches Er-Warten günstiger Gelegenheiten schildert auch James Brian Quinn (1980: 124-126) in etlichen Fällen aus der Unternehmenspraxis. Siehe ferner Wilhelm Schmid (2002: 225) zur „passiven Wahl".

stark sich die Komplexität der Entscheidungssituation sozusagen selbsttätig reduziert hat, vermag der Akteur, manchmal aus dem Stand heraus, auf Inkrementalismus oder sogar auf Planung umzuschalten.

Francois Jullien (1996: 91-119) zeigt eine besondere Affinität der klassischen chinesischen Kunstlehre der Diplomatie, der Politik und des Kriegs zum sub-inkrementalistischen Entscheidungsmuster des Abwartens auf.[33] „Warten können" bis zum „Rissigwerden" der Situation wird dort als eine zentrale Botschaft an Entscheidungshandelnde vermittelt: „Wenn die Welt glatt ist, ohne Angriffsfläche, ohne Riss zum Eindringen, dann bleibt dem Strategen nur eins: 'sich zurückziehen und auf die Gelegenheit warten' ...: auf die erste Gelegenheit des Rissigwerdens, die sich später zur Bresche öffnen und es schließlich ermöglichen wird, im richtigen Moment mit einem Schlag in die gegnerische Stellung einzubrechen." (Jullien 1996: 102) Was hier an sozialer Komplexität verdeutlicht wird, gilt genauso für sachliche Komplexität.

Mit Abwarten ist nicht etwa gemeint, sich solange nicht mehr um die Entscheidungssituation zu kümmern, bis sich etwas tut, was dann eine Entscheidungsgrundlage bietet. Es geht keineswegs darum, sich Unaufmerksamkeit leisten zu können, bis man durch einen starken Reiz geweckt wird; sondern das Abwarten besteht aus einem fortwährenden genauen Beobachten der Situation, um „aufspüren" zu können, wohin es geht: „Weil der Weise äußerst genau die Gegenwart 'erforscht', macht er in ihr bereits die Präsenz dessen aus, mit dem sie schwanger geht, das aber noch nicht erschienen ist." (Jullien 1996: 105) Abwarten heißt also gerade nicht, vom „Rissigwerden" der Situation überrascht zu werden. Der Entscheider hat es vielmehr antizipiert. Im Unterschied zur aktiven Problemsondierung geht es hierbei freilich nicht um das frühzeitige Erkennen sich anbahnender Entscheidungsprobleme, sondern lediglich darum, den weiteren Verlauf bereits eingetretener Probleme zu verfolgen, um die „Struktur der günstigen Gele-

---

[33] Dahinter steht zweifellos die erwähnte Favorisierung des Unterlassens durch fernöstliche Religionen.

genheit" (Jullien 1996: 91) zu ergründen. So auch schon der französische Moralist Nicolas Chamfort: „Es gibt in jeder Entwicklung eine Reife, die man abwarten muss." (Schalk 1938: 302)

Hieran wird deutlich: Die „günstige Gelegenheit" ergibt sich nicht bloß durch einen unvorhersehbaren zufälligen „Cournot-Effekt" (Boudon 1984: 173-179), sondern aus Eigendynamiken der Situation, die es schon im ganz frühen Stadium aufzuspüren gilt:

> *So lässt sich also eine andere Konzeption der „Gelegenheit" skizzieren: nicht mehr als Chance, die sich durch ein glückliches Zusammentreffen von Umständen im Vorübergehen bietet, zum Handeln anregt und seinen Erfolg begünstigt; sondern als der am besten geeignete Moment, um in den Lauf des begonnenen Prozesses einzugreifen ..., also in den Prozess, in dem die nach und nach erreichte Potentialität kulminiert und der es erlaubt, die größte Wirksamkeit zu entfalten. (Jullien 1996: 95/ 96)*

Einen bloßen Zufall „aufspüren" zu wollen wäre ein unsinniges Unterfangen – anders als bei einer sich ganz allmählich entfaltenden Eigendynamik.[34] Es ist freilich keine Gewissheit, sondern nur eine Hoffnung des Entscheidungshandelnden, durch sorgsames Beobachten eine Logik des Geschehens entziffern und auf dieser Basis den günstigsten Moment des Intervenierens ausmachen zu können.[35] Dennoch ist dieses „Prinzip Hoffnung" (Bloch 1959) als Imperativ des Beobachtens hilfreich: Sofern es eine erkennbare Eigendynamik gibt, wird man sie frühzeitig herausfinden und kann sich darauf einstellen.

Man findet in komplizierten Verhandlungen – ob im Vermittlungsausschuss von Bundestag und Bundesrat, im Fachbereichsrat einer Hochschule oder auch im familiären Zusammenhang – immer wieder Konstellationen vor, in denen sich Akteure als Meister des Abwartens und Nutzens sich bietender Gelegenheiten erwei-

---

[34] Zur hier zugrunde liegenden Unterscheidung von „offenen" und „geschlossenen" sozialen Dynamiken siehe Schimank (2000: 196-205).

[35] Es kann auch passieren, dass das Geschehen durchaus einer Logik folgt, die aber der Entscheider nicht erkennt.

sen. Wenn alle anderen davon ausgehen, dass jetzt endgültig eine allseitige Blockade eingetreten ist, treten diese Akteure auf den Plan und präsentieren eine Entscheidungsalternative, die alle Seiten überrascht. Manchmal geschieht das im freundlich werbenden Tonfall, der jedem klar macht, dass es im allseitigen Interesse ist, sich auf diesen Vorschlag einzulassen; und manchmal wird der Vorschlag auch so verfochten, dass jedem klar wird, dass ihm, recht besehen, gar nichts anderes übrig bleibt, als wohl oder übel einzuwilligen. Jedenfalls merken alle, was dem Betreffenden ebenso bewusst ist: „Time is on my side".[36] Scheinbar mühelos gelingt es ihm, sich durchzusetzen – aber noch vor kurzer Zeit wäre er chancenlos gewesen.

*„Wirksamkeit durch Anpassung"*
Das Abwarten des richtigen Zeitpunkts, um eine Entscheidung zu treffen und umzusetzen, setzt sich als Muster sub-inkrementalistischen Entscheidens darin fort, dass „Wirksamkeit durch Anpassung" (Jullien 1996: 77) zu erzielen versucht wird. Diese Leitlinie des Entscheidens wird wiederum besonders im chinesischen Strategiedenken reflektiert und steht dezidiert gegen die westliche „Tradition des im voraus erstellten Plans und des Heroismus der Aktion" (Jullien 1996: 7). Für den Westen gilt seit den Griechen: „wir entwickeln eine Idealform ..., die wir als Ziel ... setzen, und dann handeln wir, um sie in die Realität umzusetzen." (Jullien 1996: 13) Aber zumindest in Situationen sehr hoher Entscheidungskomplexität muss man dann feststellen, dass „die Welt nicht besonders aufnahmebereit für die Ordnung, die wir ihr geben wollen ...", ist (Jullien 1996: 17). Dagegen setzt das chinesische Strategiedenken darauf, die sich entfaltende Situation und das ihr innewohnende Potential im Mitvollzug allmählich zu erkennen und dann das in diesem Rahmen Mögliche zu tun und auch nur zu wollen: „Deshalb projiziert und konstruiert der chinesische Stratege nichts. ... Das setzt voraus, daß es für ihn nicht einmal ein 'Ziel'

---

[36] Um einen Song der Rolling Stones zu zitieren, dessen triumphaler Duktus durchaus die Stimmungslage des jeweiligen Entscheiders wiedergeben mag.

gibt, ... sondern daß er aus der Situation, in dem Maße, wie sie sich entwickelt, immer wieder seinen Vorteil zieht ..." (Jullien 1996: 61)

Dieses Vorgehen bedeutet eine klare „Ablehnung des Dirigismus": „die innewohnende Transformation ersetzt die gesteuerte Handlung." (Jullien 1996: 126, Hervorh. weggel.) Die Entscheidung „muss unterstützen, was natürlich geschieht." (Jullien 1996: 128, Hervorh. weggel.) Dies ist der zentrale Punkt – als Maxime formuliert: „Sein Handeln in der Prozesshaftigkeit der Dinge verwurzeln ..." (Jullien 1996: 181) Oder nochmals anders gesagt: „Sich mit dem Werden verbinden!" (Jullien 1996: 105) Auf der einen Seite bedeutet dies ein sehr geringes Anspruchsniveau rationaler Gestaltung, dem sehr hohen Komplexitätsniveau entsprechend: „Wenn bereits der nächste Schritt nicht mehr planbar erscheint, wird die Konstruktion jedes weiteren Vorgehens, welches an diesen anschließt, absurd." (Dimbath 2003: 215) Man lässt dann die Dinge in hohem Maße so weiterlaufen, wie sie es aus sich heraus ohnehin tun, nimmt also vieles, was daran unerwünscht ist, schicksalsergeben hin. Auf der anderen Seite unternimmt man aber doch beharrlich Gestaltungsimpulse, die „durch fortschreitende Akzentuierung" (Jullien 1996: 83) allmählich und pfadabhängig eine Abweichungsverstärkung gegenüber dem Lauf der Dinge erzeugen, wie er sonst stattgefunden hätte. Dies kann nicht in einer beliebig wählbaren Richtung geschehen, sondern nur im engeren Umfeld des ohnehin Geschehenden.

„Wirksamkeit durch Anpassung" läuft also – in einem anderen Bild formuliert – darauf hinaus, mit dem Strom zu schwimmen, um dabei zumindest in begrenztem Maße seine Flussrichtung verändern zu können. Dieses Vorgehen benutzt die Dynamik des Geschehens für dessen Umgestaltung und verlangt so dem Entscheider keinen großen sozialen oder sachlichen Aufwand ab: „Die Realität wird verändert, ohne dazu gezwungen zu werden, sie kann also keinen Widerstand leisten." (Jullien 1996: 84) Es geht darum, „listig mit der Situation umzugehen, indem man auf die Logik ihres Ablaufs zählt." (Jullien 1996: 146, Hervorh. weggel.) Dabei kann eine kleine, nahezu mühelose und ganz unscheinbare „Initialzündung" ausreichen, wenn sie rechtzeitig einsetzt: solange „die Realität ... noch geschmeidig und flüssig ..." ist (Jullien 1996: 172, Hervorh. weggel.). Das wiederum setzt voraus, dass man durch aufmerksame Beobachtung früh genug erkennt, wohin es läuft. Abwarten bedeutet also keineswegs immer, dass man eine Entscheidung sehr lange hinauszögert. Vielmehr wird – diesbezüglich, im Rahmen des Möglichen, durchaus im Einklang mit aktiver Problemsondierung – so bald wie möglich entschieden, nur eben nicht voreilig, bloß um vermeintliche Tatkraft zu demonstrieren.

Was das chinesische Strategiedenken sehr pointiert formuliert, ist westlichem Entscheidungshandeln keineswegs vollkommen fremd geblieben. Der eigentliche Unterschied zwischen der westlichen und der fernöstlichen kulturellen Tradition besteht wohl darin, dass das Muster des Abwartens und der Anpassung an den Lauf der Dinge etwas ist, wozu man sich hierzulande nicht bekennen darf. Wenn schon Inkrementalismus als Entscheidungsschwäche gebrandmarkt wird, gilt dies erst recht für alle Arten sub-inkrementalistischen Entscheidens. Hier wirkt das Pathos „des bombastischen Heroismus der Aktion" (Jullien 1996: 191), wie er sich am plakativsten im Heerführer verkörpert, immer wieder auf die Weise dysfunktional, dass Akteuren geradezu normativ Planung abverlangt wird, obwohl die Komplexität der Situation dies überhaupt nicht hergibt. Improvisieren und Abwarten können im Westen nach wie vor nur heimlich zum Einsatz kommen; als legitime Praktiken der Entscheidungsgesellschaft gelten sie nicht.

Dabei kommen sie hier vermutlich genauso häufig vor wie in der langen Geschichte Chinas.[37] Ich könnte mir beispielsweise vorstellen, dass die deutsche Wiedervereinigung – in ihrer seit 1945 währenden Vorgeschichte genauer betrachtet, als bisherige Untersuchungen dies getan haben – dieser Logik von Abwarten, fortwährendem Beobachten der Lage, „local action", „Wirksamkeit durch Anpassung" und schließlich entschiedener Nutzung einer

---

[37] Siehe z.B. auch den Prozesstypus des „flexiblen Verlaufs" bei Berufswahlentscheidungen (Dimbath 2003: 218/219).

günstigen Gelegenheit entsprach. Viele westdeutsche Politiker in allen Parteien hatten von Anfang an den Wunsch, die Teilung Deutschlands in eine westliche und eine östliche Einflusszone zu überwinden. Aber ein Ziel politischen Entscheidens war dies trotz aller pflichtgemäßen Deklarationen bis 1989 nicht, weil klar war, dass der Kalte Krieg zwischen den Vereinigten Staaten auf der einen, der Sowjetunion auf der anderen Seite keinerlei Möglichkeit für eine Wiedervereinigung bot. Was man immerhin in politischen Entscheidungen tun konnte, war, das Thema im Auge zu behalten und sich für auch unvermutet auftauchende Gelegenheiten – wie es dann ja tatsächlich passierte – bereitzuhalten. Dies geschah in vielerlei Formen: von der Schaffung eines Ministeriums für „innerdeutsche" Angelegenheiten – wie es bezeichnenderweise hieß – bis zur detaillierten Ausspionierung der DDR, von der „Entspannungspolitik" Willy Brandts bis zur schroffen Abwehrhaltung bei anderen Gelegenheiten. Die vielen politischen Entscheidungen, die dieser Thematik zugeordnet wurden, folgten keiner großen Linie, sondern bildeten ein buntes Patchwork durchaus widersprüchlicher Elemente. Fort- und Rückschritte wechselten einander immer wieder ab. Für die Fortschritte, etwa Reiseerleichterungen oder intensivierte wirtschaftliche Zusammenarbeit, wurden weltpolitische Entwicklungen oder andere ohnehin ablaufende Dynamiken des Ost/West-Verhältnisses als Triebkräfte genutzt, und man gab sich zufrieden mit dem, was in diesem Rahmen überhaupt möglich war. All das kann in keiner Weise als eine schrittweise planvolle oder auch nur inkrementalistische Vorbereitung dessen gewertet werden, was dann im Herbst 1989 geschah; nicht einmal vorausgeahnt wurde dies von irgendwem. Doch das sich plötzlich auftuende weltpolitische „window of opportunity" für die Erfüllung des nie aufgegebenen Wunsches nach Wiedervereinigung wurde dann mit viel Improvisieren genutzt, und die in den Jahrzehnten zuvor erreichten Schritte der Annäherung beider deutschen Staaten waren sowohl für die Wiedervereinigung als politischen Akt als auch für das sich anschließende gesellschaftliche Zusammenwachsen förderlich. Dass fünfzehn Jahre später immer noch viele Probleme dieses Zusammenwachsens ungelöst sind, manche sich vielleicht sogar verschärft haben, weist im Übrigen darauf hin, dass die immense Komplexität dieses Geschehens auch weiterhin nur eine sehr begrenzte Rationalität zulässt.

Es wäre unzutreffend, diesen – hier nur skizzenhaft angedeuteten – Vorgang, der sich über mehrere Jahrzehnte hinzog und an dem im Laufe der Zeit sehr viele Akteure beteiligt waren, als unzusammenhängende bloße Ereignissukzession anzusehen. Es handelte sich nicht nur um eine Vielzahl von Ereignissen, deren Zusammenhang sich erst im Nachhinein daraus ergibt, dass sie allesamt etwas mit der Wiedervereinigung zu tun hatten, an die aber im jeweiligen Moment keiner der Beteiligten gedacht hat. Vielmehr war dieser Wunsch für jeden, der involviert war, immer als diffuse Triebkraft des Handelns und Entscheidens präsent – aber eben nicht als Ziel,[38] und schon gar nicht als ein in einzelne Teilschritte zerlegtes und systematisch arbeitsteilig verfolgtes Ziel. Im Gegenteil: Sozialdemokratische und christdemokratische Politiker beispielsweise hätten sich gleichermaßen heftig dagegen verwahrt, hier zusammengearbeitet zu haben, obwohl sich ihre Beiträge – aber eben „hinter ihrem Rücken" – immer wieder sinnfällig ergänzt haben.

Auf der Ebene biographischen Entscheidens findet häufig Ähnliches – hier allerdings mit einem zentralen Entscheider – statt. So können, um das schon oft bemühte Beispiel nochmals aufzugreifen, Berufs- und Studienwahlentscheidungen auch so vor sich gehen, dass jemand sich etwa für Soziologie „interessiert" – was immer das genau heißen mag. Welche Berufsfelder sich ihm damit eröffnen, wie das Studium beschaffen ist: All das bleibt vorerst nebulös, weil der Betreffende, der lange alle möglichen Studienfächer hin- und hergewälzt hat, dann schnell entscheiden musste, um

---

[38] Der Unterschied ließe sich mit Alfred Schütz (1932: 115-130) so formulieren: Die deutsche Wiedervereinigung war für die Akteure kein „Um-zu-", sondern ein „Weil-Motiv". Sie trafen bestimmte Entscheidungen nicht mit dem Ziel vor Augen, die Wiedervereinigung zu befördern, sondern deshalb, weil ein ersehntes vereinigtes Deutschland und der Schmerz über seine Teilung den biographischen Erfahrungshorizont ihres Agierens darstellte.

nicht ein ganzes Semester vertan zu haben. Das Studium läuft dann gemäß der an der betreffenden Universität installierten Studienordnung und entsprechend den persönlichen Interessenschwerpunkten der dort tätigen Lehrenden ab. Viele Teilgebiete des Faches werden überhaupt nicht behandelt, andere sehr intensiv. Bestimmte Praxiskontakte werden angeboten; und für Studenten, die eine der begehrten Stellen als studentische Hilfskraft bekommen, eröffnen sich noch weitere Möglichkeiten, von Professoren persönlich beraten und gefördert zu werden. Irgendwann ist das Studium zu Ende, und der Betreffende erhält das Angebot, seine Professorin werde sich um ein Stipendium für ihn bemühen. Er hat aber auch eine Tätigkeit in einer Werbeagentur in Aussicht. Dort fängt er an, um etwas in der Hand zu haben, hofft jedoch auf das Stipendium. Als es bewilligt wird, greift er sogleich entschlossen zu. Das Thema seiner Dissertation wählt er so, dass er damit sowohl in Praxiskontexten als auch im akademischen Feld reüssieren kann. Da die Arbeit mit „summa cum laude" bewertet wird und er parallel dazu auch schon zwei Aufsätze in anerkannten Fachzeitschriften vorweisen kann, ist er aussichtsreicher Bewerber auf mehrere Juniorprofessuren, die ausgeschrieben werden. Er bekommt jedoch keine davon, weil entweder „Hauskandidaten" der ausschreibenden Universität der Vorrang eingeräumt wird oder er die erwünschte thematische Spezialisierung in geringerem Maße vorweisen kann als andere Bewerber. Zugleich wird seine Lebenspartnerin schwanger und gibt ihre Stelle auf, woraus sich die Notwendigkeit ergibt, schnell eine möglichst sichere unbefristete Stelle zu finden. Er bewirbt sich hauptsächlich außerhalb der Hochschulen und erhält nach zahlreichen Absagen die Chance, im Personalbüro einer mittelständischen Firma einzusteigen, die jemanden sucht, der die betriebliche Weiterbildung aufbaut. Über mehrere Jahre engagiert er sich mit vollen Kräften in dieser Aufgabe und wird ein anerkannter Spezialist. Nebenbei hat er den Kontakt zur örtlichen Fachhochschule aufgebaut, wo er regelmäßig einen Lehrauftrag wahrnimmt. Als dort eine thematisch einschlägige Professorenstelle frei und ausgeschrieben wird, bewirbt er sich und wird berufen.

Dieses Beispiel – das natürlich noch fortzuführen und durchgängig zu detaillieren wäre – illustriert für biographische Verläufe, so wie das vorherige Beispiel für Politikverläufe, das Auf und Ab, das Warten und Beobachten wie die sich auftuenden Gelegenheiten des Entscheidens, das Improvisieren und das „Sich umfreuen".[39] Längst nicht jeder, der eine solche Karriere beginnt, verhält sich an jedem Punkt, wo seine eigene Entscheidung gefragt ist, im Sinne des chinesischen Strategiedenkens begrenzt rational. Dennoch tritt hier, weil es sich um die Biographie ein und derselben Person handelt, noch deutlicher hervor, dass die einzelnen Entscheidungen nicht isoliert voneinander zu sehen sind, sondern einen Zusammenhang bilden, der auch dem Betreffenden jeweils bewusst ist. Es ist ein Zusammenhang, der sich als unabsehbare Trajektorie von Transformationen einer Entscheidungssituation darstellt – unabsehbar aufgrund sachlicher und sozialer Komplexität. Hier das Unmögliche zu versuchen, dem Lauf der Dinge den eigenen Willen aufzuzwingen, wäre nicht rational – zum einen, weil das eigene Entscheiden einen zu marginalen Stellenwert in der Determination des Geschehens hat, zum anderen, weil viel zu unklar ist, was man will. Ebenso wenig rational wäre es aber, sich einfach vom Lauf der Dinge treiben zu lassen. Ein situationsangemessenes begrenzt rationales Entscheiden besteht vielmehr darin, „Wirksamkeit durch Anpassung" zu erreichen.

Wie am Vergleich beider Beispiele deutlich wird, kann „Wirksamkeit durch Anpassung" zwei Ausprägungen annehmen. Zum einen kann es, wie bei der deutschen Wiedervereinigung, darum gehen, einer konstant bleibenden Wunschvorstellung durch ein allmähliches graduelles Umlenken des Geschehens trotz aller Rückschläge näher zu kommen. Zum anderen kann „Wirksamkeit durch Anpassung" aber auch darin bestehen, im Lauf der Dinge immer wieder, wo es möglich ist, intermittierende Umlenkimpulse zu ge-

---

[39] So auch das Fazit von Günter Burkart (2002) zur Lebensplanung von Individuen, der daher den Entscheidungsbegriff insgesamt für unangebracht hält.

ben, wobei ein „Sich umfreuen" hinsichtlich der jeweiligen Wunschvorstellung stattfindet.[40]

*Hoffnung auf koinzidentielle Unterstützung*
Ein Entscheidungshandelnder in einer Situation sehr hoher Komplexität lässt sich in vielen Hinsichten mit einem Flipperspieler vergleichen.[41] Er weiß, dass sein Entscheiden nur einen marginalen, aber eben nicht völlig unerheblichen Einfluss auf das für ihn hochgradig undurchschaubare Geschehen hat.[42] Dass der Flipperspieler sich darum bemüht, die Kugel im Spiel zu halten, selbst wenn er momentan keinerlei Möglichkeiten hat, einen gezielten, viele Punkte bringenden Schuss abzugeben, ist aus dreierlei Gründen rational. Erstens kann er stets hoffen, die Kugel auch beim reinen Überlebenskampf zufällig so zu schießen, dass er einen Volltreffer landet. Zweitens kann er darauf hoffen, dass der Lauf der Kugel sich wieder beruhigt und sich dann die Chance bietet, einen gezielten Schuss abgeben zu können, der vielleicht trifft. Drittens schließlich kann der Flipperspieler darauf hoffen, dass aus dem von ihm bloß in Gang gehaltenen Zusammenwirken der verschiedenen Vorrichtungen des Flippers ein Lauf der Kugel hervorgeht, der Punkte einbringt. Diese drei Hoffnungen setzen alle in erheblichem Maße auf glückliche Fügung: also auf unvorhersehbare und nicht herbeirufbare Unterstützung des eigenen Bemühens durch äußere Kräfte. Doch sie vertrauen nicht blind darauf, sondern beruhen auf einem erfahrungsgesättigten Wissen.

Die letztgenannte Hoffnung, die am wenigsten auf eigener Leistung beruht, entspricht dem auch im Rahmen von „garbage can decision processes" beobachteten „decision making by flight"

---

[40] Die Parallele, auf diesem Niveau von Entscheidungskomplexität, zum im Kapitel 5 behandelten situativen Opportunismus ist augenfällig.

[41] Siehe Schimank (1999b), wo diese Analogie ausführlicher durchgespielt wird.

[42] Noch skeptischer Lichtenberg (1958: 304): „In einer so zusammengesetzten Maschine, als diese Welt, spielen wir, dünkt mich, aller unsrer kleinen Mitwirkung ungeachtet, was die Hauptsache betrifft immer in einer Lotterie."

(Cohen/March 1974: 83/84). Hierbei wird abgewartet, ob das Problem sich nicht vielleicht doch noch irgendwie „von selbst" erledigt. Ein Problem kann sich innerhalb einer arbeitsteilig gegliederten Organisation oder in einer funktional differenzierten Gesellschaft für einen Entscheider dadurch „von selbst" erledigen, dass es von anderen Abteilungen bzw. Teilsystemen entweder intentional bearbeitet wird oder dort – ohne dies zu intendieren – solche Handlungen vollzogen werden, die es effektiv mit erledigen. Beispielsweise können sich die Absatzprobleme eines Unternehmens schlagartig dadurch verringern, dass sich – durch entsprechende politische Maßnahmen induziert – neue Exportmärkte eröffnen. Eine Überfüllung vieler Studiengänge an den Universitäten mag dadurch reguliert werden, dass verschlechterte Arbeitsmarktchancen für Akademiker – also Veränderungen im Wirtschaftssystem – die Attraktivität eines Studiums senken oder der Jahre zuvor in den Partnerschaften eingeleitete demographische „Pillenknick" die Zahl potentieller Studienplatzbewerber verringert.

Bei Vauvenargues heißt es: „Geduld ist die Vernunft zu hoffen." (Schalk 1938: 106) Derart „auf Zeit zu spielen", soll es eine begrenzte Rationalität aufweisen, darf keine blinde Hoffnung auf irgendeine schicksalhafte Fügung sein, sondern muss auf konkreten Informationen beruhen, die eine günstige Wendung der Dinge zwar nicht vollständig sicher, wohl aber in gewissem Maße wahrscheinlich erscheinen lassen. Das Unternehmen im obigen Beispiel muss also aus entsprechenden Zeitungsberichten oder besser noch Kontakten zum Ministerium entnehmen, dass eine sein Problem beseitigende oder zumindest spürbar verringernde Entscheidung voraussichtlich ansteht. Ebenso muss die Hochschulpolitik begründete Hoffnungen haben, dass bestimmte Entwicklungen die Studentenzahl sozusagen automatisch reduzieren werden. Natürlich können derartige Einschätzungen sich als falsch erweisen. So glaubte man Ende der siebziger Jahre des letzten Jahrhunderts, die großen Studentenzahlen würden innerhalb weniger Jahre deutlich zurückgehen, weshalb die Hochschulen den Studentenberg – wie es damals hieß – ohne zusätzliches Personal „untertunneln" könnten. Das erwies sich bald als ganz falsch, weil man nicht in Rechnung gestellt hatte, dass ein immer größerer Anteil der Abiturienten studieren würde.

An der Grenze zu einem bloßen Zweckoptimismus, der keinerlei Rationalität mehr für sich beanspruchen kann, ist folgender Befund einer empirischen Untersuchung zur Lebensführung unterschiedlicher Bevölkerungsgruppen einzuordnen: „Über alle Befragtengruppen hinweg ist der Verzicht auf biographische Planung zu finden, der mit der Unberechenbarkeit der Faktoren, die den Lebenslauf beeinflussen können, begründet wird. Man vermeidet es aber auch, den Alltag zeitlich zu planen: man lässt die Dinge auf sich zukommen, oft regelt sich auch etwas 'von selbst'." (Dunkel 1993b: 199) Es bedürfte näherer Klärung, ob sich hierin nicht primär ein Fatalismus widerspiegelt, der sich nur damit tröstet, dass der hingenommene Lauf der Dinge scheinbar öfter in eine richtige als in eine falsche Richtung geht. Ähnlich ist auch das „'Mal-seh'n, was-kommt'- Übergangshandeln" einzustufen: „Man ist zufrieden, wenn sich die gegenwärtige Situation nicht verschlechtert, verbunden mit der schwachen Hoffnung auf einen glücklichen Zufall." (Heinz 2000: 180)

*Lakonischer Fatalismus*
In einer anderen als der gerade angesprochenen Hinsicht ist in Situationen sehr hoher Entscheidungskomplexität freilich die Haltung eines lakonischen Fatalismus angebracht (Schimank 1999b: 268-271). In einer bekannten taoistischen Fabel wird sie auf den Punkt gebracht. Ein Bauer schickt seinen Sohn in die Berge, um dort ein wertvolles Pferd grasen zu lassen. Der Sohn schläft ein, und das Pferd läuft ihm davon. „Welch ein Pech!" sagen bedauernd die Nachbarn – der Bauer erwidert nur: „Seid ihr da so sicher?" Am nächsten Tag schickt er seinen Sohn in die Berge zurück, um das Pferd zu suchen. Der Sohn findet es, wie es mit sieben Wildpferden zusammen grast, fängt alle ein und bringt sie heim. „Welch ein Glück!" freuen sich die Nachbarn für ihn – der Bauer antwortet: „Seid ihr da so sicher?" Am nächsten Tag schickt

er seinen Sohn zu den Wildpferden, um sie zu zähmen. Der Sohn steigt auf das erste, wird abgeworfen und bricht sich den Arm. „Welch ein Pech!" heißt es da wieder von Seiten der Nachbarn, und der Bauer sagt wieder: „Seid ihr da so sicher?" Am nächsten Tag wird ein Krieg erklärt, und die Armee rekrutiert überall junge Männer. Wegen seines gebrochenen Arms kann der Sohn zu Hause bleiben. „Welch ein Glück!" so die unbelehrbaren Nachbarn, und der Bauer entgegnet selbstverständlich auch darauf nur: „Seid ihr da so sicher?"

Hier endet die Geschichte, aber sie könnte natürlich nach gleichem Muster immer weitergehen. Sie besagt ja: So ist das ganze Leben – ob uns etwas im Augenblick als gut oder als schlecht erscheint, wir werden uns immer wieder täuschen und sollten uns daher nie zu sicher fühlen. Auch hier gilt wieder, dass unzulässig universalisiert wird, was nur für einen Ausschnitt der relevanten Phänomene gilt. Längst nicht immer häufen sich die glücklichen oder unglücklichen Fügungen so wie in der Fabel. Entscheidungshandelnde sind auch längst nicht immer mit Situationen sehr hoher Komplexität konfrontiert. Sofern sie sich freilich in solchen Situationen befinden, läuft lakonischer Fatalismus auf drei Punkte hinaus, die sich die Akteure vor Augen halten können:

- Erstens macht ihr Entscheiden einen Unterschied, wenn auch nur einen sehr begrenzten. Abwarten, auch wenn es lange währen mag, darf sich nicht darin verewigen, überhaupt kein Gestaltungsbemühen mehr an den Tag zu legen.
- Zweitens ergibt dieser Unterschied in der Summe der Entscheidungen zumeist eine positive Bilanz in dem bescheidenen Sinne, wie sie von David Collingridge (1992: 3) gezogen wird: „For all the disadvantages piled upon our backs, however, most of the time we choose well enough to avoid catastrophe." Anders gesagt: Entscheiden bewirkt – immerhin! – ein Hinausschieben endgültigen Scheiterns. Dies ist das sub-inkrementalistische Pendant zur inkrementalistischen Pro-

blemverschiebung: gewissermaßen die Verschiebung des unbewältigbaren finalen Problems.
- Drittens wird das bereits mehrfach erwähnte „Sich umfreuen" unterstrichen. Entscheider müssen innerlich bereit sein, auch sehr weitgehende Anspruchsreduktionen sowie Verschiebungen von erwarteten zu tatsächlich eingetretenen Wirkungen ihres Entscheidens positiv aufzunehmen. Akteure sollten „the unfolding effects of their actions on their preferences and identities ..." in Rechnung stellen (March 1994: 229).[43] Nach dem kurzfristigen „post-decisional regret" stellt sich längerfristig ein, dass „people seem to learn to like what they get." (March 1994: 87)

Es kommt also immer wieder ganz anders, als man denkt; doch es kommt zumeist nicht ganz schlimm, und wir können uns sogar im Nachhinein ein bisschen mit dem anfreunden, was wir ungewollt bewirkt haben. Deshalb ist es alles in allem auf einem sehr niedrigen Niveau begrenzt rational, sich auch in Situationen sehr hoher Entscheidungskomplexität irgendwann – selbst wenn es sehr lange dauert – dafür zu entscheiden, etwas zu tun.

Geht man die Muster sub-inkrementalistischen Entscheidens bis zu diesem Punkt durch, stellt sich spätestens jetzt ein eigentümliches Umschlagen des Blicks gegenüber der Einschätzung heraus, die sich im Kapitel 4 ergab. Dort wurde plastisch vor Augen geführt, wie immens schwierig es ist, Rationalität trotz Komplexität zu verwirklichen – auch wenn man das Ideal perfekter Rationalität gleich verabschiedet. Jetzt aber fragt man sich umgekehrt: Wenn selbst so etwas wie „decision making by flight" noch begrenzt ra-

---

[43] Ein völlig beliebiges „Sich umfreuen" wäre allerdings nur noch jene Schein-Zufriedenheit, die Jon Elster (1983b) mit Bezug auf Lafontaines bekannte Fabel als „sour grapes" charakterisiert. Siehe auch Kirsch (1994: 182): „Es geht vor allem darum, 'unkontrolliert' entstandene neue Situationen als 'letztlich doch gewollt' ex post zu ... rationalisieren. Die 'Entscheidungsträger' ähneln dann 'Reitern', die sich mühsam im Sattel eines in Panik geratenen Pferdes zu halten versuchen und dabei die unkontrolliert eingeschlagene Richtung ihres Rittes zum immer schon anvisierten Ziel erklären."

tional ist: Welches Entscheidungshandeln ist dann eigentlich nicht rational? Präziser gemäß den Definitionen in Kapitel 1 formuliert: Bei welchem Alternativen bedenkenden Handeln wäre der Nullpunkt an Rationalität in dem Sinne erreicht, dass die gewählte Alternative gegenüber den anderen in keiner Weise begründet wird?

Luke Rhinehart's (1971) Romanfigur des „dice man" entscheidet sich dafür, zukünftig nur noch den Würfel entscheiden zu lassen, was sie tut. Erst dies ist die Entscheidung zur völligen Nicht-Rationalität des Entscheidens, der Ausstieg aus der modernen Entscheidungs-Gesellschaft. Man könnte, wie der Roman genauso plastisch wie drastisch schildert, damit anfangen, Entscheidungen mit begrenzter Reichweite auszuwürfeln: was man mittags in der Kantine isst, oder ob man abends ins Kino geht oder an dem längst überfälligen Buchmanuskript arbeitet. Über viele Zwischenstufen kann man schließlich wahrhaft existentielle Entscheidungen so treffen: ob man sich von seinem Mann trennt oder eine angebotene neue Stelle annimmt – in letzter Instanz, ob man sich umbringt. Was bei einzelnen Personen immer noch in seinen Folgen begrenzt ist, stellt sich auf der Ebene korporativer Akteure weit dramatischer dar: wenn z.B. ein Großunternehmen weitreichende Investitionsentscheidungen durch den Würfel entscheiden lässt, oder eine Großmacht die Entscheidung über Krieg oder Frieden. Das gedankliche Durchspielen solcher Szenarien lehrt einen, die begrenzte Rationalität dessen, was in diesem Kapitel dargestellt wurde, nicht zu gering zu schätzen. Es kommt eben auf den Vergleichsmaßstab an.

*Spaß am Entscheiden*
Dieser nüchterne Realismus des analytischen Beobachters hilft freilich in einer Gesellschaft, die Akteuren unablässig mit hohen Rationalitätsambitionen einheizt, denjenigen, die Entscheidungen zu treffen haben, nicht immer weiter. Frustrationen sind gleichsam vorprogrammiert, und Frustrationen demotivieren. Warum soll man sich eigentlich immer wieder aufs Neue anstrengen, wenn

man so oft versagt – jedenfalls an der Meßlatte, die einem dermaßen aufgedrängt wird, dass man selbst an sie glaubt?

Funktionierten Akteure – Individuen wie Organisationen – durchgängig gemäß dem Modell des Homo oeconomicus, also als kühle Nutzenkalkulierer, wäre die Entscheidungsgesellschaft wahrscheinlich längst zusammengebrochen. Die Entscheider wären zu dem Schluss gekommen, dass Entscheiden nicht der Mühe wert ist, und hätten sich dagegen entschieden. Tatsächlich gibt es aber noch etwas ganz anderes, was die Entscheidungsgesellschaft – paradoxerweise und im Verborgenen – mit trägt: den Spaß am Entscheiden.

Bis hierher sind alle Strategien begrenzt rationalen Entscheidens nur instrumentell hinsichtlich ihres möglichen Outcomes beurteilt worden: Kann man begründeterweise annehmen, dass die betreffende Strategie auf dem jeweiligen Komplexitätsniveau eine vergleichsweise bessere Entscheidung hervorbringt? Doch zusätzlich muss berücksichtigt werden, dass Entscheidungshandeln – zumindest für einige Akteure – beträchtliche „in-process benefits" abwirft. Man kann etwa den Inkrementalismus oder das Improvisieren auch als ein individuelles Lebensgefühl oder eine Organisationskultur stilisieren. Dann wird Entscheiden zur *autotelischen* Aktivität: „Pleasure is in the doing and not in what has been done." (Guttmann 1978: 3)[44] James March (1994: 217/218) stellt entsprechend fest: „Theories of choice usually assume that a decision process is to be understood in terms of its outcome ... The emphasis is instrumental." Aber „life is not primarily choice ... Outcomes are generally less significant ... than process."

Man muss also die Unaufhörlichkeit des Entscheidens auch als Lebenselixier des modernen Menschen in Rechnung stellen. Entscheiden macht, bei aller Qual der Wahl, oft auch Spaß, weil es eine Herausforderung an die Findigkeit des betreffenden Akteurs ist. In diesem Sinne hält Gerald Dworkin (1982: 79) fest: „Some people get satisfaction out of exercising choice ..." Wohlgemerkt: Die Betonung liegt – sprachlich unschön gesagt – auf dem Tun des

---

[44] Der zitierte Autor denkt hier an Sporttreiben.

Entscheidens, nicht auf dem sich eventuell einstellenden positiven Ergebnis. Die im Kapitel 1 eingeführte Unterscheidung zwischen prozeduraler Rationalität und Ergebnisrationalität findet hier ihre Entsprechung. Was eine Entscheidung tatsächlich bringt, ist die eine Sache – was das Finden und anschließende Umsetzen der Entscheidung dem Akteur bedeutet, ist etwas ganz anderes. Vielleicht werden im Akt des Sich-entscheidens Grundbedürfnisse der Conditio humana, jedenfalls aber basale Anliegen des modernen Menschen bedient. Sich zu entscheiden vermittelt einem Akteur die Hoffnung – und sei es eine Illusion – der wie auch immer begrenzten Selbstgestaltung des eigenen Schicksals.

# 8 Das Oszillieren der Entscheidungsgesellschaft: Der Akteur zwischen Erwartungssicherheit und dem Neuen

Was bedeutet es für einen Akteur, in einer Entscheidungsgesellschaft zu existieren? Dies ist die Frage, um die es in vorliegender Studie letztlich geht. Individuelle wie korporative Akteure stehen in der Moderne vor der Aufgabe, in immer mehr Situationen – vor allem in den als wichtig genommenen – entscheidungsförmig anstatt traditional, routineförmig oder emotional zu handeln. Dies konfrontiert die Akteure damit, trotz der Komplexität ihrer Entscheidungssituationen Rationalitätsansprüchen gerecht zu werden, die an sie gerichtet werden und die sie auch selbst an sich richten. Welche Praktiken begrenzter Rationalität geeignet sind, um den Ansprüchen zu genügen, hängt davon ab, wie hoch – auf hohem Niveau – die Entscheidungskomplexität ist. Auf einem sehr hohen Komplexitätsniveau muss der Akteur sich damit begnügen, wenigstens im Spiel zu bleiben, um zukünftige Chancen rationaleren Entscheidens zu wahren. Ein mittleres Komplexitätsniveau ermöglicht demgegenüber Inkrementalismus; und ist die Komplexität – nochmals: auf hohem Niveau – etwas geringer, wird auch Planung als anspruchsvollstes Bündel von Praktiken begrenzter Rationalität möglich.

Im Folgenden wird jenseits dieser Komplexitätsunterschiede der Entscheidungssituationen betrachtet, welche generelle Erfahrung die Entscheidungsgesellschaft für ihre Akteure darstellt. Im ersten Abschnitt wird diese Erfahrung so gefasst, dass der Akteur auf ewig hin und her gerissen ist zwischen dem Status quo, der – bei allen ihm anhaftenden Defiziten – das für sich hat, dass er bekannt und berechenbar ist, auf der einen und dem unwiderstehlichen Reiz des Neuen auf der anderen Seite. Mehr noch: Gerade wer den Status quo wahren will, muss verändern, und dabei riskieren, dass ihm das Neue entgleitet. Diese Grunderfahrung der Entscheidungsgesellschaft schlägt sich, wie im zweiten Abschnitt in Anlehnung an Albert Hirschman (1991) gezeigt wird, in der

Selbstbeschreibung der Moderne als unauflösbarer Widerstreit zweier Deutungsmuster nieder: der „rhetoric of reaction" und der „progressive rhetoric".

## 8.1 Entscheiden in ambivalenter „Weltoffenheit"

Geht man zunächst einmal von individuellen Akteuren, also Menschen, aus, kann man den in den Kapiteln zuvor geschilderten Entscheidungszumutungen der Moderne und darauf bezogenen Praktiken begrenzt rationalen Entscheidens anthropologische Befunde gegenüberstellen, wie sie schon mehrfach angeklungen sind. Man konfrontiert damit Spezifika der Moderne mit Erfordernissen, die menschliche Existenz zu allen Zeiten aufwirft.[1] Wie passt die Entscheidungsgesellschaft zur Conditio humana?[2]

*Entlastung durch Erwartungssicherheit*
Die Conditio humana ist, wie die deutsche philosophische Anthropologie – Max Scheler (1928), Helmuth Plessner (1928; 1961) und Arnold Gehlen (1940) – herausgearbeitet hat und wie seitdem auch von empirischer Forschung vielfach bestätigt worden ist, durch eine fundamentale „Weltoffenheit" des Menschen bestimmt. Bei Tieren werden durch Instinkte wesentliche Ausprägungen von Welt und eigene Verhaltensmuster nach Reiz-Reaktions-Schemata

---

[1] Arnold Gehlens (1956; 1957) Zeitdiagnosen wählten einen ähnlichen Ansatzpunkt, wobei er – nicht ohne Ressentiments – eine Theorie der Überlastung des Menschen durch die Institutionenschwäche der Moderne entwickelte.

[2] Generell sollte man mit anthropologischen Prämissen soziologischer Analysen äußerst zurückhaltend sein, wie immer wieder Niklas Luhmann (1985) mahnt. Allzu leicht werden dem individuellen Akteur qua seines Menschseins genau jene Merkmale angedichtet, die man gerade benötigt, um eine schlüssige soziologische Erklärung des jeweils betrachteten Phänomens fabrizieren zu können. Mit einer derartigen Selbstbedienungs-Anthropologie fallen Erklärungen nicht schwer – ob man nun soziale Ordnung auf den angeblichen Herdentrieb des Menschen oder Vergewaltigungen auf vermeintlich biologisch eindeutig determinierte Triebe zurückführt.

sozusagen fest verdrahtet. Diese Fixierung geht dem Menschen durch das weitgehende Fehlen von Instinkten ab. „Weltoffenheit" reißt also eine Kluft zwischen der Objektivität der Welt und der Subjektivität des menschlichen In-der-Welt-seins – eine Kluft, die der Einzelne aus eigener Kraft nie überbrücken könnte. Erst Sozialität als Intersubjektivität leistet diese Überbrückung: „the biologically intrinsic world-openness of human existence is always, and indeed must be, transformed by social order into a relative world-closedness." (Berger/Luckmann 1966: 69) Institutionen, hier im weitesten Sinne als gesellschaftlich etablierte, also intersubjektiv geteilte normative, kognitive und evaluative Orientierungen des Handelns verstanden,[3] bieten dem menschlichen Akteur diese Entlastung von der unerträglichen Überfülle des Möglichen, mit der ihn seine „Weltoffenheit" konfrontiert. Ansonsten so Unterschiedliches wie das Recht, Sitten und Gebräuche, kulturelle Traditionen wie etwa das Christentum oder die Aufklärung, soziale Gebilde wie die Ehe, ein Verein oder ein Unternehmen, aber auch sozial geteilte Routinen und nicht zuletzt die im Kapitel 7 behandelten Rationalitätsfiktionen stellen allesamt Institutionen dar.

Was aus einem Zusammenhang kognitiver, normativer und evaluativer Orientierungen eine Institution macht, ist die intersubjektiv gewusste intersubjektive Geltung: Ego legt diesen Sinnzusammenhang nicht allein seinem eigenen Handeln zugrunde; sondern alle tun es im Wissen darüber, dass die je anderen es ebenfalls tun. Institutionen gewährleisten dadurch Erwartungssicherheit,[4] umgeben den Akteur mit Vertrautem, verhindern – anders gesagt – unliebsame Überraschungen. Der Akteur vermag Weltvertrauen aufzubauen und auf dieser Grundlage Zutrauen zur eigenen Fähigkeit auszubilden, in und mit der Welt fertig zu werden. Was will, soll, kann ich tun: Diese Fragen werden durch institutionelle Vor-

---

[3] Ein enges Institutionenverständnis, das darunter nur normative Regeln versteht (Mayntz/ Scharpf 1995: 40-43, 45), wird hier erweitert.

[4] Im Kapitel 3 wurde Erwartungssicherheit nur in der Sozialdimension angesprochen. Diese steht auch hier im Zentrum, strahlt jedoch in die Sach- und die Zeitdimension aus.

gaben so klein gearbeitet, dass ein Akteur sich einen Reim auf seine Situation zu machen und dementsprechend sicher zu agieren vermag (Schimank 2004a).

Diese Orientierungsfunktion haben Institutionen auch für über-individuelle Akteure. Organisationen als wichtigste „composite actors" (Scharpf 1997: 51-68) in der modernen Organisationsgesellschaft – siehe Kapitel 2 – benötigen ebenfalls Erwartungssicherheit. Zunächst stellen Organisationen Institutionen dar und prägen als solche das Erleben und Handeln ihrer Mitarbeiter wie ihres Publikums. Darauf aufbauend sind Organisationen aber auch selbst handlungsfähig; und da diese Handlungsfähigkeit, genau besehen, als institutionalisierte Muster handelnden Zusammenwirkens individueller Organisationsmitglieder, z.B. in Form von Verfahren, konstituiert wird, hängt sie an der Handlungsfähigkeit der Individuen. Nur wenn die je involvierten Organisationsmitglieder über Erwartungssicherheit verfügen, besitzt auch die Organisation hinsichtlich des von ihnen hervorgebrachten Organisationshandelns Erwartungssicherheit.

*Zielverfolgung*
In einer Sozialität, in der perfekte Erwartungssicherheit herrschen sollte, wäre kein Platz für Entscheidungshandeln. Dieses wäre vielmehr der Störenfried, den es heraus zu halten gälte. Denn Erwartungssicherheit beruht auf traditionalem und routineförmigem Handeln, allenfalls auf Rationalitätsfiktionen, aber eben genau nicht auf echten Entscheidungen.[5] Denn Entscheidungen bringen, wie im Kapitel 1 bereits kurz erwähnt, das Neue in die Welt; und das kann, wenn es massenhaft auftritt, die Choreographie des fein aufeinander abgestimmten handelnden Zusammenwirkens der Akteure durcheinander bringen. Das Neue ist freilich die generelle Intention, die hinter jedem Entscheiden steht: die Dinge nicht länger so weiterzumachen, wie sie bislang gelaufen sind, sondern sich die Freiheit herauszunehmen, etwas anderes auszuprobieren – zumin-

---

[5] Auch emotionales Handeln wäre ein Störpotential – allerdings eines, das mit einiger Erfahrung zumindest grob berechenbar wäre.

dest vor dem Hintergrund anderer Möglichkeiten zu erwägen, was man vielleicht anders machen könnte.[6]

„Weltoffenheit" hat zwei Seiten, von denen die deutsche philosophische Anthropologie nur die eine anspricht: die Unerträglichkeit der überbordenden Komplexität. Die andere Seite besteht in der Chance, sich als Akteur eigene Ziele setzen und diese verfolgen zu können. Diese Chance ergibt sich ebenfalls – wie die Notwendigkeit der Entlastung durch Institutionen – aus der mangelnden Instinktprogrammierung des Menschen. Karl Marx (1867: 192/ 193) hebt diese Seite der „Weltoffenheit" hervor, wenn er die menschliche Arbeit als zielgerichtetes Handeln mit den „tierartig instinktmäßigen Formen der Arbeit" vergleicht:

*Eine Spinne verrichtet Operationen, die denen des Webers ähneln, und eine Biene beschämt durch den Bau ihrer Wachszellen manchen menschlichen Baumeister. Was aber von vornherein den schlechtesten Baumeister vor der besten Biene auszeichnet, ist, daß er die Zelle in seinem Kopf gebaut hat, bevor er sie in Wachs baut. Am Ende des Arbeitsprozesses kommt ein Resultat heraus, das beim Beginn desselben schon in der Vorstellung des Arbeiters, also schon ideell, vorhanden war. Nicht daß er nur eine Formveränderung des Natürlichen bewirkt; er verwirklicht im Natürlichen zugleich seinen Zweck, den er weiß, der die Art und Weise seines Tuns als Gesetz bestimmt und dem er seinen Willen unterordnen muß.*

Hier klingt schon zu sehr Planung an, also ein in Sachen Rationalität sehr ambitioniertes Entscheidungshandeln. Sich eigene Ziele zu setzen kann aber auch viel bescheidener angelegt sein, wie die im letzten Kapitel angesprochenen Entscheidungspraktiken zeigen.

„Weltoffenheit" ist somit die anthropologische Gelegenheitsstruktur für zielorientiertes Handeln. Dieses müsste freilich nicht logisch zwingend entscheidungsförmig sein, also sich um Rationalität bemühen. Ein Akteur könnte sich rein „aus dem Bauch heraus" Ziele setzen, diese solange verfolgen, wie er Lust dazu ver-

---

[6] Natürlich kann das Neue auch transintentional in die Sozialwelt gelangen, etwa als koinzidentielle unerwartete Verknüpfung von Handlungen und ihren Wirkungen.

spürt, und dann auf die nächste Spontaneingebung warten. Manchmal agiert man ja so, und durchaus mit Freude. Doch jenseits der Kindheit erlebt man dies stets als einen seltenen Luxus, den man sich gönnt, obwohl er eigentlich nicht in diese Welt, so wie sie nun mal beschaffen ist, passt. Es ist beispielsweise ein Sonntagsvergnügen, und auch dies beileibe nicht jeden Sonntag.

Dass „Weltoffenheit" üblicherweise möglichst rational zu nutzen versucht wird, begründet sich daraus, dass sie zwar als Chance gesehen wird – aber nur als Chance, möglichst gut mit einer universalen Restriktion umzugehen, die der Conditio humana innewohnt. Diese anthropologische Konstante ist der Ausgangspunkt jeglichen ökonomischen Denkens und findet sich dementsprechend auch in lehrbuchartigen Definitionen dieses Faches wieder: „Microeconomics is the study of how people choose under conditions of scarcity." (Frank 1991: 3) Robert Frank (1991: 4) verbindet die von ihm im Akt des Wählens stillschweigend vorausgesetzte „Weltoffenheit" mit *Knappheit*: „Coping with scarcity in one form or another is the essence of the human condition." Denn: „For someone with an infinite life time and limitless material resources, hardly a single decision would ever matter." Ohne Knappheit an Zeit und Ressourcen – im weitesten Sinne – brauchte man keine rationalen Entscheidungen zu treffen: Es ließe sich alles, nacheinander oder parallel, realisieren.

Man beachte: Im Kapitel 3 zeigte sich, dass einerseits perfekt rationale Entscheidungen letztlich aufgrund von Zeitknappheit verunmöglicht werden. Nun wird andererseits klar, dass Zeitknappheit erst rationale Entscheidungen abverlangt. Die Conditio humana, wie sie sich in der ökonomischen Lesart darstellt, zwängt den Akteur also in begrenzte Rationalität hinein. Knappheit verhindert perfekte Rationalität, erlegt aber Rationalitätsstreben auf.

Erwartungssicherheit durch Institutionen und begrenzt rationale Zielverfolgung: Das sind die beiden Seiten der „Weltoffenheit" des Menschen. Ersteres wird eher durch soziologisches, Letzteres durch ökonomisches Denken akzentuiert. Wie es – aus ökonomischer Sicht, also parteiisch – von James Duesenberry (1960: 233) formuliert wird: „Economics is about how people make choices. Sociology is about why they don't have any choices to make." Parteiisch aus soziologischer Sicht müsste es heißen: „... why they don't have to make any choices." Beide Sichtweisen sind ersichtlich analytische Stilisierungen, die nicht etwa – wie es üblicherweise inszeniert wird – miteinander konkurrieren, sondern einander ergänzen. Die ganze Wirklichkeit der Entscheidungsgesellschaft bekommt man nur dann in den Blick, wenn man beide Perspektiven miteinander verschränkt, also eine Minimal-Anthropologie zugrunde legt, die Komplexitäts- und Knappheitsbewältigung zugleich berücksichtigt. Genauer: Knappheitsbewältigung im Rahmen von Komplexitätsbewältigung. Oder anders: *begrenzte Rationalität im Rahmen von Erwartungssicherheit.*

Die Ziele, die ein Akteur verfolgt, müssen allerdings keineswegs zwangsläufig mit den institutionellen Vorgaben kollidieren, denen er unterliegt, können vielmehr oft genug in Konformität mit diesen verfolgt werden. Beispielsweise strebe ich danach, möglichst viel Geld zu machen; und dies passt zu meinem Beruf als Investmentbanker in einer großen Bank. Institutionen können auch die Verfolgung bestimmter Ziele überhaupt erst ermöglichen und dazu motivieren – etwa Rechtsnormen, die es einem gestatten, spezifische Ansprüche gegen andere zu erheben und durchzusetzen. Dies sind Fälle, in denen das Streben nach Erwartungssicherheit und die Zielverfolgung sozusagen friedlich koexistieren. Aber es kommt auch immer wieder vor, dass institutionelle Regelungen den Zielen, die ein Akteur verfolgt, im Wege stehen. Ich will etwas tun, was ich nicht tun soll. Immer, wenn das der Fall ist, kann der Akteur daraus prinzipiell drei Konsequenzen ziehen: Erstens kann er, mehr oder weniger freiwillig, auf die Zielverfolgung verzichten; zweitens kann er versuchen, die betreffenden institutionellen Regelungen so zu verändern, dass sie seine Zielverfolgung nicht länger behindern; drittens schließlich kann er die institutionellen Regelungen zugunsten der eigenen Zielverfolgung mehr oder weniger heimlich missachten.

Wenn Zielverfolgung gegen institutionelle Regeln erfolgt, erodiert genau jene Erwartungssicherheit, die auf Regelbefolgung beruht; und insoweit dies im Modus rationalen Entscheidens geschieht, ist Entscheidungshandeln ein elementarer Störfaktor sozialer Ordnung. Kann ich mich beispielsweise nicht mehr darauf verlassen, dass meine Mitbürger die gesetzliche Norm der Gewaltfreiheit in öffentlichen Räumen beachten, sondern muss davon ausgehen, dass ich dort von rational kalkulierenden Straßenräubern, die auf mein Portemonnaie aus sind, überfallen werde, sofern sie sich als kräftemäßig überlegen einstufen: Dann muss ich immer, wenn ich die Wohnung verlasse, mit dem Schlimmsten rechnen und mich entsprechend schwer bewaffnen. Der Verlust an Erwartungssicherheit betrifft hier im übrigen keineswegs nur die friedlichen Bürger; auch die Straßenräuber müssen davon ausgehen, dass die Missachtung der Gesetze Schule macht und sie selbst früher oder später ebenfalls zum Opfer rational kalkulierender Gesetzesbrecher werden könnten. Devianz eskaliert und diffundiert sehr schnell, und der Hobbes'sche Naturzustand stellt sich ein (Schimank 1992c). Dies gilt auch für harmlosere Ausprägungen, etwa Steuerhinterziehung oder Versicherungsbetrug.

Doch auch wenn sich zielorientiertes Handeln im Rahmen institutioneller Regeln bewegt, läuft es, sofern es sich im Modus rationalen Entscheidens vollzieht, auf eine Störung von Erwartungssicherheit hinaus. Von dem angesprochenen Investmentbanker etwa wird geradezu institutionell erwartet, dass er durch rationale Kauf- und Verkaufsentscheidungen den Gewinn seiner Bank mehrt. Rationalität wird zur beruflichen Pflicht. Das Ergebnis pflichtgemäßen Entscheidens besteht jedoch darin, dass der betreffende Rollenträger und auch die Organisation, für die er tätig ist, für ihre Gegenüber an der Börse nicht „auszurechnen" sind; darin wird sogar eine Tugend gesehen, bis hin zur Wertschätzung schlauer Finten und Bluffs. Das situativ geprägte und strategische Agieren vieler Investmentbanker bringt ferner für die Wirtschaft insgesamt eine „Logik der Aggregation" (Esser 1993: 1-140) hervor, die ein oftmals sehr hohes Maß an unerwarteten Entwicklungen des Geldmarkts und, daraus hervorgehend, nationaler Volkswirtschaften oder gar der Weltwirtschaft zeitigt. Verallgemeinert: Durch Entscheidungshandeln bringt ein Akteur seinen einzigartigen Werdegang, etwa in Gestalt von Berufserfahrung, in eine nicht umfassend typisierte, sondern als einzigartig betrachtete Situation ein. Das senkt Erwartungssicherheit bereits für den Betreffenden selbst: Er weiß nicht, wofür er sich schließlich entscheiden wird; und diese Unsicherheit erfasst dann alle involvierten anderen mit.

Die Beispiele unterstreichen zum einen nur nochmals, dass Erwartungssicherheit nicht der einzige Beweggrund ist, der Akteure antreibt. Sie ist ohne Zweifel ein elementar wichtiger Beweggrund – aber nicht für jeden jederzeit der wichtigste. Insbesondere gerät sie in dem Maße, in dem sie gesichert ist, leicht aus dem Blick, wird von den jeweiligen Akteuren als selbstverständlich gegeben unterstellt; und dann verschiebt sich deren Aufmerksamkeit auf die Verfolgung eigener Ziele, welcher Art auch immer diese sein mögen. Zum anderen wird deutlich, dass sich Entscheidungshandeln als ein Erwartungssicherheit erodierendes Handeln parasitär zu all jenem Handeln verhält, das durch traditionale oder routineförmige Konformität mit institutionellen Regeln Erwartungssicherheit produziert und reproduziert. Eine Welt, in der nur entscheidungsförmig gehandelt würde, wäre eine Welt gänzlich ohne Erwartungssicherheit. Denn bei aller rationalen Logik, die das Entscheiden jedes einzelnen Akteurs für diesen selbst hätte, wäre das handelnde Zusammenwirken aller Akteure hoffnungslos überkomplex und damit als Gesamtzusammenhang aus der Sicht jedes einzelnen Akteurs nicht anders, als wenn ein Zufallsgenerator wirkte. Das aber machte auch rationale Entscheidungen unmöglich. Denn in einer überkomplexen und damit wie zufällig erscheinenden Welt kann sich ein Akteur weder ein realistisches Ziel setzen, noch vermag er eine Effektivitäts- und Effizienzabwägung von Mitteln der Zielverfolgung vornehmen.

Parasiten leben davon, genügend Wirte zu finden – anders gesagt: Parasiten leben davon, dass die meisten anders sind als sie selbst. Entscheidungsförmig auftretende Akteure benötigen in diesem Sinne ein Umfeld, in dem genügend andere und auch sie selbst bei anderen Gelegenheiten durch nicht entscheidungsförmiges Handeln Erwartungssicherheit gewährleisten. Das hierbei auftretende „Prisoner's dilemma" liegt auf der Hand: Warum sollte ich so blöd sein, für andere Erwartungssicherheit herzustellen – also auf eigene Zielverfolgung zu verzichten, damit diese ihre Ziele verfolgen können? Umgekehrt wäre für mich ideal, wenn die anderen Erwartungssicherheit bereitstellen, von der auch ich profitiere, und weiterhin auf Zielverfolgung verzichten, ich aber im Rahmen dieser Erwartungssicherheit Zielverfolgung betreiben kann. Dass eine solche Ausbeutung der Konstellation möglich ist, liegt darin begründet, dass Erwartungssicherheit relativ robust ist: Sie bricht nicht sofort völlig zusammen, wenn ein einziger Akteur sich mit seinem zielorientierten Handeln über die institutionellen Regeln hinwegsetzt. Jeder kennt beispielsweise für alle möglichen Arten von sozialen Situationen bestimmte Personen, die irgendeine Art von Sonderbehandlung erfordern und auch meist ohne Schwierigkeiten bekommen.[7] Genau dieser Tatbestand, dass *einzelne* Abweichungen von den institutionellen Regeln noch einkalkulierbar und damit verkraftbar sind, ist aber für *jeden* Akteur ein Anreiz, dies für sich auszunutzen, so dass paradoxerweise gerade diese Robustheit leicht zur allgemeinen Sorglosigkeit verführt.

*Intentionalität und Transintentionalität*
Die Conditio humana – Knappheitsbewältigung im Rahmen von Kontingenzbewältigung – stellt sich somit in der Entscheidungsgesellschaft als höchst spannungsreiches Verhältnis von begrenzt rationalem Entscheiden und Erwartungssicherheit dar. Ersteres setzt Letztere voraus, erodiert diese aber zugleich. Entscheidungshandeln zieht sich selbst, anders gesagt, den Boden unter den Füßen weg. Noch einmal zeigt sich also, dass die Entscheidungsgesellschaft sich nicht totalisieren darf, ohne Gesellschaft überhaupt zu zerstören. Dass Akteure aufgrund ihrer begrenzten Kapazität zu

---

[7] Etwa Kinder, Behinderte aller Art, „Neulinge" oder Ausländer. Siehe ausführlich Edgerton (1985: 49-126) über „rules about exceptions to rules".

entscheidungsförmigem Handeln größtenteils nicht entscheidungsförmig handeln, ist somit – anders als es noch im Kapitel 1 erschienen sein mag – kein bedauerlicher Mangel, sondern entpuppt sich als Segen für die Gesellschaft und damit auch für jeden einzelnen Akteur.

Dieser anthropologisch angeleitete, sozusagen versöhnlich stimmende Blick besagt freilich nichts darüber, wie der einzelne Akteur eine bestimmte Handlungssituation erfährt. Er will immer wieder, durch woher auch immer stammende eigene Ziele angetrieben,[8] rationale Entscheidungen treffen, anstatt einfach traditional oder routineförmig zu handeln. Diese Intention, es „anders zu machen", ist gewissermaßen die – ebenfalls anthropologisch angelegte – ständige Versuchung; und weil ihr der Akteur, und zwar nicht bloß einmal, erliegt, bewirkt er für sich und andere die Vertreibung aus dem Paradies völliger Erwartungssicherheit. Seine unschuldige Absicht dabei ist freilich eine andere. Die Entscheidung soll zwar etwas Neues in die Welt setzen – aber etwas bestimmtes Neues, das zumindest der Entscheider sich vorher so ausgerechnet hat. Die Intentionalität, die dem Entscheidungshandeln zugrunde liegt, bewegt sich also durchaus im Rahmen von Erwartungssicherheit, läuft auf eine kalkulierte Modifikation der bisher gültigen Erwartungen hinaus. Doch oftmals kommt es anders. Dem Entscheider und den involvierten anderen wird unbestimmtes Neues beschert: Die Intentionalität des Entscheidens gebiert eine Transintentionalität der Entscheidungsfolgen.

Transintentionalität ist freilich nichts Entscheidungsspezifisches, sondern kann jedem Handeln widerfahren.[9] Eigene Unfähigkeit oder situative Umstände können verhindern, dass eine Intention realisiert wird, und stattdessen ganz andere Handlungsfolgen zeitigen; oder die Intention wird zwar realisiert, zugleich oder spä-

---

[8] Eigene Ziele sind, soziologisch betrachtet, natürlich keineswegs völlige Eigenerfindungen des betreffenden Akteurs. Sie sind vielmehr weitgehend sozial geprägt, aber eben keine bloße Widerspiegelung der jeweils positional bedeutsamen Erwartungen der relevanten anderen.

[9] Siehe nochmals Greshoff et al. (2003).

ter ergeben sich aber weitere unvorhergesehene Effekte. Das gilt für die Befolgung einer Norm oder einer Routine, für das Ausleben einer Emotion ganz genauso wie für die Umsetzung einer einmal getroffenen Entscheidung. Dabei können sich die jenseits der ursprünglichen Intention liegenden Wirkungen des Handelns oder Entscheidens aus der Sicht des betreffenden Akteurs als positiv oder negativ erweisen – wobei zwar die unerwünschten unvorhergesehenen Effekte die stärkste Aufmerksamkeit auf sich ziehen, doch auch erwünschte Effekte, die unvorhergesehen eintreten, unter dem Gesichtspunkt der Erwartungssicherheit irritieren. Was jeglicher Intentionalität, also jedem Handeln zustoßen kann, verunsichert allerdings ein zielorientiertes Handeln besonders, und ein um Rationalität bemühtes Entscheiden erst recht. Denn die „logic of consequentiality" (March/Olsen 1989), die zielorientiertes Handeln auszeichnet, wird nachhaltig dementiert; und wenn diese primär auf Wirksamkeit achtende Handlungslogik sich dann noch dazu rationaler Vorausberechnung bedient, gehen unerwartete Folgen an die Substanz dessen, was der betreffende Akteur als seine grundlegende Fähigkeit begreift, mit und in der Welt zurechtzukommen. Entscheidungshandeln ist in diesem Sinne der Inbegriff erfolgsambitionierter Intentionalität – und wenn sich dann Transintentionalität einstellt, folgen die Selbstzweifel auf dem Fuß.

Dies ist die basale Eigendynamik, die die Unaufhörlichkeit des Entscheidens ausmacht: Weil Intentionalität Transintentionalität erzeugt, fordert diese zu weiterer Intentionalität heraus – nämlich zur Nachbearbeitung der Transintentionalität, zumindest insoweit wie diese sich als unerwünscht erweist. Und das geht dann immer so weiter ... Mehr noch: Transintentionalität zwingt dazu, die begrenzten Entscheidungskapazitäten zu überziehen, also mehr Entscheidungen zu treffen, als man eigentlich treffen wollte. Jede Entscheidung zieht unweigerlich weitere nach sich, und man kann daraus nicht etwa lernen, Entscheidungen möglichst zu vermeiden. Diese Selbstbescheidung auf traditionales und routineförmiges Handeln wird sowohl von der anthropologischen Gelegenheitsstruktur zum zielorientierten Handeln in Verbindung mit Knappheitserfahrungen als auch von den Entscheidungs- und Rationalitätszumutungen der Moderne unterbunden. Die Entscheidungsgesellschaft bringt insofern nur zur Entfaltung, was die Conditio humana von Anfang an ausmacht.

*Zwischen „Drift" und Sackgasse*
Unweigerlich und unaufhebbar ist also Entscheiden im Wechselspiel von Intentionalität und Transintentionalität gefangen, und der Akteur kann nolens volens nicht vom Entscheiden lassen. Die für die so konstituierte Entscheidungsgesellschaft typischen Dynamiken der Transintentionalität sind auf einem Kontinuum zu verorten, dessen einer Pol sich so umschreiben lässt, dass die Entscheidungshandelnden und damit die von ihnen gestalteten biographischen, organisatorischen oder gesellschaftlichen Verhältnisse in eine Sackgasse laufen; am anderen Pol unterliegen die Entscheidungshandelnden mit ihren Gestaltungsbemühungen einem „Drift", werden also je nach situativen „Windverhältnissen" erratisch hier- oder dorthin getrieben.[10] An den beiden Polen gelangen die Akteure zu gegensätzlichen ambivalenten Selbsteinschätzungen. In der Sackgasse kann man irgendwann „nichts mehr bewegen"; aber man kann sich auch als „standfest" erleben. Im „Drift" erlebt man die Dinge als „ständig im Fluss" und schreibt sich selbst vielleicht auch seinen Anteil daran zu; doch man fühlt sich auch „entwurzelt".

Je ambitionierter Entscheidungen getroffen werden, je stärker sie also den Status quo neu gestalten wollen, desto größer ist die Wahrscheinlichkeit und das Ausmaß von Transintentionalität. Sofern die Gestaltungsambition nicht in dem Sinne völlig aus der Luft gegriffen ist, dass man sich in – zumindest was die eigenen Möglichkeiten anbelangt – völlig „versteinerten Verhältnissen" bewegt, nimmt die mögliche Transintentionalität die Gestalt des „Drift" an. Wenn sich ambitionierte Gestaltungsentscheidungen realisieren, erlebt sich der betreffende Akteur als selbstbestimmt in dem Sinne, dass er sich als „seines Glückes Schmied" begreift.

---

[10] Zu „Drift" siehe am Beispiel von Biographien Sennett (1998).

Falls aber entsprechende Erfolgserlebnisse ausbleiben und stattdessen Unvorhergesehenes und Unerwünschtes eintritt, begreift sich der Akteur als Spielball unberechenbarer äußerer Umstände, die von Börsenturbulenzen und politischen Wirren bis zu kapriziösen Lebenspartnern reichen können.

Wenn Transintentionalität in Richtung „Drift" vorliegt, behalten die Akteure immerhin noch bis zu einem gewissen Grad den Eindruck, selbst etwas bewirken zu können, auch wenn sie sich über die Zielgenauigkeit ihrer Entscheidungen immer weniger Illusionen machen. Doch sie sehen sich eben nicht in einer Sackgasse gefangen, in der ihnen gänzlich die Hände gebunden sind oder das, was sie tun, jedenfalls „keinen Unterschied macht". „Drift" provoziert daher eine eskalatorische Eigendynamik des Entscheidens, wie sie bereits angedeutet worden ist. Transintentionale Effekte rufen Korrekturbemühungen hervor, die aber wieder Transintentionalität zeitigen, usw. Bildlich gesprochen verlieren die Akteure nicht so schnell die Hoffnung, dass aus dem hilflosen Gestrampel, mit dem sie ans rettende Ufer gelangen wollen und sich bislang noch zumindest über Wasser halten können, geordnete und zielführende Schwimmbewegungen werden.

Eine solche Eigendynamik, in der jede Entscheidung weitere Entscheidungen nach sich zieht, kann überdies dazu führen, dass sich Akteure mit kleinen, vergleichsweise unwichtigen Entscheidungen verzetteln und darüber die großen, bedeutsamen, aber eben auch schwierigeren Weichenstellungen vergessen (Giddens 1994: 141/142). Letztere müssen dann, wenn sie nicht weiter aufschiebbar sind, um so überstürzter getroffen werden – mit entsprechend größerem Risiko, dass das Gewollte nicht erreicht wird und Unerwünschtes eintritt, wodurch wiederum weitere Entscheidungen fällig werden.

Hier kann die Transintentionalität auch in Richtung einer Sackgasse des Entscheidens umkippen, wenn die vielen kleinen Entscheidungen es nicht mehr schaffen, die schiefe Bahn zu verlassen. Jemand hat sich beispielsweise für ein Jurastudium entschieden, kommt damit aber von Anfang an nicht zurecht. Er führt dies – gar nicht unplausibel – auf die schlechten Vorlesungen zurück und beginnt, stattdessen den Repetitor aufzusuchen. Das kostet viel Geld, weshalb er sich gezwungen sieht, mehrere Jobs neben dem Studium und in den Semesterferien aufzunehmen. Damit bleibt ihm aber so wenig Zeit fürs Studium übrig, dass auch der Repetitor ihm nicht viel hilft und er bei einer Klausur nach der anderen durchfällt. Die Vorhaltungen von Seiten seiner Eltern werden so massiv, dass er sich mit ihnen überwirft und sie ihre finanzielle Unterstützung ganz einstellen. Er muss deshalb noch mehr Geld neben dem Studium verdienen und hat entsprechend noch weniger Zeit für das Lernen. Er schmeißt das aussichtslos gewordene Studium schließlich hin und sucht sich einen Gelegenheitsjob nach dem anderen, was über die Jahre immer schwieriger wird. Dies ist ersichtlich keine begrenzt rationale Selbstkorrektivität inkrementalistischen Entscheidens mehr, kein „muddling through", sondern eine „Verlaufskurve" (Schütze 1981), in der die Gestaltungschancen des Akteurs von Schritt zu Schritt immer mehr abnehmen. Irgendwann – besser früher als später – hätte der Betreffende innehalten müssen, um sich zu überlegen, ob er sich überhaupt noch auf dem richtigen Weg befindet, anstatt nur immer wieder dafür zu sorgen, dass er auf dem einmal eingeschlagenen Weg bleibt.

Inkrementalismus kann in diese Richtung abgleiten. Das zu betonen werden seine Kritiker nicht müde. Charles Lindblom und Karl Popper setzen demgegenüber darauf, dass massenhafter Inkrementalismus im Aggregationseffekt funktional in der Weise ist, dass das Komplexitätsniveau des jeweiligen Handlungsfeldes gleich bleibt. Inkrementalismus macht demzufolge nicht nur die aktuelle Entscheidungssituation für den betreffenden Akteur handhabbar, sondern sorgt auch insgesamt dafür, dass die Entscheidungssituationen auf Dauer für alle Beteiligten beherrschbar bleiben. Es passieren zumindest keine Katastrophen. Was im positiven Sinne an realisierten Gestaltungsambitionen herauskommt, weiß man freilich nicht. Es kann sein, dass inkrementalistisches Entscheiden aller im betreffenden Gesellschaftsbereich oder in einer

Organisation auf einen lähmenden Stillstand nach Art des „bürokratischen circulos vitiosus" bzw. der „blockierten Gesellschaft" hinausläuft.[11] Man schreitet zwar mit kleinen Schritten, aber gerade deshalb um so unaufhaltsamer ins Unheil voran.

Vielleicht wirkt sich massenhafter Inkrementalismus aber auch so aus, dass er über die Komplexitätsreduktion im betreffenden Feld Möglichkeiten für Planung schafft. So weist etwa Fritz Scharpf (1995) darauf hin, dass in einem Umfeld negativer Koordination, die für alle Beteiligten erst einmal Verlässlichkeit schafft, positive Koordination zumindest in gewissem Maße möglich wird. Ähnliches könnte man für Amitai Etzionis „mixed scanning" vermuten. Wenn viele Entscheidungen auf vergleichsweise geringem Rationalitätsniveau erledigt werden, schafft das sowohl freie Kapazitäten als auch Erwartungssicherheit, um wenige, aber besonders wichtige Entscheidungen auf höherem Rationalitätsniveau angehen zu können. Zugleich wecken ein massenhafter Inkrementalimus, wie gerade erwähnt, sowie erst recht Praktiken sub-inkrementalistischen Entscheidens auch einen Bedarf nach „mixed scanning", also großen Weichenstellungen, die aus Sackgassen herausführen.[12] Hier müssen dann oft ideologische Schwenks und diese verkörpernde charismatische Führer herhalten, um die „versteinerten Verhältnisse" aufzubrechen – siehe etwa Margaret Thatchers „neoliberale Revolution" Anfang der achtziger Jahre in Großbritannien.

Noch stärker als massenhafter Inkrementalismus läuft der massenhafte Rekurs auf die gleichen Rationalitätsfiktionen Gefahr, eine Transintentionalität des Entscheidens in Richtung Sackgasse zu befördern. Der im Kapitel 7 angesprochene „normative" und „mimetic isomorphism" kann zum „iron cage" werden (diMaggio/

---

[11] Zu beiden analogen Phänomenen siehe die Studien von Michel Crozier (1963; 1970).

[12] So kann ja etwa auch „local action" oder das chinesische Strategiedenken dazu führen, dass Akteure auf der Stelle treten: „Local action elicits local action. In the process the context that elicits local action gets reproduced." (Leifer 1991: 69) Und wenn sie nicht gestorben sind, dann lauern die Akteure immer noch darauf, dass sie einen koinzidentiellen Vorteil erringen.

Powell 1983). Die Rationalitätsfiktionen stellen nicht nur dem je einzelnen Akteur Entscheidungshilfen bereit, sondern schaffen durch eine Standardisierung von Entscheidungshandeln auch gesellschaftliche Erwartungssicherheit. Die Kehrseite dieser Erwartungssicherheit heißt kollektive Lernblockade.[13] In dem Maße also, in dem gesellschaftliches Entscheidungshandeln auf Rationalitätsfiktionen zurückgreift, wird das evolutionäre Variationspotential gesellschaftlicher Problembearbeitung reduziert. Dieses Variationspotential besteht in der dezentralen Kreativität, die jeder einzelne Entscheider aktualisiert, wenn er ein Entscheidungsproblem aus seiner eigenen Anschauung und Einschätzung heraus zu bewältigen versucht. Dieses Potential wird gleichsam ausgeknipst, wenn ein Entscheider sich im Reservoir gesellschaftlich verbreiteter Rationalitätsfiktionen bedient.

Nun ist Evolution, *punktuell* betrachtet, alles andere als ein überlegener Problemlösungsmechanismus. In der biologischen Evolution sind die allermeisten Variationen schlicht Schrott; und selbst wenn diese sowohl verschwenderische als auch qualitativ wenig beeindruckende Bilanz in der sozio-kulturellen Evolution etwas besser aussehen sollte, gilt doch sicherlich, dass in vielen komplexen Entscheidungssituationen eine vom jeweiligen Entscheider selbst gefundene Problemlösung meist suboptimaler sein dürfte als diejenige, die auf Rationalitätsfiktionen beruht. In vielen Einzelfällen und damit auch in der Summe aller Einzelfälle des Entscheidens fährt die moderne Gesellschaft also mit den Rationalitätsfiktionen gar nicht schlecht. Schwenkt man allerdings von einer solchen punktuellen Bewertung zu einer Bewertung um, die auf die *längerfristige Reproduktionsfähigkeit* gesellschaftlicher Ordnung achtet, sieht das Bild anders aus. In dieser Hinsicht schneidet Evolution genau deshalb gut ab, weil ihr Variationspo-

---

[13] Auch in dieser Hinsicht wirken Rationalitätsfiktionen als Quasi-Normen. Normen zeichnen sich ja gerade dadurch aus, dass an ihnen auch dann festgehalten wird, wenn sie enttäuscht werden – anders herum gesagt: Wer eine Norm hochhält, will in dieser Hinsicht ganz bewusst nicht lernen (Luhmann 1972: 40-53).

tential sowohl Anpassung an endogen oder exogen verursachte Änderungen von Problemlagen als auch inkrementelle Optimierungen der Antworten auf konstante Problembeschaffenheiten ermöglicht. Diese Betrachtungsweise stellt nicht die zahllosen untauglichen, sondern die wenigen sehr tauglichen Antworten der Evolution in den Vordergrund: also nicht diejenigen von einem Akteur situativ selbst konzipierten Entscheidungen, die relativ schlechter als auf Rationalitätsfiktionen basierende Entscheidungen sind, sondern solche eigenen Entscheidungen, die gegenüber den ausgetretenen Pfaden der Rationalitätsfiktionen deutlich bessere neue Möglichkeiten darstellen.

Diese kleine Auswahl an Dynamiken der Transintentionalität im Spannungsfeld zwischen „Drift" und Sackgasse des Entscheidens muss hier genügen. Das anthropologische Gegenüber von Zielverfolgung und Erwartungssicherheit findet sich hierin als die beiden Pole wieder, an denen Risiken des Entscheidungshandelns verortet werden können. Insgesamt sieht man, dass die moderne Gesellschaft zwar die Entscheidungszumutungen und damit verbundenen Rationalitätsansprüche an Akteure in zuvor ungeahnte Höhen zu schrauben vermag – doch die grundsätzliche Typik der daraus für die Akteure resultierenden Probleme bleibt sich gleich, weil sie in der die Moderne übergreifenden Conditio humana verortet sind.

## 8.2 Optimismus versus Pessimismus des Entscheidens

Wieder und wieder erfährt der Akteur in der Entscheidungsgesellschaft Enttäuschungen, manchmal tiefe Enttäuschungen seines Wollens. Er versucht dennoch unverdrossen immer wieder aufs Neue, Gestaltungsentscheidungen zu treffen und umzusetzen. Dieses Wechselbad von Enttäuschungen und Zuversicht findet sich als Stimmungslage auch in den entsprechenden Selbstdeutungen der Moderne wieder.

## Ausstieg aus der Entscheidungsgesellschaft

Denn was wäre die Alternative? Es bliebe nur entweder rückhaltloser Optimismus oder abgrundtiefer Pessimismus. Ersterer ist nicht durchhaltbar und daher auch niemals ernsthaft von irgend jemandem propagiert worden. Letzterer hingegen findet sich durchaus in einzelnen Stimmen. Zu Ende gedacht läuft die pessimistische Einschätzung, dass Gestaltungsentscheidungen vergebliche Liebesmüh, weil sowieso zum Scheitern verurteilt sind, auf einen Ausstieg aus der Entscheidungsgesellschaft hinaus: keine Entscheidungen mehr treffen.

Dieser Ausstieg müsste sich in zwei radikalen Schritten vollziehen. Der erste Schritt wäre: ziellos leben. Ein möglichst vollständiger Verzicht auf zielorientiertes Handeln könnte sich etwa durch einen Fatalismus derart begründen, dass Gottes unerforschlicher Ratschlag oder auch – weniger freundlich – das grausame blinde Walten eines gottverlassenen Kosmos alles Geschehen bestimmten. Warum sich dann noch Ziele setzen, anstatt einfach bloß das zu tun, was Normen oder Routinen auferlegen – egal, wofür es gut ist![14] Das anthropozentrische Weltbild, das den Menschen zur Krone der Schöpfung erhebt, wird dann aufgegeben. Denn die Fähigkeit zum zielorientierten Handeln ist ja, wie dargestellt, eine anderen Lebewesen abgehende Eigenschaft. Die Lebensform von Tieren oder gar Pflanzen wird dann zum heimlichen oder sogar explizit ausgesprochenen Ideal. Die Lebensphilosophie Gottfried Benns lief auf eine solche Haltung hinaus – und zwar genau deshalb, weil er den Rationalismus der Weltgestaltung nicht erst der Moderne, sondern bereits der griechischen Vorsokratiker als auf der ganzen Linie gescheitert ansah (Wellershoff 1958). Das Gedicht „Gesänge" (1913) bringt diese Sehnsucht nach ziellosem Leben in seinem ersten Teil auf den Punkt:

---

[14] Der im vorigen Kapitel angesprochene „dice man", der seine Entscheidungen auswürfelt, agiert demgegenüber keineswegs ziellos. Er setzt sich immer wieder Ziele und lässt dann nur den Zufall bestimmen, welches Ziel er verfolgt.

> *O daß wir unsere Ururahnen wären*
> *Ein Klümpchen Schleim in einem warmen Moor*
> *Leben und Tod, Befruchten und Gebären*
> *glitte aus unseren stummen Säften vor.*
>
> *Ein Algenblatt oder ein Dünenhügel,*
> *vom Wind Geformtes und nach unten schwer.*
> *Schon ein Libellenkopf, ein Möwenflügel*
> *wäre zu weit und litte schon zu sehr.*
> *(Benn 1956: 35)*

Selbst höher entwickelten Tieren wird bereits hinsichtlich ihrer Fähigkeit zur Ziellosigkeit misstraut; um ganz sicher zu gehen, sollte man sich in der Evolution des Lebens weit zurück begeben.

Zwar kann der Mensch seine Fähigkeit, sich eigene Ziele zu setzen und diesen nachzustreben, nicht einfach aufgeben und gegen Instinkte eintauschen – doch er vermag sich immerhin darum zu bemühen, diese Fähigkeit möglichst ungenutzt zu lassen. Natürlich steht gerade hinter einem solchen Bemühen zielorientiertes Handeln. Dieses zielorientierte Handeln besteht allerdings darin, jegliches zielorientierte Handeln zu unterlassen. Der Rest an Selbstwiderspruch lässt sich nicht auflösen, wie man auch nicht hoffen darf, dieses Unterlassungsziel vollständig erreichen zu können.

Auf die Verfolgung eigener Ziele möglichst weitgehend zu verzichten heißt gerade nicht, solche Ziele nicht länger zu haben. Man lebt sie nicht aus, doch hat sie nach wie vor im Kopf. Das kann in den meisten Fällen nur ein unerquickliches Zwischenstadium sein.[15] Der endgültige Ausstieg aus der Entscheidungsgesellschaft wird vielmehr erst mit einem zweiten Schritt vollzogen: willenlos leben. Religiöse Virtuosen des Buddhismus und anderer

---

[15] Das Leben der englischen Schriftstellerin Charlotte Brontë ist ein wohl eher seltenes Beispiel dafür, dass zumindest über lange Jahre ein Modus Vivendi zwischen weitgehendem Sich-fügen in vorgegebene Lebensumstände auf der einen Seite und einer regen Phantasie, in der das „eigentliche" selbstbestimmte Leben stattfand, auf der anderen Seite aufrechterhalten wurde (Schimank 2002b: 175-220).

fernöstlicher Religionen versuchen, möglichst weit in dieser Richtung zu kommen – und die Praktiken, derer sie sich dabei bedienen, zeigen wiederum, dass ein entschiedener Wille zur Willenlosigkeit erforderlich ist. Man lebt dann ja schließlich gegen die menschliche Natur. Ideal ist hier nicht länger tierisches oder pflanzliches Leben, sondern die Existenzform der unbelebten Materie. Denn erst sie steht nicht mehr unter der Knute des Willens, der, gründend in einem allgemeinen Willen zum Leben, schon in pflanzlicher Existenz diverse Ausprägungen annimmt, ganz zu schweigen von hochgradig artifiziellen, um nicht zu sagen kosmologisch läppischen Willensbekundungen des modernen Menschen – etwa dem Streben nach „Selbstverwirklichung" als einzigartiges Individuum.

Anknüpfend u.a. an Arthur Schopenhauer entwirft Ulrich Horstmann (1985) eine „Philosophie der Menschenflucht" – genauer müsste man sagen: der Lebensflucht. Horstmann (1983: 41) nimmt „Abschied von einer Seinspyramide, deren Sockel das Anorganische bildet und die über die Stufungen des Pflanzlichen und Tierischen als sich zum Menschen aufgipfelnd gedacht wird."[16] Im Gegenteil: Der Mensch ist das „Untier", durch den sich die Erde letztlich wieder vom Leben erlöst und in den willenlosen Frieden anorganischer Materie zurückkehrt – wenn der Mensch erst endlich seine Massenvernichtungswaffen so flächendeckend einsetzt, dass alles Leben, nicht bloß das menschliche, auf der Erde vernichtet wird:

> *Vielleicht war die gesamte Evolution nichts anderes als ein gigantischer Umweg, den das Plasma nahm, um sich nach dem Sündenfall der Urzeugung und seiner Vertreibung aus dem Anorganischen seiner neuerworbenen potentiellen Unsterblichkeit zu berauben und nach Äonen des Wucherns erneut ins Nirwana des Staubes und der Gase einzugehen. Und vielleicht ist das Untier mit all seinem Erfindungsreichtum, seinem Selbstbewußtsein und seiner Philosophie nicht die Krone der Schöpfung, sondern bloß ihr Strick, die ingeniöse Methode, auf die*

---

[16] Siehe dagegen den Titel von Helmuth Plessners (1928) philosophischer Anthropologie: „Die Stufen des Organischen und der Mensch".

*vor Milliarden von Jahren der erste Einzeller verfiel, um nach ebenso vielen Zellteilungen und Teilungen von Teilungen, die sein Leben multiplizierten, doch noch Selbstmord zu begehen.* (Horstmann 1985: 86)

Dann endlich wird es soweit sein: „Der Jüngste Tag des Organischen! Die Wiederkunft der unbefleckten Materie!" (Horstmann 1985: 102)

Auch dieser in ihrer Radikalität wohl kaum noch steigerbaren Geschichtsphilosophie liegt das schon bei Benn notierte Leitmotiv zugrunde: Wenn, über Benn hinausgehend, sogar Leben eine eitle Selbstüberschätzung der Materie darstellt, ist zielorientiertes Gestaltungshandeln hoffnungslos nichtig – ganz zu schweigen von rationalem Entscheiden. Zwar hat Benn ganz und gar kein Leben geführt, das der Sehnsucht seines „lyrischen Ichs" auch nur nahe zu kommen versuchte; die Regression auf frühe Stufen des Lebens blieb, vielleicht manchmal drogenunterstützte, „blaue Stunde". Und auch Horstmann dürfte nicht tagein, tagaus sehnsüchtiger darauf harren, dass die Entscheidungsgesellschaft endlich mittels massiven ABC-Waffeneinsatzes ihre weltgeschichtliche Mission finaler Transintentionalität erfüllt, die Erde zu „vermonden" (Horstmann 1985: 113). Buddhistische Mönche haben wohl, auf leiseren Sohlen, viel mehr Abstand von der Entscheidungsgesellschaft gewonnen als westliche Großsprecher.

Wie dem auch sei: Max Webers (1922: 258/259) schon angesprochene Unterscheidung von religiösem Virtuosentum und der Alltagsreligiösität der einfachen Gläubigen übertragend, lässt sich konstatieren, dass das Lebensgefühl der überwiegenden Mehrheit derer, die in der Entscheidungsgesellschaft agieren, kein so einseitig pessimistisches ist – ohne ebenso einseitig und völlig unrealistisch optimistisch zu sein. In manchen anderen Fragen ist es ja durchaus so, dass diejenigen, die den betreffenden Sachverhalt intellektuell am tiefsten durchdringen, letztlich zu einem unauflösbar ambivalenten Urteil gelangen, während diejenigen, die ihn nur alltagspraktisch durchleben, zur Einseitigkeit in der einen oder anderen Richtung neigen. Dieses Muster kehrt sich bei der Einschätzung der Entscheidungsgesellschaft um. Die Alltagsreligiösität der

Entscheidungsgesellschaft – wenn man so sagen darf – wähnt sich zwar keinesfalls in paradiesischen Gefilden, ist aber auch nicht so entschieden apokalyptisch gestimmt wie einige derer, die rationaler Weltgestaltung intellektuell am tiefsten auf den Grund gegangen sind.

*Der funktionale Antagonismus von „rhetoric of reaction" und „progressive rhetoric"*
Will man das vorherrschende Deutungsmuster der Entscheidungsgesellschaft genauer beschreiben, kann man dafür auf Albert Hirschmans (1991) profunde Analyse der „rhetoric of reaction" in der modernen Gesellschaft zurückgreifen. Dabei handelt es sich um typische, also ganz offensichtlich Zuspruch findende Argumentationen, mit denen immer wieder verschiedenste gesellschaftliche Gruppen versucht haben, bestimmte gesellschaftliche Reformen abzulehnen und zu stoppen. Diese Reformen haben unterschiedlichste Anliegen vertreten: von der Befreiung der Sklaven bis zum Dosenpfand, von der weltweiten Ächtung von Massenvernichtungswaffen bis zur Einführung des Euro, von der Rechtschreibreform bis zur Schwulenehe. Was im Weiteren anhand politischer Gesellschaftssteuerung verdeutlicht wird, gilt genauso für andere Arten von Gestaltungsentscheidungen, also etwa Entscheidungen in Organisationen oder biographische Entscheidungen von Individuen.

Die „rhetoric of reaction" besteht nicht aus je spezifischen Argumenten, mit denen zu begründen versucht wird, dass die betreffenden Gestaltungsentscheidungen auf gesellschaftlicher oder organisatorischer Ebene nicht sachgerecht oder ungerecht sind oder bestimmte Interessen verletzen. Solche Argumente können immer nur für den jeweiligen Fall mobilisiert werden. Darüber hinaus gibt es aber unspezifische Argumente, die prinzipiell gegen jede etwas größer angelegte Gestaltungsentscheidung vorgebracht werden können; und diese Argumente sind nicht selten die untergründig wirksameren im Vergleich zu den fallspezifischen Argumenten gewesen. Hirschman arbeitet hierzu detailliert heraus, dass seit den

Tagen der Französischen Revolution und Edmund Burkes (1790) vernichtender Beurteilung ihrer gesellschaftlichen Auswirkungen, im Unterschied zu den hehren Zielen, allen Reformbemühungen wieder und wieder drei Standardargumente – je für sich oder in unterschiedlichsten Kombinationen – entgegengehalten worden sind:

- Das Argument der „perversity": „any purposive action to improve some feature of the political, social, or economic order only serves to exacerbate the condition one wishes to remedy." (Hirschman 1991: 7) Das Streben nach einer Verbesserung der gesellschaftlichen Verhältnisse – etwa der Lebenschancen benachteiligter Gruppen – führt demnach nicht nur zu unerwünschten Effekten; sondern diese überwiegen faktisch eindeutig das, was positiv gewollt wurde: „Everything backfires." (Hirschman 1991: 12, Hervorheb. weggel.)
- Das Argument der „futility": „attempts at social transformation will be unavailing ..." (Hirschman 1991: 7) Noch radikaler als im ersten Argument heißt es also: Wer Bestehendes verbessern will, wird weder positive noch negative Effekte erzielen, sondern überhaupt keine. Alle Anstrengung bleibt vergebliche Liebesmühe: „largely surface, facade, cosmetic, hence illusory, as the 'deep' structures of society remain wholly untouched." (Hirschman 1991: 43)
- Das Argument der „jeopardy": „the cost of the proposed change or reform is too high as it endangers some previous, precious accomplishment." (Hirschman 1991: 7) War das zweite Argument radikaler als das erste, ist dieses dritte konzilianter. Es gesteht zu, dass man in der Vergangenheit eine gezielte Verbesserung erreicht hat – aber damit müsse man es nun genug sein lassen, um nicht ungewollt einen Rückfall hinter das Erreichte und vielleicht sogar hinter einen weit zurückliegenden Status quo zu riskieren.

Von der Französischen Revolution bis zur neoliberalen Kritik am Wohlfahrtsstaat der achtziger Jahre illustriert Hirschman diese „rhetoric of reaction" an zahlreichen Beispielen. Zunächst einmal zeigt er damit, wie stereotyp, also offenbar unbelehrbar bestimmte Argumente wiederholt werden – und sie werden durch Wiederholung keineswegs besser. Die Kräfte der Beharrung sind selbstgewiss wie eh und je – und sie sind es natürlich nicht zuletzt deshalb, weil hinter der Gemeinwohlrhetorik aller drei Argumentationsmuster oftmals die Verteidigung handfester Privilegien steht. Hirschman (1991: 8-10) betont allerdings, dass seine heute eindeutig abwertend klingende Wortwahl einer „reaktionären" Rhetorik ursprünglich ganz neutral gemeint war und an Isaac Newtons drittes Gesetz der Mechanik anknüpft, das besagt, dass jeder „Aktion" eine „Reaktion" von gleicher Stärke entspricht. Es ging also keineswegs darum, den gesellschaftlichen Fortschritt – siehe zum Aufkommen dieser Idee Kapitel 2 – aufzuhalten, sondern um eine realistische Einschätzung und Kontrolle dessen, was aus ihm werden würde.

Unbelehrbarkeit auf der einen Seite bringt schnell eine entsprechende Unbelehrbarkeit auf der anderen Seite hervor, wobei die Frage müßig ist, wer damit angefangen hat. Der „rhetoric of reaction" korrespondiert also in der Geschichte der Moderne eine „progressive rhetoric", die durch drei Argumentationsmuster charakterisiert ist, die Antithesen zu den genannten drei Argumentationen darstellen (Hirschman 1991: 149-163):

- Gegen „perversity" wird die Hoffnung auf „action" gestellt. Zugespitzt formuliert: Es kann nur besser werden – also Augen zu und durch! Um die gesellschaftlichen Zustände ist es demzufolge so schlecht bestellt, dass jegliches Bemühen, sie zu verbessern, bei allen zugestandenen möglichen negativen Nebenwirkungen in der Gesamtbilanz immer noch mit größerer Wahrscheinlichkeit eine Verbesserung des Status quo herbeiführen wird.

- Gegen „futility" wird „progress" beschworen. Man ist überzeugt, die Geschichte auf seiner Seite zu haben. Sie weist eine unwiderstehliche Dynamik zum Besseren auf, der nicht zu folgen oder gar Widerstand zu leisten Wahnsinn wäre.
- Gegen „jeopardy" setzt man auf eine „synergy illusion" und die „imminant danger thesis". Anstatt das, was jetzt an Verbesserung angestrebt wird, als Gefährdung des bereits Erreichten anzusehen, setzt man darauf, dass das Erreichte weiter gefestigt und das jetzt Angestrebte gewissermaßen als natürliche Fortsetzung des bisher Erreichten von diesem getragen wird; oder man warnt, dass dem Erreichten bei Nichtstun Gefahr droht.

Während die „progressive rhetoric" auf die Intentionalität rationalen Entscheidens setzt, wirft die „rhetoric of reaction" das Schlaglicht auf die Transintentionalität der Entscheidungsfolgen. Die „progressive rhetoric" favorisiert Planung als Entscheidungspraktik, selbst da, wo die zu hohe Komplexität von Entscheidungssituationen zur Vorsicht anhalten sollte; und das dann eingehandelte Scheitern liefert der „rhetoric of reaction" immer wieder wohlfeile Beispiele. Diese setzt darauf, sich allerhöchstens inkrementalistisch vom Status quo zu entfernen. Dass daraus Stillstand resultieren oder man in Sackgassen laufen kann, ist dann wieder Wasser auf den Mühlen der „progressive rhetoric".

Weder die Behauptungen der „progressive rhetoric" noch die der „rhetoric of reaction" lassen sich also generell bestätigen – entgegen den anders lautenden Beteuerungen der jeweiligen Anhänger. Beide Arten von Argumentationsmustern sind manchmal wahr, und manchmal nicht. Beide Rhetoriken können genügend Beispiele für die Triftigkeit der eigenen Argumente herbeizitieren. Ginge es um rein wissenschaftliche Behauptungen, liefe ein derartiges Gegeneinander der verschiedenen Argumente darauf hinaus, deren jeweiligen Geltungsbereich durch die Spezifikation von Randbedingungen einzuschränken, also etwa zu formulieren: Wenn die Bedingungen x, y und z gegeben sind, wird eine Reform mehr und gewichtigere unerwünschte als erwünschte Folgen hervorbringen. Entsprechende Forschungsanstrengungen könnten, zumindest in the long run, auf eine friedliche Koexistenz zunächst konträrer Thesen hinauslaufen. Genau dieses analytische Kleinarbeiten großer Deutungskonflikte ist aber nicht die Sache gesellschaftlicher Auseinandersetzungen – weshalb die „progressive rhetoric" und die „rhetoric of reaction" einander bis heute unversöhnlich gegenüberstehen und auch kein Ende dieses Zustandes absehbar ist.

Die Methodologie wissenschaftlicher Forschung favorisiert demzufolge eine Logik der Konkurrenzvermeidung durch Differenzierung von Wahrheitsansprüchen.[17] Das Gegeneinander der Argumente wird in der Sachdimension in ein Teils/Teils transformiert. Die Logik gesellschaftlicher Auseinandersetzungen, wie sie am klarsten in politischen Entscheidungsprozessen institutionalisiert ist, läuft demgegenüber auf eine Abfolge in der Zeitdimension hinaus: Heute herrscht die eine Rhetorik vor, morgen die andere. Talcott Parsons und Niklas Luhmann haben auf dieser Linie die Institutionalisierung des Wechsels von progressiver und konservativer politischer Programmatik in demokratischen politischen Systemen herausgearbeitet.

Für Luhmann (1974) ist „progressiv/konservativ" die als binärer Code etablierte Leitorientierung politischen Entscheidens.[18] Dieser Code zeichnet sich gegenüber anderen Codes, etwa dem von „Recht/Unrecht" im Rechtssystem, dadurch aus, dass er keine eingebaute Präferenz besitzt. Recht ist Unrecht vorzuziehen; aber Veränderung ist nicht immer besser als die Erhaltung des Bestehenden, oder umgekehrt. Das Progressive ist anders als das Konservative; aber in dieses Anderssein ist eben keine Wertdifferenz

---

[17] Dieses Muster ist im Übrigen auch in Emile Durkheims (1893: 314-343) Erklärung gesellschaftlicher „Arbeitsteilung" als ein allgemein geltendes prominent.

[18] Luhmann (2000c) bestimmt später den Besitz oder Nichtbesitz von Macht als binären Code der Politik und „progressiv/konservativ" lediglich als Zweitcodierung dieses primären Codes.

eingebaut. In diesem Unentschieden-halten der Bewertung sieht Luhmann (1974: 262) die eigentümliche Leistung des politischen Codes: „Er kann jedes beliebige politische Thema verdoppeln in eine progressive und eine konservative Fassung." Diese Perspektivenverdopplung wird dadurch akzentuiert und stabilisiert, dass die progressive und die konservative Sicht der Dinge in eine Frontstellung gegeneinander gebracht werden: In dem Maße, wie der politische Code die Kommunikation bestimmt, „baut er ... durch Dichotomisierung die Möglichkeiten der Einigung und der Kompromißfindung ab ..." (Luhmann 1974: 268). Es geht gerade nicht darum, einen moderaten „mittleren Weg" zu finden, sondern darum, den Dauerstreit zu institutionalisieren.[19]

Ziemlich idealtypisch findet sich dies in solchen Demokratien, die als Zweiparteiensystem funktionieren, wobei die eine Partei die progressive und die andere die konservative Linie vertritt.[20] Parsons (1959) hat das am Beispiel der Vereinigten Staaten analysiert. Entscheidend für ein solches Arrangement ist, dass zwischen der Demokratischen Partei als Repräsentantin des progressiven und der Republikanischen Partei als Repräsentantin des konservativen Pols des politischen Codes ein relatives Kräftegleichgewicht besteht, so dass immer wieder ein geringer Anteil von Wechselwählern dafür sorgt, dass die Parteien einander an der Regierung ablösen. Keine der beiden Positionen, weder die progressive noch die konservative, ist also dauerhaft Minderheit und so zur ewigen Opposition verdammt. Damit „gibt der politische Code die Möglichkeit, fallweise zwischen Kontinuität und Diskontinuität zu wählen, ohne für diese Wahl eine Präferenzrichtung vorzeichnen zu können." (Luhmann 1974: 269) Die Politik hält mal am Bestehenden fest, auch gegen Kräfte des Wandels in der Gesellschaft; mal ändert sie das Bestehende, auch gegen Kräfte der Beharrung. Parsons

---

[19] Man fühlt sich an Helmut Schelskys (1957) Frage erinnert, ob die „Dauerreflexion" institutionalisierbar sei.

[20] Man sollte allerdings nicht dem Fehler verfallen, Rhetoriken trennscharf Parteien oder einzelnen Politikern zuzuordnen. Höchstens näherungsweise ordnen sich korporative oder individuelle Akteure einer der Rhetoriken zu.

(1959: 253-256, Hervorh. weggel.) erläutert diese Dynamik wie folgt:

> ... *the conservative party ... has broadly an interest in quieting things down politically, in damping the urgency of demands for specific and positive action. The liberal party, on the other hand, has an interest in arousing the public to the urgency of action and tends to stress such action issues whenever they seem to be politically opportune. ... The central phenomenon starts with the pressing of a policy by the party of the left, in recent times the Democrats. The policy is opposed by the right, that is, the Republicans, sometimes bitterly. There are many alarmist views expressed that the policy will ruin the country and destroy the unique virtues of the "American system." Then the measure, or a series of them, is enacted. Relatively quickly after enactment the excitement dies down, and the new situation comes to be accepted by its former opponents ... when the next Republican administration comes along it does not try seriously to reverse the policy or restore the status quo ante. ... The main pattern introduced by the new policy becomes institutionalized and an essential part of the social structure of the country. ... the American two-party system is a mechanism by which, at any given time, a relative equilibrating balance in a pluralistic society is maintained, so that conflicts and divisive tendencies are controlled and more or less fully resolved. It is also, seen over a period of time, a principal mechanism ... by which the process of structural change in the society operates.*

Was Luhmann für den politischen Code und Parsons für die Parteienkonstellationen herausstellen, ist die Funktionalität der Institutionalisierung einer „Doppelstrategie". Die progressive und die konservative Linie stehen einander *sachlich* an entscheidenden Punkten immer wieder unversöhnlich gegenüber; und *sozial* manifestiert sich dies in zwei politischen Lagern, die zwar vielleicht notgedrungen hier und da taktische Kompromisse miteinander eingehen, von denen jedes aber überzeugt davon ist, jeweils allein im Besitz des „richtigen" Rezepts für die Ordnung des Gemeinwesens zu sein. *Zeitlich* gewinnt mal die eine, mal die andere Seite die Oberhand. Politische Gesellschaftsgestaltung besteht so aus einem auf Dauer gestellten unauflösbaren Gegeneinander, dessen Prozessform dem bekannten „Zwei Schritte voran, ein Schritt zurück" entspricht. So formuliert klingt es so, als sei letztlich doch die progressive Seite die stärkere: weil schließlich Bewegung im Spiel ist. Gerade die Klagen der Repräsentanten des Progressiven darüber, dass alles viel zu langsam gehe, verweisen allerdings auf das ebenbürtige Gewicht – in den Augen der Progressiven: das Übergewicht – der konservativen Seite.

Progressive und konservative Rhetorik und die dadurch angeleiteten Interessenkämpfe in politischen Entscheidungsprozessen bilden also, mit Blick auf die gesellschaftliche Dynamik betrachtet, einen *funktionalen Antagonismus*.[21] Das unaufhörliche Gegeneinander beider politischen Richtungen sorgt dafür, dass eine Gesellschaft weder erstarrt noch in chaotischen Turbulenzen versinkt.[22] Die progressiven Kräfte wagen durch ambitionierte Gestaltungsentscheidungen das Neue und riskieren dabei, dass unerwünschtes Unvorhergesehenes passiert; und die konservativen Kräfte sorgen dadurch, dass sie sich zu großen Wagnissen in den Weg stellen und den „Status quo als Argument" (Luhmann 1968c) reklamieren, für eine Vermeidung zu großer Transintentionalität. Von den beiden in Kapitel 1 unterschiedenen Qualen der Wahl gehen die Progressiven relativ leicht über die Qual, sich nicht entscheiden zu können, hinweg und handeln sich dadurch die Qual der Fehlentscheidungen ein. Die Konservativen nehmen demgegenüber die Qual des Sich-entscheiden-müssens sehr viel dezidierter auf sich, um die Qual der Fehlentscheidungen zu vermeiden; dies kann auf eine lange Serie von Unterlassungsentscheidungen hinauslaufen, die sich dann zu einer großen Fehlentscheidung aufsummieren.

---

[21] Zum Konzept des funktionalen Antagonismus und anderen Beispielen siehe Schimank (1994), Bette/Schimank (1999).

[22] Die Gesellschaften des real existiert habenden Sozialismus illustrieren demgegenüber, dass beide fatalen Dysfunktionalitäten sogar koexistieren können, wenn eine Einparteienherrschaft zwar das Progressive im Munde führt, die Parteieliten aber vorrangig am Erhalt des Bestehenden, das ihnen ihre Privilegien sichert, interessiert sind.

*Die Unaufhörlichkeit des Oszillierens*
Was in der demokratischen Politik in die beiden Lager der Progressiven und Konservativen ausdifferenziert ist, müssen Entscheidungshandelnde in anderen Situationen in sich selbst auskämpfen. Bei organisatorischen Entscheidungsprozessen kann es zumindest andeutungsweise auch diese beiden Lager geben, wiewohl vermutlich meistens andere Konfliktlinien dominieren werden – etwa miteinander streitende Abteilungen, Beschäftigtengruppen oder regionale Einheiten.[23] Doch wenn jemand für sich selbst eine biographische Entscheidung trifft, ist es eher Glückssache, ob etwa seine eigene Neigung zum progressiven Pol durch warnende Stimmen, z.B. des Lebenspartners, vom konservativen Pol ausbalanciert wird; und treffen muss die Person solche Entscheidungen letztlich allein. Was häufig als ungutes artifizielles Gegeneinander des parteipolitischen Gezänks abgetan wird, bringt damit den funktionalen Antagonismus jedes Entscheidens von Wahrung des Status quo auf der einen und Neugestaltung auf der anderen Seite zuverlässiger zur Geltung als – um das andere Extrem zu stilisieren – die berühmten einsamen Entscheidungen eines Individuums, sei es nun in wichtigen Lebensfragen, als Chef einer Organisation oder als politischer Diktator.

Es wäre zu viel verlangt, von jeder einzelnen Entscheidung zu erwarten, dass sie den funktionalen Antagonismus in sich austrägt. Mehr noch: Sie fiele dann – wenn man so sagen darf – vermutlich zumeist nicht „entschieden" genug aus, um als Entscheidung einen Anknüpfungspunkt für Folgehandeln und weitere Entscheidungen abgeben zu können. Doch die Entscheidungsgesellschaft als Gan-

---

[23] Weil politische Parteien zu sämtlichen Themen politischen Entscheidens einen Standpunkt beziehen müssen, der jeweils intern mehrheitsfähig sein muss, bleiben im Parteienspektrum nur hochgradig generalisierte Konfliktlinien wie eben progressiv/konservativ übrig, auf die dann alle issue-spezifischen Konfliktlinien, gerade auch innerhalb einer Partei, abgebildet werden müssen. Diese Logik einer auf „diffuse support" (Easton 1965) in Wahlen ausgerichteten Parteipolitik sorgt dafür, dass im politischen Entscheiden der für Entscheiden generell konstitutive funktionale Antagonismus von Neuem und Status quo ziemlich in Reinkultur zum Ausdruck kommt.

zes, und auch jeder in sich relativ abgeschlossene Entscheidungsbereich, muss den funktionalen Antagonismus als unaufhörliches Oszillieren der jeweiligen simultan und sequenziell prozessierten Entscheidungsmaterie zum Ausdruck bringen. Nur so vermag sich die Entscheidungsgesellschaft einerseits selbst auf Trab zu bringen, andererseits zu zügeln.

Für den einzelnen Akteur, der immer wieder Entscheidungen zu treffen hat, stellt dieses Oszillieren ein wichtiges Moment seiner „Logik der Situation" (Esser 1993: 1-140) dar. Einerseits bewahrt es ihn davor, sich jemals zu sicher zu fühlen bei seinen Entscheidungen – andererseits wird doch soviel Sicherheit vermittelt, dass Entscheidungen möglich sind. Letztlich besteht diese Sicherheit darin, dass der Akteur sich meistens darauf verlassen kann, dass keine Fehlentscheidung sein letztes Wort bleiben muss. Die Unaufhörlichkeit des Entscheidens, die ich eingangs eher als belastende, durchaus „ärgerliche Tatsache" – um diese Formel Ralf Dahrendorfs (1967) zu adaptieren – eingeführt habe, hat eben auch etwas Tröstliches.

# Literatur

Ackoff, Russell L., 1974: Redesigning the Future. A Systems Approach to Social Problems. London: Wiley.

Alexander, Ernest R., 1982: Design in the Decision-Making Process. In: Policy Sciences 14, 279-292.

Ansoff, H. Igor, 1976: Managing Surprise and Discontinuity – Strategic Response to Weak Signals. In: Zeitschrift für betriebswirtschaftliche Forschung 28, 129-152.

Apel, Karl-Otto, 1973: Das Apriori der Kommunikationsgemeinschaft und die Grundlagen der Ethik. Zum Problem einer rationalen Begründung der Ethik im Zeitalter der Wissenschaft. In: Karl-Otto Apel, Transformation der Philosophie. Bd. II. Frankfurt/M.: Suhrkamp, 358-435.

Arthur, Brian, 1989: Competing Technologies. Increasing Returns, and Lock-In By Historical Events. In: The Economic Journal 99, 116-131.

Ashby, W. Ross, 1956: Einführung in die Kybernetik. Frankfurt/M., 1974: Suhrkamp.

Ashmos, Donde P./Dennis Duchon/Reuben R. McDaniel, 1998: Participation in Strategic Decision Making: The Role of Organizational Predisposition and Issue Interpretation. In: Decision Sciences 29, 25-51.

Axelrod, Robert (ed.), 1976: Structure of Decision. The Cognitive Maps of Political Elites. Princeton: Princeton University Press.

Axelrod, Robert, 1984: The Evolution of Cooperation. New York: Basic Books.

Baecker, Dirk, 1994: Postheroisches Management. Berlin: Merve.

Bailey, John J./Robert J. O'Connor, 1975: Operationalizing Incrementalism: Measuring the Muddles. In: Public Administration Review 29, 60-66.

Bamberg, Günter/Adolf A. Coenenberg, 2002: Betriebswirtschaftliche Entscheidungslehre (11. Aufl.). München: Vahlen.

Barnard, Chester I., 1938: The Functions of the Executive. Cambridge: Harvard University Press.

Bateson, Gregory, 1970: Form, Substanz und Differenz. In: Gregory Bateson, Ökologie des Geistes. Frankfurt/M., 1981: Suhrkamp, 576-597.

Beck, Ulrich, 1986: Risikogesellschaft. Auf dem Weg in eine andere Moderne. Frankfurt/M.: Suhrkamp.

Beck, Ulrich, 2000: Die postnationale Gesellschaft und ihre Feinde. In: Thomas Assheuer/Werner Perger (Hrsg.), Was wird aus der Demokratie? Opladen: Leske + Budrich, 35-50.

Beck, Ulrich/Elisabeth Beck-Gernsheim, 1994: Individualisierung in modernen Gesellschaften – Perspektiven und Kontroversen einer subjektorientierten Soziologie. In: Ulrich Beck/Elisabeth Beck-Gernsheim (Hrsg.): Riskante Freiheiten. Frankfurt/M.: Suhrkamp, 10-39.

Beck, Ulrich/Wilhelm Vossenkuhl/Ulf Erdmann Ziegler, 1995: Eigenes Leben. Ausflüge in die unbekannte Gesellschaft. München: Beck.

Becker, Albrecht/Willi Küpper/Günther Ortmann, 1988: Revisionen der Rationalität. In: Willi Küpper/Günther Ortmann (Hrsg.), Mikropolitik – Rationalität, Macht und Spiele in Organisationen. Opladen: Westdeutscher Verlag, 89-113.

Bell, Daniel, 1973: The Coming of Post-Industrial Society. New York, 1999: Basic Books.

Bendor, Jonathan, 1995: A Model of Muddling Through. In: American Political Science Review 89, 819-840.

Benn, Gottfried, 1956: Lyrik. Auswahl letzter Hand. Wiesbaden, 1975: Limes.

Benz, Arthur, 1994: Kooperative Verwaltung. Funktionen, Voraussetzungen und Folgen. Baden-Baden: Nomos.

Berger, Peter L., 1967: The Social Reality of Religion. Harmondsworth, 1973: Penguin.

Berger, Peter L., 1979: The Heretical Imperative: Contemporary Possibilities of Religious Affirmation. New York: Anchor Press.

Berger, Peter L./Thomas Luckmann, 1966: The Social Construction of Reality. Harmondsworth, 1972: Penguin.

Bergmann, Jörg/Michaela Goll/Ska Wiltschek, 1998: Sinnorientierung durch Beratung? Funktionen von Beratungseinrichtungen in der pluralistischen Gesellschaft. In: Thomas Luckmann (Hrsg.), Moral im Alltag. Gütersloh: Bertelsmann Stiftung, 143-218.

Bergmann, Werner, 1981: Die Zeitstrukturen sozialer Systeme. Berlin: Duncker & Humblot.

Bette, Karl-Heinrich/Uwe Schimank, 1995: Doping im Hochleistungssport. Frankfurt/M.: Suhrkamp.

Bette, Karl-Heinrich/Uwe Schimank, 1996: Coping mit Doping: Die Sportverbände im Organisationsstreß. In: Sportwissenschaft 26, 357-382.

Bette, Karl-Heinrich/Uwe Schimank, 1999: Eigendynamiken der Abweichung. Doping und Terrorismus im Vergleich. In: Jürgen Gerhards/Ronald Hitzler (Hrsg.), Eigenwilligkeit und Rationalität sozialer Prozesse. Festschrift für Friedhelm Neidhardt. Opladen: Westdeutscher Verlag, 316-335.

Biasio, Silvio, 1969: Entscheidung als Prozess: Methoden der Strukturanalyse von Entscheidungsverläufen. Bern: Huber.

Bitz, Michael, 1981: Entscheidungstheorie. München: Vahlen.

Bloch, Ernst, 1959: Das Prinzip Hoffnung. 3 Bde. Frankfurt/M.: Suhrkamp.

Blokland, Hans, 1993: Planning in Dutch Cultural Policy: An Attempt at Mixed Scanning. In: Acta Politica 28, 151-170.

Böhret, Carl, 1975: Grundriß der Planungspraxis. Opladen: Westdeutscher Verlag.

Böschen, Stefan/Michael Schneider/Anton Lerf (Hrsg.), 2004: Handeln trotz Nichtwissen. Vom Umgang mit Chaos und Risiko in Politik, Industrie und Wissenschaft. Frankfurt/M.: Campus.

Bogumil, Jörg/Lars Holtkamp, 2002: Entscheidungs- und Implementationsprobleme bei Sozialraumbudgets aus politikwissenschaftlicher Sicht. Expertise im Auftrag der Regiestelle des Programms „Entwicklung und Chancen junger Menschen in sozialen Brennpunkten" des Bundesministeriums für Frauen, Senioren, Familie und Jugend. Hagen, Ms.

Boudon, Raymond, 1984: Theories of Social Change. A Critical Appraisal. Oxford, 1986: Polity Press.

Bourdieu, Pierre, 1979: Die feinen Unterschiede. Zur Kritik der gesellschaftlichen Urteilskraft. Frankfurt/M., 1982: Suhrkamp.

Bourdieu, Pierre, 1983: Ökonomisches Kapital, kulturelles Kapital, soziales Kapital. In: Reinhard Kreckel (Hrsg.), Soziale Ungleichheiten. Göttingen: Schwarz, 183-198.

Brauchlin, Emil/Robert Heese, 1995: Problemlösungs- und Entscheidungsmethodik (4. Aufl.). Bern: Haupt.

Braybrooke, David/Charles E. Lindblom, 1963: A Strategy of Decision: Policy Evaluation as a Social Process. New York: Free Press.

Brecht, Bertolt, 1928: Die Dreigroschenoper. Frankfurt/M., 1972: Suhrkamp.

Brecht, Bertolt, 1949: Der kaukasische Kreidekreis. Frankfurt/M., 1972: Suhrkamp.

Bronner, Rolf, 1999: Planung und Entscheidung (3. Aufl.). München: Oldenbourg.

Brouthers, Keith D./Floris Andriessen/Igor Nicolaes, 1998: Driving Blind: Strategic Decision-Making in Small Companies. In: Long Range Planning 31, 130-138.

Brunsson, Nils, 1989: The Organization of Hypocrisy – Talk, Decisions, and Actions in Organizations. Chichester: Wiley.

Brunsson, Nils, 1996: Managing Organizational Disorder. In: Massimo Warglien/Michael Masuch (eds.), The Logic of Organizational Disorder. Berlin: de Gruyter, 127-143.

Burkart, Günter, 1994: Die Entscheidung zur Elternschaft: eine empirische Kritik von Individualisierungs- und Rational-choice-Theorien. Stuttgart: Enke.

Burkart, Günter, 1995: Biographische Übergänge und rationale Entscheidungen. In: Zeitschrift für Biographieforschung und Oral History 8, 59-88.

Burkart, Günter, 2002: Entscheidung zur Elternschaft revisited. Was leistet der Entscheidungsbegriff für die Erklärung biographischer Übergänge? In: Zeitschrift für Familienforschung, Sonderheft 2: Elternschaft heute. Opladen: Leske + Budrich, 23-48.

Burkart, Günter/Cornelia Koppetsch, 1999: Die Illusion der Emanzipation. Zur Wirksamkeit latenter Normen im Milieuvergleich. Konstanz: UVK.

Burns, Tom/ George M. Stalker, 1961: The Management of Innovation. London, 1971: Tavistock

Butler, Richard, 1990: Decision-making Research: Its Uses and Misuses. A Comment on Mintzberg and Waters: 'Does Decision Get in the Way?' In: Organization Studies 11, 12-16.

Cachay, Klaus, 1988: Sport und Gesellschaft. Zur Ausdifferenzierung einer Funktion und ihrer Folgen. Schorndorf: Hofmann.

Cates, Camille, 1979: Beyond Muddling: Creativity. In: Public Administration Review 33, 527-532.

Cavan, Sherri, 1966: Liquor License. Chicago: Aldine.

Chandler, Alfred, 1977: The Visible Hand. The Managerial Revolution in American Business. Cambridge MA: Belknap Press.

Clausewitz, Carl von, 1832: Vom Kriege. Frankfurt/M., 2005: Insel.

Cohen, Michael D./James G. March, 1974: Leadership and Ambiguity. Boston MA: Harvard University Press.

Cohen, Michael D./James G. March/Johan P. Olsen, 1972: Ein Papierkorb-Modell für organisatorisches Wahlverhalten. In: James G. March, Entscheidung und Organisation. Wiesbaden, 1990: Gabler, 329-372.

Coleman, James S., 1974: Power and the Structure of Society. New York/London: Norton.

Coleman, James, 1982: Die asymmetrische Gesellschaft. Weinheim, 1986: Beltz.

Collingridge, David, 1992: The Management of Scale: Big Organizations, Big Decisions, Big Mistakes. London: Routledge.

Collins, Randall 1982: Sociological Insight. An Introduction to Non-Obvious Sociology. New York: Oxford University Press.

Colman, Andrew M., 1982: Game Theory and Experimental Games. Oxford: Pergamon Press.

Conlisk, John, 1996: Why Bounded Rationality? In: Journal of Economic Literature 34, 669-700.

Connolly, Terry, 1980: Uncertainty, Action, and Competence: Some Alternatives to Omniscience in Complex Problem-Solving. In: S. Fiddle (ed.), Uncertainty. Behavioral and Social Dimensions. New York: Praeger, 69-91.

Conrad, Joseph, 1904: Nostromo. A Tale of the Seaboard. Harmondsworth, 1978: Penguin.

Crott, Helmut/Michael Kutschker/Helmut Lamm, 1977: Verhandlungen I. Individuen und Gruppen als Konfliktparteien. Ergebnisse aus sozialpsychologischer Verhandlungsforschung. Stuttgart: Kohlhammer.

Crouch, Colin/Henry Farrell, 2002: Breaking the Path of Institutional Development? Alternatives to the New Determinism. Max-Planck-Institut für Gesellschaftsforschung, Köln: Discussion Paper 02/5.

Crozier, Michel, 1963: The Bureaucratic Phenomenon. Chicago, 1964: University of Chicago Press.

Crozier, Michel, 1970: La Société Bloquée. Paris, 1984: Du Seuil.

Cyert, Richard M./James G. March, 1963: A Behavioral Theory of the Firm. Cambridge MA, 1992: Blackwell.

Dahrendorf, Ralf, 1960: Die Funktionen sozialer Konflikte. In: Ralf Dahrendorf, Pfade aus Utopia. München, 1968: Piper, 263-277.

Dahrendorf, Ralf, 1967: Elemente der Soziologie. In: Ralf Dahrendorf, Pfade aus Utopia. München, 1968: Piper, 42-62.

Dahrendorf, Ralf, 1979: Lebenschancen. Anläufe zur sozialen und politischen Theorie. Frankfurt/M.: Suhrkamp.

David, Paul A., 1985: Clio and the Economics of QWERTY. In: American Economic Review 75, 332-337.

Davidoff, Paul, 1965: Advocacy and Pluralism in Planning. In: Andreas Faludi (ed.), A Reader in Planning Theory. Oxford, 1973: Pergamon, 277-296.

Dean, James W./Mark P. Sharfman, 1993: Procedural Rationality in the Strategic Decision-Making Process. In: Journal of Management Studies 30, 587-610.

Dearborn, DeWitt C./Herbert A. Simon, 1958: Selective Perception: The Identifications of Executives. In: Herbert A. Simon, Administrative Behavior. New York, 1976: Free Press (3rd ed.), 309-314.

Dermer, J.D./R.G. Lucas, 1986: The Illusion of Managerial Control. In: Accounting, Organizations and Society 11, 471-482.

Dienel, Peter C., 1978: Die Planungszelle. Der Bürger plant seine Umwelt. Eine Alternative zur Establishment-Demokratie. Opladen: Westdeutscher Verlag.

Dill, William R., 1962: Administrative Decision-making. In: Sidney Mailick/ Edward H. van Ness (eds.), Concepts and Issues in Administrative Behavior. Englewood Cliffs: Prentice Hall, 29-48.

diMaggio, Paul J./Walter W. Powell, 1983: The Iron Cage Revisited. In: American Sociological Review 48, 147-160.

Dimbath, Oliver, 2003: Entscheidungen in der individualisierten Gesellschaft. Eine empirische Untersuchung zur Berufswahl in der fortgeschrittenen Moderne. Wiesbaden: Westdeutscher Verlag.

Dimbath, Oliver, 2004: Die Deutung des Misslingens – subjektive Sinnbemessungen bei Unwägbarkeiten im Berufswahlprozess. Universität Augsburg: Ms., Vortrag auf dem 32. Kongress der Deutschen Gesellschaft für Soziologie in München.

Dixit, Avinash K./Barry J. Nalebuff, 1991: Spieltheorie für Einsteiger. Stuttgart, 1997: Schäffer-Poeschel.

Dobbin, Frank R., 1994: Cultural Models of Organization: the Social Construction of Rational Organizing Principles. In: Diane Crane (ed.), The Sociology of Culture. Cambridge MA: Blackwell, 117-141.

Dörner, Dietrich, 1989: Die Logik des Mißlingens. Strategisches Denken in komplexen Situationen. Reinbek: Rowohlt.

Dörner, Dietrich et al., 1983: Lohhausen: Vom Umgang mit Unbestimmtheit und Komplexität. Bern: Huber.

Downs, Anthony, 1966: Inside Bureaucracy. Boston: Little, Brown and Co.

Dror, Yehezkel, 1964: Muddling Through – „Science" or Inertia? In: Amitai Etzioni (ed.), Readings on Modern Organizations. Englewood Cliffs, 1969: Prentice Hall, 166-171.

Dror, Yehezkel, 1968: Public Policymaking Reconsidered. San Francisco: Chandler.

Drucker, Peter F., 1954: The Practice of Management. New York: Harper & Row.

Duesenberry, James S., 1960: Comment. In: Demographic and Economic Change in Developed Countries. Princeton: Princeton University Press, 231-240.

Dunkel, Wolfgang, 1993a: Stabilität und Flexibilität in der alltäglichen Lebensführung. In: Karin Jurczyk/Maria S. Rerrich (Hrsg.), Die Arbeit des Alltags. Beiträge zu einer Soziologie der alltäglichen Lebensführung. Freiburg/Br.: Lambertus, 162-174.

Dunkel, Wolfgang, 1993b: Kontrolle und Vertrauen: die Herstellung von Stabilität in der alltäglichen Lebensführung. In: Karin Jurczyk/Maria S. Rerrich (Hrsg.), Die Arbeit des Alltags. Beiträge zu einer Soziologie der alltäglichen Lebensführung. Freiburg/Br.: Lambertus, 195-209.

Durkheim, Emile, 1893: The Division of Labour in Society (2. Aufl.). New York/London, 1964: Free Press.

Dworkin, Gerald, 1982: Is More Choice Better than Less? In: Gerald Dworkin, The Theory and Practice of Autonomy. Cambridge MA, 1988: Cambridge University Press, 62-81.

Easton, David, 1965: A Systems Analysis of Political Life. New York: Wiley.

Edelman, Murray, 1964: The Symbolic Uses of Politics. Urbana ILL.: University of Illinois Press.

Edgerton, Robert B., 1985: Rules, Exceptions, and Social Order. Berkeley: University of California Press.

Elias, Norbert, 1991: Die Gesellschaft der Individuen. Frankfurt/M.: Suhrkamp.

Elster, Jon, 1979: Ulysses and the Sirens. Studies in Rationality and Irrationality. Cambridge: Cambridge University Press.

Elster, Jon, 1983a: Zustände, die wesentlich Nebenprodukt sind. In: Jon Elster: Subversion der Rationalität, Frankfurt/M., 1987: Campus, 141-209.

Elster, Jon, 1983b: Saure Trauben. In: Jon Elster: Subversion der Rationalität, Frankfurt/M., 1987: Campus, 211-243.

Elster, Jon, 1983c: Sour Grapes. Studies in the Subversion of Rationality. Cambridge: Cambridge University Press.

Elster, Jon (ed.), 1986: The Multiple Self. Cambridge: Cambridge University Press.

Elster, Jon, 1987: Solomonic Judgements: Against the Best Interests of the Child. In: Jon Elster, Solomonic Judgements. Studies in the Limitations of Rationality. Cambridge, 1989: Cambridge University Press, 123-174.

Elster, Jon, 1989: When Rationality Fails. In: Jon Elster, Solomonic Judgements. Studies in the Limitations of Rationality. Cambridge: Cambridge University Press, 1-35.

Esser, Hartmut, 1993: Soziologie – Allgemeine Grundlagen. Frankfurt/M.: Campus.

Esser, Hartmut, 1999: Soziologie. Spezielle Grundlagen. Band 1: Situationslogik und Handeln. Frankfurt/M.: Campus.

Esser, Hartmut, 2000: Soziologie. Spezielle Grundlagen. Band 3: Soziales Handeln. Frankfurt/M.: Campus.

Esser, Hartmut, 2001: Soziologie – Spezielle Grundlagen. Bd. 6: Sinn und Kultur. Frankfurt/M.: Campus.

Esser, Josef, 1970: Vorverständnis und Methodenwahl in der Rechtsfindung: Rationalitätsgarantien der richterlichen Entscheidungspraxis. Frankfurt/M.: Athenäum.

Etzioni, Amitai, 1967: Mixed Scanning: A "Third" Approach to Decision-making. In: Andreas Faludi (ed.), A Reader in Planning Theory. Oxford, 1973: Pergamon, 217-229.

Etzioni, Amitai, 1968: The Active Society. New York: Free Press.

Etzioni, Amitai, 1986: Mixed Scanning Revisited. In: Public Administration Review 46, 8-14.

Evers, Adalbert/ Helga Nowotny, 1987: Über den Umgang mit Unsicherheit. Die Entdeckung der Gestaltbarkeit von Gesellschaft. Frankfurt/M.: Suhrkamp.

Faust, Michael, 2000: Warum boomt die Managementberatung? – und warum nicht zu allen Zeiten und überall. In: SOFI-Mitteilungen 28, 59-85.

Feldman, Martha/James G. March, 1981: Information in Organisationen als Signal und Symbol. In: James G. March, Entscheidung und Organisation. Wiesbaden, 1990: Gabler, 455-477.

Festinger, Leon, 1957: A Theory of Cognitive Dissonances. Evanston ILL.: Harper & Row.

Filipp, Sigrun-Heide, 1982: Kritische Lebensereignisse als Brennpunkte einer Angewandten Entwicklungspsychologie des mittleren und höheren Erwachsenenalters. In: Rolf Oerter/Leo Montada (Hrsg.), Entwicklungspsychologie. München: Urban & Schwarzenberg, 769-788.

Fiske, Susan T./Shelley E. Taylor, 1991: Social Cognition (2nd ed.). New York: McGraw Hill.

Flin, Rhona/Georgina Slaven/Keith Stewart, 1996: Emergency Decision Making in the Offshore Oil and Gas Industry. In: Human Factors 38, 262-277.

Fraenkel, Ernst, 1968: Deutschland und die westlichen Demokratien. Stuttgart, 1973: Kohlhammer (5. erw. Ausg.).

Frank, Robert, 1991: Microeconomics and Behavior. New York: McGraw Hill.

Fredrickson, James W./Anthony I. Iaquinto, 1989: Inertia and Creeping Rationality in Strategic Decision Processes. In: Academy of Management Journal 32, 516-542.

Frese, Erich, 1971: Heuristische Entscheidungsstrategien der Unternehmensführung. In: Zeitschrift für betriebswirtschaftliche Forschung 23, 283-307.

Freud, Sigmund, 1933: Neue Folge der Vorlesungen zur Einführung in die Psychoanalyse. In: Sigmund Freud, Studienausgabe Bd. I. Frankfurt/M., 1982: Fischer, 448-608.

Frey, Bruno S., 1988: Ein ipsatives Modell menschlichen Verhaltens. In: Analyse und Kritik 10, 181-205.

Friedberg, Erhard, 1993: Ordnung und Macht. Dynamiken organisierten Handelns. Frankfurt/M., 1995: Campus.

Fuchs-Heinritz, Werner, 1995: Individualisierung [2]. In: Werner Fuchs-Heinritz et al. (Hrsg.), Lexikon zur Soziologie. Opladen: Westdeutscher Verlag (3. Aufl.), 292.

Galbraith, John Kenneth, 1958: The Affluent Society. Harmondsworth, 1979: Penguin.

Galbraith, John Kenneth, 1967: Die moderne Industriegesellschaft. München, 1974: Knaur.

Gehlen, Arnold, 1940: Der Mensch (9. Aufl.). Wiesbaden, 1976: Athenaion.

Gehlen, Arnold, 1956: Urmensch und Spätkultur. Philosophische Ergebnisse und Aussagen. Frankfurt/M., 1975: Athenäum.

Gehlen, Arnold, 1957: Die Seele im technischen Zeitalter. Sozialpsychologische Probleme in der industriellen Gesellschaft. Reinbek: Rowohlt.

Gershuny, Jonathan I., 1978: Policymaking Rationality: A Reformulation. In: Policy Science 9, 295-316.

Geser, Hans, 1986: Elemente zu einer soziologischen Theorie des Unterlassens. In: Kölner Zeitschrift für Soziologie und Sozialpsychologie 38, 643-668.

Geser, Hans, 1990: Organisationen als soziale Akteure. In: Zeitschrift für Soziologie 19, 401-417.

Giddens, Anthony, 1994: Leben in einer posttraditionalen Gesellschaft. In: Ulrich Beck/Anthony Giddens/Scott Lash: Reflexive Modernisierung. Eine Kontroverse. Frankfurt/M.: Suhrkamp, 113-194.

Gigerenzer, Gerd/Daniel G. Goldstein, 1996: Reasoning the Fast and Frugal Way: Models of Bounded Rationality. In: Psychological Review 103, 650-669.

Gigerenzer, Gerd/Peter M. Todd and the ABC Research Group, 1999: Simple Heuristics that Make Us Smart. Oxford: Oxford University Press.

Gilbert, Daniel T./Jane E. J. Ebert, 2002: Decisions and Revisions: The Affective Forecasting of Changeable Outcomes. In: Journal of Personality and Social Psychology 82, 503-514.

Gilboa, Itzhak/David Schmeidler, 1995: Case-Based Decision Theory. In: Quarterly Journal of Economics 109, 605-639.

Glagow, Manfred et al., 1983: Organisationsdefizite und ihre politische Begründung – Zum Typus der Pseudo-Koordination in der deutschen Entwicklungspolitik. In: Manfred Glagow (Hrsg.), Deutsche Entwicklungspolitik: Aspekte und Probleme ihrer Entscheidungsstruktur. Saarbrücken: Breitenbach, 233-255.

Glagow, Manfred/Uwe Schimank, 1985: Politisch-administrative Strukturen deutscher Entwicklungspolitik. In: Franz Nuscheler (Hrsg.), Dritte Welt-Forschung. Sonderheft 16 der Politischen Vierteljahresschrift, 308-322.

Glaser, Barney/Anselm L. Strauss, 1968: The Discovery of Grounded Theory. London: Weidenfeld and Nicolson.

Goffman, Erving, 1956: Wir alle spielen Theater. München, 1973: Piper.

Goffman, Erving, 1967: Where the Action Is. In: Erving Goffman: Interaction Ritual. Harmondsworth, 1972: Penguin Books, 149-270.

Goffman, Erving, 1969: Strategic Interaction. Philadelphia: University of Pennsylvania Press.

Goold, Michael/John J. Quinn, 1990: The Paradox of Strategic Controls. In: Strategic Management Journal 11, 43-57.

Gosepath, Stefan, 1992: Aufgeklärtes Eigeninteresse. Eine Theorie theoretischer und praktischer Rationalität. Frankfurt/M.: Suhrkamp.

Gotsch, Wilfried, 1984: Neokorporatismus in steuerungstheoretischer Perspektive. In: Manfred Glagow (Hrsg.), Gesellschaftssteuerung zwischen Korporatismus und Subsidiarität. Bielefeld: AJZ, 54-88.

Grandori, Anna, 1984: A Prescriptive Contingency View of Organizational Decision Making. In: Administrative Science Quarterly 29, 192-209.

Granovetter, Mark, 1973: The Strength of Weak Ties. In: American Journal of Sociology 78, 1360-1380.

Granovetter, Mark, 1974: Getting a Job. A Study of Contacts and Careers. Cambridge MA: Harvard University Press.

Granovetter, Mark, 1978: Threshold Models of Collective Behavior. In: American Journal of Sociology 83, 1420-1443.

Greshoff, Rainer/Kneer, Georg/Schimank, Uwe (Hrsg.), 2003: Die Transintentionalität des Sozialen. Eine vergleichende Betrachtung klassischer und moderner Sozialtheorien. Wiesbaden: Westdeutscher Verlag.

Greven, Michael Th., 1999: Die politische Gesellschaft. Kontingenz und Dezision als Probleme des Regierens und der Demokratie. Opladen: Leske + Budrich.

Grochla, Erwin, 1972: Unternehmungsorganisation. Reinbek, 1975: Rowohlt.

Groethuysen, Bernhard, 1927a: Die Entstehung der bürgerlichen Welt- und Lebensanschauung in Frankreich. Bd. 1: Das Bürgertum und die katholische Weltanschauung. Frankfurt/M., 1978: Suhrkamp.

Groethuysen, Bernhard, 1927b: Die Entstehung der bürgerlichen Welt- und Lebensanschauung in Frankreich. Bd. 2: Die Soziallehren der katholischen Kirche und das Bürgertum. Frankfurt/M., 1978: Suhrkamp.

Gross, Peter, 1994: Die Multioptionsgesellschaft. Frankfurt/M.: Suhrkamp.

Gross, Peter, 1999: Ich-Jagd. Frankfurt/M.: Suhrkamp.

Grün, Oskar, 1969: Entscheidung. In: Erwin Grochla (Hrsg.), Handwörterbuch der Organisation. Stuttgart: Poeschel, Spalte 474-484.

Guardini, Romano, 1950: Das Ende der Neuzeit. Würzburg: Werkbund-Verlag.

Guggenberger, Bernd/Claus Offe (Hrsg.), 1984: An den Grenzen der Mehrheitsdemokratie: Politik und Soziologie der Mehrheitsregel. Opladen: Westdeutscher Verlag.

Gurvitch, Aron, 1957: Das Bewusstseinsfeld. Berlin, 1975: de Gruyter.

Gusy, Christoph, 1981: Das Mehrheitsprinzip im demokratischen Staat. In: Archiv des öffentlichen Rechts 106, 329-354.

Guttandin, Friedhelm, 1995: Provinzstadtkultur in Paraguay. FernUniversität Hagen: Studienbrief 03614.

Guttandin, Friedhelm, 1996: Improvisationsgesellschaft. Provinzstadtkultur in Südamerika. Pfaffenweiler: Centaurus.

Guttmann, Allen, 1978: From Ritual to Record. The Nature of Modern Sports. New York: Columbia University Press.

Habermas, Jürgen, 1973a: Legitimationsprobleme im Spätkapitalismus. Frankfurt/M.: Suhrkamp.

Habermas, Jürgen, 1973b: Wahrheitstheorien. In: Helmut Fahrenbach (Hrsg.), Wirklichkeit und Reflexion. Pfullingen: Neske, 211-265.

Habermas, Jürgen, 1981: Theorie des kommunikativen Handelns. Bd. 1: Handlungsrationalität und gesellschaftliche Rationalisierung. Frankfurt/M.: Suhrkamp.

Hahn, Alois, 2000: Staatsbürgerschaft, Identität und Nation in Europa. In: Klaus Holz (Hrsg.), Staatsbürgerschaft. Wiesbaden: Westdeutscher Verlag, 53-72.

Handke, Peter, 1967: Ich bin ein Bewohner des Elfenbeinturms. In: Peter Handke, Ich bin ein Bewohner des Elfenbeinturms. Frankfurt/M., 1979: Suhrkamp, 19-28.

Handke, Peter, 1973: Die Unvernünftigen sterben aus. Frankfurt/M.: Suhrkamp.

Hayes, Michael T., 1992: Incrementalism and Public Policy. New York: Longman.

Heidegger, Martin, 1927: Sein und Zeit. Tübingen, 1979: Niemeyer.

Heiner, Ronald A., 1983: The Origin of Predictable Behavior. In: American Economic Review 73, 560-595.

Heinz, Walter R., 2000: Selbstsozialisation im Lebenslauf. Umrisse einer Theorie biographischen Handelns. In: Erika M. Hoerning (Hrsg.), Biographische Sozialisation. Stuttgart: Lucius & Lucius, 165-186.

Hennis, Wilhelm, 1977: Parteienstruktur und Regierbarkeit. In: Wilhelm Hennis/Peter Graf Kielmannsegg/Ulrich Matz (Hrsg.), 1977: Regierbarkeit: Studien zu ihrer Problematisierung. Stuttgart: Klett-Cotta, 150-195.

Hertwig, Ralph/Ulrich Hoffrage, 2001: Eingeschränkte und ökologische Rationalität: Ein Forschungsprogramm. In: Psychologische Rundschau 52, 11-19.

Hickson, David J. et al., 1986: Top Decisions: Strategic Decision-making in Organizations. Oxford: Blackwell.

Hirsch, Joachim, 1974: Staatsapparat und Reproduktion des Kapitals. Projekt Wissenschaftsplanung II. Frankfurt/M.: Suhrkamp.

Hirschman, Albert O., 1967: Development Projects Observed. Washington: The Brookings Institution.

Hirschman, Albert O., 1970: Exit, Voice and Loyalty: Responses to Decline in Firms, Organizations, and States. Cambridge, MA: Harvard University Press.

Hirschman, Albert O., 1991: The Rhetoric of Reaction. Perversity, Futility, Jeopardy. Cambridge MA: Belknap Press.

Hirschman, Albert O., 1994: Wieviel Gemeinsinn braucht die liberale Gesellschaft? In: Leviathan 22, 293-304.

Hitzler, Ronald, 1996: Die Bastel-Existenz. In: Psychologie heute, H. 7, 30-35.

Hitzler, Ronald/Anne Honer/Christoph Maeder (Hrsg.), 1994: Expertenwissen. Die institutionalisierte Kompetenz zur Konstruktion von Wirklichkeit. Opladen: Westdeutscher Verlag.

Hodkinson, Philip/Andrew C. Sparkes, 1997: Careership: A Sociological Theory of Career Decision Making. In: British Journal of Sociology of Education 18, 29-44.

Holler, Manfred J./Gerhard Illing, 1991: Einführung in die Spieltheorie. Berlin: Springer.

Holsti, Ole R., 1971: Crisis, Stress, and Decision-Making. In: International Social Science Review 23, 53-67.

Hood, Christopher, 1995: Contemporary Public Management: A New Global Paradigm? In: Public Policy and Administration 10, 104-117.

Horstmann, Ulrich, 1985: Das Untier. Konturen einer Philosophie der Menschenflucht. Frankfurt/M.: Suhrkamp.

Inglehart, Ronald, 1977: The Silent Revolution. Changing Values and Political Styles Among Western Publics. Princeton: Princeton University Press.

Jacobs, Jane, 1961: The Death and Life of Great American Cities. Harmondsworth, 1977: Penguin.

Janis, Irving Lester, 1972: Victims of Groupthink. Boston: Houghton Mifflin.

Jansen, Dorothea, 1999: Einführung in die Netzwerkanalyse. Grundlagen, Methoden, Anwendungen. Opladen: Leske + Budrich.

Jones, Edward E./Harold B. Gerard, 1967: Foundations of Social Psychology. New York: Wiley.

Jullien, Francois, 1996: Über die Wirksamkeit. Berlin, 1999: Merve.

Jurczyk, Karin/Maria Rerrich, 1993: Einführung: Alltägliche Lebensführung: der Ort, wo „alles zusammenkommt". In: Karin Jurczyk/Maria Rerrich (Hrsg.), Die Arbeit des Alltags. Freiburg: Lambertus, 11-45.

Kamlah, Wilhelm/Paul Lorenzen, 1973: Logische Propädeutik. Vorschule des vernünftigen Redens. Mannheim: Bibliographisches Institut (2. verb. u. erw. Ausg.).

Katona, George, 1964: Rational Behavior and Economic Behavior. In: William J. Gore/J.W. Dyson (eds.), The Making of Decisions. Glencoe: Free Press, 51-63.

Katz, Daniel/ Robert L. Kahn, 1966: The Social Psychology of Organizations. New York: Wiley.

Kaufmann, Franz-Xaver, 1984: Solidarität als Steuerungsform – Erklärungsansätze bei Adam Smith. In: Franz-Xaver Kaufmann/Hans Georg Krüsselberg (Hrsg.), Markt, Staat und Solidarität bei Adam Smith. Frankfurt/M.: Campus, 158-184.

Kaufmann, Franz-Xaver, 1991: Diskurse über Staatsaufgaben. Max Planck-Institut für Gesellschaftsforschung, Köln: Discussionpaper 91/5.

Kern, Horst, 2004: Über die Kunst, eine Universität zu steuern. Ms.: Universität Göttingen.

Kieser, Alfred, 1996: Moden & Mythen des Organisierens. In: Die Betriebswirtschaft 56, 21-39.

Kirsch, Werner, 1970: Entscheidungsprozesse Bd. 1: Verhaltenswissenschaftliche Entscheidungstheorie. Wiesbaden: Gabler.

Kirsch, Werner, 1971a: Entscheidungsprozesse Bd. 2: Informationstheorie des Entscheidungsverhaltens. Wiesbaden: Gabler.

Kirsch, Werner, 1971b: Entscheidungsprozesse Bd. 3: Entscheidungen in Organisationen. Wiesbaden: Gabler.

Kirsch, Werner, 1977: Einführung in die Theorie der Entscheidungsprozesse. Wiesbaden: Gabler.

Kirsch, Werner, 1994: Die Handhabung von Entscheidungsproblemen. München: Kirsch (4. Aufl.).

Klapp, Orrin E., 1978: Opening and Closing. Strategies of Information Adaptation in Society. Cambridge MA: Cambridge University Press.

Knoll, Michaela, 1997: Sport und Gesundheit – Zur empirischen Befundlage. In: Dietmar Schmidtbleicher/Klaus Bös/Alexander F. Müller (Hrsg.), Sport im Lebenslauf. Hamburg: Czwalina, 41-57.

Knorr-Cetina, Karin D., 1984: Die Fabrikation von Erkenntnis, Frankfurt/M.: Suhrkamp.

Krappmann, Lothar, 1969: Soziologische Dimensionen der Identität. Strukturelle Bedingungen für die Teilnahme an Interaktionsprozessen: Stuttgart, 1975: Klett.

Kreutzer, Florian, 2001: Die Institutionenordnung der DDR. Zur Widersprüchlichkeit des Berufs im Staatssozialismus. Wiesbaden: Westdeutscher Verlag.

Kron, Thomas (Hrsg.), 2002: Luhmann modelliert – Sozionische Ansätze zur Simulation von Kommunikationssystemen. Opladen: Leske + Budrich.

Kron, Thomas, 2005: Der komplizierte Akteur. Münster: LIT.

Kron, Thomas/Christian Lasarczyk/Uwe Schimank, 2003: Doppelte Kontingenz und die Bedeutung von Netzwerken für Kommunikationssysteme. Ergebnisse einer Simulationsstudie. In: Zeitschrift für Soziologie 32, 374-395.

Krücken, Georg, 2002: „Wissensgesellschaft": Wissenschaft, Technik und Bildung. In: Ute Volkmann/Uwe Schimank (Hrsg.), Soziologische Gegenwartsdiagnosen II: Vergleichende Sekundäranalysen. Opladen: Leske + Budrich, 69-86.

Kühn, Thomas, 2003: Biographische Planung und ihre Ambivalenzen. Annäherungen junger Erwachsener an die Option Familiengründung. In: BIOS 16, 64-86.

Küng, Hans, 1978: Existiert Gott? Antwort auf die Gottesfrage der Neuzeit. München, 1981: Deutscher Taschenbuch Verlag.

Küpper, Willy/Günter Ortmann (Hrsg.), 1988: Mikropolitik – Rationalität, Macht und Spiele in Organisationen. Opladen: Westdeutscher Verlag.

Kuhn, Thomas S., 1962: Die Struktur wissenschaftlicher Revolutionen. Frankfurt/M., 1976: Suhrkamp.

Kydland, Finn/Edward Prescott, 1977: Rules Rather than Discretion: The Inconsistency of Optimal Plans. In: Journal of Political Economy 85, 473-491.

Landau, Martin, 1969: Redundancy, Rationality, and the Problem of Duplication and Overlap. In: Public Administration Review 29, 346-358.

Lange, Stefan/Dietmar Braun, 2000: Politische Steuerung zwischen System und Akteur. Eine Einführung. Opladen: Leske + Budrich.

Latour, Bruno, 1987: Science in Action. How to Follow Scientists and Engineers Through Society. Milton Keynes: Open University Press.

Lawrence, Paul R./Jay W. Lorsch, 1967: Organization and Environment. Managing Differentiation and Integration. Boston: Harvard University.

Leifer, Eric, 1991: Actors as Observers. A Theory of Skill in Social Relationships. New York: Garland.

Levi-Strauss, Claude, 1962: Das wilde Denken. Frankfurt/M., 1973: Suhrkamp.

Lichtenberg, Georg Chr., 1958: Aphorismen. Zürich, 1992: Manesse.

Lindblom, Charles E., 1959: The Science of "Muddling Through". In: Amitai Etzioni (ed.): Readings on Modern Organizations. Englewood Cliffs, 1969: Prentice-Hall, 154-166.

Lindblom, Charles E., 1964: Contexts for Change and Strategy: A Reply. In: Amitai Etzioni (ed.): Readings on Modern Organizations. Englewood Cliffs, 1969: Prentice-Hall, 171-173.

Lindblom, Charles E., 1965: The Intelligence of Democracy. Decision-Making Through Mutual Adjustment. New York: The Free Press.

Lindblom, Charles E., 1979: Still Muddling, Not Yet Through. In: Public Administration Review 33, 517-526.

Lorenzen, Paul/Oswald Schwemmer, 1974: Konstruktive Logik, Ethik und Wissenschaftstheorie. Mannheim, 1975: Bibliographisches Institut.

Luckmann, Thomas, 1967: The Invisible Religion. New York: Macmillan.

Luckmann, Thomas, 1992: Theorie des sozialen Handelns. Berlin: de Gruyter.

Luhmann, Niklas, 1964a: Lob der Routine. In: Niklas Luhmann: Politische Planung. Opladen, 1975: Westdeutscher Verlag, 113-142.

Luhmann, Niklas, 1964b: Funktionen und Folgen formaler Organisation. Berlin: Duncker & Humblot.

Luhmann, Niklas, 1966: Politische Planung. In: Niklas Luhmann, Politische Planung. Opladen, 1975: Westdeutscher Verlag, 66-89.

Luhmann, Niklas, 1968a: Zweckbegriff und Systemrationalität. Frankfurt/M., 1973: Suhrkamp.

Luhmann, Niklas, 1968b: Die Knappheit der Zeit und die Vordringlichkeit des Befristeten. In: Niklas Luhmann, Politische Planung. Opladen, 1975: Westdeutscher Verlag, 143-164.

Luhmann, Niklas, 1968c: Status quo als Argument. In: Horst Baier (Hrsg.), Studenten in Opposition. Bielefeld: Bertelsmann, 74-82.

Luhmann, Niklas, 1969a: Legitimation durch Verfahren. Darmstadt: Luchterhand.

Luhmann, Niklas, 1969b: Komplexität und Demokratie. In: Politische Vierteljahresschrift 10, 314-325.

Luhmann, Niklas, 1970: Gesellschaft. In: Niklas Luhmann, Soziologische Aufklärung. Bd. 1. Opladen, 1974: Westdeutscher Verlag, 137-153.

Luhmann, Niklas, 1971a: Sinn als Grundbegriff der Soziologie. In: Jürgen Habermas/Niklas Luhmann, Theorie der Gesellschaft oder Sozialtechnologie – Was leistet die Systemforschung? Frankfurt/M., 1974: Suhrkamp, 25-100.

Luhmann, Niklas, 1971b: Die Weltgesellschaft. In: Niklas Luhmann, Soziologische Aufklärung, Bd. 2. Aufsätze zur Theorie der Gesellschaft. Opladen, 1975: Westdeutscher Verlag, 51-71.

Luhmann, Niklas, 1971c: Opportunismus und Programmatik in der öffentlichen Verwaltung. In: Niklas Luhmann, Politische Planung. Opladen, 1975: Westdeutscher Verlag, 165-180.

Luhmann, Niklas, 1972: Rechtssoziologie. 2 Bde. Reinbek: Rowohlt.

Luhmann, Niklas, 1973: Weltzeit und Systemgeschichte. In: Niklas Luhmann, Soziologische Aufklärung, Bd. 2. Aufsätze zur Theorie der Gesellschaft. Opladen: Westdeutscher Verlag, 103-133.

Luhmann, Niklas, 1974: Der politische Code: „konservativ" und „progressiv" in systemtheoretischer Sicht. In: Zeitschrift für Politik 21, 253-271.

Luhmann, Niklas, 1975a: Interaktion, Organisation, Gesellschaft. In: Niklas Luhmann, Soziologische Aufklärung, Bd. 2. Aufsätze zur Theorie der Gesellschaft. Opladen: Westdeutscher Verlag, 9-20.

Luhmann, Niklas, 1975b: Über die Funktion der Negation in sinnkonstituierenden Systemen. In: Harald Weinrich (Hrsg.), Positionen der Negativität. München: Fink, 201-218.

Luhmann, Niklas, 1975c: Allgemeine Theorie organisierter Sozialsysteme. In: Niklas Luhmann, Soziologische Aufklärung, Bd. 2. Aufsätze zur Theorie der Gesellschaft. Opladen, 1976: Westdeutscher Verlag, 39-50.

Luhmann, Niklas, 1976: The Future Cannot Begin: Temporal Structures in Modern Societies. In: Social Research 43, 130-152.

Luhmann, Niklas, 1977: Funktion der Religion. Frankfurt/M.: Suhrkamp.

Luhmann, Niklas 1978: Organisation und Entscheidung. In. Niklas Luhmann, Soziologische Aufklärung, Bd. 3. Soziales System, Gesellschaft, Organisation. Opladen, 1981: Westdeutscher Verlag, 335-389.

Luhmann, Niklas, 1981: Politische Theorie im Wohlfahrtsstaat. München: Olzog.

Luhmann, Niklas, 1983: Anspruchsinflation im Krankheitssystem. Eine Stellungnahme aus gesellschaftstheoretischer Sicht. In: Philipp Herder-Dorneich/Alexander Schuller (Hrsg.), Die Anspruchsspirale. Schicksal oder Systemdefekt? Stuttgart: Kohlhammer, 28-49.

Luhmann, Niklas, 1984: Soziale Systeme. Grundriß einer allgemeinen Theorie. Frankfurt/M.: Suhrkamp.

Luhmann, Niklas, 1985: Die Soziologie und der Mensch. In: Neue Sammlung 25, 33-41.

Luhmann, Niklas, 1987: Die gesellschaftliche Differenzierung und das Individuum. In: Niklas Luhmann: Soziologische Aufklärung, Bd. 6. Die Soziologie und der Mensch. Opladen, 1995: Westdeutscher Verlag, 125-141.

Luhmann, Niklas, 1988: Die Wirtschaft der Gesellschaft. Frankfurt/M.: Suhrkamp.

Luhmann, Niklas, 1997: Die Gesellschaft der Gesellschaft. 2 Bde. Frankfurt/M.: Suhrkamp.

Luhmann, Niklas, 2000a: Die Religion der Gesellschaft. Frankfurt/M.: Suhrkamp.

Luhmann, Niklas, 2000b: Organisation und Entscheidung. Opladen/Wiesbaden: Westdeutscher Verlag.

Luhmann, Niklas, 2000c: Die Politik der Gesellschaft. Frankfurt/M.: Suhrkamp.

Lukes, Steven, 1973: Individualism. Oxford: Blackwell.

Lustick, Ian, 1980: Explaining the Variable Utility of Disjointed Incrementalism: Four Propositions. In: American Political Science Review 74, 342-353.

Lyman, Stanford M./Marvin B. Scott, 1970: On the Time Track. In: Stanford M. Lyman/Marvin B. Scott, A Sociology of the Absurd. New York, 1971: Appleton-Century-Crofts, 189-212.

Makropoulos, Michael, 1997: Modernität und Kontingenz. München: Fink.

Malik, Fredmund, 1984: Systems Approach to Management: Hopes, Promises, Doubts. In: Hans Ulrich/Gilbert. J. B. Probst (eds.), Self-Organization and Management of Social Systems. Berlin: Springer, 121-126.

Manheim, Marvin L., 1966: Hierarchical Structure. A Model of Design and Planning Processes. Cambridge MA: M.I.T. Press.

March, James G., 1962: Die Unternehmung als politische Koalition. In: James G. March, Entscheidung und Organisation. Wiesbaden, 1990: Gabler, 115-130.

March, James G., 1971: Die Technologie der Torheit. In: James G. March, Entscheidung und Organisation. Wiesbaden, 1990: Gabler, 281-295.

March, James G., 1978: Bounded Rationality, Ambiguity, and the Engineering of Choice. In: Bell Journal of Economics 9, 587-608.

March, James G., 1994: A Primer on Decision Making. How Decisions Happen. New York: Free Press.

March, James G./Johan P. Olsen, 1975: Die Unsicherheit der Vergangenheit. Organisatorisches Lernen unter Ungewißheit. In: James G. March, Entscheidung und Organisation. Wiesbaden, 1990: Gabler, 373-398.

March, James G./Johan P. Olsen (eds.), 1976: Ambiguity and Choice in Organizations: Bergen, 1982: Universitetsforlaget.

March, James G./Johan P. Olsen, 1989: Rediscovering Institutions. The Organizational Basis of Politics. New York: Free Press.

March, James G./Herbert A. Simon, 1958: Organizations. New York: Wiley.

Marcus, Laurence R., 1999: The Micropolitics of Planning. In: Review of Higher Education 23, 45-64.

Marin, Bernd, 1980: Neuer Populismus und „Wirtschaftspartnerschaft". „Neokorporatistische" Konfliktregelung und außerinstitutionelle Konfliktpotentiale in Österreich. In: Österreichische Zeitschrift für Politikwissenschaft 9, 157-176.

Marquard, Odo, 1973: Schwierigkeiten mit der Geschichtsphilosophie. Frankfurt/M., 1982: Suhrkamp.

Marquard, Odo, 1977: Ende des Schicksals? Einige Bemerkungen über die Unvermeidlichkeit des Unverfügbaren. In: Odo Marquard, Abschied vom Prinzipiellen. Stuttgart, 1981: Reclam, 67-90.

Marris, Peter/Martin Rein, 1967: Dilemmas of Social Reform. Poverty and Community Action in the United States. Harmondsworth, 1974 (2nd ed.): Penguin.

Maruyama, Magoroh, 1963: The Second Cybernetics: Deviation-Amplifying in Mutual Causal Processes. In: General Systems Yearbook, 233-241.

Marx, Karl, 1867: Das Kapital. Bd. 1. Frankfurt/M., 1972: Verlag Marxistische Blätter.

Mayntz, Renate, 1976: Conceptual Models of Organizational Decision-Making and Their Application to the Policy Process. In: Gert Hofstede/M. Sami Kassem (eds.), European Contributions to Organization Theory. Assen: van Gorcum, 114-125.

Mayntz, Renate, 1988: Funktionelle Teilsysteme in der Theorie sozialer Differenzierung. In: Renate Mayntz et al.: Differenzierung und Verselbständigung. Zur Entwicklung gesellschaftlicher Teilsysteme. Frankfurt/M.: Campus, 11-44.

Mayntz, Renate/Fritz W. Scharpf (Hrsg.), 1973: Planungsorganisation. München: Piper.

Mayntz, Renate/Fritz W. Scharpf, 1975: Policy Making in the German Federal Bureaucracy. Amsterdam: Elsevier.

Mayntz, Renate/Fritz W. Scharpf, 1995: Der Ansatz des akteurzentrierten Institutionalismus. In: Renate Mayntz/Fritz W. Scharpf (Hrsg.), Gesellschaftliche Selbstregelung und politische Steuerung. Frankfurt/M.: Campus, 39-72.

McHugh, Peter, 1968: Defining the Situation. Indianapolis: Bobbs-Merrill.

Mensch, Gerhard, 1974: Das technologische Patt. Innovationen überwinden die Depression. Frankfurt/M.: Campus.

Meyer, John W./Ronald L. Jepperson, 2000: The „Actors" of Modern Society: The Cultural Construction of Social Agency. In: Sociological Theory 18, 100-120.

Meyer, John W./Brian Rowan, 1977: Institutionalized Organizations: Formal Structures as Myth and Ceremony. In: American Journal of Sociology 83, 340-363.

Miller, George A., 1956: The Magical Number Seven, Plus or Minus Two: Some Limits on Our Capacity for Processing Information. In: Psychological Review 63, 81-97.

Miller, M., 1983: The Role of Happenstance in Career Choice. In: Vocational Guidance Quarterly 32, 16-20.

Mintzberg, Henry, 1987: Crafting Strategy. In: Harvard Business Review 7/8, 1987, 66-75.

Mintzberg, Henry/H. Raisinghani/D. Theoret, 1976: The Structure of Unstructured Decision Processes. In: Administrative Science Quarterly 21, 246-275.

Moore, Peter G./Howard Thomas, 1976: The Anatomy of Decisions. Harmondsworth, 1978: Penguin.

Mosakowski, Elaine, 1997: Strategy Making Under Causal Ambiguity. In: Organization Science 8, 414-442.

Münch, Richard, 1986: Die Kultur der Moderne. 2 Bde. Frankfurt/M.: Suhrkamp.

Nagel, Siegfried, 2005: Sportvereine im Wandel. Akteurtheoretische Analysen zur Entwicklung von Sportvereinen. Habilitationsschrift: Universität Tübingen, Fakultät für Sozial- und Verhaltenswissenschaften.

Naschold, Frieder/Jörg Bogumil, 2000: Modernisierung des Staates. New Public Management in deutscher und internationaler Perspektive. Opladen: Leske + Budrich (2. akt. u. erw. Ausg.).

Naschold, Frieder/Werner Väth (Hrsg.), 1973: Politische Planungssysteme. Opladen: Westdeutscher Verlag.

Nash, Peter H./Dennis Durden, 1964: A Task Force Approach to Replace the Planning Board. In: Journal of the American Institute of Planners 30, 10-22.

Nassehi, Armin, 2001: Funktionale Differenzierung – revisited. Vom Setzkasten zur Echtzeitmaschine. In: Eva Barlösius/Hans-Peter Müller/Steffen Sigmund (Hrsg.), Gesellschaftsbilder im Umbruch. Opladen: Leske + Budrich, 153-176.

Nelson, Richard/Sidney G. Winter, 1982: An Evolutionary Theory of Economic Change, Cambridge MA.: Belknap.

Newell, Alan/Herbert A. Simon, 1972: Human Problem Solving. Englewood Cliffs NJ: Prentice Hall.

Offe, Claus, 1969: Politische Herrschaft und Klassenstrukturen. In: Gisela Kress/Dieter Senghaas (Hrsg.), Politikwissenschaft. Frankfurt/M., 1975: Fischer, 135-165.

Offe, Claus, 1974: Berufsbildungsreform. Frankfurt/M.: Suhrkamp.

Offe, Claus, 1980: Konkurrenzpartei und kollektive politische Identität. In: Roland Roth (Hrsg.), Parlamentarisches Ritual und politische Alternativen. Frankfurt/M.: Campus, 26-42.

Offe, Claus, 2003: Freiheit, Sicherheit, Effizienz. Spannungen zwischen Gerechtigkeitsnormen für Arbeitsmarkt und Wohlfahrtsstaat. In: Jutta Allmendinger (Hrsg.), Entstaatlichung und Soziale Sicherheit – Verhandlungen des 31. Kongresses der Deutschen Gesellschaft für Soziologie in Leipzig 2002. Opladen: Leske + Budrich, 15-32.

Olsen, Johan P., 1976: Choice in an Organized Anarchy. In: James G. March/Johan P. Olsen (eds.), Ambiguity and Choice in Organizations. Bergen, 1982: Universitetsforlaget, 82-139.

Papcke, Sven, 2000: Gemeinwohl und Gerechtigkeit. Passwörter der Konkurrenzgesellschaft. In: Gewerkschaftliche Monatshefte 6/2000, 341-352.

Paris, Rainer, 1998: Soziologie des Formulars. In: Rainer Paris, Normale Macht. Konstanz, 2005: UVK, 189-192.

Parsons, Talcott, 1937: The Structure of Social Action. New York, 1949: Free Press.

Parsons, Talcott, 1963a: On the Concept of Influence. In: Talcott Parsons, Sociological Theory and Modern Society. New York, 1967: Free Press, 355-382.

Parsons, Talcott, 1963b: On the Concept of Political Power. In: Talcott Parsons, Sociological Theory and Modern Society. New York, 1967: Free Press, 297-354.

Parsons, Talcott, 1969: On the Concept of Value Commitments. In: Talcott Parsons, Politics and Social Structure. New York: Free Press, 439-472.

Parsons, Talcott, 1971: Das System moderner Gesellschaften. München, 1972: Juventa.

Pascall, Gillian/Susan Parker/Julia Evetts, 2000: Women in Banking Careers – a Science of Muddling Through? In: Journal of Gender Studies 9, 63-73.

Payne, John W./James R. Bettman/Mary Frances Luce, 1996: When Time Is Money: Decision Behavior Under Opportunity-Cost Time Pressure. In: Organizational Behavior and Human Decision Processes 66, 131-152.

Perrow, Charles, 1970: Organizational Analysis. London: Tavistock.

Plessner, Helmuth, 1928: Die Stufen des Organischen und der Mensch. Berlin, 1975: de Gruyter.

Plessner, Helmuth, 1961: Die Frage nach der Conditio Humana. Frankfurt/M., 1976: Suhrkamp.

Pollak, Guido, 1991: Modernisierung und Pädagogisierung individueller Lebensführung. In: Zeitschrift für Berufs- und Wirtschaftspädagogik 87, 621-636.

Pongs, Armin, 1999: In welcher Gesellschaft leben wir eigentlich? Gesellschaftskonzepte im Vergleich. Bd. 1. München: Dilemma Verlag.

Pongs, Armin, 2000: In welcher Gesellschaft leben wir eigentlich? Gesellschaftskonzepte im Vergleich. Bd. 2. München: Dilemma Verlag.

Popper, Karl Raimund, 1934: The Logic of Scientific Discovery. London, 1975: Hutchinson.

Popper, Karl Raimund, 1957: Das Elend des Historizismus. Tübingen, 1987: Mohr.

Popper, Karl Raimund, 1963: Conjectures and Refutations. The Growth of Scientific Knowledge. London: Routledge.

Power, Michael, 1997: Audit Society – Rituals of Verification. Oxford: Oxford University Press.

Pressman, Jeffrey L./Aron Wildavsky, 1973: Implementation. How Great Expectations in Washington Are Dashed in Oakland, Or, Why It's Amazing that Federal Programs Work at All. Berkeley: Oakland Project Series.

Prittwitz, Volker von (Hrsg.), 1996: Verhandeln und Argumentieren – Dialog, Interessen und Macht in der Umweltpolitik. Opladen: Leske + Budrich.

Quinn, James Brian, 1980: Strategies for Change. Logical Incrementalism. Homewood ILL: Irwin.

Reese-Schäfer, Walter, 1996: Zeitdiagnose als wissenschaftliche Aufgabe. In: Berliner Journal für Soziologie 6, 377-390.

Reese-Schäfer, Walter, 2000: Politische Theorie heute. Neuere Tendenzen und Entwicklungen. München/Wien: Oldenbourg.

Reichertz, Jo, 1991: Aufklärungsarbeit. Kriminalpolizisten und Feldforscher bei der Arbeit. Stuttgart: Enke.

Reiner, Richard, 1995: Arguments Against the Possibility of Perfect Rationality. In: Minds and Machines 5, 373-389.

Reitman, Walter, 1964: Heuristic Decision Procedures, Open Constraints, and the Structure of Ill-Defined Problems. In: M.W. Shelly II/G.L. Brian (eds.), Human Judgments and Optimality. New York: Wiley, 282-315.

Rescher, Nicholas, 1980: Scepticism. Oxford: Rowman & Littlefield.

Rhinehart, Luke, 1971: The Dice Man. Frogmore/St. Albans: Morrows.

Rocklage, Angelika, 1983: Die begrenzte Rationalität biographischer Entscheidungen und das pädagogische Konzept des lebenslangen Lernens. Vordiplomarbeit, Fakultät für Pädagogik: Universität Bielefeld.

Ronge, Volker/Günter Schmieg (Hrsg.), 1971: Politische Planung in Theorie und Praxis. München: Piper.

Rorty, Richard, 1989: Kontingenz, Ironie und Solidarität. Frankfurt/M.: Suhrkamp.

Rousseau, Jean-Jacques, 1762: Der Gesellschaftsvertrag. Stuttgart, 1975: Reclam.

Rüschemeyer, Dietrich, 1986: Power and the Division of Labour in Society. Cambridge: Polity Press.

Ruggie, John G., 1975: Complexity, Planning, and Public Order. In: Todd R. LaPorte (ed.), Organized Social Complexity. Princeton: Princeton University Press, 119-150.

Saretzki, Thomas, 1996: Wie unterscheiden sich Argumentieren und Verhandeln? Definitionsprobleme, funktionale Bezüge und strukturelle Differenzen von zwei verschiedenen Kommunikationsmodi. In: Volker von Prittwitz (Hrsg.), Verhandeln und Argumentieren – Dialog, Interessen und Macht in der Umweltpolitik. Opladen: Leske + Budrich, 19-40.

Schalk, Fritz (Hrsg.), 1938: Französische Moralisten. La Rochefoucauld – Vauvenargues – Montesquieu – Chamfort – Rivarol. Leipzig: Dieterichsche Verlagsbuchhandlung.

Scharpf, Fritz W., 1971: Planung als politischer Prozeß. In: Fritz W. Scharpf, Planung als politischer Prozeß. Frankfurt/M., 1973: Suhrkamp, 33-72.

Scharpf, Fritz W., 1972: Komplexität als Schranke der politischen Planung. In: Fritz W. Scharpf, Planung als politischer Prozeß. Frankfurt/M.: Suhrkamp, 73-113.

Scharpf, Fritz W., 1991: Games Real Actors Could Play: The Challenge of Complexity. In: Journal of Theoretical Politics 3, 277-304.

Scharpf, Fritz W., 1994: Politiknetzwerke als Steuerungssubjekte. In: Hans-Ulrich Derlien/Uta Gerhardt/Fritz W. Scharpf (Hrsg.), Systemrationalität und Partialinteresse – Festschrift für Renate Mayntz. Baden-Baden: Nomos, 381-407.

Scharpf, Fritz W., 1997: Games Real Actors Play. Actor Centered Institutionalism in Policy Research. Boulder CO: Westview Press.

Scheffer, Thomas, 2003: Kritik der Urteilskraft – Wie die Asylprüfung Unentscheidbares in Entscheidbares überführt. In: Jochen Oltmer (Hrsg.), Migration steuern und verwalten – Deutschland vom späten 19. Jahrhundert bis zur Gegenwart. Göttingen: VR Unipress, 423-458.

Scheler, Max, 1928: Die Stellung des Menschen im Kosmos. Bern, 1975: Francke.

Schelling, Thomas, 1981: Economic Reasoning and the Ethics of Policy. In: Thomas Schelling, Choice and Consequence. Cambridge MA, 1984: Harvard University Press, 1-26.

Schelsky, Helmut, 1957: Ist die Dauerreflexion institutionalisierbar? In: Helmut Schelsky, Auf der Suche nach der Wirklichkeit. Köln, 1965: Diederichs, 250-275.

Schelsky, Helmut 1961: Der Mensch in der wissenschaftlichen Zivilisation. Köln: Westdeutscher Verlag.

Scheuner, Ulrich, 1973: Das Mehrheitsprinzip in der Demokratie. Opladen: Westdeutscher Verlag.

Schiller, Theo, 1978: Bürgerinitiativen und die Funktionskrise der Volksparteien. In: Bernd Guggenberger/Udo Kempf (Hrsg.), Bürgerinitiativen und repräsentatives System. Opladen: Westdeutscher Verlag, 188-208.

Schimank, Uwe, 1988: Probleme wissenschaftlicher Politikberatung. In: Die Krankenversicherung 40, 199-202.

Schimank, Uwe, 1992a: Spezifische Interessenkonsense trotz generellem Orientierungsdissens. Ein Integrationsmechanismus polyzentrischer Gesellschaften. In: Hans-Joachim Giegel (Hrsg.), Kommunikation und Konsens in modernen Gesellschaften. Frankfurt/M.: Suhrkamp, 236-275.

Schimank, Uwe, 1992b: Determinanten sozialer Steuerung – akteurtheoretisch betrachtet. In: Heinrich Bußhoff (Hrsg.): Politische Steuerung. Baden-Baden: Nomos, 165-192.

Schimank, Uwe, 1992c: Erwartungssicherheit und Zielverfolgung. Sozialität zwischen Prisoner's Dilemma und Battle of the Sexes. In: Soziale Welt 43, 182-200.

Schimank, Uwe, 1994: Autonomie und Steuerung wissenschaftlicher Forschung. Ein gesellschaftlich funktionaler Antagonismus. In: Hans-Ulrich Derlien/Uta Gerhardt/Fritz W. Scharpf (Hrsg.), Systemrationalität und Partialinteresse. Festschrift für Renate Mayntz. Baden-Baden: Nomos, 409-431.

Schimank, Uwe, 1995: Hochschulforschung im Schatten der Lehre. Frankfurt/M.: Campus.

Schimank, Uwe, 1996: Theorien gesellschaftlicher Differenzierung. Opladen: Leske + Budrich.

Schimank, Uwe, 1998: Funktionale Differenzierung und soziale Ungleichheit. Die zwei Gesellschaftstheorien und ihre konflikttheoretische Verknüpfung. In: Hans-Joachim Giegel (Hrsg.), Konflikt in modernen Gesellschaften. Frankfurt/M.: Suhrkamp, 61-88.

Schimank, Uwe, 1999a: Handlungen und soziale Strukturen – ein Vergleich von Rational Choice mit den Theorien von Alfred Schütz und Peter Berger/Thomas Luckmann. In: Rainer Greshoff/Georg Kneer (Hrsg.), Struktur und Ereignis in theorievergleichender Perspektive. Wiesbaden: Westdeutscher Verlag, 119-141.

Schimank, Uwe, 1999b: Flipperspielen und Lebenskunst. In: Herbert Willems/Alois Hahn (Hrsg.), Identität und Moderne. Frankfurt/M.: Suhrkamp, 250-272.

Schimank, Uwe, 2000: Handeln und Strukturen. Einführung in die akteurtheoretische Soziologie. München: Juventa.

Schimank, Uwe, 2001a: Funktionale Differenzierung, Durchorganisierung und Integration der modernen Gesellschaft. In: Veronika Tacke (Hrsg.), Organisation und gesellschaftliche Differenzierung. Wiesbaden: Westdeutscher Verlag, 19-38.

Schimank, Uwe, 2001b: Organisationsgesellschaft. In: Georg Kneer/Armin Nassehi/Markus Schroer (Hrsg.), Klassische Gesellschaftsbegriffe der Soziologie. München: Fink, 278-307.

Schimank, Uwe, 2002a: Organisationen: Akteurkonstellationen – korporative Akteure – Sozialsysteme. In: Jutta Allmendinger/Thomas Hinz (Hrsg.), Organisationssoziologie. Sonderheft 42/2002 der Kölner Zeitschrift für Soziologie und Sozialpsychologie. Wiesbaden: Westdeutscher Verlag, 29-54.

Schimank, Uwe, 2002b: Das zwiespältige Individuum. Zum Person-Gesellschaft-Arrangement der Moderne. Opladen: Leske + Budrich.

Schimank, Uwe, 2003: Theorie der modernen Gesellschaft nach Luhmann – eine Bilanz in Stichworten. In: Hans-Joachim Giegel/Uwe Schimank (Hrsg.), Beobachter der Moderne – Beiträge zu Niklas Luhmanns „Die Gesellschaft der Gesellschaft". Frankfurt/M.: Suhrkamp, 261-298.

Schimank, Uwe, 2004: Handeln in Institutionen und handelnde Institutionen. In: Friedrich Jäger/Jürgen Straub (Hrsg.), Handbuch der Kulturwissenschaften. Bd. 2: Paradigmen und Disziplinen. Stuttgart: Metzler, 293-307.

Schimank, Uwe, 2006: Rationalitätsfiktionen in der Entscheidungsgesellschaft. In: Dirk Tänzler/Hubert Knoblauch/Hans-Georg Soeffner (Hrsg.), Zur Kritik der Wissensgesellschaft. Konstanz: UVK, im Erscheinen.

Schimank, Uwe/Manfred Glagow, 1984: Formen politischer Steuerung: Etatismus, Subsidiarität, Delegation und Neokorporatismus. In: Manfred Glagow (Hrsg.), Gesellschaftssteuerung zwischen Korporatismus und Subsidiarität. Bielefeld: AJZ, 4-28.

Schimank, Uwe/Ute Volkmann, 1999: Gesellschaftliche Differenzierung. Bielefeld: transcript.

Schimank, Uwe/Ute Volkmann (Hrsg.), 2000: Soziologische Gegenwartsdiagnosen I – Eine Bestandsaufnahme. Opladen: Leske + Budrich.

Schluchter, Wolfgang, 1978: Die Entwicklung des okzidentalen Rationalismus. Eine Analyse von Max Webers Gesellschaftsgeschichte. Tübingen: Mohr.

Schmid, Wilhelm, 2002: Die Wiederentdeckung der Lebenskunst in der Philosophie. In: Margit Weihrich/G. Günther Voß (Hrsg.), tag für tag: Alltag als Problem – Lebensführung als Lösung? München: Hampp, 221-232.

Schmidt, Susanne K./Raymund Werle, 1998: Coordinating Technology. Studies in the International Standardization of Telecommunications. Cambridge MA: MIT Press.

Schmidt, Volker H., 2000: Das Los des Loses. Zu einigen Grenzen rationalen Handelns. In: Leviathan 28, 363-377.

Schoeck, Helmuth, 1966: Der Neid. Die Urgeschichte des Bösen. München, 1980: Herbig.

Schöneck, Nadine, 2004: Zeitmanagement als Beratung des Selbst. In: Thomas Brüsemeister/Rainer Schützeichel (Hrsg.), Beratene Gesellschaft – Zur gesellschaftlichen Bedeutung von Beratung. Wiesbaden: VS, 205-220.

Schon, Donald A., 1967: Technology and Change. The New Heraclitus. New York: Pergamon Press.

Schroer, Markus, 2001: Die Individuen der Gesellschaft. Frankfurt/M.: Suhrkamp.

Schütz, Alfred, 1932: Der sinnhafte Aufbau der sozialen Welt. Eine Einleitung in die verstehende Soziologie. Frankfurt/M., 1974: Suhrkamp.

Schütz, Alfred, 1971: Das Problem der Relevanz. Frankfurt/M.: Suhrkamp.

Schütze, Fritz, 1981: Prozeßstrukturen des Lebenslaufs. In: Joachim Matthes/ Arno Pfeifenberger/Manfred Stosberg (Hrsg.), Biographie in handlungswissenschaftlicher Perspektive. Nürnberg: Verlag der Nürnberger Forschungsvereinigung e.V., 67-156.

Schützeichel, Rainer/Thomas Brüsemeister (Hrsg.), 2004: Die beratene Gesellschaft – Zur gesellschaftlichen Bedeutung von Beratung. Wiesbaden: VS.

Schulze, Gerhard, 1992: Die Erlebnis-Gesellschaft. Kultursoziologie der Gegenwart. Frankfurt/M.: Campus.

Schwartz, Barry, 2004: Anleitung zur Unzufriedenheit. Warum weniger glücklicher macht. Berlin: Econ.

Schwarz, Georg P., 1978: Entscheidungstheorie. In: Oskar W. Gabriel (Hrsg.), Grundkurs Politische Theorie. Köln: Böhlau, 327-376.

Schwinn, Thomas, 2001: Differenzierung ohne Gesellschaft. Weilerswist: Velbrück.

Scott, James C., 1998: Seeing Like a State. How Certain Schemes to Improve the Human Condition Have Failed. New Haven: Yale University Press.

Sellmaier, Stephan, 2004: Entscheidungskonflikte der reflexiven Moderne: Uneindeutigkeit und Ahnungslosigkeit. In: Ulrich Beck/Christoph Lau (Hrsg.), Entgrenzung und Entscheidung. Frankfurt/M.: Suhrkamp, 149-164.

Selznick, Philip, 1949: TVA and the Grassroots. New York, 1966: Harper Torchbooks.

Sennett, Richard, 1998: Der flexible Mensch. Die Kultur des neuen Kapitalismus. Berlin: Berlin-Verlag.

Shackle, George L. S., 1979: Imagination and the Nature of Choice. Edinburgh.

Simon, Herbert A., 1946a: Administrative Behavior. A Study of Decision-Making Processes in Administrative Organization. New York, 1976: Free Press.

Simon, Herbert A., 1946b: The Proverbs of Administration. In: Public Administration Review 6, 53-67.

Simon, Herbert A., 1962: The Architecture of Complexity. Proceedings of the American Philosophical Society 106, 467-482.

Simon, Herbert A., 1976: From Substantive to Procedural Rationality. In: Herbert A. Simon, Models of Bounded Rationality. Vol. 2. Cambridge MA, 1982: MIT Press, 424-443.

Simon, Herbert A./Donald W. Smithburg/Victor A. Thompson, 1950: Public Administration. New York, 1970: Knopf.

Slote, Michael, 1989: Beyond Optimizing. Cambridge MA: Harvard University Press.

Sobiech, Gabriele, 2000: „... nur wer fit ist, ist ein König!" – Das Heilsversprechen Gesundheit als ein Stabilisator sozialer Ordnung. In: Michael Klein (Hrsg.), „Guter Sport" in „schlechter Gesellschaft"? Erfurter Beiträge zur Soziologie 8. Pädagogische Hochschule Erfurt, 79-99.

Soeffner, Hans-Georg, 1983: Alltagsverstand und Wissenschaft. Anmerkungen zu einem alltäglichen Missverständnis von Wissenschaft. In: Hans-Georg Soeffner, Auslegung des Alltags – der Alltag der Auslegung. Frankfurt/M., 1989: Suhrkamp, 10-50.

Spinner, Helmut, 1974: Pluralismus als Erkenntnismodell. Frankfurt/M.: Suhrkamp.

Spohn, Wolfgang, 1993: Wie kann die Theorie der Rationalität normativ und empirisch zugleich sein? In: Lutz H. Eckensberger/Ulrich Gäbele (Hrsg.), Ethische Normen und empirische Hypothesen. Frankfurt/M.: Suhrkamp, 151-196.

Stehr, Nico, 1994: Die Wissensgesellschaft. Frankfurt/M.: Suhrkamp.

Stigler, George J./Gary S. Becker, 1977: De Gustibus Non Est Disputandum. In: American Economic Review 67, 76-90.

Streeck, Wolfgang, 1987: Vielfalt und Interdependenz. Überlegungen zur Rolle von intermediären Organisationen in sich ändernden Umwelten. In: Kölner Zeitschrift für Soziologie und Sozialpsychologie 39, 471-495.

Streeck, Wolfgang, 1997: Beneficial Constraints. On the Economic Limits of Rational Voluntarism. In: Joseph Rogers Hollingsworth/Robert Boyer (eds.), Contemporary Capitalism: The Embeddedness of Institutions. Cambridge: Cambridge University Press, 197-219.

Strohschneider, Stefan (Hrsg.), 2003: Entscheiden in kritischen Situationen. Frankfurt: Verlag für Polizeiwissenschaft.

Sunstein, Cass R./Edna Ullmann-Margalit, 1999: Second-Order Decisions. In: Ethics 110, 5-31.

Tacke, Veronika (Hrsg.), 2001: Organisation und gesellschaftliche Differenzierung. Wiesbaden: Westdeutscher Verlag,

Thomas, George M. et al. (eds.), 1987: Institutional Structure. Constituting State, Society, and the Individual. Newbury Park CA: Sage.

Thompson, James D., 1967: Organizations in Action. New York: Mc Graw Hill.

Thompson, Leigh/Dennis Hrebec, 1996: Lose-Lose Agreements in Interdependent Decision Making. In: Psychological Bulletin 120, 396-409.

Tietzel, Manfred, 1990: Virtue, Vice, and Dr. Pangloss. On the Economics of Conventions. In: Ordo 41, 251-268.

Tolman, Edward C./Egon Brunswik, 1935: The Organism and the Causal Texture of the Environment. In: Psychological Review 42, 43-77.

Touraine, Alain, 1992: Critique of Modernity. Oxford, 1995: Blackwell.

Turner, Ralph H., 1991: The Use and Misuse of Rational Models in Collective Behavior and Social Psychology. In: Archives Européennes de Sociologie 22, 84-108.

Tyrell, Hartmann, 1978: Anfragen an die Theorie der gesellschaftlichen Differenzierung. In: Zeitschrift für Soziologie 7, 175-193.

Tyrell, Hartmann, 1998: Zur Diversität der Differenzierungstheorie. Soziologiehistorische Anmerkungen. In: Soziale Systeme 4, 119-149.

Vaihinger, Hans, 1918: Die Philosophie des Als-Ob (3. Aufl.). Leipzig: Meiner.

Vanberg, Viktor, 1982: Markt und Organisation. Individualistische Sozialtheorie und das Problem korporativen Handelns. Tübingen: Mohr.

Veeder, Nancy W., 1994: Women's Decision Making: An Exploration of 100 Northern Irish Women's Perceptions. In: Women's Studies International Forum 17, 391-402.

Vobruba, Georg, 1978: Staatseingriff und Ökonomiefunktion. Der Sozialstaat als Problem für sich selbst. In: Zeitschrift für Soziologie 7, 130-156.

Vobruba, Georg (Hrsg.), 1983: „Wir sitzen alle in einem Boot": Gemeinschaftsrhetorik in der Krise. Frankfurt/M. et al.: Campus.

Vogd, Werner, 2004: Ärztliche Entscheidungsfindung im Krankenhaus. In: Zeitschrift für Soziologie 33, 26-47.

Voß, Gerd-Günter, 1991: Lebensführung als Arbeit. Über die Autonomie der Person im Alltag der Gesellschaft. Stuttgart: Enke.

Voß, Gerd-Günter/Hans J. Pongratz, 1998: Der Arbeitskraftunternehmer. In: Kölner Zeitschrift für Soziologie und Sozialpsychologie 50, 131-158.

Voß, Gerd-Günter/Margit Weihrich (Hrsg.), 2001: tagaus – tagein. Neue Beiträge zur Soziologie alltäglicher Lebensführung. München: Hampp.

Walgenbach, Peter, 1999: Institutionalistische Ansätze in der Organisationstheorie. In: Alfred Kieser (Hrsg.), Organisationstheorien. Stuttgart: Kohlhammer, 319-353.

Warglien, Massimo, 1996: Learning in a Garbage Can Situation: A Network Model. In: Massimo Warglien/Michael Masuch (eds.), The Logic of Organizational Disorder. Berlin: de Gruyter, 163-182.

Warglien, Massimo/Michael Masuch (eds.), 1996: The Logic of Organizational Disorder. Berlin: de Gruyter.

Weber, Max, 1905: Die protestantische Ethik und der Geist des Kapitalismus. In: Max Weber, Die protestantische Ethik I. Hamburg, 1975: Siebenstern, 27-277.

Weber, Max, 1919: Wissenschaft als Beruf. Berlin, 1967: Duncker & Humblot.

Weber, Max, 1920: Gesammelte Aufsätze zur Religionssoziologie. Bd. 1. Tübingen, 1978: Mohr.

Weber, Max, 1922: Wirtschaft und Gesellschaft (5. rev. Aufl.). Tübingen, 1972: Mohr.

Weick, Karl E., 1976: Educational Organizations as Loosely Coupled Systems. Administrative Science Quarterly 21, 1-19.

Weick, Karl E., 1995: Sensemaking in Organizations. Thousand Oaks, 2003: Sage.

Weiner, Stephen S., 1976: Participation, Deadlines, and Choice. In: James G. March/Johan P. Olsen (eds.), Ambiguity and Choice in Organizations. Bergen, 1982: Universitetsforlaget, 225-250.

Weiss, Andrew/Edward Woodhouse, 1992: Reframing Incrementalism: A Constructive Response to the Critics. In: Policy Sciences 25, 255-273.

Weiß, Otmar et al., 2000: Sport und Gesundheit. Eine sozio-ökonomische Analyse. Wien: Bundesministerium für soziale Sicherheit und Generationen.

Weizsäcker, Carl Friedrich v./Ernst Ulrich v. Weizsäcker, 1984: Fehlerfreundlichkeit. In: Klaus Kornwachs (Hrsg.), Offenheit – Zeitlichkeit – Komplexität. Zur Theorie der offenen Systeme. Frankfurt/M.: Campus, 167-201.

Wellershoff, Dieter, 1958: Gottfried Benn: Phänotyp dieser Stunde. München, 1976: dtv.

Westphal, James D./Edward J. Zajac, 1998: The Symbolic Management of Stockholders: Corporate Governance Reforms and Shareholder Reactions. In: Administrative Science Quarterly 43, 127-153.

White, Harrison, 1992: Identity and Control. A Structural Theory of Social Action. Princeton NJ: Princeton University Press.

Wiesenthal, Helmut, 1990a: Ist Sozialverträglichkeit gleich Betroffenenpartizipation? In: Soziale Welt 41, 28-46.

Wiesenthal, Helmut, 1990b: Unsicherheit und Multiple-Self-Identität: Eine Spekulation über die Voraussetzungen strategischen Handelns. Discussionpaper 90/2. Köln: MPIfG.

Wiesenthal, Helmut, 1995: Konventionelles und unkonventionelles Organisationslernen. In: Zeitschrift für Soziologie 24, 137-155.

Wiesenthal, Helmut, 2003: Konjunkturen des Machbaren – Beobachtungen auf der Fährte der rationalitätskritischen Theorie. In: Armin Nassehi/Markus Schroer (Hrsg.), Der Begriff des Politischen. Baden-Baden: Nomos, 519-536.

Wiesenthal, Helmut, 2005: Gesellschaftssteuerung und gesellschaftliche Selbststeuerung. FernUniversität in Hagen: Kurs 34862.

Willke, Helmut, 1978: Zum Problem der Integration komplexer Sozialsysteme: Ein theoretisches Konzept. In: Kölner Zeitschrift für Soziologie und Sozialpsychologie 30, 228-252.

Willke, Helmut, 1983: Entzauberung des Staates. Überlegungen zu einer sozietalen Steuerungstheorie. Königstein/Ts.: Athenäum.

Willke, Helmut, 1984: Gesellschaftssteuerung. In: Manfred Glagow (Hrsg.), Gesellschaftssteuerung zwischen Korporatismus und Subsidiarität. Bielefeld: AJZ, 29-53.

Willke, Helmut, 2000: Die Gesellschaft der Systemtheorie. In: Ethik und Sozialwissenschaften 11, 195-209.

Wiswede, Günter, 1995: Motivation und Verbraucherverhalten. München: Reinhardt.

Witte, Eberhard, 1968: Phasen-Theorem und Organisation komplexer Entscheidungsverläufe. In: Zeitschrift für betriebswirtschaftliche Forschung 20, 625-641.

Witte, Eberhard, 1993: Entscheidungsprozesse. In: Waldemar Wittmann et al. (Hrsg.), Handwörterbuch der Betriebswirtschaft. Stuttgart: Schaeffer-Poeschel, Sp. 910-920.

Wollmann, Helmut, 1995: Politikberatung. In: Dieter Nohlen (Hrsg.), Wörterbuch Staat und Politik. München: Piper, 545-550.

Zahariadis, Nikolaos, 1998: Ambiguity, Time, and Multiple Streams. In: Paul Sabatier (ed.), Theories of the Policy Process. Boulder CO: Westview Press, 73-93.

Zürn, Michael, 1992: Interessen und Institutionen in der internationalen Politik. Grundlegungen und Anwendungen des situationsstrukturellen Ansatzes. Opladen: Leske + Budrich.